农业项目贷款评估理论与实务

杜彦坤 等著

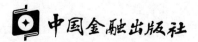
中国金融出版社

责任编辑：石　坚
责任校对：李俊英
责任印制：陈晓川

图书在版编目（CIP）数据

农业项目贷款评估理论与实务（Nongye Xiangmu Daikuan Pinggu
Lilun yu Shiwu）/杜彦坤等著 . —北京：中国金融出版社，2012.7
ISBN 978 - 7 - 5049 - 6282 - 9

Ⅰ. ①农…　Ⅱ. ①杜…　Ⅲ. ①农业贷款—项目评价　Ⅳ. ①F830.58

中国版本图书馆 CIP 数据核字（2012）第 022855 号

出版
发行　**中国金融出版社**

社址　北京市丰台区益泽路 2 号
市场开发部　（010）63266347，63805472，63439533（传真）
网上书店　http：//www. chinafph. com
　　　　　　（010）63286832，63365686（传真）
读者服务部　（010）66070833，62568380
邮编　100071
经销　新华书店
印刷　北京松源印刷有限公司
装订　平阳装订厂
尺寸　169 毫米 × 239 毫米
印张　41.5
字数　655 千
版次　2012 年 7 月第 1 版
印次　2012 年 7 月第 1 次印刷
定价　68.00 元
ISBN 978 - 7 - 5049 - 6282 - 9/F. 5842
如出现印装错误本社负责调换　联系电话（010）63263947

前　言

农业是安天下、稳民心的战略产业，没有农业现代化就没有国家现代化，没有农村繁荣稳定就没有国家繁荣稳定，没有农民小康就没有国家的全面小康。在中国，无论是历史还是现在，农业、农村、农民问题始终关乎国家经济社会发展全局。新中国成立后，党中央、国务院高度重视"三农"问题，始终坚持把解决好"三农"问题作为全党全社会工作的重中之重，始终坚持农业的基础地位。

随着社会主义新农村建设的推进，国家不断加大对"三农"的扶持力度，2010 年国家财政用于农业的投入达到 8 579.7 亿元，2011 年将达到近万亿元。各地政府也大幅增加了对农业的财政资金支持。同时，金融信贷资金对农业的投入不断加强，2010 年金融机构涉农贷款投放达到 2.63 万亿元，占全部贷款的 31.5%，涉农贷款余额 11.77 万亿元，占全部贷款的 23.1%；其中农业政策性信贷资金投放 9 778.72 亿元，贷款余额 1.67 万亿元。对农业项目的信贷支持已经成为金融机构贯彻国家强农惠农政策的重要体现，开展农业贷款项目调查评估，研究完善农业项目调查评估的理论体系与方法，正在成为国内外金融机构信贷管理工作的重要内容。

农业项目具有季节性、分散性、公益性等特点，投资周期长、运营成本高、回报率低等特征，如何遵循项目调查评估的一般规律，认真分析农业项目自身规律的特点，依据金融机构的基本制度，客观、全面、公正地开展项目调查评估，不断提高农业项目调查评估质量，为信贷支持提供科学决策参考，成为金融管理和项目管理的重要研究领域。在我国，项目评价开始作为投资项目决策的一种专门方法与科学始于 20 世纪 70 年代末，随着我国市场经济的不断发展和金融市场的日益繁荣，项目管理科学的研究渐趋深入，主要集中在一般项目管理和工商业建设项目评估理论的研究领域，但从金融机构视角，按照项目管理的基本要求，立足农业项目自身规律特点，对农业项目贷款调查评估理论体系领域开展研究，国内学者较少涉猎，学术理论研究著作和金融机构实践成果则更为鲜读。开展农业项目贷款调查评估理论体系的研究，不仅对丰富项目管理、金融管理学科理论具有促进作用；对金融机构落实国家支农政策加大对农业项目的信贷支持力度，拓宽信贷业务领域、优化业务行业布局与信贷产品结构具有推动作用；对金融机构从业人员开展农业项目贷款调查评估，提高信贷管理决策水平具有指导作用。同时，对农业项目单位和企业有效开展融资活动，确保项目顺利实施具有参考作用。

本书遵循项目管理的一般规律，按照农业项目贷款管理的流程环节，考虑到理论性与实践性的统一、科学性与针对性的融合，在阐述理论研究成果的同时，在作者信贷工作实践的基础上，精心编写了不同类型农业项目的实践案例，形成了本书的全部内容。需要特别指出的是，本书农业项目是广义大概念的含义，不仅包括大农业产业类项目，也包括农业农村基础设施建设类项目，并且突出了立足项目科学主线基础，强化了项目融资的金融特点。全书共分两大部分：第一部分12个章节主要阐述农业项目评估的理论体系；第二部分主要对12个不同类型农业项目（企业）调查评估案例进行分析。

本书编著人员由国家主要农村金融机构的信贷管理人员和国家科研单位从事农业项目管理研究的专业科研人员构成，包括杜彦坤、何刚、张伟平、邵靖、王川、虞慧兰、周斌、李化、刘欣欣、王昭君。张伟平、邵靖分别对理论、案例两大部分进行了统稿，杜彦坤对全书进行了最终统稿、修订。编著人员主要来自中国农业发展银行、中国农业银行、中国邮政储蓄银行、中国农业科学院等单位。案例选择由国家主要农村金融机构已支持的贷款项目精选而来，并力求具有项目（企业）类型、金融机构类型、贷款品种类型的代表性，从而保证了本书理论学术性和实践指导性的统一。

由于时间有限，加之著者才学有限，而金融理论和项目管理学科发展日新月异，且农业项目贷款管理理论体系研究尚处于起步阶段，书中定有诸多不足之处，恳请广大读者批评指正。

著者

2011 年 11 月 11 日于北京

目　录

第一部分　理论篇

第一部分

理论篇

1 农业项目贷款评估概论

我国是农业大国，农业的发展在国民经济社会发展中具有举足轻重的作用。我国农业发展的根本出路在于改造传统农业为现代农业，加速农业产业化，进而推动农业现代化、农村城镇化、农村知识化。新中国成立后，特别是改革开放以来，国家不断加大对"三农"的投资力度，为农业发展和农村进步提供了基础条件。随着我国社会主义市场经济的发展，农业投资的运作方式也在发生着变化，越来越多的建设投资开始采用项目建设投资的运作方式。对于一个项目是否可行，投资决策者（包括项目单位和项目贷款的提供方）在作出决策之前，必须进行科学的研究与评估。同时，在我国农业投资严重不足、农业自然资源短缺的现实条件约束下，如何增强农业项目投资的科学性，提高农业项目的运行效益，优化农业投资利用效率成为项目管理决策的重要任务。特别是在我国大力推进社会主义新农村建设的历史背景下，开展农业项目贷款评估理论体系研究则具有了更加重要的现实意义。银行是项目投资决策的重要主体之一，就项目的主导作用而言，位列项目主管部门、项目单位之后。因此，本章试图从宏观的理论层面，对项目、项目评估的含义，延伸至农业项目、农业项目评估进行理论系统阐述，为农业项目贷款评估微观层次奠定理论基础。

1.1 项目含义与特征

1.1.1 项目的概念

项目作为一种人类活动的描述，其出现的历史已经非常久远，在人类历史上，中国古代的万里长城、京杭大运河、都江堰等工程以及埃及的金字塔已被人们普遍誉为早期成功项目的典范，并在当今成为历史文化的

3

象征。

项目作为一个管理学的名词和学术界研究的对象，却是近几十年才出现的。世界银行（Word Bank，WB）对发展和运用项目这个概念起到了重要作用，在 1944 年布雷顿森林会议通过的协定条款中明文规定："除特殊情况外，世界银行发放或担保贷款的目的是为了复兴或开发特定的项目。"尽管它没有给出项目的确切定义，但毕竟以协议条款规定的形式明确提出了"项目"这一概念。而真正在现代项目管理学意义上的项目实践，是以曼哈顿计划为开端的。

对于项目概念的表述，学术界并没有一个一致的定义，它是随着人类经济管理活动实践和学术研究的发展而发展的。项目的定义，比较有代表性的有两种。一是美国项目管理学会（Project Management Institute，PMI）给出的定义：项目是一种被承办的旨在创造某种特殊产品或服务的临时性努力。二是由英国项目管理学会（Association of Project Management，APM）给出的定义：项目是为了在规定的时间、费用和性能参数下，为满足特定目标而由一个人或组织所进行的具有规定的开始和结束日期、相互协调的独特的活动集合。该定义被国际标准化组织（International Standard Organization，ISO）采用（ISO 10006）。

另外，世界银行在其所编写的《世界银行项目管理》一书中将项目定义为："所谓项目（Project），一般指同一性质的投资（如设有发电厂和输电线路的水坝），或同一部门内一系列有关的和相同的投资，或不同部门的一系列投资（如城市项目中市区的住房、交通和供水等）。"这一定义的表述，表明项目为一种投资的经济行为。

尽管上述给出的项目定义表述各异，但归纳起来，本书认为项目的含义主要包含以下要素：（1）项目是人类临时性、一次性的活动；（2）项目是一个有待完成的任务，有特定的环境和目标；（3）项目须在一定的组织、有限的资源和规定的时间内完成；（4）项目要满足一定的性能、质量、数量、技术经济指标等要求。

综合多方观点，本书对项目的定义是：在既定资源、技术经济要求和时间的约束下，以一套独特而相互联系的任务为前提，有效利用资源，为实现一系列特定目标所做的努力。

1.1.2 项目的特征

从项目的内涵和外延看，无论什么样的项目，一般应具备以下特征：

1. 一次性。一次性是项目与其他日常运作的最大区别。项目有确定的起点和终点，没有可以完全照搬的先例，也不会有完全相同的复制。项目的其他特性也是从这一主要特征衍生出来的。

2. 特殊性。每个项目都是独特的，或者提供的成果有自身的特点，或者其提供的成果与其他项目类似，然而其时间和地点、内部和外部环境、自然和社会条件有别于其他项目，因此项目总是独一无二的。

3. 目标明确性与约束性。一个项目通常有时间、费用、功能三方面的目标。项目的目标在实施之前已经非常明确，所有的行动都必须以预定的目标能否实现为准则。项目是否达到目标，取决于多方面的约束，因此项目目标与约束始终联系在一起，被称为多目标、多约束。

4. 项目的周期性。项目一般具有自己的生命周期。生命周期意味着项目的寿命是有限的，由若干个阶段组成，各个阶段有相互间的内部逻辑关系，一般不能打乱其顺序。

5. 整体性。项目中的一切活动都是相互联系的，构成一个整体，同时项目又是由许多利益相关者共同完成的，且组成项目的各活动和主体相互关联、相互影响、不可或缺、不可割裂。

6. 相互依赖性。母体组织内各个项目之间以及项目与组织内原有的日常运营活动之间，都会发生相互作用，并相互依赖。

7. 冲突性。项目的冲突性主要表现在：项目中不同的利益相关者在项目中的目标有所不同，会形成目标冲突；项目各部分、各环节对资源的需要量、需要时间可能相同而形成资源冲突；各项目经理的管理风格、管理理念、价值观不同，可能形成管理冲突。

8. 组织的临时性和开放性。项目团队在项目进展过程中，其人数、成员、职责都在不断变化。项目组织没有严格的边界，是临时的、开放的。这一点与一般的企事业单位、政府机构很不一样。

9. 开发与实施的渐进性。每一个项目都是独特的，因此其项目的开发必然是渐进的，不可能从其他模式那里一下子复制过来。即使有可参照、借鉴的模式，也都需要经过逐步的补充、修改和完善。

1.1.3 项目分类

项目分类有不同的方法，可以从不同的角度、按照不同的标准划分为不同的类型，如目标、产出属性等。

1. 按项目具体目标划分，可分为经营性项目和非经营性项目。经营性项目是以盈利为目标的，在市场经济条件下，大多数投资项目是以盈利为目标的经营性项目，同时追求经济效益、社会效益和环境生态效益的综合统一；而非经营性项目则不以盈利为目标，它主要集中在市场不能充分发挥配置资源作用的社会经济领域，体现政府主导，以社会效益、生态效益为主要目标。

2. 按项目的产出属性划分，可分为公共项目和非公共项目。公共项目产出物属于公共产品，多为社会公共福利建设项目；而非公共项目产出物属性是私人产品，它以商品的形态进入流通领域，通过市场交换满足社会需求，并为项目带来盈利。

3. 按总量投入规模大小划分，可分为大型项目、中型项目、小型项目。大中小是一个相对的概念，根据不同的生产力发展水平而不同。目前，我国基本建设项目大中小型划分标准，按照国家计委（现国家发展和改革委员会）、国家建委、财政部计〔78〕234号文和国家计委计基〔79〕725号文规定执行。如公路工程的大中小型项目的划分标准为：大中型是新建、改建长度二百公里以上的国防、边防公路和跨省区和重要干线公路以及长度一千米以上的独立公路大桥；小型是新建、改建公路长度二百公里以下，或长度虽超过二百公里，但总投资不足一千万元，独立公路大桥长度一千米以下。

4. 按投资使用性质划分，可分为新建、改建、扩建、重建、迁建、更新改造等项目。新建项目是对全新项目的投资；改建、扩建项目是在原有基础上对项目进行增补而发生的；重建项目是指报废工程的恢复建设；迁建项目是由于项目改换地区而发生的投资；更新改造项目是原有项目更替和内涵扩大而发生的投资。

5. 按照行业标准划分，可分为工业建设项目、农业建设项目、精通运输建设项目、能源建设项目、商业建设项目、旅游开发项目等。农业建设项目按照投资使用的途径划分，可细分为：种植业项目；农业机械化项目；林业项目；畜牧业项目；渔业项目；农副产品加工项目；农垦项目；

农田基本建设项目；农村基础设施、文教卫生、智力开发项目等。

6. 按项目形成的结果划分，可分为有形投资项目和无形投资项目。有形投资项目的结果能增加生产经营过程的固定资产，如土木工程的建设、机械设备的增加等；无形投资项目的结果不形成固定资产，如兴办农村教育、培训农村干部和农民等。

7. 按项目资金来源划分，可分为国家投资项目、地方投资项目、引进外资项目、联合投资项目等。

8. 按照项目的投融资方式划分，可分为竞争性项目、基础性项目、公益性项目。竞争性项目是指投资收益比较高、市场调节比较灵敏、具有市场竞争能力的项目。企业是基本的投资主体，属于商业性投融资范围，主要通过市场竞争进行融资。基础性项目主要是指建设周期长、投资额度大、收益比较低，需要政府扶持的基础设施、部分基础产业项目和直接增强国力的符合经济规模的支柱产业项目，大部分属于政策性投融资范围，主要通过政策性金融机构进行融资。公益性项目主要是指科技、教育、文化、卫生、体育、环保等公益事业的建设项目，主要由政府通过财政资金安排，同时广泛吸引社会各界资金参与。

1.2　项目评估的含义

1.2.1　项目评估的概念

从管理学科理论来看，狭义的项目评估是指对一个项目经济特性的评估和审订，即按照给定的项目目标去权衡项目的经济得失，并给出相应结论的工作。

广义的项目评估是指在项目决策与实施活动过程中所开展的一系列分析与评估活动，包括在项目决策阶段对其设立的必要性、技术可行性、经济合理性、环境可行性等方面进行全面系统的分析与论证工作；在项目实施过程中对项目实施情况和未来发展所进行的跟踪评估；在项目完成后的一段时间里对项目进行后评估。

一般来说，项目评估是在可行性研究的基础上，根据有关政策、法律法规，采用一系列科学方法，通过对各种参数的计算，从项目（企业）及国家的角度出发，由有关机构对拟投资项目的规划方案进行全面的技术、经济论证和再评估，以判断项目的优劣和可行与否。评估的结论是投资决策的重要依据。

根据目前我国投资项目的立项和决策程序，一个项目从项目成立到建成投产过程，大的评估一般有三次，即项目建议书的评估，可行性研究报告的评估，项目建成投产运营后的总结评估。这三项评估，也称为立项评估、决策评估和后评估。目前在实际工作中，重大投资项目都要进行前两项评估，一般项目要进行项目建议书的评估和可行性研究报告的评估，个别重大项目在投产后进行后评估。

1.2.2　项目评估的目的和作用

在我国，当项目投资者向政府职能部门提出立项申请时，政府职能部门首先要求投资者提供项目建议书或可行性研究报告，必要时政府职能部门要组织有关人员进行项目论证。如果该项目属于大型项目或项目比较复杂，政府职能部门还要委托有资质的中介咨询机构进行项目评估。项目评估对金融机构的决策者来说同样是非常重要的，当投资者向金融机构提出贷款申请时，金融机构也要组织开展项目评估。

项目评估的主要任务包括：（1）判定真实性。全面审核可行性研究报告中反映的各项情况是否属实。（2）分析准确性。分析项目可行性报告中各项指标的计算是否正确，包括各种参数、基础数据、定额费率的选择。（3）坚持客观性。从企业、国家和社会等方面综合分析判断项目的经济效益和社会效果。（4）项目评估的最终任务是遴选出最佳的项目投资决策，并编写出项目评估报告。

项目评估旨在使所选择的项目能够合理地利用有限资源和各种社会基础设施，兴建对投资者、国家和社会有较多贡献的项目，放弃不利的项目，使有限的资源达到最有效的分配和使用。项目评估是分析判断可行性研究报告中所提方案的优劣，并从中遴选出最佳方案的过程，它为投资项目的最终决策提供可靠、科学的依据，在整个项目管理过程中有着非常重要的意义。具体来说，项目评估具有以下主要作用：（1）项目评估是避免投资决策失误的关键；（2）项目评估是项目取得资金来源的依据；（3）项目评估是使宏观效益和微观效益统一起来的重要手段；（4）项目评估是实施项目管理的基础；（5）项目评估是政府管理机构开展宏观经济管理的手段。

1.2.3　项目评估与可行性研究比较

项目可行性研究是指在项目投资前期，对拟建项目所进行的全面的技术经济分析论证，它是投资项目前期的重要工作，是项目决策过程中的最重要环节。包括对项目有关的自然、社会、经济技术资料的调查、分析与预测研究，构造和评选可能的投资方案，论证项目投资的必要性、项目对主体的适用性和风险性、技术上的先进性和适用性、经济上的盈利性以及投资条件上的可能性和可行性，从而为投资决策提供全面、系统、客观的依据。它的目的是判断项目"可行"或"不可行"。

可行性研究包含三个阶段，即投资机会研究、初步可行性研究和详细可行性研究。

1. 项目可行性研究与项目评估的共同点。

（1）两者都处于项目发展周期的建设前期，都是重要的前期准备工作。

（2）两者的目的是一致的，都是通过分析论证，判断项目的可行与否、实现投资决策的科学化、程序化和民主化，提高投资效益，使资源得到最佳配置。

（3）两者所包含的内容基本相同，它们计算评估指标的基本原理是相同的，分析方法相似；分析对象一致；分析的内容均包括建设必要性、市场条件、资源条件、工程技术、经济效益等。

2. 项目可行性研究与项目评估的区别。

（1）行为主体不同。可行性研究是由投资者负责组织委托的，由设计和咨询部门完成；项目评估则是由项目隶属的政府部门、项目主管部门、贷款银行等有关部门或者上述部门委托专门机构来完成。

（2）研究的角度和侧重点不同。可行性研究为决策提供依据，侧重于投资项目的微观效益；而项目评估是对可行性研究报告提供的依据进行审核，侧重于宏观效益。可行性研究是站在直接投资者的角度来考察项目的；而项目评估则是站在贷款银行或相关部门的角度来考察项目的。

（3）在项目决策过程中所处的时序和地位不同。从时序上看，可行性研究在前；从地位上看，可行性研究仍属于项目论证工作，项目评估为决策工作，项目评估更具有权威性。

（4）方案选择不同。可行性研究对项目的规模、厂址、工艺等往往有几个不同的方案，未作最后结论；而在项目评估时，需要认真分析比较各个方案，从中选择最优方案。

（5）所起的作用不同。可行性研究是投资者进行投资和政府职能部门审批项目的重要依据；项目评估则是政府职能部门或上级主管部门和金融机构审批项目的重要依据，更是金融机构确定放贷与否的重要基础。

1.3 农业项目评估的含义

1.3.1 农业项目的概念

J. P. 吉延格先生为世界银行经济发展学院项目管理培训而编写的《农业项目的经济分析》教材中，把农业项目定义为："所谓农业项目就是企业利用各种资源以获得利润的全部复杂活动。我们一般把农业项目看成是一个运用资金以形成固定资产，再由它们在一段时期内提供效益的投资行为。"

国内部分学者对农业项目的定义是：农业项目一般是指农业基本建设项目。它不同于农业的简单再生产，而是指农、林、水、气各部门中，为扩大农、林、牧、副、渔业长久性的生产规模，提高其生产能力和生产水平，能形成新的固定资产的经济活动。

然而在经济实践活动中，农业项目在范围和内容方面都远远突破了上述定义的范围和内容。例如，一项旨在提高人们科学文化技术水平的农民培训项目，它虽然不形成任何有形的固定资产，但它对提高农民素质，增强农业综合生产能力，推进农村社会进步，获得更多的经济社会效益有很大的作用，同样是农业投资项目中的重要内容。

综上所述，可以将农业项目定义为，通过人力、物力、财力和科技的投入，改善农民生产生活条件、增加就业渠道和生产手段、提高综合生产能力，在预定的时间和空间范围内达到预期效益的一种扩大再生产的经济行为。在一定程度上，广义的农业项目已经拓宽到农村项目的范畴，不再是狭义的农业产业的领域。

1.3.2 农业项目的标准

农业项目是投资项目中的一大类，在我国农业现代化建设中有着十分重要的作用。作为农业项目，应符合以下基本评判标准：

1. 必须是农业扩大再生产的经济行为。投资项目不是作为维持简单再生产而发生的种子、化肥等日常费用支出的经济行为，而是通过人力、物力、财力和科技的增量投入，形成新增生产性资本，增加生产手段，改善生产条件，提高农业综合生产能力的扩大再生产的经济行为。

2. 必须有具体的建设内容和明确的效益目标。作为农业投资项目即将付诸实施，其建设内容必须具体。同时，投资项目的效益目标要明确，应该是刚性的、数量化的，以便指导投资项目的实施和效果检查，真正达到投资项目强国富民的目标。

3. 必须有确定的开发治理区域范围和明确的项目建设起止时间。作为一个农业项目，必须有明确的投资、生产、获益的时间顺序，有特定的地理位置和明确的地区范围。同时，作为一个项目还应有明确的建设起止时间，要在规定的时间内完成，不能无故拖延项目的运营实施。

4. 必须有可靠的投资资金来源和切实可行的投资计划安排。没有资金的投入就没有投资项目，农业项目资金的筹集、分配、运用、管理是投资项目管理的核心问题。要明确投资各方（包括外资、国家资金、地方配套资金、农民筹资、金融机构融资等）的投资义务，确保各资金来源及时足额投入资金。

5. 必须有明确的投资主体和承担风险的责任人。投资主体包括项目业主及其背后的股东、政府部门、贷款银行。投资主体既是投资决策者，也是效益享受者。同时，必须承担项目建设和运营过程中产生的各种风险。

6. 必须是一个相对独立的执行单位，有健全的组织管理机构。作为一个农业项目，它应是符合相应区域、农业发展总体规划，在经济上、技术上、管理上能够实行独立设计、独立计划、独立筹资、独立核算、独立执行的业务单位。健全、科学、合理的项目组织管理机构是独立执行项目建设任务的组织保证，项目管理工作的高效率有利于促进项目目标的顺利实现。

1.3.3　农业项目的类型

农业项目可以按不同的标准，分成不同的类型，有些分类只有学术上的意义。为了便于项目的评估，以下分类是必要的。

1. 按项目建设的规模划分。可分为大型项目、中型项目和小型项目。建设规模大多以设施能力大小为划分依据，如水库的容量、灌溉的面积、养殖场的年饲养量或畜产品的年产量、农场的耕地面积、农村能源项目的发电量等。无法以设施能力为依据的项目则以金额大小为依据，如农业综合开发项目、农产品加工项目和改扩建项目等。以设施能力为依据的规模划分比较稳定，变化不大，而以投资金额为划分依据的，在不同时期随着货币值的变动而变动。大型项目投资大，建设规模也大，在技术上、管理上都比较复杂，要求投入较大的力量进行项目工作，对项目的经济评价也要求较为详细。小型项目则比较简单，要求相对低一些。

2. 按项目的用途划分。可分为农业生产项目、改善农业生产条件的项目、农产品加工项目、非营利性农业公益项目和农业综合开发项目。农业生产项目，指直接用于生产农、林、牧、渔各种农产品的项目。改善农业生产条件的项目，指专门投资建设旨在改善某项生产条件的项目，如灌溉项目、土地开发整治项目、农业机械化项目等，其目的是为了增加农产品产量或提高农业劳动生产率。农业公益项目大都是非营利项目，一般无法获得财务利润，但具有很大的社会效果，如水土保持项目、公共防洪、排涝、水库建设项目。有的虽可以计算和收取费用，但难以覆盖成本，有的则考虑农民负担能力低，只收取成本，不实现盈利，如某些农业科技服务项目。农业综合开发项目往往是各种不同用途项目的综合开发，难以严格划分用途的类型。

3. 按项目经济体制划分。有农户项目、企业项目、事业项目、双层经营项目、农业综合开发项目和合资项目。农户项目，以农户作为投资主体为特征；企业项目，即项目建成后按企业性质经营管理，投资主体性质可以不同；事业项目，非营利性农业公益项目属于这一类，投资主体多为政府或集体组织；双层经营项目，多是农户群体与企业单位或事业单位相结合的项目，农户与企业、事业单位各自独立生产、经营，但在生产和流通上又相互联系，相互依靠，相互得利；农业综合开发项目，往往是不同的经济体制共存于一个项目内；合资项目，包括国内外各种形式的合资经营项目。

4. 按项目建设性质划分。有新建项目，即从无到有的项目；改扩建项目，包括改建、扩建、续建和更新改造等。此外，还有综合性质的项目，如农业综合开发项目，往往一个项目内既有新建，又有改扩建项目。

上述各种类型的项目，彼此之间存在着内在经济关系上的差别，进行财务估算或经济评价时，在方法上存在某些差异。

1.3.4　农业项目评估的含义和特点

农业项目评估是以拟建农业项目为对象，以社会效益、生态效益、国民经济效益和项目单位的商业效益为目标，在农业项目可行性研究的基础上，通过有项目与无项目、定性与定量、静态与动态、微观与宏观、统计与预测等综合方法比较分析，决策农业项目可行性程度、投资建设规模、资源配置、项目方案设计、系统运行、经济效益审核、评价的全过程。

具体来说，农业项目评估是在项目可行性研究准备完成以后，组织有关方面专家对项目进行实地考察，并着重从国家宏观经济的角度全面系统的检查项目涉及的各个方面，对项目投资可行性研究报告的可靠程度作出评价，它对于项目是否执行具有至关重要的作用。项目采用何种技术路线等问题由相关技术专家分析考虑，作为经济评价当然更加注重投资的财务与经济合理性。即农业项目的投资，不仅应提高农民的收入，促进产业经济发展，而且对国民经济带来更大的收益，这是判断投资项目是否具有经济合理性的标准，是投资决策应十分关心的问题。

农业项目评估的任务，主要表现在：一是对农业项目的必要性和市场的评估，这是项目能否确立的前提和项目评估的基础；二是生产建设条件、技术设计方案和投资与资金筹措方案的评估，这是项目是否可行和能否顺利建成的保证；三是企业、国家和社会效益的评估，这是判别项目取舍或是否重新设计的重要依据；四是对影响效益的经济政策和经济管理体制进行评估，这是为完善项目争取更好效益和提高决策水平的重要环节。

农业项目评估的特点是与农业生产本身的特点及农业项目的特点密切相关的。具体来说，包含以下几点：

1. 农业项目评估的综合性强。与工业项目相比较，农业项目与周围的自然条件、生态环境等联系更为紧密，涉及因素更为复杂。

2. 农业项目评估要充分考虑有限农业资源的合理配置和使用效益。农业项目自身特点决定了受自然资源禀赋条件制约性较强，如土地资源、水资源、农产品深加工技术资源等条件限制。

3. 农业项目的投资效益具有较大的不稳定性。农业再生产过程是社会经济再生产与自然再生产交织进行的过程，受自然因素变化影响较大，农业项目的效果往往具有较大的不稳定性。

4. 农业项目投资的内容比较广泛，周期较长。有的农业项目投资见效较慢，时间较长，需要在一段相当长的时期内才能显出效果。

5. 农业项目评估分析中需要注意价格因素的特殊性。由于历史、政策、社会等多方面的原因，造成工农业产品价格的严重偏差现象存在。一方面工业品价格偏高，造成农业生产资料价格较高；另一方面刚性需求的农产品价格偏低，造成农业项目产出品价格偏低，导致农业项目比较收益较低。

6. 农业项目评估应强调环境生态效益的评价。农业产业的特殊属性，致使农业项目与生态环境的关系高度相关，必须关注生态效益的评价，确保农业投资项目的建成有利于循环经济的形成，促进农村经济社会可持续发展。

1.4 农业项目贷款评估的内容和程序

1.4.1 农业项目贷款评估的概念与原则

农业项目贷款评估是银行专业人员依据国家产业政策、监管政策、银行制度，在项目前期研究成果基础上，通过现场调查和非现场调查等手段，对项目进行客观、全面的调查了解，形成项目贷款评估报告，供贷款决策者科学参考决策的过程。农业项目贷款评估是选择、确定贷款项目，决定项目贷款发放与否的关键，是贷款审议、审批决策的基本依据。做好贷款项目评估工作，必须明确和坚持一定的基本原则。项目贷款评估的基本原则包括：科学性原则、客观性原则、公正性原则、优选性原则、系统性原则和动态性原则。

具体来说，从国内外金融机构开展农业项目贷款评估的实践来看，农业项目贷款评估有以下基本要求：

1. 农业贷款项目评估工作应站在银行的立场上，从银行的整体利益出发，按照国家农业产业政策、行业政策、信贷制度要求，结合农业项目自身规律特点进行现场或非现场评估。

2. 农业贷款项目评估工作应遵循客观、公正、科学的原则，评估工作要实事求是，做到客观公正地分析问题、判断问题，既要有定性分析，又要有定量分析，做到方法科学、方案优选、指标合理。

3. 农业项目贷款评估报告要求资料完整、依据充分、分析客观、结论公正，资料数据完整、准确，依据客观、充分，分析科学、深入，采集审慎、合理，结论客观公正、符合逻辑。

1.4.2 农业项目贷款评估内容

农业项目贷款评估的目标是为贷款决策提供科学的依据，项目的类型很多，其规模、性质和复杂程度各不相同，因而其评估的内容与侧重点也有一定的差异。但其基本内容主要包括以下几个方面：

1. 借款人概况评估。主要考察借款人的基本情况、历史沿革、组织机构、资信程度、经济效益等，分析评价借款人存续的合法合规性及财务状况等。

2. 农业项目概况及建设必要性评估。首先，了解拟建项目的建设方案，审查项目是否符合国家农业产业政策、区域发展政策，是否符合农业和农村经济与社会发展的要求，是否符合银行信贷政策。调查项目提出的背景和目的，并从国民经济长远发展规划、行业发展规划和地区发展规划、企业生产经营及发展规划的角度出发，评判项目建设的必要性和合理性。其次，要调查项目各项审批手续的完整性和合法合规性。最后，要调查项目的建设施工条件能否满足项目正常实施的需要，项目的生产条件能否满足正常生产经营活动的需要。项目工程设计是否合理，项目所采用的工艺是否具备先进性、经济性、合理性和安全性，以及设备选型是否合理等。

3. 农业项目市场分析。主要分析项目所生产的产品（或所提供的服务）的市场供求状况、未来发展趋势以及产品（或服务）在市场上的竞争力，特别是要关注同业竞争和产品（或服务）的市场占有率等。

4. 投资估算与融资方案评估。主要估算项目总投资额（包括建设投资、流动资金投资与建设期利息等），并制定相应的项目资本金、贷款筹资方案和资金使用计划。

5. 项目财务效益评估。遵循"有无对比"的原则，从企业和项目的角度出发，根据收集和估算出的财务数据，以财务价格为基础，编制有关统计表格，计算相应的技术经济指标（如建设投资、流动资金、营业收入、总成本费用等），并据此判断项目的财务盈利能力、偿债能力和财务生存能力。

6. 宏观国民经济评估。从国民经济整体的角度出发，根据收集和估算出的经济数据，以影子价格为基础，编制有关表格，计算相应的技术经济指标，据此判断项目对国民经济的影响与贡献。

7. 不确定性分析。通过运用有关单因素或多因素分析方法，计算有关指标，考察项目抵御风险的能力。

8. 项目总评估。在上述各项评估的基础上，得出项目评估的结论，并提出相应的问题和建议。

9. 项目后评估。对已全部建成投产的贷款项目，在一定的时期内，对贷款项目评审检验、项目建设实施和生产经营状况进行总结评估，与贷款项目评估时的预测进行比较，并对项目未来所处的经营环境、产品市场需求状况和经济效益进行预测论证。

1.4.3 农业项目贷款评估程序

农业项目贷款评估的工作程序一般包括初审、组成评估小组、制定计划、开展评估、起草评估报告等步骤。

1. 初审。初审是在接到贷款项目申报材料后对其进行的初步审订与核实，即对贷款项目进行一般性审查。主要有以下几方面的内容：（1）项目各项行政审批手续完整性、合法合规性审查；（2）项目前期研究成果的审查。编写研究报告单位的资格审查；产品市场分析论证是否充分；审查项目采用的技术是否为较为先进适用的技术；审查原材料是否属于稀缺资源，来源可靠性如何；审查项目建设和投产后对环境的影响，潜在事故对环境的影响和"三废"治理的方案；经济效益的审查，评估指标是否适当，指标计算是否准确，是否进行了财务评估和宏观国民经济评估，结论是否合理。

2. 组建贷款项目评估小组。主持项目评估的机构和单位，应根据项目大小和工作繁简程度的不同，及时选配专、兼职人员组建项目评估小组。小组的人数与构成，应同评估任务相适应。由于项目评估是在可行性研究的基础上进行的，因此要根据项目的大小及复杂程度组成评估小组，必要时可聘请有关专业人员参加，可对可行性研究有关情况进行了解与核实，对重大项目需按专题分小组进行。要明确分工，确定评估重点，落实好各自责任。

3. 制定评估工作计划。评估小组成立后要首先制定评估工作计划，这是一系列评估活动得以有条不紊开展的必要保证。一般来说，农业贷款项目评估工作计划应包括以下内容：评估目的与任务、评估内容、信息资料、人员分工和时间进度。

4. 开展评估，收集数据资料。项目评估所需资料，包括项目的产品市场、厂址选择、生产技术、建设条件、工程造价、生产成本、产品价格、税收等方面的有关资料。通常可通过两个途径取得，一是从可行性报告中取得；二是通过现场调查收集。一般来说，评估需要的数据、资料大部分可以从项目的可行性研究中取得，但必须进行核实，弄清数据的来源、计算依据、计算方法以及数据间的关系之后，再做评估论证用。此外，还应根据评估内容与分析要求，进行企业和项目现场调查，进一步收集必要的数据和资料。调查收集到必要的资料以后，通常从以下几个方面对项目进行评估：

（1）企业和项目概况的审查。主要根据企业调查和项目调查的资料，结合项目可行性报告的有关部分，审查分析项目建设的必要性，弄清楚项目拟议的背景、建设的目的与内容，拟定需要进一步深入分析的重点和关键问题。

（2）市场调查预测与生产规模分析。即结合可行性研究报告，对拟建项目产品的供求状况进行调查、预测，并对主要原材料、能源等生产条件的供应可能加以核实、预测、分析，推断最为经济合理的建设规模。

（3）财务数据预测。利用调查、整理的数据资料，审查测定项目建设的总投资和分年度投资，预测项目建成投产后各年的成本、收益及还本付息等数据，为分析项目的财务、经济效益做好准备。

（4）财务效益分析。分析项目对企业的微观经济收益，确定微观的经济合理性。

（5）国民经济效益分析。分析项目对整个国民经济的得失利弊，论证项目宏观的经济合理性。

（6）总评估。归纳以上各方面审查分析的结果，对项目建设的必要性及其技术、财务、经济的可行性提出总的结论性意见。

5. 汇总评估论点，撰写评估报告。项目评估人员以评估过程中大量的数据测算、指标计算与论证推断为基础，写出评估报告，作出贷款风险判断、贷款方案、贷款条件、风险防范措施等建议，供贷款决策者参考。

1.4.4 农业项目贷款评估的方法

1. 动态分析与静态分析。动态分析要考虑项目的变化，并在经济评估中考虑时间价值，对现金流量进行折现分析。静态分析是在某一时点上进行分析，经济评估中不考虑时间价值。经济评价的核心是折现，所以分析评价要以折现（动态）指标为主。非折现（静态）指标与一般的财务和经济指标内涵基本相同，比较直观，但是只能作为辅助指标。

2. 定量分析与定性分析。项目经济评价的本质要求是通过对项目过程中的效益和费用计算分析，对项目建设生产过程中的诸多经济因素给出明确的数量概念，从而得出结论和建议。项目评估中，有关工艺技术方案、工程方案、环境方案等的实物量或价值量应用定量指标表现出来。不能量化的因素，则应进行实事求是、准确的定性描述，并与定量分析结合起来评价。

3. 宏观效益分析与微观效益分析。对项目进行经济评估，不仅要看项目本身获利多少、有无财务生存能力，还要考察和分析项目的建设和经营对宏观国民经济有多大贡献，以及需要国家付出多大的代价，这样才能实现项目评估的宏观效益和微观效益分析相结合。

4. 预测分析与统计分析。项目的建设和投产都是未来的事，未来的市场需求、未来国民经济发展状况如何，直接影响着项目的经济效益。因此，进行项目经济评估，既要以现有状况水平为基础，又要进行有根据的科学预测。无论在财务评估，还是国民经济评估中，除了对现金流入和流出的时间、数额进行常规预测外，还要对某些不确定的因素和风险性进行盈亏平衡分析、概率分析和敏感性分析，有时还要用到一些统计分析方法进行分析。

2 借款人资信评估

借款人资信评估是项目贷款评估的主要组成部分，是银行确保信贷资金的效益性、安全性和流动性的重要手段。银行对借款人进行资信评估，通过对借款人整体素质、经济技术实力、经营管理水平、生产经营效益状况、偿债能力，以及借款人信用程度和发展前景等方面进行检验、审查、考察、综合分析和全面评估，以判断借款人的资信优劣，从而作出科学合理的贷款决策，以实现优化信贷资产结构、提高信贷资产质量、防范贷款风险的目的。

2.1 借款人资信评估的主要内容

2.1.1 借款人的内涵及分类

《贷款通则》（中国人民银行1996年6月28日）规定：借款人是指从经营贷款业务的中资金融机构取得贷款的法人、其他经济组织、个体工商户和自然人。

《贷款通则》在给出借款人内涵的同时，按照借款人的组织形式对借款人进行了分类。除了这种分类方法之外，还有一种分类方法对我们进行贷款评估似乎更为重要。按照拟建贷款项目是否组建新的法人，借款人可分为新设法人和既有法人，贷款项目由此可分为新设法人项目和既有法人项目。在评估方法和评估内容上，两类项目贷款存在较大差别，本书将在有关章节对两者的具体差别相应予以阐述。

1. 按照组织形式分类。借款人主要可分为法人、其他经济组织、个体工商户和自然人。

（1）法人。法人是具有民事权利能力和民事行为能力，依法独立享有民事权利和承担民事义务的组织。简而言之，法人是具有民事权利主体资格的社会组织。按照法人类型，法人可分为企业法人、事业法人和机关法人。需要注意的是，借款人既可以是企事业法人，也可以是机关法人，但并不是所有的机关法人均可以成为借款人。从理论上讲，国家机关自身不具有经营职能，没有承贷意愿，也不具备还贷能力，但国家赋予个别国家机关经营职能、并依法取得人民银行核发的贷款证的除外，如交通运输主管部门。

《中华人民共和国公路法》第六十条规定："县级以上地方人民政府交通主管部门利用贷款或者集资建成的收费公路的收费期限，按照收费偿还贷款、集资款的原则，由省、自治区、直辖市人民政府依照国务院交通主管部门的规定确定。"《收费公路管理条例》（国务院令第417号）第二章第十一条规定："省、自治区、直辖市人民政府交通主管部门对本行政区域内的政府还贷公路，可以实行统一管理、统一贷款、统一还款。"两部法律均从不同角度规定，交通运输主管部门可以从银行取得贷款，成为银行的借款人。

（2）其他经济组织。其他经济组织是指合法成立，有一定的组织机构和财产，但又不具备法人资格的组织。包括以下类型：

①依法登记领取营业执照的私营独资企业、合伙组织；

②依法登记领取营业执照的合伙型联营企业；

③依法登记领取我国营业执照的中外合作经营企业、外资企业；

④经民政部门核准登记领取社会团体登记证的社会团体；

⑤法人依法设立并领取营业执照的分支机构；

⑥中国人民银行、各专业银行设在各地的分支机构；

⑦中国人民保险公司设在各地的分支机构；

⑧经核准登记领取营业执照的乡镇、街道、村办企业；

⑨符合规定条件的其他组织。

（3）个体工商户。个体工商户是指有完全民事行为能力的公民依照规定，经工商行政管理部门登记，从事工商业经营。个体工商户，可以个人经营，也可以家庭经营。个人经营的，以个人全部财产承担民事责任；家庭经营的，以家庭全部财产承担民事责任。

（4）自然人。自然人是基于自然规律出生、生存的人，具有一国国籍的自然人称为该国的公民。

2. 按照拟建贷款项目是否组建新的法人分类。借款人可分为新设法人和既有法人。

（1）新设法人。新设法人是指为建设项目新组建的项目法人。新设法人项目的特点是，项目投资由新设法人筹集的资本金和债务资金构成；由新设法人承担融资责任和风险；从项目投产后的财务效益情况考察偿债能力。

（2）既有法人。既有法人是指已存在的项目法人。既有法人项目的特点是，拟建项目不组建新的法人，由既有法人统一组织融资活动并承担融资责任和风险；拟建项目一般是在既有法人资产和信用的基础上进行的，并形成增量资产；从既有法人的财务整体状况考察融资后的偿债能力。

2.1.2　借款人资信评估的主要内容

借款人资信评估主要围绕借款人的"资"和"信"两个方面进行展开。顾名思义，"资"指借款人的存续和发展的合法、合规性，"信"主要指借款人在经济社会交往中具备的能力和信誉状况。新设法人由于为项目建设刚刚组建，存续期间较短，一般未开展正常的生产经营，其经营状况、财务状况较为简单，相应的其评估内容主要有借款人概况、股权结构和组织结构、经营者素质和融资及信誉状况；既有法人一般已经开始开展正常的生产经营，因此除了新设法人评估的内容外，还要重点考察借款人的生产经营状况，以及通过计算各项财务指标量化反映出的财务状况。

1. 新设法人评估的主要内容。借款人为新设法人主要评估以下内容：

（1）借款人概况。了解借款人的性质、注册地址、地理位置、职工人数、经营范围、开户及账号情况、主营业务、兼营业务、取得行业合法经营资格情况（如粮食收购许可证）、获得农业产业化龙头企业称号等有关情况。

（2）借款人股权结构和组织结构。调查借款人注册资本、实收资本、主要投资人、实际投资额、占实收资本比重。借款人如为集团公司，需了解其全资子公司、控股公司、参股公司、附属厂的情况；如为集团公司成员，需了解集团公司组织结构。

（3）经营者素质。了解借款人的法定代表人素质和领导班子成员的经历、学识、信用、品德、能力、业绩、合作情况，评价其经营管理水平。

（4）融资和信誉情况。了解借款人的融资渠道、融资方式融资规模等，是否存在不良信用记录。

2. 既有法人评估的主要内容。除新设法人评估的主要内容以外，还要评估以下内容。

（1）借款人经营状况。

①主导产品和行业分析。调查借款人主要产品的品牌、质量（通过了哪些质量认证）、近两年在国内国际市场销量和价格的变化情况，结合产品和行业发展特点，评价借款人在行业和区域发展中的地位作用。

②采购、生产和销售情况分析。调查借款人的原料供应渠道和货源情况，机器设备、技术工艺、生产能力和仓储设施，以及销售覆盖区域、市场份额、市场拓展能力和销售网络渠道。评价借款人与主要竞争对手相比，在采购生产、销售等环节的优势。

③经营能力分析。调查借款人近两年的资产周转率、应收账款周转率、存货周转率、原料收购量、产品生产和销售数量、产销率等经营指标变动情况和原因，对借款人经营能力作出评价。

④经营前景分析。分析借款人的发展前景、近期目标和远期规划。

⑤其他相关情况调查。调查借款人的对外投资、涉及诉讼等可能影响其正常运营的事项。

（2）借款人财务状况。

①资产负债分析。借款人近两年的资产、负债和所有者权益等财务指标变动情况和原因；借款人对外提供担保、贴现的商业承兑汇票等或有负债分析。

②偿债能力分析。借款人近两年的流动比率、速动比率、现金比率资产负债率、利息保障倍数等财务指标变动情况和原因；应收账款、存货借款余额、应付利息等期限分布情况，对借款人短期和长期偿债能力作出评价。

③盈利能力分析。了解借款人近两年主要产品产量、质量、成本费用、销售收入、税后利润等情况；计算资产净利率、销售净利率等指标；分析影响企业盈利的状况和因素，评价盈利能力。

（3）借款人信誉状况。了解借款人在银行评定的信用等级、近两年所有银行借款本息偿还情况、借款人存量贷款的五级分类情况。

2.1.3 借款人资信评估的作用

借款人资信状况、项目合法合规及财务可行是贷款决策的主要依据。对借款人资信状况进行评估，客观真实地反映借款人资信的优劣，对贷款决策的作用显得至关重要。客观真实地评估反映借款人资信状况的重要意义在于：

1. 借款人资信是判断项目成功与否的重要因素。项目是由项目业主（一般情况下，项目业主即为借款人，但特殊情况除外）运作的，如果借款人资产运作能力低、信用程度差，即使项目再好，项目贷款也必然会存在较大风险，运作成功的项目必然有一个高素质的项目业主。

2. 借款人资信是贷款决策的主要依据。通过对企业资信的评估，银行可以更全面地了解借款人的情况，据此作出选择贷与不贷。在选择贷款后，还可以根据借款人资信，进一步确定对借款人发放项目贷款的条件，确定贷款条件的宽严程度和利息的高低，以降低贷款风险，确保信贷资金的安全。同时，按照国家规定的投资规模、结构、方向和产业政策与技术政策等有关方针政策，银行有责任把资金分配给对国家具有重要意义的建设项目和经济效益好的企业。通过借款人资信评估，可以为贷款决策提供政策依据，使银行资金贷给符合国家产业政策、偿还贷款能力强、信誉好的企业。

3. 借款人资信状况是衡量贷款偿还能力的重要指标。从理论上讲，银行项目贷款的还款来源于项目自身产生的现金流量（非经营性项目贷款除外），风险由项目参与者——项目业主、银行等共担。项目成功时，银行获利程度仅局限于借款合同中规定的利息部分，一旦项目失败，银行可能不仅收不到利息，甚至贷款本金也无法收回。但在实际操作中，银行往往要求借款人承诺，以借款人的综合效益进行还款，即还款来源并不仅限于项目自身产生的现金流量，这样可以较大地规避项目运作风险，并把风险转移给借款人。因此，借款人综合盈利能力、偿债能力是借款人资信评估的重点内容，银行更偏好于那些在市场运作中已经取得成功经验，积累了一定资本实力的借款人。

2.2 借款人资格和基本素质评估

借款人资格和基本素质评估，简而言之，是对借款人存续的合法合规性及其具备的基本素质的审核和考察。在贷款评估中，企业法人相比其他类型的借款人更具有典型意义，因此本章以下内容，如无特殊说明，借款人均专指企业法人。

2.2.1 借款人概况评估

借款人概况评估，需要了解包括借款人的性质、注册地址、地理位置、经营范围、开户及账号情况、主营业务、兼营业务、取得行业合法经营资格情况（如收购许可证、加工许可证）、获得农业产业化龙头企业等有关情况。为真实客观取得上述情况，需要借款人提供注册登记凭证、税务登记证、组织机构代码证、贷款卡及其他企业持有的合法有效证件。

1. 注册登记凭证。营业执照是当地工商行政部门核发的企业或组织具有合法经营权的法律凭证。对企业核发《企业法人营业执照》，《企业法人营业执照》的登记事项为：企业名称、住所、法定代表人、注册资金、经济成分、经营范围、经营方式等。其他组织核发《营业执照》，《营业执照》的登记事项为：名称、地址、负责人、资金数额、经济成分、经营范围、经营方式、从业人数、经营期限等。营业执照分正本和副本，二者具有相同的法律效力。贷款评估人员需要同时审核营业执照正本和副本，重点关注借款人是否在规定的年检时限内通过工商行政部门年检，副本中是否有工商行政部门年检合格标志。

事业法人要依照《事业单位登记管理条例》的规定向事业单位登记管理机构办理登记或备案，依法取得《事业单位法人证书》。《事业单位法人证书》是确认其事业单位法人资格的法定凭证，上面载有事业单位法人的名称、住所、宗旨和业务范围、法定代表人、经费来源、开办资金等登记事项。《事业单位法人证书》分为正本和副本，正本和副本具有同等的法律效力。《事业单位法人证书》不是长期有效，而是有时效性限制。事业单位应当于每年3月31日前分别向登记管理机关和审批机关报送上一年度执行情况的报告。只有经登记管理机关对年度执行情况报告审查通过，并在证书上加盖标记的《事业单位法人证书》才在新的一年内继续有效，否则失去效力。

需要注意的是，机关法人的设立采取的是行政命令设立方式，即依照法律、法令、行政命令方式设立，自设立之日起取得法人资格，无须办理任何形式的注册登记。

2. 税务登记证。税务登记证是从事生产、经营的纳税人向生产、经营地或者纳税义务发生地的主管税务机关申报办理税务登记时，所颁发的登记凭证。税务机关对税务登记证件实行定期验证和换证制度，纳税人应当在规定的期限内，持有关证件到主管税务机关办理验证或者换证手续。

需要注意的是，税务登记证一般分为国税登记证和地税登记证两种，但部分地区将两证合一，同时部分地区还取消了年检。如北京市从2004年起，正常申报的纳税人免去税务登记证年检。贷款评估人员要根据当地实际，要求借款人提供相应的税务登记证，重点考察税务登记证是否通过年检或及时定期进行更换，是否正常申报纳税。机关法人如交通运输行业主管部门，尽管自身具有经营职能，但无须纳税，也无须办理税务登记证（包括国税和地税）。

3. 组织机构代码证。组织机构代码证是国家质量技术监督部门颁发的列明证件持有组织机构代码的凭证。组织机构代码是国家质量技术监督部门根据国家标准编制，并赋予每一个机关、事业、企业单位、社会团体、民办非企业单位和其他机构颁发的全国范围内唯一的、终身不变的法定标识。组织机构代码证同样需要定期年检或更换，如北京市规定，在工商部门注册的企业，其组织机构代码证须到期更换，但无须年检。

4. 贷款卡。贷款卡是指中国人民银行分支行发给凡需要向各金融机构申请贷款，办理承兑汇票、信用证、授信、保函和提供担保等信贷业务的法人企业、非法人企业、事业法人单位和其他借款人用于企业征信系统的磁条卡，是借款人向金融机构申请办理信贷业务或担保人提供担保的资格证明。贷款卡记录了贷款卡编码及密码，是银行登录"企业征信系统"查询借款人资信信息的凭证。贷款卡实行集中年审制度，借款人必须在每年的3月至6月持贷款卡和相关材料到中国人民银行办理年审手续。

5. 其他合法有效凭证。涉及农业项目的其他凭证包括：农业产业化龙头企业称号、收购许可证、加工许可证等。

2.2.2　借款人股权结构和组织结构

股权结构和组织结构可通过查阅审核借款人公司章程、验资报告等材料，调查了解借款人的注册资本、实收资本、主要投资人、实际投资额、占实收资本比重。如为集团客户，需对全资子公司、控股公司、参股公司、附属企业等情况进行详细调查；如为集团客户成员，需对集团公司组织结构及关联企业进行说明。通过调查借款人注册资本的变化情况，了解借款人股权结构变化，并与借款人的历史沿革相对照，分析借款人的股权结构与实际经营管理是否相适应。

1. 借款人股权结构评估。

（1）注册资本和实收资本的联系和区别。注册资本是公司制企业章程规定的全体股东或发起人认缴的出资额或认购的股本总额，并在公司登记机关依法登记。实收资本（由于企业组织形式不同，所有者投入资本的会计核算方法也有所不同。除股份有限公司对股东投入的资本应设置"股本"科目外，其余企业均设置"实收资本"科目，核算企业实际收到的投资人投入的资本。）是指企业投资者按照企业章程或合同、协调的约定，实际投入企业的资本。我国实行的是注册资本制，在投资者未足额缴纳资本之前，实收资本小于注册资本；在投资者足额缴纳资本之后，企业的实收资本应该等于企业的注册资本。

2006 年修订的新公司法对注册资本规定作出了较大改动。新公司法规定，最低只需 3 万元即可设立有限责任公司，设立股份有限公司也只需 500 万元，可分期交付；对无形资产不作规定，改为规定货币资产不得低于总资产 30%。同时，新公司法改变了对股东出资的立法方式，以一个富有弹性的抽象标准"可以用货币估价并可以依法转让的非货币财产"取代了原来机械、固化的全面列举式的规定，实质性地扩大了股东出资的范围。

（2）验资报告的作用及审核。公司设立时股东或者发起人的首次出资、公司变更注册资本及实收资本，必须经依法设立的验资机构验资并出具验资证明。验资报告是指注册会计师根据《中国注册会计师审计准则第 1602 号——验资》的规定，在实施审验工作的基础上对被审验单位的股东（投资者、合伙人、主管部门等）出资情况发表审验意见的书面文件。

一份完整的验资报告，能够为贷款评估人员提供以下内容：一是验资报告审验范围、出资者和被审验单位的责任、注册会计师的责任、审验依据和已实施的主要审验程序等；二是已审验的被审验单位注册资本的实收情况或注册资本及实收资本的变更情况。对于变更验资，注册会计师对本次注册资本及实收资本的变更情况发表的审验意见，以及反映以前注册资本实收情况审验的会计师事务所名称及其审验情况，并说明变更后的累计注册资本实收金额；三是验资报告的用途、使用责任及注册会计师认为应当说明的其他重要事项。对于变更验资，注册会计师验资报告的附件应当包括已审验的注册资本实收情况明细表或注册资本、实收资本变更情况明细表和验资事项说明等。

除上述内容外，贷款评估人员还应关注注册会计师在验资报告说明段中是否清晰地反映有关事项及其理由；验资报告是否由注册会计师签名并盖章；验资报告是否载明会计师事务所的名称和地址，并加盖会计师事务所公章；验资报告中是否附有会计师事务所资质证明、会计师职业资格证明等事项。

（3）股权结构的考察。股权结构是指公司总股本中，不同性质的股份所占的比例及其相互关系。股权结构是公司治理结构的基础，公司治理结构则是股权结构的具体运行形式。不同的股权结构决定了不同的企业组织结构，从而决定了不同的企业治理结构，最终决定了企业的行为和绩效。一般认为有两个股东的公司，股权结构是不合理的，因为，若二者股权均等，即二股东一人持有50%的股份，则容易造成公司决策困难，经营效率低下，无法实现利润最大化的目的，公司无法长期存续。如若存在"一股独大"的现象，哪怕控股股东仅持有51%，该股东也会很容易控制公司的经营管理活动，进而利用对公司的控制权，排斥其他股东。同时，一般认为股权各方均衡的结构是合理的，如一个公司三个股东，一大股东40%、两小股东各30%；或者两大股东各40%、一小股东20%，三足鼎立，三方均衡的布局。以上两种股权结构不存在"一股独大"的现象，这是因为另外两个股东发挥了很大的均衡作用，另外两个股东所持股份相加，则均超过了大股东40%的股份。因而，在大股东侵犯小股东利益的现象发生时，则会出现小股东相互联合，以更大发言权制约大股东的现象，也因此实现了公司的稳定。

当然，银行项目贷款评估人员评估借款人公司股权结构的重点并不在于借款人的股权结构是否合理，事实上，并不存在判定股权结构合理与否的严格标准，银行评估人员很难作出判断。本部分评估的重点还在于不同出资方的出资额及所占的比重，掌握出资人及其出资能力等客观情况，推断出资人出资的真实性和合理性。为此，评估人员需进一步考察股东各方存续的合法、合规性，财务状况和经营能力等，考察内容及方法与本书介绍的借款人评估大致相同。

本部分评估内容与项目总投资评估具有关联性，如本项目资本金尚未足额到位；或者经银行评估人员评估后项目需增加总投资进而增加项目资本金的投入；抑或项目在实际建设过程中超出了评估时的总投资，一般银行为控制风险，会在贷款合同中约定借款人继续筹集项目资本金的比例，这三种情况均需要对出资人的出资能力作出进一步的判断，而判断的依据，正是本部分评估的内容。

（4）借款人决策机制调查。借款人是否具备完备的股东大会决策程序，是否有独立董事制度，是否有健全的董事会和监事会评价机制，是否有完善的高级管理人员选聘和激励机制。判断借款人决策程序是否合理有效，管理者的决策能力是否得到员工和社会认同。

2. 借款人组织结构评估。

简而言之，组织结构就是公司各构成部分以及部分之间的相互关系。适当的公司组织结构可以使公司的各项业务活动更顺利地进行，可以减少矛盾与摩擦，提高公司的效率。公司组织结构可分为以下几种形式，但需要明确的是，没有一种组织结构形式是十全十美的，既不存在最好的组织结构形式，也不存在所谓低级或高级的组织结构形式，每一种结构都有各自的适用条件。银行贷款项目评估人员在判断公司采用的组织结构形式是否合理时，不能孤立的就其组织结构论述合理性，而应充分联系公司的生产规模、产品种类、生产技术特点以及市场环境等因素。

（1）直线制组织结构形式。直线制结构是最古老、最简单的组织形式，适用于小型公司。此类形式要求经理能够对本部门所有的问题作出决策，所以，他必须是个全才。在直线制结构中，直线经理和其下属之间的职权关系有以下三个特点：直线经理被授予的职权是全面的；每个直线经理有权直线指挥他的下属，即直接向下属发布指示和命令；下属只向一个顶头上司汇报，只接受一个领导者的命令和指示。

（2）直线参谋制组织结构形式。在直线制结构中，有参谋经理参加进来，为直线经理提供有效管理所需要的某一方面的建议、服务和帮助，就构成了直线参谋制组织结构形式。直线经理与参谋经理的区别在于他们的职权关系不一样。参谋人员起着顾问的作用，他们无权做决策，也无权下命令（除非是在本部门内，在本部门内他们是直线经理）。参谋经理向直线经理提出建议，直线经理可以接受，也可以不接受。如果直线经理赞同这个建议，就作出决策并下达命令执行。

（3）事业部制组织结构形式。事业部制组织结构形式，是在公司总部下面，设立若干个自主营运的业务单位——事业部。这些事业部，或者是按产品来划分，或者是按地区来划分。每一个事业部都是要对成本、利润负责的利润中心。每个事业部往往更类似于一个直线参谋制组织结构形式，因为许多职责、权力从公司总部转移到事业部，所以要求这种组织结构设有一个具有绝对统治力的"中央"，以保证整个公司的完整性。除了运用必要的控制手段外，有关公司的目标、方向等重大战略问题的决策，必须由公司总部作出。

（4）模拟分散化组织结构形式。这种组织结构形式是介于直线参谋制与事业部制之间的一种组织结构形式。所谓模拟分散，是指结构中的组成单位并不是真正的事业部门，而是把它视为或模拟为一个"事业部"，让其独立经营，单独核算。这些模拟性"事业部"，以相互间的内部转移价格为基础，而不是像事业部制，内部转移是以市场价格为基础。模拟分散化结构常见于大型钢铁联合公司、化学工业公司、制铝工业公司等，在这类公司中，生产活动的连续性及经营活动的整体性都很强，并且规模又很大，因此，它既不宜采用事业部制，又不能运用直线参谋制，而适宜运用模拟分散化结构。

（5）矩阵组织结构形式。矩阵组织结构是一种较新的组织结构形式，它特别适用于技术进步较快、技术要求较高的公司，如计算机和空间产品制造公司等。通常的矩阵组织结构就是运用若干项目小组而使组织成为新的结构形式。项目小组是指组内人员分别出自组织中的不同部门，他们具有不同的知识和技能，为了完成一个特定的工作任务而组合在一起。项目小组由项目经理领导。实际上，矩阵组织结构是一种按双重因素进行的部门划分。

2.2.3 主要经营者和员工素质评估

1. 主要经营者素质。主要经营者一般包括法定代表人、总经理、财务经理，必要时还可以延伸到项目工程师素质。调查内容有主要经营者的学历、年龄结构、历史经营记录和业绩、管理风格、专业管理经验、开拓创新情况、品德及诚信度、获得的荣誉称号和管理层的稳定情况等。重点调查借款人核心管理层是否团结协作，是否重合同、守信用，有无逃废债行为，以前是否有过不良经营业绩或其他不良信用记录，近几年借款人主要管理人员更换情况，管理队伍是否稳定。

2. 员工素质情况调查。主要了解员工队伍构成情况、知识结构和培训情况，以及员工队伍的稳定性、团队能力。

2.2.4　借款人信誉状况

1. 金融机构融资信用情况。通过人民银行信贷征信系统和银行监管机构贷款风险监测系统查询方式，调查了解借款人在其他金融机构开户情况、信用等级、借款的使用及本息归还情况、现有存量贷款总额、对外担保情况以及贷款质量情况。有无呆滞、呆账、可疑、损失类贷款，是否有被中国人民银行征信系统公布为不良信用的情况。

2. 借款人商业信用。通过咨询工商行政管理、仲裁等部门调查了解包括借款人与其业务有关联的上下游企业间的业务往来情况，业务合同执行情况，是否有不履行合同、拖欠货款等商业纠纷。

3. 通过查阅借款人账务、凭证及与职工座谈、走访有关部门等方式，调查了解借款人税金缴纳情况，水电费交纳、职工工资发放情况；是否发生重大诉讼事项，若有应分析其诉讼标的占借款人净资产的比例情况；有无被有关部门处罚、有无被媒体披露的不良信用记录。

2.3　借款人经营情况

对于借款人为新设法人，借款人一般尚未开展正常的生产经营，银行评估人员在评估时，此部分可简化处理。对于借款人为既有法人的，不论项目为新建项目，还是改扩建项目，均需对借款人的经营情况进行详细的分析评估。

2.3.1　主导产品和行业分析

调查借款人主要产品的品牌、质量（通过了哪些质量认证）、主导产品销售收入占总收入的比重、近两年在国内国际市场销量和价格的变化情况，结合产品和行业发展特点，评价借款人在行业和区域发展中的地位和作用。

2.3.2　采购、生产和销售情况分析

调查借款人的原料供应渠道和货源情况，机器设备、技术工艺、生产

能力和仓储设施，以及销售覆盖区域、市场份额、市场拓展能力和销售网络渠道。评价借款人与主要竞争对手相比，在采购、生产、销售等环节的优势。

2.3.3 经营能力分析

调查借款人近两年的资产周转率、应收账款周转率、存货周转率、原料收购量、产品生产和销售数量、产销率等经营指标变动情况和原因，对借款人经营能力作出评价。

1. 资产周转率。资产周转率是衡量企业资产管理效率的重要财务比率，在财务分析指标体系中具有重要地位。这一指标通常被定义为销售收入与平均资产总额之比：

$$资产周转率 = 本期销售收入净额 / 本期资产总额平均余额$$

$$本期资产总额平均余额 = （资产总额期初余额 + 资产总额期末余额） /2$$

该指标不存在通用标准，因此只有将这一指标与企业历史水平或与同行业平均水平相比才有意义。如果资产周转率过低，即相对于资产而言销售不足，说明销售收入有待提高；如果周转率过高，则表明资产使用效率较高，同时又可能表明企业资本不足，业务规模太大，超过了正常能力。

2. 应收账款周转率。应收账款周转率是反映企业应收账款周转速度的比率，它说明一定期间内企业应收账款转为现金的平均次数。其计算公式为

$$应收账款周转率（次） = 销售收入 ÷ 平均应收账款$$

$$平均应收账款 = （期初应收账款 + 期末应收账款） /2$$

一般来说，应收账款周转率越高越好。应收账款周转率高，表明公司收账速度快，平均收账期短，坏账损失少，资产流动快，偿债能力强。相反则说明债务人施欠时间长，资信度低，增大了发生坏账损失的风险；同时也说明公司催收账款不力，使资产形成了呆账甚至是坏账，造成了流动资产不流动，这对公司正常的生产经营是很不利的。

有一些因素会影响应收账款周转率的正确性。首先，由于公司生产经营的季节性原因，使应收账款周转率不能正确反映公司销售的实际情况。其次，某些上市公司在产品销售过程中大量使用分期付款方式。再次，有些公司采取大量收取现金方式进行销售。最后，有些公司年末销售量大量增加或年末销售量大量下降。这些因素都会对应收账款周转率或周转天数

造成很大的影响。银行评估人员在分析这个指标时应将公司本期指标和公司前期指标、行业平均水平或其他类似公司的指标相比较，进而判断该指标的高低。

3. 存货周转率。存货周转率是衡量和评价企业购入存货、投入生产、销售收回等各环节管理状况的综合性指标。其计算公式为

$$存货周转率 = 销货成本/平均存货余额$$

存货周转率反映了企业销售效率和存货使用效率，体现了企业存货管理水平的高低，一般来讲，存货周转速度越快，存货的占用水平越低，流动性越强，存货转换为现金或应收账款的速度越快，企业的短期偿债能力及获利能力越强。

2.3.4 市场竞争力评估

1. 战略实施情况调查。主要调查了解借款人形象战略、市场策略、资源利用策略、组织策略和投资策略设计是否合理，是否顺利实施及取得的效果，是否达到了预期目的。

2. 市场占有情况分析。分析主要产品（商品）品牌、质量在同行业的地位，前三年和最近一期销售数量、收入在全国或本省同行业市场占有率，判断借款人市场竞争力，是否具有较强的垄断性。

3. 借款人规模。按照国家统一标准，是属于大型、中型或是小型企业，以及在全国或本省该行业排名情况。

4. 技术、装备水平。主要调查分析借款人的技术、装备等设施的先进程度。同时，调查借款人对技术创新的资金投入情况，分析借款人的投资偏好和发展潜力。

5. 产品的替代性。分析借款人近几年主要产品的销售情况，判断其主要产品被其他行业或其他产品替代的可能性。

6. 行业壁垒情况调查。了解行业进入的资金、技术和政策要求，分析借款人业务发展稳定状况，以及产品替代的可能性。

7. 议价能力分析。调查分析借款人主要产品质量情况、销售市场占有情况、商业信用情况，分析借款人对上下游企业的谈判和议价能力。

8. 借款人融资能力。主要分析内容包括借款人在货币、资本市场融资的难易程度、融资成本高低、近几年融资变化情况，进而说明借款人信誉程度和偿债能力。

2.3.5 经营前景分析

分析借款人的发展前景、近期目标和远期规划是评价借款人经营能力的重要内容。分析借款人的发展前景，主要分析国家产业政策、行业政策对借款人经营的影响、股东支持力度和实力、生产类借款人所在行业所处的发展阶段（是处于新兴阶段、成熟阶段或是衰退阶段）、借款人主要产品所处的生命周期（是处于投入期、成长期、成熟期或是衰退期）、生产类借款人主要产品（商品）市场预测（是供不应求、供求平衡或是供过于求）、生产类借款人技术更新情况、流通类借款人所处的地理环境和购物环境等。对借款人近期目标、远期发展规划的了解，可以通过企业相关文件和高层交谈获得，目的是分析评价企业的未来发展潜力。

2.3.6 其他相关情况调查

其他相关情况调查主要是对调查借款人的对外投资、涉及诉讼等可能影响其正常运营的事项进行调查，了解相应情况和最新进展，判断对企业经营发展的影响程度。

2.4 借款人财务状况评估

借款人财务状况评估是借款人资信评估的核心内容，借款人经营的好坏，最终体现在借款人编制的财务报表中。评估借款人的财务状况包括三个方面：一是进行资产负债分析。了解借款人近两年的资产、负债和所有者权益等财务指标变动情况和原因；借款人对外提供担保、贴现的商业承兑汇票等或有负债分析。二是偿债能力分析。计算分析借款人近两年的流动比率、速动比率、现金比率资产负债率、利息保障倍数等财务指标变动情况和原因；应收账款、存货借款余额、应付利息等期限分布情况，对借款人短期和长期偿债能力作出评价。三是盈利能力分析。了解借款人近两年主要产品产量、质量、成本费用、销售收入、税后利润等情况；计算资产净利率、销售净利率等指标；分析影响企业盈利的原因，评价盈利能力。

2.4.1 财务报告的审核方法

银行一般要求借款人提供其前三个年度（经营不到三年的按实有年度提供）和最近一期的财务报告进行全面审核。客户财务报告审核包括对财务报告的形式审核、报表相互之间勾稽关系审核、重要会计科目真实性审核和异常情况审核等。对于客户合并会计报表，除进行上述审核外，还应要求客户提供经审计过的母公司和占合并财务报表比重较大的子公司财务报表进行审核。审核的主要方法有：

1. 相关报表数据和指标对比分析，明确分析重点。

（1）客户内部经营情况与报表数据对比分析。如果发现企业经营活动方面的资料与财务报表之间有明显差异，说明财务报表数据失实的可能性较大。

（2）客户不同历史时期财务报表数据对比分析，对数据发生较大或异常变化的，要分析原因及合理性。

（3）客户与同行业有关财务指标的对比分析，通过行业对比，对发现重大差异的指标进行分析。

2. 深入借款人现场调查与核实。对通过借款人有关财务报表数据审核发现的问题，必要时应到企业实地查询、核实。

3. 与审计机构加强沟通联系，了解借款人财务报表真实性。

2.4.2　财务报告的形式审核

对客户进行评级、授信、用信调查时，原则上应要求客户提供经过有资质的、无不良记录的中介机构审计的前三年和最近一期（年中的报表不需审计）的财务报告（主要有资产负债表、利润表、现金流量表及报表附注），如有特殊情况未经审计的，应说明原因。财务报告的形式审核主要是对客户提供的审计报告、财务报表及附注、验资报告、有关资格证书等原件的正确性和真实性进行审核。同时也对出具审计报告的审计机构予以重视和关注，对合并财务报表进行特殊形式审核。

1. 审计报告的形式审核。重点审核：

（1）是否为标准的年度审计报告；

（2）报告内容是否完整齐全；

（3）是否有审计人员签章；

（4）审计报告日期是否准确；

（5）审计单位是否有执业执照；

（6）对会计师事务所主要审核其执业资格的合法性；

（7）审计报告是否加盖有骑缝章；

（8）审计结论是：无保留意见、保留意见、否定意见、带强调事项段的无保留意见或是无法表示意见。

2. 财务报表及附注形式审核的主要内容：

（1）报表编制单位是否盖章；

（2）报表是否有编制人员、财务负责人、客户负责人签章；

（3）报表是否齐全，是否经过审计；

（4）利润报表编制是否合规。

3. 合并财务报表的形式审核主要内容：

（1）是否为合并财务报表，是否经过审计；

（2）了解合并报表的编制范围，是否合规；

（3）资产负债表是否有合并价差及少数股东权益科目；

（4）损益表是否有少数股东收益科目。

2.4.3　主要勾稽关系审核

主要是对资产负债表、利润表、现金流量表、利润分配表之间科目对应关系的审核。重点审核：

1. 资产负债表中"期末未分配利润"和利润表中的"净利润"勾稽关系；

2. 营业执照中的"注册资本"、验资报告中"实际投入资金"、资产负债表中的"实收资本"之间的勾稽关系；

3. 现金流量表中的"经营活动收到的现金"同资产负债表、利润表中部分科目之间的勾稽关系；

4. 现金流量表中"经营活动现金净流量"同资产负债表、利润表部分科目之间的勾稽关系；

5. 现金流量表附表中的"经营性应收项目的增减"同资产负债表部分科目的勾稽关系。

需要注意的是，如发现以上勾稽关系不符或不实，应要求借款人解释并作出说明。

2.4.4　重要会计科目真实性审核

重要会计科目是指对银行在客户评级、授信或信贷风险有重大影响的科目，主要包括非无保留意见审计报告中涉及的科目、客户财务会计报表中异常变化的科目和在客户主营业务收入、资产负债中占据份额较大的科目。重点审核资产类科目是否真实存在、归属是否正确、计价是否合理；

权益类科目应审核其来源的合理性、确认的合法性、计价的准确性。审核的重点内容有：

1. 货币资金审核。货币资金主要包括客户库存现金、银行结算账户存款、银行汇票存款、银行本票存款和在途资金等。审核时，企业应提供各银行账户的明细账，必要时审查银行对账单，摸清客户开户情况及主要结算账户。审核的要点：一是审核货币资金的真实性。通过查阅有关票据，分析有无开支费用项目应列入成本而未列虚增货币资金的现象等；二是判断货币资金规模是否适当。一般情况下，客户的资产规模越大，相应的货币资金规模也大，在相同的总资产规模条件下，不同行业的客户货币资金规模也不相同。客户过高的货币资金规模，可能意味着客户投资机会少，资金闲置；反之货币资金过少，客户短期偿债能力弱；三是分析客户货币资金内部控制制度的建立和运行情况。

2. 短期投资分析。主要包括四项内容：一是要关注短期投资的目的性与报表金额的特点。如果报表中短期投资金额跨年度长期不变，投资收益较固定，则有可能客户故意将长期投资的一部分人为划分为短期投资，以改善流动资产的状况。二是要分析短期投资在报表中的计价。分析某些购买成本，是否列入当期费用；分析投资是否入账；分析减值准备计提是否充足。三是要分析短期投资是否存在潜在的巨大风险。四是要分析是否利用短期投资项目调剂货币资金，即压缩货币资金列入短期投资。

3. 应收账款的审核。主要审核企业应收账款是否有较大或异常变化并查明原因；是否存在数额较大、账龄超过一年的应收账款；是否存在较大数额、经判断已不能收回的应收账款而未核销；是否提足了坏账准备；应收账款是否真实存在、是否存在虚列应收账款以虚增销售收入现象；是否为了刺激销售，降低销售条件，导致应收账款大量增加等。对于虚列销售收入和应收账款问题：一是调查企业年度生产能力和生产规模，是否出现销售总量大于生产能力的异常情况；二是抽查企业出库凭证、运输单据等原始资料，审核是否真实；三是与企业纳税报表进行核对，对出现异常情况的应查明原因。对应收账款还应审核分析债务人的构成，如债务人的区域构成、债务人的稳定性、应收账款的集中度；审核应收账款有无真实的贸易背景。

4. 预付账款审核。配合"预付账款明细表"审核预付账款的真实性，了解预付账款的账龄、债务人构成和状况，审核预付账款的质量，是否存在账龄过长、金额过大的现象，是否存在潜在损失的风险。

5. 其他应收款审核。在审核时注意三点：一是客户是否用其他应收款科目减少费用的提取；二是大股东是否利用其他应收款占用客户的资金；三是账龄长的其他应收款要查清内容和性质。

6. 存货的审核。客户存货包括各类材料、商品、在产品、半成品、产成品等。

（1）存货真实性审核。一是应要求客户提供存货明细账，了解存货中材料、商品、在产品、半成品、产成品等科目的主要构成及储存情况；二是对金额较大的存货进行实地查看、核对仓库保管账并进行抽点。

（2）存货计价审核。一是了解大宗原材料采购价格是否与市价相符，可通过同行业查询、增值税发票、合同等资料进行调查；二是要求客户提供产品生产成本计算表及相关原始凭证，通过了解产成品的原料消耗定额、人工工资标准等制造费用定额，分析是否有产成品入库成本低估、虚增利润的情况。

（3）存货跌价损失准备审核。一是客户是否对存货计提存货跌价准备；二是分析存货的增长是否过快，存货占资产的百分比及增长是否正常，存货周转率是否非正常下降。若出现上述情况，说明客户可能存在销售不畅，产品不对路或质量问题；三是审核存货是否存在残、次、冷、背情况，调查人员在实地盘存时通过观察存货的存放时间、质量变化及市场价格变化，判断客户存货是否存在价值下跌的情况。

7. 长期投资审核。主要分析客户是否按照新《企业会计准则》对长期投资进行核算；通过分析被投资企业的盈利能力及所有者权益增加情况，判断客户长期投资减值准备计提是否充足；长期债权投资是否超过到期时间而未收回。

8. 固定资产审核。

（1）固定资产真实性审核。一是要求客户提供固定资产明细账，对大额固定资产应实地查看；二是收集固定资产的相关产权证明文件，判断固定资产划分是否准确、产权是否归企业所有；三是固定资产计价是否按历史成本计价，判断是否存在将租赁固定资产计入固定资产原值、虚增固定资产现象，核实固定资产计价是否真实公允。

（2）固定资产变化分析。如客户固定资产占比过大，需要分析其原因，是否存在挤占短期负债的情况；固定资产增长速度是否与销售增长相匹配，是否存在固定资产闲置现象；经营性固定资产与非经营性固定资产比例是否协调。

（3）分析固定资产折旧和固定资产减值准备计提是否合理。一是收集固定资产折旧明细账，通过分析客户以前年度的综合折旧率以及固定资产的结构可以大致判断客户折旧计提是否真实；二是分析是否存在客户将已投入使用或已建成完工的固定资产仍未从在建工程转入固定资产，不计提折旧，从而虚增利润的情况；三是分析客户是否存在因技术更新、产品升级而造成固定资产减值但未计提减值准备的情况。

9. 待摊费用审核。如果企业待摊费用占流动资产比例过大（≥10%），应对待摊费用科目构成进行审核，了解企业是否存在把递延费用计入待摊费用现象或待摊费用未及时摊销。

10. 无形资产审核。可辨认无形资产包括专利权、非专利技术、商标权、著作权、土地使用权、特许权等，不可辨认无形资产指商誉。主要审核无形资产是否真实存在；核实无形资产真实价值，有无高估无形资产价值、虚增客户实力现象，是否提足减值准备；无形资产摊销是否合理；是否虚列商誉等无形资产等。

11. 流动负债审核。在分析客户流动负债时，应与流动资产结合进行，有助于发现客户是否挤占、挪用流动负债用于长期投资的问题。

（1）短期借款审核。调查人员可以通过查阅核对客户短期借款明细账、借款合同、借据、银行对账单、银行贷款账户和人行征信系统等对客户短期借款的真实性进行核实。主要调查客户短期借款笔数、金额、到期日以及债权银行，是否有少记、漏记情况，分析近期到期短期借款情况以及客户是否有偿还能力。

（2）应付账款审核。一是要求客户提供应付账款明细账表及相关票据，审核应付账款的真实性、主要债权人及账龄结构；二是审核客户签订的购货合同及付款规定、付款期限；三是若出现客户大额的超过账龄的应付账款及主要供货商变动频繁的情况，说明可能出现客户支付困难或信用问题，要查明原因。

（3）应付工资审核。一是要求客户提供工资计提标准的相关资料，分析其工资支出总额；二是审核应付工资余额变化情况，如出现应付工资持续增加情况，应深入调查是否存在拖欠职工工资情况。

（4）应交税金审核。应交税金主要反映期末未交、多交或未抵扣的各种税金。如金额过大，应深入分析原因。可结合企业流转税、所得税等纳税申报表及相关税务文件，分析客户是否存在欠缴税款记录及欠税金额、欠缴时间等情况。

12. 长期负债审核。要求客户提供相应的合同文件及原始凭证，特别是审核还款日期，是否存在应列入流动负债中的一年内到期的长期负债仍列在长期负债项目，虚增客户资产的流动性情况。结合人民银行企业征信系统核实客户对长期借款是否存在少记、漏记情况。

13. 或有负债审核。或有负债主要有：商业票据背书转让或贴现、未决诉讼或仲裁、产品质量保证、对外担保抵押、追加税款或应收账款抵押等。或有负债具有相当的隐蔽性，通常情况下或有负债主要为对外担保及未决诉讼或仲裁。调查时应主要从以下三个方面收集资料：

（1）从人民银行企业征信系统查询对外担保信息；

（2）从客户审计报告附注中分析客户或有负债的披露情况；

（3）询问客户是否有诉讼或仲裁事项。

如果客户因对外担保或被诉讼，预计应承担相应责任，客户应将预计损失计入当期利润。在调查时应对客户或有负债情况进行认真审核分析：或有负债额度及构成情况、占客户净资产比例、转为现实负债的可能性大小等；企业隐瞒或有负债的发生，或故意零碎披露；企业低估对外担保可能产生的风险；企业是否有意回避或有负债可能对经营和财务产生的影响。

14. 实收资本审核。调查人员通过查阅验资报告、营业执照等资料，分析股东构成、出资比例、出资形式等。当期末实收资本不等于期初实收资本时，要核实说明客户实收资本增减的真实存在性，判断客户是否存在虚列实收资本、抽逃投资的情况。

15. 资本公积审核。当资本公积÷净资产≥10%，或者期初资本公积不等于期末资本公积，应审核资本公积增减原因，资本公积增加是否符合新会计准则规定。资本公积增加的主要原因包括资本（股本）溢价、接受捐赠、股权投资准备、拨款转入等，资本公积减少的原因有原评估增值现评估减值、减资、转增资本等。

16. 主营业务收入的审核。是否通过应收账款、预收账款科目虚增销售收入现象；是否存在降低信用标准（延迟付款、放宽其他条件）导致销售收入增加；应关注主营业务收入占总收入的比重及变化情况。

17. 销售成本审核。主要审核企业是否存在少转销售成本、虚增利润现象：一是利用销售利润率与同行业相比，是否有差异并分析原因；二是计价测算，看企业期末存货单价是否异常；三是利用单位产品原材料、费用消耗定额推算产品成本，并与产品市场销售价格对比，测算销售利润率水平。

18. 经营活动现金流入量审核。商品销售、提供劳务收到的现金 = 销售商品、提供劳务收入 −（应收账款期末余额 − 应收账款期初余额）−（应收票据期末余额 − 应收票据期初余额）+（预收账款期末余额 − 预收账款期初余额）+本期收回前期核销的坏账损失 − 本期实际核销的坏账损失 +本期增加的应收账款、应收票据中含增值税 − 本期减少的应收账款、应收票据中含增值税 − 本期销售退回支付的现金 − 以非现金资产清偿债务减少的应收账款、应收票据。按照以上公式核实客户现金流量表数据的真实性。

19. 经营活动现金流出量审核。购买商品、接受劳务支付的现金 = 本期销售成本 +（存货期末余额 − 存货期初余额）−（应付账款期末余额 − 应付账款期初余额）+（预付账款期末余额 − 预付账款期初余额）−购货退回收到的现金 − 本期以非现金资产清偿债务减少的应付账款、应付票据。按照以上公式核实客户现金流量表数据的真实性。

2.4.5 常见的企业虚假财务数据审核

1. 资产虚增。

（1）少列费用，随意资产化。应计入当期的费用计入待摊费用、递延资产、无形资产等资产类科目，当期应摊费用而未摊，虚增企业资产和盈利。

（2）应收款应提坏账准备而未提，对已经发生的坏账损失不作冲抵坏账准备或计入当期费用的账务处理，坏账准备严重不足，虚增资产。

（3）违背企业会计准则，对长期积压、淘汰过时和应当报废的物资不作账务处理并计入期间费用，对存货现实价格明显低于账面历史成本价值却仍按原成本挂在存货账上，虚增了存货价值。

（4）固定资产原价高估，主要是少提或不提折旧。

（5）递延及无形资产摊销不足导致企业资产虚增。

2. 负债虚假。

（1）应付款项低估。企业购入原材料后存货及应付账款均不入账，直接用于生产，也不纳入生产成本，不仅导致虚增利润，而且低估应付款金额。

（2）预提费用不实。没有按照要求预提费用或者预提数据不准确。

3. 虚增利润。

（1）虚增销售收入、少转销售成本而虚增利润（前面已说明）。

（2）利用资产重组和关联方交易转移利润。母公司与子公司之间、子公司与子公司之间发生的关联方交易，其交易价格如果有失公允，往往存在人为调节利润的行为。要调查控股股东的情况、本公司所属子公司的情况、关联方之间发生的资产转让、销售、采购、商标使用以及资金占用等情况，要特别关注交易价格和支付手段是否异常。

（3）当期费用未计入利润、少提固定资产折旧，虚增利润。

（4）少提或不提银行贷款利息，虚增利润。应调查银行贷款情况，根据借款额和利率水平测算利息计提情况。

2.4.6　财务报表异常情况审核

主要指对财务报表数据所反映的财务状况超过了正常情况下的置信区间或表明财务状况恶化等的异常情况进行审核。财务状况异常包括静态、动态两个方面。静态财务状况异常指比率极端优秀（分析的主要指标包括流动比率、净资产收益率、销售利润率、成本费用利润率、存货周转率、应收账款周转率、销售增长率），动态异常主要指比率突然变化（同比率极端优秀分析指标）、利润表变化异常（包括销售收入与销售成本的配比、销售收入与营业费用、管理费用的配比）、销售购买循环异常（包括销售收入与应收账款的配比、销售收入与存货的配比、销售成本与应付账款的配比）。当企业财务报表出现比率极端优秀、比率突然好转、利润表变化异常等情况，应审核其真实性和可信度，出现销售购买循环异常时，应重视企业财务状况的变化情况。

2.4.7　财务报表调整

通过以上对客户财务报表分析审核，对反映不实、勾稽关系不符的有关数据在分析财务指标时需要进行调整。主要包括：一是没有确凿收款依据、虚构的销售事项形成的应收账款；二是变现的可能性很小，账龄超过三年的应收账款、预付账款、应收补贴款；三是长期积压、销售困难的存货；四是待摊费用和待处理流动资产净损失；五是固定资产清理、固定资产净损失、长期待摊费用、递延税款；六是虚假销售收入、销售成本、各项费用、利润以及现金流量表中需要调整项目。对在审核时发现的异常情况进行认真分析，对较大问题需在调查报告中详细说明。

3 农业项目贷款环境评估

农业项目贷款建设背景和必要性评估是取得贷款的重要内容之一。项目建设必要性需要从国家经济社会发展和项目自身宏观、微观等层面进行分析，为项目建设奠定基础。建设条件评估需要判断有关农业项目提出的背景是否成立、程序是否符合有关规定、项目的发展程度是否能够保证项目及时付诸实施，以及项目所处环境是否有利于项目建设，并提出相应结论。

3.1 农业项目贷款建设背景

项目提出的背景是指最初设计或规划农业项目的根据和理由。项目提出背景从整体上讲，可以归纳为宏观背景和微观背景两个方面。

项目的宏观背景主要是考察与评估项目是否符合国家一定时期的方针、政策、规划等，这是项目是否可行的基本依据。进行项目宏观背景分析时，应掌握各级政府一定时期的方针、政策，同时还要充分研究政府的有关规划。此外，还要考察在规划中项目所处地位和安排的投资时机等，考察有关规划和项目的建设内容，以及项目建设对有关规划的影响。

项目微观背景主要从项目本身提出的理由着手进行分析评估。通过分析项目的投资给地方、部门和企业带来的贡献，考察项目提出的理由是否充分。

在进行可行性研究与项目评估中，项目建设背景评估通常包括政策背景分析、行业背景分析和客户背景分析三个方面的内容。

3.1.1 政策背景

对于一个项目而言，在进行政策背景分析时，首先应该对国家在这一时期的产业政策进行深入研究。产业政策的主要功能就是协调产业结构，产业政策在某种意义上集中地反映了政府希望通过调整投资结构来实现经济发展目标的强烈愿望，确定了整个国民经济优先发展的产业及需要抑制发展的产业。从这个意义上讲，项目的建设也是实现国家产业政策的一个重要手段。

对农业项目的政策背景进行分析和评价，首先要分析国家的农业产业政策，包括农业产业结构政策、农业产业组织政策、农业产业分布政策以及国家在这一时期的技术政策和投资政策等。把农业项目的建设与同期的农业产业政策、技术政策和投资政策的要求进行对比分析，只有符合国家农业产业政策、技术政策和投资政策的要求，才可以认为项目的提出是合理的，项目的建设是必要的。同时，不仅要考察农业项目建设与国家这一时期的农业产业政策、技术政策和投资政策的关系，还要分析农业产业政策与农业项目建设内容的相符程度，以及农业项目建设对农业产业政策的影响程度。

3.1.2　行业背景

行业背景分析包括对国家的行业政策、管制与准入、行业周期、行业及项目的成长性、稳定性、发展趋势等分析。项目管制与准入对项目需求量、现金流入量及未来偿债能力的影响甚大。

项目的行业背景可以从下列方面分析：

（1）项目所属行业的发展现状，主要可以从市场份额分布、市场总量、市场增长率、行业运营能力、行业偿债能力、行业盈利能力和行业发展能力等指标来分析；

（2）行业发展的总体情况，主要可从产品所处的生命周期、市场饱和度、行业竞争情况等方面来分析；

（3）项目所属子行业的发展现状和特点，项目所属子行业所处的发展阶段，区域分布，与传统行业相比是否具有竞争优势，是否符合国家相关鼓励和引导政策，是否具有技术优势和效率优势等。

3.1.3　客户背景

在贷款项目评估中，由于借款人是贷款项目的承担主体，对借款人的分析评估是贷款项目评估的最基础也是最重要的部分，也是影响项目贷款决策的关键环节。通过对借款人的经营状况、人员素质、财务状况和资信状况等进行评估，银行可以了解借款人的偿债能力和按时还款的可能性，对贷款的安全性、流动性和盈利性有一个初步的掌握。

客户背景是指借款人的基本情况，此处不同于第 2 章中对于借款人资信状况的细致分析，主要涉及借款客户的性质、发展历史、经营业绩、技术优势，还包括该借款人在项目相关行业的经验、对相关行业和区域政策的熟悉程度以及借款人发起本项目的原因等。

3.2 农业项目贷款必要性评估

项目贷款建设必要性评估是指，对可行性研究报告中提出的贷款项目的必要性理由及贷款的重要性和可能性进行重新审查、分析和评估。只有对拟建项目的建设必要性进行严谨的审查、分析和评价，才能确定项目进行建设的必要程度，以保证项目规划和投资决策的正确性。同时，它对于控制投资规模、防止重复建设和盲目建设、提高投资经济效果起着决定作用。本书主要从宏观和微观两方面分析论证与评估农业贷款项目的必要性。

3.2.1 项目贷款宏观必要性分析

项目贷款的宏观必要性评估，就是站在国民经济运行的角度，站在全球经济一体化的角度，来考察评估贷款项目立项的必要性，论证项目建设确有必要。

1. 从国民经济运行的角度考察评估农业贷款项目。

从国民经济整体运行的角度考察评估项目，就是衡量贷款项目对国民经济总量平衡、优化产业结构的影响，进行必要性分析。对大型农业项目来说，重点要进行这方面的分析评估，而对于中小型贷款项目，则要侧重于从地区与行业的角度进行分析评估。

（1）农业项目建设是否符合国民经济总量平衡发展的需要。国民经济总量的平衡，是指社会总供给量和总需求量的基本平衡。社会总需求由投资总需求和消费总需求两部分构成；社会总供给量，由投资品供给和消费品供给构成。项目建设投资，直接构成投资需求，如果投资需求规模过大，将会是社会总需求过大，社会市场总需求大于总供给，会引发通货膨胀和经济波动。此时要减少贷款，以维持国民经济的总量平衡。如果投资需求规模过小，将导致社会市场总需求小于总供给，即社会市场购买力不足，使经济出现萧条和衰退。此时，就要增加社会投资，以维持国民经济总体的平衡。所以应根据国民经济总量平衡的需要，决定贷款项目的压缩、停建、缓建或者扩大项目贷款。

（2）农业项目建设是否符合经济结构优化的需要。经济结构包括产业结构、地区结构、企业结构和投资结构等。项目建设应充分考虑贷款对经济结构的影响。国民经济平衡发展取决于经济总量和经济结构的平衡，在社会主义市场经济条件下，必须根据资源的可供应量和社会的总需求量来实现资源的合理配置和有效利用，促使国民经济结构优化。

（3）农业项目建设是否符合国家一定时期的产业政策。当前，我国产业政策总的原则是"依靠科技进步，促进产业结构的调整和优化，在改造和提高传统产业的基础上，发展新兴产业和高新技术产业，推进国民经济信息化。"产业结构优化的重点是高度重视农业，调整和改造加工业，加快发展基础设施、基础工业和第三产业，振兴支柱产业。只有符合上述产业政策要求的项目，才会被认定是必要的。

（4）农业项目建设是否符合国家生产力布局的要求，能否促进国民经济地区结构优化。根据我国区域政策的要求，要积极推进西部大开发，促进区域经济协调发展。评估时，应掌握国家一定时期的产业政策、区域政策的要点，并将项目动机与这些要点进行比较，从而判断项目是否符合国家的产业政策和区域政策。

（5）农业项目建设是否符合国民经济长远发展规划、行业发展规划和地区发展规划的要求。国民经济长远发展规划、行业与地区发展规划反映了国民经济整体与行业、地区经济发展的蓝图，也体现了国家宏观经济和社会发展的意图。因此，对项目建设必要性评估，首先应调查分析项目产品方案是否符合国民经济长远发展规划、行业与地区发展规划的要求。

（6）分析考察农业项目产品在国民经济和社会发展中的地位和作用。根据项目产品的品种、类别、特征及采用的生产方法，论证项目产品在国民经济中所起的作用和所处的地位，并分析项目产品在社会经济发展中的作用。如果证明项目产品方案确实符合国民经济的要求，能对提高人民生活水平作出贡献，则此项目就确实具有投资建设的必要性。

2. 从全球经济一体化的角度考察评估贷款项目。

全球经济发展一体化，是当今世界经济发展的主题。信息、交通的发达和 WTO 等各种经济联合，使当今各国的经济越来越成为世界经济的一个组成部分。那么，作为一国内的一个贷款项目，特别是大中型贷款项目，就毫无例外地成为世界性的项目，不但在项目的建设上如此，更主要的是，项目建成以后，其产出的产品或服务，也要融入世界贸易之中。不但要考虑对本国国民经济的影响，还要结合国际市场，从产品的资金、技术、生产成本等多方面评估论证，作出必要性的结论。

3.2.2 项目贷款微观必要性分析

项目贷款微观必要性评估，主要是从项目效益和风险两方面进行项目建设的必要性分析。

1. 分析项目所生产的产品（或提供的服务）是否符合市场的需求。市场需求是项目建设的基础，也是企业生存和发展的基本前提。评估项目的微观必要性，必须首先研究市场的需求情况，对项目产品市场的需求和竞争力进行深入调查分析。通过对项目产品有关的生产资料和消费资料，以及项目产品在国内外的供应与需求量的调查和预测，综合分析项目产品和社会总需求和总供应是否适应，据以判断和评估项目产品的市场需求可靠性，并进一步分析产品在质量、性能、成本和价格等方面在国内外市场上的竞争能力和占有率。只有项目产品（或所提供的服务）适销对路，满足社会和市场需要，拟建项目的投资才是必要的。

2. 分析项目建设是否符合企业发展战略，拟建项目应与企业的发展目标和规划相一致。企业的发展目标包括产品结构的调整、生产能力的扩大、经营范围的拓宽等，企业的发展需要投资。评估时，首先要了解承担项目投资企业单位的发展规划和要求，并且分析企业的发展规划是否与国家经济发展规划和地区或行业发展规划合理结合，判断企业的发展是否与大环境相吻合，然后再将拟建投资项目的目标与企业的发展规划和要求进行对比分析，判断两者是否一致。符合企业发展规划的投资项目建设是必要的。

3. 分析项目建设是否考虑到了合理生产规模的问题。规模问题是项目建设的重要问题，因为生产规模的大小直接影响项目建设条件的要求、技术方案的选择和生产产品的成本与效益。应着重审查、分析和评估项目的设计生产能力是否与产品的市场需求和竞争能力相适应，是否与资金、原材料、能源及外部协作配套条件相适应，是否与项目的合理经济规模相适应，并符合本行业的产业结构变化趋势。如果该项目不仅符合市场需求，也能符合合理经济规模要求，则该项目建设就是必要的。

4. 分析项目建设是否有利于科学技术进步，并能把科研成果转化为社会生产力。科学技术是社会第一生产力，无论是新建还是改扩建项目，应尽可能地采用先进适用的新技术、新工艺和新设备，满足项目在技术上的先进性和适用性要求，并把这些新的科研成果尽快运用于产品的设计和生产，使其转化为社会生产力，使项目能生产出社会所需要的高质量的新产品。对这类项目进行必要性评估时，先要分析评估科研成果转化为社会生产力的必要性和可能性。

3.3　农业项目贷款的政府扶持政策

农业项目由于与我国的"农业、农村、农民"问题息息相关，比较收益低、公益性特征明显，其产业背景具有一定的特殊性，按照国际惯例和WTO的规则要求，属于国家重点扶持和保护的领域。为了更好地解决"三农"问题，我国政府对于农业项目往往给予一定的财税优惠和政策扶持，并且随着国力的增强，政策补贴的力度在不断加大。具体包括：

1. 国家和地方政府财政资金投入。为了弥补部分农业项目前期投资大、成本与收益不匹配的问题，中央和地方政府采用资本金注入、直接投资、建设补贴等方式对项目建设提供资金支持。

2. 贷款贴息。农业项目一般具有显著的社会生态效益，项目财务效益不明显，难以承担高昂的融资成本，对此政府部门较为常见的一项扶持政策就是为农业项目贷款提供利息补贴，降低项目的融资成本。

3. 政府或相关部门为项目建设提供贷款担保。当项目的经济效益并不显著或者投资较大而可用于向银行抵押以获得贷款的资产不足时，地方政府或相关部门通过提供担保的方式为项目融资提供帮助。

4. 税收减免。为了促进农业项目建设和发展，通过部分或全部返还税金的方式对项目建设和运营提供扶持。

3.4　农业项目贷款建设内容

项目建设内容是指项目达到运营状态时所需完成的一系列工程构筑、设备安装和相关配套设施建设等。一般项目建设主要包括下列几个方面：

1. 项目所需的工程建筑，包括办公楼、住宅楼（如农民集中安置房）、厂房、仓库、堤坝、隧道等。

2. 项目所需的交通设施，包括通达原有交通路线的公路、码头、项目区域内的道路等。

3. 项目大型设备，是指项目运营所需的各项技术设备、公用设备、输送系统、控制系统等的安装建设。

4. 能源供应、给排水、通讯、消防设施及其他配套设施。

3.5　农业项目贷款进展过程评估

3.5.1　项目前期工作及立项批复

对项目贷款，银行需对项目的提出程序进行进一步的审查，审查的范围包括项目立项、项目审批核准或备案等批复文件，审查的内容则包括各类相关文件的合法性、合规性，内容的完整性和真实性。一般而言，项目开展先期工作，应该取得的主要手续包括：

1. 项目立项手续。

狭义地讲，项目立项即为项目建议书获得有权部门批复，同意项目开展可行性研究的过程。项目前期研究各个阶段是对项目的内外部条件由浅入深、由粗到细的逐步细化过程，一般分为规划、机会研究、项目建议书和可行性研究四个阶段。各个阶段的研究目的不同，因此研究内容的深度和要求也不同。项目建议书（又称立项申请）是项目筹建单位或项目法人，根据国民经济的发展、国家和地方中长期规划、产业政策、生产力布局、国内外市场、所在地的内外部条件，提出的某一具体项目的建议文件，是对拟建项目提出的框架性的总体设想。项目建议书主要论证项目建设的必要性，建设方案和投资估算也较粗略。

改革开放以来，国家对原有的投资体制进行了一系列改革，打破了传统计划经济体制下高度集中的投资管理模式。为进一步改革项目审批制度，落实企业投资自主权，2004 年，国家下发了《国务院关于投资体制改革的决定》（国发〔2004〕20 号），彻底改革现行不分投资主体、不分资金来源、不分项目性质，一律按投资规模大小分别由各级政府及有关部门审批的企业投资管理办法。对于企业不使用政府投资建设的项目，一律不再实行审批制，区别不同情况实行核准制和备案制。企业投资建设实行核准制的项目，仅需向政府提交项目申请报告，不再经过批准项目建议书、可行性研究报告和开工报告的程序。但对于政府投资项目，采用直接投资和资本金注入方式的，从投资决策角度仍需要审批项目建议书（各地有特殊规定的除外）。

2. 项目审批、核准或备案。

根据项目情况的不同，需要有权部门对项目进行审批、核准或备案。《国务院关于投资体制改革的决定》（国发〔2004〕20号）明确规定，对于企业不使用政府投资建设的项目，一律不再实行审批制，区别不同情况实行核准制和备案制。其中，政府仅对重大项目和限制类项目从维护社会公共利益角度进行核准（可参见《政府核准的投资项目目录》），其他项目无论规模大小，均改为备案制。企业投资建设实行核准制的项目，仅需向政府提交项目申请报告，不再经过批准项目建议书、可行性研究报告和开工报告的程序。对于《政府核准的投资项目目录》以外的企业投资项目，除国家另有规定外，由企业按照属地原则向地方政府投资主管部门备案。备案制的具体实施办法由省级人民政府自行制定。国务院投资主管部门要对备案工作加强指导和监督，防止以备案的名义变相审批。

尽管如此，但各地方在对项目进行核准或备案时，大多仍然将审核项目可行性研究报告作为必要内容，并根据对项目可行性研究报告的审核结论对项目申请进行批复。

3. 项目初步设计批复。

有些项目在编制项目建议书、可行性研究报告的基础上，还要对项目进行更深层次的研究，形成项目的初步设计报告，并报项目主管部门审核批准。与项目建议书、可行性研究报告的审核批准一般由项目主管部门负责不同，项目的初步设计报告一般由项目的行业主管部门进行审核批准。如公路项目初步设计的批复权一般在交通部门；水利项目初步设计的批复权一般在水利部门。

4. 环保手续批复。

环保手续一般包括项目环境影响报告书（或环境影响报告表）及环境保护行政主管部门的审批手续，或环境影响登记表。涉及水土保持的建设项目，还要有项目水土保持方案及环境保护行政主管部门的审批手续。

1989年，我国出台了《中华人民共和国环境保护法》（中华人民共和国主席令第二十二号），该法明确规定，建设污染环境的项目，必须遵守国家有关建设项目环境保护管理的规定。建设项目的环境影响报告书，必须对建设项目产生的污染和对环境的影响作出评价，规定防治措施，经项目主管部门预审并依照规定的程序报环境保护行政主管部门批准。环境影响报告书经批准后，计划部门方可批准建设项目设计任务书。

为进一步促进经济发展，简化项目报批手续，2002年《中华人民共和国环境影响评价法》（中华人民共和国主席令第七十七号）规定：国家根据建设项目对环境的影响程度，对建设项目的环境影响评价实行分类管理。建设单位应当按照下列规定组织编制环境影响报告书、环境影响报告表或者填报环境影响登记表（以下统称环境影响评价文件）：可能造成重大环境影响的，应当编制环境影响报告书，对产生的环境影响进行全面评价；可能造成轻度环境影响的，应当编制环境影响报告表，对产生的环境影响进行分析或者专项评价；对环境影响很小、不需要进行环境影响评价的，应当填报环境影响登记表。建设项目的环境影响评价分类管理名录，由国务院环境保护行政主管部门制定并公布。建设项目的环境影响评价文件，由建设单位按照国务院的规定报有审批权的环境保护行政主管部门审批；建设项目有行业主管部门的，其环境影响报告书或者环境影响报告表应当经行业主管部门预审后，报有审批权的环境保护行政主管部门审批。涉及水土保持的建设项目，还必须有经水行政主管部门审查同意的水土保持方案。

5. 项目用地手续批复。

建设项目需要占用土地利用总体规划确定的国有建设用地的，按照下列规定办理用地手续：

（1）建设项目可行性研究论证时，由土地行政主管部门对建设项目用地有关事项进行审查，提出建设项目用地预审报告；可行性研究报告报批时，必须附具土地行政主管部门出具的建设项目用地预审报告。

（2）建设单位持建设项目的有关批准文件，向市、县人民政府土地行政主管部门提出建设用地申请，由市、县人民政府土地行政主管部门审查，拟订供地方案，报市、县人民政府批准；需要上级人民政府批准的，应当报上级人民政府批准。

（3）供地方案经批准后，由市、县人民政府向建设单位颁发建设用地批准书。有偿使用国有土地的，由市、县人民政府土地行政主管部门与土地使用者签订国有土地有偿使用合同；划拨使用国有土地的，由市、县人民政府土地行政主管部门向土地使用者核发国有土地划拨决定。

（4）土地使用者应当依法申请土地登记。建设项目在办理项目用地手续时，要经过一系列的程序并取得多项手续。银行要求提供的项目用地手续主要包括：用地预审手续，以及《建设用地规划许可证》、《建设工程规划许可证》和《国有土地使用证》。

项目用地预审手续：用地预审是指国土资源管理部门在建设项目审批、核准、备案阶段，依法对建设项目涉及的土地利用事项进行的审查，未经预审或者预审未通过的项目，不得办理供地手续。建设项目用地实行分级预审，需人民政府或有批准权的人民政府发展和改革等部门审批的建设项目，由该人民政府的国土资源管理部门预审；需核准和备案的建设项目，由与核准、备案机关同级的国土资源管理部门预审。

预审的主要内容包括：建设项目用地选址是否符合土地利用总体规划，是否符合土地管理法律、法规规定的条件；建设项目是否符合国家供地政策；建设项目用地标准和总规模是否符合有关规定；占用耕地的，补充耕地初步方案是否可行，资金是否有保障；建设项目用地需修改土地利用总体规划的，规划的修改方案、建设项目对规划实施影响评估报告等是否符合法律、法规的规定。

《建设用地规划许可证》：建设单位在向土地管理部门申请征用、划拨土地建设用地规划许可证前，经城乡规划行政主管部门确认建设项目位置和范围符合城市规划的法定凭证，是建设单位用地的法律凭证。根据国家城乡规划法，按照项目用地取得方式的不同，项目用地规划许可证在办理过程中也存在一些差异。在城乡规划区内以划拨方式取得国有土地使用权的建设项目，按照国家规定需要有关部门批准或者核准的建设项目，建设单位在报送有关部门批准或者核准前，应当向城乡规划主管部门申请核发选址意见书。经有关部门批准、核准、备案后，建设单位应当向城市、县人民政府城乡规划主管部门提出建设用地规划许可申请，由城市、县人民政府城乡规划主管部门依据控制性详细规划核定建设用地的位置、面积、允许建设的范围，核发建设用地规划许可证。建设单位在取得建设用地规划许可证后，方可向县级以上地方人民政府土地主管部门申请用地，经县

级以上人民政府审批后，由土地主管部门划拨土地。在城乡规划区内以出
让方式提供国有土地使用权的建设项目，在签订国有土地使用权出让合同
后，建设单位应当持建设项目的批准、核准、备案文件和国有土地使用权
出让合同，向城市、县人民政府城乡规划主管部门领取建设用地规划许
可证。

《建设用地规划许可证》主要包括：（1）许可证编号；（2）发证机关
名称和发证日期；（3）用地单位；（4）用地项目名称、位置、宗地号；
（5）用地面积；（6）附图及附件。

《建设工程规划许可证》：项目建设工程规划许可证是城乡规划行政主
管部门依法核发的，确认有关建设工程符合城市规划要求的法律凭证。根
据国家城乡规划法，在城市、镇规划区内进行建筑物、构筑物、道路、管
线和其他工程建设的，建设单位或者个人应当向城市、县人民政府城乡规
划主管部门或者省、自治区、直辖市人民政府确定的镇人民政府申请办理
建设工程规划许可证。申请办理建设工程规划许可证，应当提交使用土地
的有关证明文件、建设工程设计方案等材料。需要建设单位编制修建性详
细规划的建设项目，还应当提交修建性详细规划。对符合控制性详细规划
和规划条件的，由城市、县人民政府城乡规划主管部门或者省、自治区、
直辖市人民政府确定的镇人民政府核发建设工程规划许可证。

《建设工程规划许可证》主要包括：（1）许可证编号；（2）发证机关
名称和发证日期；（3）用地单位；（4）用地项目名称、位置、宗地号以及
子项目名称、建筑性质、栋数、层数、结构类型；（5）计容积率面积及各
分类面积；（6）附件包括总平面图、各层建筑平面图、各向立面图和剖
面图。

《国有土地使用证》：我国依法实行土地登记发证制度。单位和个人依
法使用的国有土地，由土地使用者向土地所在地的县级以上人民政府土地
行政主管部门提出土地登记申请，由县级以上人民政府登记造册，核发国
有土地使用权证书，确认使用权。

3.5.2　项目建设进展情况评估

项目建设进展评估主要是对项目可行性研究报告评估前和项目进展过
程中已开展的工作情况和成果进行分析评估，主要内容包括：

1. 项目工程进度情况。主要包括项目建设进度情况、已完成工程质量

情况和主要技术设备招标情况。

2. 对已做过调查研究的项目市场、技术、资源、经济和社会等方面的专业问题进行全面考察和系统分析。

3. 对项目拟采用的建筑材料、新工艺、新设备、新技术等方面已做过的实验和试制工作情况进行分析评估。

4. 对已投入的各项费用（如咨询、调研、可行性研究、实验、试制、选址费用和筹建准备费）列表说明，与项目预算进行比较分析。

4 农业项目贷款市场分析

在市场经济条件下，投资项目一般要按市场需求状况而构造，并接受市场检验。一个贷款项目在市场中的成败，直接决定项目第一还款来源是否充足，进而影响贷款质量。因此，在农业项目贷款评估时，评估人员要对市场状况尤其是项目所定位的目标市场状况进行科学考察，综合分析市场供求，评价项目产品的市场竞争力，确保项目贷款决策正确，是摆在项目评估人员面前的首要问题。

4.1 农业项目贷款市场分析的意义

4.1.1 农业项目贷款市场分析的含义

市场是连接生产和销售的纽带，是产品供求的"晴雨表"。一切商品都要由生产领域进入市场，达到消费者手里，才能真正实现其价值。因此，一个项目是否具有投资价值，首先要看其有无投资的必要性，而项目投资的必要性则取决于市场对项目产品的需求状况。

新中国成立以来，我国经济体制改革起步于农村的改革，我国市场经济也是发端于农产品市场的搞活。经过30多年的改革开放，我国农村经济日趋繁荣，极大地促进了农村商品生产的发展和农业综合生产能力的提高，市场需求状况对农产品生产的调节作用日益明显和重要。农业生产已成为一个自然再生产和社会再生产相互交织的生产过程，不仅要承受自然灾害带来的生产风险，同时还要承担因市场变化而带来的市场风险，受到"双重风险"的制约，这也成为农业生产的重要特点之一。从近几年的发展来看，市场风险日渐成为农业生产所面临的主要风险。因而在进行农业投资项目决策分析时，必须要充分考虑市场的发展与变化。市场上的需求信息，往往成为一个项目设计生产的由来。如果项目产品没有市场需求，就没有生产的必要性，该项目也就失去了投资的基础。因此，充分、科学的市场分析是农业投资项目分析和评估的重要起点。

农业项目贷款市场分析的含义是指针对农业投资项目产品的市场环境、竞争能力、供求状况以及原材料、物资供给等方面的发展变化趋势进行的分析，以便为项目贷款决策提供依据。

4.1.2 农业项目贷款市场分析的意义

项目市场分析，是农业项目贷款决策的前提和基础，项目业主开展深入的市场分析，其意义主要在于：

1. 有助于项目业主作出科学决策。项目业主的经营决策活动逐渐走向科学化、系统化。在项目业主投资决策过程中，通过市场分析预测出结果的准确度越来越受到企业的重视，很多企业的决策都是依靠对市场详细分析的结果而作出的。在瞬息万变的今天，进行细致的市场分析，可为农业项目业主提供翔实、及时的市场信息，可使项目业主充分了解农产品市场的变化规律和发展趋势，可让项目业主清醒地看到投资的风险所在，从而避免因市场信息的缺乏而导致的决策失误，在一定程度上降低了因盲目投资而造成的各种资源浪费。

2. 有助于项目业主提高投资的经济效益。项目业主投资活动的最大目标就是效用最大化和利益最大化。通过科学的市场分析，可有助于项目业主从众多的投资方案中选择出那些产品销路好，潜在需求量大的产品项目作为支持对象，进行择优选择，以利于获取投资的最大效益。同时，科学的市场分析，也有助于项目业主决策者合理调整产品的生产结构，促进产品的市场供求逐渐趋向平衡，利于减少过度生产造成的浪费和生产不足产生的机会成本，以便发挥投资的最大效用。

3. 有助于项目业主创新和新产品的开发。现代企业的一个最大特征就是创新。产品都是有生命周期的，一个企业若想持续发展，就需要不断地进行创新，开发新的产品。通过项目的市场分析，对产品需求进行调查预测，项目业主可以从消费者的需求中发现一些新的需求信息和产品市场的未来趋向，从而有利于项目业主开发具有市场潜力的新产品，促进产品的更新换代，增强企业的竞争能力。

4. 有助于项目业主制定正确的营销策略。营销策略的制定是企业经营过程中的重大问题，是项目业主投资成功与否的关键环节。只有科学地分析和研究市场，才能为项目业主制定政策的营销策略提供可靠的保障。通过市场分析，可以帮助项目业主发现市场机会并为项目业主的发展创造条件，不仅有利于项目业主了解自身实力，也有利于项目业主了解市场上的其他竞争对手。通过市场分析，也可以加强项目业主控制销售的手段，有利于项目业主在产品销售过程中，合理安排促销活动和正确选择促销手段。通过市场分析，还可以帮助项目业主发现经营中的问题并找出解决的办法，有利于项目业主在众多影响经营活动的因素中，及时排查制约企业发展的问题所在，并采取有针对性的措施，从而保证企业的健康有序发展。

对银行项目贷款评估而言，在基于项目业主重要作用共同的基础上，对项目开展市场分析的特殊意义在于：

1. 市场分析是贷款产业投向政策把握的重要基础。农业项目具有一定公益性的特点，但大多需要通过市场方式进行运作。在判断项目是否符合产业政策的把握上，不仅考虑国家产业政策的要求，对国民经济的影响，对社会进步的作用，最终确保项目实现持续发展的信贷政策把握还是对市场分析评估，这些因素是项目投资的关键，是未来项目实现稳定收益和贷款风险基本可控的根本因素之一。

2. 市场分析是贷款项目财务估算的主要依据。简单地说，银行贷款评估人员进行市场分析的目的是通过系统研究，取得项目产品的价格定位水平，以及项目产品在目标市场的实现达产的时间和可能性。而这两组数据决定了项目盈利能力、偿债能力和财务生存能力。

3. 市场分析是贷款审批决策的主要参考。定量分析获得的数据往往是冰冷的。贷款决策者可能更关注市场分析的过程和市场分析得出的定性结论，即贷款评估人员在评估报告中关于项目产品市场定位，目标市场供求状况，项目产品的市场竞争力等多方面的文字论述，往往是贷款决策者决定贷与不贷的主要依据。

4.2 农业项目贷款市场分析的原则

从农业项目运作流程的角度而言，按照市场分析的原则，采取适当的方法，对项目进行全面的市场分析，是项目研究设计者的首要职责和任务。项目业主依据项目研究设计成果作出投资决策并申请银行贷款后，银行评估人员将在项目研究设计成果基础上，对项目市场分析研究设计内容和结论进行审核，必要时将按照银行的风险偏好进行更深入的市场调查分析，但分析方法和内容与项目研究设计并无本质差别。为了使读者全面系统掌握市场分析的相关知识，本书在以下章节系统论述了项目研究设计者开展项目市场分析的原则、内容和方法，供银行贷款评估人员在贷款项目评估中参考。

4.2.1 把握发展趋势和着眼现实需要相结合

20 世纪 90 年代以来，受世界新技术革命、经济全球化、知识经济等影响，我国农业农村经济发展发生了巨大变化。突出表现在：农村经济发展与国民经济增长的互动性增强、农业农村经济发展受市场机制和宏观调控体制的双调节作用增强、国内市场与国际市场的联动性增强。开展项目贷款评估要适应形势变化，并深刻领悟这些变化对农业农村经济发展领域的影响，准确判断未来农业农村经济社会发展的走势，把握好现实性与前瞻性关系，以此为依据理性评价项目市场状况，判断项目投资方向符合国内外经济发展趋势和战略目标要求，符合国家农业农村经济社会发展趋势和战略要求，符合企业发展战略要求。

4.2.2 全面分析和重点分析相结合

全面分析，要求凡是可能影响项目业主生产经营活动，影响需求的各种情况都应作为农业项目贷款市场分析的内容。项目业主进行市场研究时，要作全面分析，把握全局。因为有时一些偶然的、不受重视的细微变化及所引起的连锁反应，也可能给项目业主带来致命的打击。

在全面分析的基础上，要对影响本行业的一些主要因素进行重点分析。例如，在进行农业消费品投资项目的市场分析时，应主要研究该种商品的市场需求状况、社会购买力和可供量状况、竞争状况等。市场需求状况一般包括产品总量需求、产品品种需求、产品质量需求、产品价格需求，能够反映市场对该种商品需求的数量和特点。社会购买力是一定时期内，社会可用于购买该种商品的货币支付能力，既受国家在一定时期内宏观经济政策的影响，还要受收入水平、消费结构、消费观念等的影响。社会可供量则由国内生产提供的该种商品总额及构成情况和外贸进口提供的该种商品总额及构成情况组成。竞争状况主要了解该种商品的竞争能力和生产同类商品企业的竞争能力，从而分析该商品在市场中的地位、优势、劣势、可能达到的市场占有率，以及该商品进入国际市场的能力、渗透率和地位等。

4.2.3 定性预测和定量预测相结合

定性预测，是依赖人们丰富的实践经验和知识以及综合分析能力，对市场的未来发展前景作出性质和程度上的估计和推测的一种方法。这种方法的最大优点是能在缺乏统计数据及原始资料的情况下，得到定量预测方法无法反映的信息。当预测对象的发展在很大程度上取决于社会和政策的变化，而不是完全取决于现实技术基础时，采用定性预测能得到更为正确的结果。

定量预测，是指依据信息资料，运用各种经济数学模型进行分析的方法。定量预测是规范化、模式化的科学方法。但是，因为每种经济数学模型方法都有一定的前提、假设和应用条件，只有当预测对象的客观发展规律与某种方法的前提和假设相吻合时，才能取得满意的分析结果。

在进行投资项目市场分析时，定性预测和定量预测相结合可以将两种方法的优点加以兼容，形成优势互补，使预测结果更加准确。

4.2.4 实地调研和资料调研相结合

市场调研是开展项目市场分析的前提和基础，它是通过对市场客观环境的数据收集和情报汇总，并以此为基础而进行的分析、判断。调研是为目标服务的，市场调研就是为了实现管理目标而进行的信息收集和数据分析。市场调研包括实地调研和资料调研。一般而言，应先进行资料调研，在对调研对象有了全面了解之后，再对重点问题进行必要的实地调研。资料调研是对已经存在并已为某种目的而收集起来的信息进行的调研活动，也就是对二手资料进行搜集、筛选，并据此判断它们的问题是否已局部或全部地解决。资料调研是相对于实地调研而言的，通常是市场调研的第一步，为开始进一步调研先行收集已经存在的市场数据。由于农产品市场波动频繁，在多数情况下，收集的二手资料不够及时准确，资料调研无法满足农业项目市场分析的目的，这就需要适时进行实地调研来解决问题。所谓实地调研，是指为及时获取市场上第一手资料而进行的现场调查活动。由此可见，资料调研和实地调研是两种互为补充的调研手段。

在项目投资决策过程中，只有充分了解市场的现实情况，才能保证项目市场分析工作有效顺利开展，为最终决策提供更加翔实的参考依据。

4.2.5 显性分析和潜在分析相结合

客户的需求就是项目业主所要寻找的市场，就客户的需求是否得到满足而言，其市场可分为显性市场和潜在市场。客户对某种商品或劳务的需求，用已有的商品和劳务去满足，即可称之为显性市场。而客户对某种商品和劳务的潜在需求，即未被满足的需求，则是潜在市场。毋庸置疑，在农产品市场上有不少潜在市场尚待开发。因为，生产过程和消费过程的不一致，必将导致某些顾客的某些需求暂时得不到满足，从而使市场出现空隙。也就是说，只要哪里有未被满足的需求，哪里就有潜在市场。退一步说，即使"未被满足的需求"得到满足，也还会出现新的"未被满足的需求"，即新的"潜在市场"。可以说潜在市场无处不在，关键是项目业主是否能够发现。显性市场显而易见，但往往竞争激烈，是众多企业争夺的热点。潜在市场的发掘需要敏锐的洞察力、聪慧的感悟力和迅捷的反应力。如果哪家企业在进行投资项目市场分析时，能首先透过客户的"显性需求"，即已得到满足的需求，预测到其"潜在需求"，不失时机地去开发"潜在市场"，那么，这家企业就能够最早抓住市场机会，就能够在市场竞争中胜人一筹。

4.2.6 多样细分市场和准确选择目标市场相结合

农村市场（农产品市场）是一个庞大和复杂的整体，它由许多具有不同购买需求和购买兴趣的用户和客户群所组成。按照客户不同特点而产生的不同需求加以分类，则某一产品的整个市场就可以划分为一系列不同的客户群。每个具有相同需求特点的客户群就是一个细分市场。分类标准不同，细分的市场就不相同。如果项目业主能打破常规，找出细分市场的新标准，那么往往就能够找出新的市场机会。项目业主应尽可能地根据需求的多样性，独辟蹊径，多样细分，为项目业主准确选择目标市场奠定基础。目标市场是项目业主选出并决定为之服务的那些细分市场。能够成为项目业主目标市场的细分市场必须具备以下三个条件：第一，有适当的规模和发展潜力；第二，对于项目业主具有吸引力；第三，符合项目业主的目标和资源能力。可见，要保证项目业主目标市场选择的正确，在进行项目市场分析时必须提供多样的新角度的细分市场，并准确把握每一细分市场的状况。

4.3 农业项目贷款市场分析的内容

4.3.1 项目贷款市场分析的内容特征

在计划经济模式下和商品短缺经济时代，投资项目对产品市场方面的研究一般停留在市场容量、国内外生产总量、人均占有量、市场缺口等静态指标上，该市场分析方法在当时确实非常有效。现在，我国已处于市场经济新时代，农业的经济特征和经济管理手段均已发生了变化，农产品买方市场的格局已基本形成，农产品不仅是简单的食用消费品，还是其他工业领域的重要原材料。在这种情况下，农业项目贷款市场分析的内容也随之发生了很大变化，不仅要考虑传统的静态指标，更多地要关注那些随着市场变化而产生波动的动态指标，如未来的预期价格、市场供求关系的变化等。

因此，目前农业项目贷款市场分析的研究对象应该是整个市场，这个对象可以从纵横两个角度去考察。从纵向角度看，市场分析要研究农产品（含部分农村公共产品）从生产者到消费者的所有商业活动，揭示生产者和消费者各自在从事市场活动中的行为和遵循的规律。无论是生产者还是消费者，在其从事市场活动中都必须既要了解自己，又要认识对方。生产与消费是一对矛盾，它们在整个市场活动中达到对立的统一。生产者和消费者只有按照其固有的规律行事，才能成为把生产和消费有机统一起来的桥梁。从横向角度看，在现代市场经济体制中，市场活动是一个全方位的活动。一方面不同的国家和地区由于受其政治、文化等方面的影响，它们的市场活动是有差异的，所以市场分析必须揭示这些市场活动的特点和规律；另一方面，即便是同一市场活动的主体，由于各种不同市场的交互作用，它们活动的内容是极为广泛的，也就是说，市场的类型多种多样，各种不同类型市场的特点和运行规律，就成了农业项目市场分析的又一重点研究对象。

总之，农业项目市场分析的研究对象是极为广泛和复杂的，广泛性和复杂性是农业项目市场分析内容的重要特点。

4.3.2 农业项目贷款市场分析的基本内容

项目贷款市场分析工作主要是围绕与项目主要产品相关的市场环境和条件展开的。由于农业项目的多样性和复杂性，使得市场分析预测的目标和方法与一些工业项目有些差异，但就其基本内容和分析方法是相通的。总体上包括市场现状调查、产品供给与需求预测、产品市场价格预测、目标市场定位、市场竞争能力分析和市场风险分析等几方面内容。

1. 市场现状调查。

市场现状调查是农业项目市场分析与预测的基础，其调查重点是拟投资项目的同类产品的市场空间、价格、市场竞争力等。调查内容主要包括：

（1）经济环境研究：世界经济增长情况、国内经济增长情况、GDP 结构变化等一些与拟投资农业项目相关的宏观经济因素。

（2）产品供应调查：与拟投资农业项目相关产品的世界供应状态、国际市场贸易量及在各地区的分布、国内市场的供应能力及分布情况、产品进出口情况等。

（3）产品消费调查：与拟投资农业项目相关产品的世界消费结构变化情况、国内消费需求结构和消费量、相关行业对该产品的需求情况等。

（4）供求平衡研究：当前国内外对拟投资农业项目相关产品的供求平衡情况和满足程度，近几年产品的市场变化可能引起供求失衡的因素和涉及的范围等。

（5）产品价格调研：调查、收集与拟投资农业项目相关产品的国内外市场历史价格数据，研究其波动规律，调查影响产品市场价格波动的因素等。

2. 产品供求预测。

市场是供求关系的总和。市场供给和需求，是农业投资项目市场分析的两个基本方面。农业是个复杂的生产系统，从田间到餐桌涉及自然环境、技术投入、政策措施、市场条件以及消费者心理等多重因素的影响。对农产品供求的分析预测，则要从影响其供给和需求的多方面因素来综合考虑。

（1）自然环境变化趋势的预测。

农业生产的对象是生物，特别是植物性生产受自然环境的影响较大，而农业自然资源又是变化的，这种变化对农业的产出影响较大，直接影响产品的市场供给。因此，对项目投资地区的自然环境变化趋势进行分析预测，对于农业项目综合开发评估是十分重要的。对自然环境变化趋势的预测，要着重预测农业自然资源，包括土地资源、水资源、气象资源、生物资源、产品原料资源等的变化趋势，作出定量分析，从而预测项目所在地区资源开发和产品原料供应的可能前景，以便估算项目系统的发展目标、方向和规模。

（2）原材料、能源及其他生产资料的供求状况预测。

对农业项目来说，各种原材料、能源及生产资料的供给是至关重要的，它不仅关系到产品的产出水平，同时还关系到产品的质量，尤其是农业加工类项目。因此，对原料性物质的分析，需要侧重分析原材料的产地、分布、产量、价格、上市季节、供应渠道、交通运输以及同行业的需求变动趋势等。

（3）产品的市场需求预测。

农业项目生产的产品只有在市场上有需求，才有投资的必要，而需求则是消费者的一种消费动机。所谓市场需求量是指在一定时期、一定条件下，在特定市场上，消费者愿意而且有能力购买某种产品或劳务的总量。因此，对产品的市场需求预测要从产品的社会需求和消费者的消费行为两方面进行分析。具体分析内容包括产品市场需求对象（即消费群体）、需求总量、需求结构、产品流向、消费者支付能力、消费意愿以及社会的潜在需求等诸多因素分析。同时，还需要对产品的市场需求量和需求发展趋势进行预测。

（4）产品的市场供给预测。

所谓市场供给量是指在一定时期、一定条件下，在特定市场上，社会可提供给消费者的某种产品或劳务的总量。这里所讲的市场供给是指全社会就某种产品或劳务所提供的供给，而不单单指某个企业的产品或劳务的供给，因此，分析产品市场供给的时候，要考虑的是同行业内同类产品或劳务的供给状况。一般指同行业同类产品或劳务的数量和分布、生产规模、满足市场需求的程度等。此外，还有同行业竞争能力状况，如资金力量、技术水平、设备状况、产品的性能和质量、产品服务手段、产品在市场上的占有率等。在分析同类产品供给情况时，还要考虑可替代产品和同类新产品的潜在势头，包括新产品发展方向、发展进程、技术开发及其上市后的竞争形势等。

3. 产品市场价格预测。

项目产品价格是项目投资后的销售收入、生产成本和经济效益的基础，也是考虑项目产品竞争力的重要方面。农业项目产品的生产或多或少地受到农业生产季节性的影响，因而其价格存在着较明显的变化，近年来，我国农产品市场价格的起伏波动也证明了这一点。

预测农产品价格时，应对影响农产品价格形成与导致价格变化的各种因素进行分析，初步设定项目产品的销售价格和投入品的采购价格。一般来说，价格受供求平衡、经济技术发展水平和突发事件等影响较大。但对于我国农业项目产品来说，还要充分注意到国家农业政策特别是价格政策的变化。具体而言，分析预测农业项目产品价格时需要考虑的因素主要包括：供给和需求变化的趋势、新的替代品出现、新技术的出现等对价格的影响；国际市场上同类产品的供给和需求趋势，国际市场的价格走向，以及我国目前该类产品的进出口量的大小、成本的高低、质量状况、效益的好坏、创汇能力的大小等对国内市场价格的影响；国内外税费、汇率，以及非贸易壁垒、国家农业补贴等价格政策对项目产品价格的影响。

4. 目标市场定位。

目标市场定位的目的，就是选择产品的目标市场，以预测市场的占有率。进行目标市场定位分析是明确项目投资规模、投资方向的一个基本条件。

目标市场定位分析需要明确的主要内容包括：可进入性，即有无可能进入的细分市场，市场区位和分布情况；市场因素，即市场消费习惯、市场饱和程度和市场需求稳定性等；自身因素，即项目投资所在地区的地理位置、原有的销售渠道、原料与产品的运输距离和未来发展战略和产品的适应情况等；竞争强度，即新参与者的加入、原料供应商议价能力、买方议价能力、替代产品的威胁和现有竞争者的竞争能力等。目标市场定位分析要综合分析各种主要影响因素，以综合分析的结果来确定目标市场。

5. 市场竞争能力分析。

市场竞争能力分析是指研究投资项目产品在市场竞争中获胜的可能性和获胜能力，进而确定合理的营销战略。市场竞争能力分析，是项目业主能够充分认清自己、了解竞争对手的一个重要手段，也是项目业主能够持续健康发展的一个必然过程。市场竞争能力分析的基本步骤包括：

（1）确定市场竞争力分析范围。

对于平地起家的新建项目，竞争力分析范围是整个项目业主；对于原有企业中新建、改扩建项目，应将原有企业的影响作为一个因素加入到项目竞争力分析中，对于与原有企业相关程度较小的项目，可简化为产品竞争力分析。

（2）确定目标市场及竞争对手。

前面已提到如何确定目标市场，不再赘述。选择目标市场范围内实力较强、市场占有率高的几家竞争对手，进行优劣比较。

（3）竞争力影响因素分析。

一个企业竞争能力的高低，不是单一因素所能左右的，而是企业生产经营过程中，各个环节、各个部门相互作用、相互联系的结果。因此，分析评价企业的竞争能力也是一个复杂和系统的工作，要从企业的生产、技术、投入、管理、营销等各个方面进行综合考虑。影响企业竞争力的因素主要包括：

产品相关因素：细分市场中企业、产品的知名度、品牌和信誉；

生产成本因素：原材料成本、能源成本、人工成本、运输成本、资金成本等；

技术水平因素：设施与设备先进性、技术开发能力、专有技术和专利、质量控制手段等；

投入产出与消耗因素：单位产出投资额、单位产出原材料消耗、单位产出能源消耗、单位产出人工费用、单位产出财务费用、单位产出管理费用、单位产出税费等；

原材料供应因素：原材料供应的稳定性、与原材料供应者的协作关系和竞争关系等；

财务实力因素：项目借贷能力、资金结构、资金新增能力等；

市场营销因素：销售渠道覆盖面、新产品开发能力、销售队伍实力水平等；

其他因素：同下游产品加工生产联系的紧密程度、替代产品竞争压力、地域优势、生产的熟悉程度等。

（4）竞争地位分析。

通过前面的工作界定了项目竞争力分析的范围，选择了目标市场和竞争能力对手，在确定了竞争力影响因素之后，就开始了最重要的阶段——

竞争力地位分析。可建立一个简单的数学模型，首先确定各个影响因素的权重，建立各个影响因素中项目本身与竞争对手矩阵，最后进行序列加权平均以确定竞争地位。

6. 市场风险分析。

市场风险分析，就是对未来国内外市场某些重大的、不确定因素发生的可能性及其可能对项目造成的损失程度进行分析。在我国，农业弱质性的产业特征，以及近似于完全竞争的农产品市场，决定了农业项目不可避免地要面临市场风险。对市场风险进行全面分析，可使项目业主提前预见风险的发生，从而及早采取相应的风险管理措施，降低风险损失。进行市场风险分析，重点是要全面考虑产生市场风险的各种因素。

对于农业项目产品来说，造成市场风险发生的主要因素包括：因自然灾害的发生造成农业产出减少，从而减少了市场供给，导致市场上的价格波动风险；农业原材料、各种生产资料价格的上涨，导致企业生产成本提高，从而造成农业项目产品的市场价格上浮而带来的消费需求下降的风险；新产品或替代产品的出现对项目产品需求的影响；竞争对手的增加或增强而导致的市场占有率可能下降的风险；国家农业政策的变化和一些突发事件等造成的投资环境发生改变而带来的风险。

总之，农业项目贷款市场分析与预测，在投资项目可行性研究中的重要性明显上升。项目业主要抓住良好的投资机会，关键是对市场消费群体的敏锐考察，科学地进行分析与预测，以及在此基础上做好产品的开发和合理定位，工艺技术的研究与市场分析、财务评价体系相结合，这是项目投资的成功源泉，同样是银行项目贷款决策的重要基础。

4.4 农业项目贷款市场分析的方法

项目管理学科中对市场分析预测的方法很多。随着科技的发展，特别是信息技术在分析预测中的应用，相继出现了许多新的分析预测方法及相应的数学模型，把科学的分析预测推向了一个更加深化的阶段。目前，在国外有150多种市场分析预测的方法，其中被广泛使用的有30多种，经常使用的有10多种。从农业项目贷款市场分析的实际出发，在进行项目评估时需采用定性分析与定量分析两大类别方法。其中，前者主要针对某些可能发生的事件对某一事物的影响，作出定性的分析判断；后者则主要依据数学模型，把某一事物的变化进行量化分析与预测。

为了保证农业项目贷款评估的质量和方法的科学，根据农业项目的自身规律特点，我们从市场分析预测的各种方法中，选择了比较适合农业项目贷款评估使用的，也是比较基本的市场分析预测方法加以论述。

4.4.1　市场调查

市场调查，就是对商品或服务交换过程中发生的各种信息的收集、整理和分析，它是获取市场信息的一种重要手段，是进行市场分析预测的前提和基础。因此，开展项目贷款评估工作，首先要进行的就是市场调查，它是一种有目的的活动，是一个系统的过程，是对信息的判断、收集、记录和整理，是一项市场信息分析工作。

1. 市场调查的原则。

科学性和客观性是市场调查的两大基本原则。所谓科学性原则，是指市场信息必须是通过科学的方法获得的。它要求市场调查人员从调查设计、抽样设计到资料收集、数据分析和统计处理等过程都必须遵循科学的程序，特别是在抽样设计和统计方法的应用上，尤其要加以注意。客观性原则，是指在调查过程中，要尊重客观事实，真实准确地反映客观情况，避免主观偏见或人为地修改数据结果。

2. 市场调查的基本过程。

现代市场调查是一种科学研究活动，在长期实践中，为了保证市场调查的质量和效率，形成了一套严格的工作程序。农业项目贷款市场调查的基本过程包括：确定调查问题、设计调查方案、数据采集、数据处理与分析、撰写调查报告五个步骤。

（1）确定调查问题。调查问题的确定，应根据拟解决的科学问题，明确该科学问题属于何种性质，具体涉及哪些范围，最终要达到什么目标，以及工作量估计有多大等，以此为依据来组织调配适当的调查人员。

（2）设计调查方案。调查方案的设计，应紧紧围绕所要解决的科学问题，其作用就是为以后分析解决科学问题服务。调查方案一般包括：调查目的、内容、对象、方式、步骤及进度、质量要求以及经费、物资保证等。

（3）数据采集。就是依据调查方案选定的方法和时间安排，进行调查对象的选取、调查工具的制作并实地收集资料，然后对收集到的资料进行审核订正、统一编码、分类、汇总以及数据录入，最终建立数据库文件。该环节是将调查方案变成现实的关键环节。

（4）数据处理与分析。数据处理与分析，就是根据调查方案规定的要素，按统计清单处理数据，把复杂的原始数据变成易于理解和解释的资料，并借助于 Excel、SPSS、SAS 或者 Statistic 等统计软件对其给予全面的、系统的统计和理论分析。统计分析和理论分析是相互联系、密不可分的。统计分析为理论分析提供方法论基础，理论分析对统计分析起指导作用，是对统计结果的判读和解释。常用的统计分析方法有描述性统计、推论统计和多元统计三种。

（5）调查报告撰写。撰写调查报告，是市场调查的最后一个环节，是形成调查结论的环节。调查报告是全面调查工作的结晶，提交调查报告是完成市场调查的标志。

3. 市场调查的内容。

农业项目贷款市场调查，要充分考虑农业的产业特性和农产品的市场特征，调查内容要能全面系统地反映出农产品产销环节的各种影响要素。总体来讲，市场调查主要包括市场环境调查和市场专题调查两大方面。

（1）市场环境调查。

农业项目的市场环境调查，是对影响整个市场发展的政治、经济、文化、自然等各方面条件现状的调查。

政治环境调查：主要了解我国及一些地方政府出台的农业政策、市场管理措施、投资政策等内容。

经济环境调查：主要了解国内外主要市场空间的经济发展形势，以及其经济发展特征。

社会文化环境调查：主要了解项目产品目标市场所在地的文化特点、生活习惯以及民风民俗等方面的内容。

自然地理环境调查：主要了解项目投资所在地的自然资源、气候特征、地理地貌特征、运输条件等方面的内容。

（2）市场专题调查。

市场专题调查则是根据项目的需要而进行有选择地调查，一般应包括以下内容：

产品供给调查是指对项目拟生产的产品规格、用途等的调查；与项目产品有关的国际、国内现有生产能力调查、产品产量调查、产品过去的产销情况调查；产品的工艺技术特点调查、产品的质量与性能调查。

消费市场调查是指对消费现有产品的满意度和要求等进行的调查；对市场的需求量及潜在需求量的调查；对消费者的消费心理、消费能力、购买行为与习惯、消费预期等的调查；对产品的普及率与拥有率、产品的供求关系等进行的调查。

产品价格调查是指对项目产品现在的市场价格、价格影响因素、价格变化趋势、产品寿命周期不同阶段的定价原则等进行的调查。

市场竞争调查是指对项目同类产品（或互补产品）及替代产品的供求状况及变化趋势的调查；主要企业产品的市场占有率及其产品的性能、成本构成及营销策略的调查；消费者可接受的价格水平等的调查。

4. 市场调查的方法。

市场调查的方法有很多，主要是通过用户访问、抽样调查等各种方式，综合运用各种资料，经过研究、综合、分析，得出社会对某种产品的需求及供给情况。常用的方法主要有以下几种：

（1）访问法。

访问法是指将拟调查的事项，以当面或电话或书面的形式向被调查者提出询问，以获得所需资料的调查方法。它是最常用的一种实地调研方法。访问法的特点在于整个访谈过程中，调查者与被调查者是相互影响、相互作用的过程，也是人际沟通的过程。它包括面谈、电话访问、信函调查、会议调查和网上调查等。

（2）观察法。

观察法是指调查者在现场从侧面对被调查者的情况进行观察、记录，以收集市场情况的一种方法。调查者与被调查者不直接接触，甚至不让被调查者觉察自己是被观察的对象，使被调查者的言行完全在一种自然状态下表现出来，调查结果比较客观，有时能够收集到访问法无法获得的资料。但观察法无法直接了解到被调查者的内心活动，调查者只能通过对被调查者的行为、态度和表现的观察来进行推测判断问题的结果。常用的观察法有直接观察调查和实际痕迹测量法等方法。

（3）实验法。

实验法是最正式的一种方法。它是指在控制的条件下，对所研究的对象从一个或多个因素进行控制，以测定这些因素间的关系，它的目的是通过排除观察结果中带有竞争性的解释来捕捉因果关系，在因果性的调研中，实验法是一种非常重要的工具。实验法以许多假设条件为前提，结果容易出现偏差，主要有产品试销和市场实验等方法。

（4）典型市场调查法。

典型市场调查法也称为重点市场调查法。该方法是通过对选取的个别有代表性的重点对象或地区的调查，以达到对全部对象需求的基本认识，了解市场大体趋势的方法。该法的优点在于调查范围小，需求情报汇总快，费用较少，较易深入实际获得第一手资料。但利用该调查方法不能计算抽样误差，不能指明推断结果的精确度。

（5）抽样调查法。

抽样调查法是一种科学的非全面的调查方法。该方法不如普查所获资料全面，但科学的、样本数量足够大的抽样调查，同样具有相当的准确性。而且这种方法面广、省时、省力、省钱，结果又比较接近实际，因而是市场调查中普遍使用的一种调查方法。抽样调查的具体方法包括几率抽样法和非几率抽样法两大类。

几率抽样法，包括简单随机抽样法、分层随机抽样法和分群随机抽样法。其中，简单随机抽样法是对调查对象的任何一部分，不作任何目的的选择，用纯粹偶然的方法来抽取个体，进而推算总体的一种方法。分层随机抽样法是将调查的市场总体按照某些特征，划分若干个次总体，再从各个次总体中随机抽取样本的一种方法。这种方法适用市场总体庞杂，总体内部差异较大的情况。分群随机抽样法是将市场区分为若干个群体，以随机抽样的方法选定群体，并对群体进行调查的方法。该方法要求各群体之间具有相同性，每一群体内部的个体具有差异性。

非几率抽样法，包括任意抽样法和判断抽样法等。其中，任意抽样法是根据被调查对象的方便和合作与否来抽取样本。街头访问调查就属此非随机调查法，适用于总体样本之间差别不大的情况。任意抽样法使用方便、成本低，但抽样偏差大，结果不可靠。判断抽样法是由专家判断而决定所选样本。此种抽样法应避免选取极端类型，而应选取"多数型"或"平均型"的样本作为调查研究的对象。

4.4.2 定性分析预测方法

定性分析预测法是以逻辑判断为主的预测方法，是通过预测者所掌握的信息和情报，并结合各种因素对事物的发展前景作出判断，并把这种判断定量化。这类方法的最大特点就是通过聚集大量专家的思想，通过逻辑分析而得出判断结果，当前人们常把这类方法称之为"头脑风暴法"。它普遍适用于历史统计资料缺乏或趋势面临转折的事件进行预测，是十分实用的预测方法。定性分析预测方法常用的有集思广益法和专家调查法。

1. 集思广益法。

集思广益法是指邀请熟知有关预测问题的专家参加专题讨论会，对未来事件发展的可能性作出种种预测的方法。目前，这种方法常被称做"会商"，一般被邀请的专家范围包括相关行业的市场分析专家、相关企业的管理者、企业销售人员以及一些市场经营人员等。通过受邀专家根据对客观情况的分析和自己的经验，对市场需求的情况作出主观判断，预测市场未来的变化趋势。如果受邀专家有较丰富的经验和分析判断能力，并且对各方面情况比较了解，这种方法往往可以得到较好的预测结果。

集思广益法的优点在于能做到全面地考虑事件发展的各种可能性。但是，由于人数有限，难以广泛收集更多的意见，而且在讨论时，易受某些权威人士的意见所左右。

2. 专家调查法。

专家调查法又称德尔斐法，是指征集专家们的意见据以判断决策的定性系统分析方法，它是定性预测方法中最具代表性的一种方法。20 世纪 40 年代美国兰德公司提出这一方法后，被广泛用于经济预测、政策评价等活动。该方法是用系统的程序，采用不记名方式反复进行征询，以取得有显著趋向性的预测方案。在调查之前，首先要草拟调查提纲，提供背景资料，征询不同专家的预测意见；然后将他们的意见综合、整理、归纳，再反馈给各个专家，供其分析判断，提出新的论证；如此多次反复，直到意见逐步趋近一致，最后汇总调查预测结果。目前，应用专家调查法进行市场分析预测，往往需要将最终结果进行量化，一般常用的专家意见量化处理方法包括：算术平均法、加权平均法、平均得分法、比重系统法和满分频率法。其中加权平均法被广泛应用，其公式为

$$Y_t = \sum_{i=1}^{n} W_i Y_{it} \qquad\qquad (4-1)$$

其中，W_i 表示的是赋予第 i 个预测专家的权重，Y_{it} 表示第 i 个预测专家对事物在未来某时刻 t 的预测值，两者加权求和的值 Y_t 即是 t 时刻的预测值。

专家调查法的优点在于既可以加快预测速度和节约费用，也可以在缺少历史数据的条件下获得各种不同但有价值的观点和意见。但其缺点也比较明显，专家主观意见有时可能不完整或不切合实际，而且不同专家的权重难以确定，这使得判断定量化比较困难。

4.4.3 定量分析预测方法

定量分析预测方法，是指在占有大量历史统计资料的基础上，通过数据的整理与分析，运用相应的数学模型确定变量之间的关系，从而对市场的未来发展趋势作出定量测算的方法。目前，定量分析的预测方法很多，在农业项目市场分析中，常用的方法主要有回归预测法、时间序列预测法和组合模型预测法等。

1. 回归预测法。

在农产品市场中存在着各种经济变量，而一个变量的变化会引起另一个变量的变化。变量之间的关系可分为两大类，一类是确定性关系，就是函数关系；另一类是非确定性关系，叫相关关系。回归预测法，是从市场现象之间的因果关系出发，通过建立回归预测模型，根据一种或几种现象的变化去推测另一种现象变化的一种定量预测法。这一类预测方法的特点是被预测事物与其影响因素之间，在一定时间内保持着某种固定结构函数关系。根据被预测事物与其影响因素之间的关系，回归模型包括线性回归模型和非线性回归模型两种。线性回归模型可以通过一元或多元回归的方式来表述。

应用回归预测法时，需要注意：①回归模型中的因变量和自变量间必须具有因果关系；②自变量与因变量间必须具有强相关关系，自变量间必须具有弱相关关系；③自变量的预测值较准确且易得到；④正确选定回归模型的形式；⑤回归模型必须通过各种检验后方可用于预测。

回归预测法的基本步骤为：①进行因素分析，确定回归模型中的自变量；②绘制散点图，构造回归模型的理论形式；③利用最小平方法估计模型参数，建立模型；④对建立的回归模型进行各种检验；⑤利用检验后的回归模型进行预测。

（1）一元线性回归。

一元线性回归是指成对的两个变量数据分布大体上呈直线趋势时，采用的适当的计算方法。即如果被解释变量的变化原因可以由一个主要解释加以说明，其他解释变量的影响可以忽略，就可以用一元回归模型表示。一元线性回归模型一般表达式为

$$y_i = b_0 + b_1 x_i + u_i \qquad (4-2)$$

其中，y_i 为第 i 期因变量的预测值，x_i 为影响 y_i 的一个主要解释变量，b_0 为回归系数（截距），b_1 为回归系数（斜率），u_i 为随机扰动项。

这个公式为一元线性回归方程，根据这个方程在直角坐标系上画出来的直线为回归直线。预测的关键问题是运用统计资料求出回归系数 b_0 和 b_1。根据最小二乘法原理，可推导出回归系数 b_0 和 b_1 的计算公式。

$$b_0 = (\sum y - b_1 \sum x)/n \qquad (4-3)$$

$$b_1 = [n(\sum x_i y_i) - (\sum x_i)(\sum y_i)]/[n(\sum x_i^2) - (\sum x_i)^2] \qquad (4-4)$$

最后，对预测模型进行检验，并确定预测值。这种检验一般包括两大部分，一是对回归方程中自变量与因变量相关程度的检验，可采用相关系数法进行，相关系数公式为

$$r = \frac{n\sum_{i=1}^{n} X_i Y_i - \sum_{i=1}^{n} X_i \sum_{i=1}^{n} Y_i}{\sqrt{[n\sum_{i=1}^{n} X_i^2 - (\sum_{i=1}^{n} X_i)^2][n\sum_{i=1}^{n} Y_i^2 - (\sum_{i=1}^{n} Y_i)^2]}} \qquad (4-5)$$

这个相关系数表明的是两个变量之间关系的密切程度。$-1 \leqslant r \leqslant 1$，$r$ 的绝对值越接近于 1，表示两个变量之间的相关程度越高。二是对预测值可靠性的检验，可采用统计检验的方法进行。统计检验是利用数理统计的方法检验回归模型中因变量与自变量间的线性相关关系是否显著，常用的方法主要有 F 检验法、R 检验法、DW 检验法等。

（2）多元线性回归。

农业市场的变化往往是受多个变量影响的，一元线性回归方法只分析了一个变量对市场预测对象的影响，这只适于存在较明显相关关系的两个

变量之间的分析。如果其他解释变量的影响不能忽略，就要用多元线性回归表示。多元线性回归模型一般表达式为

$$y = b_0 + b_1x_1 + b_2x_2 + \cdots + b_nx_n + u_i \qquad (4-6)$$

其中，y 为因变量，x_1，x_2，$\cdots$，x_n 为影响 y 的 n 个主要解释变量，b_0，b_1，b_2，$\cdots$，b_n 为回归系数，u_i 为随机扰动项。

同样，可以运用统计资料，根据最小二乘法原理，推导出回归系数 b_0，b_1，b_2，$\cdots$，b_n。

对多元线性回归模型的检验，包括三大部分：一是进行相关性分析，即计算自变量与因变量之间的相关系数，这个不同于一元回归的相关系数，例如在二元线性回归分析中的相关系数为复相关系数，用它来测定的是两个自变量对因变量影响的相关程度。二是进行回归模型的整体显著性检验，检验的方法有 F 检验法和 R 检验法。三是进行偏回归系数的显著性检验，检验的方法主要是 t 检验法、DW 检验法。

利用回归预测法，可以对某一时点进行预测，也可以对某一时间段（即某一区间）进行预测。在社会经济现象中，有时因素之间并不是呈线性的关系，这时就要选配适当类型的曲线才符合实际情况。一般包括幂函数、指数函数、抛物线函数、对数函数和 S 型函数 5 种。回归预测法避免了定性预测法的主观性，以历史数据为基础，量化分析被预测事物与其影响因素之间的关系。这一类方法不仅考虑了时间因素，而且考虑了变量之间的因果关系。但回归分析的应用，仅仅是限于原来数据所包括的范围内，回归关系只限于 X 多方面原数值从最小值到最大值的范围（以 X 推算 Y 时），模型的结构是根据历史统计数据估计得的，而经济变量间的相互联系在不断变化，用固定的模型结构预测未来，得不到十分精确的结果，且使用模型进行预测的程序还不够健全。

2. 时间序列预测法。

时间序列的分析和预测是根据对系统观测得到的时间序列数据，通过曲线拟合和参数估计等方法来建立系统数学模型的理论和方法。时间序列模型是发展较早而且比较成熟的预测方法，该模型主要思想是认为同一变量在现在时刻的取值，在时间上同以前的观测值有联系，这种联系可以用一种模型来表示，利用这种模型用现有及以前的序列值可以外推预测目标未来的变化值。20 世纪 80 年代以来，"数据驱动"式建模方法以其预测的

准确性、富于动态性而大受欢迎。

时间序列分析与预测方法经过几十年的发展，主要可以分为线性建模预测和非线性建模预测。线性建模预测方法具体包括移动平均法、指数平滑法、趋势外推法、自回归预测法、自回归滑动平均模型、差分自回归滑动平均模型、带有干预分析的模型和灰色预测法；非线性建模预测法主要包括神经网络预测和混沌时间序列预测两种。下面分别对上述具体方法进行详细阐述。

（1）移动平均法。

移动平均法（MA）是一种简单平滑预测技术，它的基本思路是：根据时间序列资料逐项推移，依次计算包含一定项数的序时平均值，以反映目标未来趋势的一种方法。

Q 阶移动平均的数学模型如下：

$$x_t = a_t - \theta_1 a_{t-1} - \theta_2 a_{t-2} - \cdots - \theta_q a_{t-q} \qquad (4-7)$$

简化为：

$$x_t = \theta(B) a_t \qquad (4-8)$$

其中，x_t 是原始序列，a_t 是白噪音序列，B 是后移算子，θ（B）为移动平均算子且

$$\theta(B) = 1 - \theta_1 B - \theta_2 B^2 - \cdots - \theta_q B^q \qquad (4-9)$$

移动平均法适用于受周期变动和随机波动的影响起伏较大，目标的发展趋势不容易显示的情况。移动平均法可以消除这些因素的影响，显示出事件的发展方向与趋势，然后再进行预测。同时移动平均法有两个主要限制：一是必须具有 N 个过去观察值，必须存贮大量数据；二是 N 个过去观察值的权数相等。

（2）指数平滑法。

指数平滑法又称指数修匀法，它是对移动平均法的改进和发展，它的基本思路是：预测值是以前观测值的加权和，且对于未来将要发生的事物，不同时期的观察值对其影响程度是不同的。因此，最新的观测值应赋予较大的权数，而早期观察值则赋予较小的权数。指数平滑法的具体方法有一次指数平滑法、线性二次指数平滑法、布朗二次（或高次）多项式指数平滑法、温特线性和季节性指数平滑法。根据时间序列数据的发展趋势可以采用不同的指数平滑法进行预测，如时间序列数据的变化具有线性趋

势，为了避免预测值滞后于实际值，应采用线性二次指数平滑法；当数据的基本趋势是非线性的，则可采用布朗二次（或高次）多项式指数平滑法；当数据的变化含有季节性的因素，则应使用把季节性因素考虑在内的温特线性和季节性指数平滑法。

指数平滑法是利用历史资料进行预测的应用最普遍的方法，其基本公式为

$$F_{t+1} = F_t + a(M_t - F_t) \tag{4-10}$$

或

$$F_{t+1} = aM_t + (1-a)F_t \tag{4-11}$$

式中：a——平滑系数（在0与1之间）；

M_t——上期的实际值；

F_t——上期的预测值；

F_{t+1}——本期的预测值。

这个公式的含义是在本期预测值上加上一部分用平滑系数 a 调整过的本期实际值与本期预测值之间的差，就可求出下期预测值。用指数平滑法计算出的预测值一般介于本期实际值与本期预测值之间。而平滑系数 a 的大小可根据过去的预测值与实际值的比较而定。如果二者之间的差额大，则 a 的值应取大一些；反之，则 a 的值应取小一些。a 的值越大，则表示近期的倾向性变动影响越大；反之，a 的值就越小，也就越平滑。

用指数平滑法进行预测比较简单易行，只需具备本期实际值、本期预测值、平滑系数 a 即可。该方法适用于短期预测，每次只能预测一年。在实际运用时，一般是将其和其他长期预测方法结合运用。

（3）趋势外推法。

趋势外推法的实质就是利用某种函数分析描述预测对象某一参数的发展趋势，是通过选择反映时间序列的趋势模型，给定时间变量、外推指标值来预测目标未来数据。当预测对象依时间变化呈现某种上升或下降的趋势，并且无明显的季节波动，又能找到一条合适的函数曲线反映这种变化趋势时，就可以采用趋势外推法。

其模型的一般表达式为

$$y = f(t) \tag{4-12}$$

其中，y 为时序数值的因变量，t 为时间自变量。

当有理由相信这种趋势能够延伸到未来时，赋予自变量 t 一定的值，可以得到相应时刻的时间序列未来值。多项式曲线预测模型、指数曲线预测模型、对数曲线预测模型和生长曲线预测模型是四种最为常用的趋势预测模型，模型选择一般是利用图形识别和差分法计算来进行。

趋势外推法的优点是可以揭示事物发展的未来，并定量地估计其功能特性。其缺限是假设条件较严格，一是假设事物发展过程没有跳跃式变化，一般属于渐进变化；二是假设根据过去资料建立的趋势外推模型能适应未来，能代表未来趋势的变化情况，即未来和过去的规律一样。

（4）自回归预测。

自回归分析预测法就是从时间序列数据之间的相互关系出发，推算预测对象未来状态的数量表现的一种预测方法。在实际问题中，某一时间序列常受多因素的影响和制约，如农产品产量与农作物总播种面积、生产资料投入以及气候等因素有关。因此，要研究该时间序列就可以从事物变化的因果关系出发，寻找它与其他因素之间的内在联系，在因果关系中最常用的方法之一就是自回归分析法。

P 阶自回归模型的一般表达式如下：

$$x_t = \varphi_1 x_{t-1} + \varphi_2 x_{t-2} + \cdots + \varphi_p x_{t-p} + a_t \qquad (4-13)$$

可以简化为下列形式：

$$\varphi(B) x_t = a_t \qquad (4-14)$$

其中，x_t 是原始序列，a_t 是白噪音序列，B 是后移算子，$\theta(B)$ 为移动平均算子且

$$\theta(B) = 1 - \theta_1 B - \theta_2 B^2 - \cdots - \theta_q B^q \qquad (4-15)$$

（5）自回归滑动平均模型。

自回归滑动平均模型（ARMA 模型）是研究时间序列的重要方法，由自回归模型（以下简称 AR 模型）与滑动平均模型（以下简称 MA 模型）为基础"混合"构成。在市场研究中常用于长期追踪资料的研究，如用于消费行为模式变迁研究；在零售研究中，用于具有季节变动特征的销售量、市场规模的预测等。

ARMA 模型的基本原理是，将预测指标随时间推移而形成的数据序列看做是一个随机序列，这组随机变量所具有的依存关系体现着原始数据在时间上的延续性。一方面，影响因素的影响，另一方面，又有自身变动规

律，假定影响因素为 x_1，x_2，$\cdots$，x_k，由回归分析

$$Y = \beta_0 + \beta_1 x_1 + \beta_2 x_2 + \cdots + \beta_k x_k + e \qquad (4-16)$$

其中，Y 是预测对象的观测值，e 为误差。作为预测对象 Y_t 受到自身变化的影响，其规律可由下式体现

$$Y_t = \beta_0 + \beta_1 x_{t-1} + \beta_2 x_{t-2} + \cdots + \beta_p x_{t-p} + e_t \qquad (4-17)$$

误差项在不同时期具有依存关系，由下式表示

$$e_t = a_0 + a_1 e_{t-1} + a_2 e_{t-2} + \cdots + a_q e_{t-q} + \mu_t \qquad (4-18)$$

由此，获得 ARMA 模型表达式

$$Y_t = \beta_0 + \beta_1 x_{t-1} + \beta_2 x_{t-2} + \cdots + \beta_p x_{t-p} + a_0 + a_1 e_{t-1} + a_2 e_{t-2} + \cdots + a_q e_{t-q} + \mu_t$$

$$(4-19)$$

（6）差分自回归滑动平均法。

差分自回归滑动平均模型（ARIMA 模型）又称求和自回归移动平均模型，是由博克思（Box）和詹金斯（Jenkins）于 20 世纪 70 年代初提出的一著名时间序列预测方法，所以又称为 Box – Jenkins 模型、博克思—詹金斯法。其中 ARIMA（p，d，q）称为差分自回归移动平均模型，AR 是自回归，p 为自回归项，MA 为移动平均，q 为移动平均项数，d 为时间序列成为平稳时所做的差分次数。

ARIMA 模型的基本思想是：将预测对象随时间推移而形成的数据序列视为一个随机序列，用一定的数学模型来近似描述这个序列。这个模型一旦被识别后就可以从时间序列的过去值及现在值来预测未来值。现代统计方法、计量经济模型在某种程度上已经能够帮助企业对未来进行预测。

ARIMA（p，d，q）模型可以表示为

$$\left(1 - \sum_{i=1}^{p} \phi_i L^i\right) (1 - L)^d X_t = \left(1 + \sum_{i=1}^{q} \theta_i L^i\right) \varepsilon_t \qquad (4-20)$$

其中，L 是滞后算子，$d \in Z$，$d > 0$。

ARIMA 模型预测的基本程序为

第一，根据时间序列的散点图、自相关函数和偏自相关函数图以 ADF 单位根检验其方差、趋势及其季节性变化规律，对序列的平稳性进行识别。一般来讲，经济运行的时间序列都不是平稳序列。

第二，对非平稳序列进行平稳化处理。如果数据序列是非平稳的，并存在一定的增长或下降趋势，则需要对数据进行差分处理，如果数据存在

异方差，则需对数据进行技术处理，直到处理后的数据的自相关函数值和偏相关函数值无显著地异于零。

第三，根据时间序列模型的识别规则，建立相应的模型。若平稳序列的偏相关函数是截尾的，而自相关函数是拖尾的，可断定序列适合 AR 模型；若平稳序列的偏相关函数是拖尾的，而自相关函数是截尾的，则可断定序列适合 MA 模型；若平稳序列的偏相关函数和自相关函数均是拖尾的，则序列适合 ARMA 模型。

第四，进行参数估计，检验是否具有统计意义。

第五，进行假设检验，诊断残差序列是否为白噪音。

第六，利用已通过检验的模型进行预测分析。

（7）干预分析模型预测法。

时间序列数据经常会受到特殊事件及态势的影响，尤其在农业市场上，各种突发事件的影响非常多，而且影响程度也比较大，这类外部事件我们称之为干预。将干预事件引入到差分自回归滑动平均法中，形成带有干预分析的模型，从定量分析的角度来评估政策干预或突发事件对经济环境和经济过程的具体影响。

干预分析模型的基本变量是干预变量，有两种常见的干预变量：

第一种是持续性的干预变量，表示 T 时刻发生以后，一直有影响，这时可以用阶跃函数表示，形式是：

$$S_t^T = \begin{cases} 0, 干预事件发生之前(t < T) \\ 1, 干预事件发生之后(t \geq T) \end{cases}$$

第二种是短暂性的干预变量，表示在某时刻发生，仅对该时刻有影响，用单位脉冲函数表示，形式是：

$$P_t^T = \begin{cases} 1, 干预事件发生时(t = T') \\ 0, 其他时间(t \neq T') \end{cases}$$

干预事件虽然多种多样，但按其影响的形式，归纳起来基本上有四种类型：

第一种类型：干预事件的影响突然开始，长期持续下去，设干预对因变量的影响是固定的，从某一时刻 T 开始，但影响的程度是未知的，即因变量的大小是未知的。

这种影响的干预模型可写为：

$$Y_t = \omega S_t^T \qquad (4-21)$$

表示干预影响强度的未知参数。不平稳时可以通过差分化为平稳序列，则干预模型可调整为

$$(1-B)Y_t = \omega S_t^T \qquad (4-22)$$

其中，B 为后移算子。如果干预事件要滞后若干个时期才产生影响，如 b 个时期，那么干预模型可进一步调整为

$$Y_t = \omega B^b S_t^T \qquad (4-23)$$

第二种类型：干预事件的影响逐渐开始，长期持续下去有时候干预事件突然发生，并不能立刻产生完全的影响，而是随着时间的推移，逐渐地感到这种影响的存在。

这种形式的最简单情形的模型方程为

$$Y_t = \frac{\omega}{B}(1-\delta B)S_t^T,\ 0 < \delta < 1 \qquad (4-24)$$

更一般的模型是：

$$Y_t = \frac{\delta B^b}{1-\omega_1 B - \cdots - \omega_r B^r}S_t^T,\ 0 < \omega < 1 \qquad (4-25)$$

第三种类型：干预事件突然开始产生暂时的影响，这类干预现象可用如下数学模型描述：

$$Y_t = \frac{\omega B^b}{1-\delta B}P_t^T,\ 0 < \delta < 1 \qquad (4-26)$$

当 $\delta = 0$ 时，干预的影响只存在一个时期；当 $\delta = 1$ 时，干预的影响将长期存在。

第四种类型：干预事件逐渐开始产生暂时的影响，干预的影响逐渐增加，在某个时刻到达高峰，然后又逐渐减弱以至消失。这类干预现象可用以下模型去描绘：

$$Y_t = \frac{\omega}{1-\delta_1 B - \cdots - \delta_r B^r}P_t^T \qquad (4-27)$$

干预模型的使用要对受干预影响和不受干预影响的净化序列两部分分别进行识别与估计，建模思路和具体步骤包括四个方面：

第一，利用干预影响产生前的数据，建立一个单变量的时间序列模型。然后利用此变量进行外推预测，得到的预测值作为不受干预影响的数值。

第二，将实际值减去预测值，得到受干预影响的具体结果，利用这些结果估计干预影响部分参数。

第三，利用排除干预影响后的全部数据，识别与估计出一个单变量的时间系列模型公式。

第四，结合干预影响参数和排除干预影响后估计出的时间序列模型，求出总的干预分析模型。

（8）灰色预测法。

灰色预测法是一种对含有不确定因素的系统进行预测的方法。灰色系统理论和方法的核心是灰色模型，灰色预测是用等时距观测到的反映预测对象特征的一系列数量值构造灰色预测模型。灰色预测通过鉴别系统因素之间发生趋势的相异程度，即进行关联分析，并对原始数据进行生成处理来寻找系统变动的规律，生成有较强规律性的数据序列，然后建立相应的微分方程模型，从而预测事物未来发展趋势的状况。并根据预测的超前时间选择适当长度的原始序列的子序列来建模和预测。GM（1，1）模型、DGM（2，1）模型和 Verhulst 模型是灰色预测法的主要模型形式，其中应用最多的是 GM（1，1）模型，该模型是通过求解微分方程

$$\frac{\mathrm{d}x^{(1)}}{\mathrm{d}t} + ax^{(1)} = \mu \qquad (4-28)$$

而求得，其预测模型的一般形式为

$$x^{(1)}(k+1) = \left[x^{(0)}(1) - \frac{\mu}{a}\right]e^{-ak} + \frac{\mu}{a} \quad (k = 0,1,2\cdots,n)$$

$$(4-29)$$

灰色预测的建模要求数据序列必须等距，不能有跳跃。灰色模型的优点是需要的历史数据较少，对具有明显上升趋势的数据拟合效果很好；缺点是要求指数趋势变化特征严格，否则误差很大。

（9）神经网络预测法。

神经网络预测法是一种非线性自适应算法，是将人工神经网络模型应用于预测中。其思想来源于人类大脑神经运作的模式，它们是人脑的某种模仿。神经网络预测包括单变量时间序列预测和多变量时间序列预测。

单变量时间序列预测的拟合函数形式为

$$x_{n+k} = f(x_n, x_{n-1}, \cdots, x_{n-m+1}) \qquad (4-30)$$

多变量时间序列预测的拟合函数形式为

$$(x1_{n+k}, x2_{n+k}, \cdots, xp_{n+k}) = f(x1_n, x2_n, \cdots, xp_n), (x1_{n-1}, x2_{n-1}, \cdots, xp_{n-1}), \cdots,$$
$$(x1_{n-m+1}, x2_{n-m+1}, \cdots, xp_{n-m+1}) \qquad (4-31)$$

神经网络预测法有自适应和学习功能，在实践中一个重要特点是它能把自回归方程中的系数调整成为新的为我们所需要的值。但它是"黑盒"建模，对于建立好的模型解释能力差，无法说明模型和数据的联系。由于大量的时间序列是非平稳的，其特征参数和数据分布随着时间的推移而发生变化。因此，仅仅通过对某段历史数据的训练，建立单一的神经网络预测模型，还无法完成准确的预测任务。

3. 组合模型预测法。

经济转轨时期，很难有一个单项预测模型能全面反映变量的变化规律，并对其变动的原因作出稳定一致的解释。Bates 和 Cranger 首先提出可以建立线性组合预测模型，综合各项模型的信息，以产生更好的预测效果。理论和实证研究都表明，在诸种单项预测模型各异且数据来源不同的情况下，组合预测模型可能获得一个比任何一个独立预测值更好的预测值，组合预测模型将各种不同类型的单项预测模型兼收并蓄，各取所长，集中了更多的经济信息与预测技巧，能减少预测的系统误差，显著改进预测效果。现今常用的预测模型有线性组合模型、最优线性组合模型、贝叶斯组合模型、转换函数组合模型和经济计量与系统动力学组合模型。下面是线性组合模型的一般形式：

$$y_{0t} = w_1 y_{1t} + w_2 y_{2t} + \cdots + w_n y_{nt} \qquad (4-32)$$

其中，y_{0t} 为 t 期的组合预测值，$y_{1t}, y_{2t}, \cdots, y_{nt}$ 为 n 种不同单项预测模型在 t 期的预测值，$w_1, w_2, \cdots, w_n$ 为相应的 n 种组合权数。

组合预测方法中包含的信息综合利用思想，现已被广泛接受并成为国内外预测学界研究和应用的热点之一。对于不同预测模型在组合预测模型中所占权重的分配，目前有平均值法、标准差法、AHP（层次分析法）等，但是这些方法均需要由预测专家通过经验和测评得出。最终权重确定需要多次尝试。

5 农业项目贷款技术和生产建设条件评估

农业项目的建设、生产和运行都需要一定的技术和生产建设条件的支持，项目所采用的技术水平是否先进，生产建设条件是否具备，对于项目能否达到预期的目标，实现项目各相关利益主体的利益起着至关重要的作用。因此，农业项目贷款评估必须进行项目技术评估和生产建设条件评估。

5.1 农业项目贷款技术评估概述

人类社会的发展依靠生产力的发展，而生产力的发展一般来讲有两方面的因素起作用：其一是资源投入的增加，其二是科学和技术的进步。整个社会的各种资源是有限的，人类不可能无限制加大资源投入，要从根本上解决社会生产力发展的问题，就需要通过科技创新将经济增长引入到依靠科学技术进步和技术创新的轨道上来。

一般项目发起人（企业或其他投资主体）进行项目投资的根本出发点在于获得经济上的利益，所以项目发起人在进行项目投资时首先要进行经济评估，与此同时还有一个重要前提就是项目技术的可行性，所以单纯使用项目经济评估，有时无法作出准确的项目可行性判断，还必须运用项目技术评估对投资项目进行技术可行性的分析和评价。

5.1.1 项目技术与项目技术评估的含义

在讨论项目技术评估之前有必要说明什么是项目技术和项目技术评估。一般意义上的技术是指由系统科学知识、成熟经验和操作技艺等综合而成的某一种从事生产或社会活动的专门学问或手段，它一般包括三个方面的内容：一是为完成某种目的的科学知识和技能；二是为实现一定目标所选择的工艺技术方法；三是为落实工艺技术方法而采用的物质和装备手段等。按技术的表现形式则可分为有形技术（如工艺图纸、厂房装备等）和无形技术（如知识、经验、技能等）两大类。另外，技术也是生产力的一种表现，其物化形式可以是新的资源和装备，也可以是生产者的技能水平等。技术在很大程度上可以扩展人们的社会生产和生活领域与内容。

农业项目技术是指在整个农业领域项目中所使用的技术总和。农业项目贷款技术评估则是对项目所使用的工艺技术、技术装备和实施技术等方面的可行性进行的评估。技术评估的作用首先是在技术方面对项目可行性进行科学的分析与评价，以减少项目盲目决策所造成的损失。因此，项目技术评估是指对项目运行采用的工艺技术和装备以及项目实施中所采用的工程技术方案所做的全面评估，以考察项目技术的可行性及其对项目经济效益和社会效益产生的影响。每个项目的经济效益和社会效益都是在既定的项目工艺技术与装备方案等前提下取得的，都是在一定的技术组织措施条件下取得的，只有项目技术可行才会进一步产生项目的经济价值。因此在进行项目经济评估之前必须进行项目技术评估，以确定项目的技术可行性。因为只有技术可行的项目，才有必要进一步进行项目的财务评估和国民经济评估。

5.1.2 农业项目贷款技术评估的原则

农业项目贷款技术评估是一项完整而科学的项目评估工作，它必须按照一定的原则和步骤开展，其中项目技术评估的主要原则包括下述几个方面。

1. 先进性和适用性相结合的原则。

项目技术的先进性是指项目工艺技术、装备、实施技术及其产品中包含的技术含量应该尽可能具有国际国内的领先水平。项目技术的适用性是指项目采用的工艺技术、装备、实施技术和项目产品的技术水平必须适应项目特定的要求和实际拥有的技术条件和经济条件。在项目技术评估中必须在坚持实用性的基础上追求项目技术的先进性，从而达到二者有机结合。这一原则要求项目所采用的工艺技术和装备以及实施技术和产品技术含量都能适应现有技术条件并符合国情和国家技术发展的水平，并且努力实现在技术方面的领先或先进水平。项目技术是否先进适用，一般应该从项目工艺技术和项目技术装备与条件两方面考虑：

（1）项目工艺技术水平的评估。技术的发展是有自己的生命周期的。当一项技术还处在初期阶段的时候虽然具有先进性，但尚不成熟，存在一定的不确定性，一般不应冒险采用这种技术。当一项技术进入成长阶段后会逐渐显示出其先进性和稳定性的特点，此时可以在一些领先性的项目中有限地采用这项技术，以夺取项目在给定行业内的技术领先优势，这样也能减少因为技术成熟度不足而造成的项目风险。当某种技术进入成熟阶段的时候，在项目中应该充分使用该技术，因为它是经过反复运用并已取得成功经验的技术，所以它可以在大多数的项目中运用。但是，成熟阶段的技术一般来讲已经没有什么秘密可言，社会同行的大多数竞争者都已经掌握了它的特点，因此在项目中使用成熟技术的时候就必须分析和评估这种技术潜在的迅速淘汰风险。当某种技术进入衰退期的时候，一般项目都不能采用这种即将过时的技术。

（2）项目技术装备与相关条件的评估。项目技术评估还必须对于项目的技术装备及其相应条件进行评估，要认真分析和评估项目所需技术装备与项目运行条件是否相适应，项目技术装备的配备条件是否可行等。这包括：是否能够买到项目工艺技术所要求的装备；国内配套装备的技术是否能够达到要求；项目单位是否有能够掌握这些技术装备的专门人才；是否具备与装备要求相适应的技术支持系统与管理水平等。

在评估项目工艺技术和技术装备的先进性和适用性的过程中必须注意一点，即项目技术的先进性和适用性并不相互对立，一个项目要根据自身的条件去选用国内外的先进技术。既能够取得好的经济效益，又不冒很大的技术风险，这样的项目技术就是既先进而又适用的技术。在项目技术评估中坚持先进性和适用性相结合的原则，既能够克服片面追求不适用的高新技术，又能够防止选择适用但是水平低下的项目技术。

2. 经济性与合理性相结合的原则。

项目技术的经济性是指项目所选用的技术代价相对比较经济节约，项目技术的合理性是指在项目技术的选择上要符合项目全体相关利益主体的利益。这一原则要求以相对较低的技术代价获得相对较高的经济效益，并保障项目全体相关利益主体的利益合理化。在市场经济条件下，评估项目技术的经济性和合理性必须考虑下述问题：

（1）项目全体相关利益主体之间的利益关系。在多数情况下项目的整体利益应该符合全体项目利益主体的利益，但是如果项目技术选用不当也会出现损害某些项目相关利益主体的情况。例如，如果项目技术选择不当有时会损害项目业主的利益，有时会损害项目实施组织的利益。因此在资金、资源条件的限制下，对项目技术的取舍一定要从项目全体相关利益者的利益出发，努力做到项目利益的合理安排与分配。

（2）项目技术的直接效益与间接效益之间的关系。一个项目的经济技术效益包括直接和间接两个方面，一个项目在其自身产生直接经济效益的同时还会对整个企业或社会产生间接的一些经济效益。在项目技术评估和选择中应该同时考虑这两个方面的经济效益，不应该只考虑项目的直接经济效益而不考虑项目的间接经济效益，而是应该努力使二者实现最大化。另外，还要注意某些项目技术可能对企业不会产生很大的直接效益（甚至有时会投入大于产出），但是由于项目技术的先进性却可以对组织产生一些重要影响，对于这类项目也要很好地进行项目技术的评估，特别是从提升组织整体技术水平的角度去评估。

（3）项目技术的当前效益与长远效益之间的关系。任何项目技术的采用都有一定的近期效益和远期效益，其中后者是通过对项目技术的长期使用、消化、吸收和改进所表现出来的。项目技术评估中必须用战略的眼光评估项目技术的当前利益和长远利益，要避免急功近利的做法，要重视从长远利益出发考虑和评估项目的技术，从而使项目技术的当前利益和长远利益能够有效地协调一致。

从技术经济学的角度看，项目的技术与经济是互相促进、互相依存、互相制约的。一般情况下，项目要取得较好的经济效益就应该选用先进的技术方案，但是技术的先进性必须在充分保障技术的经济性和合理性前提下去讨论。因此，一般在能够满足项目技术要求的前提下，应尽量采用能取得较好经济效益的项目技术。全面贯彻项目技术的经济性与合理性相结合的原则，既要防止单纯追求技术先进性而忽视项目技术的经济性与合理性，又要避免为追求一时的经济效益而违背技术规律的情况。

3. 项目技术安全性与可靠性相结合的原则。

项目技术的安全性是指在项目技术的运用中不会出现对整个项目或项目实施与运行主体造成危害的问题，这包括对于人身、设备、项目主体和项目环境等一系列相关要素的安全性问题。项目技术的可靠性是指在项目技术的运用中不会出现项目技术失效或过多的故障问题，这包括对于项目工艺技术、技术装备和工程技术等一系列相关技术的可靠性问题。这一原则要求从财产保护、劳动保护和环境保护等角度出发，全面评估项目技术的安全性与可靠性方面的保障。这要求项目技术既不会对工作人员的身心和项目周围环境造成危害，同时也要求项目工艺和工程技术方案成熟可靠以及工艺装备选择合理。

项目技术不安全性的原因大致有两点：其一是项目技术方案本身存在缺陷，其二是项目技术使用不当。其中，项目工艺技术和施工技术的不合理或不过关是项目建设和运营安全与可靠方面的最大隐患。因此对于项目技术的评估必须包括项目技术安全性和可靠性的评估。

4. 有利于环境保护性的原则。

任何项目采用的技术都必须高度重视环境保护的因素。从整个社会和自然环境保护的角度对项目技术进行评估，以确保项目技术能够保护人类生存的环境和改善人类环境是我国法律和国际法所要求的。项目技术必须维持生态和环境的平衡是当今技术发展的重要趋势，项目技术的优劣包括了其对自然和社会环境的影响，所以对于项目技术的环境影响评估也是项目技术评估的重要内容之一。

5.1.3 农业项目贷款技术评估的相关因素

任何技术都是在一定的社会经济条件下产生的，因此一项技术既可以刺激经济的发展，同时技术的发展也要受经济环境的制约。所以农业项目贷款技术的选择不是可以随心所欲的，任何一个社会经济组织在选择一种项目技术时都必须考虑各种相关的因素和制约，因此在对农业项目贷款技术进行评估时必须考虑以下因素。

1. 需求因素。这是项目技术选择和评估时首要考虑的因素。人们选用项目技术首先是为了满足组织和社会的需要，并在满足这种需要的过程中取得相应的经济效益。市场需求是项目技术开发与选用的根本影响或制约因素。市场需求直接影响项目技术的选择与评估，因为市场需求决定了项目产品的性能、规格、质量、数量、生产规模和生产模式等，这些都从根本上制约着项目技术的选择，包括对于项目生产工艺技术和技术装备的选择。

2. 资源因素。主要包括资金、人力、能源、原料、装备等资源供应方面的因素，它们对于项目技术选择和评估的影响是直接的和重要的。项目应用技术的不同会导致项目所需资源的数量和种类不同，所以在项目技术评估中涉及的限制和影响因素也不同。其中，资金短缺会对选择资金密集型项目技术形成制约，人员素质与数量不足会对选用知识密集型项目技术造成影响，能源缺乏会对选用高能耗项目技术形成制约等。因此在项目技术评估中必须考虑这些资源因素。

3. 供给因素。供给因素是指在项目技术的选用和评估中还必须考虑是否有相应技术的供给和是否能够取得所需的项目技术，以及可以使用何种方法取得项目技术。特别是当项目涉及高精尖技术的时候，人们可能会遇到目前还没有这种技术，或者是有，但是在国际上禁运或禁止出口该技术的限制，或者是出于技术垄断而只卖给技术使用权等方面的供给问题。这些因素都会直接影响项目技术的选用以及项目的科学性，所以在项目技术评估中必须予以考虑和分析。

4. 技术支持因素。技术支持因素是指能使项目技术发挥作用和效益的各种技术支持条件，包括项目技术所需的基础设施、人员技术能力和技术装备配件等。其中，基础设施是为项目技术提供运行性条件的设施，包括运输、通信、动力、水电、供气等设施以及厂房、仓库等，具备必要的基础设施是项目顺利实施并充分发挥效益的必要条件。人员技术能力是指运行人员对项目建设和对项目技术有关的各种知识和技能的理解与掌握程度，它直接作用于项目技术，所以也是项目技术评估中必须考虑的因素。

5. 环境制约因素。自然和社会环境因素同样影响和制约着对项目技术的选择。一方面社会环境从人为角度制约项目技术的选择，另一方面自然环境从客观角度制约项目技术的选择。例如，一般在沙尘暴肆虐的地区就无法选择使用需要高精度机床设备的项目技术，而在高寒地区就无法开展种植热带植物的项目。当然，任何项目技术的选用更不应当对自然环境的生态系统和人类生活、劳动等社会系统造成危害。因此，环境制约因素也是对项目技术选择和评估的一个必须考虑的重要因素。

5.1.4 农业项目贷款技术评估的内容

农业项目贷款技术评估关系到整个项目的可行性和未来项目运行的好坏，所以项目技术评估的内容必须全面和有效。虽然不同农业项目技术评估的内容会有所不同，但主要内容基本是一致的，主要包括以下三方面的内容。

1. 项目工艺技术的评估。

项目工艺技术是指项目运行中生产产品或服务拟采用的工艺流程和工艺技术方法。项目工艺技术应保证先进、适用和经济。对项目工艺技术进行评估时应注意以下几个方面的问题：

（1）工艺技术必须要满足项目运行的需要。随着科学技术的发展和不断创新，各种生产工艺技术也是不断地获得改进和发展的，项目运行对于工艺技术的要求也会不断提高。在选择项目工艺技术时一定要满足生产运行的要求，如果选用的工艺技术达不到项目产品的生产运行要求，整个项目就会失败，反之项目技术选用过高或不易掌握也无法满足项目生产的要求。所以，项目工艺技术的评估必须看其能否满足项目生产的要求。

（2）项目工艺技术要适应原材料和技术装备条件的要求。项目选用的工艺技术应该能够适应既定原材料和技术装备条件的要求，从而生产出符合要求的产品或服务。同时，项目工艺技术评估中还应该考虑项目技术与项目运行组织的其他生产和销售方面条件的适应性，包括现有基础设施、人员技术和管理水平等。

（3）项目工艺技术的先进性和技术进步特性的要求。项目选用的工艺技术首先应该具有先进性，一般情况下不应该选用落后的工艺技术，以免项目产品和整个项目在较短时间内被市场和技术进步所淘汰。同时项目工艺技术的选用还应该兼顾未来的技术进步和升级，即项目选用的工艺技术各方面指标要具有先进性，能够进一步通过技术改造而升级换代和实现技术进步，或者比国内现有的工艺技术先进，或者趋于国际先进水平等。

2. 项目技术装备的评估。

在项目技术评估中项目技术装备的评估也是一项重要内容，它应该在项目工艺技术评估的指导下进行，但有时受到资金、原有技术装备等条件的限制，项目技术装备评估也会有一些自己独特的内容。要想顺利地进行项目技术装备引进和购买等工作必须从以下几个方面对其进行评估：

（1）项目技术装备的来源评估。即分析和评估项目拟采用的技术装备是国内采购还是从国外进口，以及各自的优缺点。通常，凡是国内能够设计和制造的装备一般不从国外进口，但是当国内生产的技术装备不可靠或质量无法保证，或者价格不具有优势时，需要考虑进口项目技术装备。一般要在考虑项目技术装备来源时应该同时考虑能够提供的项目技术装备的功能、质量、价格、自身人员技术能力和管理水平等方面的问题。通过认真地分析和权衡利弊才能作出进口项目技术装备的决策。

（2）项目技术装备的配套性评估。无论是从国外引进还是从国内购买项目技术装备都要考虑装备的配套性问题。这可以从项目自身装备的配套性和在项目运行中与其他相关项目技术装备的配套性两个方面来考虑这一问题。对于整条生产线中各种技术装备需要由几家制造商提供的情况，应按国际惯例采取总承包配套的方式，以确保技术装备的配套性。如果项目的关键技术装备从国外进口，其余由国内配套提供，通常的做法是由项目相关各方共同协商，由某一方负责整条生产线的技术设备配套和安装等作业，以保证项目技术装备投产后能正常运行。

（3）项目技术装备与项目建筑和运营条件的配套评估。项目技术装备需要建筑安装以后才能运行，所以对于大型项目技术装备来讲还有一个能否与项目建设条件配套，顺利通过安装和调试的问题。因此在选择项目技术装备时要充分考虑它与建筑物和安装设备的配套问题。同时。任何项目的经营条件都是有一定限制的，所以项目技术装备还必须与项目经营条件相配套和协调一致。例如，如果项目技术装备对原材料的要求在实际运行环境中做不到，那么项目技术设备的选择就是不合理和不可行的。通常是项目技术装备先进程度越高，对安装和运行条件的要求也越高，因此在进行项目技术装备评估时，应全面考虑项目技术装备与项目建设和运行条件的评估。同时，还要对项目技术装备的备品、备件等供应条件进行必要的评估。

（4）项目技术装备相关支持软件的评估。这里的"项目技术装备相关支持软件"包括使用项目技术装备过程中所需的各种人员支持、技术支持和环境支持等条件。任何项目技术装备的选用都必须考虑有关其专有技术或专利许可证以及其他技术资料方面的开放情况，以保证项目技术装备能够正确地安装、调试、操作和维修。同时，在项目运营主体无法实现项目技术装备的维护和修理时，还要考虑从组织外部是否能够获得相应的技术支持。另外，项目技术装备的运行技术资料是否齐全，以及项目运行人员是否具备项目技术装备所需的技术水平都应评估。项目应尽量寻求经济可靠的技术支持软件条件以节约和方便项目运行。

3. 项目工程技术方案评估。

项目最终运行是需要在一定的场所和环境内进行的，项目场所和环境建筑的好坏，项目建设工程技术方案的优劣，在很大程度上也会影响项目技术装备的运行和工艺技术方案的实施。由于一个项目运行的时间周期相对较长，所以有必要对项目的工程技术方案的实用性和优劣性进行评估。对项目工程技术方案评估主要有以下几个方面的内容：

（1）项目工程技术方案和工艺技术方案的协调性。在大多数情况下，项目的工程建筑是为实现工艺技术方案服务的，一般要通过生产运营场所的建设或者改造，使项目工艺技术方案能够顺利地执行。

（2）项目工程技术方案和技术装备方案的协调性。同时，项目技术装备也要安装在一定的厂房或场所中才能运行，因此工程技术方案还必须要同项目技术装备方案协调一致，从而使技术装备都能发挥良好的效能。

（3）项目工程技术方案要经济和安全。项目工程技术方案还要符合项目运营物流经济、操作便利、维修方便等原则，并且项目工程技术方案还必须能够保证项目生产运营的安全（包括工作人员人身安全和机器装备的运行安全等）。

5.1.5　农业项目贷款技术评估的程序

农业项目贷款技术评估在项目前评估阶段也要经过初步的可行性研究和详细的可行性研究两个阶段的评估。同时，项目技术方案在项目实施过程中会有一些变更，所以对于变更后的项目技术方案也需要开展项目的跟踪评估。当然，项目实施并投入运行一定时期后，还需要对项目技术方案实施的实际结果进行后评估。项目技术评估同其他方面的项目评估相比，在评估程序上有其自身独特的方面，项目技术评估的程序包括下述几个主要步骤。

1. 收集整理相关的项目技术资料。

根据项目的要求，有计划、有组织地收集相关技术资料，然后进行归纳、加工和整理，使之按照项目要求系统化、条理化和科学化。在收集项目技术资料时要注意了解各种资料的来源及其可靠程度，判断这些技术资料的真实性和准确性，对所收集技术资料中存在的问题和疑点必须作进一步的调查核实。同时，要将历史项目（已经完成的类似项目）的技术资料进行比较，以便分析判断真伪。下面技术评估所需收集的资料主要包括以下内容：

（1）项目方案的基本技术资料。这包括三个方面的资料：一是项目工艺技术方案的资料，包括项目的工艺方案、工艺技术流程、工艺设计说明书等；二是项目技术装备的资料，包括项目技术装备的设计文件、设计说明书、项目技术装备的使用要求等；三是项目工程建设技术方案的资料。

（2）项目技术方案评价方面的资料。这包括项目工艺技术水平的评价资料（如项目选用的工艺技术先进程度的评价资料），项目技术设备先进程度的评价资料（如选用的设备是 20 世纪 80 年代还是 90 年代或者是 21 世纪前 10 年的相关装备），项目相关技术未来模式发展方面的资料（如种植、养殖方面的新模式）和有关技术发展趋势的资料（如与项目有关的新技术、新工艺、新装备、新材料的资料）等。

（3）其他各种与项目技术方案相关的数据资料。这包括与项目技术方案相关联的经济、环境、社会和运行条件等方面的各种数据资料，其中包括在可行性分析中收集的相关资料和得出的相关研究结果的报告等有关资料。例如，项目经济评价中得出的项目技术的经济性资料、项目环境评估中得出的项目技术方案的环境特性数据资料，项目社会评价中得出的项目社会特性的数据资料等。

2. 确定项目技术评估的主要内容。

一个项目所涉及的技术问题十分丰富，涉及很多方面和要素。由于种种限制和人们的能力所限，项目评估人员不可能也没有必要对项目的全部技术问题逐项进行分析和评估。因此，项目技术评估的第二步工作是确定项目评估的内容和范畴。其中，项目技术评估的主要内容就是上面讨论过的项目工艺技术方案的评估、项目技术设备方案的评估和项目工程技术方案的评估。项目技术评估所涉及的技术评估问题又可划分为四个层次：第一层次是项目技术对整个国家、地区、行业的影响问题评估；第二层次是项目技术对于项目运行组织的影响和评估；第三层次是项目本身内在技术问题，这类技术问题是项目的关键也是技术分析的重点；第四层次是对与项目有关的一般技术的评估。项目技术评估的主要内容通常要根据项目的特性和要求决定，不同的项目会有不同内容和不同深度的项目技术评估工作。

3. 确定项目技术方案评估的指标和标准。

　　项目技术方案评估的第三项工作是根据既定的项目技术评估内容去确定项目技术评估所需要使用的评估指标和基本标准。其中，项目评估指标包括项目技术专项评估指标和项目综合评估指标以及相应的项目技术评估指标体系。项目技术评估标准是在确定了项目技术评估指标以后进一步确定出的相应指标的标准值以及由此构成的一个体系。任何项目的技术评估都必须首先确定项目技术方案评估的指标，然后确定项目技术评估相应评估指标的标准值，然后才能使用这些指标去分析判断和度量项目技术的实际情况，最终对照给定的项目技术评估指标的标准值，最后才能确定项目技术方案的可行性和经济必要性。

　　4. 开展项目技术方案的专项评估。

　　在确定了项目技术评估的指标和标准以后就可以对项目技术方案开展各种专项技术评估。项目的专项技术评估可以有很多分类方法，其中最主要的有两种分类。一方面可以将项目技术方案评估分为对于：项目工艺技术方案的评估、项目技术装备的评估和项目工程技术方案的评估三种项目技术方案的专项评估。另一方面可以将项目技术方案评估分为对于：项目技术方案的可行性评估、项目技术方案的先进性评估、项目技术方案的实用性等几个方面的项目技术方案专项评估。不管使用哪种分类方法，都应该达到充分分析和论证项目技术方案的技术可行性和优劣的目标。

　　5. 开展项目技术评估的综合评估。

　　在完成了项目技术方案的专项评估以后就可以使用这些专项技术评估的结果去开展项目技术方案的综合评估了。所谓项目技术方案的综合评估就是将项目技术方案专项评估的结果按照一定的方法进行全面综合，最终给出对于项目技术方案的全面评价。这项工作采用的方法有很多种，既可以使用传统的打分法然后通过连加或连乘进行综合评估，也可以采用像层次分析等定性与定量相结合的方法。不管采用哪种方法都应该特别注意项目综合评估的有效性和可靠性，因为项目技术方案的综合评估最终给出了一个项目技术方案整体的可行与否以及它的优劣程度评价，这是人们进行项目决策的主要依据之一。

5.2 农业项目贷款工艺技术方案评估

　　农业项目贷款工艺技术方案是指为完成项目产品的生产过程，保证项目的正常运行而采用的生产工艺技术和产品制造方法。项目工艺技术方案的选择直接关系到项目产品的质量、产量和成本等影响项目产品可行性和竞争力的因素，因此它直接影响项目运行的成败和企业的生死存亡。同时，从长远的角度出发，项目工艺技术方案的选择从根本上影响项目技术装备和项目工程技术方案的选择，因此农业项目贷款工艺技术方案的评估是农业项目贷款技术方案评估的一项至关重要的基本内容。

5.2.1 项目贷款工艺技术方案评估的意义

项目贷款工艺技术方案评估是指对项目工艺技术方案的经济合理性、技术先进性、技术适用性和安全性，以及对于项目运行主体的影响，与项目运行主体已有各种条件的匹配程度等诸多因素和特性的专项评估。通过对于项目工艺技术方案的评估，人们能够更好地作出项目工艺技术方案的选择，能够更有效地保证项目产品生产的各项要求，同时还可以实现降低项目产品成本和更好地保护项目运行环境条件等目标。

任何一个项目生成项目产品必须经过产品设计和制造两个环节，而项目产品的制造必须达到项目产品设计的要求。因此从理论上说，任何项目产品的生成必须要经过从产品设计到产品生产工艺编制（包括工艺路线的制定和工艺方案的编排等），从产品生产工艺到技术装备和工具的选用，然后到项目产品工艺技术实现的过程。由此可见，项目工艺技术方案是项目产品制造的方法和指南，是项目产品生产的核心技术规范，所以必须对其进行全面的分析论证，以确保项目产品生产和运行的可靠性和有效性，并找出最优的项目工艺技术方案以获得更好的项目运行结果。

在实际的项目实施过程中，可能会由于各种无法预测的原因对项目工艺技术方案进行必要的变更。例如，当项目技术装备得到改良或更新换代时，人们就需要对项目工艺技术方案进行变更。但在多数情况下，项目工艺技术方案的制定是项目产品生产过程的起始点，它影响项目技术装备方案和工程技术方案的制定，甚至还会反作用于项目产品的设计工作。因此，项目工艺技术方案的论证与评估是整个项目技术评估的核心内容。一个项目采用何种工艺技术方案直接关系到项目将选用何种技术装备和项目需要建设什么样的生产运行场地与厂房等方面的问题。因此项目工艺技术方案的评估与决策不仅会涉及项目产品的产量和质量、成本和利润、经济效益和社会效益，而且会直接影响项目投资的多少和项目工期的长短等关系整个项目的问题，因此做好项目工艺技术方案评估工作对项目的决策具有十分重要的意义。

5.2.2　项目贷款工艺技术方案评估的原则

项目贷款工艺技术方案评估工作的好坏直接关系到项目工艺技术方案的可行性、科学性和可靠性，因此在人们进行项目工艺技术评估工作时一定要慎重行事，要努力做到通过对项目工艺技术方案的评估有效地保证项目未来运行的经济可靠。同时通过这种专项评估确保项目技术装备的选用和项目工程技术方案的制定能够更加科学合理。因此，对项目工艺技术方案的评估必须遵循一些基本的原则，以便使项目工艺技术方案评估工作能有一个可靠而有效的结果。实际上项目工艺技术方案评估是项目技术评估的一部分，因此先进适用、经济合理、安全可靠、环境保护等项目技术评估的基本原则，在对于项目工艺技术方案的评估中都是适用的。除此之外，在项目贷款工艺技术方案评估中还需要坚持几个基本原则。

1. 项目工艺技术必须满足项目产品生产需要的原则。项目工艺技术方案是为了生产项目产品而设计制定的，因此必须满足项目产品生产的要求，满足最终达到项目产品设计要求的目标。在市场经济的条件下，一个项目的产品要想能够在激烈的市场竞争中获得市场的认可，首要的一点是项目产品设计与生产必须适合市场和顾客的需求，这就要求项目产品生产的工艺技术必须达到能够生产出获得市场认可水平的产品。所以实际上项目产品和项目工艺技术方案不是哪个人独自决定的，而是由市场决定的，这就要求项目工艺技术方案必须满足项目生产需要。

2. 项目工艺技术要适合可选用原材料和其他运行条件的原则。任何项目产品的生产都要有一定的原材料和其他运行条件，所以这些条件都会对项目的工艺技术方案选择造成影响。其中，不同的原材料会有不同的加工工艺技术要求，所以不同原材料所选用的工艺技术方案就不会相同；不同的运行条件（如水、电、气的供应等）也会影响项目工艺技术方案的选择。任何项目产品的生产都会涉及对特定的原材料进行物理或化学的加工和改变，从而使项目产品达到设计要求，这些都要根据原材料的特性，通过选用不同的加工工艺技术方法来实现，而随着现代科技的进步、新型原材料不断产生，这就要求对于项目工艺技术方案的评估必须要坚持全面考虑实际可选用原材料和其他一些运行条件影响的原则。

3. 项目工艺技术方案要整体均衡和全面配套的原则。一个项目产品的工艺技术实际是一个系统过程，它包括一系列的工艺方法、工艺规程和工序，所以任何项目工艺技术方案必须要实现各个工序的工艺方法与规程的整体均衡和全面配套的原则。因为项目工艺技术中的每个工序更是环环相接和步步相连的程序，每个工序的工艺方法和规程都会影响其后工序的工艺技术和方法。所以一个好的项目工艺技术方案，首先要对项目产品的性能保障和加工需要等方面有一个整体的考虑和全面配套的安排，然后再对项目产品每一道工序的工艺方法和规程进行仔细的推敲。通常这方面工作有三个层次的要求：一是本道工序的工艺方法和规程要满足本工序生产的要求，二是本工序的工艺方法和规程要满足后道工序对本工序的要求，三是本工序的工艺方法和规程要满足整个项目工艺过程的要求。项目工艺技术方案只有充分考虑了整个产品工艺过程，及每道工序的工艺方法和规程的协调一致性，才能最大限度地满足项目产品生产的要求和项目技术经济特性的要求。

4. 项目工艺技术方案要具备先进性和经济性的原则。项目工艺技术方案评估的目的中有一个很重要的内容就是分析和评价项目所选用工艺技术方案的经济特性，也就是项目工艺技术的经济效果。先进的工艺技术方案本身就包括了经济性方面的要求和规定，实际上任何工艺技术的先进性都是以经济行为为前提的。要使项目工艺技术方案具有良好的技术经济性，一般要处理好三个方面的事情：一是项目工艺技术方案的选择要注意能够节省资源和节约劳动力；二是项目工艺技术方案应能够满足综合利用资源提高项目综合效益的需要（提高项目综合效益包括两个方面：一方面是指单一资源的多层次利用，即搞好项目产品的深加工和精加工；另一方面是指合理利用和配置资源，充分发挥资源的效能，变废为宝做到综合利用）；三是确保环境不受污染从而全面节省环境治理的费用。

5. 项目工艺技术方案要具备一定的可变更性的原则。现代社会市场发展变化十分迅速，任何企业要想在激烈的市场竞争中获胜，其各项活动都必须时刻适应市场需求的变化。因此，在对项目工艺技术方案进行选择时还要注意到其对于市场需求变化的适应性，即项目工艺技术方案要具备一定的可变更性的原则。这主要包括三个方面的内容：一是在对项目工艺技术方案进行选择时一定要采用技术经济性较高的工艺技术方法；二是在项目工艺技术方案的选用中要充分考虑到项目工艺技术与企业本身的协调性及其未来的技术发展变化情况；三是在项目工艺技术方案的选用中一定要从市场发展变化的角度和顾客对项目产品需求发展变化的角度出发，充分考虑项目工艺技术方案通过变更适应这些发展与变化的可能性。通过对项目工艺技术方案的评估确保项目工艺技术能够根据市场发展变化而作出必要的变更，这包括：项目产品质量升级方面的工艺技术方案变更，项目产品产量扩大方面的工艺技术方案变更，项目产品成本节约方面的工艺技术变更等。

5.2.3　项目贷款工艺技术方案评估的内容

不同项目贷款工艺技术方案的评估涉及的内容会有所不同，这在很大程度上取决于项目本身的特性和要求，但是多数项目贷款工艺技术方案的评估应包括如下几方面的内容。

1. 项目工艺技术方案合理性的分析评估。

项目工艺技术方案合理性是指项目工艺方法和过程符合项目产品生产的客观规律和要求，并能够科学合理地利用资源和人力，减少不必要的资源和时间浪费，使项目运行达到科学高效。为此，项目工艺技术方案应达到以下要求：

（1）能够保证项目运行过程的连续性。项目运行过程的连续性是指在整个项目运行过程中各阶段在时间上和空间上能够紧密衔接，运行中的物流、信息和工作等方面实现顺畅的互动。通过保持和提高项目运行过程的连续性可缩短项目的运行周期长度，加速资金的周转，提高生产效率和提高技术装备、设施利用率和人员的工作效率。项目运行过程的连续性同项目工艺技术方案有密切的关系，所以在项目技术评估中必须充分评估项目工艺技术方案在这方面的情况和特殊性。

（2）能够保障项目运行过程的协调性。项目运行过程的协调性是指项目运行过程各阶段之间在生产能力和技术水平配置的合理性和均衡性等项目运行要求比例关系的协调情况。项目工艺技术方案必须能够保障项目运行各阶段的配置合理，整个方案配备的设备和工人数量、技术水平和装备数量、工程能力指数和精度效率等都能够满足项目运行各阶段的要求。项目运行过程的协调性同样与项目工艺技术方案直接相关，它是保证项目顺利运行和提高经济效益的前提条件，所以必须进行严格的评估。

（3）能够满足项目运行过程的特定要求。任何项目工艺技术方案的合理性主要体现在其能够满足项目运行过程中各种特定的要求。任何项目的运行都有自己特定的条件要求，这些不同行业和产品特定的条件和要求对于项目的工艺技术方案提出了特殊的要求，在项目工艺技术方案评估中必须全面评估其是否能够满足这些特定的要求。例如，有些项目产品的生产需要净化、恒温、防火等条件，因此在项目评估时必须评估项目工艺技术方案能否满足这些具体的要求。

2. 项目工艺技术方案适用性的分析评估。

项目工艺技术方案适用性是指项目所使用的工艺技术方案是否能够很好地适应项目能够获得的各种原材料以及项目所在地的气候条件与地理条件等方面的分析评估，其主要评估内容包括下述几个方面：

（1）原材料和燃料等的适用性。项目采用的工艺技术应与项目能获得的原材料和燃料等条件相适应。不同的项目工艺技术方案要求不同的原材料，这种要求的可行性也是项目工艺技术评估的一项内容。要分析项目工艺技术方案所需原材料的要求和考虑所需原材料的供应能否保证项目的运行。

（2）气候和地理条件的适用性。项目的运行都是在一定的地理和气候环境中开展的，项目采用的工艺技术方案必须要能够适应项目所在地的地理和气候条件。通常，项目运行和产品质量的要求越高，项目所采用的工艺技术对于项目所在地的气候和地理条件适应性的要求就越高。

（3）其他资源条件的适用性。项目的运行除了要消耗能源和原材料以外还需要消耗其他各种各样的资源，项目工艺技术方案还必须适应这些资源的条件和要求。例如，如果项目工艺技术方案对于人力资源的要求过高而很难找到，这种项目工艺技术方案的适用性就有问题了。

3. 项目工艺技术方案可靠性的分析评估。

项目工艺技术方案的可靠性是指项目所选的工艺技术方案必须是成熟可靠的，必须能够保证项目产品各种技术要求的实现，同时还必须保证项目生产设备和人员的安全。项目工艺技术的可靠性是项目工艺技术方案选择的根本前提，因为如果项目的工艺技术方案不可靠，企业未来的项目运营活动就无法正常进行，就会造成损失。项目工艺技术方案的可靠性分析与评估可以使用专家评估法，也可以使用实验的方法。特别是对于不确定性较大但又必须采用的最新工艺技术，必须要有可靠性实验和保障措施，以确保项目运行中的产品、设备、人员和环境不受危害。

4. 项目工艺技术方案先进性的分析评估。

项目工艺技术方案先进性的分析与评估是指对于项目所选工艺技术方案应该有一定的先进性，而不能使用落后的技术，因为那样会出现随着工艺技术的进一步发展而使整个项目被淘汰出局的局面。项目工艺技术的先进性与可靠性有时候是一种矛盾，所以在项目技术评估中必须综合分析和平衡这两个方面的评估要求，既不能过度地追求项目工艺技术的先进性而影响项目的可靠性，也不能过高地要求项目工艺技术的可靠性而降低对项目工艺技术先进性的要求。同样，项目工艺技术方案先进性的评估也可以使用专家评估法，另外还可以使用年代法（如 20 世纪 90 年代技术、21 世纪技术等）评估项目方案的先进性。

5. 项目工艺技术方案经济性的分析评估。

项目工艺技术方案的经济性主要表现在项目产品制造成本低而经济效益高等方面，因此项目工艺技术评估必须对项目产品制造成本和收益进行分析。评估一个项目工艺技术方案的经济性时，首先要分析找出项目工艺技术方案的年产品制造成本和收益，然后再比较分析其经济性。项目运行过程如果能够适应市场的需要，并具有能够根据市场作出相应调整的能力，则一个项目的经济性就会更好一些。同样，项目运行主体的组织和人员等方面的变化也会要求项目工艺技术方案在运行和管理方面能够进行一定的调整，即要求项目工艺技术方案具有一定的灵活性，一般认为这样的项目工艺技术方案的经济性更高一些。

5.2.4　项目贷款工艺技术方案评估的方法

项目贷款工艺技术方案的评估方法有很多种，但是最主要的方法仍然是专家评分法。项目贷款工艺技术方案的专家评分法主要是利用相关技术专家的经验与知识，由相关专家对既定项目工艺技术方案的各方面评估指标进行评定和打分，从而将项目工艺技术方案的评价定量化后将各项项目工艺技术的评分予以综合，最终给出项目工艺技术方案的评估结果。这种专家评分法的基本步骤是：首先根据被评估项目工艺技术方案的具体情况确定出相应的评估指标，并对每个评估指标制订出相应的评分标准和分值；然后根据被评估的项目工艺技术方案和确定出的评估标准对备选的项目工艺技术方案的各方面进行评分，算出相应的得分值；最后将每个项目工艺技术的备选方案得分值进行综合评估，再将评估指标的分值经过运算，求出各方案的总分值，以此来决定选择哪个技术方案。

专家评分法按评分的计算方法不同可分为加法评分法、连乘评分法和加权评分法三种。项目工艺技术方案专家评分法的出发点是通过定性问题的定量化，从而使项目决策科学化，但是由于这种评分是一个非常复杂的工作，受到许多因素的影响，并且评分的各个指标之间往往还会有干涉性，所以会使这一方法的可信度和有效度都受到一定的影响，所以在实践中应注意和设法解决这方面的问题及其产生的原因。

项目贷款工艺技术方案的评估既包括对项目工艺技术特性的评估，也包括对项目工艺技术经济特性的评估。其中，对项目工艺技术特性的评估是指对项目工艺技术是否能够达到项目产品生产和运行要求进行的评估，而项目工艺技术经济特性的评估是指对项目工艺技术在能够达到设计要求并满足项目运行要求的前提下，有关项目工艺技术成本与收益的评估。对项目工艺技术经济特性的评估所采用的方法包括下述基本步骤。

（1）确定项目工艺技术方案的成本。通常可把项目工艺技术方案的成本划分为两类，一类是与项目产品产量成正比例变化的变动成本，如人工费、主要原材料费用；另一类是与项目产品产量的增减无直接关系的固定成本，如折旧费、管理费等。二者之和构成了一个项目工艺技术方案的成本总和。

（2）确定项目工艺技术方案的收益。通常项目工艺技术方案的收益可以按照不同的标志划分为很多不同的种类，如利润（企业收益）和税金（国家收益），税前收益（国家加企业的收益）和税后收益（企业收益），营业内收益和营业外收益等。通常应该由国家和企业收益二者之和构成一个项目工艺技术方案的收益总和。

（3）对各项目工艺技术方案进行经济评估和选择。在评估和选择项目工艺技术方案时应根据具体情况采用不同的方法，但是最主要的还是两两比较法。其中，又有下面两种不同的情况：

①项目规模一定且固定费用相同的工艺技术方案的评估与选择。设 Q 为项目产品年产量（即项目规模），F 为项目工艺技术方案成本中的固定费用，V 为项目工艺技术方案成本中的单位产品变动费用，C 为项目产品

年总成本。现有工艺方案 I 和方案 II，V_1、V_2 分别是它们的单位变动费用，且 $V_1 > V_2$，因项目规模一定且固定费用相等，则有：

$$C_1 = V_1 \times Q + F$$

$$C_2 = V_2 \times Q + F$$

由于 $V_1 > V_2$，故 $C_1 > C_2$，因此应选择工艺成本低的方案 II。

②项目固定费用不同的项目工艺技术方案选择。这是在项目规模不同的情况下所使用的项目工艺技术方案比较分析方法。现假设两个项目工艺技术方案的固定成本有 $F_1 < F_2$，则会有下面三种情况出现：当 $Q = Q_0$ 时，有 $C_1 = C_2$，所以此时两种方案的工艺技术成本相等，可根据其他条件的差异作出选择；当 $Q < Q_0$ 时，有 $C_1 < C_2$，此时选择方案 I 较为经济；当 $Q > Q_0$ 时，有 $C_1 > C_2$，此时选择方案 II 较为经济。

5.3 农业贷款项目技术装备评估

项目技术装备是指为实现项目工艺技术过程所提供的技术物质保障，项目技术装备中固化了许多项目生产的工艺技术和产品制造的工具与方法。项目技术装备的选择关系到项目工艺技术的实现和项目产品的质量、产量与成本等，因此它同样直接影响项目运行的成败。同时，从技术角度出发，项目技术装备的选择也会从技术上影响项目工艺技术方案和项目工程技术方案的选择，因此项目贷款技术装备方案的评估也是项目贷款技术方案评估的一项至关重要的内容。

5.3.1 项目贷款技术装备评估的含义

项目技术装备是为实现项目工艺技术方案所需机器、机械、运输工具及生产装备的统称，项目技术装备按其在项目产品生产中的作用，一般可分为生产装备、辅助装备和服务装备三大类。其中，生产装备是指项目产品生产线上使用的生产项目产品的装备；辅助装备主要指辅助项目产品生产的运输、动力、维修等装备；服务装备主要是指间接为项目产品生产服务的各种装备，如办公装备、安全装备、生活服务装备等。

项目贷款技术装备评估是指对贷款项目运行所需选用的各种技术装备的技术特性和项目技术装备与项目运行的适应性等进行的一系列评估工作。由于项目技术装备是实现项目产品生产目标的工具和手段，所以项目的生产能力和项目的工艺技术方案决定了项目技术装备的特性、数量和能力总和等方面的指标。另外，项目技术装备是项目建设单位固定资产的重要组成部分，项目技术装备的选择会直接影响项目在固定资产方面的投资总量，所以还必须从投资的角度对项目技术装备进行评估。项目技术装备投资评估的主要对象是项目产品生产的技术装备和辅助装备。评估项目技术装备时既要按照既定的项目工艺技术方案确定技术装备的选型、规格和数量，也要根据不同行业特点和具体条件分析评估项目技术装备的性能和特定要求，还要充分考虑项目技术装备的经济特性。

5.3.2 项目贷款技术装备评估的内容

项目贷款技术装备评估涉及许多方面，但是一般农业项目贷款技术装备评估需要对以下几个方面内容进行评估。

1. 项目技术装备的生产性能评估。项目技术装备的生产性能是指技术装备的生产能力和效率，它可以用单位技术装备在一定时间内的生产能力来衡量。项目技术装备的生产性能是由技术装备的生产效率和技术装备在一定时间内的有效工作时间决定的。在这一评估中应该主要评估项目技术装备的生产能力与项目设计能力要求的吻合程度（既要留有余地又不要造成生产能力的浪费），这包括对项目技术装备方案中的设备台数及其生产能力的全面评估。通常确定一种项目技术装备数量的方法如下：

单台(套) 技术设备的生产能力＝设备有效工作时间 × 单台(套) 设备产量定额

该设备应配置台数 ＝ 项目设计生产能力 ÷ 单台(套) 设备的生产能力

2. 项目技术装备的可靠性评估。项目技术装备的可靠性是指在规定的时间内和规定的使用条件下，项目技术装备无故障地发挥其功能的评价。项目技术装备可靠性愈好，其发生各种故障的可能性愈小，项目技术装备保障项目产品生产和质量的能力就越高。任何一个项目的技术装备都必须进行可靠性的评估，这样可以避免给项目运营带来问题和造成不应有的经济损失。

3. 项目技术装备耐用性的评估。项目技术装备的耐用性是指项目技术装备的使用寿命及其对使用条件方面影响的抵抗性。项目技术装备的使用寿命评估必须要针对项目技术装备的物质寿命、技术寿命和经济寿命指标综合考虑。项目技术装备的物质寿命是指其从开始投入使用到因有形磨损而使装备老化或损坏所经历的时间周期。项目技术装备的技术寿命是指其从开始使用到因无形磨损（技术落后）而被淘汰所经历的时间周期。项目技术装备的经济寿命是指其从开始使用到装备由于老化而需依靠高额维护费保持其生命所经历的时间。由于现代科学技术的迅速发展使得项目技术装备的物质寿命、技术寿命和经济寿命都在不断地缩短，因此在评估项目技术装备的寿命时，一定要对技术发展的趋势给予足够的重视以便选择各种寿命都较长的项目技术装备。

4. 项目技术装备安全性和维修特性的评估。项目技术装备的安全性是指项目技术装备对项目产品生产安全的保障性能。项目在选择技术装备时要充分考虑技术装备的安全特性，以保证项目生产人员、项目设备本身和项目环境的安全。项目技术装备的维修特性是指项目技术装备的可维修性和维修的便利性等特性。在一个项目的运行过程中，技术装备的维修是不可避免的。考核项目技术装备的维修特性指标包括技术装备的结构合理和易于装卸检验，技术装备零部件的可互换性、标准化和维修的难易程度等。项目技术装备的维修特性会直接影响项目产品的正常生产和项目产品的实际生产能力，因此在项目技术装备评估中要充分考虑项目技术装备的维修特性。

5. 项目技术装备配套性与系统性的评估。项目技术装备的配套性指整个项目的关联技术装备之间在数量和技术参数等方面的吻合程度的评估。项目技术装备的配套，按配套规模可分为单机配套、机组配套和项目配套三个层次。其中，单机配套是指一台机器设备的各种部件、附件和工装的配备；机组配套是指一套机器设备中的多台主机、辅机和装具等的全面配备成套；项目配套是指一个项目所需各种生产、辅助和服务设备以及各种成套装具的配套。其中关于项目配套的评估又被称为项目技术装备的系统性评估。项目技术装备配套性的评估不仅要求从数量上配套，还要求在质量上的全面配套，只有这样才能使装备充分发挥应有的功能。此外，对于进口技术装备的配套还应注意各种引进设备之间要配套，分别从不同国外厂家购买的设备组成生产线时要特别注意这些设备之间的配套；引进设备与国产设备的配套，项目技术装备方案中如果既包括国外引进设备又包括国内设备时，必须注意它们之间的配套；引进设备要与组织原有设备和相关设施的配套。这些都属于项目技术装备系统性评估的范畴。

6. 项目技术装备灵活性和经济性的评估。项目技术装备的灵活性是指项目技术装备对原材料和其他运行条件要求的严格程度和技术装备适应项目产品生产方案变更的能力，灵活性大的项目技术装备在未来的项目产品生产中比较容易适应变更后的项目运行要求，所以项目技术装备应该具备一定程度的灵活性（或叫柔性）。由于项目未来的运营存在许多不确定性因素，所以在项目投入运营后可能需要根据客观情况的变化而变更项目产品生产方案，这种项目产品生产方案的变更对多数项目而言是不可避免的，所以这就要求项目技术装备应尽量具备一定的灵活性。在项目技术装备的评估中还必须对项目采用的工艺技术装备的经济性进行全面的评估，以便使项目工艺技术装备能够在技术先进和安全可靠的前提下尽可能地降低项目运行的费用和项目设备投资预算，以提高项目运营收益和降低项目投资总额。这还包括要尽可能选用节能和节约资源的项目工艺技术装备，从而使项目的经济性得以提高。

5.3.3　项目贷款技术装备评估的方法

为了选择在技术上先进和在经济上合理的项目技术装备，需要对项目技术装备的购置方案进行全面的分析比较和评估，以便能够选择出经济技术性能最好的工艺技术装备。在对项目贷款技术装备的评估中常用的评估方法有两种。

1. 投资回收期法。

投资回收期法是通过比较项目技术装备投资回收期的长短选择项目技术装备的评估方法。其中，投资回收期是指项目技术装备投入生产使用后到实现的累计项目现金收益等于原始投资的时间周期。这又包括两种方法，其一是静态的方法，其二是动态的方法。静态的方法是不考虑资金时间价值的评估方法，静态投资回收期采用的计算方法如下：

静态投资回收期 = 项目技术装备投资额 ÷（该装备创造的年利润 + 年折旧额）

上面公式中的年利润和折旧额等均为平均水平。投资回收期的动态评估方法需要考虑项目技术装备投资和各年收益（利润和折旧）都需要先折现成现值，然后计算项目技术装备投资折现的现金流量最终全面得以抵偿的时间，从而求得项目技术装备动态投资回收期。无论是静态还是动态的投资回收期评估，在其他条件相同的情况下以投资回收期短的项目技术装备方案为好。

2. 费用换算法。

费用换算法是通过比较项目技术装备全生命周期内的总费用来评价和

选择项目技术装备的评估方法。项目技术装备全生命周期内的总费用是由项目技术装备的投资和使用费两大部分构成的。其中，投资（购置费）是指为购置项目技术装备而一次支出或集中在较短时间内支出的费用，使用费（包括维护费用）是指在整个寿命期内为保证项目技术装备正常运转而支付的各种费用。项目技术装备的购置费用应该包括技术装备自身的售价、技术装备的运费和保险费用、购置环节中的各种税费以及技术装备的安装费等；项目技术装备的使用费包括技术装备的有形和无形磨损费、使用项目技术装备过程中的能源消耗费、技术装备的保养维修费等。项目技术装备评估的费用换算法主要有以下两种。

（1）年费用法。年费用法是将项目技术装备购置费按复利计算原则计算出其使用寿命周期内平均每年的投资费用再与其年使用费相加，从而求出项目技术装备每年的总费用，然后通过比较不同项目技术装备方案的年度总费用，评估和选择出最佳项目技术装备方案的方法。年费用法的计算公式为

项目技术装备的年总费用 = 平均年投资费用 + 年使用费

（2）现值法。现值法是把项目技术装备每年的使用费折算成现值再加上项目技术装备最初投资额的折现值，从而求出项目技术装备全生命周期总费用的现值，然后比较各个项目技术装备方案并从中选择全生命周期总费用现值最低的项目技术装备方案的方法。这一方法的计算公式如下：

装备寿命周期总费用现值 = 投资费用现值 + 全生命周期使用费现值

5.4 农业项目贷款工程技术方案评估

项目贷款的技术评估除了对项目工艺技术方案和项目技术装备方案的评估以外，还包括对项目工程技术方案进行必要的评估。虽然项目工艺技术方案和项目技术装备方案的评估是项目技术评估的核心内容，但是项目贷款工程技术方案的评估对于一个项目的技术评估而言也是不可或缺的。

5.4.1 项目贷款工程技术方案评估的含义

项目贷款工程技术方案主要是指贷款项目工程设计方案和为完成项目建设而在项目实施过程中所采用的各种技术方法、技术措施方案等，对项目工程技术方案的评估实质上就是从项目选用的工艺技术方案和项目技术装备方案的要求出发，对项目工程技术方案所进行的分析和评价，以便最

终确定科学可行的项目工程技术方案，从而确保项目的技术可行性。

当项目需要开展一定的工程建设（如生产厂房和场地建设）时都有一个选用科学可行的工程技术方案的问题，都需要开展项目工程技术方案评估。项目工程技术方案评估主要是按照国家经济布局和区域发展计划的要求，根据项目工艺技术方案与项目技术装备的特定需要，科学地评估项目工程设计方案。同时，项目工程技术方案评估还包括对项目实施过程中所选用工程技术方法和施工组织方案的评估。对项目工程设计方案的评估涉及工程所在位置和工程设计方案等方面的评估（包括位置、自然和地理条件、运输供电和给水条件以及厂房规模和布置等），这一评估能够保证项目工程设计方案全面地考虑和满足项目运行要求，从而使项目达到技术可行与经济合理。对项目工程技术方法和施工组织方案的评估关系到投资项目建设速度快慢和建设质量高低以及建设投资大小和环境保护等诸多方面，这一评估对于满足项目在这些方面的要求是至关重要的。因此项目工程技术方案评估同样是一个具有全局性、长远性和战略性的项目评估工作。

5.4.2 项目贷款工程技术方案评估的内容

项目贷款工程技术方案评估的内容涉及很多方面，既包括对项目工程设计方案的评估（这主要是按照国家经济布局和区域发展计划的要求和根据项目工艺技术方案的规定与要求，以及项目技术装备方案的特定需要而科学地评估项目工程设计方案的工作），也包括对项目实施过程中所选用工程技术方法以及施工组织方案的评估。项目贷款工程技术评估的具体内容主要有以下几个方面。

1. 项目工程设计方案的评估。这包括对项目工程设计方案的科学性、合理性和经济性等方面的评估。科学性的评估主要是指对项目工程设计方案本身各技术指标合理性的全面评估。合理性的评估主要是指对项目工程设计方案与项目工艺技术方案和项目技术装备方案匹配性的评估。经济性评估主要是指对项目工程技术方案在能够满足项目工艺技术和项目技术装备要求的前提下尽可能节约项目投资等特性的评估。

2. 项目工程实施技术和施工组织方案的评估。在项目工程设计方案确定之后还需要对实现项目工程设计方案所选用的技术方法和施工组织方案进行全面评估。这方面评估的主要内容包括对项目工程实施技术和施工组织方案的可靠性、经济性和高效性等。其中，可靠性的评估主要评估所选用的工程实施技术与施工组织方案能否科学、可靠、安全地实现工程设计方案的各项指标和要求；经济性的评估主要是评估所选用的工程实施技术和施工组织方案能否最大限度地节约项目实施成本并保证项目施工成本不出现超预算现象；高效性的评估主要是评估所选用的工程实施技术和施工组织方案能否高效快捷地完成项目的实施作业并保证项目工期不出现拖延问题。

5.4.3 项目贷款工程技术方案评估的方法

项目贷款工程技术方案评估的方法同样包括很多种类，有定性评估和定量评估，主要有对项目设计方案、项目施工技术方案和项目施工组织方案三个方面的评估。

1. 项目工程设计方案的评估方法。项目工程设计方案的评估主要涉及设计方案的科学性、合理性和经济性三种特性的评估，所以需要先分别进行三个方面的专项评估，然后再进行综合评估。对工程设计方案科学性的评估主要采用定量分析的方法，即对项目工程设计方案的各项指标值进行定量的分析与评价，最终确认项目工程设计方案是否科学可靠。对工程设计方案合理性的评估主要采用对比分析的方法，即对比项目工艺技术和技术装备方案的要求指标值和项目工程设计方案能够达到的指标值，从而分析和评价项目工程设计方案能否达到项目工艺技术和技术装备的要求。对工程设计方案经济性的评估主要是采用成本收益分析的方法，即将各个项目工程设计方案所需施工成本与收益进行比较，分析并给出项目工程技术方案的经济性评价。

2. 项目施工技术方案的评估方法。对项目施工技术方案的评估主要涉及对项目实施技术方案的可靠性、经济性和高效性等方面的评估。其中对项目施工技术方案可靠性的评估主要采用比较法，即将项目工程设计方案要求的指标值和项目施工技术所能够达到的指标进行对比，从而全面评价项目施工技术方案能否可靠地达到项目工程设计方案的技术指标要求。对项目施工技术方案经济性的评估主要是采用类比法，即将各种备选项目施工技术方案的成本进行比较，分析给出各项目施工技术方案的优劣。对项目施工技术方案高效性的评估主要是采用工期分析的方法，根据各个备选的项目施工技术方案的工期长短，分析各项目施工技术方案是否能够高效快捷地建成项目。最终可以根据这三个方面的专项评估，按照一定的权重分配和综合评估办法，获得对项目施工技术方案的全面评估。

3. 项目施工组织方案的评估方法。对项目施工组织方案的评估同样主要涉及对项目施工组织方案的可靠性、经济性和高效性的评估。其中对项目施工组织方案可靠性的评估主要采用风险分析的方法，即通过对项目施工组织方案中各项活动的风险分析来评估项目施工组织方案的可靠性。对项目施工组织方案经济性的评估主要是基于成本估算和比较的方法，即将各个备选项目施工技术方案按照基于成本估算方法求出一种项目施工组织方案的成本，然后对各个方案进行比较分析，最终给出各个备选项目施工组织方案的优劣。对项目施工组织方案高效性的评估同样需要采用工期分析的方法，即根据各个备选项目施工组织方案的工期长短分析和评估各项目施工组织方案的高效性。同样，最终也要根据上述三个方面的专项评估，按一定的权重分配和综合办法获得对于项目施工组织方案的全面评估。

5.5 农业项目贷款生产建设条件评估

农业项目贷款生产建设条件是农业项目运行的物质基础，它是保证项目顺利运行的基本条件。因此，项目生产建设条件评估是项目评估的重要组成部分，包括对项目的自然资源条件、原材料供应条件、燃料动力供应条件、外部协作和配套条件、人力资源条件等方面的分析和评估。

5.5.1 农业项目贷款自然资源条件评估

自然资源条件评估是指在一定时间、地点条件下能够产生经济价值以提高项目当前和未来价值的自然环境因素和条件。自然资源具有两个显著的特点。第一是自然资源的有限性，自然资源种类繁多，分布范围很广，但不是取之不尽和用之不竭的，绝大部分自然资源的蕴藏量是有限的。因而，评估项目时必须清楚地看到自然资源的有限性，要节约使用和全面规划项目；第二是自然资源分布的不均衡性，不同的地区有不同的自然条件，各地的自然资源分布千差万别，呈现极大的不均衡性。因而，在评估项目时要结合本地区资源的实际情况，充分发挥一个地区的自然资源优势。论证与评估项目自然资源情况具体包括如下内容：

1. 审查和分析项目所需资源是否具备。例如，农产品种植业或养殖业项目必须具备一定气候、土壤、水域等自然资源；农田水利项目必须具有相关部门批准的水资源论证报告以确定该项资源是否符合项目的基本要求。

2. 分析和评估项目所需资源的种类和性质。例如，对于种植业的项目，必须分析和评估项目所在地的气候、土壤、水源等条件是否适合种植作物的生长等。

3. 分析和评估项目所需资源的可供数量、质量和服务年限。例如，农田水利项目必须分析水资源的总量、分布、季节规律，以开发利用程度和项目期内拟开发利用程度。

4. 分析和评估资源的深加工程度。一般情况下，提高资源的加工程度可以充分发挥和利用资源的优势和挖掘资源的使用价值，从而增加利用资源的经济效益。

5. 分析和评估资源的稀缺程度。对于需要利用资源的项目必须进行资源的供求分析并对其替代资源和开辟新资源的可行性和前景进行预测和研究。

6. 分析和评估资源供应的分散性和不稳定性。对于利用自然资源的项目必须分析影响该项目资源分散性和不稳定性等因素，并寻求适当的解决方法和途径以保证资源供应具有可靠的来源。

5.5.2　项目地理和水文地质条件评估

项目地理和水文地质条件是项目选址的重要条件之一，是对项目的生产经营产生长期影响的重要因素。在对项目进行评估中，对项目工程地质和水文地质条件的评估是其中的重要内容，是判断项目质量和寿命的重要指标之一。

1. 项目地质条件评估。

项目地质条件评估主要是根据地质勘查报告，分析项目工程地质条件与建筑物的相互影响，以便合理选择地质环境，保证建筑物的稳定性，确保项目运营的长期性。项目建设和生产过程中所需要的重型机械、基础工程、交通运输和技术安装等可能需要一定的土地条件，对土壤承载能力等地质要素有特殊要求。

项目地质条件评估的要点一般包括：

（1）地质条件对项目建设施工和生产经营过程中的交通运输条件可能

产生的影响；

（2）地质条件对项目建筑物可能产生的影响；

（3）交通运输、建筑物对工程地质条件的反作用及其影响程度；

（4）避免对有工业价值的矿藏的影响。

2. 水文地质条件评估。

水文地质条件评估是指按照项目建设地点不同时期的水位变化、流向、流速和地下水文的形成、分布和规律，以及水质的物理、化学性质等水文地质条件，分析其对项目建设施工的影响。水文地质条件评估重点关注能否在数量和质量方面，保证项目建设、生产经营、生活用水的需要。

水文地质条件评估一般包括以下内容：

（1）项目建设地点地上、地下水文条件与项目的双向相互影响；

（2）水文地质条件对项目建设、生产经营、生活用水的保证能力。

5.5.3 农业项目贷款原材料供应条件评估

农业项目贷款的原材料供应条件是指农业项目运行过程中所需要各种原材料、辅助材料、配套品的供应条件。不同项目所需的原材料品种和规格千差万别，而且每一个项目本身的原材料需求也是多种多样的，它们当中有任何一种出现供应问题就会直接影响到项目的可行性。通常要根据项目的类型和性质对其所需原材料的来源、数量、价格、质量、运输条件甚至存储设施等方面进行评估。这方面评估的主要内容如下：

1. 分析和评估原材料品种、数量和规格能否满足项目的需要。应根据项目设计和实施情况、项目选用的工艺技术和设备性能、项目基本原料和各种材料的投入数量，对项目所需原材料供应来源的有无、可靠性和保证程度进行评估。

2. 分析和评估原材料的质量和性能能否适应生产工艺和项目产品的要求。应分析特定项目对各种原材料在质量和性能上的特殊要求，因为它们直接影响该项目的生产工艺、设备选用、产品质量和原材料的利用程度，原则上这些方面必须满足项目设计的要求。

3. 分析和评估原材料的价格及其变动趋势。原材料的价格对确认项目的可行性和合理性具有制约和决定作用，因此在项目评估中应根据原材料供应的发展变化情况预测其未来变化趋势，以确保项目的可行性。

4. 分析和评估原材料的运输方式、运输距离和运输费用。原材料的运输方式、运输距离和运输费用对项目的可行性和项目成本效益有很大的影响。因此在项目评估中应对原材料运输方式、运输距离和运输费用进行详细的计算分析和评估。

5. 分析和评估原材料的存储设施条件。原材料的合理储备量及其相应的存储设施条件也是项目可行性的保证，特别是在原材料来源和运输具有一定的不确定性时，全面评估项目原材料储备量和存储设施条件尤为重要。

6. 分析和评估原材料的国内和国外来源情况。原材料的供应首先要立足国内，如果必须从国外进口时则应对进口原材料的情况进行分析，对进口原材料供应来源的稳定性和安全性进行评估，并应有应急预案和应变措施。

5.5.4　农业项目贷款燃料动力供应与消防条件评估

农业项目贷款除了需要对项目运行条件评估外，还需要对项目所需燃料动力的供应条件进行严格的评估。主要包括以下几方面内容。

1. 分析和评估燃料品种规格的需求量和可供量以及供应方式。项目所需各种燃料和动力的供应条件都需要进行评估，一般可根据项目的要求对项目所需燃料和动力的供应政策、供应数量、供应方式、运输及存储设施要求等进行全面的评估。

2. 分析和评估水资源的供应条件。水资源的供应条件同样是一个非常重要的方面，应根据项目对水资源的基本要求进行全面的分析与评估，包括供水量、供水价格、供水水源、供水设施、供水方式等方面的评估。

3. 分析评估电力资源的供应条件。电力资源的供应条件也需要作严格的分析，要估算项目最大用量、用电高峰负荷、耗电量、供电政策、供电设施、供电方式和供电成本等，并根据项目情况分析和评估这些方面的可行性。

4. 分析评估其他能源与动力的供应条件。如果项目还有其他的动力和能源的需求，那么也要分析和计算它们的需求量、供应方式、供应价格、供应政策和供应成本等。有特殊需要甚至还需要分析和评估自备设施、架设管网等方面的问题。

5. 劳动安全卫生与消防条件。项目的劳动安全卫生与消防评估，是在具有该项目可行性研究报告和工艺流程、主要设备与布置及工程方案等资料的基础上，运用科学的评价方法，分析和预测该项目在建设和生产过程中存在的对财产和劳动者身心健康可能产生的职业危险、有害因素和危险及不安全因素。

劳动安全卫生与消防评估是由有资格的专业劳动安全卫生评价单位，针对拟建或运行中的工程投资项目，采用适当的安全卫生评估方法，对其存在的各种危险、危害因素进行定性和定量的分析评价，客观描述项目的危险程度、发生危险的可能性及损失的严重程度，提出相应的劳动安全卫生消防对策和措施，已达到预防、消除或降低项目风险、寻求安全途径的目的。

5.5.5 农业项目贷款运输和通信条件评估

项目的运输条件是项目供应和销售的重要条件，它关系到项目运行中所需的各种物资以及项目产品能否及时保证供应和投放市场，所以，运输条件也是至关重要的。项目的通信条件主要用于获得和传递信息，它是任何一个项目运行的重要前提条件，所以对项目的通信条件也必须作全面的分析和评估，这方面的评估主要包括以下几个方面：

1. 分析评估项目所需的运输服务和设备条件。要分析和评估项目供应链的全过程所需运输方式和运输设备条件，包括组织内部和外部运输的方式与设备的技术经济分析，以保证项目供应量的畅通。

2. 分析项目的物流系统的服务能力。包括分析和评估项目所需装卸、运输、储存等方面服务的供应条件与能力，以及物流服务组织管理方面的能力等，以确保能够提供在项目运行中所需的物流服务。

3. 分析评估项目相关运输条件的配套性。分析项目所在地附近的公路、铁路、航空、航运等现有条件和未来规划情况，特别是要分析项目主要运输方式的相关配套条件。例如，若采用铁路运输方式就应分析与估算铁路配套情况，包括专用铁路、编组设施、仓储设施等。

4. 分析评估项目所需的通信服务和设备条件。要分析和评估项目信息资源管理中所需通信方式和通信设备条件，包括组织内部和外部通信所需的服务和设备的分析。

5.5.6 农业项目贷款外部协作配套条件评估

外部协作和零件配套条件是指为项目提供零部件、半成品或其他协作的条件。项目的外部协作和零件配套条件同样是项目运行中一个重要问题。在生产不断专业化、分工不断细化的现代化生产中，有些项目对于外部协作和配套条件的依赖对于整个项目是十分关键的。这方面的评估主要包括两个方面：

1. 分析和评估项目前序协作配套条件。这是指对于项目所需零部件、半成品或包装品等前序配套与协作能力的评估，包括生产能力、交货期、协作厂技术力量、协作保证程度和质量、价格等方面的全面评估。

2. 分析评估项目后序协作配套条件。这是指对于项目产品出厂后的一些协作与配套条件的评估，包括各种销售服务、售后技术服务等。

5.5.7　农业项目贷款环境保护评估

项目环境影响评估是指人们在开展项目之前，在充分调查研究的基础上识别、预测和评价该项目对自然环境可能带来的影响，以便按照社会发展与环境保护相协调的原则进行决策并尽可能在项目开始之前制定出消除或减轻其负面影响的措施。

项目环境影响评估一般都有专门的国家法律、规章和制度，对于项目决策的程序、方法和内容作出必要的规定。目前，我国实施的《中华人民共和国环境影响评价法》、国务院颁布的《建设项目环境保护管理条例》、国家环保总局制发的《关于建设项目环境影响评价制度有关问题的通知》等规范性文件，确立了项目环境影响评价的基本制度框架。

项目环境影响评估的内容包括：项目地理位置和项目规模评估，即对于项目会影响到的国家、地区、地质、地貌、大气、地表水、地下水、土壤、植物、动物等要素的识别和影响规模的分析。具体体现在以下方面：

1. 项目自然环境影响内容评估，包括对于地质、地貌、大气、地表水、地下水、土壤、植物、动物等影响要素的评估。

2. 项目自然环境影响的经济评估，是对于各种自然环境有利和不利影响的经济评价，重点是项目近期和远期自然环境影响的经济损益分析。

3. 项目社会环境影响评估，包括项目建设带来的对项目所在地居民生产、生活、风俗习惯的各种影响，一般包括废水、废气、噪声和固体废弃物的污染情况和治理措施。

4. 项目环境影响的全面评价，采取一定的综合评估模型，对未来项目环境影响的经济、技术、可持续发展等方面进行定性的、半定量或定量的评估。

5. 提出项目的环境保护或补救措施，主要是根据项目环境影响范围和程度具体给出应对措施，并通过这些措施冲抵项目的环境影响。

5.5.8 农业项目贷款人力资源供应条件评估

农业项目贷款所需人力资源条件的评估是指对于农业项目运行需要的各种人力资源供应情况与条件的评估。这既包括对项目运行所需的管理与技术人才供应情况的评估，也包括对项目所需劳动力（包括生产工人和辅助生产工人等）的评估。这方面的分析评估主要包括以下方面内容：

1. 分析评估项目的人力资源的供给情况。项目所需的各种人力资源的供应情况都应进行评估，这要根据项目的生产能力、生产工艺以及组织机构等因素去分析所需人力资源的供给情况以及是否能够获得这些人力资源。

2. 分析评估能够供应的人力资源水平和培训条件。项目所需人力资源多数情况需要根据项目需要作专门的培训和培养，所以还需要进一步对这方面的需要和供给的情况进行全面的分析并结合人力资源的情况制定相应的培训计划。

3. 分析各种高级管理和技术人员的供给情况和条件。这包括全面分析项目所需高级管理人员、工程技术人员等高层次人才的供应情况和是否需要异地人才甚至聘请外国专家和雇用外国技术工人等。

综上所述，项目所需的生产建设条件是多方面和多样的，因此对项目所需的生产建设条件必须进行全面的分析和评估，包括定性和定量两个方面。通过评估判定项目生产建设条件是否充分和可行，供应是否稳定和有保障，供应的价格和成本是否经济合理。

6 总投资估算与资金来源评估

2006 年，建设部和国家发展改革委修改发布了《建设项目经济评价方法与参数》（第三版）。在以前版本的《方法与参数》中提出项目评估要坚持定性分析和定量分析相结合，静态分析和动态分析相结合的原则，而在第三版中则更加突出强调了定量分析和动态分析的重要作用。第三版明确规定，项目评估要坚持定性分析和定量分析相结合，以定量分析为主，静态分析和动态分析相结合，以动态分析为主的原则。

本书以前章节的内容主要从定性分析的角度，对借款人和项目情况进行系统全面地了解。而本章则主要从定量分析的角度，突出动态分析，衡量项目的总投资和资金来源，以判断项目的收益水平、偿债能力和抗风险能力。

6.1 项目总投资估算

项目总投资估算是对项目贷款进行系统的定量分析的第一道工序，只有在准确估算项目总投资的基础上，才能进而测算项目经营期的成本和收益。

6.1.1 项目总投资的概念

项目总投资是指投资主体为获取预期收益，在选定的建设项目上所需投入的全部资金。建设项目按用途可分为生产性建设项目和非生产性建设项目。生产性建设项目总投资包括建设投资和流动资金两部分，而非生产性建设项目总投资只有建设投资。从静态分析和动态分析的角度，项目总投资还可以分为静态投资和动态投资。

1. 静态投资。静态投资是以某一基准年、月的建设要素的价格为依据所计算出的建设项目投资的瞬时值。但它包含因工程量误差而引起的工程造价的增减。静态投资包括：建筑安装工程费，设备和工器具购置费，工程建设其他费用，基本预备费等。

2. 动态投资。动态投资是指为完成一个工程项目的建设，预计投资需要量的总和。它除了包括静态投资所含内容之外，还包括建设期贷款利息、固定资产投资方向调节税（已暂停征收）、涨价预备费等。动态投资适应了市场价格运行机制的要求，使投资的计划、估算、控制更加符合实际。

静态投资和动态投资的内容虽然有所区别，但二者具有密切联系。动态投资包含静态投资，静态投资是动态投资最主要的组成部分，也是动态投资的计算基础，并且这两个概念的产生都和工程造价的计算直接相关。

6.1.2 项目总投资的内容

项目总投资的计算公式：

项目总投资 = 建设投资 + 流动资金 + 建设期利息

1. 建设投资。建设投资包括设备工器具购置费、建筑安装工程费、工程建设其他费用、预备费（包括基本预备费和涨价预备费）。

（1）设备、工器具购置费是由设备购置费用和工具、器具及生产家具购置费用组成。在工业建设工程中，设备、工器具费用与资本的有机构成相联系，设备、工器具费用占投资费用的比例大小，意味着生产技术的进步和资本有机构成的程度。

设备购置费是指为建设工程购置或自制的达到固定资产标准的设备、工具、器具的费用。所谓固定资产标准，是指使用年限在一年以上，单位价值在国家或各主管部门规定的限额以上。新建项目和扩建项目的新建车间购置或自制的全部设备、工具、器具，不论是否达到固定资产标准，均计入设备、工器具购置费中。设备购置费包括设备原价和设备运杂费，即：

设备购置费 = 设备原价或进口设备抵岸价 + 设备运杂费

上式中，设备原价是指国产标准设备、非标准设备的原价。设备运杂费是指设备原价中未包括的包装和包装材料费、运输费、装卸费、采购费、仓库保管费及供销部门手续费等。如果设备是由设备成套公司供应的，成套公司的服务费也应计入设备运杂费之中。

工器具及生产家具购置费是指新建项目或扩建项目初步设计规定所必须购置的不够固定资产标准的设备、仪器、工卡模具、器具、生产家具和备品备件的费用。

（2）建筑安装工程费。

①直接费：建筑安装工程直接费由直接工程费和措施费组成。

直接工程费。直接工程费是构成工程实体的各种费用，主要包括人工费、材料费和施工机械使用费。

措施费。措施费是为完成工程项目施工，发生于该工程施工前和施工过程中非工程实体项目的费用。主要包括环境保护费、文明施工费、安全施工费、临时设施费、夜间施工费、二次搬运费、大型机械设备进出场及安拆费、混凝土、钢筋混凝土模板及支架费、脚手架费、已完工程及设备保护费、施工排水、降水费。

②间接费：建筑安装工程间接费主要由规费、企业管理费组成。

规费。规费主要包括工程排污费、工程定额测定费、社会保障费（养老保险费、失业保险费、医疗保险费）、住房公积金、危险作业意外伤害保险。

企业管理费。企业管理费主要包括管理人员工资、办公费、差旅交通费、固定资产使用费、工具用具使用费、劳动保险费、工会经费、职工教育经费、财产保险费、财务费、税金及其他。

（3）工程建设其他费是指从工程筹建起到工程竣工验收交付使用止的整个建设期间，除建筑安装工程费用和设备及工、器具购置费用以外的，为保证工程建设顺利完成和交付使用后能够正常发挥效用而发生的各项费用。

工程建设其他费用，大体可分为三类。第一类指土地使用费；第二类指与工程建设有关的其他费用；第三类指与未来企业生产经营有关的其他费用。

第一类：土地使用费。

任何一个建设项目都固定于一定地点与地面相连接，必须占用一定量的土地，也就必然要发生为获得建设用地而支付的费用，这就是土地使用费。它是指通过划拨方式取得土地使用权而支付的土地征用及迁移补偿费，或者通过土地使用权出让方式取得土地使用权而支付的土地使用权出

让金。

①土地征用及迁移补偿费，是指建设项目通过划拨方式取得无限期的土地使用权，依照《中华人民共和国土地管理法》等规定所支付的费用。其总和一般不得超过被征土地年产值的20倍，土地年产值则按该地被征用前三年的平均产量和国家规定的价格计算。其内容包括：

● 土地补偿费。征用耕地（包括菜地）的补偿标准，为该耕地年产值的6～10倍范围内制定。征收无收益的土地，不予补偿。

● 青苗补偿费和被征用土地上的房屋、水井、树木等附着物补偿费。

● 安置补助费。征用耕地、菜地的，每个人口每亩年产值的2～3倍，每亩耕地最高不得超过其年产值的10倍。

● 缴纳的耕地占用税或城镇土地使用税、土地登记费及征地管理费等。一般在1%～4%内提取。

● 征地动迁费。

● 水利水电工程水库淹没处理补偿费。

②土地使用权出让金，指建设项目通过土地使用权出让方式，取得有限期的土地使用权，依照《中华人民共和国城镇国有土地使用权出让和转让暂行条例》的规定，支付的土地使用权出让金。

● 明确国家是城市土地的唯一所有者，并分层次、有偿、有限期地出让、转让城市土地。

● 城市土地的出让和转让可采用协议、招标、公开拍卖等方式。协议方式适用于市政工程、公益事业用地以及需要减免地价的机关、部队用地和需要重点扶持、优先发展的产业用地。招标方式适用于一般工程建设用地。公开拍卖适用于盈利高的行业用地。

● 在有偿出让和转让土地时，政府对地价不作统一规定，但应坚持以下原则：地价对目前的投资环境不产生大的影响；地价与当地的社会经济承受能力相适应；地价要考虑已投入的土地开发费用、土地市场供求关系、土地用途和使用年限。

● 关于政府有偿出让土地使用权的年限，各地可根据时间、区位等各种条件作不同的规定，一般可在30～99年。按照地面附属建筑物的折旧年限来看，以50年为宜。

● 土地有偿出让和转让，土地使用者和所有者要签约，明确使用者对土地享有的权利和对土地所有者应承担的义务。有偿出让和转让使用权，要向土地受让者征收契税；转让土地如有增值，要向转让者征收土地增值税；在土地转让期间，国家要区别不同地段，不同用途向土地使用者收取土地占用费。

第二类：与项目建设有关的其他费用。

①建设单位管理费；

②勘察设计费；

③研究试验费；

④临时设施费；

⑤工程监理费；

⑥工程保险费；

⑦供电补贴费；

⑧施工机构迁移费；

⑨引进技术和进口设备其他费。

第三类：与未来企业生产经营有关的其他费用。

①联合试运转费；

②生产准备费；

③办公和生活家具购置费。

（4）预备费是指考虑建设期可能发生的风险因素而导致的建设费用增加的这部分内容。按照风险因素的性质划分，预备费又包括基本预备费和涨价预备费。

①基本预备费：它是指由于如下原因导致费用增加而预留的费用：设计变更导致的费用增加；不可抗力导致的费用增加；隐蔽工程验收时发生的挖掘及验收结束时进行恢复所导致的费用增加。基本预备费一般按照前五项费用（即建筑工程费、设备安装工程费、设备购置费、工器具购置费及其他工程费）之和乘以一个固定的费率计算。其中，费率往往由各行业或地区根据其项目建设的实际情况加以制定。

②涨价预备费：它是指建设项目在建设期间内由于价格等变化引起工程造价变化的预测预留费用。费用内容包括：人工、材料、施工机械的价差费，建筑安装工程费及工程建设其他费用调整，利率、汇率调整等增加的费用。价差预备费的计算方法，一般是根据国家规定的投资综合价格指

数，按估算年份价格水平的投资额为基数，采用复利方法计算。计算公式为

$$nPF = \sum I_t(1 + f)t - 1 \qquad (6 - 1)$$

其中，PF 为涨价预备费；n 为建设期年份数；I_t 为建设期中第 t 年的投资额；f 为年投资价格上涨率。

2. 流动资金投资。

流动资金投资指项目投产前预先垫付，在投产后的经营过程中购买原材料、燃料动力、备品备件、支付工资和其他费用以及被在产品、半成品和其存货占用的周转资金。在生产经营活动中流动资产以现金、各种存款、存货、应收及预付款项等流动资产形态出现。

3. 建设期利息。

建设期利息是指工程项目在建设期间内发生并计入固定资产的利息，主要是建设期发生的支付银行贷款、出口信贷、债券等的借款利息和融资费用。建设期利息应按借款要求和条件计算，国内银行借款按现行贷款利率计算，国外贷款利息按协议书或贷款意向书确定的利率按复利计算。

6.1.3　项目贷款总投资评估方法和重点

银行贷款项目评估人员首先要取得贷款项目可行性研究报告或初步设计概算总投资明细表、招投标结果或已签订的经济合同，以及分年投资计划和贷款使用计划。在审核可行性研究报告或初步设计概算总投资明细表时，要重点考察建设工程内容是否全面，确保无缺、漏项；各项投资成本费用取值依据是否合理，要符合相关行业建设规程规定，确保无高估冒算或人为压低造价；投资各组成部分计算是否准确。如项目业主在项目筹建或实际建设过程中，已组织进行了项目工程或设备招投标，或者已签订了经济合同，应根据建设进展情况对可行性研究报告或初步设计概算建设投资进行调整。

在估算项目建设期利息时，要根据项目业主提供的分年投资计划和贷款使用计划，结合银行办贷时间表、贷款规模配给等情况，合理预计借款人年度用款进而和用款时间，进而估算出建设期利息。估算建设期利息应注意名义年利率和有效年利率的换算。将名义年利率折算为有效年利率的换算，计算公式为

$$有效年利率 = (1 + \frac{r}{m})^m - 1 \qquad (6-2)$$

其中，r 为名义年利率；m 为每年计息次数。当建设期用自有资金按期支付利息时，可不必进行换算，直接采用名义年利率计算建设期利息。

为了简化计算，银行在估算项目建设期利息时通常假定借款均在每年的年中支用，借款第一年按半年计息，其余各年份按全年计息。计算公式为

采用自有资金计息时，按单利计算。

各年应计建设期利息 =（年初借款余额 + 本年借款额／2）× 名义年利率

采用复利方式计息时：

各年应计建设期利息 =（年初借款本息累计 + 本年借款额／2）× 有效年利率

6.2　项目贷款融资方案评估

融资方案与投资估算、财务分析密切相关。首先，融资方案必须满足投资估算确定的投资额及其使用计划对投资数额、时间的要求；其次，不同方案的融资后财务分析结论，也是比选、确定融资方案的依据，而融资方案确定的项目资本金和项目债务资金的数额及相关融资条件，又为项目盈利能力分析、项目偿债能力分析、项目财务生存能力分析等财务分析提供了必需的基础数据。

6.2.1　融资主体和融资方式

按照拟建贷款项目是否组建新的法人，借款人可分为新设法人和既有法人，贷款项目也由此可分为新设法人项目和既有法人项目。同样，按照融资主体不同，项目融资可分为既有法人融资和新设法人融资两种方式。

1. 既有法人融资。既有法人融资方式是以既有法人为融资主体的融资方式。采用既有法人融资方式的建设项目，既可以是改扩建项目，也可以是非独立法人的新建项目。既有法人融资方式的基本特点是：由既有法人发起项目、组织融资活动，并承担融资责任和风险；建设项目所需的资金，来源于既有法人内部融资、新增资本金和新增债务资金；新增债务资金依靠既有法人整体（包括拟建项目）的综合盈利能力来偿还，并以既有法人整体的资产和信用承担债务担保。以既有法人融资方式筹集的债务资金虽然用于项目投资，但债务人是既有法人。债权人可对既有法人的全部

资产（包括拟建项目的资产）进行债务追索，因而债权人的债务风险较低。在这种融资方式下，不论项目自身未来的盈利能力如何，只要既有法人能够保证按期还本付息，银行就愿意提供信贷资金。因此，采用这种融资方式，必须充分考虑既有法人整体的盈利能力和信用状况，分析可用于偿还债务的既有法人整体（包括拟建项目）的未来的净现金流量。

2. 新设法人融资。新设法人融资方式是以新组建的具有独立法人资格的项目公司为融资主体的融资方式。采用新设法人融资方式的建设项目，项目法人大多是企业法人。社会公益性项目和某些基础设施项目如国家另有规定的交通建设（可以为机关法人）、土地整治等也可能组建新的事业法人实施。采用新设法人融资方式的建设项目，一般是新建项目，但也可以是将既有法人的一部分资产剥离出去后重新组建新的项目法人的改扩建项目。

新设法人融资方式的基本特点是：由项目发起人（企业或政府）发起组建新的具有独立法人资格的项目公司，由新组建的项目公司承担融资责任和风险；建设项目所需资金的来源，可包括项目公司股东投入的资本金和项目公司承担的债务资金；依靠项目自身的盈利能力来偿还债务；一般以项目投资形成的资产、未来收益或权益作为融资担保的基础。采用新设法人融资方式，项目发起人与新组建的项目公司分属不同的实体，项目的债务风险由新组建的项目公司承担。项目能否偿还贷款，取决于项目自身的盈利能力，因此必须认真分析项目自身的现金流量和盈利能力。

项目公司股东对项目公司借款提供多大程度的担保，也是融资方案研究的内容之一。实力雄厚的股东，为项目公司借款提供完全的担保，可以使项目公司取得低成本资金，降低项目的融资风险；但担保额度过高会使其资信下降，同时股东担保也可能需要支付担保费，从而增加项目公司的费用支出。在项目本身财务效益好、投资风险可以有效控制的条件下，可以减少项目公司股东的担保额度。

6.2.2 项目资金来源分析

我国建设项目资金的筹措渠道是随着经济体制、计划体制、财政体制、银行体制的改革而不断变化的。随着改革开放，商品经济的发展，投资领域发生了重大变化。投资主体多元化、投资渠道多元化、筹资方式多样化已成为投资体制改革的重要标志。建设项目的资金来源可以有多种渠道，不论何种渠道，对项目法人来讲，项目建设资金从性质上可分为项目资本金即权益性资金和债务资金。

1. 项目资本金筹措。

项目资本金（外商投资项目为注册资本）是指在建设项目总投资（外商投资项目为投资总额）中，由投资者认缴的出资额，对建设项目来说是非债务性资金，项目法人不承担这部分资金的任何利息和债务；投资者可按其出资的比例依法享有所有者权益，也可转让其出资，但一般不得以任何方式抽回。资本金是确定项目产权关系的依据，也是项目获得债务资金的信用基础。资本金没有固定的按期还本付息压力。股利是否支付和支付多少，视项目投产运营后的实际经营效果而定。

（1）项目资本金的出资方式。投资者可以用货币出资，也可以用实物、工业产权、非专利技术、土地使用权、资源开采权等作价出资。作价出资的实物、工业产权、非专利技术、土地使用权和资源开采权，必须经过有资格的资产评估机构评估作价；其中以工业产权和非专利技术作价出资的比例一般不得超过项目资本金总额的20%（经特别批准，部分高新技术企业可以达到35%以上）。为了使建设项目保持合理的资产结构，应根据投资各方及建设项目的具体情况选择项目资本金的出资方式，以保证项目能顺利建设并在建成后能正常运营。

（2）项目资本金的筹措方式。

①股东直接投资。股东直接投资包括政府授权投资机构入股资金、国内外企业入股资金、社会团体和个人入股的资金以及基金投资公司入股的资金，分别构成国家资本金、法人资本金、个人资本金和外商资本金。

既有法人融资项目，股东直接投资表现为扩充既有企业的资本金，包括原有股东增资扩股和吸收新股东投资；新设法人融资项目，股东直接投资表现为项目投资者为项目提供资本金。合资经营公司的资本金由企业的股东按股权比例认缴，合作经营公司的资本金由合作投资方按预先约定的金额投入。

②股票融资。无论是既有法人融资项目还是新设法人融资项目，凡符合规定条件的，均可以通过发行股票在资本市场募集股本资金。

③政府投资。政府投资资金，包括各级政府的财政预算内资金、国家批准的各种专项建设基金、统借国外贷款、土地批租收入、地方政府按规

定收取的各种费用及其他预算外资金等。政府投资主要用于关系国家安全和市场不能有效配置资源的经济和社会领域，包括加强公益性和公共基础设施建设，保护和改善生态环境，促进欠发达地区的经济和社会发展，推进科技进步和高新技术产业化进程等。中央政府投资除本级政权等建设外，主要安排跨地区、跨流域以及对经济和社会发展全局有重大影响的项目。

对政府投资资金，国家根据资金来源、项目性质和政策调控需要，分别采取直接投资、资本金注入、投资补助、转贷和贷款贴息等方式进行投资，并按项目进行安排使用。在贷款项目评估中，对政府投资资金，应根据资金投入的不同情况进行不同的处理：

一是以投资补贴、资本金注入方式投入的政府投资资金，在贷款项目评估中应视为权益性资金；

二是以贷款贴息等方式投入的政府投资资金，如在建设期应直接扣减建设期利息，如在经营期应视为一般现金流入（补贴收入）；

三是以转贷方式投入的政府投资资金（统借国外贷款），在项目评价中应视为债务资金。

2. 项目债务资金的筹措。

项目债务资金的特点。债务资金是项目投资中以负债方式从金融机构、证券市场等资本市场取得的资金。

债务资金的突出特点：资金在使用上具有时间性限制，到期必须偿还；无论项目的融资主体今后经营效果好坏，均需按期还本付息，从而形成企业的财务负担；资金成本一般比权益资金低，且不会分散投资者对企业的控制权。

项目债务资金的来源渠道和筹措方式主要包括：

（1）商业银行贷款。商业银行贷款是我国建设项目获得短期、中长期贷款的重要渠道。国内商业银行贷款包括国有商业银行、股份制商业银行和地方商业银行以及农村信用合作社等金融机构，特别是随着新型农村金融组织的不断发展，村镇银行也加入到商业银行支农的行列。商业银行贷款适用于有较强偿债能力、市场化运营的农业建设项目。

（2）政策性银行贷款。政策性银行贷款一般期限较长，利率较低，是为配合国家产业政策等的实施，对有关政策性项目提供的贷款。我国原有政策性银行有国家开发银行、中国进出口银行和中国农业发展银行 3 家，随着金融改革的深化，国家开发银行正在商业化转型，目前国家政策性银行保有两家，即中国农业发展银行、中国进出口银行。中国农业发展银行1994 年 11 月挂牌成立，是直属国务院领导的我国唯一的农业政策性银行。主要职责是按照国家的法律、法规和方针、政策，以国家信用为基础，筹集资金，承担国家规定的农业政策性金融业务，代理财政支农资金的拨付，为农业和农村经济发展服务。业务领域涉及农产品收购、储备、调销和加工以及农业农村基础设施建设等领域，成为农村金融体系中发挥支柱骨干作用的银行。近几年，中国进出口银行也开办了一些农业项目贷款业务，但占比很少。

（3）外国政府贷款。外国政府贷款是一国政府向另一国政府提供的具有一定的援助或部分赠与性质的低息优惠贷款。目前我国可利用的外国政府贷款主要有：日本国际协力银行贷款、日本能源贷款、美国国际开发署贷款、加拿大国际开发署贷款，以及德国、法国等国的政府贷款。外国政府贷款有以下特点：

①在经济上带有援助性质，期限长，利率低，有的甚至无息。一般年利率为 2%~4%，平均还款期限为 20~30 年，最长可达 50 年。

②贷款一般以混合贷款方式提供，即在贷款总额中，政府贷款一般占三分之一，其余三分之二为出口信贷。

③贷款一般都限定用途，如用于支付从贷款国进口设备，或用于某类项目建设。我国各级财政可以为外国政府贷款提供担保，按照财政担保方式分为三类：国家财政部担保、地方财政厅（局）担保、无财政担保。

（4）国际金融组织贷款。国际金融组织贷款是国际金融组织按照章程向其成员国提供的各种贷款。目前与我国关系最为密切的国际金融组织是国际货币基金组织、世界银行和亚洲开发银行。国际金融组织一般都有自己的贷款政策，只有这些组织认为应当支持的项目才能得到贷款。使用国际金融组织的贷款需要按照这些组织的要求提供资料，并且需要按照规定的程序和方法来实施项目。

①国际货币基金组织贷款。国际货币基金组织的贷款只限于成员国财政和金融当局，不与任何企业发生业务，贷款用途限于弥补国际收支逆差或用于经常项目的国际支付，期限为 1~5 年。

②世界银行贷款。世界银行贷款具有以下特点：

• 贷款期限较长。一般为 20 年左右，最长可达 30 年，宽限期为 5 年。

• 贷款利率实行浮动利率，随金融市场利率的变化定期调整，但一般低于市场利率。对已订立贷款契约而未使用的部分，要按年征收 0.75% 的承诺费。

• 世界银行通常对其资助的项目只提供货物和服务所需要的外汇部分，占项目总额的 30%~40%，个别项目可达 50%。但在某些特殊情况下，世界银行也提供建设项目所需要的部分国内费用。

• 贷款程序严密，审批时间较长。借款国从提出项目到最终同世界银行签订贷款协议获得资金，一般要一年半到两年时间。

③亚洲开发银行贷款。亚洲开发银行贷款分为硬贷款、软贷款和赠款。硬贷款是由亚洲开发银行普通资金提供的贷款，贷款的期限为 10~30 年，含2~7 年的宽限期，贷款的利率为浮动利率，每年调整一次。软贷款又称优惠利率贷款，是由亚洲开发银行开发基金提供的贷款，贷款的期限为 40 年，含 10 年的宽限期，不收利息，仅收 1% 的手续费，此种贷款只提供还款能力有限的发展中国家。赠款资金由技术援助特别基金提供。

（5）出口信贷。出口信贷是设备出口国政府为促进本国设备出口，鼓励本国银行向本国出口商或外国进口商（或进口方银行）提供的贷款。贷给本国出口商的称"卖方信贷"，贷给外国进口商（或进口方银行）的称"买方信贷"。贷款的使用条件是购买贷款国的设备。出口信贷利率通常要低于国际上商业银行的贷款利率，但需要支付一定的附加费用（管理费、承诺费、信贷保险费等）。

（6）银团贷款。银团贷款是指多家银行组成一个集团，由一家或几家银行牵头，采用同一贷款协议，按照共同约定的贷款计划，向借款人提供贷款的贷款方式。银团贷款，除具有一般银行贷款的特点和要求外，由于参加银行较多，需要多方协商，贷款过程周期长。使用银团贷款，除支付利息之外，按照国际惯例，通常还要支付承诺费、管理费、代理费等。银团贷款主要适用于资金需求量大、偿债能力较强的建设项目。

（7）企业债券。企业债券是企业以自身的财务状况和信用条件为基础，依照《中华人民共和国证券法》、《中华人民共和国公司法》等法律法规规定的条件和程序发行的、约定在一定期限内还本付息的债券，如三峡债券、铁路债券等。企业债券代表着发债企业和债券投资者之间的一种债权债务关系。债券投资者是企业的债权人，不是所有者，无权参与或干涉企业经营管理，但有权按期收回本息。企业债券融资的特点是：筹资对象广、市场大，但发债条件严格、手续复杂；其利率虽低于银行贷款利率但发行费用较高，需要支付承销费、发行手续费、兑付手续费及担保费等费用。适用于资金需求大，偿债能力较强的建设项目。目前，我国企业债券的发行总量需纳入国家信贷计划，申请发行企业债券必须经过严格的审核，只有实力强、资信好的企业才有可能被批准发行企业债券，还必须有实力很强的第三方提供担保。

（8）国际债券。国际债券是一国政府、金融机构、工商企业或国际组织为筹措和融通资金，在国际金融市场上发行的、以外国货币为面值的债券。国际债券的重要特征，是债券发行者和债券投资者属于不同的国家，筹集的资金来源于国际金融市场。按照发行债券所用货币与发行地点的不同，国际债券主要有外国债券和欧洲债券两种。发行国际债券的优点是资金规模巨大、稳定、借款时间较长，可以获得外汇资金；缺点是发债条件严格、信用要求高、筹资成本高、手续复杂，适用于资金需求大，能吸引外资的建设项目。因国际债券的发行涉及国际收支管理，国家对企业发行国际债券进行严格的管理。

（9）融资租赁。融资租赁是资产拥有者在一定期限内将资产租给承租人使用，由承租人分期付给一定租赁费的融资方式。融资租赁是一种以租赁物品的所有权与使用权相分离为特征的信贷方式。融资租赁，一般由出租人按承租人选定的设备，购置后出租给承租人长期使用。在租赁期内，出租人以收取租金的形式收回投资，并取得收益；承租人支付租金租用设备进行生产经营活动。租赁期满后，出租人一般将设备作价转让给承租人。融资租赁的优点是企业可不必预先筹集一笔相当于资产买价的资金就可以获得需要资产的使用权。这种融资方式适用于以购买设备为主的建设项目，特别是单项设备费用额度较大的建设项目。

6.2.3　融资方案评估方法和重点

融资方案即项目资金结构安排，具体体现在三个方面：项目资本金与项目债务资金的比例、项目资本金内部结构的比例和项目债务资金内部结构的比例。

一个融资方案的出台，是股东与债权人、股东与股东、债权人与债权人之间利益博弈的结果，资本金与债务资金的出资额度需要由各个参与方的利益平衡来决定。

1. 资金结构分析。

资金结构是指融资方案中各种资金的比例关系。在融资方案分析中，资金结构分析是一项重要内容。资金结构包括：

（1）项目资本金与项目债务资金的比例。

项目资本金与项目债务资金的比例是项目资金结构中最重要的比例关系。项目投资者希望投入较少的资本金，获得较多的债务资金，尽可能降低债权人对股东的追索。而提供债务资金的债权人则希望项目能够有较高的资本金比例，以降低债权的风险。当资本金比例降低到银行不能接受的水平时，银行将会拒绝贷款。资本金所占比例越高，企业的财务风险和债权人的风险越小，可能获得较低利率的债务资金。债务资金的利息是在所得税前列支的，可以起到合理减税的效果。在项目的收益不变、项目投资财务内部收益率高于负债利率的条件下，由于财务杠杆的作用，资本金所占比例越低，资本金财务内部收益率就越高，同时企业的财务风险和债权人的风险也越大。因此，一般认为，在符合国家有关资本金（注册资本）比例规定、符合金融机构信贷法规及债权人有关资产负债比例要求的前提下，既能满足权益投资者获得期望投资回报的要求，又能较好地防范财务风险的比例是较理想的资本金与债务资金的比例。

按照我国有关法规规定，从 1996 年开始，对各种经营性国内投资项目试行资本金制度，投资项目资本金占总投资的比例，根据不同行业和项目的经济效益等因素确定，并按行业制定了具体的项目资本金比例标准。随后，国家根据宏观经济调控需要，各行业项目资本金比例标准多次进行过调整。银行一般会在国家对项目资本金的比例要求之上，根据风险偏好和信贷策略，制定自己的项目资本金比例要求。项目资本金比例的计算公式为

$$项目资本金比例 = 项目资本金 \div 项目总投资$$

项目总投资，是指投资项目的固定资产投资（即建设投资和建设期利息之和）与流动资金之和。

（2）项目资本金内部结构比例是指项目投资各方的出资比例。不同的出资比例决定各投资方对项目建设和经营的决策权和承担的责任，以及项目收益的分配。

（3）项目债务资金结构比例反映债权各方为项目提供债务资金的数额比例、债务期限比例、内债和外债的比例，以及外债中各币种债务的比例等。

2. 资金到位的可能性评估。

银行评估人员首先要取得项目投资计划以及以下材料：借款人财务报表；涉及企业股东出资的，取得董事会决议和各股东基本财务数据；涉及以税费减免方式出资的，取得当地政府的会议纪要和有关部门的承诺；涉及地方财政出资的，取得当地财政近几年的收支表和基建收支明细表；涉及国家或省有关部门出资的，取得相关投资计划及有关文件。

项目建设资金无法及时足额到位的后果往往十分严重，可能直接导致项目建设期延长、总投资增加、项目经营期成本压力加大等，无论对银行还是项目业主都会产生较大风险。因此，银行评估人员要根据项目的分年度投资计划，在对借款人或其股东近两年的生产经营、投资、资产负债及财务状况变动情况进行分析的基础上，评价其投资能力及各年度的投入量，结合各期信用记录，综合平衡后确定各期用于本项目的资本金数额及分年度计划是否可靠，并评价拟建项目分年度投资计划的可行性和可靠性。如融资方案还涉及其他银行，要调查贷款金额、各银行贷款份额及现阶段落实程度。

7 农业项目贷款财务效益评估

项目贷款财务评估是经济建设项目评估的一项重要内容，也是项目决策的重要依据和核心环节。不论是项目前评估还是项目后评估，首要考虑的是项目财务评估问题，也就是从项目投资人（有时包括项目债权人）的角度去评估项目建设和运营的成本与收益问题，评估项目在财务方面是否可行和如何优化的问题。

7.1 农业项目贷款财务评估概述

农业农村经济建设项目建设的目的就在于通过项目在未来获得一定的经济效益，而项目经济效益主要是通过对项目的经济评估来评价的，所以项目经济评估是项目评估的重要内容。从企业的角度出发对项目的经济效益进行评估被称为项目财务评估。按照我国现行规定，项目经济评估包括项目财务评估和项目国民经济评估两个方面。两者的不同在于评估的角度和范围不同，项目财务评估的范围主要从企业或投资人的角度出发，按照国家现行的财税制度规定，对于项目成本与收益的定量评价。国民经济评估则是从国家和社会的角度分析和计算项目对国民经济的贡献和效益。一般项目评估是先作项目财务评估，然后进行项目国民经济评估。无论对一般项目还是对重大项目，项目财务评估都是必不可少的，因为其结果将直接对项目的决策、实施和运行产生重大的影响。

7.1.1 项目贷款财务评估的概念

项目的运作过程是一定的物流、信息流和资金流的运动和转化过程。从物质形态上看，项目运行表现为各种实物要素（如原材料、机器设备及产成品等）和非实物要素（如劳务、技术等）的投入和产出。从货币形态上看，项目运行表现为一定量的资金流动，从资金的支付和使用到最后资金的回收和增值：对一个项目进行经济评估，其出发点是对项目运行中货币流动的成本和收益情况的评估。因此，项目财务活动是在国家现行财税制度和价格体系的前提下，从项目的角度出发，计算项目范围内的财务效益和费用，分析项目的盈利能力和清偿能力，评价项目在财务上的可行性，明确项目对财务主体的价值以及对投资者的贡献，为投资决策、融资决策以及银行审贷提供依据。财务评估是项目投资和贷款决策的重要依据，是进一步开展国民经济评价的重要基础。

与一般企业的财务状况评估不同，项目财务评估主要是面向未来，通过预测得到的关于未来项目运行财务数据所进行的可行性评估。这种评估一般应该对项目整个生命周期的财务总体情况进行评估，应该采用考虑资金时间价值的动态方法进行评估，而且还必须要进行不确定性的分析与敏感性评估。项目财务评估实际上是项目可行性研究的核心内容之一，其评估结论是项目决策最重要的依据之一。

7.1.2　项目贷款财务评估的作用

项目业主（企业）或项目发起人是项目投资后果的直接承担者，因此项目财务评估的目的主要是从项目投资者或企业的角度考察项目的盈利能力，为企业或投资者的项目决策提供信息支持。同时，要兼顾项目相关利益主体各方的利益要求，因而项目财务评估的作用主要体现在三个方面：其一是反映项目的盈利能力和偿债能力，判断企业投资所获得的收益和投资者投入资金的安全性，为投资者（所有者和债权人）的投资决策提供信息支持；其二是为项目的成本管理提供信息和数据，包括项目所需投资规模、用款的计划安排与筹款方案等，这些都是财务评估的重要内容；其三是分析和确定项目投资的风险及其应对措施，任何项目都会有一定的财务风险，包括项目风险成本和项目风险收益，这些同样要通过项目财务评估来分析确定和评价。

7.1.3　项目贷款财务评估的内容

项目决策可分为投资决策和融资决策两个层次。投资决策重在考察项目净现金流的价值是否大于其投资成本，融资决策重在考察资金筹措方案能否满足要求。严格来说，投资决策在先，融资决策在后。根据不同决策的需要，财务分析可分为融资前分析和融资后分析。

1. 融资前分析。

财务分析一般应先进行融资前分析，融资前分析是指在考虑融资方案前就可以开始进行的财务分析，即不考虑债务融资条件下进行的财务分析。它与融资条件无关，其依赖数据少，报表编制简单，但其分析结论可满足方案比选和初步投资决策的需要。如果分析结果表明项目效益符合要求，再考虑融资方案，继续进行融资后分析；如果分析结果不能满足要求，可以通过修改方案设计完善项目方案，必要时甚至可据此作出放弃项目的建议。

融资前分析广泛应用于项目各阶段的财务分析。在规划和机会研究阶段，可以只进行融资前分析，此时也可只选取所得税前指标。在项目的初期研究阶段，也可只进行融资前分析。融资前分析只进行盈利能力分析，并以项目投资折现现金流量分析为主，计算项目投资内部收益率和净现值指标，也可计算投资回收期指标（静态）。

2. 融资后分析。

在融资前分析结论满足要求的情况下，初步设定融资方案，再进行融资后分析，融资后分析是指以设定的融资方案为基础进行的财务分析。融资后分析包括项目的盈利能力分析、偿债能力分析以及财务生存能力分析，进而判断项目方案在融资条件下的合理性。融资后分析是比选融资方案，进行融资决策和投资者最终决定出资的依据。可行性研究阶段必须进行融资后分析，但只是阶段性的。实践中，在可行性研究报告完成之后，还需要进一步深化融资后分析，才能完成最终融资决策。

融资后分析主要是针对项目资本金折现现金流量和投资各方折现现金流量进行分析，既包括盈利能力分析，又包括偿债能力分析和财务生存能力分析等内容。

盈利能力分析，主要考察投资项目的盈利水平，是反映项目在财务上可行程度的基本标志。投资项目的盈利能力分析，应当考察拟建项目建成投产后是否有盈利，盈利多少，主要分析项目各年度投资盈利能力，以及项目在整个寿命期内的盈利水平。

偿债能力分析，主要考察项目按期偿还其债务的能力。项目偿债能力的通常表现为建设投资借款偿还期的长短，利息备付率和偿债备付率的高低，这些指标也是银行进行贷款决策的重要依据。

　　财务生存能力分析，主要考察在项目（企业）运营期间，能否确保从各项经济活动中得到足够的净现金流量使项目能够持续生存。财务分析中应根据财务计划现金流量表，综合考察项目计算期内各年的投资活动、融资活动和经营活动所产生的各项现金流入和流出，计算净现金流量和累计盈余资金，分析项目是否有足够的净现金流量维持正常运营。

7.1.4　项目贷款财务评估的方法与步骤

　　项目财务评估是一个定性分析和定量分析相结合的过程，以定量分析为主。其主要是通过对项目财务费用和效益进行预测与分析，进一步得出客观的项目财务评估指标，以及通过对这些数据的整理，分析项目财务的可行性。因而项目财务评估主要是一个定量分析的过程，具体包括以下步骤：

　　1. 了解拟建项目的基本情况。如建设目的、意义、要求、建设条件及投资环境，有关技术水平等。

　　2. 项目财务数据收集。根据项目财务评估需要，收集相关的各种数据和参数，包括国家有关的财务和税收规定，项目的造价和运营与维护等方面的成本数据。

　　3. 项目财务数据预测。项目财务预测是对一个项目整体经济活动的评估，作为一种事前评估，项目财务基本数据多数是预测性的，人们必须预测项目的市场前景和项目的收益与成本方面的数据，包括：固定资产投资估算、流动资金投资估算；项目产品产量和销量的预测；项目产品销售价格和销售收入的预测；项目产品生产成本及税金的预测。

　　4. 编制辅助报表，进行财务效益与费用估算。辅助报表是编制财务评估基本报表的基础，包括建设投资估算表、建设期利息估算表、总成本费用估算表、流动资金估算表、项目总投资使用计划与资金筹措表和营业收入、营业税金及附加和增值税估算表等。

　　5. 编制财务报表，进行财务评价。将分析和估算所得的财务基础数据进行汇总，编制项目投资现金流量表、项目资本金现金流量表、投资各方现金流量表、利润与利润分配表、财务计划现金流量表、资产负债表及借款还本付息计划表等财务基本报表。

　　6. 项目财务评估。依据财务报表计算反映项目盈利能力、偿债能力和财务生存能力的各项评价指标，进行项目财务分析。

7. 得出财务效益评估结论。将上述财务分析和不确定性分析的结果，与国家有关部门公布的基准值或与经验标准对比，得出相应评估结论。

7.1.5 影响项目贷款财务评估的主要因素

项目贷款财务评估必然涉及一些影响因素，它们直接影响到项目财务评估的结果和可信度，其中最主要的包括以下几个因素。

1. 项目计算期。项目计算期一般包括项目的建设期和运营期，其中项目的运营期又包括试产期和达产期。项目计算期的长短主要取决于项目本身的特性。因此无法对项目计算期作出统一规定，但是一般不宜超过 20 年。这一方面是因为时间越长，预测数据就会越不准确；另一方面是因为按照现金流量折现的方法，把 20 年以后的成本和收益折为现值，其计算所得现金流量数额很难对项目财务评估的结论产生决定性的影响。

2. 项目范围的界定。项目范围就是项目所包括的工作和经济活动内容，它也是计算项目收益与费用的主要依据，一个项目的投资大小取决于项目的范围，而且项目的运营维护费用也取决于项目的范围。例如，项目投资和运营费必须考虑厂外运输、能源供应等设施建设或使用的成本。项目财务的可行性是以项目业主最终能够实现盈利为标准的，在计算项目收益与费用的过程中也必须充分考虑项目范围的规定。

3. 项目折现计算的规定选用。在项目现金流量的折现计算中有关规定的选用也会影响项目财务可行性的评价。例如，究竟是采用年末法（即项目各年现金收支均按照年末发生计算）还是年初法（即项目各年现金收支均按照年初发生计算）就会直接影响项目财务可行性的评价。再比如，通常我们国家对项目建设期以前发生的费用因其占项目总费用的比例不大，所以这部分费用可在年序 1 中予以反映。这些都会影响项目财务可行性评价的结果。

7.2 农业项目贷款财务基础数据的测算与评估

财务基础数据的测算与评估是项目评估中重要的一部分，是其他指标估算的基础，财务基础数据取值是否准确将直接影响到项目财务评估的准确和可信。

7.2.1 财务基础数据估算的概念及原则

1. 财务基础数据估算的概念。

　　财务基础数据是指与项目财务效益评估有关的各种数据（如总投资、成本、利润、销售收入、销售税金等）、计算参数（如利率、行业平均利润率、基准折现率等）和有关资料（可行性报告和相关资料，有关部门规章制度、办法、准则等）。

　　财务基础数据估算是指在项目市场、资源、技术条件分析评估的基础上，从项目（或企业）的角度出发，依据现行的法律法规、有关规定，对一系列有关的财务基础数据进行调查、价格政策、税收政策和其他搜集、整理和测算，并编制有关财务基础数据估算表的工作。财务基础数据估算是项目财务效益评估、国民经济效益评估和项目不确定性分析的基础和重要依据，它不仅为上述分析提供必需的数据，而且对其分析的结果、所采取的分析方法以及最后的决策意见，都会产生决定性的影响。因此，财务基础数据估算是项目评估的重要组成部分，也直接影响财务评估的准确性。

　　2. 财务基础数据估算的原则。

　　财务基础数据估算是一项重要而严肃的基础性工作，评估过程中必须遵循一定的原则，具体来说包括以下几个方面。

　　（1）以现行经济法律、法规为依据原则。财务基础数据的估算必须严格遵循国家有关部门制定和颁布的经济法规、条例、制度和规定，不得以项目评估人员的主观想象和推断作为财务数据选取的依据，坚持这一原则的目的在于保证财务测算工作的合法性和可行性。随着国家各项法规的不断完善，项目评估人员应随时注意收集和掌握相关的法律、法规和规章制度。

　　（2）真实性原则。财务基础数据估算，必须体现严肃性、科学性和现实性的统一，应本着实事求是的精神，真实地反映客观情况。对比较重要的数据和参数，项目评估人员应从不同方面进行调查和核实，根据各种可靠的信息测算基础数据，不应以假设作为测算的基础。

　　（3）准确性原则。财务基础数据估算的准确与否直接关系到经济分析结论的正确与否。因此，项目评估人员必须把握准确性原则；在数据选择上，要注意客观性；在预测和分析时，要注意防止主观性和片面性，还应考虑比较重要的基础数据和参数在项目计算期内的变动趋势，以保证财务基础数据预测和经济分析结果的准确性。

7.2.2 财务基础数据估算的程序和内容

财务基础数据估算的主要内容包括对项目计算期内各年的经济活动情况及全部财务收支结果的估算，具体包括项目总投资和投资资金来源与筹措的估算、项目生产期的确定、总成本费用估算、销售收入与销售税金及附加和增值税的估算、利润总额及其分配的估算、贷款还本付息的估算等内容。

财务基础数据估算是一项繁杂的工作，为保证工作效率和测算数据的准确性及可靠性，一般可按下列程序进行：

1. 熟悉项目情况，制定财务基础数据估算工作计划。由于各个投资项目的背景、条件以及内部因素和外部配套条件等各不相同，项目评估人员必须对项目的基本概况作全面的了解，并针对其特点，制定出财务基础数据估算的工作计划，以明确估算的重点、做好时间和人员安排等。

2. 收集资料。财务基础数据估算涉及的范围很广，需要收集大量的数据和文字资料，主要是有关部门批准的相关文件，如选址意见书、土地出让、环保批复等；国家有关部门制定的法律、法规、政策、规章制度、办法和标准等；同类项目的有关基础资料。

3. 进行财务基础数据的估算。在收集、整理和分析有关资料的基础上，测算各项财务基础数据，按有关规定编制相应的财务基础数据估算表。

7.2.3 营业收入和补贴收入估算

1. 营业收入。

营业收入是指借款人销售产品或者提供服务所获得的收入，是现金流量表中现金流入的主体，也是利润表的主要科目。营业收入是财务分析的重要数据，其估算的准确性极大地影响着项目财务效益的估计结果。

（1）营业收入估算的基础数据。

营业收入估算的基础数据，包括产品或服务的数量和价格，都与市场预测紧密相关。在估算营业收入时应对市场预测的相关结果以及建设规模、产品或服务方案进行概括的描述或确认，特别是应对采用价格的合理性、客观性、审慎性进行充分说明，要依据成分、采集客观合理。价格的采集直接影响到营业收入效益的数据结果。对营业收入估算应采用以市场价格体系为基础的预测价格。对运营期的产出物价格，由于运营期比较长，在前期研究阶段对将来的物价上涨水平较难预测，预测结果的可靠性也难以保证，一般只是预测到经营初期价格。运营期各年采用统一的不变价格。

（2）分年运营量可根据经验确定负荷率后计算或通过制定销售（运营）计划来确定。

①按照市场预测的结果和项目具体情况，根据经验直接判定分年的负荷率。对于农业种养类项目，要考虑自然生长、气候变化、季节周期等因素。判定时应考虑项目性质、技术掌握难易程度、产出的成熟度及市场的开发程度等诸多因素。

②根据市场预测的结果，结合项目性质、产出特性和市场的开发程度制定分年度运营计划，进而确定各年度产出数量。相对而言，这种做法更具合理性，在国际上多被采用。

运营计划或分年度负荷的确定不应是固定的模式，应根据项目实际情况进行具体分析。一般开始投产时负荷较低，以后各年逐步提高，提高的幅度取决于上述因素的分析结果。有些项目的产出寿命期较短，更新快，达到一定负荷后，在适当的年份开始减少产量，甚至适时终止生产。需要说明的是农业农村基础设施类项目建设运营期是相对固定的，如农民集中住房、棚户区改造等项目。

（3）一般农产品加工类项目营业收入的估算。

财务评价中营业收入的估算基于一项重要假定，即当期的农产品加工产品产出（扣除自用量后）当期全部销售，也就是当期商品产量等于当期销售量。主副产品（或不同等级产品）的销售收入应全部计入营业收入，其中农产品某种行业的产品成品率按行业习惯或规定；其他行业提供的不同类型服务收入也应同时计入营业收入，对产品产量和销售价格要通过市场需求研究，对各种产品的供求情况和价格趋势进行分析和预测确定。

产品营业收入的表达式为

$$S = \sum_{i=1}^{n} Q_i P_i \qquad (7-1)$$

式中：S 为产品营业收入；Q_i 为第 i 种产品的年产量；P_i 为第 i 种产品的单价；n 为产品品种数。

如果项目的产品较单一，用产品单价乘以产量即可得到每年的营业收入；如产品种类较多，要根据营业收入和营业税金及附加估算表进行估算。

2. 政府财政补贴收入。

由于农业农村基础设施建设类项目具有明显的公益性特征，一般采取"政府主导、企业承贷、市场运作、收益覆盖"的运营模式，政府主导就体现在对项目运营的直接补贴投入。因此，大部分特别是政府主导的农业和农村基础设施建设项目应按有关规定，估算企业可能得到的补贴收入（仅包括与收益相关的政府补助，与资产相关的政府补助不在此处核算，与资产相关的政府补助是指企业取得的、用于构建或以其他方式形成长期资产的政府补助），包括先征后返的增值税、按销量或工作量等依据国家规定的补助定额计算并按期给予定额补贴，以及属于财政扶持而给予其他形式的补贴等。补贴收入同营业收入一样，应列入利润与利润分配表、财务计划现金流量表和项目投资现金流量表与项目资本金现金流量表。以上几类补贴收入，应根据财政、税务部门的规定，分别计入或不计入应税收入。

7.2.4 总成本费用估算

总成本费用是指在运营期内为生产产品、提供服务所发生的全部费用，等于经营成本与折旧费、摊销费和财务费用之和。

1. 总成本费用构成。

（1）生产成本加期间费用构成法。

总成本费用由生产成本加上期间费用构成，即：

$$总成本费用 = 生产成本 + 期间费用$$

$$生产成本 = 直接材料费 + 直接燃料和动力费$$

$$+ 直接工资 + 其他直接支出 + 制造费用$$

$$期间费用 = 管理费用 + 营业费用 + 财务费用$$

①制造费用。制造费用是指企业为生产产品和提供劳务而发生的各项间接费用，包括生产部门管理人员工资和福利费、折旧费、修理费（生产单位和管理用房屋、建筑物、设备）、办公费、水电费、机物料消耗、劳动保护费，季节性和修理期间的停工损失等。但不包括企业行政管理部门为组织和管理生产经营活动而发生的管理费用。项目评价中的制造费用是指项目包含的各分厂或车间的总制造费用，为了简化计算常将制造费用归

类为管理人员工资及福利费、折旧费、修理费和其他制造费用几部分。

②管理费用。管理费用是指企业为管理和组织生产经营活动所发生的各项费用，包括公司经费、工会经费、职工教育经费、劳动保险费、待业保险费、董事会费、咨询费、聘请中介机构费、诉讼费、业务招待费、排污费、房产税、车船使用税、土地使用税、印花税、矿产资源补偿费、技术转让费、研究与开发费、无形资产与其他资产摊销、职工教育经费、计提的坏账准备和存货跌价准备等。为了简化计算，项目评价中可将管理费用归类为管理人员工资及福利费、折旧费、无形资产和其他资产摊销、修理费和其他管理费用几部分。

③营业费用。营业费用是指企业在销售商品过程中发生的各项费用以及专设销售机构的各项经费，包括应由企业负担的运输费、装卸费、包装费、保险费、广告费、展览费以及专设销售机构人员工资及福利费、类似工程性质的费用、业务费等经营费用。为了简化计算，项目评价中将营业费用归为销售人员工资及福利费、折旧费、修理费和其他营业费用几部分。

采用生产（服务）成本加期间费用法估算总成本费用时，需要各分单元（如分车间、装置或生产线）的有关数据或每种服务的有关数据，主要有原材料和公用工程消耗、各车间、装置或生产线等的定员和固定资产原值等。要先分别估算各分单元的生产（服务）成本，再加总得出总的生产（服务）成本，然后与期间费用（管理费用、营业费用和财务费用）相加得到总成本费用。

当会计制度与税收制度的相关规定有矛盾时，应按从税原则处理。

（2）生产要素构成法。

按照要素构成法，总成本费用由外购原材料、燃料和动力费、工资及福利费、折旧费、摊销费、修理费、财务费用（利息支出）和其他费用构成。即总成本费用＝外购原材料、燃料和动力费＋工资及福利费＋折旧费＋摊销费＋修理费＋财务费用（利息支出）＋其他费用

式中，其他费用包括其他制造费用、其他管理费用和其他营业费用这三项费用。其他管理费用是指由管理费用中扣除工资及福利费、折旧费、摊销费、修理费后的其余部分。其他营业费用是指由营业费用中扣除工资及福利费、折旧费、修理费后的其余部分，采用要素法估算总成本费用，

具体估算方法见后面叙述。

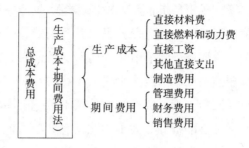

图7.1 总成本费用、生产成本、期间费用构成

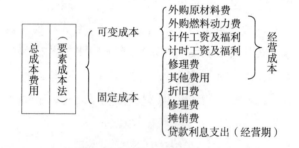

图7.2 总成本费用、经营成本、固定成本及可变成本构成

2. 总成本费用估算。

根据总成本费用的上述两种构成，通过编制总成本费用估算表可分别估算总成本费用。总成本费用估算的行业性很强，估算时应注意反映行业特点，特别是农业项目涉及行业领域较广，应遵从行业规定或惯例。以下所述的总成本费用估算方法与注意事项适用于农产品加工项目，在折旧、摊销、利息和某些费用计算方面也基本适用于其他行业。

采用生产要素法估算总成本费用，具体估算过程如下：

（1）外购原材料和燃料动力费估算。

按"生产要素法"估算总成本费用时，原材料和燃料动力费是指外购的部分，外购原材料和燃料动力费的估算需要以下基础数据：①相关专业人员所提出的外购原材料和燃料动力年耗用量；②在选定价格体系下的预测价格，该价格应按入库价格计算，即到厂价格并考虑途库损耗。采用的价格时点和价格体系应与营业收入的估算一致。

（2）工人工资及福利费估算。

财务分析中的工人工资及福利费，是指企业为获得职工提供的服务而给予各种形式的报酬，通常包括职工工资、奖金、津贴和补贴，职工福利、医疗保险费、养老保险费、失业保险费、工伤保险费、生育保险费等社会保险费和住房公积金中由职工个人交付的部分，应按规定计入其他管理费用。按"生产要素法"估算总成本费用时，工人工资及福利费是按项目全部人员数量估算。确定工人工资及福利费时需考虑项目性质、项目地点、行业特点等因素。依托既有企业的项目，还要考虑既有企业的工资水平。

根据不同项目的需要，财务分析中可视情况选择按项目全部人员年工资的平均数值计算或者按照人员类型和层次分别设定不同档次的工资进行计算。职工福利费一般可按照职工工资总额的一定百分比计算。

（3）固定资产原值及折旧费估算。

①固定资产原值。计算折旧需要先计算固定资产原值，固定资产原值是指项目投产时（达到预定可使用状态）按规定由投资形成固定资产的部分，主要有：工程费用、固定资产其他费用、预备费和建设期利息。

计算折旧的固定资产范围是：企业的房屋、建筑物；在用的机器设备、仪器仪表、运输车辆、工具器具；季节性停用和在修理停用的设备；以经营租赁方式租出的固定资产；以融资租赁方式租入的固定资产。

融资租赁的固定资产，承租人应将租赁开始日租赁资产的公允价值与最低租赁付款额的现值两者中较低者作为租入资产的入账价值。计算最低租赁付款额的现值所用的折现率，应首先选择出租人的租赁内涵利率，其次使用租赁合同中规定的利率，如都无法知悉，应用同期银行贷款利率。项目评价中条件不清楚的，也可直接按资产公允价值计算。

②固定资产折旧。固定资产在使用过程中会受到磨损，其价值损失通常是通过提取折旧的方式得以补偿。按财税制度规定，企业固定资产应当按月计提折旧，并根据用途计入相关资产的成本或者当期损益。财务分析中，按生产要素法估算总成本费用时，固定资产折旧可直接列支于总成本费用法可在税法允许的范围内由企业自行确定，一般采用直线法或工作量法，我国税法也允许对某些机器设备采用快速折旧法。固定资产的折旧法，包括年限平均法，即双倍余额递减法和年数总和法。

固定资产折旧年限、预计净残值率可在税法允许的范围内由企业自行确定或按行业规定。项目评价中一般应按税法明确规定的分类折旧年限，也可按行业规定的综合折旧年限，对于融资租赁的固定资产，如果能够合理确定租赁期届满时承租人会取得租赁资产所有权，即可认为承租人拥有该项资产的全部尚可使用年限，因此应以其作为折旧年限，否则，则应以租赁期与租赁资产尚可使用年限两者中较短者作为折旧年限。

我国税法允许的固定资产折旧方法有以下几种：

• 年限平均法。年限平均法也称为直线法，即根据固定资产原值、预计的净残值率和折旧年限计算折旧。其计算公式为

$$年折旧率 = (1 - 预计净残值率) \times 折旧年限 \times 100\%$$

$$年折旧额 = 固定资产原值 \times 年折旧率$$

这种折旧方法各年折旧率相等，计算简便，应用广泛。

预计净残值率是预计的企业固定资产净残值与固定资产原值的比率，根据行业会计制度规定，企业净残值率按照固定资产原值的 3%~5% 确定。特殊情况下，净残值率低于 3% 或高于 5% 的，由企业自主确定，并报主管财政机关备案。

• 工作量法。工作量法又分为两种，一是按照行驶里程计算折旧，二是按照工作小时计算折旧，计算公式如下：

按照行驶里程计算折旧的公式为

$$单位里程折旧额 = [原值 \times (1 - 预计净残值率)] / 总行驶里程$$

$$年折旧额 = 单位里程折旧额 \times 年行驶里程$$

按照工作小时计算折旧的公式为

$$工作每小时折旧额 = 原值 \times (1 - 预计净残值率) / 总工作小时年折旧额$$

$$= 工作每小时折旧额 \times 年工作小时$$

通常，企业专业车队的客、货运汽车、大型设备，可采用工作量法计算折旧。

• 加速折旧法。加速折旧法是指固定资产每期计提的折旧数额在使用初期多，而在使用后期少，从而相对加快折旧速度的一种方法。按照现行企业财务制度规定，在国民经济中具有重要地位、技术进步快的电子生产企业、船舶工业企业、生产"母机"的机械企业、飞机制造企业、汽车制造企业、化工生产企业和医药生产企业以及其他经财政部批准的特殊行业的企业，其机器设备可以采用双倍余额递减法或年数总和法计算折旧。

双倍余额递减法。

双倍余额递减法是以直线折旧法折旧率两倍的折旧率计算折旧额的方法。其计算公式为

$$年折旧率 = 2 / 折旧年限率 \times 100\%$$

$$年折旧额 = 固定资产净值 \times 年折旧率$$

固定资产账面净值按原值减去累计折旧额计算。应当注意的是，采用双倍余额递减法计算固定资产折旧时，应当在其固定资产折旧年限到期前两年内，将固定资产净值扣除预计净残值后的净额平均摊销。

年数总和法。

年数总和法是根据固定资产原值减去预计净残值后的余额，按照逐年递减的系数（即年折旧率）来计算折旧的方法。每年的折旧率为一变化的分数，其计算公式为

$$年折旧率 = \frac{（折旧年限 - 已使用年限）}{折旧年限 \times （折旧年限 + 1）\div 2} \times 100\%$$

$$年折旧额 = （固定资产原值 - 预计净残值）\times 年折旧率$$

③固定资产修理费估算。修理费是指为保持固定资产的正常运转和使用，充分发挥其使用效能，对其进行必要修理所发生的费用，按其修理范围的大小和修理时间间隔的长短可以分为大修理和中小修理。按现行的财务制度规定，发生的修理费用允许直接在成本费用中列支，若当期发生数额较大，可实行预提或摊销的办法。

当按"生产要素法"估算总成本费用时，固定资产修理费是指项目全部固定资产的修理费，可直接按固定资产原值（扣除所含的建设期利息）的一定百分数估算。百分数的选取应考虑行业和项目特点。在生产运营的各年中，修理费率的取值，一般采用固定值。根据项目特点也可以间断性地调整修理费率，开始取较低值，以后取较高值。与折旧费相同，修理费也包括在制造费用、管理费用、销售费用之中，在估算总成本费用时，可以单独计算修理费。

（4）无形资产和其他资产原值及摊销费估算。

①无形资产原值及摊销费用。无形资产，是指企业拥有或者控制的没有实物形态的可辨认非货币性资产：构成无形资产原值的费用主要包括技术转让费或技术使用费（含专利权和非专利技术）、商标权和商誉等。

按照有关规定，无形资产从开始使用之日起，在有效使用期限内平均摊入成本。法律和合同规定法定有效期限或者受益年限的，摊销年限从其规定，否则摊销年限应当符合税法的规定。无形资产的摊销一般采用平均年限法，不计算残值。

摊销费是指无形资产和其他资产在一定期限内分期摊销的费用。无形资产和其他资产的原始价值也要在规定的年限内，按年度或产量转移到产品的成本之中，这一部分被转移的无形资产和其他资产的原始价值，称为摊销。企业通过计提摊销费，回收无形资产及其他资产的资本支出。

②其他资产原值及摊销费。其他资产，是指除流动资产、长期投资、固定资产、无形资产以外的其他资产形成其他资产，构成其他资产原值的费用主要包括生产准备费、开办费、样品样机购置费和农业开荒费等。

其他资产的摊销可以采用平均年限法，不计残值，摊销年限应注意符合税法的要求。

无形资产和其他资产是发生在项目建设期或筹建期间，而应在生产期分期平均摊入管理费用中的，在估算总成本费用时，可单独列出。

（5）其他费用估算。

其他费用包括其他制造费用、其他管理费用和其他营业费用三项费用，是指在制造费用、管理费用和营业费用中分别扣除工资及福利费、折旧费、修理费、摊销费后的其余部分。产品出口退税和减免税项目按规定不能抵扣的进项税额也可以包括在内。

①其他制造费用。其他制造费用是指企业为生产产品和由制造费用中扣除生产单位管理人员工资及福利费、折旧费、修理费后的其余部分。项目评价中常见的估算方法有：按固定资产原值（扣除所含的建设期利息）的百分比估算；按人员定额估算，具体估算方法可从行业规定。

②其他管理费用。其他管理费用是指由管理费用中扣除工资及福利费、折旧费、摊销费、修理费后的其余部分。

项目评价中常见的估算方法是按人员定额获取工资及福利费总额的倍数估算。若管理费用中的技术转让费、研究与开发费与土地使用税等数额较大，应单独核算后并入其他管理费用，或单独列项。

③其他营业费用。其他营业费用是指由营业费用中扣除工资及福利

费、折旧费、修理费后的其余部分。

项目评价中常见的估算方法是按营业收入的百分数估算。

④不能抵扣的进项税额。对于产品出口项目和产品国内销售的增值税减免税项目，应将不能抵扣的进项税额计入总成本费用的其他费用或单独列项。

（6）利息支出估算。

按照会计法规，企业为筹集所需资金而发生的费用称为借款费用，又称为财务费用，包括利息支出（减利息收入）、汇兑损失（减汇兑收益）以及相关手续费用等。在大多数项目财务分析中，通常只考虑利息支出。利息支出的估算包括长期借款利息、流动资金借款利息和短期借款利息三部分。

①长期借款利息。长期借款利息是指对建设期间借款余额（含未支付的建设期利息）应在生产期支付的利息，项目评估中可以选择等额还本付息或等额还本利息照付方式来计算长期借款利息。

等额还本付息方式：

$$A = I_c \times \frac{i(1+i)^n}{(1+i)^n - 1}$$

式中：A 为每年还本付息额（等额年金）；

　　　I_c 为还款起始年年初的借款余额（含未支付的建设期利息）；

　　　　i 为年利率；

　　　n 为预定的还款期；

$\dfrac{i(1+i)^n}{(1+i)^n - 1} i$ 为资金回收系数 。可从复利换算表查得。

式中：每年支付利息 = 年初借款余额 × 年利率；

每年偿还本金 = A － 每年支付利息；

年初借款余额 = I_c － 本年以前各年偿还的借款累计。

等额还本利息照付方式：

设 A_t 为第 t 年的还本付息额，则有

$$A_t = I_c/n + I_c \times \left(1 - \frac{t-1}{n}\right) \times i$$

式中：每年支付利息 = 年初借款余额 × 年利率。

$$\text{第 } t \text{ 年支付利息} = I_c \times \left(1 - \frac{t-1}{n}\right) \times i$$

$$\text{每年偿还本金} = \frac{I_c}{n}$$

②流动资金借款利息。项目评价中估算的流动资金借款从本质上说应归类为长期借款，但目前企业往往有可能与银行达成共识，按期末偿还、期初再借的方式处理，并按一年期贷款利率计息。流动资金借款利息可以按下式计算：

年流动资金借款利息 = 年初流动资金借款余额 × 流动资金借款年利率

财务分析中对流动资金的借款可以在计算期最后一年偿还，也可以在还完长期借款后安排。

③短期借款。项目评价中的短期借款是指运营期间由于资金的临时需要而发生的短期借款，短期借款的数额应在财务计划流量表中得到反映，其利息应计入总成本费用表的利息支出中。短期借款利息的计算同流动资金借款利息。短期借款的偿还按照随借随还的原则处理，即当年借款尽可能于下年偿还。

以上各项合计，即得出各年的总成本费用。

3. 经营成本估算。

经营成本是财务分析的现金流量分析中所使用的特定概念，作为项目现金流量表中运营期现金流出的主体部分，应得到充分的重视。经营成本与融资方案无关。因此在完成建设投资和营业收入估算后，就可以估算经营成本，为项目融资前分析提供数据。

经营成本估算的行业性很强，不同行业在成本构成科目和名称上都可能有较大的不同。估算应按行业规定，没有规定的也应注意反映行业特点。经营成本是指项目总成本费用扣除折旧费、摊销费和利息支出以后的成本费用。

即：经营成本 = 总成本费用 – 折旧费 – 摊销费 – 利息支出

或经营成本 = 外购原材料、燃料和动力费 + 工资及福利费 + 修理费 + 其他费用

计算经营成本之所以要从总成本费用中剔除折旧费、摊销费和利息支出，主要是基于以下依据：

146

现金流量计算与会计核算成本计算方法有所不同，按照现金流量的概念，只计算现金收支，不计算非现金收支，而固定资产折旧费、摊销费等只是项目系统内部固定资产投资的现金转移，而非现金支出。所以，经营成本中不包括折旧费和摊销费。另外，按国家现行财务制度规定，项目生产经营期间发生的借款利息计入产品总成本费用的财务费用中，由于项目投资现金流量表不考虑投资资金来源，利息支出也不作为现金流出，项目资本金现金流量表中已将利息支出单列，因此经营成本中也不包括利息支出，同时与还本付息有关的汇兑净损失也应作相应处理。

4. 固定成本与变动成本的估算。

总成本费用按其与产品产量的变化关系分为变动成本与固定成本和半可变（或半固定）成本。

固定成本一般包括折旧费、摊销费、修理费、工资及福利费（计件工资除外）和其他费用等，通常把运营期发生的全部利息也作为固定成本。

可变成本主要包括外购原材料、燃料及动力费和计件工资等。

有些成本费用属于半固定（半可变）成本，即介于固定成本和变动成本之间，即随产量变化又不成正比例变化的成本费用，同时具有固定成本和变动成本的特征，必要时可进一步分解为固定成本和可变成本。项目评价中可根据行业特点进行简化处理。

经营成本、固定成本和变动成本根据"总成本估算表"直接计算。

7.2.5　税费估算

项目评估涉及的税费主要包括关税、增值税、营业税、消费税、所得税、资源税、城市维护建设税和教育费附加等，有些领域项目还包括土地增值税。其中营业税、消费税、土地增值税、资源税和城市维护建设税、教育费附加均可包含在营业税金及附加中。

1. 营业税金及附加估算。

（1）营业税。

营业税是对在中华人民共和国境内从事交通运输业、建筑业、金融保险业、邮电通信业、文化体育业、娱乐业、服务业或有偿转让无形资产、销售不动产行为的单位和个人，就其营业额所征收的一种税。营业税的征税范围可以概括为提供劳务和销售不动产两种经营行为。营业税是价内税，包含在营业收入之内。营业税按照行业、类别的不同分别采用不同的

税率，营业税税率3% ~20%。应纳税额的计算公式为

$$应纳税额 = 营业额 \times 适用税率$$

在一般情况下，营业额为纳税人提供应税劳务、转让无形资产、销售不动产向对方收取的全部价款和价外费用（包括向对方收取的手续费、基金集资费、代收款、代垫款项以及其他各种性质的价外费用）。

应当注意的是，农业机耕、排灌、病虫害防治、植物保护、农牧保险以及相关技术培训业务，家禽、牲畜、水生动物的配种和疾病防治的，可以免征营业税。

（2）消费税。

我国对部分货物征收消费税。

消费税是对在我国境内从事生产、委托加工、批发零售以及进口应税消费品的单位和个人，就其特定的消费品和消费行为，从价或从量而征缴的一种间接流转税。消费税是在普遍征收增值税的基础上，根据消费政策、产业政策的要求，有选择地对部分消费品征税。项目评价中对适用消费税的产品，应按税法规定计算消费税。

目前，我国的消费税共设 11 个税目，13 个子目。消费税的税率有从价定率和从量定额两种，黄酒、啤酒、汽油、柴油采用从量定额，其他消费品均为从价定率，税率3%~ 45%。

从价定率征收的消费税按下式计算：

$$\begin{aligned}应纳税额 &=应税消费品销售额 \times 适用税率 \\ &=组成计税价格 \times 消费税税率 \\ &=销售收入／（1 + 增值税税率）\times 消费税税率\end{aligned}$$

从量定额征收的消费税按下式计算：

$$应纳税额 = 应税消费品销售数量 \times 单位税额$$

应税消费品的销售额是指纳税人销售应税消费品向买方收取的全部价款和价外费用，不包括向买方收取的增值税税款，销售数量是指应税消费品数量。

（3）土地增值税。

土地增值税是按转让房地产取得的增值额征收的税种。房地产开发项目应按规定计算土地增值税。土地增值税的征税范围是有偿转让的房地产，包括国有土地使用权及地上建筑物和其附着物，对转让非国有土地和

出让国有土地的行为不征税。

土地增值税税率采用 30% ~ 60% 的四级超率累进税率，房地产增值额未超过扣除项目金额 50% 的部分，税率为 30%；超过 50% 未超过 100% 的部分，税率为 40%；超过 100% 未超过 200% 的部分，税率为 50%，超过 200% 的部分，税率为 60%。

土地增值税的计算步骤是：

增值额 = 转让房地产收入 − 扣除项目金额

按增值额与扣除项目金额之比，求出增值比例，按增值比例找出适用税率。

土地增值税税额 = 增值额 × 适用税率

扣除项目主要包括：取得土地使用权时支付的价款，对土地进行开发的成本和费用、销售税金等。

（4）资源税。

资源税是为了合理开发利用资源、调节资源级差收入对具有商品属性的（也即具有使用价值和价值）的矿产品、盐等征收的税。其中矿产品包括原油、天然气、煤炭、金属矿产品和其他非金属矿产品等；盐是指固体盐、液体盐，具体包括海盐原盐、湖盐原盐、井矿盐等。通常按矿产的产量计征。资源税采用弹性定额税率，即根据不同资源和相同资源但品位不同的情况制定不等的资源税率。

资源税应纳税额的计算公式为

应纳税额 = 应税产品课税数量 × 单位税额

课税数量是指纳税人开采或者生产应税产品用于销售的，以销售数量为课税数量；纳税人开采或者生产应税产品自用的，以自用数量为课税数量。

资源税税目税额幅度分别为：原油 8 ~ 30 元/吨；天然气 2 ~ 15 元/千立方米；煤炭 0.3 ~ 5 元/吨；其他非金属矿原矿 0.5 ~ 20 元/吨或立方米；黑色金属矿原矿 2 ~ 30 元/吨；有色金属矿原矿 0.4 ~ 30 元/吨；固体盐 10 ~ 60 元/吨；液体盐 2 ~ 10 元/吨；海盐 12 元/吨。

（5）城市维护建设税和教育费附加。

城市维护建设税和教育费附加统称营业税金附加。

城市建设维护税，是一种地方附加税，目前以流转税额（包括增值税、营业税和消费税）为计税依据，税率根据项目所在地分市区，县、镇以外等三个不同等级。即：项目所在地为市区的，税率为7%；项目所在地为县城、镇的，税率为5%，项目所在地为乡村或矿区的，税率为1%。

城市建设维护税以纳税人实际缴纳的增值税、消费税、营业税税额为计税依据，分别与上述3种税同时缴纳。其应纳税额计算公式为

应纳税额 = 实际缴纳的(增值税 + 消费税 + 营业税)税额 × 适用税率

教育费附加是为了加快地方教育事业的发展，扩大地方教育经费的资金来源而收取的专项费用。教育费附加收入纳入预算管理，作为教育专项基金，主要用于各地改善教学设施和办学条件。计税依据也是流转税额，税率由地方确定，项目评价中应关注当地的规定。

教育费附加的计征依据是各缴纳人实际缴纳的消费税、增值税，营业税的税额其计算公式为

应纳教育费附加额 = 实际缴纳的(消费税 + 增值税 + 营业税)税额 × 税率

2. 增值税、关税、所得税估算。

（1）增值税估算。

增值税是对我国境内生产加工以及销售的所有货物或者提供加工、修理修配劳务以及进出口货物的单位和个人，就其商品流转的增值额为课税依据征收的一种流转税。所谓增值额，是指纳税人从事应税货物生产经营或提供劳务而新增加的价值额。财务分析应按税法规定计算增值税。须注意当采用含（增值税）价格计算销售收入和原材料、燃料动力成本时，利润和利润分配表以及现金流量表中应单列增值税科目；采用不含（增值税）价格计算时，利润表和利润分配表以及现金流量表中不包括增值税科目。应明确说明采用何种计价方式，同时注意涉及出口退税（增值税）时的计算及与相关报表的联系。

按照现行税法的规定，增值税作为价外税不包括在营业税金及附加中，产出物的价格不含有增值税中的销项税，投入物的价格中也不含有增值税中的进项税。但在财务分析中要单独计算增值税，因为营业收入和成本中是包含增值税的，为使计算口径一致，在计算利润总额时，还要从营业收入中扣除增值税。另外，增值税还是城市维护建设税和教育费附加的计算基数。增值税是按增值额计税的，可按下列公式计算：

增值税应纳税额 ＝ 销项税额 － 进项税额

式中：销项税额＝销售额×增值税税率

＝销售收入／（1＋增值税税率）×增值税税率

进项税额＝外购原材料、燃料及动力费／（1＋增值税税率）

×增值税税率

准予从销项税额中抵扣的进项税额为从销售方取得的增值税专用发票上注明的增值税税额；从海关取得的完税凭证上注明的增值税税额；购进免税农产品准予抵扣的进项税额。

需要特别注意的是，对于农业生产者销售的自产农业产品免征增值税；以前，我国大部分地区采用生产型增值税，不允许抵扣购进固定资产的进项税额。从 2009 年 1 月 1 日起，按照新增值税条例，允许抵扣购置固定资产的增值税税额，其中固定资产是指使用期限超过 12 个月的机器、机械、运输工具以及其他与生产经营有关的设备、工具、器具等；非增值税应税项目不得抵扣，主要指提供非增值税应税劳务、转让无形资产、销售不动产和不动产在建工程，不动产是指不能移动或者移动后会引起性质、形状改变的财产，包括建筑物、构筑物和其他土地附着物；纳税入新建、改建、扩建、修缮、装饰不动产，均属于不动产在建工程。

（2）关税估算。

关税是以进出口的应税货物为纳税对象的税种。项目评价中涉及引进设备、技术和进口原材料时，可能需要估算进口关税。项目评价中应按有关税法和国家的税收优惠政策，正确估算进口关税。我国仅对少数货物征收出口关税，而对大部分货物免征出口关税。若项目的出口产品属征税货物，应按规定估算出口关税。

（3）所得税估算。

企业所得税是针对企业应纳税所得额征收的税种。凡在我国境内实行独立经营核算的各类企业或者组织者，来源于我国境内、境外的生产、经营所得和其他所得，均应依法缴纳企业所得税。生产经营所得是指从事物质生产、交通运输、劳务服务、商业流通以及经国务院财政主管部门确认的其他盈利事业取得的所得。其他所得是指股息、租金、转让各类资产、利息、特许权使用费以及营业外收益等所得。

项目评价中应注意按有关税法对所得税税前扣除项目的要求，正确计算应纳税所得额，并采用适宜的税率计算企业所得税。

$$应纳企业所得税税款 = 应纳税所得额 × 所得税税率$$

纳税人每一纳税年度的收入总额减去准予扣除项目的余额为应纳税所得额。

纳税人发生年度亏损的，可以用下一纳税年度的所得弥补；下一纳税年度的所得不足以弥补的，可以逐年延续弥补，但是延续弥补期最长不得超过 5 年。

在项目评估中，一般是按照利润总额和 25% 的税率计算。如法律、国务院有关规定给予减免税的，依照法律或规定执行。应当注意的是，乡镇企业可以按照应纳税额 10% 征收企业所得税。

7.2.6　维持运营投资估算

某些项目在运营期需要投入一定的固定资产投资才能得以维持正常运营，例如土地改良、设备更新费用、油田的开发费用、矿山的井巷开拓延伸费用等。不同类型和不同行业的项目投资的内容可能不同，如发生维持运营投资时应将其列入现金流量表作为现金流出，参与内部收益率等指标的计算。同时，也应反映在财务计划现金流量表中，参与财务生存能力分析。

按照《企业会计准则——固定资产》，该投资是否能予以资本化，取决于其是否能为企业带来经济利益且该固定资产的成本是否能够可靠地计量。项目评价中，如果该投资投入后延长了固定资产的使用寿命，或使产品质量实质性提高，或成本实质性降低等，使可能流入企业的经济利益增加，那么该固定资产投资应予以资本化，即应计入固定资产原值，并计提折旧。否则该投资只能费用化，不形成新的固定资产原值。

7.2.7　财务效益和费用估算表及其关系

1. 财务效益和费用估算表。

进行上述财务效益和费用估算，需要编制下列财务分析辅助报表：

（1）建设投资估算表；

（2）建设期利息估算表；

（3）流动资金估算表；

（4）项目总投资使用计划与资金筹措表；

（5）营业收入、营业税金及附加和增值税估算表；

（6）总成本费用估算表。若用生产要素法编制总成本费用估算表，还应编制下列基础报表：①外购原材料费估算表；②外购燃料和动力费估算表；③固定资产折旧费估算表；④无形资产和其他资产摊销估算表；⑤工资及福利费估算表。

各财务分析辅助报表见表7.1至表7.8。

表7.1　建设投资估算表（概算法）　　　单位：万元

序号	工程或费用名称	建筑工程费	设备购置费	安装工程费	其他费用	合计	其中：外币	比例（％）
1	工程费用							
1.1	主体工程							
1.1.1	×××							
	……							
1.2	辅助工程							
1.2.1	×××							
	……							
1.3	公用工程							
1.3.1	×××							
	……							
1.4	服务性工程							
1.4.1	×××							
	……							
1.5	场外工程							
1.5.1	×××							
	……							
1.6	×××							
2	工程建设其他费用							
2.1	×××							
	……							
3	预备费							
3.1	基本预备费							
3.2	涨价预备费							
4	建设投资合计							
	比例（％）							

注：比例指各主要项目占建设投资的比例，工程或费用名称可依据不同行业的要求调整。

153

表7.2 建设投资估算表（形成资产法） 单位：万元

序号	工程或费用名称	建筑工程费	设备购置费	安装工程费	其他费用	合计	其中：外币	比例（%）
1	固定资产费用							
1.1	工程费用							
1.1.1	×××							
	……							
1.2	固定资产其他费用							
1.2.1	×××							
	……							
2	无形资产费用							
2.1	×××							
	……							
3	其他资产费用							
3.1	×××							
	……							
4	预备费							
4.1	基本预备费							
4.2	涨价预备费							
5	建设投资合计							
	比例（%）							

注：比例指各主要项目占建设投资的比例，工程或费用名称可依据不同行业的要求调整。

表7.3 建设期利息估算表 单位：万元

序号	项目	合计	建设期				
			1	2	3	…	n
1	借款						
1.1	借款利息						
1.1.1	期初借款余额						
1.1.2	当期借款						
1.1.3	当期应计利息						
1.1.4	期末借款余额						
1.2	其他融资费用						
1.3	小计（1.1+1.2）						

续表

序号	项目	合计	建设期				
			1	2	3	…	n
2	债券						
2.1	建设期利息						
2.1.1	期初债券余额						
2.1.2	当期发债金额						
2.1.3	当期应计利息						
2.1.4	期末债券余额						
2.2	其他融资费用						
2.3	小计（2.1+2.2）						
3	合计（1.3+2.3）						
3.1	建设期利息合计（1.1+2.1）						
3.2	其他融资费用合计（1.2+2.2）						

表7.4　项目总投资使用计划与资金筹措表　　单位：万元

序号	项目	合计	计算期				
			1	2	3	…	n
1	总投资						
1.1	建设投资						
1.2	建设期利息						
1.3	流动资金						
2	资金筹措						
2.1	项目资本金						
2.1.1	用于建设投资						
2.1.2	用于流动资金						
2.1.3	用于建设期利息						
2.2	债务资金						
2.2.1	用于建设投资						
2.2.2	用于流动资金						
2.2.3	用于建设期利息						
2.3	其他资金						
2.3.1	用于建设投资						
2.3.2	用于流动资金						
2.3.3	用于建设期利息						

表 7.5　流动资金估算表　　　　　　　　单位：万元

序号	项目	最低周转天数	周转次数	计算期				
				1	2	3	…	n
1	流动资产							
1.1	应收账款							
1.2	存货							
1.2.1	原材料							
1.2.1.1	×××							
	……							
1.2.2	燃料							
1.2.2.1	×××							
	……							
1.2.3	在产品							
1.2.4	产成品							
1.3	现金							
1.4	预付账款							
2	流动负债							
2.1	应付账款							
2.2	预收账款							
3	流动资金（1－2）							
4	流动资金当期增加额							

注：表中项目可视行业调整。

表 7.6　总成本费用估算表（生产成本＋期间费用法）　　单位：万元

序号	项目	合计	计算期				
			1	2	3	…	n
1	生产成本						
1.1	直接材料费						
1.2	直接燃料及动力费						
1.3	直接工资及福利费						
1.4	制造费用						
1.4.1	折旧费						
1.4.2	修理费						
1.4.3	其他制造费						

续表

序号	项目	合计	计算期				
			1	2	3	…	n
2	管理费用						
2.1	无形资产摊销						
2.2	其他资产摊销						
2.3	其他管理费用						
3	财务费用						
3.1	利息支出						
3.1.1	长期借款利息						
3.1.2	流动资金借款利息						
4	营业费用						
5	总成本费用合计 (1+2+3+4)						
5.1	可变成本						
5.2	固定成本						
6	经营成本 (5-1.4-2.1-2.2-3.1)						

表7.7 总成本费用估算表（生产要素法） 单位：万元

序号	项目	合计	计算期				
			1	2	3	…	n
1	外购原材料费						
2	外购燃料及动力费						
3	工资及福利费						
4	修理费						
5	其他费用						
6	经营成本 (1+2+3+4+5)						
7	折旧费						
8	摊销费						
9	利息支出						
10	总成本费用 (6+7+8+9)						
	其中：可变成本						
	固定成本						

表 7.7 – 1 **外购原材料估算表** 单位：万元

序号	项目	合计	计算期				
			1	2	3	…	n
1	外购原材料费						
1.1	原材料 A						
	单价×数量						
	进项税额						
1.2	原材料 B						
	单价×数量						
	进项税额						
	……						
2	辅助材料费用						
	进项税额						
3	其他						
	进项税额						
4	外购原材料合计						
5	外购原材料进项纳税额合计						

表 7.7 – 2 **外购燃料及动力费估算表** 单位：万元

序号	项目	合计	计算期				
			1	2	3	…	n
1	燃料费						
1.1	燃料 A						
	单价×数量						
	进项税额						
1.2	燃料 B						
	单价×数量						
	进项税额						
	……						
2	动力费						
2.1	动力 A						
	单价×数量						
	进项税额						
	……						
3	外购燃料及动力费合计						
4	外购燃料及动力进项纳税额合计						

表 7.7 – 3　固定资产折旧费估算表　　　　单位：万元

序号	项目	合计	计算期				
			1	2	3	…	n
1	房屋、建筑物						
	原值						
	当期折旧费						
	净值						
2	机器设备						
	原值						
	当期折旧费						
	净值						
	……						
3	合计						
	原值						
	当期折旧费						
	净值						

表 7.7 – 4　无形资产和其他资产摊销费估算表　　　　单位：万元

序号	项目	合计	计算期				
			1	2	3	…	n
1	无形资产						
	原值						
	当期摊销费						
	净值						
2	其他资产						
	原值						
	当期摊销费						
	净值						
	……						
3	合计						
	原值						
	当期摊销费						
	净值						

表 7.7 − 5 工资及福利费估算表　　　　单位：万元

序号	项目	合计	计算期				
			1	2	3	…	n
1	工人						
	人数						
	人均年工资						
	工资额						
2	技术人员						
	人数						
	人均年工资						
	工资额						
3	合计						
	人数						
	人均年工资						
	工资额						
4	工资总额（1 + 2 = 3）						
5	福利费						
6	合计（4 + 5）						

表 7.8　营业收入、营业税金及附加和增值税估算表　　　　单位：万元

序号	项目	合计	计算期				
			1	2	3	…	n
1	营业收入						
1.1	产品 A 营业收入						
	单价						
	数量						
	进项税额						
1.2	产品 B 营业收入						
	单价						
	数量						
	进项税额						
	……						
2	营业税金及附加						
2.1	营业税						

续表

序号	项目	合计	计算期				
			1	2	3	…	n
2.2	消费税						
2.3	城市维护建设税						
2.4	教育费附加						
3	增值税						
4	销项税额						
5	进项税额						

2. 财务基础数据测算表之间的关系。

各财务基础数据测算表之间的关系如图 7.3 所示：

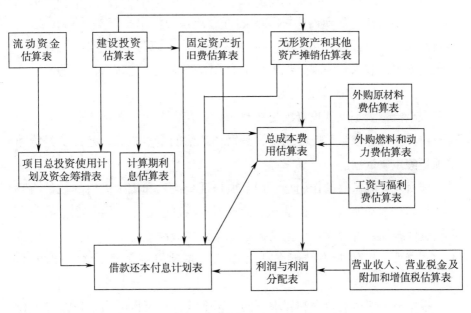

图 7.3

7.3　农业项目贷款财务评估的基本财务报表编制

在农业贷款项目财务效益评估中，核心工作是编制基本财务报表，然后在报表有关数据的基础上，进行相关财务指标测算，从而得出项目财务评估的结论。项目财务报表分为两类：一类是上一节已经介绍的财务分析辅助报表，具体包括：外购原材料费估算表、外购燃料和动力费估算表、固定资产折旧费估算表、无形资产和其他资产摊销估算表、工资及福利费估算表；另一类是财务基本报表，基本报表是在辅助报表基础上编制的，用于计算项目的一系列经济评价指标或进行必要的分析，包括现金流量表、损益表、资金来源和运用表、资产负债表和贷款还本付息估算表等。

基本财务报表是项目财务评估所必需的一套完整报表，要完成有关评估指标的计算，缺一不可，其内容和栏目具有统一性、通用性，可以适用于各种项目的评估。本节的重点就是介绍项目财务评估基本财务报表的编制。

7.3.1 现金流量表的编制

1. 现金流量表的概念。

现金流量是现金流入和流出的统称，它是以贷款项目为一个独立的系统，反映项目在计算期内实际发生的现金流入与流出系统的活动和数量。项目在某一个时段内发生的费用称为现金流出，记为 CO；项目在某一个时段内取得的收入称为现金流入，记为 CI；现金流入与现金流出的差（CI－CO）称为现金净流量，记为 NCF。

现金流量表是反映投资项目在整个计算期内各年的各项现金流入、现金流出和净现金流量情况的表格，是财务评估的基本报表，是评价经济建设项目的主要依据。

项目现金流量表的作用是：记录项目现金流入和现金流出的数量与时序，计算净现金流量，并在基础上计算财务内部收益率、财务净现值和全部投资回报期、各年现金净流量、各年累计现金净流量等指标，反映项目的盈利能力、偿债能力和财务生存能力，是项目财务评估的基础内容之一。

根据财务评估的角度和要求不同，现金流量表可以分为项目投资现金流量表和自有资金现金流量表。

2. 项目投资现金流量表的编制。

（1）项目投资现金流量表的结构。

项目投资现金流量表（又称为全部投资现金流量表）是从项目全部投资的角度，假设项目全部投资均为自由资金情况下的项目现金流量系统的表格式反映。

项目投资现金流量表的格式如表 7.9 所示，它由现金流入、现金流出、净现金流量、累计现金流量、所得税前净现金流量、所得税前累计净现金流量以及财务内部收益率、财务净现值和投资回收期等有关指标组成。

其中的基本公式为

净现金流量 = 现金流入 – 现金流出

现金流入 = 主营业务（销售）收入 + 回收固定资产余值
+ 回收流动资金 + 其他现金流入

现金流出 = 建设投资 + 流动资金 + 经营成本
+ 主营业务（销售）税金及附加 + 所得税 + 其他现金流出

表 7.9　项目投资现金流量表　　　　单位：万元

序号	项目	合计	计算期				
			1	2	3	…	n
	生产负荷						
1	现金流入						
1.1	主营业务（销售）收入						
1.2	回收固定资产余值						
1.3	回收流动资金						
1.4	其他现金收入						
2	现金流出						
2.1	建设投资						
2.2	流动资金						
2.3	经营成本						
2.4	主营业务（销售）税金及附加						
2.5	维持运营投资						
2.6	其他现金流出						
3	所得税前净现金流量（1－2）						
4	累计所得税前净现金流量						
5	调整所得税						
6	所得税后净现金流量（3－5）						
7	所得税后累计净现金流量（4－5）						

所得税后　　　　　　　　　　　　　所得税前

计算指标：

财务内部收益率

财务净现值

投资回收期

（2）项目投资现金流量表的编制。

编制项目财务现金流量表所需要的基本数据，均来自财务分析辅助报表。项目财务现金流量表的编制大致包括以下几个步骤：

①确定项目的计算期并画出表格。项目的计算期包括建设期、投产期和达产期，通常按照项目的经济寿命期确定。一般来说，农产品加工项目的计算期是指固定资产综合折旧寿命期加上建设期。折旧年限可参照类似企业固定资产综合折旧率或有关部门规定的综合折旧率来确定。表中项目计算期的年序为1，2，…，n，以建设期开始年份为计算期的第一年，年序记为1。

②现金流入包括主营业务（销售）收入、回收固定资产余值、回收流动资金和其他现金收入。

• 主营业务（销售）收入是项目建成投产后对外销售产品或提供劳务所得收入，是项目的生产经营成果，可以从辅助报表"产品销售收入和销售税金及附加估算表"中取得。具体来说，可以通过"销售数量×销售价格"计算得出，销售价格一般采用出厂价格，也可以根据需要采用送达客户的价格或者离岸价格。

• 回收固定资产余值和回收流动资金是指项目计算期末进行项目清算时固定资产的余值和回收项目期初投入的流动资金，一般均在计算期最后一年回收。回收固定资产余值可以从辅助报表"固定资产折旧费估算表"中的"固定资产期末净值合计"，可按固定资产投资总额（即原值）与余值率的乘积计算得出，或则按照下式计算：

固定资产余值 = 固定资产原值 − 计算期间固定资产折旧总额

回收流动资金为项目的全部流动资金，因为达产后需要的流动资金在计算期末全部收回，该数字可从辅助报表"流动资金估算表"中取得。

③现金流出包括建设投资、流动资金、经营成本、主营业务（销售）税金及附加、所得税和其他现金支出。

• 建设投资是指广义的固定资产投资，既包括有形资产，也包括无形资产；既包括固定资产投资方向调节税，也包括建设期贷款利息。值得注意的是，在生产期发生的局部更新、改造投资，也应填列在固定资产投资的相应年份中。该项数据可以从辅助报表"固定资产投资估算表"或"投资计划与资金筹措表"中取得。

- 流动资金是在项目投产后，随着生产负荷的增加而逐步注入的，当项目达产后，若负荷不变，就不需要再行注入流动资金。该项数据可以从辅助报表"投资计划与资金筹措表"中取得。假设某项目投产后第三年达到生产负荷的100%，所需流动资金为500万元，投产第一年达到负荷的60%，第二年达到负荷的80%，则各年新投入的流动资金为第一年300万元，第二年100万元，第三年100万元，第四年以后为0。在项目计算期末，500万元流动资金全部回收，填入"回收流动资金"一栏。

- 经营成本可以根据辅助报表"总成本费用估算表"的对应数据直接填列。值得注意的是，生产负荷变化幅度与经营成本相应的变化幅度并没有同比例关系，因为总成本费用是由固定成本与可变成本构成的，其中的固定成本不随生产负荷的变化而变化，而经营成本是总成本费用中扣除折旧、摊销、利息得出的，其中仍含有固定成本，所以两者不能同比例变化，必须根据实际情况具体计算。

- 主营业务（销售）税金及附加包括增值税、营业税、销售税、资源税、城市维护建设税和教育费附加，这些数据可以从辅助报表"产品销售收入和销售税金及附加估算表"中取得。

- 所得税的数据可以从"利润表"中获得。

④净现金流量是各年现金流入量与相应现金流出量的差，累计净现金流量为本年及之前各年净现金流量的总和。

⑤所得税前净现金流量为净现金流量与所得税之和，即在现金流出中不计所得税时所得的净现金流量。所得税前累计净现金流量即为本年及之前各年所得税前净现金流量的总和。

3. 项目资本金现金流量表的编制。

项目资本金现金流量表（又称为自有资金现金流量表）是站在项目投资主体的角度考察项目的现金流入和流出情况，也是项目财务评估中的重要的基本报表之一，依据此表可以计算出自有资金财务内部收益率、净现值等指标，其格式见表7.10。

表7.10 项目资本金现金流量表   单位：万元

序号	项目	合计	计算期				
			1	2	3	…	n
	生产负荷						
1	现金流入						
1.1	主营业务（销售）收入						
1.2	回收固定资产余值						
1.3	回收流动资金						
1.4	其他现金收入						
2	现金流出						
2.1	自有资金						
2.2	借款本金偿还						
2.3	借款利息支付						
2.4	经营成本						
2.5	主营业务（销售）税金及附加						
2.6	所得税						
2.7	其他现金流出						
3	净现金流量（1−2）						
4	所得税前净现金流量（3＋2.5）						

计算指标：

　　财务内部收益率

　　财务净现值

　　项目资本金现金流量表与项目投资现金流量表的结构基本相同，大部分数据来源也与全部投资现金流量表中的相同，两者主要区别在于：

　　①在项目资本金现金流量表的"现金流出"中，将"建设投资"和"流动资金"中的自有资金部分合并为一栏，即"自有资金"。这是因为：从项目投资主体的角度看，建设项目投资借款是现金流入，但将借款用于项目投资建设，又构成相同时点、相同金额的现金流出，两者相抵，不影响净现金流量，所以表中投资只记自有资金。该项数据可以从辅助报表"投资计划与资金筹措表"中资金筹措项下的自有资金分项取得。

　　②新增加的"借款本金偿还"和"借款利息支付"两栏。因为项目资本金现金流量表完全是站在投资自身的角度考核项目的资金运动，现金流入是因项目全部投资而获得的，即这些收入是投资者自有资金和借入资金共同取得的，故因在"自有资金"之外将借款本金的偿还和利息支付计入

"现金流出"。

借款本金偿还由两部分组成：一部分为"贷款还本付息估算表"中本年还本额；另一部分为流动资金借款本金偿还，一般发生在计算期最后一年。

借款利息支付的数据来自"总成本费用估算表"的利息支出项。

项目投资现金流量表和项目资本金现金流量表各有特定的目的。项目投资现金流量表在计算现金流量时，假设全部投资均为自有资金，不考虑贷款本金的偿还和贷款利息的支付，为各个投资项目或投资方案（不论其资金来源如何）进行比较提供了基础。项目资本金现金流量表考察自有资金的盈利能力和向外借款对项目是否有利。在对拟建项目进行评估时，应根据评估人员所估算的基础数据编制两种现金流量表，并分别计算相应的评价指标。

7.3.2 损益表的编制

在项目评估中，损益表（也称利润表）是指反映项目计算期内各年的利润总额、所得税及净利润的分配情况，用于计算投资利润率、投资利税率、资本金利润率和资本金净利润率等指标的一种报表，其格式见表7.11。

表7.11 损益表   单位：万元

序号	项目	合计	计算期				
			1	2	3	…	n
	生产负荷						
1	主营业务（销售）收入						
2	主营业务（销售）税金及附加						
3	总成本费用						
4	利润总额（1−2−3）						
5	所得税						
6	税后利润（4−5）						
7	可供分配利润						
7.1	盈余公积金						
7.2	应付利润						
7.3	未分配利润						
	累计未分配利润						

其中，涉及的主要公式有：

利润总额 ＝主营业务(销售) 收入

　　　　　　－ 主营业务(销售) 税金及附加 － 总成本费用

税后利润 ＝利润总额 － 所得税

可供分配利润 ＝税后利润 － 以前年度为弥补亏损(或加年初未分配利润)

可供分配利润 ＝盈余公积金(含公益金) ＋ 应付利润 ＋ 未分配利润

1. 主营业务（销售）收入、主营业务（销售）税金及附加、总成本费用的各年数据可从项目的辅助报表"产品销售收入和销售税金及附加估算表"和"总成本费用估算表"取得。

2. 利润总额 ＝主营业务（销售）收入 － 主营业务（销售）税金及附加 － 总成本费用

3. 所得税按照"应纳税所得额×所得税税率"计算，但在建设项目的财务评估中，要根据减免所得税和用税前利润弥补上一年亏损等有关规定将利润总额调整为应纳所得税额。按现行《工业企业财务制度》的规定，企业发生的年度亏顺，可以用下一年度的税前利润弥补，下一年度税前利润不足以弥补的，可用税后利润弥补，弥补期限不得超过 5 年。

4. 税后利润 ＝利润总额 － 所得税

5. 可供分配利润分为盈余公积金（包括法定盈余公积金、法定公益金和任意盈余公积金）、应付利润和未分配利润。

法定盈余公积金按照税后利润的 10% 提取，其累计额已达注册资本的 50% 时可不再提取，法定盈余公积金可用于弥补亏损或者按照国家规定转增资本金等。法定公益金按照税后利润的 5% ~ 10% 提取，主要用于企业的职工集体福利设施支出。在按法律规定提取法定盈余公积金之外，企业还可以根据公司章程规定或投资者会议决议提取任意盈余公积金，比例由企业自行决定。

在项目评估时，法定盈余公积金、法定公益金和任意盈余公积金合并成为"盈余公积金"，提取比例按照税后利润的 15% 进行估算。

应付利润是按规定应付给投资者的利润，包括对国家投资分配利润、对其他单位投资分配利润、对个人投资分配利润等。分配比例往往依据投资者签订的协议或公司的章程等有关资料确定。项目当年若无盈利，不得向投资者分配利润；企业上年未分配的利润，可以并入当年向投资者分配。

未分配利润为可供分配利润减盈余公积金和应付利润后的余额，主要用于偿还长期借款。

按照国家现行财务制度，可供分配利润应该首先用于偿还长期借款，借款偿还完毕后，才可向投资者进行利润分配。因此，在项目财务评估，税后利润采取以下处理方式：

（1）税后利润不足以偿还长期借款或偿还长期借款后无余额的年份，应将税后利润全部计入未分配利润，用于长期借款还本，不计提盈余公积金。

（2）税后利润在偿还长期借款后有余额的年份，先按税后利润的15%计提盈余公积金，然后按用于偿还长期借款还本的金额计入未分配利润，将剩余部分作为应付利润。

（3）还清借款后，先按税后利润的15%计提盈余公积金，其余全部作为应付利润。

7.3.3　资金来源与运用表的编制

资金来源与运用表是根据项目的具体财务条件来测算计算期内各年的盈余或短缺情况，用于选择资金筹措方案，制定适当的借款及偿还计划，并为编制资产负债表提供依据。资金来源与运用表反映了项目在整个计算期内各年的资金来源与运用情况，其格式见表7.12。

表 7.12　资金来源与运用表　　　　单位：万元

序号	项目	合计	计算期				
			1	2	3	…	n
	生产负荷						
1	资金来源						
1.1	利润总额						
1.2	折旧额						
1.3	摊销额						
1.4	长期借款						
1.5	流动资金借款						
1.6	其他短期借款						
1.7	自有资金						
1.8	其他						

序号	项目	合计	计算期				
			1	2	3	…	n
1.9	回收固定资产余值						
1.10	回收流动资金						
2	资金运用						
2.1	建设投资						
2.2	建设期利息						
2.3	流动资金						
2.4	所得税						
2.5	应付利润						
2.6	长期借款本金偿还						
2.7	流动资金借款本金偿还						
2.8	其他短期借款本金偿还						
3	盈余资金						
4	累计盈余资金						

其中，涉及的主要公式如下：

盈余资金 = 资金来源 − 资金运用

资金来源 = 利润总额 + 折旧额 + 摊销费 + 长期借款

　　　　　+ 流动资金借款 + 其他短期借款 + 自有资金 + 其他

　　　　　+ 回收固定资产余值 + 回收流动资金

资金运用 = 建设投资 + 建设期利息 + 流动资金 + 所得税 + 应付利润

　　　　　+ 长期借款本金偿还 + 其他短期借款本金偿还

资金来源与运用表全面反映了项目的资金活动情况。在编制该表时，首先要计算项目计算期内各年的资金来源和资金运用，然后用两者的差额反映项目各年的资金余缺情况。项目的资金筹措方案和借款及偿还计划要使表中的累计盈余资金非负，否则，项目将因为资金短缺而不能顺利进行。另外，还应使资金来源与运用在时间上相匹配。

1. 资金来源。

（1）利润总额、折旧费、摊销费的数据可从"利润表"、"固定资产折旧费估算表"、"无形及递延资产摊销估算表"中取得。

（2）长期借款、流动资金借款、其他短期借款、自有资金及其他项的数据均可以从"投资计划及资金筹措表"中取得。其中，在建设期，长期借款当年应计利息如果没有自有资金支付，应计入同年长期借款额，否则项目资金不能平衡。其他短期借款主要指为解决项目暂时的年度资金短缺而使用的短期借款，其利息计入财务费用，本金在下一年度偿还。

（3）回收固定资产余值和回收流动资金与全部投资现金流量表中的相同。

2. 资金运用。

（1）建设投资、建设期利息和流动资金的数据可从投资计划和资金筹措表中取得。

（2）所得税和应付利润的数据来源于利润表。

（3）长期借款本金偿还为贷款还本付息估算表中的本年还本数；流动资金借款本金偿还一般是在项目计算期末一次性偿还；其他短期借款本金偿还为上一年度的其他短期借款额。

3. 盈余资金。

盈余资金等于资金来源减去资金运用的差。

4. 累计盈余资金。

累计盈余资金各年数额为当年及之前各年"盈余资金"的总和。

7.3.4 资产负债表的编制

资产负债表反映项目各年的资产、负债和所有者权益的增减变化及相互间的对应关系，它综合地反映项目使用期间企业的全部财务状况，据以考察项目的资产、负债、所有者权益的结构是否合理，评估企业的清偿能力，预测的企业未来的财务状况和财务安全度。

资产负债表是根据"资产＝负债＋所有者权益"的会计平衡原理编制的，它为企业经营者、投资者和债权人等不同的报表使用者提供了各自所需的资料，其格式如表 7.13 所示。

表 7.13　资产负债表　　　　单位：万元

序号	项目	合计	计算期				
			1	2	3	…	n
1	资产						
1.1	流动资产总额						

续表

序号	项目	合计	计算期				
			1	2	3	…	n
1.1.1	应收账款						
1.1.2	存货						
1.1.3	现金						
1.1.4	累计盈余资金						
1.2	在建工程						
1.3	固定资产净值						
1.4	无形及递延资产净值						
2	负债及所有者权益						
2.1	流动负债总额						
2.1.1	应付账款						
2.1.2	流动资金借款						
2.1.3	其他短期借款						
2.2	长期借款						
	负债小计						
2.3	所有者权益						
2.3.1	资本金						
2.3.2	资本公积金						
2.3.3	累计盈余公积金						
2.3.4	累计未分配利润						

计算指标：

资产负债率（%）

流动比率（%）

速动比率（%）

1. 资产。

资产由流动资产总额、在建工程、固定资产净值、无形及递延资产净值四项构成。

（1）流动资产总额中的应收账款、存货和现金的数据可从流动资金估算表直接取得，累计盈余资金的数据可从资金来源与运用表中获得，但要扣除其中包含的回收固定资产余值和自有资金。

（2）在建工程的数据是投资计划与资金筹措表中的建设投资和建设期利息的和。

（3）固定资产净值和无形及递延资产净值的数据可从固定资产折旧估算表和无形及递延资产摊销估算表中得到。

2. 负债。

负债包括流动负债总额和长期借款。应付账款可从流动资金估算表中获得，流动资金借款、其他短期借款和长期借款都是指借款余额，可以通过资金来源与运用表中的对应项与相应的本金偿还项的差额计算获得。

3. 所有者权益。

所有者权益包括资本金、资本公积金、累计盈余公积金和累计未分配利润。

（1）资本金为项目投资的累计自有资金（扣除资本溢价），若存在资本公积金或盈余公积金转增资本金的情况时应进行调整；累计盈余公积金可以由损益表中的盈余公积金计算各年份的累积值，但应根据有没有盈余公积金弥补亏损或转增资本金的情况进行相应调整；累计未分配利润可以直接从损益表获得。

（2）资本公积金要经过分析综合后填列。资本公积金主要包括资本溢价和赠款两大项，具体有 4 个来源：

①投资者实际交付的出资额超过资本金的差额；

②法定财产重估增值，即重估价值与账面净值的差额；

③资本汇率折算差额，即资本账户与实收资本账户采用的折合汇率不同而产生的折合记账本外币差额。

④接受捐赠的资产。

7.3.5　贷款还本付息估算表的编制

贷款还本付息估算表是反映项目建设投资贷款在偿还期内贷款支出、还本付息和可用于偿还贷款的资金来源情况，用于计算建设投资贷款偿还期指标，进行清偿能力分析的报表。其格式见表 7.14。

表7.14　贷款还本付息估算表　　　　单位：万元

序号	项目	利率（%）	计算期				
			1	2	3	…	n
1	贷款及还本付息						
1.1	年初贷款本息累计						
1.1.1	本金						
1.1.2	建设期利息						
1.2	本年贷款						
1.3	本年应计利息						
1.4	本年还本						
1.5	本年付息						
2	偿还贷款本金的资金来源						
2.1	利润						
2.2	折旧						
2.3	摊销						
2.4	其他资金						
3	合计（2.1+2.2+2.3+2.4）						
4	利息备付率						
5	偿债备付率						

贷款还本付息估算表主要分为"贷款及还本付息"和"偿还贷款本金的资金来源"两部分，分别根据"投资计划与资金筹措表"、"损益表"及"总成本费用估算表"填写。

1. 在项目的建设期，"年初贷款本息累计"等于上年贷款本金和建设期利息之和；在项目的生产运营期，"年初贷款本息累计"等于上年尚未还清的贷款本金。

2. "建设期利息"、"本年贷款"根据"建设投资估算表"或"投资计划与资金筹措表"估算，"本年应计利息"可以根据当年的"年初贷款本息累计"与贷款年利率的乘积求得，"本年还本"可以根据当年偿还贷款本金的资金来源填列。

3. "利润"可根据"损益表"中的"未分配利润"填列，"折旧"和"摊销"可根据"总成本费用估算表"填列。

7.4 农业项目贷款财务评估指标体系与计算方法

7.4.1 项目财务评估指标体系

在完成基础数据收集、辅助报表编制、基本财务报表编制的基础上，就可以进行项目财务评估指标体系的计算。投资项目财务评估的结果，不仅取决于基础数据的可靠性，也取决于所选取评估指标体系的合理性。只有选择正确的财务评估指标体系，项目财务评估的结果才能与实际情况项目符合，才具有实际意义。但是，项目财务评估指标体系并不是唯一的，而是根据不同的评估要求、可获得资料的多寡以及项目本身的条件和性质不同，可以选用不同的指标。这些指标有主有次，分别从不同的侧面反映项目的经济效益情况。

财务评估指标体系根据不同的标准，可以有不同的分类方式：

1. 根据是否考虑资金时间价值分类。

根据是否考虑资金时间价值，可以将项目的财务评估指标分为静态评估指标和动态评估指标。

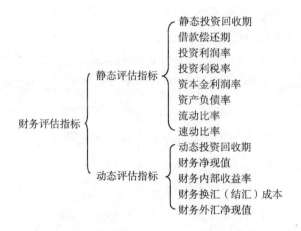

图 7.4 按时间价值分类财务评估指标

（1）静态评估指标。静态评估指标不考虑资金的时间价值，因而计算简单、直观、使用方便，也称为简单指标法，多用于经济数据不完备或不够精确的机会研究、初步可行性研究或短期投资项目中。

（2）动态评估指标。动态评估指标考虑了资金的时间价值，也考虑了项目的整个周期，因而更符合资金随时间的推移不断增值的实际情况。应用动态评估指标，对投资者和决策者树立资金周转观念、充分利用资金、提高经济效益具有重要意义。它在可行性研究阶段被普遍采用，是主要的评估指标。

在投资项目评估中，根据工作阶段和要求的深度不同，采用不同的评价指标。通常以动态评估为主，同时计算必要的静态指标来进行辅助分析。

2. 根据指标的性质分类。

根据指标的性质，可以将项目的财务评估指标分为时间性指标、价值性指标和比率性指标。

（1）时间性指标，以时间期限为衡量标准，反映投资的盈利能力和清偿能力。

（2）价值性指标，以货币为计量单位，反映投资的净盈利。在不考虑其他非经济目标的前提下，投资者追求的是同等风险条件下的总体净盈利最大化。这是得到普遍运用的一类指标。

（3）比率性指标，反映资金的利用效率。但是，比率性指标只能作为相对效果评估指标，如果不结合相应的绝对量指标而直接进行项目比选，可能会得到与价值性指标相悖的结论。

在项目的财务评估中，应尽量使用价值性指标和比率性指标对项目或方案进行比选评估，以便从净收益和资金使用效率两方面综合考察投资效果。

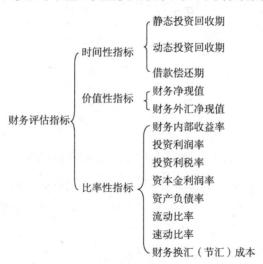

图 7.5　按指标性质分类财务评估指标

3. 根据财务评估的分析目的进行分类。

根据财务评估分析的目的，项目的财务评估指标可以分为反映财务盈利能力指标、反映清偿能力指标和反映财务生存能力指标。

盈利能力指标、偿债能力指标和财务生存能力指标是农业项目贷款评估中分析财务能力的重要指标体系，这些评估指标的计算基本上都是通过编制基本财务报表完成的。表7.15列出了财务评估和各类报表、评估指标之间的关系。盈利能力、偿债能力、财务生存能力的具体含义将在下节内容中具体论述。

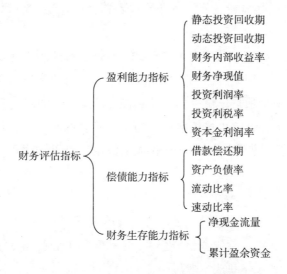

图7.6　按评估目的分类财务评估指标

表7.15　财务评估和基本报表、评估指标之间的关系

财务评估内容	基本报表	静态指标	动态指标
盈利性分析	全部投资现金流量表	静态投资回收期	财务内部收益率 财务净现值 动态投资回收期
	自有资金现金流量表	—	财务内部收益率 财务净现值
	损益表（利润表）	投资收益率	—
资金平衡及偿债能力分析	资金来源与运用表 贷款还本付息估算表	贷款偿还期	—
	资产负债表	资产负债率 流动比率 速动比率	—
财务生存能力分析	财务计划现金流量表	—	净现金流量 累计盈余资金

7.4.2 财务盈利能力评估

按照是否考虑资金时间价值，反映项目盈利能力的指标可分为静态指标和动态指标。

1. 静态指标的计算。

静态盈利能力指标是指不考虑资金时间价值因素的影响而计算的盈利能力指标。主要包括投资利润率、投资利税率、资本金利润率和静态投资回收期。静态盈利能力指标可以根据"建设投资估算表"、"投资计划与资金筹措表"、"利润与利润分配表（损益表）"和"现金流量表"中的有关数据计算。

（1）投资利润率。投资利润率（ROI）是项目达到设计生产能力后的正常生产年份的年利润总额或者生产期内的年平均利润额占项目总投资的百分比，它反映了项目单位投资的盈利能力。如果项目的生产期较短，且年利润总额波动较大，可选用生产期的平均年利润额；如果项目的生产期较长，且年利润总额在生产期没有很大的波动，可以选用正常年份的年利润总额。

其计算公式为

投资利润率 ＝年利润总额／项目总投资额 × 100%

年利润总额 ＝年主营业务（销售）收入 － 年主营业务（销售）税金及附加 － 年总成本费用

项目总投资额 ＝建设投资 ＋ 建设期利息 ＋ 流动资金

如果项目的投资利润率大于行业平均投资利润率，则认为项目在财务上可以接受。

（2）投资利税率。投资利税率（profit and tax investment ratio）是指项目生产经营期内的年利税总额或年平均利税额占项目总投资的百分比，反映项目单位投资的盈利能力和对财政所作的贡献。

计算公式为

投资利税率 ＝年利税总额／项目总投资额 × 100%

年利税总额 ＝年利润总额 ＋ 年主营业务（销售）税金及附加

年利税总额 ＝年主营业务（销售）收入 － 年总成本费用

年利税总额是用正常生产年份的年利润总额与年主营业务（销售）税金及附加之和，还是用年主营业务（销售）收入与年总成本费用之差，这取决于项目生产期的长短和利税的波动情况，类似于计算投资利润率的选择。

如果项目投资利税率大于行业平均投资利税率，则认为项目在财务上可以接受。

（3）资本金利润率。项目资本金利润率表示项目资本金的盈利水平，是指项目达到设计能力后正常年份的年利润总额或运营期内年平均利润总额与项目资本金的比率。

计算公式为

$$资本金利润率 = 年利润总额 / 项目资本金 \times 100\%$$

式中的资本金是指项目的全部注册资本金。

投资利润率、投资利税率和资本金利润率指标的计算简单，但都没有考虑资金的时间价值，它们考虑的是项目评估情况，却没有考察计算各期内收益与成本分布对项目盈利能力的影响，而且只考虑了年利税和投资的影响，忽略了其他经济数据。因此，在项目的盈利能力分析中，它们只能作为辅助指标。

如果项目资本金利润率大于行业平均资本金利润率或投资者目标资本金利润率，则认为项目在财务上是可行的。

（4）静态投资回收期。静态投资回收期（P_t）是在不考虑资金时间价值的情况下，以项目的净效益回收（抵偿）项目全部投资所需要的时间，一般以年为单位。项目投资回收期一般从项目建设开始年算起。

项目投资回收期可采用下式表达：

$$\sum_{t=1}^{P_t} NCF_t = 0 \quad t = 1, 2, \cdots, n$$

式中：NCF 为净现金流量；$NCF_t = (CI - CO)_t$。

一般来说，在各年净收益不相等的情况下，静态投资回收期可根据全部现金流量表中的净现金流量计算求得。其计算公式为

$$P_t = \frac{累计净现金流量}{第一次出现正值的年份} - 1 + \frac{上年累计净现金流量的绝对值}{当年净现金流量}$$

如果在项目投产后每年的净收益相等，静态投资回收期（P_t）可以通过以下公式近似求得：

$$P_t = \frac{总投资}{每年净收益} + 建设期年数$$

静态项目投资回收期也可借助项目投资现金流量表计算。项目投资现金流量表中累计净现金流量由负值变为零的时点，即为项目的投资回收期。可用下式计算，即：

$$P_t = T - 1 + \frac{\left| \sum_{i=1}^{T-1} (CI - CO)_i \right|}{(CI - CO)_T}$$

式中：T 为各年累计净现金流量首次为正值或零的年数。

静态投资回收期短，表明项目投资回收快，抗风险能力强。在财务评估中，应将求出的静态投资回收期与行业的基准投资回收期比较。当静态投资回收期小于行业的基准投资回收期时，表明项目能满足行业项目投资盈利性和风险性的要求，项目的投资能在规定时间内收回，因而项目可行；否则，表明项目未满足本行业投资盈利性和风险性的要求，因而项目不可行。

静态的盈利能力指标的计算比较简单，主要缺点是没有考虑全部投资收回以后项目的成本和收入情况，不能全面反映项目整个寿命期的盈利能力；而且没有考虑资金的时间价值，因此在进行项目财务评估时应以动态盈利能力指标为主，静态盈利分析指标为辅。

2. 动态指标的计算。

动态盈利能力指标是通过编制财务现金流量表，根据资金时间价值原理，计算财务净现值、财务内部收益率、动态投资回收期等指标，来分析项目的盈利能力。

（1）财务净现值。财务净现值（FNPV）是指按设定的折现率（基准折现率或标准折现率），将投资项目在计算期内各年的净现金流量，折现为建设期初的现值之和。

其计算公式为

$$FNPV = \sum_{t=1}^{n} (CI - CO)_t (1 + i_0)^{-t}$$

式中：CI 为现金流入量；CO 为现金流出量；$(CI - CO)_t$ 为第 t 年的净现金流量；i_0 为基准折现率或标准折现率；n 为项目计算期。

投资项目在计算期内各年的财务净现金流量可以从"现金流量表"中得到。财务净现值是评估项目盈利能力的绝对指标，它反映了项目（在满足按设定折现率要求的盈利能力之外）获得的超额盈利的现值。其计算结果可能有以下三种情况：

$FNPV > 0$，说明项目的净收益在抵偿了投资者要求的最低收益后仍有盈余，投资项目的盈利能力超过了折现率，因而项目在财务上是可行的。

$FNPV = 0$，说明项目的净收益正好达到了投资者要求的最低收益，投资项目的盈利能力等于折现率，因而项目处于在财务可行的边缘。

$FNPV < 0$，说明项目的净收益还不够抵偿投资者要求的最低收益，投资项目的盈利能力低于折现率，因而项目在财务上是不可行的。

显然，在计算财务净现值时，选择的折现率不同就可能得到不同的结果。基准收益率或标准折现率代表了项目投资应获得的最低财务盈利水平，其数值确定是否合理，对投资方案的评估结果有直接的影响，过高或过低都会导致投资决策的失误。在项目评估中，可以通过以下几种方法确定折现率：

①有关部门发布的行业财务基准收益率。为了指导项目评估工作，国家发展改革委和建设部制定并发布了各行业的基准收益率标准。对于国家投资项目，进行经济评估时应用行业财务基准收益率作为折现率；非国家投资项目可参考还有基准收益率，由投资者自己确定。

②加权平均资金成本。根据项目投资的不同资金来源确定的加权平均资金成本，反映了项目资金运用的平均成本水平，因此可以用于计算项目的财务净现值。

③银行利率。银行利率可以代表资金的机会成本，因此可以在银行同期限存贷利率的基础上加一定的百分点确定折现率。

财务净现值的主要优点是考虑了资金的时间价值因素和项目在整个计算期内的生产经营状况。财务净现值的缺点是必须事先确定基准收益率或标准折现率，而基准收益率或标准折现率的确定往往是一个比较复杂和困难的问题。同时，财务净现值是一个绝对量指标，不能确切地反映项目的投资收益率。尽管如此，财务净现值仍然是分析投资项目盈利水平的一个重要指标。

为了克服财务净现值作为绝对量指标的缺点，可以引入与之相应的财务净现值率（FNPVI）指标。财务净现值率是项目财务净现值与全部投资闲置之比，它反映单位投资现值所能创造的财务收益净现值。其计算公

式为

$$FNPVI = FNPV/I_p$$

其中，I_p 为全部投资净现值。

财务净现值率可以作为财务净现值的一个补充指标。因为财务净现值是一个绝对指标，它仅表明该项目超过基准收益率的收益绝对额，但不能反映项目的资金使用效率。对于投资额不同的方案，除进行财务净现值比较外，还应进一步计算财务净现值率，弄清单位投资额所能获得的财务净现值。与财务净现值相对应的，财务净现值率也有三种情况，即财务净现值率大于零、等于零或小于零。

（2）财务内部收益率。财务内部收益率（FIRR）是指项目在整个计算期内各年净现金流量现值累计等于零时的折现率，即使计算期内各年净现值之和等于零时的折现率。它是评价项目盈利能力的一个重要动态评价指标，表示项目的实际盈利水平。

其表达式为

$$\sum_{t=1}^{n} NCF_t(1 + FIRR)^{-t} = 0$$

式中：NCF_t 为净现金流量；$NCF_t = (CI - CO)_t$；$FIRR$ 为财务内部收益率；T 为项目计算期（1，2，3，…，n）。

以财务内部收益率为折现率所计算出来的项目逐年现金流入量的现值总额等于现金流出量的现值总额。换而言之，财务内部收益率就是使拟建项目的财务净现值等于零的折现率。因此，财务内部收益率是一个考虑资金时间价值后的投资收益率，它反映项目的实际盈利水平，也反映项目能够承受的最高资金成本。

财务内部收益率与财务净现值的表达式基本相同，但计算方法却截然不同。在计算财务净现值时，是预先确定折现率，根据设定的折现率将各年净现金流量折成现值，然后累加得出净现值。而计算财务内部收益率时，需经过多次试算使得净现值累计为零，在实际计算中较为复杂，一般可以借助计算机或功能强大的计算器完成，手工计算时一般采用试算法和插值法进行估计。

手工计算项目财务内部收益率的基本步骤是：

①先假定某一折现率计算项目的财务净现值。如果得到的净现值等于

零,则所选定的折现率即为财务内部收益率,但一般情况下不可能达到此理想境界;如果得到的净现值为正,则适当提高折现率继续进行试算,直至正数的财务净现值接近零为止。

②在上一步的基础上,继续提高折现率,指计算出接近零的负净现值为止。

③根据前两步中接近于零的正负净现值所有对应的折现率,运用插值法计算财务内部收益率。

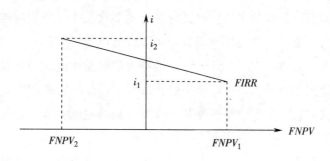

图 7.7

根据图 7.7,有下列关系:

$$\frac{FIRR - i_1}{i_2 - i_1} = \frac{FNPV_1}{FNPV_1 + |\,FNPV_2\,|}$$

经过整理,可得:

$$FIRR = i_1 + (i_2 - i_1) \times \frac{FNPV_1}{FNPV_1 + |\,FNPV_2\,|}$$

可以看到,上述方法是假设 FNPV 曲线是线性的,而一般情况下,净现值对折现率不是线性关系,而是呈单调递减性曲线关系——随着折现率的增大,净现值变小。如果两个折现率之间相差较大,则用试算法算出来的财务内部收益率也会有较大的误差。为保证计算的准确度,一般要求两个折现率之差最大不超过 5%,最小不超过 2%。

在财务评估中,应将计算出来的 FIRR 与行业基准收益率或者投资者的目标收益率相比较。如果 FIRR 大于或等于行业基准收益率或者投资者的目标收益率,则认为项目的盈利能力能够满足要求,因而项目是可行的;反之,如果 FIRR 小于行业基准收益率或者投资者的目标收益率,则项目不可行。

项目投资财务内部收益率是考察项目确定融资方案前整个项目的盈利能力。计算出的项目财务内部收益率要与行业发布或财务分析人员设定的基准折现率，或投资者的目标收益率进行比较，如果计算的 FIRR 大于或等于 i_1，则说明项目的盈利能力能够满足要求，因而是可以考虑接受的；否则，不能满足项目盈利能力的要求，认为该项目从财务角度分析是不可行的。

资本金财务内部收益率是以项目资本金为计算基础，考察所得税税后资本金可能获得的收益水平。项目资本金内部收益率的判别基准是项目投资者整体对投资获利的最低期望值，亦即最低可接受收益率。当计算的项目资本金内部收益率大于或等于该最低可接受收益率时，说明投资获利水平大于或达到了要求，是可以接受的。最低可接受收益率的确定主要取决于当时的资本收益水平以及投资者对权益资金收益的要求，它与资金机会成本和投资者对风险的态度有关。

财务内部收益率不需要事先确定折现率，它可以反映项目的实际盈利能力，是一个比较可靠的项目评估指标，它的缺点是比较复杂。

（3）动态投资回收期。动态投资回收期（P_t^*）是在考虑资金时间价值的条件下，以项目每年的净效益回收（抵偿）项目全部投资所需要的时间。其表达式为

$$\sum_{t=1}^{P_t^*} NCF_t \times (1 + i_0)^{-t} = 0 (t = 1, 2, \cdots, n)$$

式中：P_t^* 为项目动态回收期，i_0 为基准收益率或标准收益率。

与静态回收期相似，动态投资回收期也可以通过现金流量表求得，其计算公式为

$$P_t^* = \frac{累计折现净现金流量}{第一次出现正值的年份} - 1 + \frac{上年累计净现金流量的绝对值}{当年净现金流量}$$

计算出的动态投资回收期也应与行业基准动态回收期比较。如果动态回收期小于基准值，则项目可行；否则，项目不可行。

与静态投资回收期相比，动态投资回收期的优点是考虑了资金的时间价值，它反映了等值回收全部投资，而不是等额回收全部投资所需要的时

间，因此更有实际意义，是真正的回收时间。

3. 项目偿债能力评估。

筹措了债务资金（以下简称借款）的项目，需要进行偿债能力分析，以考察项目能否按期偿还借款。项目偿债能力分析用于考察项目建设期内各年的财务状况及偿债能力，主要是通过"贷款还本付息估算表"、"资金来源与运用表"和"资产负债表"计算借款偿还期、资产负债率、流动比率、速动比率等评估指标。应当注意的是在一般情况下，项目财务评价中进行偿债能力分析时，应注重对法人而不是项目的偿债能力进行全面分析。

（1）借款偿还期。借款偿还期是指以项目投产后可用于偿还借款的资金来源还清建设投资借款本息（不包括已用自有资金支付的建设期利息）所需要的时间，一般以年为单位。偿还借款的资金来源包括折旧费、摊销费、未分配利润、以前年度结余的可用于还本的资金、用于还本的短期借款和其他可用于还款的资金等。借款偿还期可利用"贷款还本付息估算表"的有关数据进行计算。其计算公式为

借款偿还期 = 偿还借款本金的资金来源大于年初借款本息累计的年份
　　　　　　 − 开始借款的年份
　　　　　　 + 年初借款本息累计 / 当年实际偿还借款本金的资金来源
借款偿还期 = 借款偿还后开始出现盈余的年份 − 开始借款的年份
　　　　　　 + 当年偿还借款数 / 当年可用于还款的资金来源

如果项目的借款偿还期小于贷款机构要求的期限，则认为项目有足够的偿债能力；否则，认为项目的偿债能力不足，即项目从偿债能力角度考虑是不可行的。

计算项目的借款偿还期的目的是计算项目的最大偿还能力，因此这一指标适用于尽快偿还贷款的项目。对于已经约定借款偿还期的项目，往往采取等本偿还利息照付或等额偿还本息的方式，借款偿还期是约定的，因而无须计算借款偿还期。

（2）利息备付率。利息备付率（ICR），是指在约定或设定的借款偿还期内的息税前利润（EBIT）与应付利息（PI）的比值，它从付息资金来源的充裕性角度反映项目偿付债务利息的保障程度。

其计算公式为

利息备付率 = 息税前利润 / 应付利息 = *EBIT/PI*

式中：*ICR* 为利息备付率；*EBIT* 为息税前利润；*PI* 为计入总成本费用的应付利息。

其中，息税前利润是利润与利润分配表中未扣除利息费用和所得税之前的利润；当期应付利息费用是指计入总成本本期发生的全部应付利息。

利息备付率应分年进行计算。利息备付率越高，表明利息偿付的保障程度越高。参考国际经验和国内行业的具体情况，根据我国企业历史数据统计分析，一般情况下，利息备付率不宜低于2。

（3）偿债备付率。偿债备付率（DSCR）是指在约定或设定的借款偿还期内，用于计算还本付息的资金（EBITDA － TAX）与应还本付息金额（PD）的比值，它是从还本付息资金来源的充裕度角度反映项目偿付债务本息的保障程度和支付能力。其计算公式为

偿债备付率(*DSCR*) = 可还本付息资金 / 应还本息金额

= (*EBITDA － TAX*)/*PD*

式中：*DSCR* 为偿债备付率；*EBITDA* 为息税前利润加折旧和摊销；*TAX* 为企业所得税；*PD* 为应还本付息金额，包括还本金额、计入总成本。

本费用的全部利息。融资租赁费用可视同借款偿还。运营期内的短期借款本息也应纳入计算。

如果项目在运行期内有维持运营的投资，可用于还本付息的资金应扣除维持运营的投资。

按照有关法规，融资租赁固定资产可视同购置的固定资产一样计提折旧，同时按税法规定，融资租赁费用不应在所得税前扣除，因此项目评估中融资租赁费用的支付，可视做偿还本金处理，按要求的期限和数额逐年偿还。因此，公式中分子和分母上均含有融资租赁费用一项。

偿债备付率应分年计算，偿债备付率高，表明可用于还本付息的资金保障程度高。参考国际经验和国内行业的具体情况，根据我国企业历史数据统计分析，一般情况下，偿债备付率不宜低于1.3，且越高越好。

（4）资产负债率。资产负债率（LOAR）是指各期末负债总额（TL）同资产总额（TA）的比率，应按下式计算：

资产负债率(*LOAR*) = 负债总额 / 资产总额 = *TL/TA*

适度的资产负债率，表明企业经营安全、稳健，具有较强的筹资能

力，也表明企业和债权人的风险较小。对该指标的分析，应结合国家宏观经济状况、行业发展趋势、企业所处竞争环境等具体条件判定后。项目财务分析中，在长期债务还清后，可不再计算资产负债率。

（5）流动比率。流动比率是"流动资产"与"流动负债"之比，反映法人偿还流动负债的能力，应按下式计算：

$$流动比率 = 流动资产 / 流动负债 × 100\%$$

项目生产经营期内各年流动比率可通过资产负债表逐年计算求得。流动比率用于衡量项目流动资产在短期债务到期前可以变为现金用于偿还流动负债的能力，表明项目每百元流动负债有多少流动资产作为支付的保障。

用流动比率来衡量资产流动性的大小，自然要求项目的流动资产在清偿流动负债以后还有余力去支付日常经营活动中的其他资金需要，流动资产必须大于流动负债。特别是对债权人来说，比率越高，债权人越有保障，以免发生无力还债的风险和损失。但就项目而言，流动比率过高不一定是好现象，因为一个正常生产经营的项目，资金应当有效地在生产经营活动中运转，充分发挥资金效益，如果过多地滞留在流动资产形态上，也会影响项目的效益。

（6）速动比率。速动比率是速动资产与流动负债之比，反映法人在短时间内偿还流动负债的能力，应按下式计算：

$$速动比率 = 速动资产 / 流动负债 × 100\%$$

式中：速动资产 = 流动资产 − 存货

项目生产经营期内各年的速动比率可通过资产负债表求得。速动比率是流动比率的补充，用于衡量项目可以立即用于清偿流动负债的能力，表明项目每百元流动负债有多少速动资产作为支付的保障。

上述反映项目偿债能力的分析指标，在分析项目偿债能力时，可以根据项目具体情况选用；并结合行业特点和农业项目实际情况选用判断项目偿债能力的参数。

4. 项目财务生存能力评估。

（1）财务生存能力的概念。在项目（企业）运营期间，确保从各项经济活动中得到足够的净现金流量是项目能够持续生存的条件。财务分析中应根据财务计划现金流量表，综合考虑项目计算期内各年的投资活动、融资活动和经营活动所产生的各项现金流入和流出，计算净现金流量和累计盈余资金，分析项目是否有足够的净现金流量维持正常运营，以实现项目的可持续性。为此，财务生存能力分析也可称为资金平衡分析。

财务生存能力分析应结合偿债能力分析进行，如果拟安排的还款期过短，致使还本付息负担过重，导致为维持资金平衡必须筹借的短期借款过多，可以调整还款期，减轻各年还款负担。通常因运营期前期的还本付息负担较重，故应特别注重运营期前期的财务生存能力分析。对于农业项目特别是政府主导的公益性项目，财务生存能力的分析尤其重要，贷款期限的确定应适当，不宜人为确定期限过短，导致还款压力过大增加新的风险。

（2）财务生存能力分析内容。

通过以下相辅相成的两个方面来具体分析判断项目的财务生存能力：

①分析计算净现金流量。拥有足够的经营净现金流量是财务可持续的基本条件，特别是在运营初期。一个项目只有较大的经营净现金流量，说明项目方案比较合理，实现自身资金平衡的可能性大，不会过分依赖短期融资来维持运营；反之，一个项目不能产生足够的经营净现金流量，或经营净现金流量为负值，说明维持项目正常运行会遇到财务上的困难，项目方案缺乏合理性，实现自身资金平衡的可能性小，有可能要靠短期融资来维持运营；或者是非经营性项目本身无能力实现自身资金平衡，提示要靠政府补贴。

②分析计算累计盈余资金。各年累计盈余资金不出现负值是财务生存的必要条件，在整个运营期间，允许个别年份的净现金流量出现负值，但不能允许任一年份的累计盈余资金出现负值。一旦出现负值时应适时进行短期融资，该短期融资应体现在财务计划现金流量表中，同时短期融资的利息也应纳入成本费用和其后的计算。较大的或较频繁的短期融资，有可能导致以后的累计盈余资金无法实现正值，致使项目难以持续运营。

8 农业项目贷款宏观国民经济评估

宏观经济评估是项目经济评估的重要内容，是从国家或区域的整体利益评价项目的经济可行性。从经济学角度来看，任何资源都是有价值的、稀缺的和有限的，应最大限度地利用各种资源为国民经济的发展服务。对于一个贷款项目而言，除了从项目业主的角度进行项目的财务评估外，还应从整个国民经济的角度去评价项目对整个国家或区域所作出的贡献以及消耗的国民经济资源。

8.1 项目贷款宏观国民经济评估概述

项目贷款宏观国民经济评估的目的就是把国家或地区有限的资源用于最有利于满足人们利益需求的项目上去。对于企业而言，一个项目财务利润效益的高低是其决定项目取舍的重要依据，而对于国家或地方政府而言，决定项目取舍的重要依据则是项目的社会效益和经济效益。实现企业利润最大化与国家和社会经济利益最大化的协调统一。

8.1.1 国民经济评估的概念

1. 国民经济评估的概念和目的。

国民经济评估又称费用效益分析，于 20 世纪 30 年代开始在西方国家的公共项目评估中得以运用。它是指从国民经济的整体角度出发，按照资源合理配置的原则，采用费用与效益分析的方法，运用影子价格、影子工资、影子汇率和社会折现率等经济参数，考察项目所耗费社会资源和对社会的贡献，计算项目对国民经济和社会的净贡献，衡量项目在经济上的合理性和在宏观经济上可行性的评估工作。国民经济评估是项目评估的主要内容，其结论是项目投资决策的重要依据之一。

项目中投入物或产出物的国内市场价格往往不能完全反映其真实经济价值。如果对项目不进行国民经济评价，而只根据财务评价作出抉择，有可能把某些在财务上没有吸引力，而对国民经济具有积极作用的项目排除在规划之外；把某些在财务上可能效果好，而不能合理有效利用资源的项目纳入计划。因此，项目国民经济评估的目的就是把国家有限的各种资源（包括资金、外汇、劳动力、自然资源、技术资源等）投入国家和社会最需要的项目中，并使这些可用于投资的社会有限资源能够合理配置和有效利用，以提高投资项目的整体经济效益，保证项目在宏观经济社会方面的科学性及准确性。

2. 国民经济评价的作用。

（1）有利于在宏观经济层次上合理配置国家有限资源。在一定意义上来看，国家的资源包括资金、外汇、土地、劳动力以及其他自然资源和社会资源总是有限的，需要人们在各种对资源的相互竞争用途中作出必要的选择。选择的确定就需要借助于项目国民经济评估实现，需要从国家经济整体利益角度考虑项目的投资和建设，考虑项目投入产出的可行性，实现国民经济系统目标的最优化。

（2）有利于客观反映项目对国民经济的贡献。由于受进出口、资本、市场、行业等政策的影响，在发展中国家许多商品的市场价格并不能真实反映其价值和市场供求，根据市场价格计算的项目投入产出，虽然能够直接反映项目的收益和成本，但不能真实反映项目对整体国民经济的贡献效益与费用支出。因此，有必要使用能够反映产品真实价值的影子价格等方法，计算项目的经济效益和经济费用，得出项目对国民经济影响的结论。

（3）有利于促进项目投资决策的科学化。项目国民经济评估可以实现鼓励或抑制某些项目的开发和行业的发展，引导项目的投资方向。同时，国民经济评估还有利于控制项目的投资规模，调节社会总投资的规模，减少或避免部分项目和行业的地过度竞争，平衡项目和行业投资结构，减少资源的无端浪费和投资的过度与不足。

3. 国民经济评估的基本目标。

由于国民经济评估的目的是为了更有效地合理分配和利用国家资源，最大限度地促进国民经济的增长和人民物质文化生活水平的提高，因此国民经济评估的基本目标应包括宏观经济效果和社会效果两方面：

（1）项目宏观经济效果的主要目标是国民经济增长目标，即使项目投资所增加的国民收入净增值和社会净效益最大。国民经济增长目标可从国民收入增长、节汇创汇和风险承担能力三项具体目标进行考察。主要指标有：年国民收入净增值、经济净效益和投资净效益率等静态指标；经济净现值、经济净现值率、经济内部收益率、经济外汇净现值、经济换汇成本和节汇成本等动态指标。

（2）考察项目社会效果的主要目标有四项。收入分配目标（指项目给国家提供的国民收入净增值如何在国家、地区、部门、企业和职工之间得到合理分配）；劳动就业目标（即项目建成后给社会提供了劳动就业机会的效果）；创汇节汇目标（对项目进行创汇能力、节汇效果、换汇成本、外汇偿还能力和产品的国际竞争能力等外汇效益评估）；环境保护目标（考察项目对环境保护的经济效果并进行评估）。

8.1.2　国民经济评估的对象

由于国民经济评估是一项较复杂的分析评估工作，根据目前我国的实际条件和可能，只是对某些在国民经济建设中有重大影响和作用的大中型重点建设项目及特殊行业和基础性、公益性等投资项目、投入产出市场竞争不充分或不具备市场交易的项目，以及主要产出物和投入物的市场价格不能反映其真实价值、市场无法依据价格有效配置资源、财务分析评估结论会偏离或不能反映项目的目标并导致决策失误的项目，才进行国民经济评估。具体规定了下列类型的建设项目：

1. 涉及国家参与投资的国民经济若干部门的重大工业项目和重大技术改造项目，如铁路、公路等运输项目，较大的水利、水电项目等；

2. 主要由国家投资的严重影响国计民生的重大建设项目，如国防建设、重大科技开发项目等；

3. 国家控制的战略性资源开发项目、有关稀缺资源开发和利用项目；

4. 动用社会资源和自然资源较大的技术引进和中外合资经营项目；

5. 涉及产品或原材料进出口或替代进口的项目以及产品和原材料价格明显失真的项目；

6. 不具有盈利性和竞争性的项目，如国土安全、维持社会秩序、公共基础设施、保护和改善生态环境及公共教育和公共卫生项目等；

7. 具有垄断或自然垄断属性的项目，如重大战略性资源开发、邮电通讯、城市公用设施项目等；

8. 规模较大、其投入或产出足以影响市场均衡价格或对环境影响较大的竞争性和盈利性项目。

由于农业项目具有投资金额大、回收期长、抗风险能力弱、外部性强、社会效益明显等特点，因此有必要对其进行国民经济评估。

8.1.3 国民经济评估与财务评估的区别和关系

1. 两种评估的共同点。

项目的财务评估和国民经济评估是相互联系和制约的。二者都属于经济评估范畴，都使用基本的经济评估理论和方法：

（1）评价目的相同。两者都是从费用和效益角度进行分析，都是寻求以最小的投入获得最大的产出。

（2）评价基础相同。两者都是在完成产品需求预测、厂址选择、工艺技术路线和工程技术方案论证、设备造型、投资估算和资金筹措方案设计等基础上进行的。

（3）基本分析方法和主要指标的计算方法类同。都采用现金流量分析方法，通过基本报表计算净现值、内部收益率等盈利性分析指标，评估项目投资的利弊，从而作出可行与否的决策。

2. 两种评估的区别。

两者根本区别在于：国民经济评估追踪项目投入和产出所引起的社会资源变动，而财务分析追踪货币流动的情况。

（1）评估的角度不同。财务评估是从项目财务角度考察项目的盈利状况及借款偿还能力；国民经济评估是从国家整体的角度考察项目对国民经济的贡献及需要国民经济付出的代价。

（2）评估的目标不同。财务评估以企业的净利润为目标；国民经济评估的目标是对社会福利和国家基本发展目标的贡献及资源有效利用和合理分配程度。

（3）费用与效益的含义和范围划分不同。财务评估是根据企业直接发生的财务收支来计算项目的费用和收益，不忽视转移支付因素；国民经济评估着眼于项目所消耗的有用资源和提供的有用产品（包括服务）来考察项目的费用和效益，原材料、辅助材料及产品中所含税、费、利息、补贴是一种转移支付，不能列入成本或收入。财务评估只考虑项目的直接效益和费用，而国民经济评估除了计算直接效益和费用外，还要考虑项目的间接效益和费用。

（4）计算的价格和参数不同。财务效益评估采用国内现行市场价格，将行业基准收益率或国家长期贷款利率作为折现率，采用国家规定的官方汇率；国民经济效益评估采用近似社会价值的经济合理价格（影子价格）、社会折现率或国家基准收益率作为折现率，并且使用国家调整汇率（影子汇率）。

（5）评估的内容和方法不同。财务评估的内容和方法比较简单，涉及面较窄，采用企业成本效益分析方法。国民经济评估的内容较多，方法较复杂，涉及的范围较广，需采用费用效益分析、成本效益分析和多目标综合分析等方法。

（6）评价结论的效力不同。由于财务评估以企业利益为出发点，而国民经济评估则以国家利益为出发点，因而在评估中国民经济评估的结论对项目的最终决策具有更大的作用。财务评估结论与经济评估结论有以下几种情况：

①财务评估与国民经济评估结论都表明项目可行，项目应予以通过；

②财务评估与国民经济评估结论都表明项目不可行，项目应予以否定；

③财务评估表明可行，而国民经济评估结论表明项目不可行，项目一般应予以否定。当然，也可以通过修改总体建设方案，使项目从国民经济角度考察也可行；

④财务评估结论表明项目不可行，国民经济评估结论表明是个好项目，则项目一般应予以推荐。但是，一个财务上没有生命力的项目是难以生存的。因此，必要时可重新考虑方案，进行"再设计"，使其具有财务生存能力。对于某些国计民生急需、国民经济效益好而财务效益欠佳的项目，可建议采取某些优惠措施，如通过改变项目的税率或利率以及实行政策性补贴等措施，使其也能具有财务生存能力。

8.1.4 国民经济评估的内容和程序

农业项目贷款国民经济评估主要包括以下几个步骤：

1. 对投资项目的经济效益和经济费用进行识别和划分、鉴定与分析，主要包括直接和间接、内部与外部效果，重点应注意对转移支付与外部效果的鉴别分析，考察项目对经济发展和资源合理利用的影响。

2. 合理选取和测算项目投入物与产出物的影子价格和经济评估参数，计算项目经济效益和经济费用等数值。

3. 编制项目国民经济评估报表，并进行评估指标的计算，主要包括项目国民经济盈利能力分析，以及对难以用货币价值量化的外部效果进行分析和评估。

4. 对项目进行国民经济的不确定性与风险分析评估，判断项目投资在国民经济效益上的可靠性和抗风险能力。

5. 对项目技术方案和建设方案进行国民经济效益比较和优选的评估，以提高项目投资的经济效益和投资决策的合理有效性。

6. 综合分析评估，提出项目经济评估结论与建议。按照国家有关经济政策，对项目涉及的各项经济因素进行综合分析和总评估，作出经济评估结论，并对评估中发现的问题和不同看法提出建议和说明。

8.1.5 国民经济评估对项目决策的影响

1. 对于一般竞争性投资项目，如果通过财务评估就能够满足投资决策的需要，则可将财务评估结论作为项目决策的依据，可不进行国民经济评估。

2. 对于关系到国家安全、国土开发的项目和市场不能有效配置资源的经济和社会发展项目，则应以国民经济评估结论作为主要依据，同时也应满足项目财务基本生存能力要求。

3. 对于特别重大的投资项目，应以财务评估和国民经济评估的结论作为项目决策依据，同时还应考虑区域和宏观经济影响与社会评估的结论。

8.2 项目费用和效益的分析

8.2.1 项目国民经济效益和费用的识别与划分

1. 项目经济效益和费用的识别。

项目国民经济评估就是要全面分析项目投资及生产运营活动实际耗用的社会资源价值，以及项目为社会福利的实际增加所作出的贡献。考察项目的国民经济效益和费用，应着眼于项目投入和产出所产生的社会资源的变动。凡是减少社会资源的项目投入，即为项目的国民经济费用；凡是增加社会资源的项目产出，即为项目的国民经济效益。识别项目经济效益和费用的基本方法就是在"有项目"和"无项目"条件下，投入和产出的可用量之间的差额，即可采用社会费用效益分析和成本效用分析方法进行识别和评估。

2. 项目经济费用和效益的划分。

项目国民经济评估中经济费用和经济效益均有直接和间接之分，在计算时应注意费用和效益计算范围的一致性与可比性。

（1）直接效益和直接费用。

①直接效益是指项目直接增加销售量和劳务量所获得的收益，或为社会节约的开支、减少的损失和节省的资源。其计算范围一般可表现为：增加产出物数量满足国内需求的效益；增加出口（或减少进口）所增收（或节支）的国家外汇；替代其他相同或类似企业的产出物，使被替代企业减产而减少国家有用资源耗费（或损失）的效益。

②直接费用是指项目使用投入物所产生的经济费用，即为项目投入的各种物料、人工、资金、技术及自然资源而带来的社会资源的消耗。这些费用不仅包括项目一次性投资、经常性投入和其他直接投资的所有货币支出，而且还包括项目的经济损失（不管是否能得到补偿），项目发生的负效益也统一划为经济费用。直接经济费用的计算范围一般表现为：其他部门为供应本项目投入物而扩大生产规模所耗用的资源费用；增加进口（或减少出口）所耗用（或减收）的外汇；减少其他项目投入物的供应而放弃的效益等。项目的直接经济费用应按投入物的机会成本计算。

项目的直接效益和直接费用都是在项目范围内计算的效益和费用，统称为项目内部效果。

（2）间接效益和间接费用。

①间接效益是指项目对社会作出的贡献而项目本身并未得益的那部分效益。这种效益是由项目投入产出关系而产生的，对整个国民经济其他部门（行业）或其他项目有影响，但是在项目直接经济效益中没有得到反映的经济效益。

②间接费用是指国民经济为项目付出的代价，而项目本身并不实际支付的费用。它是由项目引起而在项目的直接费用中未得到反映的外部费用。

项目的间接效益和间接费用在项目内的直接效益和直接费用中均得不

到反映，故统称为外部效果。

8.2.2 外部效果的计算和评估

1. 外部效果的分类。

外部效果是指项目在生产和消费中所产生的项目以外的积极和消极的影响。它不在项目本身的直接收入和支出中反映出来，但可对社会造成极大影响。外部效果的受益者不付出任何代价，外部效果的受损者也得不到任何补偿。在项目经济评估时，不宜把外部效果范围扩大，只需计算与其有直接影响的外部效果。由于外部效果的范围很广泛，关系较为复杂，一般可作如下分类：

（1）技术性和货币性外部效果。

技术性外部效果是指项目涉及对其他商品或劳务的、能使社会总生产和总消费发生变化的影响，就是那些能够真正引起项目之外的生产和消费发生变化的效益和费用。

货币性外部效果是指由项目引起的某些商品和劳务的相对价格变化的收入效应，并使第三者的效益发生变化。它只是表现为消费者和生产者之间的一种转移支付，而不会影响社会总生产和总消费的变化。

（2）有形与无形外部效果。

有形外部效果是指能够以货币计量的并具有物质形态的间接效益和间接费用，如大型水利工程中的养殖业、农田灌溉的粮食增产等效益和为新建项目服务的配套项目投入等。

无形外部效果是指难以用货币和实物定量的、缺乏物质形态的无形效果和影响，如技术扩散效益、城市犯罪率、环境的舒适程度，以及对国家荣誉、民族团结、国防安全、社会安定和公益活动等的影响。

外部效果除了经济效益外，还可体现为社会效益、环保效益、政治效益、资源利用效益和军事效益等。但地区间、部门间、项目间和个人间的效益转移，从国家角度来说可以不计。

2. 外部效果的评估。

外部效果评估是国民经济评估的重要内容。在对项目进行国民经济评估时，应复核项目的外部效果，关键是适当划分效果计算范围。应重点注意对下列内容的评估：

（1）项目外部效果的计算范围是否合理，有无重复计算和漏算现象，外部效果的计量是否正确，要防止只计算效益而不计算费用。

（2）项目外部效益与费用的经济价值，应根据项目的具体情况，尽可能地选择适当方法进行货币量化，并将计算结果计入项目的总效益和总费用中。

（3）如果项目的外部影响不易货币量化，则可采用意愿调查评估法，通过对支付意愿或受偿意愿的调查评估，推断出项目有关外部影响的经济价值。对项目的外部影响实在不能量化的，则应作定性描述。

（4）项目外部效果的计算范围应考虑环境与生态影响效果、技术扩散效果和产业关联效果。为防止计算扩大化，外部效果一般只计算一次相关效果，不应作连续计算。

（5）项目外部效果计算应尽可能做到计算范围和方法的规范性、统一性和可比性。

3. 项目外部效果计算的重要内容。

（1）环境影响的外部效果，应尽可能地对环境成本和效益进行货币量化，并在可行情况下赋予其经济价值。环境影响的费用和效益，应根据项目的时间范围和空间范围、具体特点、评估深度要求及资料占有情况，采用适当的方法进行量化。

（2）效益表现为费用节约的项目，应根据有无对比分析，计算节约的经济费用，计入相应的经济效益。

（3）效益表现为时间节约的项目，其经济价值应采用"有无对比"分析法，根据不同人群、货物、出行目的对时间的敏感程度分析受益者为了得到这种节约所愿意支付的价格，测算其时间节约价值。

8.2.3 转移支付

在项目的投资建设和生产经营过程中，某些财务收支的发生并不伴随社会资源的实际增加和耗费，只是表现为资源的支配权从某个经济实体转移到另一个经济实体手中，不会引起国民收入的变化，这种收支款项就称为转移支付。对转移支付在经济评估中不记作项目的国民经济效益与费用。转移支付的主要内容包括：国家和地方政府的税收；国内银行借款利息；国家和地方政府给予项目的补贴。

如果以项目的财务评估为基础进行国民经济评估时，应从财务效益与费用中剔除在国民经济评估中记作转移支付的部分。

8.2.4　项目经济费用和效益的调整评估

项目国民经济评估中的经济费用和效益，可以在财务评估的财务收入和支出的基础上进行调整，也可用影子价格等国家参数直接估算。一般情况下，只将价格扭曲较大的主要投入物和产出物的财务价格调整为影子价格，据以计算项目的经济费用和效益。对这些经济费用和效益进行评估时，重点分析评估经济费用和效益的调整是否符合国家规定的调整原则，调整的内容是否准确，应包括固定资产投资、流动资金、经营成本和销售收入的调整计算。

经济费用和效益调整的原则：一是调整不属于经济效益和费用的内容，应剔除国民经济内部转移支付；二是计算和分析项目的间接费用和效益（即外部效果）；三是按照投资物和产出物的影子价格与国家经济参数（如影子汇率、影子工资率、社会折现率等），对有关经济数据进行调整。

1. 固定资产投资的调整。

应按财务评估的固定资产投资构成逐项调整：

（1）从财务评估的投资中剔除设备和材料的进口关税和增值税（非应税项目）、土地使用税、投资方向调节税、建设期国内借款利息和涨价预备费等转移支付。

（2）用影子汇率、影子价格和运输费与贸易费用，调整国内外设备的购置费及安装费和其他费用。如调整引进设备价值，需要调整汇率和国内运输费与贸易费用；而调整国内设备则需采用设备影子价格计算设备本身价值和影子运费与贸易费用。

（3）建筑费用的调整，一种是采用影子价格与实际财务价格调整与计算三材（钢材、木材和水泥）和人工费用，还有其他用量大的大宗材料和建筑用电等费用；另一种是可直接运用国家统一颁发的建筑工程影子价格换算系数，调整建筑工程费用。

（4）安装费用的调整，可按照主要安装材料（如钢材）的影子价格进行调整；如使用引进的安装材料，还要采用影子汇率调整。

（5）土地费用的调整，则按项目占用土地的机会成本重新计算土地的影子费用，应能反映土地的市场基准地价或土地的机会成本和社会新增资源消耗之和。评估时要分析土地的基准地价或机会成本的计算是否准确，是否反映当地土地资源的稀缺程度。

（6）其他费用调整，其他国外费用则采用影子汇率进行调整，剔除涨价预备费。

综合上述调整原则，在完成各项调整数值后，将调整后的各项数值列入经济分析投资费用调整（估算）表。

2. 流动资金的调整。

按流动资金构成或经营成本逐项调整由于流动资金估算基础的变动引起的流动资金占用量的变动：

（1）首先剔除作为转移支付的非定额流动资金（如货币资金、结算资金）部分，因为它们未造成国家资源的实际消耗或增加。

（2）按影子价格进行详细的分项调整。

（3）也可按调价后的销售收入、经营成本或固定资产价值乘以相应的资金率进行粗略估算调整。这时须注意剔除非定额流动资金部分。将调整后的流动资金各项数值列入国民经济评价流动资金调整计算表和经济分析投资费用调整（估算）表。

3. 经营费用的调整。

按财务评估的经营成本进行分解，分别调整可变成本与固定成本，可以先用货物的影子价格、影子工资等参数调整费用要素，然后再加总求得经营费用。

（1）可变成本部分按原材料、燃料、动力的影子价格重新计算各项费用。

（2）固定成本部分应剔除折旧费和流动资金利息，并计算固定资产和流动资金的资金回收费用来代替。

（3）对维修费和工资进行调整，而其他费用不予调整；维修费可按调整后的固定资产原值（扣除国内借款的建设期利息和投资方向调节税）和维修费率重新计算。

（4）工资则按工资换算系数计算出影子工资。

（5）其他需要调整部分，根据项目实际情况，仅对价格扭曲较大的因素进行合理调整。将调整后的各项费用编列经济分析经营费用调整（估算）表。

4. 销售收入的调整。

先确定项目产出物的影子价格，重新计算销售收入：

（1）根据项目规定的生产规模（产量）采用影子价格计算产出品的销售收入。

（2）产出品的影子价格确定，应根据项目产品的货物类型，按规定的不同定价原则进行测算。

（3）产品品种较多时，可用影子价格重新计算销售收入，列入国民经济评估项目销售收入（直接效益）调整（计算）表。

评估时主要分析产品外贸货物或非外贸货物的划分是否正确，选用的产品影子价格是否恰当，是否结合具体情况严格按照相关方法与参数等有关国家规定合理定价。

5. 固定资产余值和流动资金回收额调整。

该项应按照调整后的固定资产原值和流动资金进行计算。在涉及外汇借款时，应用影子汇率计算外汇借款本金与利息的偿付额。

6. 对外部效果也应编制项目间接费用估算表和项目间接效益估算表。

8.3 国民经济评估参数和影子价格的测算与评估

8.3.1 国民经济评估参数的作用和使用目的

在项目经济评估中，国民经济评估参数是计算和分析评估项目投入费用和产出效益、判断项目宏观经济合理性所使用的基础数据和判别标准。国家参数的选取与测定直接关系到项目经济分析评估的质量与结论。正确理解和使用评估参数，对正确理解效益、费用和评估指标，以及比较优选方案具有重要作用。它也是衔接微观投资项目选择与宏观经济目标的纽带，促使项目选择符合国家社会经济发展目标和宏观经济意图。使用国民经济评估参数的目的，是为了保证各项投资项目评估标准的统一性和评估结论的可比性。为此，要求经济评估参数的取值合理，符合客观实际情况。

8.3.2 国民经济评估参数的分类

1. 从参数制定颁布的层次结构来看，可分为国家级通用参数和项目级一般参数。

（1）国家级通用参数包括：社会折现率、影子汇率、影子工资率，以及贸易货物和重要非贸易货物的影子价格与换算系数等。这些参数是由国家综合管理部门或有关专业机构组织测算、统一制定、定期修改、调整和发布的评估参数，供各类项目统一使用。各部门和行业也可根据本部门、本行业的需要与特点，在国家参数的基础上，制定出适合本部门或行业特点的经济评估参数，作为部门（行业）评估参数。

（2）项目级一般参数包括：项目主要投入物和产出物的影子价格、项目占用资源的机会成本等。这些参数是由项目评估人员根据项目经济评估的需要和国家通用参数要求，按照国家统一规定的原则和方法自行测定的项目专用参数。

2. 按照国家规定划分，项目国民经济分析评估参数可分为规定性参数、指导性参数和自主性参数三类。

（1）规定性参数主要包括：各类项目国民经济分析评估使用的社会折现率、影子汇率换算系数（口岸价综合转换系数）等。

（2）指导性参数主要包括：各类项目经济分析评估使用的影子工资等。

（3）自主性参数主要包括：部分货物（服务）的影子价格及土地影子价格等。

3. 从参数在项目经济评估中的主要功能，可分为判断参数和计算参数两类。前者是指社会折现率和行业基准收益率；后者是指货物影子价格、影子工资、影子汇率和换算系数等。

8.3.3　农业贷款项目的国民经济评估参数

农业贷款项目的国民经济评估参数主要有社会折现率、影子汇率换算系数、影子工资换算系数、农用土地影子费用、贸易费用率、部分货物（服务）影子价格及换算系数以及部分外贸货物口岸价格统计值及预测参考值等。

8.3.4　国民经济评估参数的计算

1. 社会折现率。社会折现率是从国家的角度对资金机会成本和资金时间价值的估量，是项目国民经济评估的重要通用参数，在项目国民经济评估中作为经济净现值的折现率，并作为衡量项目财务内部收益率的基准值，是项目经济可行性和方案比选中的主要判断依据。采用适当的社会折现率进行农业建设项目国民经济评估，有助于合理使用有限的农业项目建设资金，正确引导投资方向，调控投资规模，促进资金在短期与长期项目之间的合理配置。根据我国在一定时期内的投资收益水平、资金机会成本、资金供求状况、合理的投资规模以及项目的国民经济评估的实际情况，社会折现率在10%~12%取值。农业类投资项目是整个社会投资项目的有机组成部分，因此同样要采取统一的社会折现率进行计算，在项目评估实践中建议按照国家统一的规定取值。

2. 影子汇率换算系数。影子汇率换算系数是影子汇率与国家外汇牌价的比值系数。影子汇率即外汇的影子价格，是项目国民经济评估的重要参数，它体现从国家角度对外汇价值的估量，在项目国民经济评估中用于外汇与人民币之间的换算，同时，它又是经济换汇或节汇成本的判断依据。影子汇率取值的高低，直接影响项目（或方案）比选中的进出口抉择，影响对产品进口替代型项目和产品出口型项目的决策。在项目评价中，用国家外汇牌价乘以影子汇率换算系数得到影子汇率。根据我国现阶段的外汇供求情况、进出口结构、换汇成本，影子汇率换算系数取为1.08。

3. 影子工资换算系数。影子工资换算系数是影子工资与财务评估中的职工个人实得货币工资加提取的福利基金之比。影子工资体现国家和社会为建设项目使用劳动力而付出的代价，由劳动力的边际产出和劳动力就业或转移而引起的社会资源耗费两部分构成，在国民经济评估中影子工资作为费用计入经营费用。根据我国劳动力的状况、结构以及就业水平，一般建设项目的影子工资换算系数为1，在建设期内使用大量民工的农业投资项目，如水利、道路项目，其民工的影子换算系数为0.5。项目评估中可根据项目所在地区劳动力的充裕程度以及所用劳动力的技术熟练程度适当提高或降低影子工资换算系数。对于就业压力大的地区占用大量非熟练劳动力的项目，影子工资换算系数可以小于1；对于占用大量短缺的专业技术人员的项目，影子工资换算系数可以大于1。

4. 土地影子费用。土地是项目的特殊投入物，在国民经济评估中，土地影子费用包括拟建项目占用土地而使国民经济为此而放弃的效益，即土地机会成本，以及国民经济为项目占用土地而新增加的资源消耗（如拆迁费用、剩余劳动力安置费用等）。土地机会成本按照拟建项目占用土地而使国民经济为此而放弃该土地"最好可行替代用途"的净效益预算。在计算时，项目评估人员应根据项目占用土地的种类，以及项目计划期内技术、环境、政策、适宜性等多方面的约束条件，选择该土地最可行的2~3种替代用途和现行途径进行比较，以其中效益最大者为计算基础。新增资源消耗费用应换算成按影子价格计算的费用。

5. 贸易费用率。项目国民经济评估中的贸易费用是指物资系统、外贸公司和各级商业批发站等部门花费在货物流通过程中以影子价格计算的费用（长途运输费用除外），贸易费用率是反映这部分费用相对于货物影子价格的一个综合比率，用于计算贸易费用。我国加入 WTO 以后，与国际市场的联系越来越密切，而我国的农产品在进入国际市场时将面临前所未有的机遇与挑战，农业项目的建设必须考虑相关的农业贸易费用率。根据资料，一般贸易费用率取值为 6%，对于少数价格高、体积与重量较少的货物，可适当降低贸易费用率。根据农业生产和农业贸易自身价格相对较低、体积较大的特点，应适当提高贸易费用率，可在 6%～8% 取值。

8.3.5 影子价格的概念与计算评估

1. 影子价格的概念。

影子价格从理论上讲是"资源对社会目标的边际贡献"，就是"在最优计划条件下单位资源所产生的效益增量"，它是合理利用社会有限资源的价格尺度。影子价格是为实现一定的社会发展目标而人为确定的，比交换价格更能合理利用资源的效率价格，能更好地反映出产品的社会价格和资源的稀缺程度，是国家从自身经济利益出发，对项目需求所提出的资源、劳动力、外汇价格要求。它是一种经济活动中的外生变量，是对项目需求施以影响的一种财政、金融政策性工具和手段，它应与国民经济的增长相适应，国民经济评估中用影子价格代替市场价格来计算经济效益和经济费用，能够使稀缺的国家资源产生最大的经济效益，起到资源优化配置的作用。

货物的影子价格应当根据项目的具体条件（时间、地点、经济形势等），由项目评估人员在评估时测定。为了减少工作量，避免重复劳动，国家根据一定时期内全国市场供求状况和变化趋势并参考国际市场价格对部分货物（包括建筑工程的房屋建筑和矿山井巷工程、工业厂房、办公用房、仓库等，交通运输的铁路货运、公路货运、沿海货运等，动力原煤、电力以及部分常用货物等，具体数据略）的影子价格及换算系数按照不同的地区、不同的经济条件和行业进行了统一测定，在具体的项目评估中可以结合项目的具体条件使用，但也不能简单套用。对于农业项目的产出物（外贸部分）的影子价格，目前还缺少具体的规定，且由于农业贷款项目相对复杂，关联的范围较广，建议参照相对应的货物内容指定影子价格及换算系数。

2. 影子价格的计算步骤。

以国际市场价格为基础，将项目的投入物和产出物的财务价格调整为影子价格的步骤如下：

（1）将项目投入物和产出物进行分类。

在项目经济评估时，项目投入物和产出物可分为外贸货物、非外贸货物和特殊投入物三大类：外贸货物是指其生产或使用将直接或间接影响国家进出口的货物；非外贸货物是指其生产或使用将不影响国家进出口的货物；特殊投入物包括劳动力、土地和自然资源。

（2）确定影子价格的计算范围。

项目产出物影子价格的计算范围是：对于能直接增加出口替代进口的外贸货物，可按边际外汇效益计算；为满足国内消费而需要增加和扩大生产规模的非外贸货物，应按边际效益计算；替代国内其他企业生产的非外贸货物，可采用增量效益或被替代企业的边际费用计算。

项目投入物影子价格的计算范围是：对于直接增加进口或减少出口的外贸货物，按边际外汇费用计算；为项目投入需要而扩大、增加国内生产供应量的非外贸货物，应按边际费用计算；在不增加生产规模前提下，为满足项目投入而需挤占原用户的供应量（或减少他人需要量）的非外贸货物，应按原用户的边际效益或对原市场价格调整为影子价格。

（3）对于外贸货物可按边境（口岸）价格调整为进出口平衡价，用汇率折算为国内价格。

（4）对于非外贸货物可运用成本分解法或转换系数法，把财务价格换算为影子价格；也可采用支付意愿和机会成本进行调整。

（5）对于特殊投入物（如土地、劳动力和自然资源等）应按其机会成本进行调整。

3. 影子价格的测算。

（1）外贸货物影子价格的测算。

当投入物和产出物是外贸货物时，可按边境口岸价格为基础，乘以影子汇率加上（或减去）国内运费和进出口发生的物流环节的贸易（经济）费用计算。

①对于项目产出物按出厂价格计算影子价格：

直接出口（外销产品）的影子价格＝离岸价×影子汇率－国内运费和贸易费用

替代进口（内销产品、减少出口）的影子价格＝到岸价×影子汇率＋港口到用户的国内运费和贸易费用－项目到用户的国内运费和贸易费用

②对于项目投入物按到厂价格计算影子价格：

直接进口的（国外产品）影子价格＝到岸价×影子汇率＋国内运费和贸易费用

减少出口的（国内产品）影子价格＝离岸价×影子汇率－供应厂到港口的国内运费和贸易费用＋供应厂到项目的国内运费和贸易费用

如果进口外贸货物应征收增值税或消费税，则项目直接进口的投入物品影子价格＝到岸价×影子汇率（1＋增值税税率＋进口商品消费税税率）＋国内运费和贸易费用

③贸易费用的计算。

贸易费用是指外贸机构为进出口货物所耗用的、用影子价格计算的流通费用，包括货物的储运、再包装、短途运输、装卸、保险、检验等环节的费用支出，以及资金占用的机会成本，但不包括长途运输费用。贸易费用一般用货物的口岸价乘以贸易费率计算。贸易费率由项目评估人员根据项目所在地区流通领域的特点和项目的实际情况测定，目前可取值为6%。

（2）非外贸货物影子价格的确定。

对非外贸货物影子价格的确定，应根据市场情况和项目使用或生产商品与投入资源对市场产生的影响，以及政府对非外贸货物实行调控价格的情况，分别采用不同方法定价。

①对于市场定价的非外贸货物，其影子价格可按国内市场价格加上或减去国内运杂费的方法确定。投入物影子价格为到厂价，产出物影子价格为出厂价。

②如果项目的投入物或产出物的生产规模足够大，它们的实施将影响到市场价格的波动，而导致"有项目"和"无项目"两种情况下市场价格的不一致，则在项目经济评估时的影子价格可取其二者的平均值。

③在按支付意愿确定效益和费用时，应包括支付价格内的流转税，如按机会成本确定效益和费用时，投入和产出需剔除包含在价格内的流转税。

④对于某些非外贸货物或服务，不完全由市场机制形成价格，而是由政府调控价格，如由政府发布的指导价、最高限价和最低限价等。这些价格不能完全反映其真实价值。因此，在国民经济评估时，可采用成本分解法和转换系数法来确定其影子价格。确定影子价格的原则是：投入物按机会成本分解定价，产出物按消费者支付意愿定价。

⑤成本分解法是对项目主要投入物和产出物中的非外贸货物按其边际生产成本（可变成本或全部成本）的成本构成要素进行分解定价：

• 电价作为项目投入物的影子价格，一般按完全成本分散定价，电力过剩时按可变成本分解定价。电价作为项目产出物的影子价格，可按电力对当地经济边际贡献率定价。

• 铁路运价作为项目投入物的影子价格，一般按完全成本分解定价，对运输能力富裕的地区，按可变成本分解定价。

• 水价作为项目投入物的影子价格，按后备水源的边际成本分解定价，或者按恢复水功能的成本计算。水价作为项目产出物的影子价格，按消费者支付意愿或者按消费者承受能力加政府补贴计算。

⑥换算系数法是对项目比较次要的投入物和产出物中的非外贸货物，通常可采用国家综合部门或有关机构统一测定的非外贸货物的影子价格换算系数，将其财务价格按下列公式换算为影子价格：

$$影子价格换算系数 = 影子价格 \div 财务价格$$

$$影子价格 = 财务价格 \times 影子价格换算系数$$

目前国家统一测定和发布的非贸易货物转换系数有：

• 建筑工程影子价格换算系数：房屋建筑工程系数为 1.1；矿山井巷工程系数为 1.2。

• 交通运输影子价格换算系数：铁路货运影子价格换算系数为 1.84；公路为 1.26；沿海为 1.73；内河为 2.00。

• 影子汇率换算系数为 1.10。

• 影子工资换算系数：熟练劳动力为 1.00；非熟练劳动力为 0.25～0.8。

（3）特殊投入物的影子价格。

项目的特殊投入物是指项目在建设、生产运营中使用的劳动力、土地和自然资源等。项目使用这些特殊投入物所发生的国民经济费用，应分别采用下列方法确定其影子价格：

①影子工资。

影子工资是反映国民经济为项目使用劳动力所付出的真实代价，由劳动力机会成本和劳动力转移而引起的新增资源耗费两部分构成。劳动力机会成本是指劳动力如果不就业于拟建项目而从事于其他生产经营活动所创造的最大效益。它与劳动力的技术熟练程度和供求状况（过剩或稀缺）有关，技术越熟练，稀缺程度越高，其机会成本越高；反之越低。新增资源耗费是指项目使用劳动力而造成劳动者就业迁移而增加的城市管理费用和城市交通等基础设施投资费用，以及搬迁费和培训费等。

总之，项目占用劳动力资源的经济价值，应按照机会成本原则，充分考虑项目所处的特定条件，分析计算项目占用劳动力的实际代价。

②土地影子价格。

应根据机会成本原则，按照项目计算期内土地用途的可能变化，合理测算其经济价值：

• 项目所占用的农业、林业、牧业、渔业及其他生产性用地，可按照土地未来对社会可提供的消费产品的支付意愿价格及用途改变而发生的新增资源消耗来测算土地经济价值。

• 项目所占用的住宅、休闲用地等非生产性用地，当市场完善时，可根据市场价格估算土地经济价值；如无市场交易价格或市场机制不完善时，应根据支付意愿价格估算土地经济价值。

总之，土地影子价格应根据项目土地所处地理位置、项目情况及取得方式的不同分别确定：

• 通过公开招标取得的国有土地出让使用权、通过市场交易取得的已出让国有土地使用权，土地影子价格应按财务价格计算。

• 非市场交易取得的土地使用权，应分析价格优惠或扭曲情况，参照公平市场交易价格，对价格进行调整。

• 经济开发区优惠出让使用的国有土地，影子价格应参照当地土地市场交易价格类比确定。

• 当难以用市场交易价格类比方法确定土地影子价格时，可采用收益现值法或以土地开发成本加开发投资应得收益确定。

• 采用收益现值法确定土地影子价格，应以社会折现率对土地的未来收益及费用进行折现。

③自然资源影子价格。

各种自然资源是一种特殊的投入物。项目使用的矿产资源、水资源、森林资源等都是对国家资源的占用和消耗，无论（不管）是否发生财务支出，都应测算其经济价值费用。矿产等不可再生自然资源的影子价格按资源的机会成本计算，水和森林等可再生自然资源的影子价格按资源再生费用计算。在有完善的交易市场时，可按市场交易价格测算其经济费用；如果无交易市场或市场发育不完善时，可按照项目投入替代物的经济费用估算其影子价格，也可按照自然资源其他用途的机会成本进行测算。

4. 影子价格的评估。

（1）评估时，应重点审核影子价格的估算方法和使用条件，是否符合《方法与参数》等国家有关规定，选取的数据是否符合项目的具体情况，是否根据市场发展的新情况，综合考虑测算货物或服务的影子价格。

（2）在选用外贸货物影子价格时，是否充分分析了国际市场供求变化趋势，并特别注意到由于倾销或暂时紧缺出现价格过低或过高的情况，口岸价是否考虑货物的来源和产品出口流向，并力求做到准确合理。

（3）对非贸易货物的影子价格的测算，是否根据市场情况，判断项目使用或生产对市场产生的影响，并分别采用了不同的计算方法。

（4）根据市场发展的新情况，是否综合考虑和测算了特殊投入物的影子价格。

（5）根据项目的实际情况，审核选用参数的使用条件及调整数据的依据及合理性，并要注意各种影子价格之间的协调，使用最新发布的数据。

8.4　国民经济评估报表和经济效益指标的评估

8.4.1　经济评估基本报表编制与评估

1. 经济评估基本报表的编制。

项目投资经济效益费用流量表，可按照经济费用效益识别的原则和方法直接进行编制，也可以在财务分析评估的基础上将财务现金流量表调整为反映资源真实变动状况的经济效益费用流量表。

（1）在财务分析评估基础上编制项目投资经济效益费用流量表。

以项目财务评估为基础编制项目投资经济效益费用流量表，应注意合理调整效益与费用的范围和内容，包括对投资、经营费用、销售收入和外汇价值的调整。具体步骤如下：

①剔除转移支付。将财务现金流量表中列支的销售税金及附加、增值税、国内借款利息作为转移支付剔除。

②计算间接（外部）效益与间接（外部）费用。根据项目的具体情况，确定可以量化的项目间接（外部）效益与间接（外部）费用，编制项目间接费用和间接效益估算表，分析确定哪些是项目重要的外部效果，需要采用什么办法估算，并保持效益费用的计算口径一致。

③调整建设投资。用影子价格、影子汇率逐项调整构成投资的各项费用，剔除涨价预备费、税金、国内借款建设期利息等转移支付项目。进口设备价格调整通常要剔除进口关税、增值税等转移支付；建筑工程费和安装工程费按材料费、劳动力的影子价格进行调整；土地费用按土地影子价格进行调整。

④调整流动资金。财务账目中的应收、应付款项及现金并没有实际耗用国民经济资源，在国民经济评估中应将其从流动资金中剔除。如果财务评估中的流动资金是采用扩大指标法估算的，国民经济评估仍应按扩大指标法，以调整后的销售收入、经营费用等乘以相应的流动资金指标系数进行估算；如果财务评估中的流动资金是采用分项详细估算法进行估算的，则应用影子价格重新分项估算。

根据建设投资和流动资金调整结果，编制经济分析投资费用调整（估算）表。

⑤调整经营费用。对主要原材料、燃料及动力费用用影子价格进行调整；对劳动工资及福利费，用影子工资进行调整。编制经济分析经营费用调整（估算）表。

⑥调整销售收入。用影子价格调整计算项目产出物的销售收入，编制项目销售收入直接效益调整（估算）表。

⑦调整外汇价值。国民经济评估各项销售收入和费用支出中的外汇部分，应用影子汇率进行调整，计算外汇价值。从国外引入的资金和向国外支付的投资收益、贷款本息，也应用影子汇率进行调整。

（2）直接编制项目投资经济效益费用流量表和国内投资经济效益费用流量表。

有些行业的项目可能需要直接进行国民经济评估，判断项目的经济合理性。可按以下步骤直接编制项目投资经济效益费用流量表：

①确定国民经济效益、费用的计算范围，包括直接效益与直接费用和间接效益与间接费用；

②测算各种主要投入物的影子价格和产出物的影子价格，并在此基础上对各项经济效益和费用进行估算；

③编制项目投资经济效益费用流量表。

2. 对经济评估基本报表的鉴定与评估。

（1）复核经济评估基本报表在表格设置、编制内容和数据计算方面是否符合规定要求，数据计算是否正确。

（2）如果项目发生外汇收支，或产出品货物为外贸货物，并由于该项目生产的产出物可减少进口的货物，并可经过外贸部门批准作为替代进口产品，则在项目的"经济外汇流量表"中计算产品替代进口的收入。

（3）经过详细认真复核后，就可形成全部投资或国内投资经济效益费用流量评估表，以及经济外汇流量评估表等基本评估报表，并对原评估报表的修改逐项具体说明变更原因。

8.4.2 经济效益指标的计算与评估

农业项目的特点是综合性强、涉及面广，项目建设期长、投资回收期长、投资大、效益低、风险大，但社会效益与生态效益一般比较好，资源利用率高，有利于国民经济持续稳定健康发展。因此在对农业项目进行国民经济评价时，除了要进行国民经济盈利能力分析外，还应对难以价值量化的外部效果作定性分析评估。

1. 国民经济盈利能力分析。

项目经济盈利能力的分析主要采用经济内部收益率、效益费用比和经济净现值等评估指标。根据项目特点和实际需要，在多方案经济效益比选时，还可采用经济现值率、差额投资内部收益率等指标对不同投资项目进行排序；在项目初选时，也可采用投资净收益率和投资净增值率等静态指标。

（1）经济内部收益率（EIRR）。

经济内部收益率是指项目在计算期内各年累计的经济净现值等于零时的折现率：

$$\sum_{t=1}^{n}(CI-CO)_t(1+EIRR)^{-t}=0$$

（2）经济净现值（ENPV）。

经济净现值是指项目在计算期内，按指定的折现率，各年净现金流量折现到基准年的现值之和：

$$ENPV = \sum_{t=1}^{n} (CI - CO)_t (1 + i_s)^{-t}$$

（3）经济净现值率（ENPVR）。

经济净现值率是指经济净现值与总投资现值之比：

$$ENPVR = \frac{ENPV}{I_p}$$

（4）投资净收益率（投资利税率）。

投资净收益率指项目达到正常生产规模年份的社会净收益（包括利润和税金等）与总投资之比。

2. 国民经济外汇效果分析。

（1）经济外汇净现值（ENPVF）。

指生产出口或替代进口产品的项目，在计算期内各年的净外汇流量按特定的折现率，折算到基准年的现值之和：

$$ENPV_F = \sum_{t=1}^{n} (FI - FO)_t (1 + i_s)^{-t}$$

（2）经济换汇成本与经济节汇成本。

经济换汇成本指项目在计算期内所耗费的用影子价格计算的国内资源价值的现值与生产出口产品经济外汇净现值之比。表示项目每换取 1 美元外汇所需投入的人民币金额。

$$经济换汇成本 = \frac{\sum_{t=1}^{n} DR_t (1 + i_s)^{-t}（人民币）}{\sum_{t=1}^{n} (FI - FO)_t (1 + i_s)^{-t}（美元）}$$

经济节汇成本指项目在计算期内所耗费的用影子价格计算的国内资源价值的现值与生产替代进口产品的经济外汇净现值之比。表示项目每节约 1 美元外汇所需的人民币金额。

$$经济节汇成本 = \frac{\sum_{t=1}^{n} DR'_t (1 + i_s)^{-t}（人民币）}{\sum_{t=1}^{n} (FI' - FO')_t (1 + i_s)^{-t}（美元）}$$

9 农业项目贷款不确定性分析和风险分析

由于受到环境、条件、天气、市场等客观因素变化的影响，以及在评估主体主观预测能力的制约，农业拟建项目将来发生的实际情况与项目评估中评价者和决策者所做的假设和预测结果在绝大多数情况下是不一致的，这就是项目未来情况的不确定性。在进行农业项目贷款评估时，对不确定性因素（如市场、价格、投资费用、项目寿命周期、自然灾害、疫病等）进行研究，并量化不确定因素对拟建项目经济效益影响程度的分析过程，称为不确定性分析，而对于不确定因素可能带来的后果的进行评估，称为风险分析评估。

9.1 不确定性分析概述

对于农业拟建项目来说，由于不确定性因素太多，无论评估时所依据的预测数据如何客观，也总是难以抵消经济形势长期变动、社会环境、自然环境等多种因素的冲击，这种冲击必然会对项目的经济效益产生影响，从而导致评估结果与未来实际情况有所偏差，并且这种偏差是不可避免的。但是，这并不意味着我们对项目的不确定性束手无策。我们可以发挥主观能动性，对项目的不确定性因素及其变动进行分析研究，进一步完善和补充项目评估的假设和预测条件，有效增加分析的准确性，采取相应的风险防控措施，从而做到对未来情况心中有数或将项目风险控制在风险承担者（主要是投资人、融资人）可以接受的变动范围内。

9.1.1 不确定性分析的概念与作用

1. 不确定性分析的概念。

由于拟建农业项目和项目评估工作中存在着多种不确定性因素，在对拟建项目进行财务和国民经济效益评估之后，必须分析对项目有重大影响的不确定性因素，并计算和预测其对项目效益的影响程度，估算出对经济指标有重大影响的敏感性因素及其变化范围，以及出现在此范围内的概率，这就是不确定性分析的基本内涵，也是不确定性分析需要解决的问题。

2. 不确定性分析的作用。

在项目评估中进行不确定性分析的根本目的就是为了测试项目成本和效益的变动范围，从而提高项目决策的可靠性和科学性。具体而言，项目不确定性分析具有如下作用：

（1）确定不确定性因素对项目成本效益指标的影响。项目的不确定性因素有多种，其对项目成本效益指标的影响也有很大差异。通过项目不确定性分析，可以确定各种不确定性因素及其作用力度的大小和对项目成本效益指标影响的范围，从而了解项目总体效益受项目不确定性因素影响而发生变动的大小。

（2）确定项目评估结论的有效性和有效范围。在明确项目不确定性因素的变动及其作用力度的大小和它对项目成本效益指标的影响大小以及项目总体效益变动大小以后，就可以确定项目评估结论的有效性和有效范围（置信度），这可以使项目决策者和决策支持人员充分了解项目不确定性因素的作用大小和界限，从而尽量避免不利因素的出现。

（3）提高项目评估结论的可靠性和有效性。经过项目不确定性分析后，人们就可以依据项目不确定性因素的变动对项目成本效益影响的大小和变动范围去进一步调整评估方法，给出更为可靠的项目评估结论了。这样就可以提高项目评估结论的可靠性和有效性。

9.1.2　不确定性产生的原因分析

1. 人们认知能力的局限性和所获信息的不对称性。所有项目的不确定性都是由于人们认知能力的局限性和所获得信息不充分性、不对称性造成的。例如，人们很难准确地预测未来，不能准确地预测影响项目的各类因素的变化，不能准确把握农产品的未来市场前景。这些是造成项目不确定性的根本原因。

2. 市场供求和价格的变动。在市场经济条件下，商品需求结构、需求数量、产品的供给结构、供给数量变化频繁，直接影响到项目产品的未来价格和市场容量。项目投入品的价格上涨会使项目成本上升，从而使项目总投资增加；如果项目运行中的原材料、燃料、动力或者劳动力价格上升，将会使项目的运行成本上升，从而减少项目盈利；如果项目产出物未来市场价格下降，就会减少项目的销售收入，降低项目的盈利能力。市场价格的这些变化都是无法准确预知的，而它们都会对项目的效益和可行性的判断产生影响。

3. 自然条件和资源方面的影响。农业投资项目的生产、流通过程受到了自然条件变化影响大，在项目运行期间自然灾害、疫病传播等因素对项目正常生产影响非常大，直接影响了项目的经济效益。

4. 项目技术工艺、生产技术方案的更改。在项目实施过程和运行过程中，有时会出现一些新的技术变更的要求，从而使得项目必须重新进行变更，此时会对项目的经济效益和经营成本发生影响，从而引起项目投资效益指标的变化。

5. 项目工期和资金的变化。项目在建设实施中的各种问题有可能造成项目工期的延长，从而会造成项目资金的占压和借款利息的增加，提高项目建设和运营的成本，影响项目建设资金或经营资金的结构变动，甚至会直接导致项目的中止。即使仅仅是项目债务资金比重上升情况的发生也会影响项目建设成本和经营成本并最终反映在项目投资效益指标上。

6. 项目经济寿命的变动。项目经济寿命是指项目在经济上的最佳使用年限，或者叫项目生命周期。项目评估中的很多指标都是依赖于项目生命周期为基础进行预测和计算的，但是随着项目环境的变化（如科学技术进步带来的无形资产磨损加快），项目所采用的一些工艺、技术、设备等很可能会提前老化，从而使项目经济寿命缩短，最终影响项目的经济效益。

7. 国内外政策和法规的变化。国家现行法律法规制约或影响着项目的经济效益，这包括国家和地方的各种税收制度、金融制度、财政制度、价格体制等。另外，项目所涉及的外国政府的相关法律法规的变化也会影响到项目的效益。

8. 其他不确定事件。各种与项目有关的不确定性事件都属于项目不确定性的范畴。如政治动乱、战争与突发事件等。

9.1.3　不确定性分析与风险分析的关系

风险是指未来发生不利事件的概率或可能性。投资建设农业项目经济风险是指由于不确定性的存在导致项目实施后偏离预期财务和经济效益目标的可能性。经济风险分析是通过对风险因素的识别，采用定性分析或定量分析的方法估计各风险因素发生的可能性及对项目的影响程度，从而揭示影响项目成败的关键风险因素，提出项目风险的预警、预报和相应的对策，为投资决策服务。经济风险分析的另一重要功能还在于它有助于在可行性研究的过程中，通过信息反馈，改进或优化项目设计方案，直接起到降低项目风险的作用。

不确定性分析与风险分析既有联系，又有区别，由于人们对未来事物认识的局限性，可获信息的有限性以及未来事物本身的不确定性，使得投资建设项目的实施结果可能偏离预期目标，这就形成了投资建设项目预期目标的不确定性，从而使项目可能得到高于或低于预期的效益，甚至遭受一定的损失，导致投资建设项目"有风险"。通过不确定性分析可以找出影响项目效益的敏感因素，确定敏感程度，但是无法知道这种不确定性因素发生的可能性及影响程度。借助于风险分析可以得知不确定性因素发生的可能性以及给项目带来经济损失的程度。不确定性分析找出的敏感因素又可以作为风险因素识别和风险估计的依据。

9.2　不确定性分析的方法

对项目的不确定性因素进行分析，计算和预测其对项目效益的影响，估算出对经济指标有重大影响的敏感性因素及其变化范围，以及出现在此范围内的概率，是不确定性分析的基本要求，由此掌握不确定性分析的方法就显得尤为重要。不确定性分析的基本方法包括盈亏平衡分析、敏感性分析和概率分析。

9.2.1　盈亏平衡分析

盈亏平衡分析是一种通过盈亏平衡点计算分析产量、成本和盈利三者之间的平衡关系，判断拟建项目适应市场变化的能力和风险大小的分析方法，盈亏平衡分析一般只用于财务评价，是一种静态分析。

1. 盈亏平衡分析的概念。

盈亏平衡分析最早出现在管理会计中，也称为量、本、利分析，是在一定市场和生产能力的条件下，根据建设项目正常生产年份的产品产量（销售量）、固定成本、可变成本等，研究拟建项目产量、成本与收益之间变化与平衡关系的方法。当项目的成本与收益相等时，即项目盈利与亏损的分界点，称为盈亏平衡点（Break – Even – Point，BEP）。在这一点上，销售（营业）收入恰好等于总成本费用，项目正好盈亏平衡。盈亏平衡分析就是计算出盈亏平衡点，分析项目成本与收益之间的平衡关系，盈亏平衡点越低，项目盈利的可能性越大，亏损的可能性越小，项目的抗风险能力越强。

盈亏平衡点的表达形式有多种：它可以用实物产量、单位产品单价、单位产品的售价及单位产品的可变成本的绝对量表示，也可以用生产能力利用率等相对值表示。其中应用最多的是以产量和生产能力利用率表示的平衡点。

2. 线性盈亏平衡分析。

根据生产成本与销售收入与产量（销售量）之间的关系，盈亏平衡分析又可分为线性盈亏平衡分析和非线性盈亏平衡分析。线性盈亏平衡分析适用于项目的收益和成本都是产量的线性函数的情况。这里主要介绍线性盈亏分析。

（1）线性盈亏平衡分析的前提（假设）条件：

①产量等于销售量，即当年生产的产品（或服务）当年销售出去。

②产量变化，单位可变成本不变，从而总成本费用是产量的线性函数。假定项目正常生产年份的总成本可划分为固定成本和可变成本两部分，其中固定成本不随产量变动而变动，可变成本总额随产量变动成比例变化，单位可变成本不随产量变化而变化，从而总生产成本是产量的线性函数。

③产量变化，产品售价不变，从而销售收入是销售量的线性函数。

④按单一产品计算，当生产多种产品，应换算为单一产品，不同产品的生产负荷率的变化应保持一致。

（2）固定成本与可变成本的划分。

进行线性盈亏平衡分析，首先必须要把项目建成投产后正常年份的总成本费用划分为可变成本和固定成本。实际评估中，按照成本与产量之间的关系，可以将成本分为固定成本、变动成本与半可变成本。

固定成本即在一定范围内成本总额中不随产品产量的增减而变动的那一部分成本。固定成本主要包括工资（计件工资除外）、折旧费、无形资产及其他资产摊销费、修理费和其他费用等。为简化计算，财务费用一般也将其作为固定成本。严格地说固定成本是相对的，即当产量在一定范围内，它是固定不变的，如果超过这个产量范围，固定成本可能就要发生变化。而单个产品成本中所占固定成本的份额，则要随产量的变化而变化，产量大则单位成品成本中的固定成本份额就少。

变动成本即成本总额中与产量的增减成正比例变化的那部分成本，主要包括原材料、燃料、动力消耗、包装费和计件工资等。变动成本总额是随着产量的增减成正比例变动的，但单位产品的变动成本却是固定不变的，因为一个产品要消耗的原材料等资源在一定时间内是不会有变化的，正是由于单位产品的变动成本不变，因此当产量增减时，变动成本总额随着产量的增减成正比例变动。半变动成本是指既不是固定不变，也不是随产量变动成正比例变动的成本，是一种既固定又变动的混合成本，如电费、水费、煤气费等。因此，在进行盈亏平衡分析时，应将半变动成本进一步分解为固定成本与可变成本两部分，否则将影响结果的正确性。

（3）混合成本的分解方法。

准确地划分固定成本与可变成本是正确运用盈亏平衡分析的前提，而正确地划分固定成本与可变成本的关键，又重点在于把介于变动成本与固定成本之间的混合成本分解为变动成本与可变成本。分解混合成本的最精确的做法，是将费用发生的原始凭据逐项分析汇总，但是这种方法工作量大，在项目经济评价中不易采用。可采用以下较简单的方法进行分解。

①直接法。这种方法是指根据各个半变动成本项目的性质、视其比较接近那一类成本（固定或变动）就作那一类成本处理。如低值易耗品、运输费用等虽然不与产量成正比例变动，但费用的变动与产量关系较大，则可作为变动成本处理。直接方法比较粗略、简单，易于理解。

②高低点法。这种方法是根据企业在一定时期的产量和成本水平总是有高有低这个事实，找出产销量和总成本的最高点和最低点，然后计算出最高点和最低点产销量之差和成本之差，即求得单位变动成本，其计算公式为

单位变动成本 ＝（最高点成本－最低点成本）/（最高点销售量 － 最低点销售量）

＝成本极差／产量极差

再将单位变动成本的值代入高点或低点的总成本方程即可求得。

固定成本 = 最高(低) 点成本 − 单位变动成本 × 最高(低) 点产量

③回归分析法（最小二乘法）。回归分析法是一种比较精确的方法。这种方法是假定混合成本与产量之间存在着线性关系，然后根据一套产量与成本相关的数据资料中，确定一条代表平均成本的直线。这条直线的位置可由 a、b 两个数值确定，其中 a 可以认为是固定成本，b 可以认为是变动成本，y 代表总成本，x 代表产量。根据回归分析原理，这条直线可由下列公式表示：

$$y = a + bx$$

其中：a、b 为待定系数。

$$a = (\sum y - b \sum x)/n$$

$$b = (n \sum xy - \sum x \cdot \sum y)/\{n \sum x^2 - (\sum x)^2\}$$

上式中 n 为观测数据总次数。

（4）线性盈亏平衡分析方法。

线性盈亏平衡分析主要通过计算以产量和生产能力利用率表示的盈亏平衡点，进行盈亏平衡分析。盈亏平衡点一般采用公式计算，也可利用盈亏平衡图求取。盈亏平衡点通过正常年份的产量或者销售量、可变成本、固定成本、产品价格和营业税金及附加等数据计算。正常年份应选择还款期间的第一个达产年和还款后的年份分别计算，以便分别给出最高和最低的盈亏平衡点区间范围。

盈亏平衡点的计算公式如下：

$$BEP_{生产能力利用率} = \frac{年固定成本}{年营业收入 - 年可变成本 - 年营业税金及附加} \times 100\%$$

$$BEP_{产量} = \frac{年固定成本}{单位产品价格 - 单位产品可变成本 - 单位产品营业税金及附加}$$

盈亏平衡生产能力利用率也可以根据盈亏平衡时的产量与设计生产能力对比计算得出。

$$BEP_{生产能力利用率} = \frac{BEP_{产量}}{设计生产能力} \times 100\%$$

盈亏平衡点产量越少，生产能力利用率越低，表明项目抗风险能力越强。

可以形象地用图示的方法，把项目的营业收入、总成本费用和产量三者之间的变动关系反映出来，便于比较和分析。在盈亏平衡图中，横坐标表示产量，纵坐标表示收入或成本金额（见图 9.1）。

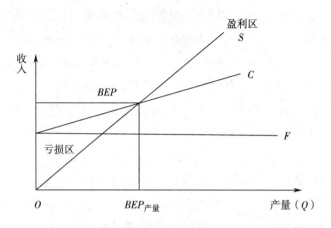

图 9.1 盈亏平衡

图中：F 为固定成本曲线；C 为总成本曲线；S 为营业收入曲线。

例如：某项目设计生产产量为 12 万吨，项目固定成本为 1.2 亿元，单位变动成本为 310 元/吨，单位产品价格为 5 000 元，单位产品营业税金及附加为 700 元。计算以生产能力利用率和产量表示的盈亏平衡点。

解：

$$BEP_{产量} = \frac{年固定成本}{单位产品价格 - 单位产品可变成本 - 单位产品营业税金及附加}$$
$$= 30\ 075.2\ (吨)$$

$$BEP_{生产能力利用率} = \frac{BEP_{产量}}{设计生产能力} \times 100\% = 25\%$$

即当年产量达到 30 075.2 吨，生产负荷为 25％时，项目才能实现盈亏平衡。

3. 盈亏平衡分析的不足。

盈亏平衡分析法简单直观，但这种方法在应用中也有一定的局限性，主要有以下几点：

（1）盈亏平衡分析法中，一般要求最终求得盈亏平衡点的产量或销售量等。这都要求有一个已知收入、成本与产量或销售量函数关系（其中一个给定，一个为分析变量）的前提假设。但在实际的生产经营过程中，产品的销售收入与销售量之间，成本费用与产量之间，并不一定呈现出线性的关系，甚至它们之间的关系也无法完整表达。比如，当产品产量在市场中占有较大的份额时，其产量的高低可能会明显影响市场的供求关系，从而使得市场价格发生变化；再如，根据报酬递减规律，变动成本随着生产规模的不同而与产量呈非线性的关系，在生产中还有一些辅助性生产费用（通常称为半生产成本）随着产量的变化而呈梯形分布。所有这些均有可能导致产品的销售收入和总成本与产量之间的关系变得十分复杂，远不能用简单的已知函数关系表达出来。这样，求盈亏平衡点的产量/销售量的过程就变得十分复杂，甚至不可得。

（2）盈亏平衡统计分析法虽然能够度量生产经营风险的大小，但不能揭示在生产经营中出现风险的根源。虽然我们知道降低盈亏平衡点就可以降低生产经营的风险，提高生产经营的安全性，也知道降低盈亏平衡点可采取降低固定成本的方法，但是如何降低固定成本，应该采取哪些可行的方法或通过哪些有利的途径来达到这个目的，盈亏平衡统计分析法并没有给我们答案，还需采用其他一种方法来帮助达到这个目标。因此，在应用盈亏平衡统计分析法时应注意使用的场合及要达到的目的，以便能够正确运用这种统计方法。

9.2.2 敏感性分析

1. 敏感性分析的作用。

敏感性分析是指从众多不确定性因素中找出对投资项目经济效益指标有重要影响的敏感性因素，并分析、测算其对项目经济效益指标的影响程度和敏感性程度，进而判断项目承受能力的一种不确定性分析方法。

敏感性分析的目的在于三个方面：一是找出影响项目经济效益变动的敏感性因素，分析敏感性因素变动的原因，为进一步进行风险分析提供依据；二是研究不确定性因素变动将引起项目经济效益值变动的范围或极限值，分析判断项目承担风险的能力；三是比较多方案的敏感性大小，以便在经济效益值相似的情况下，选出不敏感的投资方案。

根据不确定性因素每次变动数目的多少，敏感性分析可以分为单因素敏感性分析和多因素敏感性分析。单因素敏感性分析是敏感性分析的最基本方法，进行单因素敏感性分析时，首先假设各因素之间相互独立，然后每次只考察一项可变参数的变化而其他参数保持不变时，项目经济评价指标的变化情况。本节重点论述单因素敏感性分析。多因素敏感性分析是分析两个或两个以上的不确定性因素同时发生变化时，对项目经济评价指标的影响。由于项目评估过程中的参数或因素同时发生变化的情况非常普遍，所以多因素敏感性分析也有很强的实用价值。多因素敏感性分析一般是在单因素敏感性分析基础上进行分析的，基本原理与单因素敏感性分析大体相同，但需要注意的是，多因素敏感性分析须进一步假定同时变动的几个因素是相互独立的，且各因素发生变化的概率相同。

2. 单因素敏感性分析主要内容与方法。

单因素敏感性分析是分析单个因素的变动对项目经济效益指标的影响程度，即每次只有一个因素发生变化，而其他因素不变时所做的敏感性分析。

（1）选择分析的不确定因素。影响项目经济效益指标的因素很多，如投资、成本、价格、汇率、建设期等，在实际中没有必要对所有因素进行分析，而应根据项目特点，结合经验判断，选择对项目经济效益指标影响较大的，即主要的不确定性因素进行分析。经验表明，在农业项目实际分析中，主要对产出物价格、建设投资、主要投入物价格或可变成本、生产负荷、建设工期及汇率等不确定因素进行敏感性分析。

在选择分析因素的基础上，还要进一步分析这些因素的可能变动范围。一般是选择不确定因素变化的百分率为 ±5%、±10%、±15%、±20%等；对于不便用百分数表示的因素，例如建设期，可采用延长一段时间表示，如延长一年。

（2）确定敏感性分析采用的项目效益指标。建设项目经济评估有一整套指标体系，敏感性分析可选定其中一个或几个主要指标进行分析，最基本的分析指标是内部收益率，根据项目的实际情况也可选择净现值或投资回收期评价指标，必要时可同时针对两个或两个以上的指标进行敏感性分析。

（3）计算敏感性分析指标。为较准确地反映项目评价指标对不确定因素的敏感程度，分析不确定性因素的变化使项目由可行变为不可行的临界数值，应计算敏感度系数和临界点（转换点）指标。

敏感度系数。敏感度系数是指项目评价指标变化的百分率与不确定因素变化的百分率之比。敏感度系数高，表示项目效益对该不确定因素敏感程度较高。

$$S_{AF} = \Delta A/A \div \Delta F/F$$

式中：S_{AF} 是指评价指标 A 对于不确定因素 F 的敏感系数；

$\Delta F/F$ 是指不确定因素 F 的变化率；

$\Delta A/A$ 是指不确定因素 F 发生 ΔF 变化时，评价指标 A 的相应变化率。

$S_{AF} > 0$，表示评价指标与不确定因素同方向变化；$S_{AF} < 0$，表示评价指标与不确定因素反方向变化。$| S_{AF} |$ 较大者敏感度系数较高。

临界点（转换点）。临界点是指不确定性因素的变化使项目由可行变为不可行的临界数值，可采用不确定性因素相对基本方案的变化率或其对应的具体数值表示。当不确定因素为费用科目时，即为其增加的百分率；当其为效益科目时即为降低的百分率。当然，临界点也可用百分率对应的具体数值来表示，当不确定因素的变化超过临界点所表示的不确定因素的极限变化时，项目将由可行变为不可行。

临界点的高低与计算临界点的指标的初始值有关。若选取基准收益率为计算临界点的指标，对于同一个项目，随着设定基准收益率的提高，临界点就会变低（即临界点表示的不确定因素的极限变化变小）；而在一定的基准收益率下，临界点越低，说明该因素对项目评价指标影响越大，项目对该因素就越敏感。

从实质上看，临界点计算是使用试插法。当然，也可用计算机软件的函数或图解法求得。由于项目评价指标的变化与不确定因素之间不是直线关系，当通过敏感性分析图求得临界点的近似值时，有时会有一定的误差。

（4）确定敏感性因素。各因素的变化都会引起效益指标的一定变化，但其影响程度却各不相同。有些因素小幅度的变化，就能引起经济评价指标发生较大幅度的波动，而另一类因素即使发生了较大幅度的变化，对经济效益评价指标的影响也不是很大。我们把前一类因素称为敏感性因素，后一类因素称为非敏感性因素。敏感性分析的目的就是要找出哪些不确定因素是敏感性因素，哪些是非敏感性因素。

（5）提出敏感性分析的结论和建议。结合不确定性分析与敏感性分析的结果，预测项目可能的风险，为对项目作进一步评价和风险分析打下基础，同时还可以进一步寻找相应的控制风险的对策。如果进行敏感性分析的目的是对不同的投资项目进行比选，那么一般应选择敏感程度小，承受风险能力强，可靠性大的项目或方案。

3. 单因素敏感性分析计算应用。

敏感度系数计算可运用相对测定法计算。即设定要分析的各因素均从确定性经济分析中所采用的数值开始变动，且各因素每次变动的幅度相同，通过比较在同一变动幅度下各因素对项目经济效益指标的影响大小，来判断各因素的敏感性。

临界值的测定可运用绝对测定法。假设各因素均向对项目不利的方向变动，并取其有可能出现对项目不利的数值，据此计算项目的经济效益指标，看其是否达到使项目无法接受的程度。若某因素可能出现的最不利的数值，能使项目变得不可接受，则表明该因素是项目的敏感性因素，项目能否接受的依据是各经济效果指标的临界值（如 $FNPV$ 或 $ENPV \geqslant 0$、$FIRR$ 或 $EIRR \geqslant i_c$ 或 i_s）。绝对测定方法的另一个变通的方式是，先设定有关经济效益指标为临界值。然后求得分析因素的最大允许变化幅度，并与可能出现的变动幅度相比较，如果某因素可能出现的变动幅度超过最大允许变动幅度，则表明该因素是项目的敏感性因素。

例如：有一生产农用机器的某投资项目，项目的建设投资（不含建设期利息）、经营成本和产品价格均有可能在 ±20% 的幅度内变动，如果折现率为12%，试就上述三个不确定因素进行敏感性分析，现金流量简表如表9.1所示。

表 9.1　某项目现金流量简表

项目 ＼ 年份	0	1	2～10	11
建设投资（I）	20 000			
营业收入（S）			30 000	30 000
经营成本（C）			18 000	18 000
营业税金及附加（T）			3 000	3 000
期末残值（L）				2 000
当年净现金流量（NPV）	－20 000	0	9 000	11 000

（1）敏感度系数计算。根据表9.1数据，为简便计算选定净现值为进行敏感性分析的经济效益指标，则有

$$NPV = -I + (S - C - T)\left(\frac{P}{A}, 12\%, 10\right)\left(\frac{P}{F}, 12\%, 1\right) + L\left(\frac{P}{F}, 12\%, 11\right)$$

$$= -20\,000 + 9\,000 \times 5.65 \times 0.8929 + 2\,000 \times 0.2875 = 25\,975(\text{万元})$$

下面分析投资、经营成本和产品价格变化对净现值的影响：

设投资的变化幅度为 x，则投资变化时的净现值的计算公式为

$$NPV = -I(1 + x) + (S - C - T)\left(\frac{P}{A}, 12\%, 10\right)\left(\frac{P}{F}, 12\%, 1\right) + L\left(\frac{P}{F}, 12\%, 11\right)$$

若设经营成本的变化幅度为 Y，则其变化为

$$NPV = -I + \left[S - C(1 + Y) - T\right]\left(\frac{P}{A}, 12\%, 10\right)\left(\frac{P}{F}, 12\%, 1\right) + L\left(\frac{P}{F}, 12\%, 11\right)$$

若设价格的变化幅度为 Z，则其变化为

$$NPV = -I + \left[(S - T)(1 + Z)\right]\left(\frac{P}{A}, 12\%, 10\right)\left(\frac{P}{F}, 12\%, 1\right) + L\left(\frac{P}{F}, 12\%, 11\right)$$

根据上列公式，分别计算各因素在不同变化幅度时的净现值数值（见表9.2），在此基础上可以计算得出敏感度系数（见表9.3）：

表9.2　某项目净现值表　　　　　　单位：万元

变化因素 ＼ 变化率	-20%	-15%	-10%	-5%	0	5%	10%	15%	20%
建设投资	29 975	28 975	27 975	26 975	25 975	24 975	23 975	22 975	21 975
经营成本	44 137	39 596	35 038	30 515	25 975	21 435	16 894	12 354	7 813
产品价格	-1 268	5 543	12 354	19 164	25 975	32 786	39 596	46 407	53 217

表9.3　敏感度系数和临界点分析表

序号	不确定因素	变化率（%）	净现值（NPV）	敏感度系数	临界点（%）
	基本方案		25 975		
1	建设投资	+10%	27 975	-0.76	+129.0
		-10%	23 975	+0.76	
2	经营成本	+10%	16 894	-3.49	+28.6
		-10%	35 038	+3.49	
3	产品价格	+10%	39 596	+5.24	
		-10%	12 354	-5.24	-19.1

依据上表，可作出敏感分析图如图9.2所示。

（2）临界值的计算。利用前述净现值计算公式，可计算出当 NPV 处于

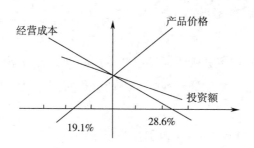

图 9.2　单因素敏感性分析

临界值时的各因素的最大允许变化幅度，即 $NPV=0$ 时，分别按照上述公式计算得出：

$X=129.0\%$　　　$Y=28.6\%$　　　$Z=-19.1\%$

即当投资额与产品价格不变时，年经营成本如果高于预测值的 28.6% 为以上，或当投资与经营成本不变，价格低于预测价格的 19.1% 以上，方案就不可接受；而如果当经营成本和价格不变，投资额增加 129% 以上，才会使项目方案不可接受。

从敏感性分析表可以看出，当其他因素均不发生变化时，产品价格每增加 1%，净现值下降 5.24%。当其他因素均不发生变化时，投资每增加 1%，净现值将下降 0.76%；在其他因素均不发生变化的情况下，经营成本每上升 1%，净现值下降 3.49%。因此在各个变量因素变化率相同的情况下，产品价格的变动对净现值的影响程度最大，产品价格是最敏感因素，其次是经营成本，最不敏感因素是建设投资。

综合敏感度系数和临界值分析，可以看出，产品价格变动对 NPV 的影响最大，经营成本变动的影响次之，投资额变动影响最小。由于价格和经营成本是影响项目经济效益指标的敏感因素，应对其可能变动的范围进行预测估算，若价格低于原预测值 19.1% 以上或经营成本高于原预测值 28.6% 以上的可能性较大，则意味着项目的风险较大，如果实施，就要严格控制成本，注重产品质量，使其价格保持一定的竞争优势。

单因素的敏感性分析，实际上是在一定假定条件下进行的，即假定一个因素变化时，其他因素不变，这实际上是很难成立的，实际上可能会有多个因素同时变动，此时单因素敏感性分析就不能反映项目能够承担风险的情况，因此若有可能，有必要进行多因素敏感性分析。

4. 敏感性分析的不足。

敏感性分析可以帮助我们确定对项目经济效益影响较大的敏感性因素，从而对其作出重点分析研究，以减少风险，并为方案的抉择提供参考依据。但由于方案本身的局限性，敏感性分析实际上是一种定性分析，它存在以下不足：

（1）不确定性因素的变化范围往往很难确定，有时无法求出某一不确定性因素的真正变化范围及其在此范围内的可能性大小。在敏感性分析中，为了计算方便而采用的中点及两点范围的方法，只是根据单一变数的高、中、低值对关键指数进行估计。其最大的局限性就是用很少的变数来代替大量的变数进行分析，因而就有可能遗漏合乎需要的变数或有用的信息。

（2）在进行敏感性分析时，需要对多指标进行多变量分析。对于一个项目，其一个指标就要对应多个变量；若对多个指标综合分析，则需要计算和处理的数据将会很多，而且计算工作量将会很大，只能借助于计算机或财务软件来完成。

（3）敏感性分析虽然找出了项目的敏感性因素，为项目规避风险提供了依据，但在这种风险下的效益水平如何，敏感性分析对此没有进行回答。

（4）敏感性分析通常只进行因素分析，将实际同时变化的相互因素割裂开来，单独进行分析，这样就很难反映实际情况。各个因素的变化方向可相同也可相反，单独定性分析不能反映某项指标的综合影响。因此，对所有不确定因素来说，难以作出全面和综合的定量分析结论。

为此，敏感性分析对研究投资项目的不确定性有一定的实际作用。这种分析的实际意义在于，通过找出涉及投资项目经济效益指标 NPV、IRR 的各种敏感性因素和不敏感性因素，有利于加强对项目的有效监控，进而对敏感性因素重点加以防范和控制。然而，值得指出的是敏感性分析只能够指出或区分在影响投资项目经济效益目标 NPV、IRR 的众多因素中，哪些是敏感性因素，哪些是不敏感性因素，只是一种"定性的分析"。至于这些敏感性因素或不敏感性因素发生的可能性有多大，这种敏感性分析并没有指出，为此还要进行"定量分析"，这就需要进行概率分析。

9.2.3　概率分析

1. 概率分析的概念与内容。

在进行投资项目的不确定性分析时，不但要指出项目敏感性因素有哪些，还要进一步指出这些敏感性因素或不敏感性因素发生的可能性有多大，更要进一步分析由于影响投资项目经济效益的各因素的作用，使项目的经济效益指标（如 NPV、IRR 等）发生变化的可能性有多大。显然，这是一个数学上的"概率问题"。

项目评估中不确定性分析的概率分析的概念：就是引用数学上的概率分析方法，把项目中不确定性因素用具体数字进行描述，将各种不确定因素的变动利用数学上的概率方法进行定量分析描述。

具体来看，概率分析的主要任务就是用一定的数学概率分析方法，计算出投资项目经济效益指标（如 NPV、IRR 等）的"期望值"和"标准差"。在项目评估中进行概率分析的一般内容步骤为

（1）根据要分析的项目效益指标，列出各种需要考虑的不确定因素或敏感性因素。

（2）估计出每个不确定因素的变化范围，并根据已有的统计数据和经验，确定该因素在其变动范围内最可能出现的概率。

评价结论的准确性与概率估计的准确与否有很大的关系。概率的计算方法有两种：一种是根据大量实验，用统计的方法进行计算；另一种是根据概率的古典定义，将事件分解为基本事件，用分析的方法进行计算。用这两种方法得到的概率称为客观概率，之所以称为"客观概率"，是因为任何一个不确定因素的某种特定情况出现的概率都是独立于人们主观意志之外的客观现象，它的出现或不出现以及如何出现都与其自身的规律和客观环境相关，不以人的意志为转移。但在实际工作中，经常无法获得足够多的信息，特别是在对经济活动进行分析时，也不可能做大量实验，因而很难计算出客观概率，只好由决策者和专家对事件的概率做一个主观估计，这就是主观概率。主观概率是使用较少信息作出估计的一种方法。当然，这种个人观点和估计不是不切实际的胡乱猜测，而是将过去长期的经验与目前的信息相结合，从而得出合理的估计值。

（3）分别求出各种可能发生事件的经济效益指标值（如净现值），然后求出它的期望值，确定在该不确定因素情况下项目经济效益指标的期

望值。

（4）求出使项目经济上可行的累计概率。

2. 概率分析的方法。

概率分析的方法，通常采用期望值法、决策树法、效用函数与模拟分析方法等。在此，主要论述介绍期望值法和决策树法。

第一，净现值的期望值法。

期望值分析方法一般是计算项目净现值的期望值以及净现值大于或者等于零时的累计概率。同时也可通过蒙特卡罗模拟法测算项目评估指标的概率分析，为项目决策提供依据。

净现值的期望值编制步骤为

（1）选用净现值作为分析对象，并选定与之有关的主要不确定因素。

（2）按照穷举互斥原则，确定各不确定性因素可能发生的状态或变化范围。

（3）分别估算各不确定性因素在每种情况下发生的概率。各不确定因素在每种情况下的概率应小于等于1、大于等于零，且所有可能情况的概率之和必须等于1。这里的概率为主观概率，是在充分掌握有关资料的基础上，由专家、学者依据自己的知识、经验进行系统分析之后，通过主观判断作出的。

（4）分别计算各可能发生情况下的净现值、各年净现值期望和整个项目寿命周期净现值的期望值。

（5）计算各年净现值标准差、整个项目寿命周期净现值的标准差系数。

（6）计算净现值大于或等于零时的累计概率。累计概率值越大，项目承担的风险就越小。

（7）对以上分析结果作综合评价，说明项目是否可行及承担的风险大小。

一般以 X 为随机变量的期望值和标准偏差的计算公式为

$$E(X) = \sum_{i=1}^{n} X_i P_i$$

$$\sigma = \sqrt{\sum_{i=1}^{n} P_i [X_i - E(X)]^2}$$

其中，σ 为标准偏差；P_i 为第 i 次事件发生的概率；X_i 为第 i 次事件发生的变量值。

标准偏差是表示事件发生的变量与期望值的偏离程度。也就是说，该指标越小，说明实际发生的可能性与期望值越接近，期望值的稳定性也越高，项目的风险就越小；反之则相反。因此，一个好的项目应该具有较高的期望值和较小的标准偏差。

在一个农业投资项目的实施过程中，由于受各种不确定性因素的影响，其净现金流量（NCF，即现金流入减去现金流出之差）出现的可能性是不确定的，有的年份出现得多些，有的年份出现得少些，故投资项目各年的净现金流量是个随机变量，把净现金流量代入期望值公式，则有：

$$E(NCF) = \sum_{t=1}^{n} (NCF)_t P_t$$

既然净现金流量是随机变量，那么建立在净现金流量基础之上的投资项目的净现值（各年净现金流量按一定折现率折现加总的结果）也是个随机变量，而且呈正态分布态势。

进一步，把投资项目各年的净现金流量的期望值 $E（NCF）$ 按一定的折现率进行折现后加总，就得到投资项目净现值的期望值计算公式（i 为折现率）：

$$E(NPV) = \sum_{t=1}^{n} [E(NCF)_t](1+i)^{-t}$$

投资项目净现值的方差计算公式为

$$D(NPV) = \sum_{t=1}^{n} [D(NCF)_t](1+i)^{-2t}$$

上式表明，投资项目的净现值的方差 $D（NPV）$ 等于项目各年净现金流量的方差按一定的折现率折现后加总的结果。标准偏差是方差的二次方根。在进行概率分析时，一般可根据期望值与标准偏差确定其效益水平及获得这一水平的可能性：

（1）$E（x）±\sigma$ 的可能性为 68.27%。

（2）$E（x）±2\sigma$ 的可能性为 95.49%。

（3）$E（x）±3\sigma$ 的可能性为 99.73%。

由此，可对该投资项目经济效益的"不确定性因素"进行"定量化分析"，以便在项目分析中进行有效地掌握和控制。

第二，决策树法。

（1）决策树的结构。决策树是以方框和圆圈为结点，并由直线连接而成的一种像树形状的图形，它由以下几个因素构成：

决策点与方案枝。某项决策的出发点称为决策点，用方框"□"表示。方框内可用符号表示其为第几级决策点。某项决策应有若干"可供选择的方案，可用从决策点引出的若干支线"－"表示，叫做方案枝。在方案枝的上下侧可注明方案的概念及参数。

状态结点与状态枝。方案在实施过程中由于存在风险性和不确定性。可能出现多种机会或状态，方案在各种自然状态下所能获得的结果（如收益或成本）可用椭圆"○"表示，称为状态结点或机会点。每一种方案可能出现的各种状态可用由状态点引出的若干支线"－"来表示，称为状态枝。各种状态的代号与概率等参数可标在状态枝上下侧，故又称为概率枝。

结果点与损益现值，方案在某种状态下可能获得的结果可用"△"表示，称为结果点。在结果点之后可分别列出其损益现值，所谓损益现值就是对方案在某种状态下损失或收益的度量结果的现值，即状态净现值。

由以上符号构成的图形很像一棵树，所以称为决策树，如图9.3所示：

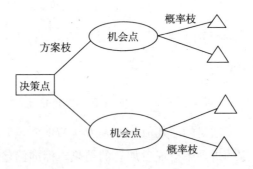

图9.3 决策树

决策树作为一种决策工具，具有分析简洁、形象直观的特点，可以把决策问题的全部决策方案和可能出现的各种自然状态以及不同自然状态下的结果都形象直观地显示在全部的决策过程中。它是帮助项目评估人进行方案比较的有用工具，近年来在项目评估工作中得到了广泛的应用。

（2）决策树分析的程序。

绘制决策树图。决策树图的绘制顺序是由左向右，根据需要决策的问题、可供选择的各种方案、各种方案的自然状态绘出决策树图。

计算收益现值、期望值。决策树分析的计算顺序是由右向左。

①根据有关资料计算出各结果点的收益现值，并将其标在结果点后面。

②根据各状态的收益现值和发生概率计算出各状态的损益期望值，并将其标在状态结点上。

③根据状态期望值与投资现值计算方案净现值的期望值，并将其标注在方案枝上侧。

方案净现值的期望值 = 状态期望值 - 投资现值

决策选择，决策时遵循期望值原则，就是根据各方案的期望值进行决策。

若损益值用费用表示，应选择净现值的期望值最小的方案。

若损益值用收益表示，应选择净现值的期望值最大的方案。

对落选的方案在其方案枝上画"×"，表示此枝已被"剪掉"，称为修枝，这样在决策树上只留下一条方案枝，即为最优方案。

3. 概率分析的作用。

概率分析，解决了敏感性分析和盈亏平衡分析只能对影响项目的风险因素做定性分析而不能做定量分析的问题，提供了项目的期望值以及该值在某一置信区间的估计值，给投资决策者提供了更多的数据，有利于项目的多方案比较和单一项目、多个项目的决策（排队、筛选）。如有 A、B 两个项目，A 项目的投资收益率为 20%，B 项目的投资收益率为 15%。A 项目的投资收益率虽高出 B 项 5%，但其变化范围为 10% 至 45%，标准差为12%；而 B 项目的投资收益率的变化范围为 5% 至 25%，标准差为 4%。可见，A 项目的投资收益率虽高但风险大，而且可能亏损，不如 B 项目可取。另外，分析影响项目的风险因素是项目风险管理的重要组成。因此，不做风险分析就很有可能失去选择最佳方案的机会，就不能找出处理风险的途径，不能控制风险、减少风险、转移风险。

概率分析的关键与核心是确定各个风险因素的估计值及其概率，它直接影响概率分析的真实性。因此，进行概率分析之前必须大量收集和分析资料。另外，该方法仅适用于风险因素不很复杂、各个独立变量是离散分布的情况。当风险因素复杂、各个变量是连续分布时，就不能用概率分析（解析法），必须用蒙特卡罗模拟法。

9.3 风险分析

风险分析，是运用概率研究预测各种不确定因素和风险因素对项目经济效益指标影响的一种定量分析方法。即通过对项目有影响的风险变量调查分析，确定可能发生的状态及相应概率，计算项目评价指标的概率分布，进而确定项目偏离逾期目标的程度和可能发生偏离的概率。风险分析能够定量确定项目从经济上可行转化为不可行的可能性，判定项目风险程度，为决策提供依据。

9.3.1 风险分析的内容

风险分析首先是认识风险特征，识别风险因素；其次是根据调查评估的需要和可能，选择适当的方法估计风险程度；再就是进行风险评价；最后研究提出有针对性的风险对策。

1. 风险识别。

风险识别是风险分析的基础，即运用系统论的方法对项目进行全面考察综合分析，找出潜在的各种风险因素，再对各种风险进行比较、分类，确定各因素间的相关性和独立性，以判断其发生的可能性及对项目的影响程度，并按其重要性进行排队或赋予权重的过程。风险识别内容主要包含两方面，即识别哪些风险可能影响项目进展和记录具体风险的各方面特征程度。风险识别不是一次性行为，而应有规律地贯穿于整个项目实施的过程中。

风险识别包括识别内在风险及外在风险。内在风险是指项目组织工作内部能加以控制和影响的风险，如人事任免和成本估计等。外在风险是指超出项目组织工作的控制力和影响力之外的风险，如市场变化或政府行为等。风险识别应根据项目的特点选用适当的方法。常用的方法有问卷调查、专家调查法和情景分析等。具体操作中，一般通过设计项目风险因素调查表的问卷调查或专家调查法来进行。在风险识别开展中应注意把握好以下问题：

（1）建设项目的不同阶段存在的主要风险因素会有所不同；

（2）项目特点不同其风险因素具有特殊性；

（3）对于项目的有关各方（不同的风险管理主体）可能会有不同的风险；

（4）风险的构成具有明显的递阶层次，风险识别应层层剖析，尽可能深入到最基本的风险单元，以明确风险的根本来源；

（5）正确判断风险因素间的相关性与独立性；

（6）识别风险应注意借鉴历史和同业经验，要求分析者富有经验、创建性和系统观念。

2. 风险估计。

风险估计又称风险测定、测试、衡量和估算等。风险估计是在风险识别之后，通过定量分析的方法测度风险发生的可能性及对项目的影响程度。风险估计就是对识别出的风险进行测量，给定某一风险的概率。其主要目的在于评估和比较项目各种方案或技术路线的风险大小，从中选择风险少、机会多的方案；同时加深对项目本身和环境的理解，寻求更多的可行方案，并加以反馈。

项目风险估计的首要任务是分析和估计风险事件发生的概率与概率分布，即风险事件发生的可能性大小，这是项目风险分析估计中最为重要的一项工作，而且往往也是最困难的一项工作。一般而言，风险事件的概率分布应当根据历史资料来确定。当项目管理人员没有足够的资料来确定风险事件的概率分布时，可以利用理论概率分布来进行风险评估。在项目评价中，要对项目的投入与产出进行从机会研究到投产运营全过程的预测。由于不可能获得足够时间与资金对某一事件发生的可能性做大量的试验，又因事件是将来发生的，也不可能作出特别准确的分析，很难计算出该事件发生的客观概率，但决策又需要对事件发生的概率作出估计，因此项目前期的风险估计最常用的方法是由专家或决策者对事件出现的可能性得出主观概率。

主观概率是指人们对某一风险因素发生可能性的主观判断，用介于0到1的数据来描述。这种主观估计基于人们所掌握的大量信息或长期经验的积累，是在一定条件下，对未来风险事件发生可能性大小的一种主观相信程度的度量。客观概率是根据大量的试验数据，用统计的方法计算某一风险因素发生的可能性，它是不以人的主观意志为转移的客观存在的概率，主观概率与客观概率的主要区别是，主观概率无法用试验或统计的方法来检验其正确性。客观概率计算则需要足够多的试验数据作支持。

通过风险估计，要确定风险事件的概率分布。确定概率分布时，需要注意充分利用已获得的各种信息进行估测和计算，在获得的信息不够充分的条件下则需要根据主观判断和近似的方法确定概率分布。具体采用何种分布应根据项目风险特点而定。确定风险事件的概率分布常用的方法有概率树、蒙特卡罗模拟及记忆模型（CIM）等分析方法。

3. 风险评价。

风险评价是对项目经济风险进行综合分析，依据风险对项目经济目标的影响程度进行项目风险分级排序的过程。它是在项目风险识别和估计的基础上，通过建立项目风险的系统评价模型，列出各种风险因素发生的概率及概率分布，确定可能导致的损失大小，从而找到该项目的关键风险，确定项目的整体风险水平，为处置这些风险提供科学依据。风险评价的判别标准可采用两种类型：

（1）以经济指标的累计概率、标准差为判别标准。财务（经济）内部收益率大于等于基准收益率的累计概率值越大，风险越小；标准差越小，风险越小。或者财务（经济）净现值大于等于零的累计概率值越大，风险越小；标准差越小，风险越小。

（2）以综合风险等级为判别标准。风险等级的划分既要考虑风险因素出现的可能性又要考虑风险出现后对项目的影响程度，有多种表述方法，一般应选择矩阵列表法划分风险等级。矩阵列表法简单直观，将风险因素出现的可能性及对项目的影响程度构造成一个矩阵，表中每一单元对应一种风险的可能性及其影响程度。为适应现实生活中人们往往以单一指标描述事物的习惯，将风险的可能性与影响程度综合起来，用某种级别表示（见表9.4，该表是以风险应对的方式来分类的综合等级）。风险等级也可采用数学推导和专家判断相结合确定。

表9.4　综合风险等级分类表

综合风险等级		风险影响程度			
		严重	较大	适度	低
风险的可能性	高	K	M	R	R
	较高	M	M	R	R
	适度	T	T	R	I
	低	T	T	R	I

综合风险等级分为 K、M、T、R、I 五个等级：

K（kill）表示项目风险很强，出现这类风险就要放弃项目；

M（modify plan）表示项目风险强，需要通过改变设计或采取补偿措施等修正拟议中的方案；

T（trigger）表示风险较强，设定某些指标的临界值，指标一旦达到临界值，就要变更设计或对负面影响采取补偿措施；

R（review and reconsider）表示风险适度（较小），适当采取措施后不影响项目实施；

I（ignore）表示风险弱，可忽略。

位于该表左上角的风险会产生严重后果；位于该表左下角的风险，发生的可能性相对低，必须注意临界指标的变化，提前防范与管理；落在该表右上角的风险影响虽然相对适度，但是发生的可能性相对高，也会对项目产生影响，应注意防范；落在该表右下角的风险，损失不大，发生的概率小，可以忽略不计。以上介绍风险等级的划分标准并不是唯一的，其他可供选择的划分标准有很多，如常用的风险等级划分为 1~9 级等。

4. 风险应对。

在经济风险分析中找出的关键风险因素，对项目的成败具有重大影响，需要采取相应的措施，尽可能降低风险的不利影响，实现预期投资效益。

（1）确定风险应对的原则。经济风险来源于技术、市场、工程等各个方面，因此应从规划设计上就采取规避防范风险的措施，才能防患于未然。风险应对要注意以下原则：

针对性原则。风险对策研究应有很强的针对性，应结合行业特点，针对特定项目主要的或关键的风险因素提出必要的措施，将其影响降低到最小限度。

可行性原则。可行性研究阶段所进行的风险应对研究应立足于现实客观的基础之上，提出的风险应对应在财务、技术等方面是切实可行的。

经济性原则。规避防范风险是要付出代价的，如果提出的风险应对所花费的费用远大于可能造成的风险损失，该对策将毫无意义。在风险应对研究中要对规避防范风险措施所付出的成本代价与该风险可能造成的损失进行权衡，旨在寻求以最少的费用获取最大的风险效益。

（2）决策阶段的风险应对措施。在决策阶段为降低风险，应制定多个备选方案，通过多方案的技术、经济比较，选择最优方案；对有关重大工程技术难题潜在风险因素提出必要研究与试验课题，准确地把握有关问题，消除模糊认识；对影响投资、质量、工期和效益等有关数据，如价格、汇率和利率等风险因素，在编制投资估算、制定建设计划和分析经济效益时，应留有充分的余地，谨慎决策，并在项目执行过程中实施有效监控。

（3）建设或运营期的风险应对措施。主要包括以下方面：

风险回避，是彻底规避风险的一种做法，即断绝风险的来源。风险回避一般适用于以下两种情况，某种风险可能造成相当大的损失；风险应对防范风险代价昂贵，得不偿失。

风险分担，是针对风险较大，投资人无法独立承担或为了控制项目的风险源，而采取与其他企业合资或合作等方式，共同承担风险、共享收益的方法。

风险转移，将项目业主可能面临的风险转移给他人承担，以避免风险损失的一种方法。转移风险有两种方式，一是将风险源转移出去，如将已做完前期工作的项目转给他人投资，或将其中风险大的部分转给他人承包建设或经营；二是只把部分或全部风险损失转移出去。也称为保险转移方式和非保险转移方式。

风险自担，将项目风险损失留给项目业主自己独立承担风险。投资者已知有风险但由于可能获利而需要冒险时，同时又不愿意将获利的机会分给别人，必须保留和承担这种风险。

上述风险应对不是项目割裂排斥的，实际运用时应结合项目的实际情况，研究选用或组合相应的风险对策。

9.3.2 风险分析的常用方法

从风险分析的过程来看，重点是通过对风险分析工具、技术以及风险表现类别的掌握，对风险存在和发生、风险影响和损失、风险可能性和级别以及风险可控性加以分析。因此，风险分析的方法就显得尤为重要。项目评估中风险分析的方法有很多，本节重点简要论述五种常用的方法。

1. 专家调查法。专家调查法的突出特点是简单、易操作，它凭借分析者的经验对项目各类风险因素及其风险程度作出定性估计。专家调查法可以通过发函、开会或其他形式向专家进行调查，对项目风险因素、风险发生的可能性及风险对项目的影响程度进行评定，并将被调查专家的经验、结论进行集中统计、汇总、分析，形成风险分析评价结论。由于它比一般的经验识别法更具客观性，因此应用较为广泛。

采用专家调查法时，选择的专家应熟悉该行业和所评估的风险因素，并能做到客观公正。为减少主观性，选择的专家应有一定数量，一般应选择 10 位至 20 位。在具体操作上，重点是将项目可能出现的各类风险因素、风险发生的可能性及风险对项目的影响程度采取表格形式一一列出，请每位专家凭借经验独立对各类风险因素的可能性和影响程度进行选择，最后将各位专家的意见归集起来，填写专家调查表。专家调查法是获得主观概率的基本方法。

2. 层次分析法。层次分析法（the analytic hierarchy process）是美国著名运筹学家，匹兹堡大学教授 T. L. Saaty 于 20 世纪 70 年代中期提出的一种定性与定量相结合的决策分析方法，简称 AHP 方法。层次分析法是一种多准则决策分析方法。这种方法是在对复杂的决策问题的本质、影响因素及其内在关系等进行深入分析的基础上，利用较少的定量信息使决策的思维过程数学化，从而为多目标、多准则或无结构特性的复杂决策问题提供简便的决策方法，尤其适合于对决策结果难以直接准确计量的场合。层次分析法的特点是能将人们的思维过程数学化、系统化，以便于接受。应用这种方法时所需的定量信息较少，但要求决策者对决策问题的本质、包含的要素及其相互之间的逻辑关系掌握十分透彻。

层次分析法在风险分析中有两种用途：一是将风险因素逐层分解识别，直至最基本的风险因素，也称正向分解；二是两两比较同一层次风险因素的重要程度，列出该层风险因素的判断矩阵，判断矩阵的特征根就是该层次各个风险因素的权重，利用权重与同层次风险因素概率分布的组合，求得上一层风险的概率分布，直至求出总目标的概率分布，也称反向合成。层次分析法的运用步骤一般如下：

（1）通过对项目风险的深刻认识，确定该项目的总目标，实现目标的准则、策略和各种风险因素等，广泛地收集信息。

（2）建立一个多层次的递阶结构，按目标的不同、实现功能的差异，将系统分为几个等级层次（见图 9.4）。应用 AHP 分析决策问题时，首先要把问题条理化、层次化，构造出有层次关系的结构模型。在这个模型下，复杂问题被分解为元素的组成部分。这些元素又按其属性及关系形成若干层次。上一层次的元素作为准则对下一层次有关元素起支配作用。

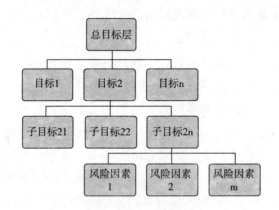

图 9.4　风险因素的递阶层次

这些层次可以分为三类：第一类是最高层。这一层次中只有一个元素，一般它是分析问题的预定目标或理想结果，因此也称为目标层。第二类是中间层。这一层次中包含了为实现目标所涉及的中间环节，它可以由若干个层次组成，包括所需考虑的准则、子准则，因此也称为准则层。第三类是最底层。这一层次包括了为实现目标可供选择的各种措施、决策方案等，因此也称为措施层或方案层。递阶层次结构中的层次数与问题的复杂程度及需要分析的详尽程度有关，一般地层次数不受限制。每一层次中各元素所支配的元素一般不要超过 9 个。这是因为支配的元素过多会给两两比较判断带来困难。

（3）确定以上递阶结构中相邻层次元素间相关程度。通过构造两两比较判断矩阵及矩阵运算的数学方法，确定对于其某一层次的某个元素而言，本层次中与其相关元素的重要性排序——相对权值。

（4）计算各层元素对系统目标的合成权重，进行总排序，以确定递阶结构图中的最底层各个元素在总目标中的重要程度。

（5）将各项的权重与子项的风险概率分布加权叠加，得出项目的经济风险概率分布。

3. CIM 法。CIM 模型（controlled interval and memory model，CIM）是控制区间和记忆模型，也称概率分布的叠加模型或记忆模型。这种方法是

C. 钱伯蔓（C. Chapman）和 D. 库伯（D. Cooper）在 1955 年提出的。CIM 模型包括串联响应模型和并联响应模型，它们分别是以随机变量的概率分布形式进行串联、并联叠加的有效方法。

CIM 方法的主要特点是用离散的直方图表示随机变量概率分布，用和代替概率函数的积分，并按串联或并联响应模型进行概率叠加。在概率叠加的时候，CIM 可将直方图的变量区间进行调整，即所谓的区间控制，一般是缩小变量区间，使直方图与概率解析分布的误差显著减小，提高了计算的精度。CIM 模型同时也可用"记忆"的方式考虑前后变量的相互影响，把前面概率分布叠加的结果记忆下来，应用"控制区间"的方法将其与后面变量的概率分布叠加，直到最后一个变量为止。

4. 概率树。概率树分析是假定风险变量之间是相互独立的，在构造概率树的基础上，将每个风险变量的各种状态取值组合计算，分别计算每种组合状态下的评价指标值及相应的概率，得到评价指标的概率分布，并统计出评价指标低于或高于基准值的累计概率，计算评价指标的期望值、方差、标准差和离散系数，可以绘制以评价指标为横轴，累计概率为纵轴的累计概率曲线。

运用概率树计算项目净现值的期望值和净现值大于或等于零的累计概率的计算步骤包括：（1）通过敏感性分析，确定风险变量；（2）判断风险变量可能发生的情况；（3）确定每种情况可能发生的概率，每种情况发生的概率之和必须等于 1；（4）求出可能发生事件的净现值、加权净现值，然后求出净现值的期望值；（5）可用插入法求出净现值大于或等于零的累计概率。

5. 蒙特卡罗模拟法。蒙特卡罗模拟法（Monte–Carlo Simulation）又称随机模拟法或统计试验法，是一种依据统计理论，利用计算机来研究风险发生概率或风险损失的数值计算方法。在目前的农业工程项目风险分析中，应用广泛、相对较精确的一种方法。该方法源于第二次世界大战期间，Von Neuman 和 Ulam 对裂变物质中子的随机扩散进行模拟的研究，并以世界闻名的赌城蒙特卡罗作为该项目研究的秘密代号而得名。

蒙特卡罗模拟技术，是用随机抽样的方法抽取一组满足输入变量的概率分布特征的数值，输入这组变量计算项目评价指标，通过多次抽样计算可获得评价指标的概率分布及累计概率分布、期望值、方差、标准差，计算项目可行或不可行的概率，从而估计项目投资所承担的风险。具体模拟过程包括：（1）通过敏感性分析，确定风险变量；（2）构造风险变量的概率分布模型；（3）为各输入风险变量抽取随机数；（4）将抽得的随机数转化为各输入变量的抽样值；（5）将抽样值组成一组项目评价基础数据；（6）根据基础数据计算出评价指标值；（7）整理模拟结果所得评价指标的期望值、方差、标准差和它的概率分布及累计概率，绘制累计概率图，计算项目可行或不可行的概率。

9.4 农业项目贷款效益及风险防范评估

在农业建设项目融资活动中，银行贷款是重要的融资渠道。从农业建设项目融资的银行类金融机构情况来看，目前在我国主要有商业性银行、政策性银行、农村合作信用社、村镇银行等涉农银行业机构。尽管银行的性质和类型不同，但对农业项目贷款评估具有一定的普遍性，本节的目的是从一般银行业务经营的角度，评价支持农业建设项目经济效益和贷款风险防控措施。

9.4.1 银行项目贷款效益评价

银行经营核心理念是安全性、效益性、风险性的协调统一。对单个农业建设项目来讲，对银行效益应从支持该项目的安全性、效益性和风险性三个主要方面进行考虑。因此，对银行来讲，应当将农业项目的效益和风险进行统筹考虑，并将项目风险因素作为贷款直接效益的修订指标，综合评价项目带来的效益。

1. 内部评级法。巴塞尔委员会2002年正式出台了《巴塞尔新资本协议》，并于2006年开始实施。内部评级法是新资本协议的核心。内部评级法的关键是对违约概率进行的内部估计。内部评级法有两种：初级法和高级法。初级法只要求银行计算出借款人的违约概率，其他风险要素由监管部门确定。高级法则允许银行使用自己计算的包括借款人违约概率在内的各项风险要素值。新资本协议代表着国际银行业风险管理的发展方向，特别是2008年金融危机爆发后，各国银行业普遍参照新资本协议予以风险约束。为了推广使用内部评级法，我国银行业监管部门也做了大量推动工作，在银行项目贷款效益和风险评估中，国内银行业基本都遵循这个方法。

内部评级法最主要的内容是银行对内部评级中的每个等级所测算的违约概率（probability of default）。每个等级一年期的违约概率必须作为内部评级法最基本的风险要素，在计算该值时，银行风险管理部门的主观判断也是很重要的，尤其是在保证该值具有前瞻性方面。并且在具体的违约概率值测算的问题上，银行至少保留5年的历史观察值。

在银行经营管理中，内部评级法可以发挥以下作用和功能：对信贷审批授权进行界定和限制；对信贷定价进行评估；向银行管理层和董事会报告风险组合状况；对银行的资本充足率、准备金和盈利能力进行分析；对资本充足率的压力测试。

目前，我国大多数银行都建立了不同类型客户和项目，以定量指标为主的风险分析体系，结合对项目借款人的评价（主要是信用等级评定和授信额度设定）和项目的评价（主要是项目未来收益和风险的测算），来评价测算贷款风险情况。

2. 银行项目贷款效益评价。发放贷款是银行的基本经营活动，是银行取得经营效益的主要来源之一。通过贷款支持农业建设项目，银行可以获得多方面的经营效益，主要包括以下几个方面：

（1）利息收入。利息收入是指银行在贷款存续期间取得利息收入总额。目前，利息收入仍是国内银行业的主要收入来源。

（2）相关存款。在借款人取得贷款后，一方面会依据货币派生作用，产生借款人在银行的存款，而这些存款又可作为银行的低成本资金来源；另一方面，借款人的业务经营账户和资金往来会在贷款银行进行，也可以为银行提供新的存款资金。

值得注意的是，2009年中国银行业监督管理委员会开始实施《固定资产贷款管理暂行办法》、《流动资金贷款管理暂行办法》和《个人贷款管理暂行办法》三种管理暂行办法和《项目融资业务指引》（简称"三个办法一个指引"），对固定资产贷款、流动资金贷款管理提出了要求，特别是对贷款资金发放与支付方式提出了变革性的举措，要求银行对一定额以上的资金采用受托支付方式，实现贷款资金的"实贷实付"，较大地从制度层面限制了贷款派生存款的产生。

（3）中间业务收入。随着银行业竞争越来越激烈，加之风险防控的需要，近年来国内银行业明显加大了中间业务产品的开发力度，中间业务收入不断增长，将成为银行的重要收入来源，然而贷款业务对中间业务的基础性支撑地位依旧没有动摇。通过支持农业建设项目，银行向客户提供财务顾问、融资咨询、项目评估、保险代理等金融服务，也可按照与客户的协议向客户收取相关中间业务收入。采用银团贷款方式的农业贷款项目，有关银行还可以按照约定向客户收取安排费、承诺费、代理费等费用。

为了准确反映银行在承担贷款违约风险后的有效收入，应按照贷款项目的违约概率（probability of default）对收入进行调整，计算公式如下：

$$银行效益 = 银行净收入 - 贷款风险损失$$

$$银行净收入 = （利息收入 + 存款收入 + 中间业务收入）$$
$$- （资金成本 + 经营管理费用 + 相关税金）$$

$$贷款风险损失 = 贷款本金 \times 违约概率$$

9.4.2 银行项目贷款风险评估

银行是经营风险的特殊企业，也是擅长控制客户违约风险的特殊企业。为了防控项目贷款风险，一般情况下，银行可采取风险定价、贷款担保和限制性条款等措施，防范和控制贷款违约风险。

1. 贷款风险定价。信贷风险是客观存在的，只是程度不同，银行需要在预测贷款风险的基础上，为其承担的违约风险索取补偿。依据投资学理论，为了补偿承担风险，就需要在无风险收益的基础上，取得风险补偿收益。根据风险补偿理论，银行可以通过在无风险收益率的基础上收取信贷违约补偿，就可以实现对贷款风险的基本防控。对于贷款定价方法，在目前银行贷款定价中以下两种方法比较常用。

（1）成本加价法。这种定价方法比较简单，假定贷款利率包括四个组成部分：可贷款资金成本、非资金性经营成本、违约风险的补偿费用（违约成本）、预期利润，也即在贷款成本之上加一定的利差来决定贷款利率。这种方法又称为成本相加定价法。

贷款利率的计算公式为

贷款利率 = 筹集资金的边际利息成本 + 经营成本 + 预计补偿违约风险的边际成本 + 银行目标利润水平

（2）基准利率定价法。基准利率定价法是首先选择合适的基准利率，银行在此之上加一定价差或乘以一个加成系数的贷款定价方法。基准利率可以是国库券利率、大额可转让存单利率、银行同业拆借利率、商业票据利率等货币市场利率，也可以是人民银行界定的利率，还可以是优惠贷款利率，即银行对优质客户发放短期流动资金贷款的最低利率或国家对政策性银行特殊政策规定的利率。由于这些金融工具或借贷合约的共同特征是违约风险低，所以它们的利率往往被称为无风险利率（riskless interest rate），是金融市场常用的定价参照系，故也被称为基准（benchmark）利率。对于所选定的客户，银行往往允许客户选择相应期限的基准利率作为定价的基础，附加的贷款风险溢价水平因客户的风险等级不同而有所差异。

根据基准利率定价法的基本原理，银行对特定客户发放贷款的利率公式一般为

$$贷款利率 = 基准利率 + 借款者的违约风险溢价$$

2. 贷款担保。贷款担保是在借款人第一还款来源之外，建立项目贷款的第二还款来源，在借款人第一还款来源不足时，由第二还款来源发挥贷款担保的作用，从而实现对贷款风险的防范。一般来讲，国内银行业担保主要有以下几种：

（1）贷款保证担保。是指保证人与贷款行约定，为借款人履行借款合同项下的债务向贷款行提供担保，当借款人不按借款合同的约定履行债务时，保证人按保证合同约定承担连带责任。

银行在对保证人的资信状况、代偿能力等事项进行调查评估时，应当综合考虑保证人的资产规模、所有者权益、已为他人提供的各类担保余额、信用等级、现金流量、信誉状况、发展前景等因素，可根据项目具体情况参考下列公式核定保证人的保证额度。

$$保证额度 = N \times （资产总额 - 负债总额） - 已为他人提供的各类担保余额$$

其中：（资产总额 - 负债总额）的差额分别采用当期与上一年度财务数据计算并取其较低值；

$$N = 信用等级调整系数 + 银行认为必要的其他调整系数$$

信用等级调整系数为年初信用等级为 AAA 级 1.5、AA 级 1.3、A 级 1.0、BBB 级 0.8。

（2）贷款抵押担保。是指借款人或者第三人（以下简称抵押人）不转移对银行可以接受抵押的财产的占有，以该财产作为抵押物向贷款行提供担保，当借款人不履行债务时，银行有权按照抵押合同的约定以抵押物折

价或者以拍卖、变卖抵押物所得的价款优先受偿。抵押担保资源一般以不动产为主。

抵押物价值的确定，一般由外部的资产价格专业评估机构或内部评估机构进行评估。无论是何种机构评估，银行在对贷款抵押担保进行调查评估时，要认真核实评估价值的科学性和真实性。贷款抵押担保调查评估应当按照下列公式核定抵押物的最高担保额度：

抵押物最高担保额度 = 抵押物评估价值 × 抵押率

抵押人以已抵押的财产价值余额部分再次抵押的，其最高担保额度按照下列公式核定：

抵押物最高担保额度 = （抵押物总评估价值 − 上次贷款额 ÷ 该抵押物的抵押率上限） × 抵押率

本办法所称的抵押率是指贷款本息总额与抵押物的评估价值的比率，各行对抵押率的规定根据风险偏好不同有一定差异。在评估时要根据项目和抵押物的具体情况，来确定抵押率的具体数值，避免不考虑风险情况一律采集上限值的做法。

抵押率 = 贷款本息总额 ÷ 抵押物评估价值额 × 100%

（3）贷款质押担保。是指借款人或者第三人（以下简称出质人）将本办法规定贷款行可以接受质押的动产或者权利移交贷款行占有或者依法办理质押登记手续，以该动产或者权利作为质物向贷款行提供担保，当借款人不履行债务时，贷款行有权按照质押合同的约定以质物折价或者以拍卖、变卖质物所得的价款优先受偿。

一般情况下，银行根据客户提交的质押担保材料，对出质人的主体资格、意思表示、授权情况，质押物的权属证明以及其他相关手续和文件进行调查核实，确定其真实性、完整性、合法性和有效性。以动产质押的，对质押担保进行调查评估时，应当比照抵押担保调查评审的规定，对出质人及动产质物进行实地核查。抵押物价值的确定，一般由外部的资产价格评估机构或内部评估机构进行评估。在农业项目贷款评估中，质押担保较为普遍的是土地出让收入返还应收账款质押、公路收费权质押等。

3. 农业保险。农业保险的含义是为农业生产者在从事种植业、养殖业等生产过程中，对遭受自然灾害和意外事故造成的经济损失提供保障的保险。从金融学角度看，农业保险是处理农业非系统性风险（如自然灾害、意外事故）的重要财务安排，具有分散农业风险、稳定农民收入、为农业信贷提供担保、均衡收入再分配等作用。

　　农业建设项目具有自身的特殊性，容易受到自然灾害、病虫害、环境污染、瘟疫疾病等自然条件的影响，因此通过农业保险是控制农业建设项目风险的重要手段。银行通过要求客户投保农业保险，并将银行作为保险第一受益人，可以有效控制农业项目贷款在生产、建设过程中遭受自然灾害、意外事故等风险的影响。

10 农业项目贷款社会影响评估

人类社会是由经济、政治、文化、教育、卫生等各个领域组成的，所以社会发展目标也包括经济、政治、文化、艺术、教育、卫生、安全、国防、环境等各个社会生活领域，而每个领域的融资项目又都与各个社会生活领域发展目标有着一定的联系。农业项目相对来说，更加直接地关系到人们的吃、穿、用等日常生活方面，特别是作为农业大国更加直接影响到经济、社会、生态、文化、教育、卫生等领域。因此，在农业项目贷款评估时进行社会影响评估显得十分必要。

10.1 农业项目贷款社会影响评估的作用与原则

国际上对项目进行社会影响评估始于 20 世纪 80 年代，而且迄今对这一评估在许多方面还有一些不尽相同的见解和做法。我国开展项目社会影响评估工作的时间较短，只是近几年才开始的事，其中有许多问题尚处在研究和规范阶段。归纳起来，目前项目社会影响评估主要有四种类型：一是包含在项目国民经济评估中的社会效益分析；二是项目经济评估加项目收入分配分析；三是项目的国家宏观经济分析；四是引入社会学家参与评估的项目社会分析或社会影响评估。从理论上讲，前三种都属于经济分析的范围，它们之间的主要区别是项目社会影响评估不仅限于项目的社会效益分析，还包括项目的经济增长分析。第四种方法的项目社会分析或项目社会影响评估在理论上是以社会学为基础的，是真正意义上的社会影响评估，本书讨论的重点是这种方法。农业项目贷款的社会影响评估与一般项目的社会影响评估大致相同。

10.1.1　农业项目贷款社会影响评估概述

农业项目贷款社会影响评估的一般含义可以表述为：银行分析评估农业项目实施对实现国家各项社会发展目标所产生的不利影响与有利影响。项目对社会发展目标的影响主要是指对社会人口、劳动形式、劳动组织、社会就业、社会政治、文化艺术的影响。这些影响又可分为直接影响与间接影响、近期影响与远期影响。项目有的影响是明显的，有的影响是潜在的。例如由于项目实施和投产而日积月累带来的对人民健康、人口素质提高的影响，是一种远期的、潜在的影响。项目对社会发展目标的影响，很大程度上是一种相互影响。例如项目建成后，如果当地解决不了企业职工的文化娱乐生活，会影响职工的积极性从而影响项目的经济效益，这是社会环境对项目的影响，是对项目的一种不利影响。反过来，如果在项目建设中考虑了社会环境对项目可能的不利影响，进而采取措施安排好当地的文化娱乐生活，这不仅满足了企业职工的需要，也繁荣了当地的文化生活，从而就会形成项目对于社会文化发展目标的有利影响。

农业项目对社会发展目标的贡献是指由于项目的实施而对社会的各项发展目标带来的好处，即从全社会考察项目所创造的效益，一般是指正效益，这包括项目有形与无形、直接与间接的社会效益。项目的有形社会效益是指以货币形态反映的社会价值或实物效益；项目的无形社会效益是相对于有形效益而言的，一般是指项目带来的文化水平、生态环境、劳动条件、组织形式等方面的改善。

从理论上分析，农业项目的社会效益既有与经济活动有关的社会效益，也有与经济活动无关的社会效益。其中，项目与经济活动有关的社会效益，首先是物质生产对社会各部门、各地区以及国家整体经济创造的社会效益。例如农业项目建成后生产的产品使用到生产、生活中对其使用部门所产生的直接效益，对项目所在地所产生的间接效益，对国家宏观经济的有形效益，对国民经济长远发展的无形效益等。这些项目的社会效益具体的实例有：农产品对人们生活水平的提高和改善的效益，林产品对造纸业提供原材料的效益，水利项目对当地农业增产和农民增收的效益等。其次，项目的社会效益还应该包括社会生产规模的扩大与生产结构的变化所引起的服务需求增长所产生的社会效益，如由于项目投资造成的经济增长与经济发展而引起的商业服务、社会公益、社会公共设施的增加等产生的效益都属于这一类社会效益。项目与经济活动无关的社会效益，是指项目为社会各领域创造的劳动条件和能力的提高以及劳动组织形式的改变等方面的社会效益。例如农业生态环境治理和保护项目，大江、大湖水环境污染的治理项目，都有利于保护和改善了自然生态条件与生产生活条件。实际上农业项目社会影响评估就是对由于项目的建设与运行而对社会经济和社会环境等方面的正负社会效益与影响的分析与评价。

10.1.2 农业项目社会影响评估的作用

目前，我国已经制定了统一的项目国民经济评估方法，正在抓紧制定项目社会影响评估的理论和方法。根据我国的具体国情，项目社会影响评估被定义为，不包括项目国民经济评估的单独的项目社会影响评估。经过多年的研究，开展社会影响评估的作用已经基本取得了共识。

1. 有助于保证项目与其所处社会环境的相互协调。任何项目都生存在一定的社会环境中，都与社会生活各个领域有着千丝万缕的联系，社会环境对项目的费用与效益以及项目未来的生存与发展都必将产生或多或少的影响。这种客观现实的存在是不容忽视的，因而对项目不仅应进行财务与国民经济评估，还必须从国家各项社会发展目标出发去分析和评价项目的利弊得失，选择出在社会影响方面可行的项目，以保证项目顺利实施和提高项目的社会效益。由于我国过去忽视项目社会影响评估，所以项目与项目所在地和社区发生矛盾的情况时有发生，而且由于利益的冲突往往很难协调解决，最终对项目投资的经济效益不利影响也很大。究其原因，主要还是由于没有开展相应的项目社会影响评估，使得项目无法与其所处社会环境相互协调造成的。世界银行近几年全面推行了项目社会分析，在提高项目的社会效益方面取得了显著成效。

2. 有利于促进国家社会发展目标的顺利实现。一个项目除了具有财务和国民经济效益以外，还具有环境效益与社会效益。我国项目评估过去只开展项目财务与国民经济评估，基本上没有开展项目的社会影响评估，严重地影响了许多项目去更好地创造社会效益，尤其是像农业生产、农产品加工、农业农村基础设施建设项目。更有甚者，由于许多项目没有开展项目环境与社会影响评估，忽视了项目与自然环境和社会环境的和谐统一，有许多项目甚至对自然环境和社会环境造成了严重污染破坏。例如有的项目影响了项目所在地的自然环境或风景名胜，有的项目移民安置解决不好导致人民生活水平下降，有的甚至影响到农村社会的稳定。可见只作项目财务与国民经济评估，不作项目社会影响评估，不利于我国社会发展目标的实现。反之，现在我国规定要求对项目进行社会影响评估，这将更有利于通过项目建设实施去促进国家整个社会发展目标的实现。

3. 有利于减少项目投资的短期行为和盲目建设。项目社会影响评估是一种为克服项目决策中的急功近利思想和单纯从项目或企业利益出发进行决策等问题的好方法，因为这种评估要求人们考虑一个项目对于整个社会的长期影响。由于项目社会影响评估要求人们从国家和全局长远利益的观点出发考虑问题，要求注重项目对于整个社会发展目标的贡献，所以这种评估工作的开展会有利于减少项目投资中的短期行为和盲目建设等问题。开展项目的社会影响评估最重要的是提倡全面评估一个项目的社会综合效益，这必将促使项目决策者与管理机构克服各种项目投资中的短视和投机心理，增强决策的科学性，从而全面提高项目投资的社会效益，并减少不必要的项目重复建设，提高整个国民经济运行的质量。

4. 它有利于资源的合理利用和社会环境保护。项目的社会影响评估包括对项目有关文化、安全、就业、环保等方面内容的评估，通过对于项目这些方面的评估可以更好地规范人们在项目投资中的行为，特别是这可以使项目的资源合理利用和社会环境保护方面更为人们所关注。从全球来说，人类赖以生存的各种资源和社会环境正在不断地受到危害，人们必须通过项目社会影响评估去分析和找到一个项目合理利用资源和保护好社会环境的办法，进而促进经济社会的和谐可持续发展。

10.1.3 农业项目贷款社会影响评估的特点

通过与项目财务评估、技术评估和国民经济评估的对比研究，可以发现项目社会影响评估具有一定差异性。而农业项目社会影响评估更具有自身的特点，主要体现在以下几个方面。

1. 宏观性。一个国家的社会发展目标一般是根据国家的宏观经济与社会发展需要制定的，具有很强的指导性。项目社会影响评估就是要评估项目对国家社会发展目标贡献大小的，所以必须从全社会的宏观角度考察项目的存在给社会带来的贡献与影响。一个国家的社会发展目标涉及社会各个生活领域，虽然不是每个项目都会涉及社会各个领域的发展目标，但应全面评估项目对其所涉及的社会领域的发展目标的贡献和损害程度。立足我国农业大国的国情,农业项目社会影响评估直接、间接影响到社会发展的广泛领域,因而农业项目社会影响评估必然是对项目的国家宏观贡献程度的分析与评估,这就是农业项目社会影响评估所具有的宏观性。

2. 间接性。项目的社会影响虽然有直接和间接的影响,但人们更多地将项目的财物和国民经济效益看成是项目的直接效益,而将项目的社会效益(如就业效益、节能效益、创汇效益、对教育的影响、对文化生活的影响等)看成是项目的间接效益,特别是对于这些效益的计算都是按照间接效益或外部效益计算的。由于社会影响评估的特点和农业项目基础性、公益性、外部性突出的特点,对于农业项目社会影响的评估多数是一种间接的,具有明显的间接性特点。例如一个水利项目促进了农业生产发展和环境的改善所带来的效益;一个农产品加工项目建成带动了周边地区农民工就业和农民收入提高所带来的效益。

3. 综合性与长期性。项目财务评估和国民经济评估的目标比较单一,主要是项目财务盈亏分析和项目国民经济的成本与效益分析。但农业项目社会影响评估涉及社会生活各个领域的发展目标,所以具有综合性的特征。如果要综合考察一个农业项目的社会影响并判断一个项目的社会可行性,一般必须采用多目标综合分析的方法。另外,项目的财务和国民经济评估计算期一般为 20 年,而农业项目的社会影响评估还要考察项目近期与远期社会发展目标的一致性,项目对居民健康和寿命的影响,项目对居民文化水平和人口素质的影响等。这些都是几十年,甚至是几代人的问题,所以农业项目社会影响评估往往还具有长期性的特征。

4. 难以定量的特征。项目的社会影响多种多样,有许多不仅不能使用货币定量,也难使用实物量甚至劳动量去定量。例如农业项目对于文化的影响,对于生态改善的影响,对社会稳定安全的影响,对增加人们幸福指数的影响,对农村文化风俗习惯的影响等都是不好量化的。因此农业项目社会影响评估必须使用定量分析与定性分析相结合的评估方法,而且是以定性分析为主的分析与评价方法。另外,项目的财务和经济评估对各种项目可以采取相同的方法计算出行业内部收益率、净现值等进行比较分析,而农业项目社会影响评估由于项目的社会效益多样性,就难以使用同样的指标去计算比较项目的综合社会效益,因为各行业、各区域的项目对社会发展目标的贡献与影响有很大的差异。因此,不同行业、区域农业项目的社会影响评估指标的设置也不尽相同。甚至这种项目评估中的定性分析内容也因项目所属行业的不同而差别较大。这也是农业项目社会影响评估的一个重要特点，即项目社会影响评估必须结合项目所属行业、区域的特点进行，并设置项目所属行业、区域专用的项目社会影响评估方法与指标。

10.1.4 农业项目贷款社会影响评估的原则

根据农业项目贷款社会影响评估的上述特点，在实施农业项目社会影响评估中必须遵循以下几个方面的基本原则：

1. 有利国家社会发展目标的原则。任何一个项目的社会影响评估必须贯彻为实现社会发展目标服务的原则，必须符合国家或地区、产业领域的社会发展方针，必须坚持项目社会影响评估严格遵守国家相关法律和法规的基本原则。

2. 突出评估重点和特点的原则。项目社会影响评估要突出以国家发展的近期目标为重点，兼顾远期各项社会发展目标，并考虑项目与当地农村社会环境的关系特性，力求这一评估能全面反映该项目所引起的各项社会效益与影响。

3. 客观性与可靠性的原则。项目社会影响评估不但要坚持尊重客观规律，从实际出发，实事求是，采用科学适用评估方法的原则，还必须坚持可靠性的原则，要深入调查，搞准基础资料，使评估建立在可靠的基础上。

4. 可比性与科学性的原则。在项目社会影响评估中还需要坚持可比性和科学性的原则。这些原则要求在作项目社会影响评估中无论是定量分析还是定性分析均应注意具有可比性，而且评估指标的设置要有科学性。

10.2 农业项目贷款社会影响评估的内容

不同类型农业项目社会影响的方面、范围和程度不同，所以不同农业项目社会影响评估的内容会有所不同。这里将分别论述农业项目社会影响评估内容的一般要求和重点。

10.2.1 农业项目社会影响评估内容的一般要求

农业项目社会影响评估所涉及的内容十分广泛，但并不是所有的项目都涉及所有的评估内容，具体的项目必须具体确定其项目社会影响评估的内容。一般项目可从以下四个方面中选出所需进行评估的社会影响内容。

1. 对社会经济的贡献。包括：就业收益、收入分配；技术进步效益；节约时间的社会效益；促进地区经济和部门经济发展；促进国民经济发展；提高产品国际竞争力；对居民收入的影响。

2. 对资源利用的影响。包括：国土开发利用效益；节约能源、耕地和水资源；自然资源综合利用；节约其他自然资源；对防止自然灾害的影响。

3. 对文化教育的影响。包括：对当地人民文化娱乐的影响；对文化教育事业的影响；对当地人民生活的影响；对当地基础设施的影响；对当地福利的影响；对当地社会保障的影响。

4. 对社会环境的影响。包括：对文物古迹的影响；对民族团结的影响；对社区组织结构的影响；对国防和国家威望的影响；对当地人民风俗习惯的影响；对当地宗教信仰的影响；对当地政府和管理机构的影响；当地政府和民众对项目的态度。

需要强调指出的是，以上给出的项目社会影响评估内容是分布在项目不同层次与不同阶段的社会影响评估中的。从层次上讲，给出的一般内容主要包括国家层次的社会影响评估、地区层次的社会影响评估和社区层次的社会影响评估等。从阶段上讲，包括项目建议书阶段的简单社会影响评估，项目可行性研究阶段的详细社会影响评估和项目实施阶段的项目社会影响跟踪评估，以及项目后评估阶段的项目社会影响评估等阶段评估的内容。当然，在这些不同层次和阶段的项目社会影响内容和侧重点都会有所不同，所以在项目不同阶段和不同层次项目社会影响评估过程中必须要根据具体层次和阶段进行具体评估内容的选用。

10.2.2 农业项目贷款社会影响评估的重点内容

上节社会影响评估的一般内容要求，基本上概括了各类农业项目社会影响评估的内容。但在实际项目评估中，不同行业和领域农业项目的社会影响评估内容相差较大，并不能要求每个项目的社会影响评估都要全面地分析评估其中的全部内容。在具体项目评估时应根据项目的具体情况选择有关的评估内容，并结合项目所属行业的实际情况确定一些重点、针对性的内容进行评估。

在农业项目贷款社会影响评估中，对内容的要求关键体现在两个方面：项目社会效益分析评估和项目社会环境影响分析评估。对于项目社会效益的评估又可以分为正效益评估和负效益评估，而对于项目社会环境影响的评估又分为正面影响和负面影响评估。由于各种规模和类型的农业项目都对社会有影响，所以严格地讲社会影响评估应作为一切农业项目的一项重要评估内容。只是限于现实项目评估条件和评估水平，目前人们只能有重点地针对那些社会效益和社会影响显著的项目、对国计民生和社会影响较大的项目、政府给予扶持或采取特殊政策的项目进行较为全面的社会影响评估，但是未来应该对于各类农业项目都要进行社会影响评估。

由于社会影响评估的内容广泛，所以具有多目标性和多层次性。农业项目的社会效益和社会影响既可能是定量的也可能是定性的，有些影响可能关系不大，有些影响则举足轻重。更有甚者，农业项目的某些社会影响还能具有"一票否决权"。例如对于社会环境影响太差的项目和极易引起民族纠纷的项目，即使项目其他方面有优势也必须予以否决。由此可知，项目社会影响评估必然立足于"突出重点"的基础之上，充分重视评估的主要内容。同时，这种评估不但要顾及所有项目社会影响评估的共性或统一性，更要注重项目所属行业的特点和特殊性。在具体项目社会影响评估中要根据项目社会影响评估指标的权重安排评估内容，并且要首先对"一票否决"的评估内容进行评估。对于那些一般可行且影响不大的评估指标或内容可以排除或留置不作评估，而只对重要指标和内容进行分析与测算，然后进行综合评估，最终得出评估结果。

10.3　农业项目社会影响评估的步骤

10.3.1　确定评估的目的与范围

根据项目建设的主要目标和国家（地区）的社会发展目标，由贷款项目评估人员对项目所涉及的主要社会影响因素进行分析研究，找出项目对这些社会方面可能产生的影响，选出项目应当评估的指标。在分析项目应当评估的指标时要确定出哪些指标是主要的，哪些指标是次要的，项目各种社会影响可能波及的空间范围与边界以及可能发生的时间范围。此处的空间范围一般是指项目建设所在的社区、所在地区以及相邻的社区。例如有的水利项目就涉及很多省、市，地域较广阔，农村公路项目也是如此。此处的时间范围一般是项目的寿命周期或预测项目可能造成社会影响的年限。

10.3.2　选择评估的指标与指标体系

　　根据不同农业项目社会影响评估的范围，选择确定出项目社会影响评估的具体指标和指标体系。这是项目社会影响评估的第二步工作。在这一指标体系中应该包括各种项目社会效益与社会影响的定量分析与定性分析指标，并且这些指标要构成一个统一的整体。任何一个项目的社会影响评估指标体系都应该包括定量分析与定性分析的通用指标和项目独特的专用指标。

10.3.3　确定评估的基准或参照指标

　　在确定了农业项目社会影响评估指标体系以后，还应该通过收集项目可能影响现有社会经济、资源利用、文化卫生、社会人文情况及其他一些社会环境因素的有关情况，同时参考以前项目社会影响评估的资料数据去确定一个农业项目社会影响评估的基准和参照指标值。在确定这些项目社会影响评估基准或参照指标值的时候一定要坚持"满意"的原则，而不是"最高"的原则，最终才能够使用这些基准和参照指标值作为项目社会影响评估的评价标准。

10.3.4　审定被评估的项目备选方案

　　农业项目社会影响评估的第四步工作是审查和确定将要被评估的项目备选方案。即根据项目的目标确定选出在不同的建设地点，使用不同的资源，采用不同的工艺技术路线等特定条件，提出若干可供选择的项目可替代方案，或者是项目社会影响评估中的备选项目方案。这种项目备选方案的根本要求就是必须能够实现项目既定的目标，而且能够有不同的可行方法去实现这些项目目标（即项目备选方案）。

10.3.5　通过预测获得评估数据并进行评估

　　这一步工作是项目社会影响评估的关键。其核心内容是通过调查了解去收集数据，然后确立模型并作出预测和推断，最终对每个项目备选方案进行定量分析与定性分析与评估。

　　1. 对项目备选方案的项目社会效益与社会影响定量指标作数据预测。通过对相关社会发展历史统计资料分析、对项目所涉及的社会发展趋势估量以及对同类项目的历史资料分析，建立模型或选用适宜的预测方法进行预测分析，从而预测项目的各种社会效益与社会影响情况以及社会未来的发展变化情况，按照对比"有"和"无"项目两种不同情况，计算出项目社会影响评估各项定量指标的预测数据。

2. 对项目备选方案不能定量的社会效益和社会影响进行定性分析。对于项目备选方案所涉及的各种不能定量的项目社会效益和社会影响采用专家法、打分法等方法进行全面的定性分析，分析和判断项目备选方案的各种社会影响定性分析指标，给出项目对于社会发展目标与当地社会环境的影响程度和好坏的定性分析结果。

3. 分析各定量与定性分析指标的重要程度并建立项目的社会影响评估模型。针对上面两个步骤给定的项目社会影响评估定性与定量指标，采用一定的方法对它们进行重要程度的排序，找出各个项目社会影响评估指标在整个评估中的权重，然后分析和研究各项指标之间的相互关系，并制定适合具体项目使用的项目社会影响评估模型。

4. 开展专项和综合评估并选出最优的项目方案。在有了项目社会影响评估模型以后就可以开展项目社会影响的专项评估和综合评估了。其中综合评估就是采用上一步骤中建立的项目社会影响评估多目标综合评估模型去求得各项目备选方案的综合社会影响与效益。综合评估中的主要工作是将各项目备选方案的综合社会影响与效益进行比较并选出最优项目或项目方案。在比较各个项目方案的综合社会影响与效益时要着重比较那些社会效益或影响大的专项指标，或者是只比较最重要的几项指标以选出项目最优方案。然后还要对项目最优方案的一些不利影响和存在的问题提出补救措施与解决办法，并估算各项措施的补偿费用与措施费用，将它们作为社会费用计入项目的总投资中。

5. 专家论证和最终批准。根据项目的具体情况，对于项目的社会影响评估结果还要召开不同规模的专家论证会，将评估选出的项目或项目最优方案提交专家论证，必要时还需要根据专家意见对项目或项目方案进行必要的修改和调整。然后将上述各个步骤中的调查结果、预测分析、方案比选、最优方案的确定等项目社会影响评估的分析论证情况，以及项目比选和方案论证中的重要问题予以应该采取的补救措施和涉及的费用等写成报告，提出项目社会影响评估的可行性结论。这种"项目社会影响评估说明书"实际上是项目评估报告的一个重要组成部分。最后上报包括这种项目社会影响评估说明内容的项目可行性研究报告给上级评估审批单位，然后由他们根据专家的意见去审查和批准整个项目的可行性报告（其中包括项目社会影响评估报告）。

10.4　农业项目贷款社会影响评估的方法

农业项目的社会效益与社会影响可能比较广泛，而且有许多评估指标不能作定量分析只能进行定性分析。所以很难确定出通用的农业项目社会影响评估方法，我国的项目社会影响评估多数采用定量分析与定性分析相结合的方法。几种常用的项目社会影响评估方法有：调查确定评估准线的方法、有无对比的分析比较方法、逻辑框架分析法、项目利益群体分析法、综合分析法等。

10.4.1　对社会经济影响的评估方法

农业项目对社会经济影响的评估方法包括：项目对科技进步影响的评估方法、项目对国民经济发展影响的评估方法、项目对地方经济影响的评估方法和项目对人民生活影响的评估方法。

1. 项目对科技进步影响的评估方法。主要是按照定性评估的方法确定出下述指标：

（1）项目采用的技术属于何类水平（如国际领先、先进，国内领先、先进，一般水平）。

（2）项目采用的先进技术对国家、部门、地区、行业科学技术进步有哪些影响。

（3）项目采用的新技术的推广应用前景如何及其对国家、部门、地区、行业将带来哪些社会效益。

（4）项目采用的技术对普及人们的科学知识和提高人们的科学文化水平有哪些影响。

2. 项目对国民经济发展影响的评估方法。主要是按照定量评估方法，通过预测确定出下述指标。

（1）项目对所属部门的经济有哪些影响以及影响有多大。

（2）项目对相关部门的经济有哪些影响以及影响有多大。

（3）项目对整个国民经济发展有哪些影响以及影响有多大。

（4）项目对整个国民经济结构的调整有哪些影响以及影响有多大。

（5）项目对提高国民经济运行质量和效益有哪些影响以及影响有多大。

3. 项目对地方经济的影响。项目对地方经济发展影响的评估方法与项目对国民经济发展影响的评估方法相同，主要也是按照定量评估的方法，通过预测确定出下述指标：

（1）项目对地方经济有哪些影响，这些影响有多大。

（2）项目使地方人均国民收入提高了多少，包括项目增加的国民收入和项目直接带动的地方企业增加的国民收入。

（3）项目对当地经济结构的改善有哪些和有多大。

（4）项目促进地区经济发展的影响有哪些和有多大。

（5）项目是否带动了地方文化、教育、医疗、卫生条件的改善，改善有多大。

10.4.2　对资源利用影响的评估方法

农业项目对资源利用影响的评估方法包括：项目对自然资源和社会资源利用影响的评估两个方面，其中最主要的是对下面几个评估指标的评估，既有定性评估也有定量评估。

1. 项目对各种社会资源利用影响的评估。这主要是使用定性的方法去分析项目对于社会各种基础设施、文化教育和卫生保健设施以及其他的各种社会资源的占用和利用情况进行评估。其中定性的方法用于评估项目是否对各种社会资源的利用有影响和影响是好还是坏，而定量的方法则是用于评估这些影响的大小和采取相应措施的投入大小。

2. 项目对国土开发利用效益影响的评估。这主要是使用定性的方法评估项目是否占用过多的土地甚至耕地，有无浪费国土资源的情况，项目对所在地的国土资源开发有何贡献，是否影响了项目所在地的土地使用以及同当地群众有无土地纠纷等。然后使用定量的方法评估如何补偿这方面造成的影响和补偿原有土地的收入。

3. 项目对节约能源和各种自然资源影响的评估。首先应该使用定性的方法评估项目的能源利用情况，项目的节能情况，项目的能源使用和取水方案对当地的能源供应和水资源供应以及人民的生活近期和远期是否有影响。然后使用定量的方法评估这种影响是多大和采取措施解决的话要投入多少等。

4. 项目对自然资源综合利用影响的评估。首先需要使用定性的方法去评估项目对自然资源综合利用有无贡献，对节约自然资源有无影响，对自然资源的各种影响是否需要采取必要的处理措施。然后使用定量的方法评估项目对自然资源综合利用的影响总量和采取相应措施所需付出的代价总和。

5. 项目对防止和造成自然灾害影响的评估。对于像三峡水利工程项目和黄河小浪底水利工程等这样大型项目，还必须使用各种专业方法评估项目对防止自然灾害或造成自然灾害进行评估。这种评估的方法也是一种定性与定量相结合的评估方法。

10.4.3 对文化教育影响的评估方法

农业项目对文化教育影响的评估方法包括：项目对当地人民文化娱乐的影响、对文化教育事业的影响、对当地人民生活的影响、对社区建设、社区福利、社会保障影响等几个方面的具体评估。同样这些方法既有定性评估也有定量评估。

1. 项目对当地人民文化娱乐影响的评估。这主要是使用定性的方法去评估项目是否增加了当地人民的闲暇时间和娱乐活动，是否建设了新的文化娱乐设施和场所，以及评估这些方面所带来的人民福利的提高。另外，还要评估项目对当地人民的文化生活有无不利影响，如果有需要采取什么措施解决和这些措施需要投入多少。

2. 项目对文化教育影响的评估。这主要是使用定性与定量的方法去评估项目对当地普及义务教育、提高人口文化素质有无影响和有多大影响，项目是否需要建设新的教育设施、文化设施，以及建设这些设施的投入是多少等。

3. 项目对当地人民生活影响的评估。这也是使用定性和定量的方法去进行相应的评估。其中最主要的评估内容包括：项目对增进人民健康和延长寿命有无影响，项目是否影响和改变了人民的卫生健康习惯以及会有多大的影响等。

4. 项目对社区建设、社区福利和社会保障影响的评估。这方面也要使用定性和定量相结合的方法去进行评估。主要评估内容包括：项目对当地人民家庭收入有无影响，项目对当地人民改善衣食住行条件有无影响，项目在增加公用服务设施和方便人民生活方面的影响，项目对人民的社会福利和生活习惯的影响，项目对当地人民的生活供应和供应价格的影响，项目对职工的生活服务设施的影响和项目对社区基础设施和城市建设的影响等方面。

10.4.4　对社会环境影响的评估方法

农业项目对社会环境的影响评估方法包括：项目对文物古迹、民族团结、人民风俗习惯和宗教信仰及国防建设等影响的评估。这些方法以定性的评估方法为主。

1. 项目对文物古迹影响的评估。这主要是针对项目对当地的风景、文物、古迹、旅游区等方面的影响进行必要的评估。这种评估在许多时候和地区使用的是"一票否决"的评估方法。例如，对于一般公共和民用建设项目而言，如果在其工地上发现有出土文物，一般就必须停止作业甚至会采取强制迁址的办法。

2. 项目对民族团结影响的评估。这包括有关项目对社区组织结构的影响评估，项目建设是否尊重了当地习俗，项目建设与实施对当地民族团结的影响，项目是否遵循了国家的民族政策，项目是否尊重了当地各民族的风俗习惯和宗教信仰等。这方面影响的评估也有采取"一票否决"的评估方法的时候。

3. 项目对国防和国家威望影响的评估。这方面的评估需要使用比较独特的评估方法去评估项目对加强国防建设的影响，以及项目对于提高国家威望或降低国家威望的影响。这方面的独特性主要表现在只有很少的独特项目需要作这方面的评估，而且需要使用特殊的评估方法。

4. 对当地人民风俗习惯和宗教信仰影响的评估。这包括项目对所在地人民的风俗习惯和宗教信仰的影响的全面评估。它所使用的方法包括对项目所在地人民风俗习惯和宗教信仰的调查，项目对这些正面和反面影响的定性分析和项目对这些影响大小的定量分析方法。

5. 项目与当地政府和管理机构以及民众相互影响的评估。这主要是评估项目取得地方政府与群众支持的程度，他们参与项目决策、设计和实施的程度，地方政府和民众对项目的支持程度，地方政府和管理机构（如当地公安、政法等机构）是否应项目建设而需要扩充，这类扩充是否得到了当地政府的同意，需要多少费用和人员等方面的问题。

10.4.5　社会影响的综合评估

在完成上述定量与定性评估指标的单项分析评估后，还必须对农业项目的社会影响进行全面而综合的评估，以确认和求得项目的综合社会效益与社会影响，从而确定项目的可行性。建议采用如下两种项目社会影响综合评估的方法。

1. 多目标分析的综合评估方法。农业项目的社会效益和社会影响是广泛的、多层次的，就其内容而言就包括社会经济效益、自然资源利用、文化教育影响、社会环境影响四个方面，而且它们又分别有各自的下一层次评估指标，甚至这些下一层次的评估指标还能进一步分解。这样从数学模型结构建立角度来看，项目社会影响评估综合评估方法应该是一个典型的递阶多层次的模型结构。由于这些项目社会影响评估指标（或准则）的种类既多，性质又各异，而且不存在统一的量纲，甚至有的可以量化，而有的只能定性分析，加之项目的不同和项目所处地区差异与行业的差别就注定了这种评估方法必然是以经验判断为基础的定性与定量相结合的综合评估方法。鉴于此，项目社会影响评估最简单可行的方法就是"综合评分法"，这又可以分为打分法和层次分析法等典型的多目标综合评估的方法。评估者可以根据项目的社会影响评估定量与定性指标复杂程度，任选其中一种具体的方法。这些方法都是典型的项目评估方法，所以在此不再进一步展开叙述了。在实际评估中一般都要由专家根据项目所处环境和国家有关政策去选定具体方法，然后确定各项评估指标的评分和重要度并给出相应的权重，最终计算求得项目的综合社会影响评估结果。

2. 矩阵分析总结法。此方法是一种将各项定量与定性分析评估指标排列在一个矩阵表中，即"项目社会影响评估综合表"中，然后利用矩阵表精细评估的方法。具体的矩阵表可见表 10.1：

表 10.1　项目社会影响评估综合表

顺序	社会影响评估指标 （定量与定性指标）	分析评估结果	简要说明（包括措施、补偿及其费用）
1			
2			
3			
……	……	……	……
	总结评估		

将表 10.1 中各项定量与定性评估指标首先进行单项评估，然后将单项评估的结果按评估人员提出的权重排列顺序列于矩阵表中，从而使决策者

对项目社会影响评估中的各单项指标评估情况一目了然。然后由评估人员对此矩阵表所列出的各专项评估指标进行必要的分析，阐明每一指标评估结果的可行与否，以及它对项目社会影响评估的重要程度并将一般可行并且影响较小的评估指标分步排除，着重分析考察最后剩余的对于社会影响大的评估指标，然后根据具体的分析预测数据分析评估它们对于项目社会影响的大小，最后给定它们各自的权重和得分值并采用连加或连乘的方法给出项目社会影响评估的综合评估结果，确定得出项目在社会影响方面的可行与否的结论。

11　农业项目贷款总评估

11.1　农业项目贷款总评估的任务

11.1.1　项目总评估的概念

农业项目贷款总评估是银行评估人员在汇总各分项评估结果的基础上，运用系统分析研究方法，对拟建投资项目的可行性及预期效益进行全面分析和综合评估，提出结论性意见和建议。项目总评估是整个评估工作的最后一个环节。通过对各分项评估内容的系统整理，保证项目评估内容的完整性和系统性，统筹衡量整体项目，作出全面、准确、客观的判断和总评估，就项目贷款支持提出明确结论。它不仅综合反映了前期各分项评估工作的成果和质量，而且还能直接为项目投资决策提供科学依据。

11.1.2　项目总评估的目的

农业项目贷款综合评估的目的是使项目设计适应于所处的整个社会环境，保证项目建设达到预期的经济目的，促进社会的进步与变革，为贷款决策提供科学依据。

农业投资项目总评估有两重目的：一是在各个方面、各层次分析评估的基础上，谋求项目方案的整体优化，而并非强调某一项指标或几项指标必须达到最优；二是将从不同角度进行的分析评估所得出的结论，进行综合，得出对项目整体效果和影响的完整概念。对于农业项目贷款的总评估还有一个重要目的是综合评价项目的风险性为贷款决策提供科学依据。

总之，投资项目总评估应能弥补各方面、各层次分析评估提供信息的分散和不足，给决策者提供全面的信息，有利于权衡利弊，科学决策。

11.1.3　项目总评估的任务

1. 提出总体评估结论。在项目评估中，企业财务评估和国民经济评估的结论往往是初步的、分散的，有的评估指标有时可能有相互矛盾之处，如财务效益好而经济效益差，或经济效益好而社会效益差等，这就需要在充分调查研究、取得大量可靠的数据基础上，把分散的结论联系起来，进行综合分析，评价利弊得失，纠正分项评估中的偏颇之处，明确矛盾的主要方面，用尽可能少的社会劳动消耗，获得尽可能多的经济社会和生态环境效益，提出尽可能满意的方案，从而得出正确的总体的评估结论。

2. 开展重点分析弥补缺陷。不同的项目有不同的规模和特性，有的项目在某些问题上需要作特别周密深入的分析，因而在企业评估和国民经济评估完成后，还需要对某些方面作弥补缺漏或重点深入的分析。

3. 开展系统分析提供决策。在项目可行性研究中，往往对项目提出几个不同的方案，有的表现在厂址上，有的在工艺上，有的在规模上，有的则涉及几个方面。虽然在分项评估时已对不同方案作了初步分析，在分项评估完成后，需要联系各个方面作进一步分析，对方案作出最后抉择。

11.2　农业项目贷款总评估的内容与结论

11.2.1　农业项目贷款总评估主要内容

农业项目贷款总评估应根据国家宏观政策和银行制度要求以及项目的具体特点，在财务评估、国民经济评估、社会影响评估的基础上，进行综合的计算、分析和论证。评估的内容主要包括以下几个方面。

1. 综述项目评估过程中重大方案的选择和推荐意见。主要论述项目建设方案的必要性和可行性。必要性指项目建设符合国家的政策方针和产业投资的优先方向，产品适应市场需求，项目建设能解决阻碍原有企业发展的问题，并与原来的生产技术条件协调配合，对当地经济社会发展和农民就业有促进作用。可行性指项目的建设条件和生产条件能得到充分保证。要进行工艺设备、生产技术等是否先进、适用、安全、产品方案、建设规模是否可行，项目所需各项投入物资供应能否保证等方面的分析论证工作，并确定相关项目的同步建设问题。

2. 综述项目建设方案的企业财务效果，包括项目投资来源和筹措方式、融资方案，以及生产成本、销售收入、利润、税金和贷款还本付息等财务基础数据的测算工作，编制现金流量表、损益表、资金来源与运用表、财务外汇平衡表和资产负债表，据此进行各种企业财务收益评估指标的计算、分析和论证工作。

3. 综述项目建设方案的国民经济效果，包括国民收入和社会净收益等经济效果指标的计算和分析，还应考虑收入分配效果、劳动就业效果、外汇效果、综合能耗和环境保护等社会效果的计算和分析，以及各种非数量化的社会效益与影响等定性分析。

4. 综述不确定因素对项目经济效益的影响及项目投资的风险程度。为了检验企业财务评估和国民经济评估的可靠性，还必须运用盈亏平衡分析、敏感性分析和概率分析等不确定性分析方法，判断项目经济效果的客观性和真实性，采取积极措施，确保项目投资的可靠性，减少投资的风险程度。

5. 综述项目非数量化的社会效果。应根据项目的具体情况及特点，确定综合分析内容。一般应包括：对改善农民生产生活条件及社会福利的影响；提高产品质量对产品用户的影响；对节约及合理利用国家资源（如土地、矿产等）的影响；对节能减排的影响；对推进城镇化节约劳动力或提供农民就业机会的影响；对环境保护和生态平衡的影响；对当地区域经济或部门经济的影响；对减少出口、增加进口、节约外汇和创造外汇的影响；对提高国家、地区和部门科学技术水平的影响；对国民经济长远发展的影响；对国防建设和国家安全的影响；对工业布局和产业结构的影响；对部门、地区公平分配的影响。

6. 提出项目评估中存在的问题和有关建议，主要是对各种技术方案、总体建设方案、投资方案等进行多方案选择和论证，最后推荐一个以上的可行方案，或者对原方案提出改进或"重新设计"的建议或作出项目不可行的建议。

总之，总评估内容的实质就是银行调查评估人员根据上述各项目计算、分析的结果，进行综合平衡的分析，将结论提供给银行贷款审查审批管理部门，作为项目贷款决策的科学依据。

11.2.2 农业项目贷款总评估结论要点

1. 推荐方案概述与分析评估结论。

（1）推荐方案的主要内容和分析研究结果。包括：市场预测，简述市场预测的主要结论，指出投资项目产品目标市场定位、竞争能力、销售前景及营销策略；资源开发项目的资源条件评估，对于资源开发项目需对资源条件进行简要描述，对资源条件是否能满足项目目标要求进行分析并作出评估结论；建设规模与产品方案，简述确定的建设规模与主要产品方案；场（厂）址方案，概述通过比选后选定的场（厂）址方案及其优缺点；工艺技术和主要设备选型方案，简述选定的工艺技术和主要设备；主要原材料、燃料动力供应方案，简述主要原材料、燃料动力供应的来源、运输方式和保障程度；公用工程、辅助工程及其他配套设施和外部条件，简述主要的公用工程、辅助工程及其他配套设施的方案，以及必须配套的外部条件；环境影响评估与环境保护措施方案，简述拟采用的环境保护措施主要方案及环境影响评估结论；项目投入总资金估算和融资方案，要对项目投资估算和融资方案分析的结果加以简要的描述；财务效益、经济效益和社会效益与影响，投资项目的效益表现在多个方面。应简要描述所估算的财务效益、经济效益和社会效益与影响，可以采用定量分析与定性分析相结合的方式，并列出关键性的指标；风险分析结论与对策，任何经济活动都可能有风险，只不过风险大小各异，在推荐方案的总体描述中必须把项目可能面临的主要风险进行简要的描述，并同时说明所研究的风险对策，使决策者明晰项目风险，在充分估计风险的前提下，权衡风险与效益，作出合理的决策，同时也为下一步的风险管理打下良好的基础；项目（方案）实施的基本条件，有些项目目标的实现是以某些限定条件为前提的，对于这类项目要明确描述项目（方案）实施的基本条件，以及通过分析研究所认定的基本条件的满足程度；其他方面，投资项目情况复杂，目标各异。根据不同项目的具体情况和特点，作出相应的针对性的描述或提出特定的建议。

（2）推荐方案的不同意见和存在的主要问题。

投资项目的决策分析与评估过程中强调多方案比较。在上述研究的多个方面都不同程度地进行方案比较，最终提出推荐方案。由于任何方案都不是完美的，总有这样或那样的不足，人们对相关问题的观点又可能不同，所以对于推荐方案一般会有不同的意见，因此，应对推荐方案的不同意见和存在的主要问题进行实事求是的描述。

（3）推荐方案的结论性意见归纳。

根据上述对推荐方案的主要内容和分析研究结果的总体描述，归纳出推荐方案的结论性意见。

2. 主要比选方案概述。

在投资项目的决策分析和评估过程中，通过多方案比较，推荐相对优化的方案。在结论部分应对由于各种原因未被推荐的一些重大比选方案进行描述，阐述方案的主要内容、优缺点和未被推荐的原因，以便决策者从多方面进行思考并作出决策。

11.3 农业项目贷款总评估的程序和步骤

农业项目贷款总评估不是简单地罗列和汇总各分项评估的结论，也不能简单地重复可行性研究的内容，而是要以可行性研究和各分项评估为基础依据，将所获数据资料加以检验审核和整理，进行对比分析、归纳判断、"去伪存真、去粗取精、由此及彼、由表及里"的综合分析研究，结合拟建项目的实际情况，提出项目总的最终评估结论和建议。

1. 检查和整理各分项评估资料。在进行项目建设必要性、生产建设条件、工艺技术与设备选型、财务效益和国民经济效益等各分项评估时，已经搜集、测算了各项基础数据和评估指标，并作出了判断和结论。因此，到项目总评估阶段，首先应该对各分项评估所取得的数据资料和测算的指标进行检查、审核、整理和归类，剔除重复和不切实际的内容，修正错误的数据，调整价格和参数，增补一些遗漏的资料，做到数据准确、内容完整、结论可靠，为编写评估报告打好基础。

2. 对比分析，编制对照表。总评估时应进行对比分析，不仅要对各分项评估结论进行对比分析，考虑各分项评估的质量和深度，纠正各分项评估中某些结论的差误，最主要的是将这些分项评估结论同可行性研究报告的结果进行对比分析。由于项目评估与可行性研究两者的主体和分析角度不同，很可能出现不同的评估结论，应分析论证两者的差异，寻找产生的原因，作出相应的分析说明。例如，在分项对数据来源进行充分分析的基础上，说明是由于基础数据不同、预测和估算的方法不同，或纯属计算误差等，而后进行切合实际的调整补充和修正，提高分项评估质量，并进一步全面系统地编制出项目评估前后的基础数据与基本指标对照表。

3. 归纳判断，提出最终结论和建议。这是将分项评估的初步成果，客观公正地进行分类，归纳出几个主要问题，判断项目建设的必要性及可行性，并对技术、财务、经济等各方面进行多方案比较和优选，抓住关键问题，进行深入研究、补充分析，最后进行综合分析论证，作出最终结论和建议。同时针对不同服务对象和评估目的，提出各有侧重的建议和意见。例如，对于政府有关部门批准立项提出决策依据的项目评估，应着重考虑项目建设是否符合国家的产业政策和布局政策，提出是否建议有权机构批准该项目的建议。又如，对于由项目贷款银行（含政策性银行和商业银行）和其他金融机构提供贷款决策依据的项目评估，应着重考虑企业的资信和项目偿还贷款的能力与贷款的风险，提出能否给予贷款的建议和意见。

4. 编写项目评估报告。这是项目总评估的最后一个阶段，它体现了整个项目评估的所有成果。评估报告应全面系统地反映各分项评估的内容和结果，提出综合评估结论，写明最终对项目贷款评估的结论和决策建议。

11.4 农业项目贷款评估报告的格式内容与要求

11.4.1 评估报告的一般格式与内容

农业项目贷款评估报告是银行机构参与国家投资决策的重要体现，更是银行信贷主管部门对项目贷款决策和贷后实施监督管理的重要依据。由于农业项目的类型多样，项目性质、规模和行业不同，以及各家银行机构制度要求存在差异，因此评估报告的内容和重点也各有侧重、不尽相同。这里列出评估报告应包括的基本内容。

1. 报告的封面。应写上"×××项目评估报告"字样，写明评估单位全称及报告完成时间，在第一、第二页上分别说明"评估小组人员名单及分工"和"评估报告目录"。

2. 正文部分。应包括：总论与项目概况；项目建设必要性评估；项目建设及生产条件；技术评估；基础财务数据预测与财务效益；国民经济社会效益；投资来源及资金筹措方式；不确定性分析；问题与建议；总评估。

3. 附件、附图及附表。包括：各类评估报告，评估基本报表和辅助报表，证明文件及依据参考资料。

11.4.2 评估报告撰写要求

项目评估报告是为政府有关部门、贷款金融机构和企业投资者提供投资决策依据的决策文件。要求评估人员从银行的角度（普通项目评估应站在第三方的角度），坚持全面、公正、客观的原则，依靠各种数据资料，对项目进行具体介绍和评估分析。

项目评估人员必须按照国家有关部门和行业规定的"方法与参数"及其他有关规定对项目进行严格客观、认真审慎的评估，并以实事求是的科学态度，按照统一的要求与格式编写评估报告。

报告撰写的文字要求是：语言要简练准确，结构要紧凑严谨，数据来源要真实，论据要充分可靠，判断要逻辑严谨，结论要客观明确。

报告撰写需要注意的问题。根据项目评估的实践，在农业项目贷款评估中要注意的问题包括：一是评估报告中数据来源要有依据，出处要可靠，尤其是对财务数据、产品原材料价格、抵押物价值的采集要客观准确，不可盲目采信要进行认真核算，避免高估或社会评价机构数据造假，确保真实可信，在报告中可通过单项说明或标注的方式体现，必要的情况需提供相应权威证明。二是在充分论证分析和综合评估各种风险的基础上，针对项目具体情况提出相应风险防控措施，包括贷款条件的设定，利率水平的明确。三是对农业项目贷款在必要性和社会效益分析中，要重视对国家宏观调控政策，支农惠农政策的体现，关注对城乡统筹和新农村建设的推动作用，特别是政策性银行贷款项目还要重视对农村经济的发展，产业结构优化、农民利益的保护。如土地整理、农村公路、农田水利等涉及农户拆迁类型的项目。四是农业项目贷款评估报告要根据农业项目规律特点和具体情况，按照项目评估的一般要求，突出重点，体现特点，注重区域，逻辑严谨，观点明确，即根据项目的具体特点，对投资者和贷款决策部门极为关心的问题进行重点论述，作出明确的结论，提出的建议要有针对性，防止重复、遗漏和千篇一律的现象。

12　农业项目贷款后评价

自 20 世纪 70 年代以来，贷款项目后评价在国际上逐步得到重视和发展，贷款项目后评价已经成为项目贷款管理的重要组成部分，世界银行还成立了专门的业务评价局。在银行机构贷款项目后评价通常由项目贷款审批行专业部门组织，并撰写评价报告。同时按照信贷管理制度要求定期向本级或上级行主管部门或贷款审查委员会汇报。因此，农业项目贷款后评价不仅是项目管理学理论的重要内容，更是银行机构信贷风险管理的重要环节。

12.1　农业项目贷款后评价概述

12.1.1　项目生命周期

1. 项目生命周期的定义。项目作为一种创造独特产品与服务的一次性活动是有始有终的，项目从始到终的整个过程构成了一个项目的生命周期。与项目的定义一样，对于项目生命周期也有一些不同的定义。其中，美国项目管理协会的定义最具代表性，它对项目生命周期的定义表述如下：“项目是分阶段完成的一项独特性的任务，一个组织在完成一个项目时会将项目划分成一系列的项目阶段，以便更好地管理和控制项目，更好地将组织的日常运作与项目管理结合在一起。项目的各个阶段放在一起就构成了一个项目的生命周期。”这一定义从项目管理和控制的角度，强调了项目过程的阶段性和由项目阶段所构成的项目生命周期，这对于开展项目管理是非常有利的。

在对项目生命周期的定义和理解中，必须区分两个完全不同的概念，即项目生命周期和项目全生命周期的概念。项目生命周期的概念如前所述，而项目全生命周期的概念可以用英国皇家特许测量师协会所给的定义来说明。这一定义的具体表述如下："项目的全生命周期是包括整个项目的建造、使用以及最终清理的全过程。项目的全生命周期一般可划分为项目的建造阶段、运营阶段和清理阶段。项目的建造、运营和清理阶段还可以进一步划分为更详细的阶段，这些阶段构成了一个项目的全生命周期。"由这个定义可以看出，项目全生命周期包括一般意义上的项目生命周期（建造周期）和项目产出物的生命周期（从运营到清除的周期）两个部分，而一般意义上的项目生命周期只是项目全生命周期中的项目建造或开发阶段。

2. 项目周期的阶段划分。项目周期一般可分为四个阶段：项目准备阶段，即从规划、项目可行性研究到项目设计完成阶段；项目实施阶段，即从项目开工到项目竣工阶段；项目总结阶段，即从项目竣工到进行项目后评价之前的阶段；生产运营阶段，即从项目正式移交生产运营后到项目经济寿命结束之前的阶段。

12.1.2 贷款项目生命周期

1. 贷款项目周期定义与阶段划分。贷款项目周期是依附于项目周期的概念，贷款项目周期的各阶段与项目周期相互对应。在项目准备阶段，银行开始介入，与项目业主探讨贷款融资的可能性，开展营销、情况采集等工作，根据项目报批的需要，必要时对项目出具贷款承诺函；在项目实施阶段，项目贷款运作进入实质阶段，开始进行项目评估、审查审批、信贷资金发放与贷后监管等；在项目的总结阶段，银行会适时开展贷款项目后评价，总结项目贷款运作的得失；在项目的生产运营阶段，银行将按照借款合同约定，按计划收贷收息，直到收回全部的贷款本息。由于各银行定位与经营战略的不同，贷款项目周期可能存在差异。

2. 世界银行贷款项目周期阶段分析。世界银行对其贷款类业务项目周期的定义包括八个阶段：制定国别战略—确认项目—准备（收集材料）—评审—批准—实施—完工—后评价。对各个阶段的具体内容、工作流程和决策程序，世界银行均有明确、详细的规定。需要说明的是，这里所说的项目周期及各个阶段的划分只是概念性的，不应根据字面意思简单机械地理解各个阶段的内容和各阶段之间的关系。例如，世界银行一贯强调程序正确的重要性，要求一个阶段结束之后才能开始下一个阶段。但是在实际操作中，根据实际情况有时也允许不同阶段相互重叠。

（1）国别战略：世界银行机构庞大，一个国家的业务可能牵扯众多内部操作部门。世界银行认为，任何一个项目都不应该是孤立的，单个项目应该是整体战略的一部分，应该在整体战略的指导下确认、展开一个项目。因此，在世界银行的工作流程中，国别战略的制定、维护、调整一直受到高度重视。国别战略规定了一定时期内针对某一国家或地区的工作方针，须提交执行董事会审阅批准，且批准后在一定时期内具有稳定性；所有项目必须与国别战略保持一致，如果出现不一致，必须报请高级管理层（副行长或高级副总裁）批准。在实际操作中，国别战略起到了指导所有操作部门工作的作用，保证了日常工作在纵向和横向上的一致性。

（2）贷款审批流程：从确认项目到执行董事会批准贷款可以认为是世界银行贷款的审批阶段。

（3）签署贷款协议：世界银行贷款的借款人一般为借款国（由借款国政府某一部门代表），正式签署的法律文件一般包括贷款协议或融资协议和项目协议。贷款协议或融资协议一般由借款国财政部代表借款国与世界银行签署，内容包括定义和一般条款，贷款金额、费用、利率、还款安排，贷款用途，生效条件，联系信息五部分。项目协议一般由世界银行与项目实施单位签署，主要用于约束对方，确保项目的执行过程符合世界银行的相关要求。贷款协议或融资协议一般只有一份，项目协议则可以根据项目实施单位的数量签署一份或多份。如果借款人不是借款国，世界银行一般会要求借款国再与其签署一份保证协议。从表面上看，世界银行贷款协议的法律文本相当简单，贷款协议全长不过18~20页，其中正文部分不过3~4页；项目协议的长度一般在3~4页。但是上述协议都明确约定，签约人必须遵守世界银行颁布的贷款通则、项目支付提款指引、采购指引、反欺诈和腐败指引等世界银行制定颁布的指引。这些指引是世界银行在长期实践的过程中经不断修改完善逐渐形成的，适用于所有项目，除极个别的条款外，一般没有谈判的余地，借款国只能接受。严格地讲，这些文件也应视为贷款协议的法律文件，因此世界银行贷款的法律文件实际内容和长度相当巨大。

（4）采购：世界银行一般要求项目国政府通过全球招标进行采购，采购方案是世界银行评审项目的基本内容之一。按照世界银行要求，项目国政府须在项目评审阶段提交采购方案；项目获得批准之后，项目国政府的采购活动应与批准的采购方案基本一致。大多数情况下，世界银行会要求将项目设计、材料/设备采购、土木工程和施工监理等内容分成若干个子项，分别进行招标。此外，鉴于项目国政府具体负责项目实施的单位往往不具备相应的专业技术能力，世界银行一般还会要求项目实施单位再聘用一个咨询顾问，其职责包括帮助项目实施单位审查设计方案、制定招标文件、监督施工情况、审查监理报告，并随时就项目实施过程中可能遇到的技术、采购、审计和财务管理等专业技术性问题提出意见。按照世界银行的操作程序，项目实施单位是完成上述招标、采购工作的主体，并最终与中标者签署合同。为了杜绝采购中的腐败行为，有效控制项目预算和建设成本，世界银行制定了详细的采购指南。世界银行不仅要求项目国政府和项目实施单位在贷款协议中承诺遵守指南中的所有规定和要求，还要对整个采购过程进行严格的监管，包括招标文件须经过世界银行审查同意才可以正式对外公布；投标公司的资质须符合世界银行的要求，如果个别条件不符合要求，须事先征得世界银行同意；标书须通过世界银行规定的途径发布，招标过程须符合世界银行采购指南规定的程序；招标结果以及采购合同须征得世界银行同意，由世界银行出具无反对意见书之后，项目实施单位才能与承包商正式签署等。

（5）项目建设期管理：世界银行对项目建设期的管理包括多套机制。具体包括以下内容：

①监理公司和独立审计机构。世界银行一般会要求项目实施单位聘用监理公司对供货及施工质量进行监理。同时，世界银行还会要求项目国政府聘请独立的审计机构，对贷款资金的使用情况进行独立审计，并将审计报告提交世界银行。

②咨询顾问。如上所述，世界银行一般会要求项目实施单位在监理公司之外，再聘用一个咨询顾问。

③贷款通则与各种指引。世界银行对项目的建设期管理主要针对项目国政府和项目实施单位，一般不直接接触项目承包商、监理公司、咨询顾问的项目实施实体。为了通过项目国政府和项目实施单位约束这些具体实施项目的实体、保证项目结果，世界银行制定了非常详细的贷款通则和各种指引（包括采购和监理指引、咨询顾问选择指引、预防和反腐败指引

等），要求项目国政府和项目实施单位严格遵照执行，并要求事先对所有招标文件、投标公司资质和各种合同（包括供货和工程承包合同、监理合同和咨询顾问合同）进行审查。

④代表处。世界银行派驻项目国的代表处负责项目实施阶段的日常管理工作，包括与项目国政府和项目实施单位保持经常性的联系、跟踪了解项目工程进度和实施情况、监督世界银行相关规定的落实情况、督促项目国政府及项目实施单位加快项目实施进度、处理提款申请，等等。如代表处发现项目执行过程存在问题，须及时向总部主管处室报告，由后者决定如何处理。

⑤项目建设期检查工作组。世界银行每年通常会向一个项目国派遣1~2个项目建设期检查工作组。该工作组是一个综合性的工作组，工作内容通常会涵盖某一领域（如交通领域、能源领域等）。该工作组一般由某一领域的项目负责人带队，成员包括专业技术、招标采购、财务管理、环境保护等方面的专家，以及代表处负责该领域项目日常管理的人员。工作组一般会在项目国工作两周左右，工作内容不仅包括检查在建项目的施工进度、工程质量、提款进度和资金使用情况、上次检查工作组所发现问题的解决情况等，还包括检查建成项目的使用和维护情况，讨论双方在该领域内的合作规划及潜在项目等。

⑥工作纪要。上述工作组结束在项目国的工作之前，双方会签署一份工作纪要，内容包括双方在该领域内合作情况的回顾，世界银行工作组在此次检查中发现的问题及世界银行方面的意见、建议、要求，双方共同认可的下一步工作计划和行动步骤等。从某种意义上讲，该纪要不仅是此次工作组工作情况的记录，同时也是自上次检查以来双方工作的总结回顾和今后一段时间内（下次"检查"之前）双方开展工作的蓝图和脚本。

（6）完工报告：世界银行项目建设期通常会延续1~10年。当项目贷款全部提取完毕或贷款期结束后，每个项目都必须完成一份项目完工报告，内容包括项目背景、建设内容、实施过程、最终完成情况和实际取得效果、存在的问题、经验教训等。完工报告由业务处项目组完成，须按照同业复核程序进行讨论审查，最终提交执行董事会讨论批准。

（7）后评价：一个项目的贷款期全部结束以后，世界银行将对其进行后评价。后评价由世界银行内部的一个独立部门完成，该部门直接受执行董事会领导。后评价的内容包括回顾完工报告，审查项目最终的实施效果和项目本省的可持续性、该项目对项目国可持续发展的影响等。单个项目的后评价过程通常会持续 4 ~ 6 周，最终会形成一份独立的报告，提交执行董事会审查。

12.1.3 项目贷款后评价的概念和目的

项目贷款后评价是贷款项目生命周期的重要一环。作为项目管理的重要内容，项目后评价与项目评估理论与操作体系几乎同时建立。而把项目后评价引入银行贷款管理，则得益于世界金融组织的大力推动。国际金融组织在开展投资贷款项目后评价时，一直不断强化项目后评价的功能。世界银行（WB）、亚洲开发银行（ADB）、国际货币基金组织（IMF）等国际金融组织的后评价机构均是整个组织机构的重要组成部分，且独立于其他业务部门，直接隶属于该金融组织的最高领导机构——董事会。世界银行负责项目后评价的业务评价局，直接由银行执行董事会领导，保证了后评价机构的权威性和独立性。世界银行每年对其贷款项目总数的 15% 进行项目后评价，且把项目后评价的结论作为评价各业务部门工作质量和效果的重要依据，项目后评价成为内部监督的重要工具。

尽管起步较晚，国内银行金融机构一直高度重视项目贷款后评价工作。1987 年，中国建设银行开始了对国家建设工程大中型贷款项目的效益调查和评价工作，目前已形成了较为完善的评价体系。1994 年，国家开发银行成立后，在对国家建设工程项目提供政策性信贷支持的同时，也构建起了贷款项目后评价体系。目前，国内大多数银行均把贷款项目后评价作为贷款管理的重要环节。

贷款项目后评价是相对于建设项目贷款决策前的评估而言的，它是贷款项目决策前评估的继续和延伸。从银行实践的角度，结合我国在项目后评价方面的相关规定，我们对贷款项目后评价给出这样一个定义：贷款项目后评价是在项目竣工投产并达到设计能力 1 年后或项目竣工投产 2 年仍未达产，依据项目实际运营的数据和资料，测算分析项目相关技术、经济、财务指标，通过与贷款项目评估报告等文件的对比分析，确定项目是否达到原设计和银行预计的目标，衡量评价贷款决策的科学性，并总结贷款经验教训的一项综合性工作。

项目贷款后评价的目的是通过开展项目后评价，可以及时发现项目建设资金使用过程中存在的问题，分析研究贷款项目成功或者失败的原因，为贷款银行调整信贷政策提供依据，并有效防控信贷风险，保证贷款的按期收回。

12.1.4　项目贷款后评价的特点

1. 现实性。贷款项目后评价分析研究的是项目实际情况，是在项目投产的一定时期内，根据项目业主的实际经营结果，或根据实际情况重新预测数据，总结贷款项目评估的经验教训，提出实际可行的对策措施。贷款项目后评价的现实性决定了其评估结论的客观可靠性。

2. 全面性。贷款项目后评价不仅要分析项目的投资过程，还要分析其生产经营过程；不仅要分析项目的经济效益，还要分析其社会效益、环境效益。还要根据实际经营状况，分析项目经营管理水平和项目发展的潜力，具有全面性。

3. 反馈性。贷款项目后评价的目的是对现有实际运营情况进行总结，并为信贷管理相关部门反馈信息，以利于提高贷款项目贷款决策水平和信贷管理水平，为以后的贷款政策制定和调整提供决策依据和借鉴。

4. 探索性。贷款项目后评价要在对项目、项目业主、贷款运行状况全面评价的基础上，寻找问题、研究问题，总结经验教训，探索改进同类型项目贷款决策和管理的措施方法。

5. 合作性。贷款项目后评价涉及面广、难度大，需要组织多方面专业人员和银行内部前后台等相关部门通力合作，只有全力合作、齐心协力才能做好后评价工作。

12.1.5　项目贷款后评价与项目贷款评估的区别

1. 评估的侧重点不同。项目贷款评估主要是以定量指标为主，侧重于项目的经济效益分析与评估，其作用是直接作为项目贷款决策的依据；后评价则要结合经济和社会、建设和生产、决策和实施等各方面的内容进行综合评估。它是以现有事实为依据，对项目实施结果进行比较鉴定，并间接作用于未来项目的贷款决策，为其提供反馈信息。

2. 评估的内容不同。项目贷款评估主要是对项目建设的必要性、可行性、合理性及技术方案和生产建设条件等进行评估，对未来的经济效益和社会效益进行科学预测；后评价除了对上述内容进行再评估外，还要对贷款项目决策的准确程度和实施效率进行评估，对贷款项目的实际运行状况进行深入细致的分析。

3. 评估的依据不同。项目贷款评估主要依据历史资料和经验性资料，以及国家和有关部门颁发的政策、规定、方法、参数等文件；后评价则主要依据建成投产后项目实施的现实资料，并把历史资料与现实资料进行对比分析，其准确程度较高，说服力较强。

4. 评估的阶段不同。项目贷款评估是在项目决策前的前期阶段进行，是为项目贷款决策提供依据的评估；后评估则是在贷款发放项目建成投产后一段时间内（一般在投产 2 年后），对项目建设运营全过程的总体情况进行评估。

12.1.6 项目贷款后评价的程序

贷款项目后评价工作一般分为制定计划、收集资料、进行评估、总结提高四个阶段。

1. 制定计划阶段。内容包括：提出项目后评价工作计划；组建后评价小组；评估小组一般应包括原贷款项目评估人员、贷款项目客户经理、工程技术人员、市场分析人员，还应包括直接参与项目实施的工作人员等；拟定贷款项目后评价工作大纲，安排工作进度。

2. 收集资料阶段。收集项目从筹建到施工、竣工到运营的建设生产方面的数据和资料。

（1）建设前期资料。可行性研究报告、贷款项目评估报告、设计任务书、批准文件等；初步设计、施工图设计、工程概算、预算、决算报告等；施工合同、主要设备、原材料订货合同及建设生产条件有关的协议和文件；项目业主历史资料、项目背景资料、市场分析资料。

（2）竣工及运营期资料。竣工验收报告；人员配置、机构设置、管理团队等情况；运营期历年生产、财务计划及完成情况、财务报表、统计报表和分析资料；对项目进行重大技术改造资料。

（3）其他资料。有关生产同样产品的主要企业或同类企业的信息资料；国内、省内该项产品的长期发展规划和发展方向、发展重点和限制对象等资料；优惠政策及国家有关经济政策资料；贷款项目档案资料。

3. 评估阶段。根据资料进行分项评估；根据分项评估进行综合评估；坚持客观、公正和科学的原则编写后评价报告。

4. 总结阶段。把后评价结果、建议报告反馈给有关部门。

12.2　项目贷款后评价的内容

项目贷款后评价的内容主要包括：项目前期评价、项目实施评价、项目运营评价、项目投资评价、项目财务效益评价、贷款审批内容及贷款执行情况等。

12.2.1　项目前期评价

项目前期工作也称项目准备工作，包括从项目建议书编制到项目正式开工这一过程的各项工作内容。一般来说，项目前期工作费用支出不大，但所需时间较长。前期工作对项目投资效益有重大作用，有时可以从根本上决定项目的成败。因此，前期工作后评价是整个后评价工作的重要内容之一。前期工作后评价要能全面分析评价前期工作的情况，分析评价项目建设的必要性，同时还要结合审批文件，分析前期工作阶段主要指标的变化情况。

1. 项目筹备工作评价。一般从分析项目筹建计划入手，对项目筹备工作效率进行重点考核和评价，并总结经验教训。重点评价：项目筹建机构是否健全，筹建机构的人员构成及其素质情况是否胜任；组织领导工作是否得力，各项制度是否可行，岗位责任是否明确、落实；项目筹建机构的设立是否符合行业和体制改革的基本方向，具体的项目筹建机构是通过市场招标还是行政任命的方式产生，并总结分析经验教训。

2. 项目决策评价。重点评价：项目可行性研究单位资质审查是否合格，可行性研究委托方式是否合理；项目可行性研究的理论依托是否可靠，可行性研究在开展时间、研究内容和深度上是否符合国家和行业的有关规定，是否能够满足建设单位的要求；项目决策程序是否合理，项目决策效率和决策之路如何等。

3. 选址评价。重点评价：选址是否符合国家建设布局及城镇建设规划等基本政策规划的要求；选址是否遵循科学发展观的要求，有利于节约土地等资源，是否有利于保护生态环境；地质、水文等条件是否符合工程要求，原材料供应地的选择是否经济合理，能源供应、交通运输、水源等建设外部条件如何；选址是否对其他单位带来不利影响，是否有利于与其他单位开展生产技术协作；选址是否经过多方案的比较论证，是否受到行政方面的干预或者遵循市场经济的规律，选址对项目实际投资效益的影响如何等。

4. 征地拆迁工作评价。重点评价：工作进度是否按计划完成，是否适应项目开工建设的需要；征用土地的标准和征用程序是否符合国家有关规定，征地数量是否严格控制在有关部门批准的总体设计范围内；在征地拆迁工作过程中，是否贯彻了节约土地的方针，做到尽量利用荒地，少占或不占良田、果园和菜地等，是否存在多征少用、征而不用的情况。

5. 勘察设计工作评价。重点评价：勘察设计单位资格、信誉状况如何，其技术力量与项目工程技术要求是否相适应，勘察设计组织协调工作如何；设计的委托方和被委托方之间是否按要求签订了合同，合同的内容是否符合相关规定；设计的效率如何，是否按照合同规定的设计周期完成，设计效率对项目的影响如何；设计的质量是否符合要求，设计依据、标准、规范等是否符合国家和行业相关规定，是否满足建设单位和施工单位实际需要，是否存在违背相关规定的内容；设计方案在技术上是否具有可行性，在经济上是否具有合理性。

6. 委托施工评价。重点评价：委托施工的方法和程序是否规范，是否采取单独招标、分批招标或整体招标等多种方法；施工单位的资格审查情况如何，承包单位的选择是否遵循择优原则，采用何种承包方式；施工合同内容是否规范，双方职责是否明确；工程项目招标投标过程是否公开公正，是否存在行政干预或其他不正常情况。

7. 资金落实情况的评价。重点评价：项目资本金来源是否合规，是否及时足额或按比例到位，是否存在挪用资金现象，对资金的使用程序和支付方式是否规范；社会集资是否有国家有关部门批准的文件，筹资额度是否合理；银行贷款资金是否及时足额到位，资金使用是否存在挪用现象，资金支付手段是否合规；资金总体落实情况如何，是否能够满足工程建设需要。

12.2.2 项目实施评价

项目实施阶段是指从开工到竣工验收、交付使用的全过程，包括开工、施工、生产准备、竣工验收等重要环节。项目实施阶段是项目财力、物力集中投放和使用的过程，对项目能否能够达到预期效益有着十分重要的意义。项目实施评价的主要内容如下：

1. 项目开工的评价。重点评价：项目开工条件如何，各项手续是否齐备，是否有相关部门批准的开工报告；项目实际开工时间是否与计划时间吻合，如不吻合提前或延迟的原因，对项目建设乃至投资效益发挥产生的影响如何。

2. 项目变更情况的评价。重点评价：项目范围变更与否及原因；项目设计变更与否及原因；项目变更对项目建设的实际影响。

3. 施工项目组织与管理的评价。重点评价：施工组织与管理是否科学合理及改进建议；项目经理选择机制如何，项目经理工作成绩如何；施工进度及其控制。控制方法是否科学，施工进度是否与预期计划吻合，是否能保证工程顺利完成；施工成本及其控制。施工成本与预期成本是否有较大出入，是否能保证工程顺利完成；施工技术与方案的制订。制定依据是什么，是否符合实际需要，对施工进度和成本有何影响。

4. 项目建设资金使用评价。重点评价：建设资金供应是否有保障，是否能够满足工程的进度；建设资金运用是否合理，是否有效；对资金的综合利用效率进行分析和评价。

5. 项目建设工期的评价。重点评价：项目是否按期完工，并分析产生偏差的原因；分析建筑安装单位工程的工期，以总体分析建设工期的变化；分析和研究投产前生产准备工作情况及其对建设工期的影响。

6. 项目建设成本评价。重点评价：设备购置数量、选型和质量是否与预计情况相符，如果不一致，分析其影响及原因；土地征用成本是否与预计情况相符；主要材料价格、实际消耗量是否与预计情况相符，是否存在浪费等情况；各项管理费用成本是否符合有关规定，是否与预期相符合。

7. 项目工程质量和安全情况评价。重点评价：实际工程质量指标与设计规定或其他同类项目进行比较分析，找出差距并分析原因；设备质量情况，主要评价设备是否符合相关质量标准，是否满足工程安全运营的需要；有无重大工程质量事故，计算工程质量事故造成的损失并分析原因，提出补救对策；工程安全情况和所带来的实际影响。

8. 项目竣工验收评价。重点评价：项目竣工验收组织工作及其效率；项目竣工验收程序是否符合国家有关规定，是否存在先使用、后验收或竣工验收后长期不办理交付使用手续的情况等；项目竣工验收标准是否遵循有关规定，对项目投资效益的影响；项目有关合同执行情况，对今后改进项目管理有何经验借鉴；收尾工程和遗留问题的处理情况，是否对项目投资效益有重大影响。

12.2.3 项目运营评价

项目运营评价是根据项目的实际运营对照预期的目标，找出差距并分析原因，重点评价市场、政策、管理制度、管理者水平、技术水平等项目内外部条件变化，预测未来项目的发展。项目运营评价的具体内容如下：

1. 运营管理状况评价。重点评价：经营管理机构的设置和调整情况评价；经营管理战略评价；管理规章制度评价；经营管理经验教训分析总结。

2. 项目技术指标完成情况评价。重点评价：生产经营实际完成的生产技术指标与设计值对比，如实际人数、年生产能力和设备利用率等，分析其变化原因；项目技术指标变化对项目效益的影响。

3. 项目达产年限评价。重点评价：项目实际的达产年限与预期达产年限的比较评价，分析实际达产年限与预测年限偏差的原因；达产年限的变化对项目实际效益的影响。

4. 项目产品生产成本评价。重点评价：项目实际产品生产成本及构成与预期指标的比较评价，并分析产生偏差的原因；评价项目实际成本变化对项目投资效益影响程度。

5. 企业利润评价。重点评价：综合以上分析，结合产品销售收入和企业其他收支情况，评价企业利润与预期指标的偏差，并分析原因。

12.2.4 项目投资评价

项目投资评价主要分析项目总投资、主要资金来源和融资成本的变化及影响，分析项目资金实际到位情况与资金年度计划的偏差及影响等。项目投资评价的具体内容如下：

1. 资金筹措情况评价。重点评价：融资方式，各方融资比例，借贷利率和条件有无变化，并分析变化的原因；有关资金筹措的资料是否齐备，如资金来源、筹措方式、资本金比例及金额、贷款金额、利率及偿还方式等正式书面文件。

2. 资金投入情况及变化。重点评价：资金实际到位与预期的资金投入计划对比情况，并说明变化原因。

3. 工程项目总投资控制情况。重点评价：实际的竣工决算与投资预算对比情况，找出主要差距内容，阐述变化原因。

4. 主要工程量、独立费用与主要设备价格变化。重点评价：主要包括枢纽建筑费用、建设征地和移民安置费用、独立费用三部分。枢纽建筑包括施工辅助，建筑工程、环境保护工程、安装工程等；建设征地和移民安置包括移民、城镇迁建、集镇迁建、环境保护等；独立费用包括项目建设管理费、科研设计费等。

12.2.5　项目财务后评价

财务后评价是项目贷款后评价的重要组成部分。财务后评价是财务角度出发，根据后评价时点以前的实际财务数据，如生产成本、产品价格、销售收入、销售利润等，计算项目投产后实际的财务费用和财务效益，并与贷前评价中预测的盈利能力、清偿能力等财务效益指标进行对比，分析两者偏离的原因，并依据国家现行财税制度和价格体系，预测整个项目生命周期内将要发生的财务效益和费用，作为判断项目财务效益成败的依据，吸取其经验教训，以提高今后项目财务预测水平和项目决策科学化水平的评价过程。项目财务后评价的研究与实践基本上是基于项目财务评价的方法和指标，不同之处在于在评价时选用的数据不同，项目财务评价主要以项目前期基础数据和同类项目的数据作为评价依据，而项目财务后评价使用后评价时点以前的实际数据进行评价。

项目财务后评价的内容包括两大部分：一是对主要财务基础数据预测的准确度进行评价；二是对项目实际运行产生的财务效益进行后评价。通过财务后评价判断项目前期决策分析与评价中，财务评价结论的准确度并分析产生差异的原因。具体体现在以下方面：

1. 项目财务基础数据的后评价。投入资金、运营成本、销售收入等是项目财务后评价的重要基础数据，是决定评价方案可行与否的关键因素。项目投入资金是按已确定项目的技术要求及实际发生额计算的，在项目后评价时点已经确定。因此，应主要分析研究运营成本、销售收入等基础数据实际值与前期预测值之间的差异并查找原因，以提高项目基础数据的预测水平。

2. 项目财务效益后评价。项目财务效益后评价指在项目后评价时点，根据评价时点以前实际发生的投入、产出以及评价时点以后投入、产出的预测值，对项目已发生和将要发生的财务费用和财务效益进行计算和预测，对项目的财务后评价指标进行计算，评价项目的盈利能力、清偿能力和风险状况，并将它们与项目前期评价报告相应内容进行比较，以判断项目前期决策中财务评价指标预测的准确度，为改进项目后续的运营和促进财务效益目标的实现提出切实可行的措施建议。

3. 项目财务后评价常用指标。为了描述项目的财务效果，对项目进行财务后评价，必须采用能够反映偿债能力、盈利能力等主要指标的单项财务指标进行相互关联的分析，用单项财务指标共同构成财务综合评价指标体系，并采用适当的标准，最终对借款人的财务状况和经营成果进行总的评价。

（1）偿债能力指标。偿债能力是指企业偿还债务的能力。从偿债期限来看，反映和评价企业偿债能力的指标可分两大类：一类是反映企业短期偿债能力的指标，静态流动比率、速动比率、现金比率、现金流动比率等；另一类是反映企业长期偿债能力的指标，如资产负债率、负债现金支持率、利息保障倍数等。

（2）盈利能力指标。盈利能力分析主要考察项目的投资收益能力，也就是企业资金增值的能力，通常以企业收益数额的大小与水平的高低为参考。一般要计算财务内部收益率、财务净现值、动态投资回收期等动态指标，及投资利润率、投资利税率、资本金利润率、静态投资回收期等静态指标。

4. 财务评价分析报表的编制。

（1）调查搜集资料。项目实际固定资产投资、流动资金及实际贷款情况数据的获得，需要取得建设单位和运营单位各年的财务决算、竣工决算及竣工验收报告等；单位成本分析表或总成本分析表、损益表的编制，不仅需要获得运营单位各年的年终会计报表，还需要从企业、主管部门或通过市场调查，取得有关项目产品、原材料价格、产量或耗用量的变化和预测资料。此外，还要考虑物价变动的影响，搜集项目开工以来物价变化的统计资料；需要对固定资产价值进行重新评估时，还要搜集各项实物工程量的单价指标或综合单价指标等资料数据。

（2）编制基本报表。为避免出错，在从原始基础资料中获取财务后评价报表所需信息时、需要编制辅助报表，并说明最终财务后评价基本报表中数据的来龙去脉。辅助报表主要指总成本费用分析表和借款还本付息计算表。后评价基本报表有：财务现金流量表、损益表、资产负债表、资金来源与运用表。分析各投资方盈利能力评价指标的财务报表有：项目各投资方现金流量表、项目损益表（含各投资方利润分配情况），以及投资计划与资金筹措表。

5. 不确定性分析。

项目财务后评价与贷前评价之间最大的差别是使用数据的不同，后评价使用的有关投资数据、贷款数据、费用和效益测算数据等，主要是实际发生的数据，而前评价的数据大部分是预测值和其他类似项目的参考值，所以，相对而言后评价中的不确定性因素较少。但是后评价也需要对后评价时点之后的情况进行分析和预测，这意味着项目后评价结论仍然具有一定的不确定性。为了分析项目承担风险的能力，需要判断项目在财务、经济和效益的可靠性，需要进行不确定性分析，一般包括敏感性分析、盈亏平衡分析和概率分析。财务后评价中的不确定性分析在项目后评价时点以前采用实际数据，在后评价时点以后采用预测数据。

12.2.6 项目国民经济后评价

项目国民经济后评价是从整个国民经济或者全社会角度出发，在财务评价的基础上根据项目的实际数据和国家颁布的影子价格及有关参数，通过编制全投资和国内投资经济效益和费用流量表等计算出项目实际的国民经济成本与盈利指标，分析项目前评估和项目决策质量以及项目实际的国民经济成本效益情况，比较和分析国民经济实际指标与前期评价时的国民经济预测指标的偏离程度及其原因，分析和评价项目实际上对当地经济发展、相关行业和社会发展的影响，考察投资行为的国民经济可行性，为提高今后的宏观项目决策科学化水平提供依据。国民经济后评价具有整体性、系统性的特点，同时引入了影子价格的概念——最优化方法。国民经济后评价与财务后评价既有联系，又有区别，本质相同，基本的分析方法和主要指标的计算方法类似，主要区别在于评价的角度、评价的目的、评价的范围和方法、评价依据、计算基础等方面。

1. 国民经济后评价的有关参数。

（1）社会折现率。社会折现率是对社会资金时间价值的估量，是衡量项目的实际经济内部收益的基准值。从本质上来讲，社会折现率是资金利用的影子价格和社会成本，是某一时期国家对投资项目资金收益率水平的最低要求。社会折现率的大小对国民经济后评价的结果有着重大影响。

（2）计算期。计算期包括项目的建设期和运营期。建设期要根据工程项目的实际情况确定，运营期则要根据有关规定来确定，以水利为例，小水电的运营期一般为 20 年，大中型水电的运营期为 40 ~ 50 年，防洪、灌溉、城镇供水等水利工程的运营期为 30 ~ 50 年。

（3）计算基准年。在进行国民经济后评价时，根据工程项目的不同情况，计算基准年的选择也有所不同。对于新建工程，计算基准年一般选择建设开始年即计算期的第一年，对于已建工程，计算基准年的选取有两种方法，一种方法是与新建工程一样，选计算期的第一年作为计算基准年，另一种方法是选计算期末的一年作为计算基准年。从理论上来讲，无论选择计算期内哪一年作为计算基准年，对于评价结论都不会产生影响。计算基准年的选取，应以计算方便、计算结果便于分析、评价为原则。

2. 国民经济评价指标选择。

项目国民经济后评价指标可以分为两大类：一类是反映项目国民经济实际效果的指标，包括经济内部收益率、经济净现值、经济净现值率、投资净效益率等；另一类指标则反映了项目的国民经济实际效果与前评价或同类项目指标的偏离程度，包括经济内部收益变化率、经济净现值变化率、经济净现值率变化率、投资净效益率变化率等。这些指标分别从不同的角度反映了农业项目特别是工程设施类项目的实际经济效果以及对国民经济所作的贡献。但是具体到某一行业或者项目，又具有自己的特殊性，还需要有能反映这些特殊性的专项指标。

12.2.7 贷款审批事项及执行情况评价

贷款审批事项主要包括贷款发放前设定的贷款条件、贷款期限、贷款金额、贷款方式、贷款偿还计划。贷款项目后评价时，要根据上述项目后评价搜集分析的情况，合理评价审批的贷款条件是否设置合理、贷款金额是否能够满足项目的实际需要、担保物是否能够覆盖贷款风险、贷款期限和偿还计划是否与项目财务效益相匹配等。

贷款执行情况评价，主要是要总结贷款发放是否合规合法、日常监管是否执行制度要求、贷款行监管人员与借款人是否配合良好、信贷资金是否发生挤占挪用、贷款本息是否按照约定及时足额偿还等。

12.3　项目贷款后评价的方法

目前，国内外项目后评价实践中，总体上采用定量分析与定性分析相结合的方法。根据农业项目贷款后评价的实际开展实践，在此提出常用的三种方法，即对比分析法、逻辑框架分析法（简称 LFA 法）和成功度分析法（即打分法）。

12.3.1　对比分析法

对比分析法是项目后评价的基本方法，它包括前后对比法与有无对比法。

1. 前后对比法。将项目实施前与项目建成后的实际情况加以对比，测定该项目的效益和影响。在项目后评价中是将项目前期阶段，即项目可行性研究与前评估阶段所预测的建设成果、规划目标和投入产出、效果和影响，与项目建成投产后的实际情况相比较，从中找出存在的差别及原因。项目建成后各指标以原预测指标数为基准，评定实际实现指标数值。变化和差距等于实际实现指标减去原预测指标。

2. 有无对比法。有无对比法是指在项目地区内，将投资项目的建设及投产后的实际效果和影响，与如果没有这个项目可能发生的情况进行对比分析。由于项目所在地区的影响不只是项目本身所带来的作用，而且还有项目以外的许多其他因素的作用。因此，这种对比的重点是要分清这些影响中项目的作用和项目以外的作用，评估项目的增量效益和社会机会成本。项目的有无对比不是前后对比，也不是项目实际效果与预测效果之比，而是项目实际效果与若无此项目实际或可能产生的效果的对比。

12.3.2　逻辑框架分析法（LFA 法）

LFA 法是将几个内容相关、必须同步考虑的动态因素组合起来，通过分析其中的关系，从设计策划到目标等方面进行评估的一项活动或工作。LFA 为项目计划者和评估者提供一种分析框架，用于确定工作的范围和任务，并通过对项目目标和达到目标所需手段进行逻辑关系分析。

1. 项目目标。体现为企业（项目贷款的承贷主体）发展计划、规划、政策方针等对项目提出的目标要求，是企业投资决策的整体目标。这个层次的目标要求项目必须与国家发展目标、国家产业政策和行业规划等要求相联系。项目目标往往需要多个具体目标（单项工程）的贡献才能实现。

2. 具体目标。就是项目"为什么"要实施，一个项目有多个具体目标。这些具体目标是项目达到的直接效果和作用，是项目后评估的重要依据，一般应考虑项目为企业和社会群体带来的效果。这个层次的目标由项目决策机构和独立的评价机构评估确定。

3. 项目产出。"产出"是指项目"干了些什么"，即项目的建设内容或直接产出物。一般要提供可计量的直接结果，指出项目所完成的实际工程。各项成果是为实现项目目标必须达到的具体目标。它们从其效果来看应是合适的、必要的、足够的。

4. 投入和活动。该层次是指项目的实施过程及内容，包括人、财、物和时间等的投入。投入活动要详细到可以运作的程度，要做到可行性和可信度的结合。

12.3.3 成功度分析法

成功度分析法是对项目实现预期目标的成败程度给出一个定性的结论。成功度就是对成败程度的衡量标准。一般来说，成功度可分为五个等级，各个等级的标准如下：

1. 完全成功的。用 AA 来表示，表明项目的各项目标都已全部实现或超过；相对成本而言，项目取得了很大的效益和影响。

2. 成功的。用 A 来表示，表明项目的各项目标都已全部实现；相对成本而言，项目达到了预期的效益和影响。

3. 部分成功的。用 B 来表示，表明项目实现了原定的部分目标；相对成本而言，项目取得了一定的效益和影响。

4. 不成功的。用 C 来表示，表明项目实现的目标非常有限；相对成本而言，项目几乎没有取得什么效益和影响。

5. 失败的。用 D 来表示，表明项目的目标是不现实的，根本无法实现；相对成本而言，项目不得不终止。

在测定各项指标时，采用打分制，按评定等级标准 A、B、C、D 四个等级来表示。通过指标重要性分析和单项成功度结论的综合，可以得到整个项目成功度指标，也用 A、B、C、D 表示，填在表的最后一行。

12.4 项目贷款后评价报告

农业项目贷款后评价报告是项目后评价的最终成果，在后评价报告中除了对后评价的内容具体描述外，最重要的是得出各项评估内容的基本结论，提出提高经济效益、保证贷款收回以及控制和化解潜在风险的建议措施，总结贷款银行项目评估、贷款决策及参与贷款项目建设期管理的经验借鉴。项目贷款后评价报告具有相对固定的格式，但各银行机构间存在一定差异，其中有些内容与贷前评估报告有相同之处。农业项目贷款后评价报告一般应符合以下要求：

1. 报告格式。一般包括：摘要、项目概况、评价内容、主要变化和问题、原因分析、经验教训、评价方法说明等。

2. 报告要求。重点突出，条理清楚，文字准确，逻辑严谨，评价客观，结论明确。

3. 报告关键。报告的主线是不同时点的比较、对比，把贷前评估与贷后事实有关指标情况进行比较。因此，报告中对发现和结论一定要与问题和分析相对应，提出的经验借鉴和建议评价结果一定要与信贷业务发展和政策制定与修订联系起来。

第二部分

实务篇

案例一　养殖业企业贷款项目评估

第一章　客户基本情况

1.1　客户概况

1.1.1　客户基本情况简介

借款人名称：××××有限公司（以下简称 H 公司）

成立时间：1997 年 7 月注册成立

公司性质：有限责任公司

注册资本：2 370 万元

法定代表人：×××

经营范围：贝类养殖、繁育，海参养殖、繁育

基本账户开户行：G 银行×××支行

基本账户开户行信用评级：AA 级

1.1.2　地理位置

H 公司位于××市××区××镇，交通便利，××高速公路直通公司所在地，××市正在修建的海港码头在××镇海域内。公司所在地东临渤海，海岸线长 6.9 万米，滩涂资源丰富，水产业为该镇的主导产业，2005年实现生产总值 1.6 亿元，公司主营业务符合当地产业的发展规划。

1.1.3　公司股本构成情况

H 公司主要股东基本情况：×××出资 364 万元，占比 15.36%；×

××出资 208 万元，占比 8.78%；×××出资 167 万元，占比 7.05%；×××出资 167 万元，占比 7.05%；×××出资 167 万元，占比 7.05%；其他 20 人出资 1 297 万元，占比 54.71%。

1.2 关联企业情况

H 公司为集团公司，下有 3 家子公司，公司对 3 家子公司的控股比例均为 80%，从运作方式上看，各子公司实质是为母公司服务的附属机构，子公司对外销售大部分通过母公司进行，因此从报表上看各子公司处于亏损状态（见表 1－1）。

表 1－1 关联企业主要情况简表　　　　单位：万元、%

项目 ＼ 公司名称	×××浅海养殖有限责任公司	××××水产品有限公司	×××水产科技有限公司
成立日期	2004 年 5 月	2004 年 6 月	2004 年 6 月
法人代表	×××	×××	×××
企业性质	有限责任公司	有限责任公司	有限责任公司
主要产品	贝类、鱼类、虾蟹、海参养殖	贝类、鱼、虾等收购、储存、加工和销售	鱼、虾、海参育苗，文蛤良种繁育
注册资本	100	100	100
05 资产总额	508	1 073	749
05 负债总额	474	1 042	864
05 资产负债率（%）	93	97	115
05 销售收入	39	19	24
05 净利润	－45	－69	－149

1.3 经营者素质

董事长、法人代表：（略）

总经理：（略）

财务经理：（略）

1.4 信誉状况

公司自成立以来，主要是靠自有资金和其他渠道筹集资金，近几年才开始在各金融机构贷款，经查询中国人民银行征信系统，至调查日该公司没有不良贷款和欠息情况（见表 1－2）。

表1-2　企业融资情况简表　　　　　单位：万元、%

金融机构	金额	起止日期	利率	借款方式
××银行	500	2005.11.30～2006.11.30	8.37	抵押
	54	2006.2.16～2007.2.16	7.685	保证担保
××银行	500	2006.4.20～2007.4.20	7.44	保证担保
	180	2006.3.18～2007.3.18	8.835	保证担保
××银行	110	2006.1.24～2007.1.24	6.49	保证担保
合计	1 344			

第二章　客户生产经营情况

2.1　主要产品

H公司现已取得海域使用权7.78万亩，根据贝类的密集区、采苗区和名贵品种的主产区并结合其他渔业作业的情况，在所属海域划定了三个护养增殖区，分别为养殖一分场、养殖二分场和养殖三分场。目前公司养殖的贝类主要有文蛤、青蛤、毛蛤、四角蛤等，养殖周期一般为3年，每年夏季进行苗种投放，在春秋两季集中挖采，平时主要是日常养护，由于贝类以海水中的藻类为食，日常养护较为简单，主要是维护养殖区的安全，苗种生长3年后开始挖采，2004年挖采各种贝类5.9万吨，2005年挖采7万余吨，产销率均达到100%。

2004年开始投资海参养殖，当年兴建海参养殖池40亩，填补了当地海参养殖项目的空白，成功试验养殖海参25万头。目前已建成标准化海参养殖池205亩。海参养殖周期一般为3年，每年进行苗种投放，苗种生长3年后开始挖采。海参以海水中的藻类为食，日常养护较为简单，主要是维护养殖区的安全和定期更换海水，在春夏秋三季需要每天更换新鲜的海水，以保证适宜单胞藻生长的水质，在冬季进行适当保温和定期换水（一般为3～5天一次）。该公司2005年产出海参4 000余斤，平均鲜重139.7克，亩产效益过万元。目前公司成功培育出海参商品苗3 000余万头，在满足本公司养殖的苗种需要的同时，可为周边养殖户提供大规格海参苗种500万头。海参养殖作为该公司今后发展的主要产业，已经走上了自己繁育、自己养殖的生产道路。

2.2 运作模式

公司海域使用权—苗种繁育、收购—养护—组织农民采挖—公司收购（无须加工的直接销售）—蓄养吐沙—加工包装—销售—回笼货款。

2.3 客户特点

该公司 2003 年被确认为省级产业化重点龙头企业，现有海域面积为 7.78 万亩（已取得海域使用权），标准化海参养殖池 205 亩（现正在开发海参养殖池 2 000 亩），是当地的水产业龙头企业，对促进当地经济发展起到了带动作用，带动近 600 户农民从事贝类采挖，人均年收入可达 12 000 元，属于典型的龙头企业带动农户运作模式。

2004 年该公司被省海洋与渔业厅确定为入海口文蛤标准化示范基地。2004 年通过 ISO 9001：2000 国际质量体系认证。

该公司科研水平较高。2002 年同中科院海洋研究所合作承担了国家"863"项目——文蛤大规模人工育苗技术研究课题，同年浅海贝类规模化养殖项目被列入国家"星火计划"，浅海贝类养殖区被国家技术监督局评为国家级文蛤标准化示范区。公司运用生物螺旋藻改进了贝类吐沙工艺，其中四角蛤无沙率达 99.6% 以上，四角蛤吐沙工艺技术已获得国家专利。

2.4 政府优惠政策

H 公司作为省级重点农业产业化龙头企业和市政府重点扶持的企业，享受多项政府扶持政策，从 2003 年到 2005 年享受政府扶持资金共计 900.8 万元。对于公司新建海参养殖池，市政府出台了每建成投产一亩海参养殖池补贴 3 000 元的政策，区政府也将出台相应的扶持政策。

第三章 行业与市场分析

3.1 行业分析

我国是渔业大国，养殖产量占世界养殖总产量的 70%。公司主要产品文蛤，肉嫩味鲜，是贝类海鲜中的上品，含有蛋白质 10%，脂肪 1.2%，碳水化合物 2.5%，还含有人体易吸收的各种氨基酸和维生素，以及钙、钾、镁、磷、铁等多种人体必需的矿物质。文蛤不仅肉质鲜美、营养丰富，而且具有很高的食疗药用价值，近代研究又表明，文蛤有清热利湿、化痰、散结的功效，对肝癌有明显的抑制作用，对哮喘、慢性气管炎、甲状腺肿大、淋巴结核等病也有明显疗效。食用文蛤，有润五脏、止消渴、健脾胃、治赤目、增乳液的功能，深受国内外客户欢迎，市场前景广阔。

3.2 市场分析

3.2.1 原料市场

H 公司本身具备年繁殖文蛤苗 10 亿粒、海参苗 1 亿头的种苗繁育能力，种苗供给有保障。

3.2.2 产成品市场

H 公司产品主要是贝类和海参，贝类主要有文蛤、青蛤、毛蛤和四角蛤，海参全部为刺参。H 公司坚持走质量品牌之路，实施品牌战略，积极打造"黄河入海口"品牌，强化营销理念，积极开拓国内市场，扩大市场份额。公司产品主要通过本地经销商销往全国各地，与多个大型批发市场建立了稳定的客户关系，产品销路畅通。

3.2.3 H 公司近两年主要产品产销情况

该企业贝类苗全部是从当地收购，产量根据销量而定，所以产销比基本为 100%。从近几年销售情况来看，公司销售呈上升趋势，说明企业经营正常，产品有市场（见表 1－3，表 1－4）。

表 1－3　H 公司近两年主要产品产销情况对比表 单位：吨、%

产品	2004 年			2005 年			2006 年 1～7 月		
	产量	销量	产销比	产量	销量	产销比	产量	销量	产销比
文蛤	400	400	100	505	505	100	260	260	100
青蛤	1 050	1 050	100	1 250	1 250	100	630	630	100
毛蛤	800	800	100	1 150	1 150	100	580	580	100
四角蛤	55 000	55 000	100	67 450	67 450	100	33 725	33 725	100
其他贝类	1 850	1 850	100	1 084	1 084	100	650	650	100
合计	59 100	59 100	100	71 439	71 439	100	35 845	35 845	100

表1-4　H公司2006年1～7月订单简表　　单位：吨、元

	品名	笔数	数量	金额	客户名称
内销	虾酱	1	0.8	7 500	个人
		1	12	112 500	水产批发部
		1	11.2	105 000	水产超市
	虾皮	1	2.5	35 000	个人
		1	2	36 000	水产超市
		1	1.25	25 000	车管中心
	咸鱼	1	3.75	75 000	个人
		1	2.5	60 000	水产超市
	两头虾	1	0.3	100 000	个人
	贝类	1	27	180 000	个人
		1	52	368 000	个人
		1	121	740 000	个人
		1	50	334 000	个人
		1	54	382 000	个人
		1	126	784 000	个人
		1	115	750 000	个人
合计				4 094 000	

近年来，当地水产养殖业发展迅速，带动了水产品经销行业的兴起，调查中发现，公司销售主要通过当地经销商外销。

3.3　市场价格及变动趋势

从H公司2004年和2005年销售各种贝类情况来看，2004年平均销售价格2 465元/吨，2005年平均销售价格2 497元/吨，价格基本稳定，随着人们生活水平的不断提高，市场价格将会处于上升趋势。

3.4　发展规划

H公司在现有入海口文蛤原种繁育的基础上，与中科院海洋研究所联合继续搞好国家"863"计划——文蛤大规模工厂化繁育项目和海区半人工采苗试验。按照国家级原种场的要求，计划再投资1 000万元进行扩建和配套，建设育苗水体2 000立方米、中间培育池500亩、海区半人工采

苗基地 5 000 亩，建成我国重要的贝类养殖育苗基地之一。

大规模进行标准化海参养殖。海参养殖项目成功后，得到了当地政府的大力支持，市、区政府鼓励进行海参大规模养殖，市政府把建设万亩海参养殖基地作为 2006 年为民办的十件实事之一。该公司决定从 2006 年开始，利用 3 年的时间开发（现已开始开发）10 000 亩滩涂，建设海参养殖池塘 120 个（养殖水面 6 000 亩）进行大规模海参标准化养殖。

第四章　财务分析

4.1　资产负债分析

表 1 - 5　资产负债简表　　　　　　　单位：万元

年度 项目	2004 年	2005 年	2006 年 7 月
一、资产总额	7 896	8 989	10 998
（一）流动资产总额	2 050	3 114	4 817
其中：货币资金	119	466	276
应收票据	—	—	—
应收账款	1 498	2 105	3 903
其他应收款	299	397	500
存货	134	125	122
（二）长期投资	18	18	18
（三）固定资产总额	5 806	5 835	6 042
其中：固定资产原值	5 386	5 440	5 466
固定资产净值	4 869	4 557	4 700
在建工程	938	1 277	1 343
（四）递延及无形资产总额	23	23	122
其中：无形资产	23	23	23
递延资产	—	—	99
二、负债总额	3 452	3 161	3 689
（一）流动负债总额	3 183	2 920	3 481

续表

项目 \ 年度	2004 年	2005 年	2006 年 7 月
其中：短期借款	1 235	1 072	1 344
应交税金	19	21	22
应付账款	584	637	1 250
预收账款	306	—	608
其他应付款	1 000	1 081	232
（二）长期负债总额	270	241	208
三、所有者权益	4 444	5 828	7 309
其中：实收资本	2 599	2 599	2 579
资本公积	113	112	319
盈余公积	187	207	207
未分配利润	1 544	2 911	4 206

2006 年 7 月末，H 公司资产总额 10 998 万元，负债总额 3 689 万元，所有者权益 5 828 万元，资产负债率 33.5%。资产负债明细情况如表 1-5 所示。

（1）货币资金 276 万元，其中现金 120 万元，银行存款 156 万元。

（2）应收账款 3 093 万元，其中 3 个月以内 1 817 万元，3~6 个月 1 066万元，6 个月至一年 210 万元。

（3）其他应收款 500 万元，为几位股东个人借款。

（4）存货 122 万元，其中主要原材料 61 万元，产成品 25 万元，低值易耗品 36 万元。

（5）固定资产净值 4 700 万元，其中房产 4 622 万元，机器设备 78 万元。

（6）在建工程 1 343 万元，是正在建设的大棚及海参池。

（7）递延及无形资产 122 万元，其中递延资产 99 万元为办公楼及宾馆装修费，无形资产 23 万元为土地使用权。

（8）公司短期借款 1 344 万元，其中××银行 554 万元，××信用社 680 万元，××银行 110 万元。

（9）应付账款 1 250 万元，明细如表 1-6 所示。

表 1－6　应付账款明细表　　　　　单位：万元

单位名称	金额
宾馆欠商品款	114
欠××公司工程款	723
欠×××工程款	49
欠×××装修款	102
欠×××水电暖工程款	97
加工厂欠货款	165

（10）预收账款 608 万元，主要是村别墅楼预交款。

（11）其他应付款 232 万元，主要是待结算工程款。

（12）长期借款 208 万元，其中财政有偿使用款 135 万元，工商银行个人贷款公司使用 45 万元，其他 28 万元。

（13）资本公积 319 万元，主要是：××省农业厅农业开发资金 27 万元，省渔业厅拨文蛤良种育苗费 200 万元，××市农业局拨文蛤人工育苗费 54 万元，××区财政局农业开发资金 38 万元。

注：公司实收资本账面数大于注册资本是因为公司吸纳新股本后未及时验资，实收资本 2006 年 7 月末较年初减少 20 万元，为个人股东撤股。

4.2　财务指标分析

表 1－7　财务指标表　　　　　单位：万元

项目 ＼ 年度	2004 年	2005 年	2006 年 7 月
一、偿债能力指标			
资产负债率（％）	43.7	35.2	33.5
流动比率（％）	64.4	106.6	138.4
速动比率（％）	60.2	102.4	134.9
利息保障倍数	13.2	127.8	24.9
二、盈利能力指标			
主营业务收入	15 738	18 126	7 201
主营业务成本	14 272	16 429	6 153
主营业务利润	1 351	1 562	996

续表

年度\项目	2004 年	2005 年	2006 年 7 月
利润总额	1 155	1 368	1 053
净利润	1 150	1 367	1 053
主营业务利润率（％）	8.6	8.6	13.8
销售净利润率（％）	7.3	7.5	14.6
三、营运能力指标			
应收账款周转率（次）	12.7	10.1	4.1
存货周转率（次）	118	126.9	85.4
流动资产周转率（次）	9.3	7.0	3.1
总资产周转率（次）	2.1	2.1	1.2

H 公司资产负债率逐年降低，说明偿债能力逐步增强。公司 2004 年流动比率和速动比率较低，是因公司固定资产投资较多，导致流动资金减少。从指标看，各项指标值均较为合理（见表 1-7）。H 公司流动比率和速动比率逐年提高，说明该公司短期偿债能力逐渐增强。

H 公司各项盈利能力指标近两年较为稳定，2004 年该公司实现销售收入 15 738 万元，净利润 1 150 万元。2005 年销售收入 18 126 万元，实现利润 1 368 万元，销售收入及利润均处于良好的增长势头，盈利指标较稳定，公司盈利能力较强。

公司各项营运指标较好，说明营运能力较强，近两年经营比较稳定。

4.3 现金流量分析

表 1-8 现金流量简表 　　　　　　　单位：万元

年度\项目	2004 年	2005 年	2006 年 7 月
一、经营活动产生的现金流量			
现金流入小计	16 245	21 685	6 075
现金流出小计	16 078	20 770	6 174
经营活动产生的现金流量净额	167	915	-99
二、投资活动产生的现金流量			

续表

项目＼年度	2004 年	2005 年	2006 年 7 月
现金流入小计			
现金流出小计	484	393	211
投资活动产生的现金流量净额	−484	−393	−211
三、筹资活动产生的现金流量			
现金流入小计	563	1 091	272
现金流出小计	335	1 266	153
筹资活动产生的现金流量净额	228	−175	119
四、现金及现金等价物净增加额	−89	347	−190

从表 1 – 8 看，H 公司 2004 年经营活动产生的现金净流量为 167 万元，2005 年经营活动产生的现金净流量为 915 万元，公司经营活动产生的现金净流量充足，为贷款本息偿还提供了保证。2006 年 7 月经营活动产生的现金净流量为 −99 万元，由于前几个月是开采销售淡季，投入较大，导致流出大于流入，属正常现象。投资活动为负值与企业近年来不断扩大生产规模的实际相符。

第五章 非财务因素分析

客户近两年水费、电费、税金缴纳情况如表 1 – 9 所示。

表 1 – 9 近两年水费、电费、税金缴纳情况简表　　单位：元

项目＼年度	2004 年	2005 年	2006 年 1 ~ 7 月
电费	132 289.09	132 730.71	20 125.89
水费	121 063.69	36 216.16	—
税金	55 000.00	125 394.01	31 582.62

该公司贝类滩涂养殖不用人工取水，不用水电费支出；海参养殖主要靠海水自然循环，用电较少；水电费支出，主要是办公、生活和水产品加

工厂所用。

2004 年 H 公司支付工人工资 214.5 万元，2005 年支付工人工资 222.3 万元，人均工资 850 元/月，能够正常支付工人工资。

第六章　贷款额度核定及效益评价

6.1　借款人借款原因和申请额度

H 公司所需流动资金主要用于贝类、海参苗购进、苗种培育、人工采挖费及其他流动资金支出。2006 年公司新上海参养殖项目造成流动资金不足，向某银行申请贷款 2 000 万元，某银行经过调查测算，将贷款额度调整为 1 000 万元。

6.2　贷款额度核定

6.2.1　营运资金缺口测算

1. 预计公司未来一年销售收入 22 000 万元，按销售利润率 8.6%（2004 年销售利润率 8.6%，2005 年销售利润率 8.6%）计算，公司主营业务成本 20 108 万元。由于公司海参养殖规模的扩大，预计公司未来一年的流动资产周转次数为 5.5 次，资金需求为 3 656 万元。

2. 自有营运资金 1 336 万元（流动资产 4 817 万元 – 流动负债 3 481 万元）。

3. 公司短期借款 1 000 万元继续使用。

4. 预计公司未来一年的净利润 22 000 万元×7.4% = 1 628 万元（2004 年净利润率 7.3%，2005 年净利润率为 7.5%），公司将用于海参池后期建设，不参与周转。

以上公司可用营运资金 2 336 万元。

企业营运资金缺口为 1 320 万元（营运资金缺口 3 656 万元 – 营运资金来源 2 336 万元 = 1 320 万元）。

6.2.2　贷款额度核定

H 公司拟采取抵押担保贷款方式。按照采取抵押担保贷款方式的小企业流动资金贷款不能超过前 12 个月销售收入的 50% 的要求，公司前 12 个月销售收入（2005 年 8 月至 2006 年 7 月）为 19 875 万元，按 50% 折算为 9 937 万元，公司申请贷款没有超过这个额度。

6.3 还款来源和还款计划

6.3.1 还款现金流分析

H 公司计划用全部销售收入作为还款来源。从 2004 年、2005 年企业经营活动产生的现金流量来看，企业有充足的现金流归还贷款，预计未来一年现金流入将不低于前两年（销售增长率 15%），贷款还款来源有保证。

6.3.2 还款计划

本笔贷款采取"零贷零偿"方式，分两个月发放贷款、分两个月偿还贷款。2005 年企业平均每月回笼货款 1 500 万元，2006 年生产规模扩大后，平均每月的销售回笼货款将达 1 600 万元左右，两个月的销售收入预计为 3 200 万元，能够满足按期归还贷款的要求。

6.4 贷款效益

6.4.1 经济效益评价

1. 贷款投放后，按企业平均流动资产周转率 5.5 次、平均销售利润率 8.6% 计算，可增加企业销售收入 6 017 万元，企业可实现销售利润 517 万元，企业经济效益可观。同时企业通过扩大生产规模，可实现生产成本降低，增加规模收益，有利于促进公司健康有序发展。

2. 银行贷款产生的经济效益。贷款投放后，可增加 67 万元贷款利息收入，同时增加中间业务收入。

6.4.2 社会效益评价

由于 H 公司是典型的"公司＋基地＋农户"的运作模式，对当地农村经济的带动作用较强，公司每年雇用农户撒苗及起蛤支付的费用可达 1 000 万元以上，有利于带动当地农民增收，符合国家的农业产业政策。

第七章 风险分析及防范措施

7.1 风险分析

7.1.1 经营风险分析

H公司近几年经营发展较快，并建立了科学的内部经营管理制度，所产的贝类、海参在市场上属于畅销产品，经营风险不大。

7.1.2 环境污染分析

据了解，公司作为水产养殖企业，最大的风险来自海水污染。养殖的贝类生长在浅海淤泥以下20厘米的地方，一般性海水污染对其影响不大，海参在专门建立的陆地养殖池内养殖，换水前公司技术人员先对海水进行化验，确保各项指标符合要求，以杜绝污染的发生。

7.1.3 财务风险分析

1. 公司各项财务指标比较合理，财务状况较好，但企业财务制度仍有待进一步健全，财务人员业务素质仍需提高，否则将不利于H公司长远发展，也会影响我行贷后监管效果。

2. H公司新建的2 000亩海参养殖池尚未施工完毕，而且公司计划继续新建海参养殖池，要防止项目建设占压流动资金。

7.1.4 市场风险分析

1. 因H公司自身能够繁育苗种，企业不存在因原料供应短缺产生的风险。

2. 贝类、海参产品属当前市场的畅销产品，H公司销售量逐年增加，上门购货客商较多，而且产品是根据客户需求开采，如果出现季节性市场疲软，不影响产品的正常养殖，市场风险可控。

7.2 风险防范措施评价

7.2.1 采取抵押担保贷款方式

此笔贷款采取海域使用权抵押方式。该公司享有7.78万亩的海域使用权，使用期限15年。经与当地海洋与渔业局初步协商，抵押值按照拍卖价值与实际缴纳海域使用费价差 70 元计算，抵押物价值 3 267.6 万元，贷款本息 1 067.32 万元，抵押率为 32.66%。

本笔贷款由公司法人代表、董事长×××承担个人财产连带责任保证担保，并出具个人财产连带责任保证担保承诺书。

7.2.2 风险定价

贷款利率在人行同期同档次基准利率的基础上上浮 10%。

7.2.3 贷后管理措施

1. 实行"四只眼睛"管理，贷款银行明确两名客户经理对公司进行贷后跟踪管理。

2. 严格资金支付环节的管理，由于企业目前有固定资产项目投资，贷款发放后客户经理要严格监督企业按照资金使用用途支付资金，防止企业将资金挪作他用。

3. 建立按月监测分析制度。从财务和非财务信息两个方面，对企业的情况按月进行监测对比分析，发现风险信号及时采取措施。

4. 关注企业销售情况和货款归还情况，监测经营活动现金流量，确保第一还款来源的稳定性。

5. 贷款银行密切关注抵押物的变现能力，若遇有政策变动或所设定抵押海域出现污染或其他毁损要及时向上级行报告。

第八章 结论及建议

H 公司 2005 年末总资产 8 989 万元，销售收入 18 126 万元，正式职工 280 人，属于农业小企业。H 公司符合银行贷款条件，对其发放贷款符合国家产业政策和信贷政策。可以对该企业发放农业小企业流动资金贷款 1 000 万元，用于贝类、海参苗购进、苗种培育、人工采挖费及其他流动资金支出，期限 1 年，执行年利率 6.732%，采取抵押担保贷款方式，分两个月还款，每月 500 万元。

专家点评：农业企业的贷款风险相对较高，养殖业由于生产对象的特殊性，风险更大一些，在贷款调查时需要更加审慎。重点把握以下几个方面：一是企业主的信用状况和从业经验，民营企业的信用状况不仅体现为企业的信用记录，还包括企业主的信用记录。本项目贷款的借款人企业法人信用记录良好，在海产品养殖行业从业10余年，生产和经营经验较为丰富。二是企业的财务状况，包括企业的各项财务指标和财务制度情况，小型民营企业由于家族式经营，往往财务制度不太健全，账务处理比较随意甚至混乱，不利于银行了解和监督企业经营状况，该企业的财务指标较为合理，财务制度基本健全，在小型民营企业中属于情况较好的。三是贷款额度的确定，流动资金贷款额度需要经过详细的测算，过高增加企业财务成本且容易被挪用，过低影响企业正常经营运转。四是第二还款来源落实情况，农业小企业贷款一般需要全额担保，担保资产可变现能力越高越好，本笔贷款抵押物为海域使用权，可变现能力较低。

案例二　农业加工业企业贷款项目评估

第一章　客户基本情况

1.1　客户概况

1.1.1　客户基本情况简介

借款人名称：××××丝业有限公司（以下简称 D 公司）

成立时间：2003 年 3 月注册成立，2003 年 11 月正式投产

公司性质：有限责任公司

注册资本：2003 年 3 月注册资本 250 万元，2005 年 7 月增资至 2 000
万元

法定代表人：×××

经营范围：桑蚕丝制品、丝绸制品、服装生产、加工及销售；蚕具
销售

基本账户开户行：S 银行×××支行

基本账户开户行信用评级：AA 级

1.1.2　地理位置

D 公司位于××市××区××镇政府驻地，该镇 2005 年实现生产总值
3.95 亿元，地方财政收入 312.6 万元。桑蚕、速生林、西瓜、优质抗虫棉
和畜牧养殖是该镇五大农业主导产业。目前全镇桑园 23 000 亩，鲜茧产量
占全市 70%以上。镇政府规划桑蚕基地远期目标 3 万亩，为推动产业推进

速度，对新建桑园、补植桑园、苗木费用实行镇政府补贴政策。

1.1.3 公司股本构成及变化情况

D公司成立于2003年3月，成立之初由××区国有资产运营公司和××发起设立，公司注册资本250万元，其中××区国有资产运营公司投资220万元，×××个人投资30万元。2005年7月，公司注册资本增至2 000万元。股权结构情况如表2-1所示：

表2-1 单位：万元、%

序号	主要投资人	实际投资额	占实收资本比例
1	××区国有资产运营公司	1 170	58.50
2	××市××纺织有限公司	800	40
3	×××	30	1.5
	合　计	2 000	100

1.1.4 客户生产经营情况

截至2005年末，D公司总资产4 984万元，总负债2 464万元，资产负债率为49.4%；2005年实现销售收入2 903万元，现有正式员工280人。

该公司目前主要产品是桑蚕白厂丝及捻线丝，生产能力达到年加工干茧1 100吨，年产白厂丝400吨，年产捻线丝200吨。

1.1.5 运作模式

政府、公司指导农户植桑养蚕—从农户直接收购鲜蚕茧—烘干储存—加工成白厂丝、部分加工成捻线丝—销售—回笼货款。

1.1.6 客户特点

1. ××年××月该公司取得鲜茧收购经营资格证。

2. D公司2004～2005年连续两年被××市政府命名为"农业产业化龙头企业"，是××省桑蚕产业中第一家省级农业产业化龙头企业。

3. 该企业现拥有桑蚕基地面积2万亩，带动当地近2万农户从事植桑养蚕产业，人均年收入达到3 900元，促进了当地农村经济的发展，属于典型的龙头企业带动的"公司+基地+农户"运作模式。

4. 通过信贷登记咨询系统查询，D公司存量贷款全部为正常贷款，无不良贷款记录。

1.2　主要股东情况简介

1.2.1　××区国有资产运营公司

××区国有资产运营公司于 2002 年 6 月成立，注册资本 7 000 万元，法定代表人×××。该公司是经××区国有资产管理委员会批准成立、在工商管理部门登记注册的国有资产运营机构，主要经营××区政府授权范围内的国有资产运营。主要融资方式为资产抵押、资产质押、资产置换、信用贷款、金融租赁等。经营资产的主要来源为区直行政事业单位及街道办事处的房产、土地，区直企业中的国有股本及收益，闲置的资源性资产，以及政府的其他投入。

1.2.2　××市××纺织有限公司

××市××纺织有限公司于 1998 年 1 月改制成立，注册资本 3 716 万元，法人代表×××（即 D 公司法人代表）。该公司经营范围包括：生产销售各种纱、线、坯布及毛巾系列产品，经营各种纺织品、纺织原料、纺织机械，棉花收购、加工，服装、家纺产品加工、销售以及承担国家、地方和其他企业的纺织研究项目，自营进出口业务（凭许可证经营）等。该公司具有棉花收购与加工资格证书，为农业产业化龙头企业。公司占地 500 余亩，拥有 15 万枚环锭纺、2 000 头气流纺、220 台宽幅喷气织机、4 条丝光棉生产线、一座 21 000 千瓦时的自备热电厂、3 个油棉加工厂的规模。2005 年末，公司资产总额 91 575 万元，负债总额 59 743 万元，所有者权益 31 832 万元，资产负债率 65.24%。2005 年实现销售收入 80 403 万元，净利润 6 064 万元。该公司在各家银行借款无逾期、欠息情况，信誉状况良好。

1.3　经营者素质

董事长、法人代表：（略）

总经理：（略）

财务经理：（略）

1.4　政府优惠政策

××市农业局根据《农业产业化龙头企业扶持计划》拨给财政贴息资

金 60 万元。农业部补贴资金 15 万元，用于新品种引进及繁育、标准化基地建设及品牌认证等。××区财政局根据《2005 年市级科学技术发展计划（第一批）》拨付财政专项资金 80 万元。××省农业综合开发办公室根据《2005 年农业综合开发一般性产业化经营项目计划》拨付中央及地方财政资金 200 万元。××市财政局根据《2005 年省财政支持农业合作组织资金预算指标》拨付财政资金 15 万元。另有未正式下发文件其他财政资金 47 万元。

2005 年，共享受政府财政贴息、专项资金等各类财政补贴 417 万元。

第二章 客户经营状况

2.1 主要产品

D 公司目前主要产品是桑蚕白厂丝及捻线丝，于 2004 年通过 ISO 9000 质量认证和 ISO 14000 环境认证。目前该公司生产的白厂丝正品率、商检等级符合率达 100%，质量指标达到 4A 级以上（国家中等指标值为 3A 级），处于国内领先地位，可直接用于出口美国、欧盟等国家服装面料的生产，所产捻线丝全部达到优质品标准，具有较强的竞争力。

2.2 生产情况

D 公司现有缫丝车间、复摇车间、捻线丝车间三大车间。拥有国内成熟的自动烘茧机 2 台，可实现单季加工鲜茧 100 万公斤。缫丝车间共有 12 组缫丝机，其中 6 组飞宇 2000 优选型自动缫丝机，6 组华龙 2000－Ⅲ 缫丝机。复摇车间拥有 12 组 B116A 复摇机，生产能力达到年加工干茧 1 100 吨，年产白厂丝 400 吨；捻线丝车间现有 15 台络丝机、3 台 GD102－165－90D 型无捻并丝机，8 台国内先进的 RF320－256 型真丝倍捻机，可年产捻线丝 200 吨。公司现有两个原料仓库，可储存干茧 500 吨。

2.3 原料市场

D 公司现有桑蚕基地面积 2 万亩，采用密植栽桑技术（第二年即丰产，一般为第三年丰产），年产蚕茧 2 000 吨，桑蚕产区环境良好，无污染，当地农民在桑蚕的种植喂养上有悠久的历史和丰富的经验，通过公司的带动作用及各级政府的大力扶持，广大蚕农植桑养蚕的积极性较高，公司在为蚕农提供技术指导、蚕药蚕具等服务的基础上，与蚕农签订收购协议，为公司原料供应提供了有力的保障。同时该公司在附近地区建立了蚕茧收购点，原料来源充足。

2.4 产成品市场

D 公司产品销售网络覆盖省内多个地区及邻近省份，销售渠道畅通。目前主要为×××、××××、××××、××××等大型纺织企业供货，产品供不应求，产成品基本上达到零库存。

2.5 客户市场竞争力

目前与省内其他丝绸行业的企业相比，D 公司政策优势、资源优势、管理优势、技术设备优势突出，该公司市场竞争的优势主要体现如下：

（1）政策优势：该公司为省、市级农业产业化龙头企业，得到了当地政府的重点支持，享受地方的多项财政补贴，政策优势明显。

（2）资源优势：该公司位于镇政府驻地，交通便利，配套设施完善，拥有 2 万亩高标准桑蚕生产基地，通过发展订单农业、与当地蚕农签订保护价收购合同，从当地可年收购桑鲜茧 2 000 吨，原料来源充足。

（3）管理优势：公司是××省丝绸行业唯一的"公司＋基地＋农户"的"种养加"一体化的企业，公司产权明晰、责任明确，已建立起现代化企业管理模式，减少了流通环节，提高了产品附加值，降低了生产成本。

（4）技术设备优势：目前公司拥有 12 组国内成熟的机型－飞宇、华龙优选型自动缫丝生产线，拥有高级技术职称 10 人，中级技术职称 56 人。建有检测化验室，产品质量检测设备齐全。

2.6 发展规划

D 公司 2006 年发展规划：一是加强营销管理的创新，积极打造品牌，实施品牌战略，扩大市场份额；二是加大技术创新力度，积极利用《桑蚕茧产品加工开发》项目的新成果，在传统生产工艺的基础上不断采用真空渗透煮茧，中心配茧等一系列新工艺，增加产品的技术含量和附加值；三是计划新上织绸、服装、丝针织生产线，建设桑园生态基地，争创国家级农业产业化龙头企业。

第三章 市场分析

3.1 行业分析

资料显示，2005 年末，白厂丝价格涨至 25.5 万元/吨，丝绸出口量不断加大，价格呈现持续增长趋势。主要原因如下：

（1）由于我国加入了世贸组织，丝绸产品在一些国家和地区（如美国、欧盟）没有配额限制，而其他多种纺织品因贸易摩擦导致出口环境动荡、出口政策不稳定，许多采购商开始关注真丝绸和丝绸混纺产品，以减少经营风险。

（2）随着人们生活品位的提高和环境意识的增强，作为天然纤维的丝绸重新被看好，真丝产品慢慢取代化纤产品，国际国内市场的需求量都在不断增加。

（3）计算机的应用使丝绸加工的技术含量大幅度提高，运用计算机辅助纺织设计系统进行生产，能简化传统的织丝工艺，降低成本，提高效益，生产出来的全真丝提花面料在国际市场上的价格高出普通面料 10 多倍。原来的丝绸制成品已在传统的服装、围巾、领带等基础上，不断向混纺、家纺扩展，并向丝毯、丝棉被等床上用品，或者真丝窗帘布、装饰画等装饰用品延伸。

（4）由于受气候等自然条件及蚕种、蚕药、蚕饲料的质量和不科学的使用等诸多方面带来的负面影响，我国蚕茧出现了大幅度减产，茧的质量也有所下降，导致供需矛盾进一步加深，拉动了原料价格的一路走高，这也是造成 2005 年我国丝绸出口价格上升的重要原因之一。

3.2 市场定位

D 公司的主导产品为 4A 级以上 20/22、27/29（单位为旦尼尔，是直

径指标）规格的白厂丝和按照订单要求加工的捻线丝，主要供应××、××、××、××等丝绸主产区的大型丝绸企业，供外贸出口订单。

3.3　产品供需情况及预测

受绿色环保、舒适度等因素的影响，国际、国内市场对丝绸产品的需求量呈增加趋势。特别是丝棉交织技术的运用，为白厂丝提供了更为广阔的市场空间。各丝厂基本没有库存，白厂丝处于供不应求状态。

3.4　产品市场价格及变动趋势分析

D公司所在地区的白厂丝在全国范围内质量最好，价格相对也较高。该公司2004年白厂丝出厂均价（不含税价）为17万元/吨，2005年出厂均价（不含税价）为25万元/吨，呈现上涨趋势。预计2006年该公司白厂丝价格将稳定在25万元/吨的水平。

第四章　财务分析

4.1　资产负债分析

2006年2月末，公司资产总额5 171万元，负债总额2 597万元，所有者权益2 573万元，资产负债率50.22%。资产负债明细情况如表2-2所示。

表 2-2　资产负债简表　　　　　　单位：万元

年度 项目	2004 年	2005 年	2006 年 2 月
一、资产总额	3 065	4 984	5 171
（一）流动资产总额	1 764	2 892	2 670
其中：货币资金	250	350	452
应收票据			67
应收账款	180	244	219
其他应收款	27	2	25

年度 项目	2004 年	2005 年	2006 年 2 月
存货	1 192	1 539	1 736
预付账款	40	652	93
（二）长期投资		151	151
（三）固定资产总额	1 191	1 840	2 249
其中：固定资产原值	256	1 462	1 772
固定资产净值	234	1 295	1 574
在建工程	943	545	675
（四）递延及无形资产总额	110	102	100
其中：无形资产	78	78	78
递延资产	32	24	22
二、负债总额	1 922	2 464	2 597
（一）流动负债总额	1 922	2 292	2 375
其中：短期借款	1 700	1 900	1 900
应交税金	−59	48	13
应付账款	59	88	76
预收账款	2	12	140
其他应付款	157	168	194
（二）长期负债总额		172	222
专项应付款		172	222
三、所有者权益	1 144	2 520	2 573
其中：实收资本	864	2 000	2 000
盈余公积	8	8	8
未分配利润	272	512	565

（1）货币资金452万元，其中现金1.68万元，银行存款450.32万元。

（2）应收账款219万元，其中3个月内的应收账款180万元，占比82%。3~6个月应收账款39万元。

（3）预付账款93万元，预付设备款项。

（4）企业存货1 736万元，其中原材料鲜茧27吨、65万元，干茧118吨、767.6万元，光茧6.3吨、41.7万元，产成品白厂丝9.7吨、196万元，捻线丝1.4吨、38.3万元。

（5）长期投资 151 万元。为投资×××股金 151 万元。

（6）固定资产净值 1 574 万元，其中机器设备 804 万元，房屋及建筑物 770 万元。

（7）在建工程 675 万元，主要是捻线丝二期工程、二期茧仓工程等。

（8）公司短期借款 1 900 万元。其中××银行 900 万元，××银行 1 000 万元。贷款全部采用保证担保方式，保证人为××区国有资产运营公司。

（9）所有者权益 2 573 万元，其中公司实收资本 2 000 万元，盈余公积 8 万元，未分配利润 565 万元。

2005 年公司资产较 2004 年增加 1 919 万元，其原因是 2005 年公司扩大生产规模，货币增资 1 750 万元（陆续增资，反映在 2005 年 1 136 万元），专项应付款增加 172 万元。2006 年 2 月末公司资产较年初增加 187 万元，主要是预收账款增加 128 万元，财政拨入扶持资金 50 万元。

4.2　偿债能力分析

表 2 - 3　偿债能力指标表

指标 \ 年度	2004 年	2005 年	2006 年 2 月
资产负债率（%）	62.7	49.4	50.2
流动比率（%）	91.8	126.2	112.4
速动比率（%）	29.7	59.0	39.3
现金比率（%）	13.0	15.3	19.0
利息保障倍数	—	6	—

从表 2 - 3 可以看出，D 公司资产负债率 2005 年比 2004 年下降 13 个百分点，主要是由于公司货币增资扩建捻丝车间引起。2006 年 2 月比 2005 年略有上升，预计随着捻丝车间的投产，流动资金需求增加，资产负债率会上升到 2004 年的水平，维持在农业小型企业良好值 60.5% 左右，长期偿债能力较强；速动比率、现金比率较低，短期偿债能力较弱，主要是由于库存中原材料一直维持在 1 000 万元至 1 500 万元之间，占流动资产的 50% 左右。缫丝行业竞争首先体现在原材料蚕茧的争夺上，所以囤积一定数量的原材料也是该类行业的特点。

表 2-4 现金流量简表   单位：万元

项目 ＼ 年度	2004 年	2005 年	2006 年 2 月
一、经营活动产生的现金流量			
现金流入小计	1 923	3 755	711
现金流出小计	2 182	3 641	609
经营活动产生的现金流量净额	−259	114	102
二、投资活动产生的现金流量			
现金流入小计			
现金流出小计	278	1 361	
投资活动产生的现金流量净额	−278	−1 361	
三、筹资活动产生的现金流量			
现金流入小计	250	1 366	
现金流出小计	73	19	28
筹资活动产生的现金流量净额	177	1 347	−28
四、现金及现金等价物净增加额	−360	100	102

从表 2-4 可以看出，D 公司 2004 年刚刚投产，生产销售均处于起步阶段，销售收入较小，原材料购入相对较大，为 2005 年的生产提供了原料保证。2005 年经营活动进入正常，产生的现金流入充足，为贷款本息偿还提供了保证。其投资活动净现金为负值，与公司近两年购建固定资产扩大生产规模的情况相符，与筹资活动现金流入基本对应（2005 年固定资产增加 649 万元，预付设备款 561 万元，对外投资 151 万元）。

4.3 盈利能力分析

表 2-5 盈利能力指标表   单位：万元

指标 ＼ 年度	2004 年	2005 年	2006 年 2 月
主营业务收入净额	1 663	2 826	441
主营业务利润	375	488	117

指标 \ 年度	2004 年	2005 年	2006 年 2 月
利润总额	227	244	53
净利润	227	239	53
销售利润率（％）	22.5	17.3	26.5
资产净利率（％）	7.4	6	—

D 公司 2005 年较 2004 年各项盈利能力指标有所下降，主要是由于 2005 年蚕茧收购价格大幅上涨（白厂丝价格上升，引致 2005 年各生产厂家高价收购蚕茧抢占原材料），白厂丝价格上涨滞后于原材料价格上涨所致（见表 2 - 5）。

4.4 营运能力分析

表 2 - 6 营运能力指标表

指标 \ 年度	2004 年	2005 年
总资产周转次数	0.5	0.7
流动资产周转次数	0.94	1.2
存货周转次数	1.08	1.7
应收账款周转次数	9.3	13

表 2 - 6 说明，随着 D 公司生产进入正常，各项营运指标均有上升，并且接近或超过农业小型企业指标良好值。经营周转较快，资产利用率好。存货中产成品占 13％，保持较低水平，说明公司销路畅通。

表 2 - 7 公司近两年主要产品产销情况对比表 单位：吨

产品	2004 年			2005 年				2006 年 1 ~ 2 月			
	原料收购量	产量	销量	原料收购量	产量	销量	产销比	原料收购量	产量	销量	产销比
鲜蚕茧	185			330							
干蚕茧	184			271							
白厂丝		92	89		151	148	98％		20	14	70％
捻线丝									5.2	3.7	71％

317

D公司2004年收购鲜蚕茧185吨（折74吨干茧，比例为2.5∶1），收购干蚕茧184吨，生产白厂丝92吨，销售白厂丝89吨，白厂丝产销比例为96.4%；2005年购进鲜蚕茧330吨（折132吨干茧，比例为2.5∶1），干蚕茧271吨，生产白厂丝151吨，销售白厂丝148吨，产销率98%，公司主要产品白厂丝的产销比一直处于较高水平，说明该产品供不应求。公司综合产销比较高，说明公司原料来源充足，产品销售畅通（干茧出白厂丝2.7∶1）。

需要说明的情况是为了进一步验证该公司生产经营的真实性，现场调查期间我们查阅了该公司的电费交费发票。2005年耗电28万千瓦时，2006年1~2月耗电6.2万千瓦时。根据吨丝耗电量约2 000千瓦时的行业标准进行估算，耗电量基本与公司白厂丝产量匹配。

注：该公司2004年、2005年度财务报表均经过会计师事务所审计。

第五章 贷款的必要性和可行性

5.1 客户借款原因和申请额度

D公司2005年底新上6组国内较为成熟的缫丝机，使缫丝生产规模扩大了一倍；同时新建了捻线丝车间及设备。由于生产规模的扩大，该公司流动资金需求持续增加，造成公司流动资金短缺。为此，特向某银行申请流动资金短期贷款2 000万元，用途为收购蚕茧。

5.2 贷款需求合理性分析

5.2.1 产量销售量估算

通过调查分析，D公司的产量2005年较2004年增长了60%，2005年公司进入稳定生产期；2006年以来，该公司由于新上设备，生产规模扩大了一倍。遵循谨慎性原则，按照产量与生产规模同比例增长的比率测算公司2006年的产销情况（2005年耗干茧量约403吨，预计2006年耗干茧量约800吨，见表2-8）。

表 2 - 8　2006 年 1~12 月公司产销计划测算简表

单位：万元、吨、万元/吨

产品名称		桑蚕茧耗用量	产品综合产出率	产品产量	单价	预计销售收入
D 公司	白厂丝	800（干茧）	0.3636	296 （部分用于捻线丝）	25	7 400
	捻线丝		1.00		28	
	合计					7 400

5.2.2　销售成本的估算

根据该公司 2004 年、2005 年销售收入和 2006 年公司产销计划，参考企业生产规模和年加工能力，预测公司 2006 年白厂丝及捻线丝可实现销售收入 7 400 万元。根据 2004 年及 2005 年销售情况（2004 年主营业务利润率 21.8%，2005 年主营业务利润率 16.8%），预测 2006 年主营业务利润率按（21.8% + 16.8%）/2 = 19.3% 折算，需投入成本 5 972 万元，预计流动资产平均周转次数与 2005 年持平即达到 1.2 次，共需营运资金 4 976 万元。

5.2.3　公司现有营运资金来源

1. 公司自有营运资金 295 万元（流动资产 2 670 万元 - 流动负债 2 375 万元）。

2. 流动负债中短期借款 1 900 万元。

3. 公司当年销售利润 799 万元 [7 400 万元 × （13.2% + 8.4%）/2]，按 50% 参与营运周转为 399.6 万元（799.2 万元/2）。

以上公司可用营运资金来源最高额为 2 595 万元。

公司合理资金需求为 2 381 万元（营运资金总需求 4 976 万元 - 营运资金来源 2 595 万元）。

由于 D 公司为桑蚕茧深加工企业，受行业的特殊性影响，原材料需在 6 月中旬到 11 月中旬之间集中储存，需要投入大量流动资金，资金季节性需求较大。其中春茧产量最高，茧质最好，是公司主要集中采购原料的季节。2006 年预计干茧需求量约 800 吨，2005 年平均收购价格每吨约 6 万元（鲜蚕茧收购约 2.4 万元/吨），需用资金 4 800 万元（与通过销售成本估算的 4 976 万元基本符合）。从上述情况分析，企业申请我行流动资金贷款

2 000 万元较为合理。

5.3 还款来源和还款计划

5.3.1 偿债能力分析

D 公司用经营活动现金流作为贷款还款来源。公司 2006 年度预计实现销售收入 7 400 万元，主营业务利润 1 428.2 万元，预计公司利润总额能达到 799.2 万元，为贷款本息的偿还提供了较为充足的来源。

5.3.2 还款意愿及计划

D 公司根据贷款到期时间制定了可行的还款计划，于贷款到期前四个月，逐步用销售收入归还占用贷款。2005 年企业平均每月回笼货款约 240 万元，2006 年生产规模扩大后，平均每月的销售回笼货款为 600 万元左右，4 个月的销售收入预计为 2 400 万元，能够满足按期归还贷款的要求（公司收购的季节性较强，11 月以后至次年 6 月基本以回笼资金为主）。

5.4 贷款效益

5.4.1 经济效益分析

1. 贷款投放后企业产生的效益：银行 2 000 万元贷款发放后，按 2006 年企业流动资产周转率 1.25 次计算，可增加企业销售收入 2 500 万元，按 2006 年度预计实现销售利润率 10.8% 计算，企业可实现销售利润 270 万元，企业经济效益可观。银行资金的投入将解决企业扩大生产规模后原料资金不足的矛盾，同时企业通过扩大生产规模，实现生产成本降低，增加规模收益，有利于促进公司健康发展。

2. 银行贷款产生的经济效益：贷款发放将为银行带来 122.76 万元的贷款利息收入，相应还将带来一些中间业务收入。

5.4.2 社会效益分析

由于该公司是典型的"公司＋基地＋农户"的运作模式，对当地农村经济的带动作用较强，有利于带动当地农民植桑养蚕的积极性，增加农民收入，符合国家的农业产业政策。

第六章　风险分析及防范措施

6.1　风险分析

6.1.1　市场风险

原材料市场：蚕茧加工行业主要的风险在于原材料价格的上涨和原材料是否充足。D公司所在市有2万亩桑蚕养殖基地，年产蚕茧2 000吨左右，保证了该公司的原料供应。

产成品市场：由于国际、国内对丝绸产品的需求量呈扩大趋势，同时棉丝混纺技术的使用，使得白厂丝的需求呈现供不应求的状况。2005年5月至2006年2月白厂丝价格一路飙升，从每吨23万元涨到了36万元，2006年3月以来，白厂丝价格从每吨35万元回落至27万元。导致丝价跌落的主要原因是由于丝绸企业无法承受使用高价位茧丝用于生产，导致白厂丝销售受阻。专业人士认为，白厂丝在近期的回落是价格的理性回归，预计其价格最终将稳定在每吨25万元左右。

6.1.2　财务风险

1. D公司报表反映2004年未上缴所得税，2005年公司上缴所得税4万元，与所获利润227万元、244万元不匹配。调查中了解到，所得税上缴较少的主要原因是该公司为国有控股公司，公司所获利润基本上用于公司扩大生产，对此税务部门予以认可，并出具了不欠税的书面证明材料。

2. 从D公司财务情况分析，载至2006年2月，公司流动比率时点数为112.4%，速动比率为39.3%，短期偿债能力较弱。公司正处于发展时期，未来固定资产投入较大，如果盲目扩张，容易造成资金链断裂。

3. 技术风险。目前该公司所采用生产设备及技术为国内蚕茧加工业较为成熟的技术设备，技术风险较低。

4. 政策风险。植桑养蚕及蚕茧加工业是当地政府重点扶持的行业，符合国家农业产业结构调整的大政策，政策风险较小。

6.2 风险防范措施

6.2.1 保证担保

为防范市场风险，本笔贷款由××市××热电有限公司（以下简称E公司）提供连带保证担保责任。E公司成立于2004年4月，法定代表人××（即D公司法人代表），注册资本2 000万元，为电力生产单位，设计能力2.1万千瓦时。

2005年12月末，E公司总资产5 877万元，负债2 412万元，所有者权益3 465万元，资产负债率41.04%。该公司2005年实现销售收入5 822万元，实现销售利润1 555万元，净利润1 212万元。

2006年2月末，E公司总资产6 087万元，负债2 362万元，所有者权益3 726万元，资产负债率38.8%。实现销售收入1 166万元，净利润261万元。经查询中国人民银行信贷登记咨询系统，公司对外无担保贷款，具备担保能力。通过某银行信用等级评价系统测算，该公司信用等级为AAA级。

6.2.2 缴存风险准备金

E公司向某银行缴存贷款额10%的风险准备金。

6.2.3 贷后管理措施

1. 实行客户经理A、B角制，体现"四只眼睛"管理。开户行指定2名客户经理共同对企业进行贷后跟踪管理。

2. 单独记账反映。该笔贷款通过农业小企业短期贷款科目单独记录反映。

3. 严格资金支付环节的管理。由于企业原材料收购季节性较强，在资金支付环节，严格按照合同规定拨付资金，并监督企业严格按照规定用途使用贷款。客户经理跟踪审查企业的原材料购进的数量，确保企业资金支付额与原材料收购相匹配，防止企业将资金挪作他用。对企业货币资金、应收账款、存货进行定期检查，确保贷款有足够的物资保证。

4. 客户经理建立起农业企业贷款监测台账，即《农业小企业贷款贷后检查检测表》，贷款发放5个工作日内首次跟踪检查，日常按月对企业相关内容进行检查，并填写检查记录。

5. 建立按月监测分析制度。从财务和非财务信息两个方面，对企业及担保人的情况按月进行监测对比分析。发现风险信号及时采取措施。按要求向上级行报送监测分析报告。

6. 关注企业销售情况和和货款归还情况，监测经营活动现金流量，确保第一还款来源的稳定性。

第七章　调查结论

经调查，D公司生产经营正常，产品销路通畅，财务制度基本健全，财务状况较好，盈利能力较强，主要管理者经验丰富、信誉可靠，符合贷款条件，同时该公司对当地农业经济的带动作用明显，属于地方政府重点扶持的农业产业化龙头企业，对其贷款支持符合国家产业政策和总行信贷政策。调查认为，可以向其发放2 000万元农业小企业短期流动资金贷款，贷款用途为蚕茧收购，期限1年，利率实行基准利率上浮10%。由E公司提供连带责任担保，并缴存贷款额10%的风险准备金。

专家点评： 这是一家国有控股的桑蚕丝生产企业，拥有自己的桑蚕基地，是典型的"公司＋基地＋农户"型的农产品加工企业。农产品加工企业的原料来源是企业能否正常运转的重要决定因素，很多企业因原料价格突然上涨或是品质出现问题而导致产品销售困难。此种运作模式的企业原料来源较有保障，订单收购对产品成本控制有利，且对周围农户的带动作用较强，是目前比较通行的运作模式。该企业所在地农民在桑蚕的种植喂养上有悠久的历史和丰富的经验，和企业合作多年关系良好，能为该企业提供充足的高品质原材料。对小企业的评估，除了正常的通过财务报表评估，还可以通过企业用电、用水、交税等其他途径核实生产销售情况，本次评估时就查阅了该公司的电费交费发票，耗电量基本与公司白厂丝产量匹配。

案例三　粮油加工项目贷款评估

第一章　项目基本情况

1.1　项目名称

P市F米业三期扩建与粮食深加工项目

1.2　项目性质

基建技改项目（在企业原有生产线基础上进行三期扩建）

1.3　投资主体

P市F米业发展有限公司

1.4　项目建设地址和内容

项目地址：P市××路××号

项目内容：本项目分为三期工程，一期建成日加工245吨大米生产线一条；二期新建车间、新增粮食仓储设施；三期新建日产20吨兴化米粉生产线一条。项目工程主要包括新征53亩土地的平整，购置安装机械设备，建造圆筒仓八座，准低温原粮仓五座，办公大楼一座，水电、排污、道路、广场、围墙、高压线的拆迁等配套工程建设。

1.5　项目建设规模及主要产品

项目建成后，公司新增日产大米 245 吨的加工生产线一条和日产 20 吨的米粉生产线一条，达到日产 815 吨大米和 20 吨米粉的生产规模，每年可生产 244 500 吨大米和 6 000 吨米粉。

1.6　投资规模

项目新增总投资 6 510 万元，其中固定资产建设投资 5 310 万元（含建设期利息 125 万元），流动资金 1 200 万元。公司拟向银行申请中长期贷款 1 972 万元。

1.7　项目进展情况

载至 2005 年 10 月末，公司已累计投入 1 985 万元。一期工程公司利用自有资金 1 755 万元已经建成并试产，其中包括：投资 400 万元建成七层综合楼，投资 744 万元建成日加工 245 吨大米生产线一条，投资 552 万元建成原料仓库一座，投资 59 万元购买因增加生产能力所需的办公设备及运输工具。二期工程开始前期准备，目前已利用自有资金 230 万元用于预付土地工程款。二期工程计划于 2006 年 6 月末前完成，三期工程计划于 2006 年末前完成。

第二章　借款人评估

2.1　借款人概况

P 市 F 米业发展有限公司成立于 2000 年 11 月，为民营企业，注册资本 4 190 万元。公司位于 P 市××路××号，占地面积 140 亩，建筑面积 1.6 万平方米。经营范围是粮食加工和批发零售，营业执照注册号××，公司已取得收购许可证和全国工业产品生产许可证。

公司自 2002 年以来，连续两届被评为省级农业产业化龙头企业和市级农业产业化优秀龙头企业，是 F 省百家重点工业企业。2005 年 6 月被评为

××示范基地，并被授予"大米加工项目示范基地"。

2.2 借款人股权结构和组织结构

公司设总经理1人，副总经理2人。公司下设9个部门：行政部、财务部、销售部、品管部、操作部、储运部、策划部、开发部、采购部。公司共有376人（不包括搬运工），其中经营管理人员约60人。

公司成立之初注册资本500万元，经4次增资和股份转让后，现注册资本为4 190万元，均以货币形式出资，现有股东3人，分别是黄××、许××、黄××，××会计师事务所对股东出资到位情况进行验资并出具了验资报告。现股东出资情况见表3-1。

表3-1 公司现有股东结构情况   单位：万元、%

股东名称	变更后	
	出资额	参股比例
黄××	1 980	47. 26
许××	1 570	37. 47
黄××	640	15. 27
合计	4 190	100. 00

2.3 经营者素质

法定代表人兼董事长：（略）

总经理：（略）

财务总监：（略）

2.4 借款人经营状况

2.4.1 主要产品

F米业主导产品是××牌大米，即××大米，产品通过ISO 9001：2000国际质量管理体系认证和产品质量认证，荣获农业部全面质量管理达标单位、中国名牌产品等称号，并取得了绿色食品证书。

2.4.2 生产情况

公司现有原粮仓库6座，可用总仓容量约3.6万吨；产成品仓库2座，加上露天仓库等,可用仓容2 500吨。

公司成立时设计加工能力为日产245吨大米;2003年9月技改后达到400吨/日,同时还租用了厂外一条日产120吨生产线;2004年11月再次技改,生产能力提高到570吨/日;2005年6月公司撤除了厂外租用的生产线;2005年8月项目一期工程日产245吨生产线完工试产。当前,公司设计加工能力为日产815吨大米。公司生产能力变化情况如表3-2所示。

表3-2　公司生产能力变化情况表　　　　单位:吨

项目	2002年	2003年(技改后)	2004年(技改后)	2005年(一期投产后)
厂区生产线加工能力	245	400	570	815
厂外租赁线加工能力	—	120	120	6月停产
年加工能力合计	73 500	156 000	207 000	185 000(1~10月)

2003年、2004年公司分别生产大米70 823吨、120 200吨,达产率分别为45.40%和58.07%。2005年1~10月公司实际调入原粮160 376吨,加工原粮144 838吨,生产大米107 550吨、销售大米107 118吨,达产率58.14%。

公司达产率持续较低的原因:一是公司主要根据原粮的品种和所生产大米的品质采取配米的方式生产,而不同品种和不同品质大米的加工能力不同,如公司目前可加工粳米800吨/日、籼米600吨/日、精品米400吨/日,生产线实际平均生产能力为600吨/日;二是公司一直进行产品结构调整,生产的真空包装精品米等高端产品加工量逐年增加,实际生产能力有所下降;三是企业受流动资金短缺、运输环节以及仓容不足等因素的影响,导致无法囤积大量的原粮,限制了其加工量。

2.4.3　原粮市场

公司原粮采购主要是从外地采购和当地直接收购这两条渠道。主要对外采购地是东北的辽宁、黑龙江和湖北、湖南、江苏、江西以及本省闽北地区等地,其中东北占比约60%。目前公司已分别在东北、江苏、江西成立了办事处,专门负责从事原粮采购。

2.4.4　销售情况

公司的首要销售大户是××啤酒厂,该厂与公司相邻,注册资本1.1亿元,公司持有其股份100万股(反映企业资产负债表长期投资125万元），占其股份比重0.91%。每月公司向其供货2 500吨左右，占公司销售总量的23%。目前该厂的供货商数量有4家，均采取竞标方式，由于公司与××啤酒厂距离仅500米，运输成本大大低于其他供应商，且产品质量较好，销量从2004年的18 684吨增加到2005年的25 886吨，占啤酒厂总需求量的73%。××啤酒厂计划2005年购进啤酒米3.5万吨、2006年购进4.5万吨，而公司依据以上优势，基本能稳住这个大客户，因此，随着啤酒厂业务的不断扩大，公司对该厂销售量可以保持稳定增长态势。

另外，公司还有××监狱、××大型超市等集团客户，月供300吨左右；在P市区、F市、X市、Q市、C市、H市等地拥有100多家代理经销商；并在全省各市开立了10家精品加盟店专门销售其高端粮食产品。

2003年、2004年和2005年10月末的产成品产量分别为69 700吨、120 200吨和107 550吨，销售量分别为67 867吨、122 927吨和107 118吨，基本保持产销平衡。

2005年1~10月，公司主营业务收入33 338万元，其中大米销售收入28 520万元，占85.55%；副产品销售收入4 818万元，占14.45%。

2.5 借款人财务状况分析

F米业公司能够按照财政部相关规定，制定了较为健全的财务制度，建立了较为完善的账、簿、表等会计核算体系，按月编制会计报表，2003年度、2004年度资产负债表、损益表和现金流量表经由专业会计师事务所审计并出具年审报告书。

2.5.1 资产负债分析

表3-3 资产负债简表 单位：万元、%

项目	2003年末		2004年末		2005年10月末	
	数值	占比	数值	占比	数值	占比
资产合计	7 578	100.00	13 819	100.00	22 542	100.00
流动资产	5 319	70.19	10 539	76.26	18 780	83.31
其中：货币资金	2 175	28.70	2 533	18.33	5 230	23.20
应收账款	631	8.33	2 253	16.30	2 469	10.95
预付账款	105	1.39	2 939	21.27	6 299	27.94

续表

项目	2003 年末		2004 年末		2005 年 10 月末	
	数值	占比	数值	占比	数值	占比
存货	2 397	31.63	2 790	20.19	4 760	21.12
长期投资	125	1.65	125	0.90	175	0.78
固定资产	2 080	27.45	2 760	19.97	3 120	13.84
无形资产及其他	54	0.71	395	2.86	467	2.07
负债合计	4 512	59.54	6 690	48.41	15 407	68.35
流动负债	4 512	59.54	6 463	46.77	15 180	67.34
其中：短期借款	400	5.28	724	5.24	4 740	21.03
应付票据	3 600	47.51	5 000	36.18	7 870	34.91
应付账款	190	2.51	8	0.06	2 349	10.42
长期负债	0		227	1.64	227	1.01
所有者权益	3 066	40.46	7 129	51.59	7 135	31.65
实收资本	2 160	28.50	4 190	30.32	4 190	18.59

公司 2005 年 10 月末货币资金 5 230 万元（见表 3 - 3），其中××银行和××银行承兑汇票保证金存款 3 970 万元。2005 年公司承兑汇票增加，保证金存款也随之增加；应收账款 2 469 万元，主要是××啤酒厂资金占用 1 148 万元，且账龄均在 1 年之内，占全部应收账款的 46%，其余为经销商及超市占用，账龄也大都在 1 年之内，经销商结算期约 10 天，超市结算期一般 60 天。随着企业产品销量的不断增长，应收款项占用量随之加大，目前应收账款的占用还在一个较为合理的水平；预付账款 6 299 万元，主要是采购原粮预付供应商货款 5 612 万元，经调查，企业预付账款管理基本正常，另外还有预付机械设备款 207 万元。

2005 年预付账款大幅增加的原因：一是公司生产规模扩大后，原粮采购增加，必须支付一定的预付款来保证原粮的及时供应；二是目前正值粮食收购高峰，公司采取先付定金的方法集中采购原粮；三是企业调粮主要集中在东北，环节多，路途较远，占用时间较长。但总体来看，目前预付账款占用偏大。

10 月末公司应付账款 2 349 万元，主要是收购原粮货款，这些货款均在正常结算期，不存在不遵守商业信誉、恶意欠款等行为。

2.5.2　偿债能力分析

表 3 - 4

项目＼年度	2003 年	2004 年	变动情况	2005 年 1～10 月
流动比率（%）	1.18	1.63	0.45	1.24
速动比率（%）	0.65	1.20	0.55	0.92
资产负债率（%）	59.54	48.41	-11.13	68.35
现金比率（%）	48.31	39.27	-9.04	34.45
利息保障倍数	4.37	56.16	51.79	14.39

　　对比《农副食品加工行业》中型企业行业指标标准，企业的流动比率、速动比率、资产负债率三个指标值均高于行业平均值、接近良好值水平（见表 3 - 4），说明企业 2005 年以来，在经营规模扩大的情况下仍然具有较强的短期和长期偿债能力，具有较强的抵抗风险能力。

2.5.3　盈利能力分析

表 3 - 5　　　　　　　　　　　　单位：万元

项目＼年度	2003 年	2004 年	比增	2005 年 1～10 月
主营业务收入	15 024	37 313	148.36%	33 338
主营业务成本	14 035	33 022	135.28%	30 586
营业费用	326	533	63.50%	595
管理费用	292	436	49.32%	437
财务费用	141	55	-60.99%	147
利润总额	263	3 034	1 053.61%	1 601
净利润	176	2 033	1 055.11%	1 073
资产净利率	3.05%	19.00%	15.95%	5.90%
销售利润率	2.26%	8.27%	6.01%	5.88%
销售净利率	1.17%	5.45%	4.28%	3.21%
成本费用利润率	1.35%	8.91%	7.56%	5.04%

　　公司销售收入 2004 年比 2003 年增长了 148.36%，销售成本增长了 135.28%（见表 3 - 5），销售净利率和成本费用利润率分别提高了 4.28 个和 7.56 个百分点，说明公司随着经营规模扩大，获利能力得到增强。利润

总额 2004 年比 2003 年增加 2 771 万元，增长了 1 053.61%，主要原因是公司在 2003 年末购进了大量低价原粮获取了可观利润。

2005 年公司继续保持稳定发展的态势，到 10 月末实现利润总额 1 601 万元，预计年末实现利润总额约 2 000 万元。

2.5.4　经营能力分析

表 3 - 6　　　　　　　　　　　　　　　　　　　　单位：万元

年度 项目	2003 年	2004 年	比增	2005 年 10 月
产成品生产量	70 823	120 200	69.72%	107 550
产成品销售量	67 867	122 927	81.13%	107 118
产销率	95.83%	102.27%	6.44%	99.60%
资产周转率	2.6%	3.49%	0.89%	1.83%
应收账款周转率	21.04%	25.88%	4.84%	14.12%
存货周转率	8.23%	12.73%	4.5%	8.1%

企业 2004 年比 2003 年产销量分别增长了 69.72% 和 81.13%，产销率提升了 6.44 个百分点（见表 3 - 6），说明公司具备良好的销售能力，足以消化新增产量。资产周转率、应收账款周转率和存货周转率指标都呈优化趋势，整体运营情况良好。

2.6　借款人信用情况分析

F 米业公司基本存款账户在 ×× 银行开立，对其信用等级评定为 AA 级。从银行咨询系统查询，至调查日 10 月 31 日该公司贷款总额 12 837 万元，其中 ×× 银行贷款 3 986 万元、×× 银行承兑汇票 7 870 万元、×× 银行流动资金贷款 754 万元、财政贴息贷款 227 万元（年利率 2.4%）。

从近三年来合同履约以及往来结算资金偿还记录来看，公司合法经营、诚实守信，具有良好的商业信誉，没有发生恶意毁约和拖欠结算款以及超期限未归还贷款本息等情况。2005 年 5 月公司被 ×× 省工商行政管理局评为重合同守信用企业。根据 ×× 国税局、地税局开具的材料证明，公司能够按时申报纳税，没有发现偷税、欠税现象。

2.7　借款人关联企业分析

目前公司共有关联企业 2 家，分别是××贸易公司和××有限公司。

专家点评：大米加工企业集中度较低，企业构成以民营企业为主，"小、散、差"的特点和重复建设的现象较为突出，开工率普遍不足，全国平均开工率只有 45% 左右。对大米加工企业固定资产贷款项目借款人的评估，除一般性的评估内容之外，应重点关注借款人销售能力、经营能力和品牌建设等内容，避免项目建成后产品积压。本项目业主各项证照齐备有效，股权机构和组织结构较为合理，从企业财务状况看，借款人经营状况较好，项目建设决心很大。由于项目业主从事的粮油加工行业，采取支付定金的方式从异地采购原粮要占用大笔资金，资产负债表里会体现较大数额的预付账款，评估时也应重点关注。

第三章　项目建设条件和必要性评估

3.1　项目建设背景

一是公司成立三年多以来，业务迅速发展，产品主要销往 J 省内及周边地区，经销商 100 多家，经销网点 10 000 多个，产品供不应求，公司产销两旺。公司原有日产大米能力仅 570 吨，旺盛的市场需求和有限的生产能力所形成的矛盾较为突出，新建一条日产 245 吨的大米生产线已成为发展的必然。

二是随着公司规模的不断扩大，其相应的仓储设施也需要随之扩大，以保证原材料、产成品、副产品等库存的安全储存，为保证公司安全生产和实施品牌经营。

三是在扩大生产能力的同时，利用副产品，开发兴化米粉的生产，一方面使地方优势农产品得到发展和壮大，另一方面可以增加粮食产品附加值，确立地方风味农产品的机械生产能力，实现粮食精深加工，提高粮食的附加值和增收能力，拉长粮食生产产业链条，提高粮食产业的创收能力。

3.2 项目必要性分析

根据《关于 J 省 2005 年国家农业综合开发重点产业化经营项目计划的批复》和《关于 P 市 2005 年国家农业综合开发产业化经营项目计划的批复》，P 市 F 米业三期扩建与粮食深加工项目分别被列为 J 省和 P 市 2005 年度国家农业综合开发重点产业化经营项目，获得了中央和地方财政有偿、无偿资金共 735 万元的支持，该项目符合国家农业产业经营政策，有利于 F 米业的长远发展，有利于落实"扶优、扶强、扶大"的农业产业化经营原则，对于拉动当地经济的发展将起着重要的作用。

3.3 项目建设和生产条件分析

该项目用地位于××镇，F 米业发展有限公司厂址旁，面积约 53 亩，原为农用地，经 P 市城乡规划局审批，并经 J 省政府批文同意转为建设用地，于 2004 年 5 月 10 日取得建设用地规划许可证。根据 P 市土地勘察规划院的"土地勘测定界技术报告书"，该地符合建设项目用地勘测定界技术规程要求。

P 市自来水管网已到，能够保证企业用水供应需要，当地自来水公司已出具了用水证明材料。

项目紧邻原厂区，具备良好的供电用电条件，当地供电局已出具了用电证明材料，可确保公司项目用电需求。目前，项目已取得了建设工程规划许可证、施工许可证。

3.4 环保与消防评估

3.4.1 环保条件

根据环保部门意见，该项目符合 P 市城市总体规划、经济发展规划。项目建设符合清洁生产要求，通过除尘、消声等措施后，主要污染物可符合排放标准，其排放对区域环境影响不大，不影响区域环境功能的达标，粉尘排放符合区域总量控制要求。当地环保部门已审核通过。

3.4.2 消防条件

公司厂区设置了独立的临时高压室内、外消防给水系统，整个厂区设一个 300 米消防及生产水池，消防管道采用环状管网布置，在室外消防管道上设有若干个地上式消火栓，公司自备有一辆消防车。当地消防队可在5分钟到达现场。消防安全，已通过当地消防部门审核。

3.5　工艺与技术评估

公司引进国际先进的机械设备与制米工艺、现代化的生产流水线，主要生产设备为日本安西色选机、佐竹碾米机和佐竹抛光机，整个生产线的设备生产性能和能力达到国际20世纪90年代末水平，具有设备和技术的先进性。

生产工艺流程为：初清—计量—储备—清杂—去石—磁选—脱壳—糙米分别—糙米精选—去石—初碾开糙—碾白—选碎—抛光—选碎—色选—配米—计量—自动封口或缝口

由于该公司生产设备先进，生产工艺水平高，生产的产品口感好，深受消费者的青睐，而P市内绝大部分小型大米加工厂设备陈旧老化，绝大部分没有包括色选机、抛光机等先进的机械设备，加工质量"靠天安排"——稻谷品质的好坏，很难满足市场的需求，因此F米业具有其他米业不可比拟的优势，其市场占有率也节节攀升。

专家点评：本项目被列为J省和P市2005年度国家农业综合开发重点产业化经营项目，获得了中央和地方财政资金支持，符合国家产业政策、区域发展政策，项目建设必要性比较充分。本项目对延伸大米加工产业链条，提高经营效益，增强企业核心竞争力有重要作用；对拉动当地经济的发展有重要意义。项目立项过程规范，项目核准、环评批复、土地和规划手续等各项手续齐备，项目进展情况正常，地、水、电、气、消防、交通运输等建设条件已基本落实。

第四章　项目产品市场评估

4.1　项目产品概况

项目产品为大米、米粉。大米为主导产品，有精品类、真空类和普通类三大类12个系列40多个品种。米粉由大米的副产品碎米加工而成。

公司引进了先进的生产技术设备，一切从消费者的口味出发，一切为消费者的健康着想，专门成立了目标市场最受欢迎的米种及口感细分资料库，成立专业口感评饭小组，确保了产品品质，生产的大米外观可人、香味浓郁、口感纯正、营养均衡，深受消费者的喜爱，具有较强的竞争力。

4.2 项目产品市场供求分析

当地居民以大米为主要粮食，对粮食品质的要求和购买力较高。粮食市场消费呈现鲜明特点：一是从温饱阶段以满足粮食数量的需求为特征，向小康阶段以满足粮食优质化、多样化的需求为特点转变；二是消费者由追求数量变为追求质量，由粗变细，由单一变多样，由普通变优质。

公司产品高、中、低各档次品种齐全，包装规格多样化，有5千克、10千克、15千克、25千克的不同净含量包装，可以适应家庭、单位食堂、宾馆的不同需求，精包装、充气真空包装均能满足不同层次消费者的需要和适应南方四季分明的气候特点，且"××"牌系列大米产品质量稳定，价格合理。

公司产品销售以本省为主，重点集中在P市和周围市区及所辖乡镇。公司已形成了较大和较为完善的销售网络，借助广告效应，树立品牌形象，市场占有率呈迅速上升趋势，目前从本地市场情况来看，已占市场份额25%～30%。

4.3 项目产品市场前景

目前优质大米市场持续旺盛，仅其周边地区市场前景也十分可观，公司还计划在巩固现有销售网络的基础上，拓展本省周边地区销售区域，发展前景看好。

同时公司三期技改项目利用大米加工产生的碎米进行深加工增值，生产的"××米粉"是地方特色食品，产品畅销全省各地。公司生产的兴化粉采用的是优质稻谷加工而成、实行机械化生产，将改变该地区长期以来历史形成的以陈化粮为原料、手工作坊生产，在产品成本、产品质量等方面将具备明显的优势。

项目建成后，按照75%达产率计算，公司年可生产大米18.34万吨、米粉5 400吨，在P市市场占有率将由20%～30%提高到50%～60%，P市外市场份额也将有明显提高。

4.4 项目产品竞争优势

4.4.1 技术优势

目前 F 米业的加工生产能力位居全省前列，因为实施了规模生产，规模效益的优势日益凸显，单位加工成本和原粮采购成本低于同类加工厂家。

4.4.2 产品质量优势

公司高薪聘请专业技术人员、配备产品开发和质量管理部门，根据消费者的各种不同口感和不同的产品需求，公司实行配米加工，产品品种多样化、多档次，适应了各种不同消费者的需求，取得了绿色食品证书和中国名牌产品，确立了大米品牌优势，市场认可度逐步提高。

4.4.3 物流配送优势

F 米业建立了自己的物流配送中心，日运输能力达 740 吨，能以最快的速度、最低的成本将产品输送到各网点，不仅降低了成本，还通过优质服务取得了客户和经销商认可，建立了更加稳定的客户关系。

4.4.4 信息优势

F 米业建立了网络中心，设立了企业网站，配备专人进行信息的搜集、发布和网络维护，企业可以适时掌握全国粮食行情，有利于企业抓住商机，同时企业可以将自己的产品在网上发布，扩大产品的知名度和销售渠道。

4.4.5 原粮品质优势

大米的质量好不好，关键是原粮的品质好不好。F 米业在稻谷主产区建立了 20 多万亩的优质粮基地，推行"公司＋农户＋基地"的模式，实施订单种植，形成种子—生产—技术指导—收购"一条龙"，做到"统一种植、统一管理、统一收购"，从而确保原粮充裕、优质。

专家点评：对于一个商业项目而言，市场分析是项目评估工作的核心。要通过缜密的市场调查，科学合理预测市场需求和供应情况，深入分析产品的竞争优势。只有产销对路的产品才值得投资、值得生产，才能从根本上避免贷款出现风险。粮油加工产业属于弱质产业，市场中同类产品差异性较小，因此应注意选择支持产业链条长、产品附加值高、市场潜力大、经营潜质好、有信誉的企业。本项目产品知名度和附加值较高，市场潜力大，借款人在其所在区域内竞争优势明显。

第五章　项目投资与资金来源分析

按照改扩建项目的评估规范，分"无项目"和"有项目"进行对比。

5.1　投资概况

企业进行基建技改称为"有项目"，不进行基建技改称为"无项目"。

5.1.1　"无项目"投资

不进行基建技改时，不需增加投资，固定资产的净值为 1 801 万元。流动资金估算方法按照每个周期流动资金需求额，即年流动资金需求额除以周转次数，计算出为 7 482 万元。

5.1.2 "有项目"新增投资

根据企业提供的项目建设投资估算，本项目新增投资 6 510 万元，其中固定资产投资 5 310 万元、流动资金 1 200 万元，比可研报告的总投资项目概算多 310 万元。原因是评估报告考虑了建设期利息 125 万元，购买设备及建筑工程提取的涨价准备金 185 万元。

5.1.3　"有项目"总投资

"有项目"总投资 15 793 万元，包括"无项目"期间投资 9 283 万元和新增投资 6 510 万元。

5.2　项目资金来源评估

经评估，项目新增投资为 6 510 万元。其中，自筹资金 3 803 万元、财政无偿资金 329 万元、银行贷款 1 972 万元、财政借款 406 万元（见表 3 - 7）。具体情况如下：

一期计划投资 1 800 万元，实际投资为 1 755 万元，系企业自筹资金，在原有生产车间建成日加工 245 吨大米生产线，以及办公综合大楼，原料仓库一栋，并进行征地 53 亩的前期工作，目前一期工程已经完工并试产。一期工程投产后，公司需新增流动资金 1 200 万元，由企业自筹解决。

二期工程投资 2 725 万元，其中企业自筹 753 万元，向银行申请产业化龙头企业中长期贷款 1 972 万元。目前企业自筹资金已全部落实，已用于预付土地款 230 万元。

三期工程投资为 830 万元，用于建成日产 20 吨兴化米粉生产线一条及米粉生产车间、米粉成品仓库各一栋，土地款等后期结算工作，资金来源为国家农业综合开发重点龙头企业项目中央财政资金 350 万元（其中无偿 88 万元，有偿 262 万元，年资金占用费 2.4%），省级财政配套资金 192 万元（其中无偿 48 万元，有偿 144 万元，年资金占用费 2.4%），市财政配套 193 万元（无偿），企业自筹 95 万元。

目前本项目自筹资金及财政配套资金已基本落实。自筹资金中公司已经以资本金投入了 1 985 万元，还需投入资本金 1 818 万元，截至 2005 年 10 月末公司还有未分配利润 2 545 万元可用于资本金投入。市配套无偿资金 193 万元已全额到位，中央、省配套无偿资金 136 万元已全部拨付到 P 市财政局，待办理有偿资金 406 万元委托贷款后随即到位，有偿使用资金的委托贷款手续正在办理之中。

表 3-7　项目投资资金来源情况表　　　单位：万元

项目	总投资	其中：		资金来源			
		1. 固定资产	2. 流动资金	1. 企业自筹	2. 银行贷款	3. 财政有偿借款	4. 财政无偿资金
合计	6 510	5 310	1 200				
一期	2 955	1 755	1 200	2 955			
二期	2 725	2 725		753	1 972		
三期	830	830		95		406	329

专家点评：本项目的资本金比例达到 58.4%，远高于国家规定的项目资本金 20% 的比例要求，同时，获得了中央地方财政资金支持。较高的资本金比例，有利于减少借款人的财务成本、提高项目财务效益水平、降低银行贷款的风险程度。此外，对项目财务效益评估时，采用了有无对比法。该方法是国家发展和改革委员会与住房和城乡建设部组织编制的《建设项目经济评价方法与参数》（第三版）中提出的新评估方法，对改扩建项目原则上均须采用"有无对比"对项目财务效益进行评价。该方法的核心内容是通过对"无项目"、"有项目"、"现状"、"新增"、"增量"五种

状态下的资产、资源、效益和费用，分析项目的增量盈利能力、"有项目"的偿债能力和财务生存能力。改扩建项目的评估方法与新建项目相比较为复杂，当然，在符合一定条件下，改扩建项目也可按一般建设项目的方法进行经济评价。银行评估人员在开展项目评估时，应根据项目的实际情况、银行风险判断的实际需要等，采用科学合理的评估方法。

第六章 项目财务效益评估

根据项目投资规模及工程进度，"有项目"和"无项目"计算期定为12年。"有项目"建设期为2年，投产期1年，达产期为9年。项目实施后，一期项目投产第一年（2006年）预计达产率为70%，2007年以后达产率为75%；三期项目米粉生产线建设期为2006年1年，投产期达产率预计为70%，2008年之后按90%达产率计算。"无项目"寿命周期为12年，达产率均为75%。

6.1 总成本费用的估算

本项目分别计算"有项目"和"无项目"总成本，总成本费用估算分别见附表"有项目"、"无项目"总成本费用估算表。项目在第四年即2008年达产后，总成本费用估算如下：

（1）外购原材料。"无项目"年需外购原材料35 489万元，"有项目"年需外购原材料为50 773万元。其中：

①大米生产线：主要为原材料稻谷和包装物，原材料单价按照2005年1~10月原粮购入均价1 896元/吨、包装物按照实际吨耗40.6元/吨计算。"无项目"年产量为12.82万吨大米，加工稻谷18.32万吨，需外购原材料35 489万元，"有项目"年产量为18.34万吨大米，加工稻谷26.20万吨，需外购原材料为50 708万元。

②米粉生产线：主要原材料为碎米，即加工稻谷的副产品，1.1吨碎米能加工产成品1吨米粉，米粉年产量5 400吨，需要原材料5 940吨。"无项目"年不计成本；按照8%的碎米出糙率测算，"有项目"年加工26.20万吨稻谷能产出碎米2.10万吨，足够用于加工米粉，故不计碎米成

本，包装物按 120 元/吨计算，需 65 万元。

（2）外购燃料费用。"无项目"年需外购燃料动力 970 万元，"有项目"年需外购燃料动力 1 611 万元。其中：

①大米生产线：主要为电费，按照 2005 年电费、搬运费和物耗、水费和其他费用等实际吨耗计算，分别为 33.6 元/吨、14.2 元/吨、3.8 元/吨，电费按逐年递增 2% 计算。"无项目"需要外购燃料 970 万元；"有项目"需要外购燃料 1 387 万元。

②米粉生产线：水费、搬运费、物耗加上电费等加工费用为 400 元/吨。"无项目"不计成本；"有项目"需外购燃料 224 万元。

（3）工资及福利费："无项目"职工定员为 436 人，"有项目"新增职工 110 人，职工定员为 546 人，年工资及福利费支出为每人 1 万元。"无项目"工资及福利费支出为 436 万元；"有项目"工资及福利费支出为 546 万元。

（4）折旧费：固定资产折旧采用综合折旧率提取折旧，房产折旧年限为 20 年，设备及其他折旧年限为 10 年，固定资产残值率为 5%。

"无项目"固定资产净值 1 801 万元，经计算年折旧费用为 121 万元；"有项目"新增固定资产 5 310 万元，经计算年折旧 438 万元。

（5）修理费：按照机器设备原值的 3% 计提。"无项目"为 12 万元，"有项目"为 49 万元。

（6）摊销费：无形资产和递延资产主要为土地使用权，按照 50 年摊销。

"无项目"无形资产净值 226 万元，年摊销费 5 万元；"有项目"新增无形资产 500 万元，年摊销费 15 万元。

（7）财务费用：主要是银行借款利息支出。

"无项目"按照企业需求银行借款 5 000 万元测算，年需财务费用 279 万元。

"有项目"包括"无项目"和新增项目的财务费用。新增项目财务费用为：银行贷款按月支付，财政有偿贷款利息第四年即项目第五年归还一半，项目第六年归还一半。为此，本项目第二年利息支出为 115 万元，第三年利息支出为 115 万元，第四年利息支出为 104 万元，第五年利息支出为 106 万元，第六年利息支出为 25 万元，第七年之后无利息支出。

（8）其他费用：其他费用包括管理费用、营销费用等。"无项目"年需支出1 305万元；"有项目"年需支出2 004万元。

"无项目"正常年份总成本费用为38 617万元。"有项目"正常年份总成本费用为55 830万元。新增项目正常年份总成本费用为17 213万元。

6.2 营业收入和利税估算

（1）营业收入估算。销售单价按照2005年1～10月销售收入转化为原粮销售单价后再测算，即为销售收入/加工量=333 380 000/144 838 = 2 302元/吨。"无项目"营业收入42 235万元；"有项目"营业收入61 590万元。其中：

①大米生产线："无项目"加工18.32万吨稻谷销售收入为42 171万元；"有项目"加工26.20万吨稻谷，扣除用于加工米粉需原材料5 940吨碎米的产值（按1 700元/吨）1 010万元，正常年份实现销售收入为59 246万元。

②米粉生产线："无项目"无该项收入；"有项目"按照产成品4 000元/吨计算，销售收入2 160万元。

③保管费收入："无项目"承储1.6万吨省级动态储备，保管费年40元/吨，保管费收入64万元；"有项目"在项目建成后可承储2万吨的省级动态储备，按照年60元/吨的保管费，可增加保管费收入120万元（目前J省级动态储备粮由J省饲料公司承储，饲料公司委托F米业公司代储，代储费为年40元/吨；新增项目完工后，新增仓容用于直接承储省级动态储备粮，保管费为年60元/吨）。

（2）税金及附加的估算。为便于计算并缴纳增值税，根据当地税务部门规定，该公司所缴纳的税金按照年销售收入（未扣除税金）的0.6%计算，税金及附加按照税金的11%缴纳。

经计算，"无项目"年缴纳销售税金及附加249万元；"有项目"年缴纳销售税金及附加349万元。

（3）利润估算。该企业所得税税率为33%。"无项目"正常年份可实现利润总额3 369万元，所得税1 112万元，税后利润为2 257万元；"有项目"正常年份可实现利润总额5 397万元，所得税1 781万元，税后利润为3 616万元。

（4）盈余公积金和公益金均按照税后利润的10%提取。

6.3 财务盈利能力分析

6.3.1 利润率和投资利税率

表3-8 投资利润率和投资利税率估算表

财务比率	无项目	有项目	增量
投资利润率（％）	35.85	38.35	28.80
投资利税率（％）	17.51	17.68	12.37

注：投资利润率＝年平均利润总额/全部投资×100%

投资利税率＝年平均利税总额/全部投资×100%

新增项目投资利润率＝年平均利润总额／全部投资×100%

＝1 973/6 510×100%＝30.31%

新增项目资本金利润率＝年平均利润总额／资本金×100%

＝1 973/3 803×100%＝51.88%

以上指标表明，项目财务盈利能力较强（见表3-8）。

6.3.2 现金流量分析

设定行业基准收益率为10%。根据全部投资现金流量表，计算出以下评价指标：

"无项目"财务内部收益率（IRR）为32.25%，财务净现值（NPV）为9 258万元（从建设期开始算）；"有项目"财务内部收益率（IRR）为27.09%，财务净现值（NPV）为11 754万元（从建设期开始算）；增量投资财务内部收益率（IRR）为19.79%，财务净现值（NPV）为2 619万元（从建设期开始算）。

以上指标表明，该项目"有项目"与增量投资的财务内部收益率均大于设定的财务基准收益率，财务净现值为正数。增量效益较好，表明"有项目"比"无项目"的效益有所提高，该项目在财务上是可行的。

6.4 投资回收期估算

"无项目"静态投资回收期为4.09年，动态投资回收期为4.12年；"有项目"静态投资回收期为4.91年，动态投资回收期为5.99年；增量投资静态投资回收期为6.2年，动态投资回收期为7.8年（以上均从建设期开始算)。

6.5 项目清偿能力分析

项目长期借款为贷款 1 972 万元和财政有偿贷款 406 万元,借款偿还期为 5 年,财政有偿贷款期限 5 年,于第四年归还 50%,第五年归还 50%。项目还款资金来源为提取公积金和公益金后的未分配利润、折旧、摊销费。

专家点评:项目财务评估结果是银行判断项目是否可行、贷款贷与不贷的重要依据。本项目是改扩建项目,通过有无对比分析,本项目"有项目"与增量投资的财务内部收益率均大于设定的财务基准收益率,财务净现值为正数,表明本项目财务可行。

第七章 不确定性分析

7.1 盈亏平衡分析

(1) 产量 BEP =正常年份固定成本/(销售收入 – 可变成本 – 营业税金及附加)

$$=1\,287/(19\,355 - 15\,924 - 113)\times 100\% = 38.79\%$$

计算结果表明,该项目达到设计生产能力的 38.79% 时,即盈亏平衡产量达到 30 837 吨时,可保本经营。

(2) 销售单价 BEP =(正常年份固定成本 + 可变成本 × 设计加工量)/设计加工量 + 单位税金及附加

大米销售单价 BEP =(1 012 + 156 36/78 570 × 105 000)/105 000
$$+ 101/78\,570$$
$$= 2\,100(元/吨)$$

米粉销售单价 BEP =(275 + 1 299/5 400 × 6 600)/6 600 + 12/6 600
$$= 2\,840(元/吨)$$

当大米的平均销售价格达 2 100 元/吨、米粉的平均销售价格达 2 840元/吨时即可实现保本。

7.2　敏感性分析

在项目计算期内可能发生的变化因素有原材料单价、产成品销售单价，各单因素增减3%时，对项目投资财务内部收益率和投资回收期的影响程度见表3-9。

表3-9　增量投资敏感性分析

项目	基本方案	原材料购进均价		产品销售均价	
		+3%	-3%	+3%	-3%
内部收益率	19.79%	10%	32%	31%	14%
较方案增减		-9.78%	12.29%	10.79%	-5.49%
投资回收期（年）	6.16	8.54	4.68	4.8	7.28
较方案增减		2.38	-1.48	-1.36	1.12
净现值（元）		3.33	6 043.93	5 636.19	1 157.25

以上分析表明，原材料价格、产品销售价格的变动是影响企业经营效益的敏感因素。企业经营活动中应通过订单收购、建立稳定的原料来源渠道、加强原料市场价格监测、库存数量控制等严格控制原材料购进成本，通过改善产品结构、提高高端产品比重、提高产品质量、提高产品竞争能力等措施稳定和提高产品销价等措施提高企业抗风险的能力。

专家点评：经济效益的盈亏平衡分析表明，本项目抗风险能力较强。而粮油加工产业尤其初加工产业原料成本占比高、销售产品附加值低的特点，决定了对原料价格和产品销售价格的敏感，本项目应通过控制原粮购进成本、提升产品附加值等措施以增强抗风险能力。

第八章　贷款风险与效益评估

8.1　贷款风险及防范措施

8.1.1　原材料风险

公司原粮主要从东北粮食主产区调入，且必须要预付账款。公司规模扩大后，原粮成本更加难以控制，原粮供应压力增大。同时，公司预付账款大幅度增加，面临较高的财务风险。公司法人代表长期从事粮食贸易，与东北等地原粮供应商建立了长期稳定的购销合作关系。为解决原粮问题，目前公司已在东北、安徽、江西等粮食主产区设立办事处，专门从事原粮采购。

8.1.2 政策风险

国家农村经济政策和粮油政策的改变，包括粮食生产、收购、国家储备政策的变化，可能使企业面临的市场环境发生较大的改变，对企业加工原料产生一定的影响，企业承储的省级动态储备、市级成品粮储备规模可能发生改变，公司的保管费收入存在一定的不确定性。

8.2 项目贷款效益分析

8.2.1 经济效益

该项目的建成，将进一步解决公司原粮仓容量不足的问题，提高公司的加工能力，保证公司大米加工原粮的稳定性，进一步提高公司抗风险的能力，项目投资具有良好的经济效益。据测算，项目全部投产后，预期年增加产量大米 5.5 万吨、米粉 5 400 吨，年增加产值 19 355 万元，年平均增加利润 1 973 万元，增加国家、地方税收收入 780 万元。

8.2.2 社会效益

一是可以增加农民收入。通过公司与当地农户订立生产农业订单，由企业提供优质种子，生产符合市场需求的高品质、高产稻谷，解决农民卖粮难、增产不增收问题，提高农民收入。2005 年企业出资 10 万元提供种子补贴，与当地种子公司联合向当地粮农提供优良稻谷种子，和粮农签订订单，既提高了种粮农民收入，又保证了公司加工用粮需要，初步的尝试取得了成功，受到了当地政府、农民的欢迎。

二是项目建设有利于拉动当地粮食副食品加工业、饲料加工业、运输等行业的发展，增加农业劳动力就业，增加当地税收来源，对 P 市、××区经济的发展将起到重要的作用。

三是通过粮食的精深加工，提高粮食的附加值和增收能力，增加粮食产品附加值，同时还有利于保障消费者的健康。改变长期以来 P 市形成的众多的家庭作坊式小型米厂存在的加工质量鱼目混珠、设备落后，没有色选机设备，无法分离霉变米、病变米的问题，实现"××兴化粉"这一地方风味的农产品机械化生产。

8.2.3　银行效益

按照 5 年期贷款利率，该笔贷款能够给银行带来 530 万元的利息收入，筹资成本按银行发行债券利率 3% 计算出资金成本 271 万元，贷款期内我行可收益 259 万元。

专家点评：粮油加工产业具有季节性收购、资金占用周期长、需求量大的特点，粮食市场受国家宏观调控政策影响非常大，本项目应重点关注原粮采购数量和价格风险。

第九章　总评估与决策建议

9.1　公司的贷款主体资格

P 市 F 米业发展有限公司是省级产业化龙头企业，J 省分行对其评定信用等级为 AA 级，资产负债率 68.35%，参与项目建设的自有资金占 20%，具备银行产业化龙头企业贷款条件。

9.2　项目的效益

项目建成后，项目新增投资的静态回收期为 6.20 年，动态回收期 7.80 年，项目投资利润率 28.80%，内部收益率 19.79%，财务净现值 2 619 万元，项目具有较好的经济效益与还贷能力。

9.3　项目贷款的还款来源

本笔贷款的还款来源为项目建成后公司的综合效益，根据公司预计还款计划，贷款利息按月偿还，贷款本金计划于第三年归还 10% 即约 200 万元，第四年归还 20% 约 400 万元，第五年归还 70% 约 1 372 万元。

该公司正处于发展阶段，连续两年均能实现盈利，至 2005 年 10 月末，实现利润总额 1 601 万元。按照当前的发展趋势和规模，若无意外情况，公司预计 2005 年将实现利润总额 2 000 万元，实现净利润 1 300 万元左右，再加上项目建成后米粉加工也可获取可观利润，本笔贷款还款来源可靠。

9.4 评估结论

评估认为，项目符合国家产业政策，公司抗风险能力较强，发展前景可观，项目具有较好的经济效益和社会效益，第一还款来源有保障，第二还款来源可靠。建议对公司发放农业产业化龙头企业中长期贷款 1 972 万元，期限 5 年，年利率 5.85%，采用抵押担保贷款方式，先办理在建工程的抵押，待土地、房产两证办结后再办理抵押登记，追加土地和房产抵押。资金设立专户进行管理，按工程实际进度拨付，结余资金待工程决算后予以收回。

9.5 政策建议

一是开户行应及时了解公司经营情况和固定资产建设进展程度，切实做好贷款资金的监督拨付工作。二是开户行应督促企业抓紧落实土地、房产的所有权证书，及时追加办理抵押担保手续。三是切实加强对企业预付账款、应收账款的管理，切实防范结算资金风险。

案例四 大型林产品加工企业贷款项目评估

第一章 项目概况

1.1 项目基本情况

1.1.1 项目名称

年产 45 万立方米高（中）密度纤维板项目（以下简称"本项目"）

1.1.2 项目性质

既有法人项目（技改项目）

1.1.3 项目建设单位及承贷主体

××建设股份有限公司（以下简称"A 公司"）

1.2 项目建设内容

本项目建设总占地面积约 302 亩，建设 45 万立方米高（中）密度纤维板生产线及与之配套的辅助生产设施和公用工程。生产线主要设备从国外进口。建设内容包括厂区工程、原料收购与管理工程，高（中）密度纤维板工程、制胶工程、水源工程、供热工程、变配电工程、成品仓库等。

1.3 项目投资规模及融资方案

项目投资规模 87 434 万元，包括：建筑工程投资 4 811 万元；设备购置 51 512 万元；设备安装费 2 285 万元；项目工程建设其他费用 12 676 万元；预备费 2 531 万元；建设期利息 1 620 万元；流动资金 12 000 万元。

项目资本金 30 434 万元，申请某银行贷款 50 000 万元，公司自筹 7 000 万元。银行贷款中，中长期固定资产贷款 45 000 万元，期限 5 年（宽限期 15 个月），用于生产线及相关配套工程建设；流动资金短期贷款 5 000 万元，期限 1 年，用于采购原材料等流动资金需求。

第二章　客户评估

2.1　借款人概况

本项目承贷主体——A 公司是经国务院批准的全国 520 户重点大型企业，荣获"中国驰名商标"，新产品获"国家免检产品"的称号，企业获得全国"重合同守信用"的称号，已通过 ISO 9001：2000 国际质量管理体系认证。公司注册资本 22 776 万元，法人代表×××。2006 年 6 月公司被认定为××市市级农业产业化重点龙头企业。该公司 A 股股票在上海证券交易所挂牌上市交易。借款人法人营业执照、贷款卡、组织机构代码证、税务登记证、全国工业产品生产许可证（人造板）、木竹材经营加工许可证齐全。公司被选为第二批国家循环经济试点单位。2007 年、2008 年度均被××银行评定为 A 级企业信用等级。

2.2　借款人股权结构和组织结构

2.2.1　股权结构

A 公司于×××年××月××日在上海证券交易所正式挂牌上市交易，注册资本为 17 520 万元，其中社会公众股 7 000 万元、内部职工股 1 250 万元、法人股 9 270 万元。×××年××月××日公司股本结构变更为：社会公众股 8 250 万元、法人股 9 270 万元。××年××月××日该公司实施利润分配，公司注册资本变更为 22 776 万元，股本结构变为：社会公众股 10 725 万元、法人股 12 051 万元。×××年××月××日股改完成后，A 公司控股股东 B 集团有限公司持有公司股份占公司总股本的比例为 38.78%，其他股东持有公司股份占公司总股本的比例为 61.22%。

2.2.2 组织结构

按照公司章程，设立董事会，由 9 名董事组成，设置董事长 1 人，副董事长 1 人。设经理 1 名，副经理 5 名，由董事会聘任或解聘。设立监事会，由 5 名监事组成，设主席 1 人。设置科技开发部、生产发展部、质量管理部、销售经营部、财务部、证券部、资财管理部、劳动人事部、工业生产管理部、建设工程管理部、人造纤维板材公司。公司机构设置合理，部门分工明确。

2.3 经营者素质

法定代表人兼董事长：（略）

总经理：（略）

财务总监：（略）

2.4 借款人信誉状况

截至 2008 年 8 月末，该公司人民币贷款余额为 4.23 亿元，贷款明细如表 4 -1 所示。

表 4 -1　A 公司人民币贷款明细　　　　　　单位：万元

银行名称	贷款余额	类型	方式
×××银行×××支行	5 600	短期	房地产抵押
×××银行×××支行	12 800	短期	房地产抵押
×××银行×××支行	5 600	短期	房地产抵押
×××银行×××支行	4 000	短期	股权质押
×××银行×××支行	3 000	短期	股权质押
×××银行×××支行	3 800	短期	房地产抵押
×××银行×××支行	3 500	短期	房产抵押
×××银行×××支行	4 000	短期	股权质押
人民币贷款合计	42 300		

经中国人民银行征信系统查询：截至 2008 年 8 月 30 日，该公司有人民币贷款余额 4.33 亿元、承兑汇票 4 286 万元、外币贷款 5 759 132.4 美元，票据贴现 5 500 万元。经查询，公司无不良信贷信息，无欠息。银行承兑汇票与实际情况相差 4 286 万元，主要是已结清银行承兑汇票但银行

未及时更新征信系统所致。人民币贷款 4.23 亿元，贷款相差 1 000 万元，主要是银行在中国人民银行征信系统内登记不及时。公司对外无担保。

2.5 借款人生产经营情况

该公司主要经营板材生产、工程施工、浸渍纸及玻璃加工。2006 年以前，公司主营业务以玻璃深加工及建筑施工总承包为主。2006 年以后，公司以人造板生产与加工为主（见表 4 - 2、表 4 - 3）。

表 4 - 2　A 公司 2007 年生产经营情况表

项目名称	营业收入（万元）	营业利润（万元）	毛利率（%）	占主营业务收入比例（%）
板材销售	33 867	5 845	17.26	69.15
工程施工	13 037	1 707	13.10	26.62
其他	1 680	—	—	3.23

表 4 - 3　A 公司 2007 年市场分布情况表

项目名称	营业收入（万元）	占主营业务收入比例（%）
××地区	46 410	94.77
××地区以外	2 564	5.23

2.5.1 借款人主体经营情况

A 公司已成为中国××地区规模最大、产品质量最优、产品规格最全的人造板生产企业之一，同时该公司"××"商标于 2006 年被国家工商总局认定为"中国驰名商标"，强化地板、刨花板为"国家免检产品"。

2006 年公司共实现主营业务收入 37 378 万元，实现净利润 3 914 万元，比上年分别增长 64.22%、105.43%；其中板材销售 33 320 万元、浸渍纸销售 2 841 万元、玻璃加工 710 万元、工程施工 109 万元。

2007 年公司共实现主营业务收入 48 974 万元，实现净利润 6 056 万元，分别比上年增长 31.02%、54.73%；其中板材销售 33 867 万元、工程施工 13 037 万元、浸渍纸 897 万元、玻璃加工 683 万元。

2008 年公司紧紧围绕现有生产线，继续坚持巩固基础、挖掘潜力、创新的原则，进一步提高产能，公司 2008 年由于受到雪灾、地震的影响，上半年板材市场需求与上年相比有所下降，但随着下半年灾后重建、需求的恢复，公司仍将实现良好的经济效益。2008 年上半年公司实现主营业务收入 25 695 万元，其中板材销售 18 012 万元，工程施工 6 500 万元、玻璃加工 253 万元、浸渍纸 671 万元，净利润 2 229 万元，收入比上年同期增长 13.78%、净利润比上年同期减少 30.15%。上半年净利润下降的主要原因是公司向四川地震灾区捐赠板材及现金合计 1 076 万元，影响了当期损益。

2.5.2　借款人主要产品经营情况

表 4 – 4　A 公司板材产销情况表　　　　　单位：立方米

生产线	设计产能	2005 年		2006 年		2007 年		2008 年 1～7 月		平均产销率
		产量	销售量	产量	销售量	产量	销售量	产量	销售量	
20 万立方米纤维板	20	6	2.5	16	19.5	21.2	20.5	12.2	9.8	94.4
10 万立方米秸秆线	10							0.5	0.3	60
5 万立方米刨花板	5	3.4	3.2	3.8	3.6	4	3.8	2	1.8	94
合计	35	9.4	5.7	19.8	23.1	25.2	24.3	14.7	11.9	

注：公司 2008 年产销率有所降低，主要是由于地震的影响，目前基本恢复正常；10 万立方米秸秆生产线于 2008 年完成改造，由于试生产期间产销量偏低。

2.5.3　借款人其他经营情况

（略）

2.5.4　借款人重大诉讼仲裁事项

（略）

2.6　借款人财务情况分析

根据 A 公司提交的 2006 年、2007 年度审计报告及 2008 年 8 月会计报表，其资产负债、损益及经营状况如表 4 – 5、表 4 – 6、表 4 – 7 所示。

2.6.1　资产负债情况

表 4 – 5　资产负债简表　　　　　单位：万元

项目	2006 年末		2007 年末		2008 年 8 月
	本部	合并	本部	合并	合并
一、资产总额	156 683	151 957	164 811	161 202	169 332
（一）流动资产总额	51 962	52 857	65 630	67 046	62 360

续表

项目	2006 年末		2007 年末		2008 年 8 月
	本部	合并	本部	合并	合并
其中：货币资金	5 592	5 695	7 683	7 805	7 975
应收利息					
应收账款净值	2 645	2 792	13 994	14 020	712
其他应收款	653	672	1 414	1 477	1 909
预付账款	2 399	2 404	1 825	1 844	2 147
存货	38 200	38 650	40 713	41 898	49 617
待摊费用					
（二）长期投资	8 148	200	7 495	200	200
（三）固定资产总额	95 633	97 960	80 890	82 255	75 434
其中：固定资产原值	102 147	104 632			
固定资产净值	84 842	87 170	80 890	82 255	75 434
在建工程	10 664	10 664	502	502	150
（四）无形和递延资产	940	940	4 851	5 756	20 090
二、负债总额	39 773	34 166	50 255	45 280	50 397
（一）流动负债总额	39 773	34 166	50 255	45 280	50 397
其中：短期借款	19 900	19 900	37 900	37 900	46 197
应交税金	2 843	3 083	1 747	1 859	801
应付账款	2 425	2 666	2 051	2 257	1 229
其他应付款	7 045	937	7 755	2 293	1 198
（二）长期负债总额					
其中：长期借款					
长期应付款					
三、所有者权益	116 910	116 910	114 556	115 922	118 935
实收资本	22 776	22 776	22 776	22 776	22 776
资本公积	77 293	77 293	77 293	77 293	77 293
盈余公积	6 924	6 924	7 551	7 551	7 551
未分配利润	9 916	9 916	6 935	7 438	10 457
四、少数股东权益		882		863	858

注：少数股东权益项仅在集团客户合并财务报表时列示，本部报表资产总额大于合并报表资产总额，主要是长期投资及其他应付款内部抵消所致。

公司 2007 年 12 月末资产总额 161 202 万元，负债总额 45 280 万元，资产负债率为28.09%，优于行业良好值。2008年8月末资产总额169 332万元，比年初增加8 130万元，其中流动资产62 360万元，负债总额50 397万元，全部为流动负债，比年初增加142万元。8月末资产负债率为29.76%。

财务报表主要项目说明如下：

（1）货币资金。2008年8月末为7 975万元，比2007年末增加170万元，构成为：现金425万元、银行存款3 200万元，其他货币资金4 350万元为存单质押贷款保证金。

（2）应收账款净额。2007年末为14 020万元，2008年8月末为712万元，1年以内应收账款为509万元，占比为71.49%，主要为××家具有限公司货款442万元，比2007年末减少13 308万元，主要为收回2007年末应收工程结算款。

（3）预付账款。2008年8月末为2 147万元，比2007年末增加303万元，增长16.43%，主要为支付给××市政府××项目土地预付款及期末原材料未结算款。

（4）其他应收款净额。2008年8月末为1 908万元，比2007年末增加432万元，1年以内账龄占比为73%，主要为国税局增值税返还267万元，民工工资保证金250万元。

（5）存货。2008年8月末为49 617万元，比2007年末增加7 719万元，增长18.42%，主要为库存商品增加及工程施工投入增加。主要构成是：原材料为7 869万元、库存商品为13 436万元、库存材料为3 418万元、工程施工24 892万元。

（6）固定资产。2008年8月末为75 434万元，比2007年末减少6 821万元，减少主要为公司其他项目办理了土地证，转入无形资产形成及计提的折旧费。

（7）无形资产。2008年8月末为20 090万元，比2007年末增加14 335万元。增加主要为公司其他项目办理了土地证，从固定资产转入及报告期内缴纳的土地款。

（8）短期借款。2008年8月末为46 196万元（含外币贷款），比2007年末增加8 296万元。主要构成是保证借款4 000万元，抵押借款29 500万元，质押借款12 696万元。

（9）应付账款。2008年8月末为1 229万元，比2007年末减少1 028万元，主要为支付上半年未付的木材款及冲销原材料暂估应付款。1年内账龄占比50.22%。

（10）其他应付款。2008年8月末为1 198万元，比2007年末减少1 095万元，1年内账龄占比59.22%，主要为预提的电费385万元、天然气费28万元及检疫费149万元。

2.6.2 损益情况分析

表4-6 损益表　　　　　　　　　　单位：万元

项目	2006年		2007年		2008年8月
	本部	合并	本部	合并	合并
一、主营业务收入	35 642	37 081	46 583	48 974	34 049
减：主营业务成本	30 201	31 808	39 570	41 719	28 407
主营业务税金及附加	123	128	578	630	300
二、主营业务利润	5 319	5 145	6 435	6 625	5 342
加：其他业务利润	-3	-8			
减：营业费用	794	837	1 432	1 517	614
管理费用	2 451	2 581	1 603	2 012	1 678
财务费用	585	585	-97	-96	852
三、营业利润	1 455	1 133	3 431	3 130	2 388
加：投资收益	-120				
补贴收入	2 472	2 662	2 775	2 906	1 750
营业外收入	14	14	12	12	36
减：营业外支出	5	7	19	19	1 157
四、利润总额	3 816	3 803	6 199	6 029	3 018
减：所得税	-81	-81	-10	-8	
五、净利润	3 897	3 897	6 209	6 037	3 018
其中：少数股东利润		-14		-19	-6

注：少数股东利润项仅在集团客户合并财务报表时列示。

从表4-6可以看出，公司2006年、2007年、2008年8月末主营业务收入分别为37 081万元、48 974万元、34 049万元，销售收入呈增长趋势，说明公司的产品销售情况稳定。从净利润来看，公司2006年、2007年、2008年8月末分别为3 897万元、6 037万元、3 018万元，盈利呈逐年增长趋势，2008 年 1~8 月由于受地震及企业捐款支出的影响，利润有所下降。

2.6.3 现金流量分析

表 4-7 现金流量简表　　　　　　　　单位：万元

项目	2006 年		2007 年		2008 年 8 月
	本部	合并	本部	合并	合并
一、经营活动产生的现金流量					
销售商品、提供劳务收到的现金	42 939	44 735	40 650	43 691	48 160
收到的税费返还		17	4 443	4 689	1 467
收到的其他与经营活动有关的现金	3 040	3 043	15 269	15 512	147
现金流入小计	45 979	47 795	60 363	63 892	49 773
购买商品、接受劳务支付的现金	40 388	41 595	58 254	60 949	36 857
支付给职工以及为职工支付的现金	1 585	1 744	3 008	3 729	1 868
支付的各项税费	632	676	4 743	5 083	2 157
支付的其他与经营活动有关的现金	1 589	1 677	2 962	2 645	337
现金流出小计	44 194	45 692	68 969	72 406	41 220
经营活动产生的现金流量净额	1 785	2 104	-8 605	-8 513	8 553
二、投资活动产生的现金流量					
收回投资所收到的现金					
取得投资收益所收到的现金					
处置固定资产、无形资产和其他长期资产所收回的现金净额	2	2			5
收到的其他与投资活动有关的现金	2	2			
现金流入小计	2	2			5
购建固定资产、无形资产和其他长期资产所支付的现金	4 814	5 080	1 538	1 611	14 818
投资所支付的现金					
支付的其他与投资活动有关的现金					
现金流出小计	4 814	5 080	1 538	1 611	14 818
投资活动产生的现金流量净额	-4 812	-5 078	-1 538	-1 611	-14 813
三、筹资活动产生的现金流量					
吸收投资所收到的现金					
取得借款所收到的现金	19 900	19 900	45 000	45 000	32 797

项目	2006 年		2007 年		2008 年 8 月
	本部	合并	本部	合并	合并
收到的其他与筹资活动有关的现金	520	520	446	447	50
现金流入小计	20 420	20 420	45 446	45 447	32 847
偿还债务所支付的现金	28 761	28 761	27 000	27 000	24 500
分配股利、利润和偿付利息所支付的现金	1 304	1 304	6 191	6 191	1 917
支付的其他与筹资活动有关的现金	169	169	20	21	
现金流出小计	30 235	30 235	33 211	33 212	26 417
筹资活动产生的现金流量净额	−9 815	−9 815	12 235	12 235	6 429
四、汇率变动对现金的影响额	−246	−246			
五、现金及现金等价物净增加额	−13 087	−13 034	2 090	2 110	170

公司现金流量反映了公司在逐年增加投资，随着公司投资的增加，融资也相应有所增加。2007 年经营活动净现金流量为负，主要是公司应收的工程结算款和工程施工存货大量增加（见表 4−7）。

2.6.4　盈利能力分析

表 4−8　盈利能力分析表

项目	2006 年	2007 年	行业平均值	行业良好值
资产收益率（％）	3.39	5.16	9.03	18.92
销售（营业）利润率（％）	13.88	13.53	11.28	17.57
总资产报酬率（％）	2.52	3.79	8.69	16.89
成本费用利润率（％）	10.58	13.17	5.53	11.39

该公司 2007 年销售收入 48 974 万元，比 2006 年增长 31.02％；实现主营业务利润 3 130 万元，比 2006 年增长 176.14％，销售收入和营业利润增长较快（见表 4−8）。销售利润率 13.53％、成本费用利润率 13.17％，均高于行业平均水平，企业盈利能力较强。净资产收益率及总资产收益率低于平均值原因是目前公司处于扩张期，投资项目尚未投产以及低负债经营现状，同时也反映了公司具备较大的扩张与融资空间。

2.6.5 营运能力分析

表 4-9 营运能力分析表

项目	2006 年	2007 年	行业平均值	行业良好值
总资产周转率（次）	0.25	0.31	0.64	1.1
流动资产周转率（次）	0.7	0.82	1.44	2.51
存货周转率（次）	1.3	1.04	3.95	7.28
应收账款周转率（次）	14.56	5.83	6.6	10.18

公司营运能力指标低于或达到行业平均值，资产周转速度较慢（见表 4-9），主要是①投资项目尚未投产；②工程施工占款较大，这属于建筑施工行业的正常情况。随着投资项目的建成投产及工程施工的完工，周转率将会明显提高。

2.6.6 偿债能力分析

表 4-10 偿债能力分析表

项目	2006 年	2007 年	行业平均值	行业良好值
资产负债率（%）	22.47	28.09	55.23	41.6
流动比率（%）	152.09	148.07	94.59	132.21
速动比率（%）	41.58	55.54	82.4	115.19
总债务/EBITDA	4.31	4.33	5.2	3.13

公司主要偿债指标资产负债率 28.09%、流动比率 148.07% 优于行业良好值（见表 4-10），总债务/EBITDA 4.33 好于行业平均值，说明公司偿债能力较强。公司速动比率偏低，主要是工程施工存货在流动资产中占比很大。

2.6.7 发展能力分析

表 4-11 发展能力分析表

项目	2006 年	2007 年	行业平均值	行业良好值
销售（营业）增长率（%）	64.22	31.02	3.69	19.73
资本积累率（%）	4.07	-1.64	6.14	18.04
总资产增长率（%）	1.80	6.04	8.08	16.68
利润增长率（%）	73.18	58.53	-25.4	8.6

公司主要发展能力指标销售增长率与利润增长率 2006 年、2007 年分

别为64%、73%与31%、58%（见表4-11），高于行业良好值，说明公司发展能力较强。2007年积累率降低主要是当年实施了利润分配。

2.7　股东情况

借款人A公司的控投股东为B集团有限公司，占比38.78%；流通股股东占比为61.22%。

2.7.1　控股股东——B集团有限公司

1. 基本情况。

B集团有限公司于1994年6月26日由十二家企业合并组建而成，注册资本18 918.8万元人民币，实收资本18 918.8万元人民币，持有公司股份38.78%，公司类型为有限责任公司。A公司上市后，B集团将其他大部分业务都剥离给股份公司经营，仅保留了房地产开发、经营，驾驶培训，生产、销售金属材料（不含稀贵金属）、化工产品（不含危险品）、建筑材料、五金交电、百货，停车场服务，房屋租赁等经营项目。使得B集团与A公司不存在同业竞争。该公司营业执照、税务登记证、组织机构代码证、贷款卡等相关证照合法有效。

2. 股权结构。

注册资本18 918.8万元，实收资本18 918.8万元，是由6个股东出资构成，分别为：×××出资10 405.34万元，占比55%；×××出资4 729.70万元，占比25%；×××出资1 513.504万元，占比8%；×××出资1 135.128万元，占比6%；×××出资567.564万元，占比3%；×××出资567.564万元，占比3%。

3. 组织架构。

为保障公司生产经营活动的顺利、正常开展，B集团公司设立股东大会、董事会和监事会，负责全公司生产经营的预测、决策和组织领导、协调、监督等工作。公司股东大会由全体股东组成，为公司的最高权力机构；董事会由5名董事组成，由股东大会选举和更换，任期为3年，是公司的执行机构，设董事长1名，为公司法定代表人；设监事1名，由股东大会代表公司二分之一以上表决权的股东选举产生；下设总经理、业务部、财务部，分别负责处理公司在开展生产经营活动中的各项日常具体事务。

4. 经营情况。

B 集团公司 2007 年末总资产 122 612 万元，负债 19 745 万元，其中流动负债 13 745 万元、非流动动负债 6 000 万元，资产负债率 16.1%。主营收入 4 138 万元，主营业务成本 2 853 万元，主营业务利润 539 万元，净利润 558 万元。

5. 信誉状况。

B 集团公司于 2007 年 7 月被××银行××省分行评为 AA 级信用等级单位。截至 2008 年 8 月末，该集团公司仅在××银行××支行有固定资产贷款 16 000 万元。公司无不良信贷记录。

6. 财务状况。

表 4 - 12　资产负债简表　　　　　单位：万元

项目	2006 年末		2007 年末		2008 年 6 月末
	本部	合并	本部	合并	本部
一、资产总额	72 041	195 261	122 612	231 503	120 474
（一）流动资产总额	23 376	70 611	56 336	101 408	54 190
其中：货币资金	297	5 792	541	8 346	688
应收利息					
应收账款净值	3 000	2 792	1 559	2 579	
其他应收款	3 840	4 825	578	2 054	465
预付账款			57	1 902	82
存货	13 148	54 798	53 601	86 526	52 955
待摊费用					
（二）长期投资	42 721	12 583	42 721	12 583	42 721
（三）投资性房地产		5 384	23 500	28 745	23 500
固定资产	68	84 131	55	82 310	49
在建工程		10 664		502	14
（四）无形和递延资产	5 876	11 761		5 755	
二、负债总额	5 708	58 412	19 745	52 025	17 190
（一）流动负债总额	5 708	58 412	13 745	46 025	1 190

续表

项目	2006 年末		2007 年末		2008 年 6 月末
	本部	合并	本部	合并	本部
其中：短期借款	5 500	25 400		37 900	
应交税金	80	3 299		1 859	117
应付账款		2 666	13 000	2 257	565
其他应付款	66	19 432	79	2 372	56
（二）长期负债总额			6 000	60 00	16 000
其中：长期借款			6 000	6 000	16 000
长期应付款					
三、所有者权益	66 333	136 850	102 868	179 478	103 284
实收资本	18 919	18 919	18 919	18 919	18 919
资本公积	40 896	40 896	83 520	83 520	83 520
盈余公积					
未分配利润	6 519	7 019	428	3 316	845
四、少数股东权益		70 016		73 723	

B 集团母公司 2006 年末、2007 年末和 2008 年 6 月末资产总额分别为 72 041 万元、122 612 万元和 120 474 万元，总体呈上升趋势（见表 4 - 12）。负债总额在 2008 年 6 月末为 17 190 万元，主要为长期负债 16 000 万元，资产负债率为 14.27%，所有者权益为 103 284 万元，资产结构良好。

2.7.2 参股股东——流通股股东

流通股股东，从 2007 年末公布的前十名股东持股情况看，除 B 集团有限公司外，其余股东持股均未超过 2%。

专家点评：借款人为上市公司，因此财务管理和信息披露都比较规范和透明，有利于银行贷款评估和贷后管理。从借款人经营情况看，借款人是一家较为成熟稳定的企业，近两年无固定资产投入，相应其银行借款均为短期资金需求。由于此次贷款是用于既有法人的技术改造项目，因此要对借款人目前的财务状况和盈利、营运、偿债、发展能力进行评估，从测算结果看，各项指标基本达到要求。

第三章 项目建设条件评估

3.1 政策背景

木材类产品是国家建设和人民生活中不可或缺的生产资料和生活资料，被广泛运用于工农业生产、建筑装饰、家具制造以及国防建设等各个领域。而我国是一个人口众多、森林资源严重不足的国家，同时我国又是一个经济发展较快的国家，木材产量和后备森林资源远远不能满足市场多方面的需求。除供应总量不足、消耗结构不合理外，木材综合利用率低也是木材类产品供需矛盾突出的一个重要因素。据统计资料表明，我国木材综合利用率仅有40%，而国外林产工业发达国家，一般达到了80%以上。本项目通过以"三剩物"、次小薪材和其他废弃木质材料为主要原料，木材资源综合利用率较纯木材提高3~5倍，能有效解决我国森林资源贫乏而市场对于木材需求量又较大的矛盾，符合《"十一五"资源综合利用指导意见》（发改环资〔2006〕2913号）中提出的重点发展农业废弃物、农产品加工副产品、林木"三剩物"、次小薪材等资源化利用等农业废弃物和木材综合利用工程的产业发展政策。《林业产业政策要点》指出国家除将严格执行已出台的各类林业税费减免优惠政策外，还将在资金和信贷方面对国家林业龙头企业给予扶持。根据《产业结构调整指导目录（2005年版本）》，该项目属于国家鼓励类项目。

3.2 行业及区域背景

3.2.1 国际市场生产现状

由于世界性的木材供需矛盾日益加剧，客观上促进了人造板工业的迅速发展。据联合国粮农组织统计，2002年世界人造板总生产量为19 536万立方米，较1997年的15 107万立方米增加了约29.32%，预计到2010年世界人造板总产量可达25 500万立方米。

高（中）密度纤维板由于原料来源容易、性能优异、应用领域广泛，在世界范围内得到了较快的发展。1966年世界中密度纤维板的生产能力仅为 4 万立方米，到 1998 年世界中密度纤维板总生产量达 2 219 万立方米。2000 年世界中密度纤维板总生产量为 2 782 万立方米，较 1998 年增加了约 25.40%，到 2002 年，世界中密度纤维板总产量已达 3 336.5 万立方米，同比增长 50.40%，速度惊人。预计到 2015 年世界中密度纤维板总产量可达 8 000 万立方米。

从高（中）密度纤维板产品结构来看，薄型高（中）密度纤维板的比例在逐年增加，非规格产品（含薄板）北美洲和欧洲近年增长速度达到了 25%～30%，亚洲及我国市场需求也在以 15% 的速度增长。薄型高（中）密度纤维板，密度大，生产精度高，生产难度大，但性能优良，凭其较"薄"的厚度，拥有中厚板无法替代的性能及价格优势。

3.2.2　国内市场生产现状

我国是世界上森林资源比较贫乏的国家之一，可供采伐的成熟林木明显不足。为了满足国内木材供应的缺口，我国每年都要从国外大量进口木材，而且数量在逐年增加。据有关部门估计，今后我国每年的木材缺口将达到 4 000 万～6 000 万立方米。发展人造板工业正是缓解木材供需矛盾、节约木材资源的最好途径之一。人造板自进入我国即得到有关部门的高度重视，20 世纪 80 年代以来，我国人造板工业得到迅速发展，平均每年以 18.57% 的速度增长，从 1980 年的 91.4 万立方米发展到 1990 年的 244 万立方米，2002 年达到 2 930 万立方米，2005 年已达到 6 393 万立方米，自 2003 年我国成为世界第一大人造板生产国。

20 世纪 80 年代中密度纤维板生产进入我国，与世界第一条生产线的诞生相差 20 余年，起步较晚，但发展较快，特别是进入 90 年代后发展更加迅速，成为我国人造板中增长速度最快的板种。我国中密度纤维板产量从 1990 年的 117 万立方米增加到 2005 年的 2 061 万立方米，年均增长量为 20.20%。在全部人造板产量中所占比例由 1997 年的 15.70% 增加到 2005 年的 32.2%。自 1999 年我国成为世界上第一大中密度纤维板生产国。

目前，在我国 31 个省、市和自治区中，除了西藏、宁夏自治区和青海省外，都建有不同数量的中、高密度纤维板生产线。近年来，除华东和华南地区外，东北和西南地区发展也很快。山东、广东、广西、江苏、四川五省区的年设计能力已达到 1 736.45 万立方米，占我国中纤板产量的

51.12%（见表4－13）。

表4－13　2008年中、高密度纤维板年设计能力前五名的省区

单位：万立方米

省区	山东	广东	广西	江苏	四川
设计能力	526.1	455.85	261.5	248.5	244.5

3.2.3　符合区域经济发展和林业产业建设需要

作为地方经济可持续发展的条件之一，加强资源综合利用已经成为各级政府的主要任务之一。以"三剩物"、次小薪材和其他废弃木质材料为主要原料的高（中）密度纤维板项目成为林业产业和产品建设的重要内容，也成为新时期林业建设与发展的品牌产品。A公司以生产纤维板、刨花板等人造板材为主业，已建有三条生产线，2007年生产板材25万立方米，被所在地省政府确认为79户大企业大集团培育名单，是国家第二批循环经济试点单位。本项目以"三剩物"、次小薪材和其他废弃木质材料为主要原料，建成后将成为省内设备较先进、产能最大的生产线，符合当地林业产业规划和区域发展需要。

3.3　项目建设必要性评估

本项目以"三剩物"、次小薪材和其他废弃木质材料为主要原料，通过采用先进的生产设备、工艺和现代化的管理手段，生产出质量和性能好的高（中）密度纤维板产品，用于满足日益增长的礼品包装物、电子产品、家私、装饰材料、强化木地板的原料需要。项目的建成将提高林业资源综合利用，缓解我国林木资源供需缺口较大的矛盾，有利于推进农业产业化结构调整和林产加工业结构优化。本项目达产后，年消耗"三剩物"、次小薪材和其他废弃木质材料81万立方米，每年需向周边农民支付约4亿元收购款。同时也为农村社会劳动力提供就业机会，为当地农民增收创造条件。

3.4　项目优惠政策

增值税即征即退。根据《财政部　国家税务总局关于以"三剩物"和次小薪材为原料生产加工的综合利用产品增值税即征即退政策的通知》

（财税〔2006〕102号）规定，A公司在2008年末前享受增值税"即征即退"政策。2008年以后能否继续适用，目前没有明确，但从国家鼓励发展"次小薪材、沙生灌木和'三剩物'的深度加工及系列产品开发"角度来看，该项政策极有可能延续执行。

所得税减免。根据《财政部 国家税务总局 海关总署关于西部大开发税收优惠政策问题的通知》（财税〔2001〕202号）精神，A公司2010年末前可以享受所得税减免政策，即按15%执行。当地税务局已同意免征A公司生产的中密度纤维板（含木质和秸秆）及加工的贴面板、地板产品实现利润免征收企业所得税。

技改补贴、贴息。所在市经济委员会和市财政局同意对A公司1亿元贷款贴息100万元，同意下达技改资金300万元。

3.5 项目进展情况

目前，本项目立项、土地、环保、规划等各项行政审批手续基本齐备，并已展开前期部分基础建设工作。从国外进口生产设备的商务谈判均已结束，10%预付款已汇入设备生产厂商，待贷款资金到位即可立即投入全面建设。

3.6 项目建设及生产条件评估

3.6.1 项目所处自然及地理条件评估

本项目建设地址位于××××。厂址南侧为××，北侧为××，东侧为××，西侧为××，距火车货运站约为4千米，距××市区约15千米。厂址所在地是重要的交通枢纽，几条重要的公路、铁路穿越全境，附近更有国际机场、航运码头，形成了集水、陆、空、铁于一体的立体交通网络，为原材料和成品的运输提供了十分便利的条件。

3.6.2 能源供应条件评估

1. 电力供应。

项目所在地区电力供应充足，日常用电由当地电网统一调配。本项目建成投产后设备总装机容量3.1万千瓦，全年用电量为1.25亿千瓦时。目前，厂内已建有35千伏变电站一座，通过扩建能够满足本项目供电的需求。本项目另设400千瓦柴油发电机两台作为事故电源和消防应急电源。

2. 通信。

本项目在原厂区内建设，通信线路已引入。

3. 供热工程。

本项目配套建设热能车间，提供项目全部用热。燃料用本项目生产废料及部分外购木材废料或农作物秸秆。

4. 供水。

本项目生产用水量约为 110 立方米/小时，生活用水量平均 2 立方米/小时。厂址所在县境内建有自来水厂 15 座，日供水能力 30 万立方米。厂址所在地有管径 325 毫米、水压 0.35 兆帕自来水管线从厂旁经过，水源水质符合国家生活饮用水卫生标准，全厂生产用水、生活用水引自管线。厂内已建有 300 立方米水塔一座，可供本项目使用。

3.7 项目设备及工艺技术评估

3.7.1 项目生产工艺

本项目采用目前世界上先进的连续平压干法生产工艺，可生产高质量的高（中）密度纤维板。生产工艺流程如图 4 - 1 所示。

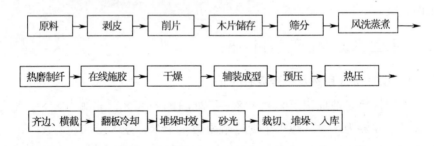

图 4 - 1 生产工艺流程

该项目生产工艺均采用国际领先技术，主要生产设备从德国进口，其他辅助设备采用国内配套，引进电子计算机监控系统，对整条生产线实施实时监控和自动控制。整条生产线高效使用废弃木质原材料、严格控制污染排放量、最大限度地节能降耗，从而实现环保目的。

3.7.2 主要设备及先进性

本项目从世界著名连续压机生产商引进两条年产 22.5 万立方米的高、中密度纤维板生产线（包含热磨机系统、连续液压热压机系统等引进设备共 17 台），另购置削片机、木片运输机、锅炉等国产配套设备 175 台（套）。

本项目采用的关键技术主要有：采用风洗木片工艺代替传统的水洗木片工艺，降低水的使用量和废水的排放量，每年可节约生产用水 10 万吨；铺装采用进口的自动化、精密设备，提高铺装精度，减小厚度误差，以及采用连续式热压机，可节约板材横向齐边量，减少原材料消耗，总共可节约 30% 以上的木材；铺装时采用蒸汽预热，可以降低砂光量、降低能耗、提速增产；采用连续式热压，缩短热压时间，比间歇式压机减少热损失 15% 左右；生产线中主要电机均采用变频控制，节约电能。这五项关键技术都是目前最先进的成熟生产工艺，达到了降低成本、保护环境的目的。

3.7.3 项目技术条件

一是 A 公司聘任颇有经验的此方面管理人才任副总经理，负责技术支持和技术服务，并聘请多名外籍专家为技术顾问，定期邀请专家现场指导。二是 A 公司原 20 万立方米生产线与本项目设备性能相近，原生产线的使用为本项目设备使用提供了技术保障。经了解，由于较好地掌握了 20 万立方米生产线设备性能，管理到位，目前生产能力已达 30 万立方米。三是为加强高科技人才储备，公司近两年相继引进本科以上学历科技开发人员五十多人，先后选派优秀人才六十多人出国考察、学习、培训，使技术中心的产品开发能力、技术创新能力有了充分的保障。四是与国内外科研机构和先进厂家保持合作关系。国内合作伙伴有中科院××分院、有机化学研究所、自动化应用研究所等。

3.8 项目环境保护评估

本项目建成后，在生产过程中将产生废气、废水、固体废弃物等污染物和设备噪声。本项目已由××××编制了《环境影响评价大纲》，县、市环保局已批复同意。

3.8.1 污水处理

项目采用雨、污分流制。雨水直接排入周边道路雨水管网。生活废水汇集到地埋式处理站处理达标后排入市政管网。生产废水和锅炉及清洗、循环外排水等经沉淀处理后，循环使用，不外排。外排的生活污水受纳水体为××河。

3.8.2　粉尘治理

在每一个粉尘源，均采用旋风分离或加布袋两级除尘处理后，由15～55米高排气筒排放，达到国家二级标准。

3.8.3　噪声治理

本项目设备噪声主要来自削片机、热磨机、各类锯、砂光机、空压机、风机等。本项目在工艺设计上采取一定措施，以降低车间噪声。另外对靠近噪声源工作的操作人员，采取佩戴耳罩的方法，降低噪声对人体的危害。

3.8.4　游离甲醛气体治理

本项目建成后，在纤维板生产中制胶、调胶、施胶、热压、胶料储罐区、甲醛储罐区及成品库均有甲醛释出。为加快甲醛排放，在各产生甲醛废气排放工段均设置高温排烟屋顶双速风机组成的机械排风系统，通过引风，促使其稀释扩散，保证作业环境空气中游离甲醛浓度低于0.3毫克/立方米。另在热压阶段采用风机，将气体抽至15米高空排放，并实施监测。

3.9　项目消防措施评估

纤维板生产的火灾危险性属于丙类，建、构筑物的耐火等级均为二级以上木材属于可燃材料，露天场地堆垛储存。由于储存量较大，划分为若干个分堆场，各分堆场四周设置环形厂区道路，满足运输通道和消防通道要求，堆场内木材按相应的防火要求布置，达到防火要求。

专家点评：此项目建设行业符合国家鼓励政策，产品未来市场发展空间较大，项目生产工艺技术比较先进，对各项生产条件要求不高，关键在于企业的经营和运作。

第四章　项目原材料评估

本项目主要原材料为木质原料，占产品制造成本的40%左右。木质原料主要为林木"三剩物"、次小薪材和其他废弃木质材料。

4.1　项目所需原材料及消耗情况

4.1.1　原材料定义

根据 2006 年 12 月 14 日国家发展和改革委员会《"十一五"资源综合利用指导意见》（发改环资〔2006〕2913 号）规定，林木"三剩物"是指采伐剩余物（枝丫、树梢、树皮、树叶、树根及藤条、灌木等）、造材剩余物（造材截头）和加工剩余物（板皮、板条、木竹截头、锯末、碎单板、木芯、刨花、木块、边角余料等）。"次小薪材"是指包括次加工材（材质低于针、阔叶树加工用原木最低等级但具有一定利用价值的次加工原木）、小径材（长度在 2 米以下或径级 8 厘米以下的小原木条、松木杆、脚手杆、杂木杆、短原木等）和薪材。废弃木质材料指回收再利用的废旧木材及其废旧木制品。

4.1.2　原材料来源

林木"三剩物"来源于正常采伐指标范围内采伐的成材林以及商品林（用材林和经济林）改造过程中采伐的林木。"次小薪材"来源于薪炭林和残次林、低产林改造过程中采伐的林木。此外，达到采伐期的速生丰产林（6 年间伐期）也能提供原材料来源。以下将林木"三剩物"、次小薪材和其他废弃木质材料简称为"木柴"。

4.1.3　本项目原材料耗费测算

根据《可行性研究报告》和 A 公司已生产的中（高）密度纤维板原材料耗费水平，生产 1 立方米纤维板大约需要 1.8 立方米木柴（自然状态木柴）。项目年产中（高）密度纤维板 45 万立方米，年消耗木柴量 81 万立方米。本项目投产后，A 公司生产能力将达到 75 万立方米，每年需耗费木柴 135 万立方米。

4.1.4　资源区原材料耗费测算

项目所在地区 2006 年末中纤板加工能力为 71 万立方米，截至 2008 年 6 月，生产能力约 100 万立方米，本项目建成后生产能力将达到 150 万立方米。据《××省林产加工规划布局（2007～2010）》预测，到 2010 年资源区内人造板生产能力为 272 万立方米，按照生产 1 立方米人造板需要消耗 1.8 立方米木柴计算，资源区每年生产人造板需要消耗木柴 490 万立方米。

4.2 资源区原材料可供能力分析

4.2.1 "三剩物"可供能力分析

目前，××省家具生产企业达2万多家，70%分布在项目地及周边地区。按照平均每家企业每年产生650立方米加工剩余物计算，仅项目所在地区每年产出可利用"三剩物"200万立方米。

4.2.2 "资源区"木材可供能力分析

按照尽量节约成本的原则，确定A公司所在地方圆150公里为资源区收购半径，资源区林业资源较为丰富。此地区林业改革总面积为4134万亩，林业改革确权面积为2988万亩。按照每亩林地每年可产出1立方米木材计算，此地区每年可供应木材2988万立方米。按照3立方米木材产出2立方米净材，1立方米为剩余物计算，此地区可产出可供人造板加工使用的木材996万立方米。

为确保资源供给，A公司在2005~2007年共造林7万多亩，2008年公司又通过定向培育、定向收购等方式建立基地23万亩，公司共计完成基地建设30万亩。按照每亩林木年平均产出木材1立方米计算，公司每年可以提供木材30万立方米。未来几年，公司拟通过订单合同、租地经营及股份合作等方式在上述地区再建设工业原料林基地20万亩，达到50万亩基地的规模。

专家点评：项目所在地林业资源较为丰富，木材生产和加工企业也比较集中，原材料来源相对充足，从目前供给和需求数量上看，能够满足企业的需要，关键在于企业对原材料的组织和保持供应的长期性。

第五章 项目产品市场评估

5.1 项目产品概况

本项目引进设备可生产2~25毫米高（中）密度纤维板。根据A公司原有生产线状况和市场需求，本项目80%产能将生产符合国内和欧洲质量标准的2~8毫米高（中）密度纤维板，主要用于强化木地板基材、家具制造、室内装修及车船装修。

5.2 产品需求市场分析

5.2.1 国际市场预测

从全世界来看，发达国家人均人造板消费量较大，欧洲最大。亚太地区是目前世界经济最活跃的地区，对人造板的需求将随着经济和人口的快速增长而增长。由于该地区许多国家木材及林产品的自给率较低，如日本的国产材目前仅能满足国内需求的 23.3%；韩国 1992 年木材自给率仅为 5%，2002 年自给率也仅为 9.6%。美国由于国内需求旺盛，历年来林产品进口量都高于出口量。可以预计在未来较长的时期里，这些国家必然要依靠进口木材及林产品来满足国内需求。有关部门预测，未来十年，世界范围内高（中）密度纤维板的需求量将较快增长。1997年的消耗量为 1 100 万立方米，2000 年约为 2 968 万立方米，2002 年约为 3 463 万立方米，预计到 2015 年高（中）密度纤维板的消耗量将达8 000 万立方米，薄型高（中）密度纤维板总产量也将随着消耗量的增加不断攀升。

5.2.2 国内市场预测

高（中）密度纤维板具有良好的物理力学性能和易于机械加工、表面加工及饰面性能，在家具、室内装修等领域应用广泛，并得到逐步扩大。近年来，随着房地产业的迅速发展，我国的家具、强化木地板、音响设备、装修和装饰、包装和汽车工业等多个行业对高（中）密度纤维板的需求量不断增加。从市场的总体需求情况来看，近年来，我国高（中）密度纤维板消费量逐年上升，2005 年我国纤维板需求量达到 2 500 万立方米，预计 2010 年我国高（中）密度纤维板需求将达 4 700 万立方米。同时，受国家政策导向和高（中）密度纤维板利润率高等因素的影响，我国的高（中）密度纤维板业发展非常迅速，已经逐步取代了原来的硬质纤维板市场。

5.2.3 项目所在地区市场预测

《××省林产加工规划布局（2007~2010）》预测××省人造板需求量到 2010 年将达到 600 万立方米。

××省中纤板的需求主要来源于家具和木地板制造，是全国第三大家具生产大省，拥有家具企业 2 万多家，年销售收入超过 200 亿元。目前，××省已在××市筹划建立了家具工业园，力争到 2010 年将家具年销售收入提高到 300 亿元。家具业的发展为中纤板提供了广阔的销售市场。

5.3 产品供给市场分析

5.3.1 项目周边地区同类企业分布情况

根据《××省林产加工规划布局（2007～2010）》，2006 年末中纤板加工能力为 120 万立方米，预测 2010 年生产能力将达到 500 万立方米。

项目所在地 2006 年末中纤板加工能力为 71 万立方米，2008 年生产能力约为 100 万立方米，本项目建成后生产能力将达到 150 万立方米。

5.3.2 外地同类产品情况

据了解，在××省销售中纤板的外地主要厂家有：××人造板有限公司（40 万立方米、进口设备）、××林产有限公司（20 万立方米、进口设备）、××木业有限公司（50 万立方米、国产设备）、××木业有限公司（12 万立方米、进口设备）。相对外地厂家，A 公司在运输成本上拥有竞争优势。

5.3.3 优势分析

1. 设备先进。

本项目生产线按照德国最新的工业机械制造标准制造，不仅保证产品质量和市场竞争力，而且能高效使用废弃木质原材料，最大限度地实现节能降耗，1 立方米纤维板消耗原材料量只相当于 1/3 实木板的耗材量。相对本地区其他国产生产线而言，设备优势和产品质量优势明显。

2. 规模优势。

本项目投产后，A 公司人造板年生产能力将达到 80 万立方米，中（高）密度纤维板年生产能力达到 65 万立方米，将成为西部第一、全国排名前列的人造板及中（高）密度纤维板生产大户。在人造板行业市场化程度不断提高的情况下，规模优势将成为竞争的关键。

3. 品牌优势。

相对引进德国生产线的其他中纤板生产企业而言，A 公司在技术和品牌上具有一定优势，所生产的纤维板产品环保指标均能达到欧洲 E1 和 E0 级标准，合格率在 99% 以上，其品牌获得"中国驰名商标"的认定。国家人造板质量监督检验中心抽查统计显示，国产设备生产中纤板合格率仅为 65%。

4. 成本优势。

A 公司所在地距离家具企业集中地区仅 15 公里，这不仅为 A 公司的生产提供了充足的原材料，而且也使其在原材料和产品运输成本上具有明显的优势。

5.4 产品产销规模评估

A 公司目前拥有三条生产线，一条 20 万立方米纤维板生产线，一条 10 万立方米秸秆刨花板生产线（现已改造为秸秆、木质两用生产线），一条 5 万立方米刨花板生产线。

从生产情况看，A 公司 20 万立方米中（高）密度纤维板生产线产能不断扩大，2007 年已超过了设计生产能力。据了解，德国中（高）密度纤维板生产线生产厂家在向中国出口生产设备时，相对压缩了设计生产能力，因此，评估认为，本项目投产第二年生产能力即能够达到 45 万立方米的产能。

从销售情况看，A 公司中（高）密度纤维板除 2008 年受地震影响外，其他年度产品基本无积压。统计显示，其 50% 的中（高）密度纤维板作为地板基材销售给地板加工企业，50% 销售给家具生产企业。

5.5 产品销售价格评估

近年来，受原材料价格上涨和产品应用范围不断拓宽等因素的影响，人造板及终端产品价格同时上涨。按照广东木材市场报价，2007 年 6 月纤维板价格比 2006 年 6 月上涨 8 个百分点左右，2008 年较 2007 年上涨 5 个百分点左右。目前，国内木材市场 3 毫米中（高）密度纤维板不同品牌报价在 2 296 元/立方米至 3 360 元/立方米。

表4-14 2008年8月国内市场中纤板行情

单位：元/立方米

规格	价格	报价市场	商家
1 220 × 2 440 × 3	2 463	正定恒山木材市场	
1 220 × 2 440 × 3	3 359	广东顺德龙山市场	华盛、青山
1 220 × 2 440 × 3	3 135	广东南海大转湾市场	高林、吉象
1220 × 2 440 × 3	2 799	广东东莞兴业木材市场	
1 220 × 2 440 × 3	2 296	广东顺德亚太木业城	柏高/绿源

A公司20万立方米生产线生产的中（高）密度纤维板2008年销售价格较2006年上涨了10.42%。

表4-15 A公司中（高）密度纤维板销售价格情况表

单位：元、立方米

型号	2006年		2007年		2008年1~7月	
	销量	不含税单价	销量	不含税单价	销量	不含税单价
高密度4~7.8毫米	8.8	1 920	11	2 100	4.7	2 120

从表4-15中可以看出，A公司4~7.8毫米高密度纤维板不含税销售价格在2007年已达2 100元/立方米。3毫米高密度纤维板高于此价格。另外，国内不同品牌市场价格也在2 296元/立方米至3 360元/立方米，《可行性研究报告》确定的销售价格为2 290元/立方米。本次评估根据谨慎性原则，确定销售价格为2 290元/立方米。

专家点评： 本项目产品与市场上其他产品较为同质，因此需要对国际、国内以及周边地区的供求状况进行分析。总体来说，木材属于资源类产品，未来市场需求将会不断增加，只要企业建立稳定的销售渠道，在不遇到突发事件的情况下，销售价格和销售量都会稳定增长。

第六章 项目投资估算与资金来源评估

根据《可行性研究报告》及项目实际进展情况，确定计算期15年，其中建设期为1年，经营期14年，建设期投资估算和资金来源如下。

6.1 项目总投资

项目投资估算主要内容包括购置的主辅设备、建筑工程、土地使用费、流动资金等。其中主要工艺设备从国外引进，进口设备购置价格以设备购买合同为依据，外汇汇率按 1 欧元 = 10.77 元人民币计算；国内配套设备价格以市场询价为依据；建筑工程投资等以建筑工程施工合同及相关行业规定为依据；土地由公司原购置土地投入，以评估价值为准。

经评估测算本项目投入总资金 87 434 万元，其中固定资产投资 75 434 万元，流动资金 12 000 万元。项目投入总资金较《可行性研究报告》调减 2 570 万元。调整情况见表 4 - 16：

表 4 - 16　可行性研究报告与项目评估对比表　　单位：万元

项目	金额	评估额	增整额	调整原因
项目总投资	90 004	87 434	- 2 570	
一、固定资产	78 004	75 434	- 2 570	
（一）建设投资	78 004	73 815	- 4 190	
1. 建筑工程费	4 811	4 811	0	
2. 设备购置费	51 512	51 512	0	
3. 安装工程费	2 285	2 285	0	
4. 其他工程费用	19 397	15 207	- 4 190	
（1）土地使用费	15 100	10 910	- 4 190	按土地购入成本调整
（2）预备费	2 531	2 531	0	
（3）其他费用	1 766	1 766	0	
（二）建设期利息	0	1 620	1 620	报告中未计算建设期贷款利息
二、流动资金	12 000	12 000	0	

6.1.1　固定资产投资估算

本项目固定资产投资共计 75 434 万元。

1. 建筑工程费 4 811 万元，占建设投资的 7%。建筑工程费用参考近期已建同类工程造价估算，估算价格含水费、暖气费、电费。

2. 设备费 51 512 万元，占建设投资的 70%。其中进口设备折合人民币 37 989 万元，占设备投资的 74%；国内配套设备 13 522 万元。

3. 安装工程费 2 285 万元，占建设投资的 3%。进口设备安装费按设备费 1.5% 计取；国内设备安装工程费用按设备费的 5% 计取。

4. 工程建设其他费用 15 207 万元，占建设投资的 21%。基本预备费按工程费用与其他工程费用之和的 5% 计取，外汇预备费按 2% 计取。

5. 建设期利息 1 620 万元。按贷款额 45 000 万元、利率 7.2%（五年期基准利率）测算。

6.1.2 流动资金投资估算

本项目流动资金按周转率进行测算。根据公司现在周转情况，确定原材料周转天数为 60 天，辅助材料周转天数 30 天，包装物及燃料动力周转天数 15 天，产成品周转天数 7 天，应收账款及预付账款周转天数 10 天。按上述周转率测算，流动资金需求为 11 953 万元。因此，确定本项目需增加流动资金 12 000 万元，与《可行性研究报告》数目一致。

6.2 项目融资方案

6.2.1 固定资产投资来源

本项目固定资产投资共计 75 434 万元。项目资本金 30 434 万元，其中 14 806 万元已到位，到位资本金为投入的土地 10 910 万元和支付进口设备定金 3 896 万元。由此计算得出，本项目资本金比例为 38.5%，高于国家和我行项目资本金比例要求。

未到位的资本金 15 628 万元，公司承诺在贷款发放前到位，资金来源为：①垫付工程款。目前，A 公司为母公司建设所垫付的工程款未结算款项为 22 492 万元。母公司已承诺根据 A 公司 45 万立方米高（中）密度纤维板项目建设进度提前支付工程结算款解决其应到位项目资本金。②固定资产折旧。公司 2008 年 1～8 月折旧费 3 100 万元，预计全年折旧费 4 100 万元。③经营利润。公司 1～8 月净利润 3 100 万元，预计全年净利润 4 000 万元。另外，公司 8 月末资产负债率仅为 27%，出资能力有保障。申请银行中长期贷款 45 000 万元。

6.2.2 流动资金来源

本项目需新增流动资金 12 000 万元，通过银行贷款 5 000 万元，其余 7 000 万元由企业自筹。资金来源为：工程结算款、折旧费、经营利润，根据项目财务计划现金流分析，项目正常投产，当年就能够实现全部现金流量的平衡，其中项目经营性净现金流 15 383 万元。

以上分析可见，工程结算款、折旧费、经营利润三项共计 29 692 万元，能够满足项目未到位资本金 15 628 万元及自筹流动资金 7 000 万元，共计 22 628 万元的资金需求。项目筹资方案可靠，资金来源在金额、期限、到位时间上能保证项目融资需求的实现。

第七章　财务效益评估

7.1　财务基础数据的确定

7.1.1　项目产品的确定

本项目采用先进的连续压机生产线技术和设备，生产以薄板为主的高（中）密度纤维板，使其在产品质量、生产成本、品种多样化等方面具有强大的市场竞争力。成品幅面：1 220 毫米 × 2 440 毫米；厚度范围：2 ~ 25 毫米（计算厚度 3 毫米）；密度范围：950 ~ 750 千克/立方米（计算密度 890 千克/立方米）；产品质量：外销符合欧洲中密度纤维板标准（EN 622—5：1997）；内销符合中华人民共和国中密度纤维板国家标准（GB 11718—99），成品板甲醛释放量符合室内装饰装修材料人造板及其制品中甲醛释放限量（GB 18580—2001）E1 级（小于 9 毫克/100 克成品板）。

7.1.2　项目计算期

根据林木加工行业的特点和《可行性研究报告》，本项目的计算期为 15 年。其中建设期 1 年，经营期 14 年。按谨慎性原则，经营期第一年达产率为 70%，第二年起达产率 100%。

7.1.3　项目成本费用估算标准的确定

1. 外购原材料费用。本项目的主要原材料均由当地市场购入。其主要原料的定价依据如下：（1）木材，公司目前木材收购均价 360 元/吨（不含税），1 立方米木材约合 1.25 吨，折算后每立方米约合 450 元。由于该项目较大的原料需求量，部分木材需从较远的地方购进，考虑到一定的涨价因素和运输成本，综合确定本项目原料到厂价为 490 元/立方米。（2）化工原料，项目所需的化工原料由市场购入：甲醛 1 500 元/吨、三聚氰胺 8 400 元/吨、尿素 1 520 元/吨、石蜡 7 450 元/吨、氯化铵 1 355 元/吨、特种润滑油 100 元/升。

2. 外购燃料及动力费。水：本项目生产和生活用水引用自来水，水价按 2 元/吨计算；电：本项目综合电价按 0.57 元/千瓦时计算；燃料：热能工厂以生产过程中产生的可燃废料为燃料，不足部分外购木废料等燃料补充，外购燃料按 180 元/吨计算。

3. 工资及福利费。本项目职工定员 354 人。综合考虑本项目技术含量高及当地一般工资水平，本项目职工的工资平均按 18 000 元/年·人计算。

4. 折旧、摊销费。土地使用年限 30 年，建筑工程与主要设备的使用年限分别为 20 年和 15 年，残值率按 5% 计算。

5. 其他制造费及管理费，参照国内同行业平均水平计算。其他制造费包括生产单位（车间）为组织和管理生产发生的机物料费和低值易耗品，以及车间管理人员的办公费、差旅费、劳保费和季节工资等。管理费用包括企业行政管理部门的办公费、差旅费、劳保费、技术转让费、土地使用税、车船牌照费和保险费等。

6. 财务费用。贷款利息按照中国人民银行同期同档次利率计算。

7. 销售费用。按销售收入的 2.5% 计算。

7.1.4　项目销售收入测算标准

本项目高（中）密度纤维板定位在高中档产品，年产 45 万立方米，《可行性研究报告》确定价格为 2 290 元/立方米，参考市场售价，根据谨慎原则，确定产品售价 2 290 元/立方米。

7.1.5　项目税收估算

1. 增值税。按照财税〔2006〕102 号文件，项目享受增值税"即征即退"政策。由于政策有效期至 2008 年 12 月 31 日（暂定），是否继续有效存在一定的不确定性，根据谨慎原则，本次测算没有考虑增值税退税。

2. 所得税。按照财税〔2001〕171 号文件，本项目应享受免税政策，但在项目投产后是否继续有效存在一定的不确定性，根据谨慎原则，本次测算按正常税率 25% 计算。

3. 城建税及教育费附加。分别按应缴增值税额的 5%、3% 计算。

7.1.6　基准收益率

本项目所得税前财务基准收益率按照《建设项目经济评价方法与参数》（第三版）中林产加工项目协调值，取 11%；项目所得税后财务基准

收益率按现行五年期以上贷款基准收益率7.2%加2%风险值，取9%。

7.2 项目成本费用估算

本项目经营期内年平均总成本费用78 938万元，其中生产成本73 385万元，占比93%；管理费用2 164万元，占比3%；财务费用943万元，占比1%；销售费用2 446万元，占比3%。按照成本性质分，达产后年平均可变成本69 767万元，占比88%；固定成本9 171万元，占比12%，见表4 – 17。

表4 – 17　总成本及费用估算表　　　　　　单位：万元

序号	项目名称	合计	年平均
0	生产成本	1 027 389	73 385
1	直接材料	837 408	59 815
1.1	原材料	543 753	38 840
1.2	辅助材料	268 995	19 214
1.3	包装物	24 660	1 761
2	直接燃料及动力	105 033	7 502
2.1	燃料	4 192	299
2.2	动力	100 841	7 203
3	直接工资及福利费	8 921	637
4	其他直接支出	46	3
5	制造费用	75 982	5 427
5.1	折旧费	55 469	3 962
5.2	租赁费		0
5.3	修理费	11 592	828
5.4	其他制造费用	8 921	637
6	管理费用	30 291	2 164
6.1	无形资产摊销	5 091	364
6.2	其他资产摊销		0
6.3	其他管理费用	25 200	1 800
7	财务费用	13 202	943
7.1	短期负债利息净支出	4 562	326

续表

序号	项目名称	合计	年平均
7.2	长期负债利息净支出	8 640	617
7.3	其他财务费用		0
8	营业费用	34 250	2 446
9	总成本费用	1 105 133	78 938
10	经营成本	1 031 370	73 669
11	固定成本	128 396	9 171
12	可变成本	976 737	69 767

7.3 项目销售收入及利润估算

项目产品生产规模为年产 45 万立方米高密度纤维板。经评估测算，项目正常达产期内，年平均销售收入为 100 842 万元，营业税金及附加 580 万元，销售成本 78 938 万元，利润总额为 21 323 万元，净利润 15 993 万元，见表 4 – 18。

表 4 – 18　销售收入、税金、利润估算表　　单位：万元

序号	项目名称	合计	年平均
1	营业收入	1 411 785	100 842
2	营业税金及附加	8 123	580
3	总成本费用	1 105 133	78 938
4	贴补收入		
5	营业外收支净额		
6	利润总额（1 – 2 – 3 + 4 + 5）	298 529	21 323
7	弥补以前年度亏损		
8	应纳税所得额（6 – 7）	298 529	21 324
9	所得税	74 632	5 331
10	净利润（6 – 9）	223 897	15 993

7.4 项目财务评价

7.4.1 盈利能力评价

本项目总投资收益率 25.47%，高于行业良好值（16.89%）；项目税

后内部收益率（IRR）为23.34%，财务净现值78 200万元。项目具有较强的盈利能力，满足项目对盈利能力的要求，见表4-19。

表4-19 项目财务指标及计算结果

项目名称	本项目
总投资收益率（%）	25.47
投资利税率（%）	33.35
项目资本金净利润率（%）	42.72
项目投资税前指标	
财务内部收益率（%）	29.91
财务净现值（I=11%）	94 325.85
全部投资回收期（年）	4.49
项目投资税后指标	
财务内部收益率（%）	23.34
财务净现值（I=11%）	78 199.98
全部投资回收期（年）	5.33

7.4.2 项目清偿能力分析

本项目综合（有项目）还款期内的平均利息备付率465%，平均偿债备付率175%，最低偿债备付率139%；项目（增量）还款期内的平均利息备付率645%，平均偿债备付率147%，最低偿债备付率134%；均高于一般偿债备付率可接受值（130%）。以上分析表明，该项目具有较强的偿还能力，项目可偿还的资金能够覆盖我行贷款本息（见表4-20）。

表4-20 项目还本付息表 单位：万元

序号	项目名称	合计	1	2	3	4	5
一	还本付息计划						
1.1	期初本息余额			45 000	37 000	25 000	13 000
1.2	当期借款		45 000				
1.3	当期还本金			8 000	12 000	12 000	13 000
1.4	当期付利息		1 620	3 240	2 664	1 800	936

序号	项目名称	合计	1	2	3	4	5
二	指标计算						
有项目	息税前利润（EBIT）	111 035	5 892	19 274	28 623	28 623	28 623
	息税折旧摊销前利润（EBITDA）	148 568	9 775	27 687	37 035	37 035	37 035
	所得税	22 136	842	3 319	5 775	5 991	6 207
	用于投资的折旧摊销	7 000		4 900	2 100		
	利息备付率（%）	465	180	320	516	612	750
	偿债备付率（%）	175	253	139	166	186	183
增量	息税前利润（EBIT）	72 516		10 112	19 937	20 801	21 665
	息税折旧摊销前利润（EBITDA）	99 691		17 911	27 260	27 260	27 260
	所得税	18 129		2 528	4 984	5 200	5 416
	用于投资的折旧摊销						
	利息备付率（%）	645	100	291	665	975	1 707
	偿债备付率（%）	147	100	134	149	156	153

7.4.3 财务生存能力分析

根据项目财务计划现金流量表分析，项目投产后，各年净现金流量为正，到项目计算期末，不考虑股利分配，项目累计净现金流量将达到 34 560 万元。

从其经营性现金流看，项目投产当年即可创造 15 383 万元净现金流，达产第一年经营性现金流为 22 276 万元，可有效保证项目借款的偿还。

从其全部现金流看，项目自身有较强的创现能力，项目达产后，不仅不需要外部资金注入，而且可以为项目单位提供大量的盈余资金。可见，项目的财务质量和可持续性较好，具有较强的财务生存能力。

第八章 不确定性分析

8.1 盈亏平衡分析

BEP = 年固定成本/（年销售收入 - 年变动成本 - 年营业税金及附加）×100% = 29%，其保本点生产能力利用率为 29%。即项目产品产销量达到 13 万立方米，便可保本，表明项目有较强的抗风险能力。

8.2　敏感性分析

根据项目全部投资现金流量表，就建设投资、销售价格、经营成本和产量分别变化5%、10%和20%时对项目内部收益率的影响进行测算，结果见表4－21。

表4－21　敏感性分析表　　　　　　单位:%

序号	不确定因素	不确定因素变化率	项目评价指标				指数	
			税后内部净现值［增量］	税后内部收益率［增量］	偿债备付率［增量］	偿债备付率［有项目］	敏感系数［增量］	临界点［增量］
0	基本方案		78 199.98	23.34	147.25	175		
1	建设投资	20	67 122.59	19.67	148.78	178		143.89
		－20	89 277.38	28.46	144.31	172		
		10	72 661.29	21.37	148.01	176		
		－10	83 738.68	25.67	145.78	173		
		5	75 430.64	22.32	147.63	176	0.88	
		－5	80 969.33	24.45	146.51	174		
2	销售价格	20	183 253.3	40.61	247.12	308		－15.67
		－20	－22 379.65	4.39	25.27	15		
		10	130 748.96	32.13	197.17	242		
		－10	25 651	13.95	89.91	108		
		5	104 456.57	27.78	172.21	208	3.81	
		－5	51 943.4	18.75	122.29	142		
3	经营成本	20	6 196.46	10.24	52.24	53		20.41
		－20	155 224.8	36.14	220.65	278		
		10	39 665.25	16.54	110.4	123		
		－10	116 734.71	29.84	183.93	226		
		5	58 950.52	19.98	128.9	149	2.88	
		－5	97 449.44	26.62	165.59	201		
4	产量变化	20	111 257.5	28.91	178.65	223		－53.27
		－20	45 142.47	17.54	115.84	127		
		10	94 706.42	26.15	162.96	199		
		－10	61 693.55	20.48	131.53	151		
		5	86 471.11	24.75	155.1	187	1.21	
		－5	69 928.86	21.91	139.39	163		

临界点分析。建设投资临界点为144%，即建设投资超过144%时，项目税后财务净现值为负；产品销售价格临界点为－16%，即产品销售价格下降超过－16%时，项目税后财务净现值为负；经营成本临界点为20%，即经营成本上升超过20%时，项目税后财务净现值为负；产量变化临界点为－53%，即产量下降53%时，项目税后财务净现值为负。

敏感度系数分析。建设投资、销售价格、经营成本、产量变化对项目基准收益率的敏感度系数分别为0.88、3.81、2.88、1.21。本项目对建设投资及产量变化敏感性不大，对项目产品销售价格和经营成本较为敏感。

由此可见，项目产品销售价格和经营成本均为敏感因素，项目对产品销售价格反应更为敏感。但根据产品市场特点，原材料价格与产品销售价格一般呈正向变化，因此项目对项目建设投资、产品销售价格、经营成本和产量变化具有一定的抗风险能力。

第九章　贷款风险与效益评估

9.1　还款计划及还款资金来源

A公司申请某银行贷款50 000万元，其中用于项目建设的固定资产中长期贷款45 000万元，用于采购生产原料等用途的流动资金短期贷款5 000万元。经评估测算，可以对其发放固定资产中长期贷款45 000万元，流动资金短期贷款5 000万元，合计50 000万元。

固定资产中长期贷款45 000万元，期限5年（含宽限期15个月），第二年开始按季偿还本金，4年还完，第二年至第五年每年分别偿还8 000万元、12 000万元、12 000万元、13 000万元。固定资产中长期贷款的还款来源是税后利润和折旧摊销等，从借款还本付息计划表可以看出，还款期内还本付息有保障。

流动资金短期借款按期末偿还、期初再借的方式处理，并在计算期最后一年偿还。通过对项目经营期经营性现金流量分析，流动资金短期贷款偿还有保障。

9.2 贷款风险分析

A公司对高（中）密度纤维板的项目建设拥有丰富的经验，并在原材料供应、生产技术、产品市场等方面具备明显优势，同时本项目符合国家林产工业发展方向，属于国家鼓励发展对象。因此，从总体来看项目风险较小，但仍有几个方面的问题值得关注。

9.2.1 经营风险

1. 原材料供应风险。项目所在地资源蓄积总量上比较充足，但由于集体与个人林地供应仍存在一定的不确定性，项目原材料的持续供应存在一定的风险。同时，根据敏感性分析，项目对原材料价格具有一定的敏感性，项目投产可能刺激当地原材料价格的上涨，从而在一定程度上降低项目效益。

2. 产品市场价格风险。从市场角度来看，项目产品具有广阔的市场前景。但随着大量同质产品的上市，市场供应量将不断增加，市场需求结构也会发生变化，客观上存在产品市场波动的可能，并影响项目效益。

公司是人造板加工的行业龙头，具有技术先进、规模效应和品牌优势，在市场竞争中处于优势地位。同时公司将建成50万亩原料林基地，既能保障原料供应，又能很好地控制原料成本。综合来看，公司抵抗经营风险能力较强。

9.2.2 资金筹措风险

本项目尚有15 628万元资本金未到位，资金实际到位情况将影响到项目建设及投产运营，但是，一方面综合考虑公司的资产负债情况及分析资金来源，公司出资能力有保障；另一方面资本金及自有资金先期到位作为贷款条件，风险不大。

9.2.3 关联企业风险

从调查情况看，母公司——B集团公司与A公司关联交易较多。银行贷款后，应密切关注公司与各关联公司之间的关联风险。

9.3 贷款防范风险措施评估

本项目由B集团公司提供全额保证担保，同时以公司现有及项目建成后形成的资产为银行贷款提供抵押担保。

9.3.1　保证担保评估

详见控股股东部分（2.7.1）介绍。

B 集团现有净资产 103 284 万元，目前对外提供的担保合计 40 000 万元，公司贷款 16 000 万元，经测算，企业可担保额度为 90 949 万元，大于 A 公司申请的 50 000 万元贷款额度，因此认为该公司具备为 A 公司担保借款 50 000 万元的能力。

9.3.2　抵押担保评估

A 公司承诺以项目建设形成的全部资产及公司现有可抵押的机器设备、土地办理合法、有效的抵押担保手续。其中房地产抵押值为 9 801.4 万元；350 亩土地抵押值 10 502.8 万元；机器设备抵押值 24 500.88 万元；拟购进的机器设备抵押值 19 401.5 万元。以上资产可办理抵押担保贷款额度 64 206.6 万元。

9.4　经济和社会效益评估

9.4.1　银行直接效益分析

A 公司申请某银行中长期贷款 45 000 万元和流动资金短期贷款 5 000 万元。按照同档次中国人民银行贷款基准年利率估算，贷款期内可实现利息收入约 11 000 万元。

9.4.2　银行间接效益分析

项目贷款资金按工程进度逐笔支付结算，预计可在某银行稳定增加存款 5 000 万元以上，并由此带来大量相关的中间业务，如各项结算业务，财产保险业务等。

9.4.3　社会效益分析

以上分析结果表明，本项目除可获取可观的经济回报之外，还兼具良好的社会效益和生态效益。项目的实施，完全符合国家林业发展战略及逐步调整用材林资源布局的指导思想，为天然林资源保护工程的实施创造更加有利条件。

本项目建成投产后，可增加 354 人的直接就业岗位，同时提供大量的间接就业机会，增加林农收入和地方财政收入，有效带动地方和区域经济的快速发展。

专家点评：本项目风险中最主要风险来自于原材料供应，只要原材料有保证，且价格能得到控制，产品的销售风险较小。

第十章 结论和建议

10.1 评估结论

本项目属国家鼓励发展项目，符合国家产业政策和区域布局，项目产品市场前景看好，符合规模经济的要求，并可以带动当地经济发展，促进农民增收，经济效益和社会效益十分明显。项目承贷主体——A公司，是农业产业化龙头企业，被选为第二批国家级循环经济试点单位。评估认为，本项目的经济效益和社会效益十分明显，尽管项目本身存在一定程度的风险，但这些风险通过银行和企业采取有效措施是可控的。

10.2 贷前条件

本项目贷款发放前，还应落实以下条件：

（1）取得消防批复、建设工程规划许可证、开工许可证。

（2）未到位项目资本金15 628万元应于中长期贷款发放前到位；自有流动资金7 000万元应于短期贷款发放前到位。

（3）办理合法、有效的担保手续。

10.3 管理措施

某银行与A公司签订有关资金使用与管理协议，明确项目的资本金和公司配套资金均存入项目资金专户，专户内资金只能用于本项目，项目资金的支取与建设进度同步。

防止关联交易，某银行与A公司签订协议明确企业销售资金全部进入某银行存款账户结算。

本项目形成的资产、流动资金贷款购入的原材料及其他抵押的固定资产均应办理以某银行为第一受益人的财产保险。

案例五 农村水电站建设项目评估

第一章 项目概述

1.1 项目名称

Z 水电站工程（以下简称"本项目"）

1.2 项目立项及批复情况

本项目经省发展和改革委员会核准通过，省国土资源厅、环保局、水利厅、林业厅分别批复同意建设，并被列为省重点建设项目。省水利水电勘测设计研究院（甲级资质）2004 年 6 月编制了《Z 水电站可行性研究报告》（以下简称《可研报告》），2005 年 9 月编制了《Z 水电站初步设计报告》（以下简称《初设报告》）。

1.3 项目性质

新建项目（新设法人）

1.4 项目建设单位

Z 水利水电开发建设有限公司（以下简称"Z 公司"）

1.5　项目建设地址

Z 水电站位于某省××市境内 H 江右岸一级支流中游，坝址距某县 46 公里。

1.6　项目建设内容

Z 水电站是以发电和防洪为主，兼顾水产养殖、试车场、旅游等综合利用的水利枢纽工程。水库建设规模为大二型 II 等工程，由拦河坝、副坝、鞍部溢洪道、引水隧洞及电站厂房等几部分组成。水电站为小一型 IV 等工程，购置安装两台 11 兆瓦水力发电机[①]，配套变压器等输变电工程，联网送变电及控制系统和通信系统工程。项目建成后，多年平均发电量为 4 736 万千瓦时（kWh）[②]，装机年利用小时为 2 153 小时。

1.7　项目投资规模

《可研报告》计划总投资 22 475 万元，《初设报告》计划总投资 28 229 万元，《执行概算》总投资调整为 20 995 万元。本次评估测算调整为 20 513 万元，其中项目建设投资 19 800 万元。项目资本金 10 513 万元，向××银行申请贷款 10 000 万元，期限 10 年。

1.8　项目建设进展情况

Z 水电站于 2005 年 9 月正式开工建设，截至 2007 年 4 月末（贷款评估日），累计完成投资 8 019 万元，占工程总投资的 39.2%。完成实物工程量 167.29 万立方米，占总工程量的 48.3%。发电设备已与生产厂家签订了订货合同。

1.9　项目贷款用途

贷款用于水电项目设施建设。

---

①　11MW = 11×10^6 瓦，即 11 000 千瓦。

②　1 千瓦时 = 1 度。

第二章　客户评估

2.1　客户概况

项目建设单位暨承贷主体——Z 水利水电开发建设有限公司，成立于 2005 年 2 月，其持有的营业执照、组织机构代码证、税务登记证、贷款卡均合法有效，在某农村信用合作社开立基本账户，并承诺在贷款发放前将基本账户迁至贷款行（见表 5-1）。

表 5-1　客户基本情况表

企业名称	Z 水利水电开发建设有限公司	企业类型	有限责任公司
成立时间	2005 年 2 月	注册资本	5 000 万元
注册地址	××市××街××号	法定代表人	××
控股公司	××农村基础建设投资开发有限公司	法人股东	2 名
业务范围	水利、水电开发（不含供电）		

2.2　客户股权结构和组织结构

2.2.1　股权结构

Z 公司成立时注册资本为 3 000 万元，后经 5 次变更，目前注册资本和实收资本为 5 000 万元，全部为货币出资，控股公司为××农村基础建设投资开发有限公司，控股比例 67%（见表 5-2）。

表 5-2　Z 公司股权变更及结构表　　单位：万元、%

股东名称	注册登记		一次变更		二次变更		三次变更		四次变更		五次变更	
	投资	比例	投资	比例	投资	比例	投资	比例	投资	比例	投资	比例
××投资有限公司	500	17	1 300	34	1 300	28	1 650	33	1 650	33	1 650	33
××水利水电工程有限公司	1 300	43	1 300	34	1 300	28	1 300	26	1 300	26		
自然人	1 200	40	1 200	32	1 200	26	1 200	24				
××农村基础建设投资开发公司					850	18	850	17	2 050	41	3 350	67
合计	3 000	100	3 800	100	4 650	100	5 000	100	5 000	100	5 000	100

2.2.2　股东情况

1. ××农村基础建设投资开发有限公司。该公司成立于 2006 年，法定代表人×××，注册资本 5 000 万元，其中自然人投资 4 000 万元，××电力建设有限公司投资 1 000 万元。

2. ××投资有限公司。该公司成立于 2004 年 1 月，法定代表人×××，注册资本为 2 600 万元，其中自然人投资 1 000 万元，××农村基础建设投资开发有限公司投资 1 600 万元。

2.2.3　客户组织结构

Z 公司定编 22 人，组织结构体系见图 5 - 1。

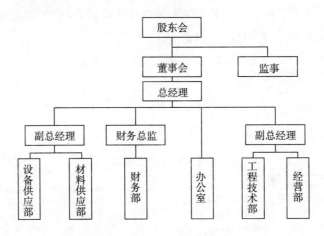

图 5 - 1　Z 公司组织结构

2.3　经营者素质

法定代表人兼董事长：（略）

总经理：（略）

财务总监：（略）

2.4　信誉状况

经查询中国人民银行企业征信系统，Z 公司于 2006 年 6 月在某农村信用合作社贷款 2 000 万元，期限 1 年；2006 年 9 月 19 日在中国银行某分行贷款 300 万元①，期限半年，已展期一次。这两笔贷款均为当地市政府为确保工程工期协助客户安排的建设资金，用于工程建设②。××银行评定 Z 公司信用等级为 A 级。

2.5 客户经营状况

2.5.1 主要产品

Z 公司主要产品为电能，同时 Z 公司兼顾养鱼、试车场、旅游等多种经营。

2.5.2 生产经营情况

Z 公司正处于项目建设阶段，本项目建成后总装机 22 兆瓦，年平均发电量 4 736 万千瓦时，是一座调峰电站。

2.6 客户财务状况

Z 公司为新建企业，尚未开展正常的生产经营。2006 年末资产负债率为 40%，2007 年 4 月末资产负债率为 33.9%（见表 5 - 3）。

表 5 - 3 资产负债表   单位：万元

项目	2005 年末	2006 年末	2007 年 4 月末
资产总额	5 013	8 402	8 651
其中：预付工程款	266	1 101	1 090
其他应收款	1 816	182	166
在建工程及工程物资	2 773	6 901	6 999
负债总额	2 013	3 401	2 932
其中：短期借款	350	2 300	2 300
所有者权益	3 000	5 001	5 719
其中：实收资本	3 000	5 000	5 000

---

① 截至 2007 年 8 月，Z 公司已偿还贷款本息。
② 我行贷款到位后，Z 公司将用项目资本金偿还其他金融机构贷款。

专家点评：农村水电项目投资少、见效快、收益稳定，此类项目一直是资本投资热点。由于水电资源有限，同时水电资源存在优劣之分，因此抢占水电资源并转让水电在建项目牟利的行为较为普遍，其中，尤以民营资本形式运作居多。对农村水电贷款项目借款人的评估，除一般性的评估内容之外，更应关注借款人存续的合法合规性以及营建项目的真实意图等情况，规避不必要的建设风险。本项目业主具有民营性质，各项证照齐备有效，股权机构和组织结构较为合理，从企业资本全到位、人员配备、项目实际建设情况看，借款人建设项目的决心很大。由于项目业主为新建法人，经营状况和财务状况相对简单。此类新建企业在项目建设过程中，资产负债表里会体现较大数额的预付和预收款项，评估时也应重点关注。

第三章 项目建设条件评估

3.1 项目建设背景

3.1.1 政策背景

1. 开发利用可再生能源是建设资源节约型、环境友好型社会的重要举措。《京都议定书》为发达国家和经济转型国家规定了具体的、具有法律约束力的温室气体减排目标，要求这些国家在 2008 ~2012 年总体上要比 1990 年排放水平平均减少 5.2%。尽管我国作为发展中国家在第一阶段不承担二氧化碳减排任务，但我国面临的减排形势十分严峻。从总量上看，目前我国二氧化碳排放量已位居世界第二，甲烷、氧化亚氮等温室气体的排放量也位居世界前列。为全面落实科学发展观，建设资源节约型、环境友好型社会，2006 年我国制定并实施了《可再生能源法》，鼓励、支持和引导发展可再生能源。《中华人民共和国国民经济和社会发展第十一个五年规划纲要》提出，要建设资源节约型、环境友好型社会，大力发展循环经济，加大环境保护力度，突出强调了利用可再生能源作为节能减排、改善环境的重要战略作用和地位。在 2011 年政府工作报告中，温家宝总理首次提出了节能降耗、污染减排目标，并将其作为约束性指标。在新能源的开发利用中，水力发电的规模化开发条件和商业化发展前景都已经十分成熟，合理开发利用水力发电具有良好的经济效益、生态效益和社会效益。

2. 积极支持小水电建设是推进社会主义新农村建设的重要内容。"十一五"规划及 2006 年中央"一号文件"明确指出，要加快农村能源建设步伐，在适宜地区积极推广沼气、秸秆气化、小水电、太阳能、风力发电等清洁能源技术。全面开发广大农村地区水能资源，推广水力发电等清洁能源技术，有利于加快农村能源建设步伐，有利于转变农民的生产生活方式，有利于改善农村的环境面貌。

3. 开发建设农村水电是建设水电农村电气化县的重要环节。党中央、国务院几代领导集体都十分重视农村电气化县建设。在邓小平同志亲自倡导下，国务院决定在农村水电资源丰富的地方，积极开发农村水电，建设中国特色农村电气化。"七五"至"九五"期间全国建成了 653 个农村水电初级电气化县，"十五"期间全国建成了 410 个水电农村电气化县。新时期水电农村电气化建设，对于改善农村能源结构，解决广大农村用电，提高农村电气化水平，加强农村基础设施和公共设施建设，提高农业综合生产能力，促进农业增效、农民增收，改善农村生产生活条件，提高农民生活质量，调整产业结构，发挥了重大作用。国务院副总理回良玉曾作出重要批示："'十一五'时期，应积极推广小水电等清洁能源技术，继续推进水电农村电气化县建设，为社会主义新农村建设作出新的贡献。"经国务院批准，按照《"十一五"全国水电农村电气化规划》，"十一五"期间我国还要再建 400 个水电农村电气化县，新增水电装机 477.11 万千瓦。

3.1.2 行业背景

1. 电力行业发展现状和特点

电力行业是国民经济发展和社会发展的基础产业，对国民经济发展具有重要的推动作用。

（1）电力行业发展现状。自改革开放以来，我国电力工业取得了较快发展。截至 2006 年底，全国发电装机容量达到 62 200 万千瓦，同比增长 20.3%，其中，水电达到 12 857 万千瓦，同比增长 9.5%（见表 5-4）；全国发电量达到 27 557.46 亿千瓦时，同比增长 13.57%，其中水电 3 783 亿千瓦时，同比增长 3.5%；电力行业实现利润 925.46 亿元，其中水电 196.6 亿元，火电 666.4 亿元，核电 55.6 亿元，其他 6.8 亿元。

表 5 - 4 2006 年全国发电装机容量统计表

	总装机（万 kW）	同比增长（%）	发电量（亿 kWh）	同比增长（%）
总计	62 200	20. 3	27 557	13. 57
水电	12 857	9. 5	3 783	3. 5
火电	48 405	23. 7	23 189	15. 8
核电	685		534	0. 66
风电	187	76. 7	27	67. 4

数据来源：中经网数据有限公司出具的《中国电力行业分析报告》（2006 年第四季度）。

从 2006 年上半年情况看，电力行业运营能力、行业偿债能力、行业盈利能力、行业发展能力各项指标均呈现良好的发展态势（见表 5 - 5）。

表 5 - 5 2006 年上半年电力行业能力指标一览表

运营能力	应收账款周转率	流动资产周转率	总资产周转率	× ×
	7. 57%	1. 92%	0. 35%	× ×
偿债能力	资产负债率	流动资产比率	已获利息倍数	× ×
	66. 02%	18. 23%	2. 53	× ×
盈利能力	销售毛利率	销售利润率	成本费用利润率	总资产报酬率
	19. 03%	9. 59%	10. 56%	4. 51%
发展能力	销售收入增长率	利润总额增长率	总资产增长率	资产保值增值率
	15. 22%	37. 85%	15. 58%	113. 89%

数据来源：国家统计局。

（2）电力行业运行的总体特点。一是总体供求基本平衡，区域性短缺依然明显。2005 年我国电力供需紧张形势总体上有所缓解，2006 年实现供需基本平衡，2012 年全国电力供需紧张局面将全面缓解。2006 年电力建设速度继续加快，新业务新增发电机组容量创历史最高水平。继 2005 年全国电力装机突破 5 亿千瓦后，2006 年全国新增运营的发电装机 10 117 万千瓦，其中，水电 971 万千瓦，火电 9 048 万千瓦，风电 92 万千瓦。在总体基本平衡的形势下，区域性缺电现象依然明显。二是电源结构不合理，在我国电力生产行业中火力发电一直占据主导地位，火电比例偏高，可再生能源发电比例过低。据统计，截至 2006 年底，我国发电装机容量 62 200 万千瓦中火电占 77.82%，水电占总容量的 20.67%，核电占总容量的 1.1%，风力发电占 0.30%，生物质能等其他发电占 0.11%。

2. 我国水力发电现状和特点

水电作为电网不可或缺的调峰、调频和紧急事故常用的主力电源，是保证电力系统安全、优质供电的重要而灵活的工具。我国现代化的水电建设起步很晚，1910 年在云南修建第一座水电站——石龙坝水电站，装机 472 千瓦。到 1949 年底，全国水电装机仅 16.3 万千瓦，占全国总装机的 8.8%，居世界第 20 位。到 2000 年底，装机达到 7 935 万千瓦，占总装机的 24.8%，居世界第二位。2006 年末，全国水力发电量为 3 783.19 亿千瓦时，同比增长 3.5%。分区域来看，湖北、四川、福建、云南、湖南、贵州、广西和青海几个省区的水力发电量均超过了 200 亿千瓦时，合计发电 2 895.73 亿千瓦时，占水力总发电量的 76.54%（见图 5 - 2）。

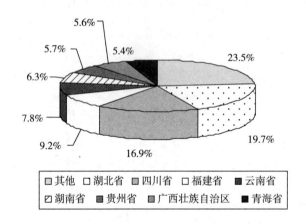

数据来源：中经网数据有限公司出具的《中国电力行业分析报告》（2006 年第四季度）。

图 5 - 2　2006 年水力发电分省结构图

中国水能蕴藏量 1 万千瓦以上的河流 300 多条，水能资源丰富程度居世界第一。全国水力资源普查结果表明，我国水能蕴藏量为 6.76 亿千瓦，相应的年电量可达 6.02 万亿千瓦时，总计约占世界总量的 1/6。中国水能资源有三大特点：一是资源总量十分丰富，但人均资源量并不富裕。以电量计，我国可开发的水电资源约占世界总量的 15%，但人均资源量只有世界均值的 70%。到 2050 年左右，即使水能蕴藏量开发完毕，水电装机也只占总装机的 30% ~ 40% 。二是水电资源分布不均衡，与经济发展的现状不匹配，水电资源大多分布在经济欠发达地区。我国水电资源主要集中在长江、黄河的中上游，雅鲁藏布江的中下游，珠江、澜沧江、怒江和黑龙江上游。三是江河来水量的年内和年际变化大。一般雨季降水量达到全年的 60% ~ 80% ，年际间比值最大达 20 倍。

3.1.3　客户背景

Z 公司及其股东公司的实际控股人×××，前期从事工程设备租赁业务，在 1998 年全国性洪涝灾害后，开始从事水利工程的施工建设，从中积累了一定水利施工经验，并对小水电的调峰能力、电价扶持政策有了一定了解，认识到开发利用水资源蕴涵的巨大潜力。2002 年，其投资 3.4 亿元开发了×××水库，2005 年 2 月，组建 Z 公司，开发建设本项目。

3.2　项目建设必要性

（1）本项目符合国家鼓励发展可再生能源的政策方向。水能是可再生能源，发展水电符合国家建设资源节约型、环境友好型社会的要求。本项目建成后，在提供新的电源的同时，不产生烟尘、二氧化硫、温室气体、废水等污染物，不会因挖掘开采一次性能源造成自然界不可恢复的破坏，具有非常明显的生态效益。

（2）本项目符合地方区域的发展规划。本项目是××省 200 个重点推进项目之一，是××市开发清洁能源、发展地域经济的重点项目。项目建设所在地为国家水电农村电气化县，本项目是当地建设水电农村电气化县的重点工程。项目建成后××的水力资源将转化成生产力，对于减轻××地区电网负担，缓解电网峰荷的矛盾，提高当地用电水平，促进水电农村电气化县建设具有重要意义。

（3）本项目防洪功能可以有效地保护人民生命财产安全。当地××河流域洪涝灾害频繁，每遇大水年份洪水泛滥成灾，致使中下游沿河两岸的村屯、农田受淹，给农业生产和人民生命财产安全带来极大威胁。已建成的××电站因发电需要无力完全解决下游沿岸村屯、农田的防洪、除涝问题。本项目水库结合下游堤防工程联合运用，将发挥其防洪、除涝功能，保障下游人民生命财产和经济发展。

3.3 政府扶持政策

本项目是国家水电农村电气化县建设项目,2004 年被××省政府列为 200 个重点建设项目之一,各级政府对本项目采取了一系列具体的扶持措施。一是本项目"十一五"期间每年均可获得国家财政安排的农村水电电气化县建设补助资金,并且省级财政进行等额配套。目前,国家农村水电电气化县建设补助资金及省级配套补助 580 万元已到位,经咨询水利部水电局,本项目在未来三年内还可获得补助资金不超过 2 000 万元。二是××市政府积极为本项目筹措建设资金,协调 Z 公司从信用社和中国银行贷款及担保事宜。三是政府承担库区淹没村庄的移民费用,并提供土地、林地置换,为本项目修建县级公路 23 公里。此外,根据《××省县财源建设资金管理办法》和省财政厅《城市基础设施建设项目贷款省级财政贴息资金管理办法》,××市政府正积极配合 Z 公司申请本项目其他年份的财政补贴和贷款的财政贴息。四是本项目建成运营后,缴纳的企业所得税和增值税地方政府收入部分,前三年全额返还给 Z 公司,第四、第五年按 50% 返还。

3.4 项目进展过程评估

3.4.1 项目前期工作及立项批复

1. 1998 年 10 月 7 日,××省电力工业局《关于 Z 水电站建设原则意见的批复》同意项目建设与联网。

2. 1999 年 8 月 16 日,××省计划委员会《关于 Z 水电项目建议书的批复》同意项目立项。

3. 2004 年 6 月 10 日,××省水利厅《关于对 Z 水电站水资源论证报告书的批复》同意本项目水资源论证报告。

4. 2004 年 6 月 10 日,××省水利厅《××省水利厅关于对 Z 水电站工程项目水土保持方案的批复》同意本项目水土保持方案。

5. 2004 年 6 月 15 日,××省环境保护局《关于 Z 水电站工程环境影响报告书的审批意见的复函》同意项目建设。

6. 2004 年 8 月 18 日,××省发展和改革委员会《关于 Z 水电站工程可行性研究报告的批复》同意可行性研究报告。

7. 2004 年 12 月 31 日，××省国土资源厅《关于印发〈××省 Z 水电站建设用地地质灾害危险性评估报告〉评审意见书的函》（黑国土资函〔2004〕606 号）审查通过建设用地地质灾害危险性评估报告。

8. 2005 年 7 月 19 日，××省地震局《关于 Z 水电站工程场地地震安全性评价报告的批复》同意本项目地震安全性评价报告。

9. 2005 年 8 月 26 日，××省国土资源厅《关于 Z 水电站建设项目占地压覆矿产资源储量情况证明的函》同意工程建设。

10. 2005 年 9 月 14 日，××省国土资源厅《关于 Z 水电站工程建设用地预审意见的函》通过用地预审。

11. 2005 年 9 月 18 日，××林业局《使用林地审核同意书》同意项目使用林地。

12. 2005 年 11 月 1 日，××省发展和改革委员会《关于 Z 水电站工程初步设计的批复》原则同意初步设计报告。

13. 2006 年 2 月 9 日，××省水利厅《关于 Z 水电站工程开工报告的批复》同意项目开工建设。

14. 2007 年 5 月 28 日，××省物价局出具《关于 Z 水电站上网电价承诺的函》明确本项目上网电价。

3.4.2 项目工程进度情况

1. Z 水电站建设情况

Z 水电站于 2005 年 9 月正式开工建设，同年年末完成了永久工程的全部征林征地工作（不含库区征林征地及移民），并完成"四通一平"。截至 2007 年 4 月末，完成项目投资 8 019 万元，完成实物工程量 167.29 万立方米，其中土方 54.113 万立方米、石方 112.644 万立方米、砼 0.534 万立方米。各主要分部工程完成情况为：

（1）"四通一平"、永久工程征林征地完结，完成土方 16.03 万立方米、石方 31.69 万立方米。

（2）大坝截渗槽开挖，坝体填筑升高 10 米，沥青心墙正在浇注中，其中土方 24.96 万立方米、石方 1.6 万立方米、坝体堆石及沙砾石过渡料填筑 23.88 万立方米、排水棱体 0.56 万立方米、上游压重 1.92 万立方米、砼 0.3464 万立方米，导流洞贯通完成石方 4.533 万立方米。

（3）电站厂房开挖结束并完成厂房及尾水底板和部分边墙，升压站开挖完成50%，完成土方5.44万立方米、石方12.7万立方米、砼0.19万立方米。

（4）引水洞压力管道开挖完成，调压井石方开挖完成50%，主洞石方开挖完成70米；共计完成明挖石方0.97万立方米、洞挖石方0.45万立方米。

（5）溢洪道进口段、闸室段开挖基本完成，陡坡段、挑坎段完成50%，尾水段完成50%，共计完成土方2.4万立方米、石方19.72万立方米，现引水洞、进塔劈山路、大坝沥青心墙及大坝填筑等工程项目仍在进行中。

2. 已完工程质量情况

本项目在管理中全面实行项目法人负责制、工程监理负责制，严格控制原材料（水泥、钢筋、砂石料、止水、沥青等）质量。施工过程中要求各施工单位认真执行"三检制"，从自检、专职检、监理最终检、检测单位抽检均严格按规范进行，关键环节、关键部位均实行旁站监理制，严格控制工序、单元质量。经××省水利工程质量监督中心站质量检验，已完成的单元工程质量均达到优良以上标准。其中拦河坝共完成129个单元工程，合格129个，优良118个，优良率91.5%。电站厂房完成17个单元，合格17个，合格率100%；优良14个，优良率82.4%。

3. 主要设备招标情况

（1）主设备合同已签订。已签订水轮发电机组及其附属设备购买合同，包括水轮机2台、水轮发电机2台，设备生产单位为天津赛瑞机器设备有限公司。

（2）电工一次设备合同已签订。包括主变压器、升压变压器、高压开关，设备生产单位为上海天正机电（集团）有限公司。

（3）电工二次设备合同已签订。包括控制屏、自控系统，生产单位为阿城继电器股份有限公司。

3.5 项目建设及生产条件评估

3.5.1 项目地理地质条件

Z水电站所在区域大地构造单元处于新华夏系构造体系第三隆起带北缘，区域地壳运动以缓慢上升为主，地震基本裂度小于Ⅵ度，区域稳定性好。水库库岸稳定性较好，无塌岸和渗漏问题，水库区周边无浸没问题，库区及附近无大的断裂构造通过，水库发生诱发地震的可能性较小。水库建设压覆位于库区东部北侧的三道湾子岩金矿点（1号矿点），Z公司与金矿承包单位签订协议，约定在水库蓄水前开采完毕。坝址区两岸为低山丘陵，坝基抗滑稳定较好，两坝肩稳定性较好。在天然无防渗措施条件下，第四系松散层即河床段渗漏量较大，年渗漏量占正常蓄水位以下库容的51.4%。水电站采用帷幕灌浆处理，使透水率小于等于5lu①。坝址处、闸室、挑流鼻坎附近、电站厂房区发现6处断层破碎带，鞍部溢洪道断层发现3处构造破碎带，隧洞进口处围岩局部稳定性差，调压井处强风化岩体岩石完整性差，施工过程中均进行相应处理。天然建筑材料储量丰富，砼骨料中粗骨料质量基本满足规程质量指标要求，细骨料多项指标不能满足质量指标要求，质量较差；沥青心墙保护层用沙砾料较丰富；块石料各项质量指标均可以满足块石料质量指标标准。

3.5.2 交通运输条件

（略）

3.5.3 项目用地、水、电、消防条件

（1）本项目建设用地已通过省国土资源厅的预审。项目永久占地9.7公顷，库区淹没土地面积2 056.5公顷，其中一般农田266公顷，淹没林地847.6公顷（初设数为220公顷，数据存在差异的主要原因是原一些未利用地经林业部门核查后，被重新确认为林地）。

（2）水电站施工现场生产、生活、消防用水量为20吨/小时。水电站内打机井一眼，深度180米，直径600毫米，建给水管道，供送各施工现场及生活区。

（3）本项目施工电源由"××村变电所"引线，架设线路等级10千伏，长度4千米。依据《水利水电工程施工组织设计规范》SDJ338-89附表中各级电压合理输送半径及容量规定额定电压380伏输送半径小于0.6千米，本工程共划分为两个用电区。第一用电区主要供应堆石坝、溢洪道、引水隧洞进口、沙砾料场、石料场、施工附属企业等的用电和区内道

---

① lu，吕荣值，为透水率计量单位，在100米垂直水柱压力作用下，1米试段内1分钟压入岩体裂隙中的水量为1升时，定为1个吕荣值。

路照明用电；第二用电区主要供应电站、隧洞出口的施工用电、区内道路照明用电和建设单位的生活用电。第一用电区使用 S9 – 500/10 型号变压器，第二用电区使用 S9 – 160/10 型号变压器。

（4）各建筑物、构筑物的建筑材料为混凝土或砖墙，均为非燃烧体且耐火极限较高。厂区建筑物消防范围，包括主厂房及其辅助房间、副厂房、升压站、绝缘和透平油库及油处理室、机修车间等。消防水源取压力钢管，经水泵加压，向各消火栓供水，消火栓型号为 SJT – SVI 型立式，水枪型号为 QZ16。

3.5.4　库区淹没、移民安置、林地置换情况

库区淹没处理范围 2 056.5 公顷，截至 2005 年 4 月，主要淹没影响实物指标如表 5 – 6 所示。

表 5 – 6　水库淹没影响实物指标

淹没实物	数量	淹没实物	数量
淹没土地面积	30 847.94 亩	淹没村庄	1 座
其中：耕地	6 695.97 亩	其中：农户	180 户
林地	3 300 亩	人数	592 人
0.4 千伏输电线路	3.1 千米	房屋	19 583.49 平方米及附属设施
10 千伏输电线路	2.46 千米	淹没公路	8.87 公里
35 千伏输电线路	3.17 千米	压覆金矿储量	2 216.73 千克

为确保耕地面积不减少，当地政府用新开垦的耕地等额补充了本项目淹没耕地。水电站淹没××林场国家重点公益林面积 145.5 亩，用其他林场符合国家重点公益林标准的相同面积森林划入重点公益林进行置换，确保国家重点公益林面积不减少。

库区淹没的移民安置工作由政府负责，移民安置工作已经完成。移民安置采取以土地安置为主、异地集中建新村的安置方式。根据居民点选址原则和要求，确定了移民新址位置。

3.6　项目环境保护评估

2004 年 5 月，××省水利水电勘测设计研究院对本项目的环境影响进

行了评价。2004 年 6 月××省环保局组织专家对本项目进行了审查，并出具了《关于 Z 水电站工程环境影响报告书审批意见的复函》，同意项目建设。本项目是可再生能源开发利用项目，具有明显的生态效益，对环境主要的不利影响有生产生活污水及含油废水、扬尘及施工机械尾气排放、噪声及弃渣污染等，在采取一系列有效的环保措施后，可以达到环保排放标准。

3.7 项目工艺技术和设备评估

3.7.1 设备制造商

Z 公司已与××机器设备有限公司签订了水轮机及其附属设备购货合同，该公司为全国 500 强企业，水电产品出口印度尼西亚，本项目采用的同类型机组已在辽宁××水电站、河北××水电站、海南××水电站等运行，设备运行状况良好。

1. 水轮机机型

本项目选用水轮机型号为 HLSR7 - LJ - 175，额定容量不小于 11 000 (kW)/13 750 (kVA)，主轴布置形式为立轴，转轮标称直径 1 750 毫米，额定转速为 333.3 转/分种（r/min），最大飞逸转速 605 转/分钟。

表 5 - 7 水轮机出力情况

项目	净水头（m）	最大出力（kW）	最小出力（kW）
最大水头	51.93	13 455	5 265
加权平均水头	49.79	12 486	5 265
额定水头	47.8	11 702	5 265
最小水头	35.79	7 565	3 404

2. 水轮发电机机型

本项目选用水轮发电机机型为 SF11 - 18/3 700，额定电压 10.5 千伏，额定电流 756 安，额定功率因数 0.8，额定转速 333.3 转/分钟。

3.7.2 Z 电站年上网电量

根据《初设报告》，Z 水电站总装机容量 22 兆瓦，2 台机组，单机容量为 11 兆瓦，保证出力 4.09 兆瓦，多年平均发电量 4 736 万千瓦时，装机利用小时数 2 153 小时。

表 5 − 8　水电设备基本情况表

机型	SF11 − 18/3700
单机容量（MW）	11
台数（台）	2
总容量（MW）	22
年上网发电量（万 kWh）	4 736
平均单机年上网电量（万 kWh）	2 368
等效年利用小时（h）	2 153

3.7.3　变电设备

新建 110 千伏变电站，主变压器选用 SF9 − 31500kVA 型双绕组无励磁调压节能型油浸式升压变压器，采用单母机线接线布置。

3.7.4　大坝安全自动监测系统

本项目采用工程安全监测自动化系统，由网络监测站、现场数据采集网络、传输介质三部分组成，对坝基渗流压力、渗流量进行监测，对大坝沥青心墙进行应变观测，对溢洪道堰基进行渗流压力监测。

3.7.5　发电输电系统流程

Z 电站在系统中主要承担调峰任务。根据××省电力有限公司《关于〈Z 水电站接入系统可行性研究报告〉的审查意见》，Z 水电站以单回 110 千伏输电线路联网至 220 千伏××变电所，导线型号 LGJ − 150，输电距离 35 千米。

专家点评： 本项目的建设具有三大主要政策背景，即社会主义新农村建设、节能减排、农村电气化县建设，项目建设符合国家产业政策、区域发展政策，项目建设必要性比较充分。目前可以规模化利用的可再生能源主要有水能、风能和生物质能，由于水能利用的技术较为成熟，因此水能在世界能源结构中占据重要地位。我国发展水电时间较早，水电在为我国社会发展提供能源保障的同时，对节能减排、改善生态环境的作用日益显著。尤其是我国制定了明确的节能减排目标，一些大型传统热电生产企业为完成指标任务，近年来积极投入可再生能源发电领域。而无指标压力的可再生能源发电企业，可以通过转让 CER 获得项目额外收益。中央有关文件明确指出，发展农村水电、开展农村电气化县建设是推进社会主义新农村建设的重要内容，对改善农村面貌、提高农民生产、生活条件具有重要作用。

本项目立项过程规范，各项手续齐备，除项目一般应具备的项目核准、环评批复、土地和规划手续外，还具有水电项目特需的水资源论证、水土保持、地质、矿产等相关手续。评估人员通过实地调查，项目进展情况正常，地、水、电、气、消防、交通运输等建设条件已基本落实。

第四章 项目水能资源与产品市场评估

4.1 项目区水能资源现状

据 2003 年全国水力资源复查和 2004 年××省农村水电复查结果，××省水能资源理论蕴藏量 987.8 万千瓦，可开发量为 986.7 万千瓦，可建水电站 928 座。其中可建大、中型水电站 27 座，总装机容量 673.2 万千瓦，占总可开发量的 68.2%；可建小型水电站 901 座，总装机容量 313.5 万千瓦，占总可开发量的 31.8%。××省从 20 世纪 50 年代陆续开发建设水电站，但建设规模小，速度慢，开发利用程度很低，1984 年底水电装机只有 4.6 万千瓦。直至 20 世纪 80 年代以后，特别是自××县 1985 年被列为第一批农村水电初级电气化县以来，受到国家对电气化县优惠政策的鼓舞，××省掀起一个大力兴建农村水电的高潮，水资源利用率有所提高。截至 2006 年末，全省已建成水电站 67 座，总装机达到 86.5 万千瓦。目前，××省水能资源开发利用率仍低于全国平均开发利用水平，水能资源开发利用速度缓慢。

4.2 项目水文状况评估

（略）

4.2.1 坝址设计年径流量

（略）

4.2.2 坝址设计洪水

（略）

4.2.3　泥沙与冰情

（略）

4.2.4　水库水量损失

（略）

4.3　项目产品市场评估

Z 水电站以发电和防洪为主，主要产品为电能，同时兼营养鱼、试车场、旅游等综合开发业务。

4.3.1　电能市场评估

1. 电能价格

本项目主要产品为电能，上网电价由××省物价局根据项目《可研报告》和同业上网价格制定，上网电价为 0.48 元/千瓦时（不含税）。

2. 电能供求

为了促进可再生能源并网发电，规范电网企业全额收购可再生能源电量行为，国家电力监管委员会根据《中华人民共和国可再生能源法》、《电力监管条例》和国家有关规定，制定了《电网企业全额收购可再生能源电量监管办法》（国家电力监管委员会令第 25 号），并在 2007 年 9 月 1 日起实施。该办法明确规定，电网企业全额收购其电网覆盖范围内可再生能源并网发电项目上网电量，并优先调度可再生能源电力。办法所称可再生能源发电包括水力发电、风力发电、生物质发电、太阳能发电、海洋能发电和地热能发电。

根据《电网企业全额收购可再生能源电量监管办法》以及根据××省电力工业局《关于 Z 水电站建设原则意见的批复》和《关于〈Z 水电站接入系统可行性报告〉的审查意见》，本项目建成后所发电量将全部并入××地区电网。

（1）项目电能供给。根据《初设报告》，本项目装机 22 兆瓦，年发电量 4 736 万千瓦时，装机利用小时数 2 153 小时。

（2）电网负荷及需求分析

①供电区电力生产及供应情况

主要电力资源（略）

电网现状（略）

②供电区电力电量预测及市场机会

××市国民经济发展十年规划，用电增长率"十五"期间为6%。根据《××省电力工业"十一五"规划和2020年远景目标研究》确定2004~2015年用电增长率为2.8%。

从电力系统日负荷看：根据××市电业局提供的2004年冬季和夏季典型日负荷图及××市国民经济10年发展规划电力电量平衡结果，2015年最大电负荷为271兆瓦，与典型年最大负荷的倍比为1.355。设计水平年××电网最大日负荷冬季出现在每天晚上15:30~22:30，负荷为180兆瓦至268兆瓦，夏季有两个峰荷，上午为9:00~13:00，下午为16:00~21:00，负荷变化范围180兆瓦至246兆瓦。

从电力电量平衡来看（见表5-9）：

表5-9　　××电网2015年电力电量平衡表

项　　目	装机容量（MW）	电量平衡（万kWh）			
	平均	丰水年	平水年	枯水年	平均
需电力电量	271	131 400	131 400	131 400	131 400
其中：Z电站	22	6 274	4 067	3 581	4 736
网内其他电站	140	47 332	47 332	47 332	47 332
外购电力电量	109	77 343	80 001	80 846	79 277

从电力电量平衡结果可以看出，Z水电站电力电量在电网中所占比例较小，分别为8.12%、3.56%，且网内电源目前已经不能满足电力电量要求，2015年将向国网或其他水电站购入电力电量需求。为达到电力平衡，××电网每年需外购电力109兆瓦，电量7.93亿千瓦时（见表5-10）。

表5-10　　2004~2015年电力需求预测

水平年	2004	2015
需最大供电负荷（MW）	200	271
供电能力（MW）	140	162
需外购电力（MW）	60	109
需要发电量（万kWh）	97 333	131 400
实际发电量（万kWh）	47 332	52 068
外购电量（万kWh）	50 001	79 332

4.3.2 其他产品分析

1. 试车场租赁。××地区处于高寒地带，气候条件适合检验汽车性能，上海大众、上海通用、中国一汽、韩国现代等国内及亚洲汽车生产厂家在每款新车上市前，均在××地区进行高寒和冰面测试、调校。目前，××市政府已成立试车市场领导小组，着力打造试车产业，已建成了多家试车场。Z水库建成后，将是××市试车行业最大的试车场，××市试车市场领导小组办公室已将Z水库列为试车重点项目，冰面面积达到当地××水库试车场的15倍，××水库试车场年租赁费为184.4万元（冰面52万元，陆地132.8万元）。Z水电站试车项目按逐年批次建设，水库蓄水后，2008年首批引入2家试车企业，测算年租赁费在400万元以上，以后每年增加1~2家，可容纳至少10家试车企业。

2. 水产养殖。根据《初设报告》，Z水库正常蓄水位为228米，相应水库面积为3万亩，每亩年产商品鱼按15公斤计算，每公斤7元，年养鱼收益315万元。

3. 旅游。××市政府已将Z电站纳入××区西部旅游线路，可开展旅游、度假、垂钓、空中滑翔、滑雪场、射击场、水上乐园等多种经营项目，年收入可达285万元。

专家点评：对项目区水能资源和水文状况的考察，银行评估人员一般依赖《可研报告》、《初设报告》以及一些社会公开信息，必要时可以向某些专业机构、专家进行咨询，寻求专业帮助。水电项目的贷款评估与其他行业项目相比，存在一个主要的不同，即市场评估部分相对简单。主要原因是：我国2006年制定实施的《可再生能源法》明确规定电网企业要全额收购可再生能源发电电量，但考虑到水电技术成熟，并已成为一种常规能源，因此《可再生能源法》同时规定，水力发电对本法的适用，由国务院能源主管部门规定，报国务院批准。但随后国家电力监管委员会根据《中华人民共和国可再生能源法》、《电力监管条例》和国家有关规定，制定了《电网企业全额收购可再生能源电量监管办法》（国家电力监管委员会令第25号），明确水电与其他可再生能源同等享受优先全部上网的优惠政策。同时，水电电价一般执行由国家物价部门制定的标杆电价。上网政策和电价政策的实施极大地削减了水电项目的市场风险，也使贷款项目评估人员没必要将主要精力放在项目的市场基本因素（供求、价格）分析上。

第五章 项目投资估算与资金来源评估

5.1 投资估算

我们此次评估在采信《可研报告》、《初设报告》和《执行概算》有关基础数据的基础上，根据本项目的项目资金到位情况、水电场工程建设实际情况、已招标的采购合同等数据，据实对本项目投资进行了调整。

5.1.1 总投资评估

本项目主要建设内容为安装两台单机容量11万千瓦水电机组及附属设施，配套建设一座220千伏变电站及35公里并网线路。《可研报告》计划总投资22 475万元，《初设报告》计划总投资28 229万元，《执行概算》总投资调整为20 995万元。

经评估，确定本项目总投资为20 513万元，其中固定资产投资20 491万元，流动资金22万元。具体情况见表5-11。

表5-11 总投资概算评估表　　　　单位：万元

序号	项目	概算数	评估数	增减（+）	变动主要原因
	总投资	20 995	19 513	-1 482	
1	工程部分投资	15 318	14 836	-482	
1.1	建筑工程	9 845	9 845		
1.2	机电设备及安装工程	1 788	1 788		
1.3	金属结构设备安装工程	465	465		
1.4	施工临时工程	219	219		
1.5	独立费用	1 290	1 290		
1.6	基本预备费	538	538		
1.7	建设期利息	1 173	691	-482	原概算计算的建设期利息为两年，而评估时计算的建设期利息为1.5年，同时评估时执行新贷款利率

序号	项目	概算数	评估数	增减（+）	变动主要原因
2	移民和环境部分	4 755	3 755	-1 000	政府减免
2.1	水库淹没处理补偿费	4 263	3 263	-1 000	政府减免
2.2	环境影响补偿费	75	75		
2.3	水土保持补偿费	417	417		
3	送出工程	900	900		
4	流动资金	22	22		

5.1.2 项目融资方案

表 5-12 项目融资表 单位：万元

项目	金额	占比	利率	贷款期限	备注
总投资	20 513	100%			
1. 资本金	10 513	51.3%			
其中：股东出资	9 933	48.5%			
政府出资	580	2.8%			财政补贴及贴息资金视同项目资本金
2. 银行融资	10 000	48.7%			
其中：银行贷款	10 000	48.7%	7.20%	10 年	执行人民银行同档次基准利率

5.2 年度投资及资金筹措

2007 年 4 月末，项目累计完成投资 8 019 万元，计划在 2007 年完成投资 16 071 万元，2008 年 8 月前完成剩余投资并投入正式运营。

在资金筹措方面，截至 2007 年 8 月末，项目资本金已到位 7 660 万元，银行计划融资 9 000 万元，客户出具了承诺函承诺剩余项目资本金 2 853 万元将按照工程进度与我行贷款同比例到位。

客户出资能力分析：（略）

专家点评：根据相关统计，水电项目一般单位千瓦造价在 7 000 元左右，此项指标与水电项目类型、水能资源状况等因素直接相关。发电项目一般单位千瓦造价在万元左右，比水电造价高，但风电项目的建设周期与水电项目相比较短。由于本项目设计为具有防洪功能和可调节能力的电站，库区等其他设施的建设导致本项目建造成本较高，单位千瓦造价为8 870万元，好在本项目的建设得到了各级政府的大力支持，当地政府通过土地置换等方式，大量削减了项目的移民和环境投资。本项目的资本金比例达到53.9%，远高于国家规定的水电项目资本金20%的比例要求。较高的资本金比例，有利于减少借款人的财务成本，提高项目财务效益水平，降低银行贷款的风险程度。

第六章　财务效益评估

6.1　财务基础数据

表 5 – 13　财务基础数据表

序号	项目	取值及依据
1	计算年限、利率	建设期3年，经营期30年，项目计算期33年；贷款期10年，还款期内非等额还本；人民币贷款利率为五年期以上基准利率，目前为7.20%
2	电价、电量	上网电价采用0.48元/千瓦时（不含税）；《可研报告》通过各年实测数据推测年均可上网销售电量为4 736万千瓦时，经营期内各年均一致
3	试车场、水产养殖	试车场按年租赁费400万元计算（参考当地同业价格），水产养殖按年租赁费200万元（从第6年开始计算）
4	成本	本项目原料为自然水力，不产生原材料成本
		库区维护费：按供电量0.001元千瓦时提取，达产后供电量为4 736万千瓦时，每年计5万元
		材料费：定额取3元/千瓦，电站总装机22千瓦，达产后每年计7万元
		折旧费：折旧年限为15年，采取综合折旧。基本折旧费＝固定资产价值×综合折旧率；综合折旧率采用3.4%
		保险费：按有关规定取固定资产投资的0.1%，达产后每年计21万元

411

序号	项目	取值及依据
4	成本	维修费：修理费率按固定资产总投资的 0.1% 计取，修理费为 21 万元
		财务费用：贷款利率为五年期以上基准利率 7.20%，按季结息，生产期每年年底还本
		工资福利费：工资按职工人数乘以年人均工资计算。本电站定员按 30 人计算，职工年工资标准采用 9 000 元；职工福利费按工资总额的 14% 计算；劳保基金按工资总额的 17% 计算；住房公积金按工资总额的 10% 计算，总计为 38 万元（30×9 000+30×9 000×41%）
5	各项税费	营业税：试车场与水产养殖均为租赁收入，营业税率为 5%
		增值税：由于水电站可扣减的进项税额非常有限，因此应纳税额即为售电收入，按财政部、国家税务局文件，增值税的税率为 6%
		所得税：所得税税率按 24% 计算（实行优惠税率）
		城市建设维护费和教育附加：分别为增值税的 1%、3%
6	财务基准内部收益率	7%（行业平均值）

6.2　项目经营分析

6.2.1　总成本分析

总成本费用包括发电总成本、供电总成本、折旧费和财务费用。投产后，项目计算期内总成本费用为 27 285 万元，其中：固定成本为 27 075 万元，可变成本 210 万元；年均固定成本 905 万元，年均可变成本 7 万元。

6.2.2　销售收入分析

投产后，按照不含税电价 0.48 元/千瓦时计算，两台机组年上网电量为 4 736 万千瓦时，发电年平均实现销售收入 2 273 万元。试车场年租赁收入为 400 万元（参照同行业标准），水产养殖年租赁收入为 200 万元（从第六年开始计算）。经营期累计可实现各项销售收入 85 798 万元，年均销售收入 2 860 万元。

6.2.3　税收分析

经营期内，项目每年平均缴纳增值税 136 万元，营业税金及附加 36 万元，营业税 29 万元。

6.2.4　利润总额及分配估算

经计算，发电当年开始盈利，累计利润总额 57 435 万元，净利润 43 651 万元；年度平均利润总额 1 915 万元，平均净利润 1 455 万元。

6.3　项目融资前分析

6.3.1　动态分析

项目投资财务内部收益率（所得税前）为 11.29%；项目投资财务内部收益率（所得税后）为 9.18%；项目投资财务净现值（所得税前）为 9 383 万元；项目投资财务净现值（所得税后）为 4 546 万元。

6.3.2　静态分析

项目投资回收期（所得税前）为 10.46 年；项目投资回收期（所得税后）为 12.08 年；从项目融资前的动态和静态分析来看，项目总获利能力较强，方案设计比较合理，财务上可行。

6.4　融资后分析

6.4.1　盈利能力分析

项目资本金财务内部收益率（所得税后）为 9.68%；总投资收益率为 9.7%；项目资本金净利润率为 14.09%；从动态指标看，项目财务内部收益率高于行业基准收益率（7%）；从静态指标来看，项目总投资收益率、净利润率均高于行业基准收益率，项目具有较强的盈利能力。

6.4.2　偿债能力分析

各年利息备付率均大于 1，平均为 4.55 倍；各年偿债备付率均大于 1，平均为 1.36 倍；经营期内各年资产负债率逐年降低。

项目贷款的偿还期为 9.52 年，建设期内不偿还贷款本金。

从经营期各年指标和合计数来看，项目利息备付率均大于 1，表明本项目的利息偿付的保障程度较高；偿债备付率大于 1，表明可用于还本付息的资金保障程度较高；项目资产负债率较低，银行作为债权人的贷款风险较小。

6.4.3　财务生存能力分析

根据本项目财务计划现金流量表分析，项目投产后到项目计算期末，项目经营净现金流量合计达到 66 390 万元，说明项目方案合理，可以实现自身资金平衡。项目累计净现金流量达到 15 744 万元，各年累计盈余资金未出现负值。因此，本项目有足够的净现金流量维持正常运营，具有较强的财务生存能力。

专家点评：水电项目财务估算标准主要依据《可研报告》和《初设报告》，同时应注意和水利部等有关部门制定的各项评估标准进行核对。水电项目同其他项目相比，财务估算上存在很多特点，如在折旧上采取综合折旧，流动资金按 10 万元/兆瓦进行配套等。此外，农村水电的增值税税率根据国家财政部和税务部门的有关规定，按照 6% 的标准执行（风电项目增值税税率为 8.5%）。项目全部投资内部收益率和财务净现值是两个最重要的财务指标，是衡量项目财务上是否可行的主要评价标准。需要注意的是，银行评估人员必须科学辩证地看待这一指标（内部收益率和财务净现值具有同一性，内部收益率大于基准收益率，财务净现值必然大于零；反之则相反），项目内部收益率越高并不代表项目越好，脱离了项目的风险程度孤立的评价项目财务效益是没有任何意义的。在金融市场上，"风险越高收益越大、风险越小收益越小"是一条永恒的市场法则。此法则在银行信贷领域的应用造成的结果是，商业银行对财务效益指标一般但较为收益稳定的基础设施类项目趋之若鹜，对财务效益指标很高的农业产业类项目则不愿涉入。毕竟农业是弱质产业，巨大的行业风险是商业银行不愿承担的。水电项目的全部投资内部收益率一般在 10% 左右，本项目全部投资内部收益率（税后）为 9.18%，属正常水平。由于水电项目主要利用水能，导致运营成本较低，成本主要为每年的折旧和财务费用。在收入方面，本项目由于具有独特的地理气候条件，除了电费收入之外还考虑了试车场租赁收入、养殖收入。CER 收入的认定需具备三个条件：国家发展和改革委员会同意项目转让 CER 的批复文件、转让 CER 的商务合同、联合国理事会公示无异议。本项目不具备 CER 收入认定条件，因此未计算 CER 收入。

第七章 不确定性分析

7.1 盈亏平衡分析

根据水电行业的特点，选用项目经营期年平均相关数据计算盈亏平衡

点。以生产能力利用率表示的盈亏平衡点为:

$$BEP(生产能力利用率) = 年固定成本 / (年销售收入$$
$$- 年可变成本 - 年销售税金及附加)$$

计算表明,本项目只要达到设计生产能力 32% 时,即年均销售收入达到 915 万元,盈亏平衡,说明本项目有较强的抗风险能力(见图 5 – 3)。

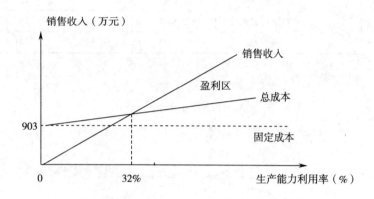

图 5 – 3 盈亏平衡分析

7.2 敏感性分析

根据项目全部投资现金流量表,我们就项目建设投资变化 5%、10%、15%,销售价格变化 5%、10%、15% 对项目的影响(税前内部收益率、税后内部收益率和偿债备付率)分别进行测算,结果见表 5 – 14。

表 5 – 14 敏感性分析结果一览表

序号	项目	变动区间	内部收益率(税前)	内部收益率(税后)	偿债备付率
正常值			11.38%	9.29%	136.63%
1	销售价格	增加 5%	11.95%	9.77%	143.76%
		减少 5%	10.78%	8.8%	129.62%
		增加 10%	12.53%	10.24%	133.11%
		减少 10%	10.18%	8.3%	136.76%
		增加 15%	13.07%	10.7%	139.28%
		减少 15%	9.56%	7.78%	128.86%

续表

序号	项目	变动区间	内部收益率（税前）	内部收益率（税后）	偿债备付率
2	建设投资	增加5%	10.84%	8.84%	130.24%
		减少5%	11.95%	9.77%	143.82%
		增加10%	10.34%	8.43%	138.84%
		减少10%	12.6%	10.3%	133.89%
		增加15%	9.87%	8.03%	132.81%
		减少15%	13.29%	10.86%	141.63%

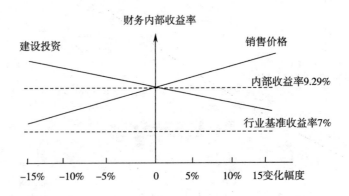

图 5-4　敏感性分析

计算结果表明（见图 5-4）：销售价格和建设投资的变化对指标影响均较小。当销售价格下降幅度达到 15% 时，税后内部收益率仍将高于本行业财务基准收益率（7%），且偿债备付率大于 100%，说明项目对价格下降的抗风险能力较强。当建设投资增长幅度达到 15% 时，税后内部收益率仍将高于本行业财务基准收益率（7%），且偿债备付率大于 100%，说明项目对建设投资的抗风险能力也较强。

专家点评：经济效益的盈亏平衡分析和单因素敏感性分析结果表明，本项目综合抗风险能力较强。

第八章 贷款风险与效益评估

8.1 客户还款计划评估

客户计划借款期 10 年，主要还款来源是税后利润和折旧摊销等非付现成本，项目进入经营期后按照年度折旧费和摊销费的 100% 及税后净利润的 60% 计算当年还款本金，10 年还清（见表 5 – 15）。

表 5 – 15 还款计划表 单位：万元

年度	2007	2008	2009	2010	2011	2012	2013	2014	2015	2016
息税折旧摊销前利润			2 528	2 528	2 718	2 718	2 718	2 718	2 718	2 718
借款计划	6 139	3 861								
还款计划	111	581	1 865	1 817	1 844	1 789	1 733	1 674	1 615	887
其中：还本	0	0	1 145	1 179	1 291	1 329	1 369	1 409	1 451	827
付息	111	581	720	638	553	460	364	265	164	60

8.2 风险分析

（1）项目建设风险。截至 2007 年 4 月末，该项目投资方共出资 5 469 万元，其中资本金 5 000 万元，其他方式筹资 469 万元，自有资金占全部项目投资 20 994 万元的 26.1%。同时，企业已从其他金融机构贷款 2 300 万元。Z 公司的股东目前也同时投资其他项目，在银行贷款到位后，投资方剩余资本金能否按时到位，将直接影响项目的建设进度，进而影响项目收益和银行贷款本息的偿付。

（2）项目运行风险。小水电项目运行受自然条件影响较大，河道枯水将影响水电站发电量，地震、洪水等地质灾害和气象灾害，可使项目资产遭受损失。该工程按百年一遇洪水设计，水文资料及地质状况已经专家充分论证。目前，在建工程已经投保。我行可在贷款投放后，要求客户对项目资产进行以我行为第一受益人的财产保险。

（3）关联企业风险。Z 公司的股东企业均为投资公司，同时投资其他

417

项目，在其他项目资金不足时，本项目存在资金抽调风险。客户承诺在我行贷款投放前，将基本账户移至我行。我行将要求客户业务收入通过我行账户结算，监测客户资金动向，保证项目资金专款专用和贷款本息的偿付。

8.3 风险防范措施评价

经评估本项目经济效益良好，第一还款来源充足，贷款偿还能力较强，贷款采用项目资产抵押、电费收费权质押的方式。

本项目在项目建设期以项目在建工程抵押，项目建成后以项目形成的资产进行抵押。项目建成后形成固定资产 19 513 万元，根据抵押率不超过 70% 的规定，可为我行 13 659 万元贷款提供抵押担保。项目经营期年均实现收入 2 860 万元，9 年累计 25 740 万元，质押账户资金充足。

8.4 银行效益评估

经测算，本项目 10 000 万元贷款发放后，我行可获得利息收入总计 3 915 万元。

8.5 生态效益和社会效益评估

8.5.1 生态效益

水电属清洁可再生能源，同火力（煤）发电相比，每年可为国家节约标准煤为 1.9 万吨，将减少烟尘排放量 441 吨/年，二氧化硫排放量 192 吨/年，一氧化碳排放量 26 吨/年，碳氢化合物排放量 134 吨/年。

8.5.2 社会效益

本项目建成后不仅可以给当地直接带来可观的经济收益，而且可以带动当地旅游、养殖、试车等第三产业的快速发展，实现能源产业链条对全市经济的拉动作用、财政税收的增加作用和对农村劳动力的吸纳作用。

专家点评：农村水电项目的风险主要体现在项目建设风险，水电项目只要建成投产，便能稳定地发挥经济效益，贷款风险较小。由于建设条件复杂，一旦项目遭受天灾人祸，项目投资往往无法有效控制。而农村水电项目的业主一般实力有限，资金投入难以为继，造成项目资金缺口而无法投产。当然，项目在运营期也易受洪水、干旱等自然条件的影响。水电项目财务效益评估时，采用的有效利用小时数为多年平均值，如果水文数据科学充分的话，该数值已经考虑了自然条件对项目财务效益的影响。因此，一时的自然灾害对项目长期财务效益的影响是有限的。

第九章 评估结论及相关建议

9.1 评估结论

本项目为国家鼓励类项目，是国家水电农村电气化县建设项目和××省重点建设项目，符合国家能源政策、行业发展趋势和地方发展规划。项目建设地水能资源丰富，适宜进行小型水电站的综合开发建设。项目的建设条件已基本落实，并网协议已签订。项目的经济效益、生态效益、社会效益明显，抗风险能力较强，第一还款来源充足，风险防范措施到位。尽管存在一定的建设风险、运营风险、关联企业风险，但在采取措施后，风险基本可控。

本项目贷款对象、贷款条件、资本金比例、贷款方式、贷款用途符合贷款制度的有关规定。

9.2 贷款建议

建议同意向本项目发放贷款 9 000 万元，期限 10 年，贷款采取项目资产抵押和电费收费权质押方式，贷款利率执行中国人民银行规定的同期同档次基准利率。

9.3 管理措施

1. 将 Z 公司的基本账户开设在我行，密切跟踪项目建设资金使用和工程进度情况，确保专款专用，定期上报项目建设和资金使用报告。

2. 对在建工程及项目建成后的固定资产进行以我行为第一受益人的财产保险。

3. 做好上网电量收费账户监管，确保电量销售收入按时足额回笼，及时收贷收息。

附表：1. 借款人基本情况表（略）

　　　2. 建设投资估算表（略）

　　　3. 流动资金估算表（略）

　　　4. 项目总投资使用计划与资金筹措表（略）

　　　5. 总成本费用估算表（略）

　　　6. 营业收入、营业税金及附加和增值税估算表（略）

　　　7. 项目资本金现金流量表（略）

　　　8. 项目投资现金流量表（略）

　　　9. 项目财务计划现金流量表（略）

　　　10. 利润和利润分配表（略）

　　　11. 资产负债表（略）

　　　12. 项目还本付息计划表（略）

案例六 风电贷款项目评估

第一章 概述

1.1 项目名称

某风电场 49.5 兆瓦工程（以下简称"本项目"）

1.2 项目立项及批复情况

本项目经 H 省发展改革委核准通过，H 省国土资源厅、环保局、水利厅分别批复同意建设。H 省电力勘测设计研究院（甲级资质）编制了《某风电场 49.5 兆瓦工程可行性研究报告》（以下简称《可研报告》）。

1.3 项目性质

新建项目（新设法人）

1.4 项目建设单位

某风能有限公司（以下简称"风能公司"）

1.5 项目建设地址

Y 县西甸草原

1.6 项目建设内容

购置安装 1 500 千瓦风力发电机组 33 台，配套变压器等输变电工程，联网送变电及控制系统和通信系统工程，新建 110 千伏变电站一座及主控楼等土建工程。项目建成后年上网电量为 1.1835 亿千瓦时（kWh）[①]。

1.7 项目投资规模

根据《可研报告》，本项目原设计总投资 53 444 万元。经本次评估测算调整为 48 487 万元，其中固定、无形及递延资产投资 47 121 万元，建设期贷款利息 1 216 万元，流动资金 150 万元。项目资本金 1 0487 万元（全部为股东出资），向我行借款 33 000 万元，项目业主系统内借款 5 000万元。

1.8 项目建设进展情况

本项目于 2004 年 7 月建 40 米高测风塔一座进行测风工作。目前，主要设备已与生产厂家签订了订货合同，主施工道路已开工建设。

1.9 项目贷款用途

客户申请我行项目贷款 33 000 万元，期限 10 年，用于购置风力发电机组和配套设施建设。

第二章　客户评估

2.1 客户概况

项目建设单位暨承贷主体——风能公司，成立于 2005 年 1 月，公司持有的营业执照、组织机构代码证、税务登记证均合法有效，贷款卡正在办

---

① 1kWh = 1 度。

理①。风能公司基本账户开立在××银行××县支行，在我行开立临时存款账户（见表6-1）。

表 6-1　客户基本情况表

企业名称	风能公司	企业类型	有限责任公司
成立时间	2005 年 1 月	注册资本	1 000 万元
注册地址	××××	法人代表	××
控股公司	××新能源有限公司	法人股东	2 名
业务范围	风力发电项目建设、风力发电设备制造、风力发电知识咨询服务		

2.2　客户股权结构和组织结构

2.2.1　股权结构

风能公司由××新能源有限公司作为主要发起人，联合××能源集团股份有限公司共同出资，以发起方式设立。注册资金 1 000 万元，其中，××新能源有限公司占51%，××能源集团股份有限公司占49%。计划按照双方投资比例逐步追加注册资本，达到10 000 万元（见表6-2）。

表 6-2　风能公司股权占比表

	注册登记		
	出资额（万元）	方式	占比（%）
××新能源有限责任公司	510	货币	51
××能源集团股份有限公司	490	货币	49

2.2.2　股东情况

1. ××新能源有限公司

新能源公司是 H 省建设投资公司（以下简称"建投公司"）的全资子公司，成立于 2006 年 7 月，属国有性质，注册资本 12 500 万元，注册地址为××，法定代表人×××，相关证照齐全且合法有效，基本账户开立在××银行。经营范围是开展风电、太阳能、核能等新能源项目的投资；

承担新能源项目的规划、开发及相关的技术咨询、技术服务、技术开发、技术合作、人员培训的服务；电力环保、节能、可再生能源的技术与设备的开发业务（见表6-3）。

表6-3　××新能源有限责任公司财务情况简表　单位：万元

时间 项目	2006 年	2007 年 3 月
资产负债率	22.96%	20.16%
资产总额	55 037	56 902
所有者权益	42 400	45 430
主营业务收入	539	903
利润总额	251	309

建投公司①成立于1988年，是H省国资委授权的国有资本运营机构和政策性投资机构，主要从事能源、交通等基础产业、基础设施和省支柱产业的投资与建设，截至2004年底总资产达到406亿元，净资产245亿元。建投公司充分发挥政府投资主体的引导带动作用，通过合资合作、银行贷款、发行债券、利用外资、股票融资等多种形式，吸引各方资金投入×省重点项目建设，并与一些国内外知名大公司合作，先后投资建成大中型重点项目87个，完成项目总投资1 500多亿元。

建投公司适应H省新能源发展战略规划，筹资组建了新能源有限公司，承担风电、太阳能、核能等新兴能源项目的投资建设。建投公司新能源有限公司成立后，受H省发展改革委委托，编制完成了《H省风电场工程规划》，已上报国家发展和改革委员会审批。

2.××能源集团股份有限公司

××能源集团股份有限公司是H省电力公司职工持股的民营股份有限责任公司，成立于2003年3月，注册资本4.5亿元，法人代表××。该公司主要从事电力、热力生产销售，社会基础设施投资，煤炭购销，物资购销，物资招投标代理，保险代理，电气自动化设备产销等业务。

---

① 咨询专家认为：建投公司新能源有限公司是建投公司有限公司的全资子公司，后者实力较为雄厚，具有多年经营电力行业的经验，与电网企业关系甚密，是H省著名的国有投资企业。

表6-4 ××能源集团股份有限公司财务简表 单位：万元

时间 项目	2005 年	2006 年	2007 年 3 月
资产负债率	24.08%	19.03%	24.61%
资产总额	54 165	56 548	57 755
所有者权益	41 122	45 785	43 540
主营业务收入	49 413	58 140	18 663
利润总额	7 608	7 401	1 291
所得税	1 472	1 763	211
净利润	6 137	5 638	1 080

××能源集团股份有限公司目前拥有6个直属子公司、8个控股或相对控股的发电公司及3个参股公司。截至2006年末，总资产达到6.5亿元。坚持"集团公司多元化、子公司专业化"的发展模式，在拥有火力发电机组权益装机容量达百万千瓦的基础上，逐步加大了对新能源项目的投资力度，合资组建风能公司。

2.2.3 客户组织结构

风能公司定编15人，组织结构体系见图6-1。

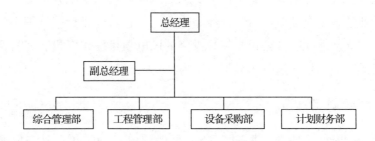

图6-1 风能公司组织结构图

2.3 经营者素质

法定代表人兼董事长：（略）

总经理：（略）

财务总监：（略）

2.4 信誉状况

客户尚未办理贷款卡，未与银行发生信贷关系。根据信用等级评定办法，评定其信用等级为 A 级。

2.5 客户经营状况

2.5.1 主要产品

风能公司最终产品为电能。

2.5.2 生产经营情况

风能公司正处于项目建设阶段，本项目建成后总装机容量达到 49.5 兆瓦，年上网电量 1.1835 亿千瓦时。

2.5.3 客户市场竞争力

风能公司的市场竞争力主要体现在风力资源优良、并网条件优越和管理经验丰富三个方面。一是项目所在地风力资源优良，具有明显的资源优势（详见本案例第四章），当地正在成为国内重要的风力发电基地之一。二是调峰能力强，项目建成后，项目生产电量将并入 H 省南部电网，H 省南部电网主要为一些大中城市供电。三是风能公司的参股人均为多年从事电力行业的骨干企业，经营管理经验丰富，并且与电力行政管理部门关系紧密，××新能源有限公司在某县投资的风电项目已正常投产经营，也为该项目的建设、生产运营积累了一定的经验。

2.6 客户财务状况

从企业资产负债表（见表 6 - 5）可以看出，2007 年 3 月末风能公司资产负债率仅为 0.56 %，主要原因是项目前期建设依靠企业自有资金投入，尚未向银行贷款。

表 6 - 5　资产负债简表　　　　　　　单位：万元

项目	金额
资产总额	1 005.58
其中：货币资金	988.54
在建工程	11.84

续表

项目	金额
负债总额	5.58
所有者权益	1 000
其中：实收资本	1 000

专家点评：2006 年我国制定并实施了《可再生能源法》，并相应制定了一系列扶持优惠政策，支持和引导发展可再生能源。风能作为可再生能源中的重要组成部分，由于具有较大的商业开发能力，得到了很多大型投资企业的青睐。近几年，风电并网装机和发电量连续成倍增长。本贷款项目借款人具有地方国企和电力企业背景，如果我们仔细研究风电项目投资者，会发现这样几个特点：第一，投资者的实力较为雄厚。据国家能源局出具的一份研究报告，截至 2007 年，在内蒙古、甘肃、新疆等 7 个风能资源最好的省区内投资风电项目的企业有 93 家，其中中央企业占比为 72%，地方企业占比为 28%。第二，投资者多具有国有或电力企业背景。原因可能在于：一是国有企业对国家政策的引导更为敏感。二是风电为特许权经营项目，国有企业在获得此类特许权方面更具优势。三是传统的电力企业多以火力发电为主，有较大的减排压力，投资风电项目可直接获得减排指标。

第三章　项目建设条件评估

3.1　项目建设背景

3.1.1　政策背景

1. 国家大力扶持可再生能源的开发和利用。能源是人类赖以生存的重要条件之一，是国民经济和社会发展的重要战略物资。但能源的大量开发和使用，不可避免地会造成大气和其他多种类型的环境污染与生态破坏。经济、能源与环境的协调发展，是我国实现现代化目标的重要前提，开发丰富的水能、风能、太阳能、生物质能、地热能和海洋能是实现我国经济社会可持续发展的必由之路。1992 年，在巴西里约热内卢召开的联合国环境与发展大会上，我国签署了《全球气候变化框架公约》，1997 年该公约更名为《京都议定书》。《京都议定书》为发达国家和经济转型国家规定了具体的、具有法律约束力的温室气体减排目标，要求这些国家在 2008 ~ 2012 年总体上要比 1990 年排放水平平均减少 5.2%。尽管我国作为发展中国家在第一阶段不承担二氧化碳减排任务，但我国面临的减排形势十分严峻。从总量上看，目前我国二氧化碳排放量已位居世界第二，甲烷、氧化亚氮等温室气体的排放量也位居世界前列。

为全面落实科学发展观，建设资源节约型、环境友好型社会，2006 年我国制定并实施了《可再生能源法》，鼓励、支持和引导发展可再生能源。《中华人民共和国国民经济和社会发展第十一个五年规划纲要》提出，要建设资源节约型、环境友好型社会，大力发展循环经济，加大环境保护力度，突出强调了利用可再生能源作为节能减排、改善环境的重要战略作用和地位。在 2007 年政府工作报告中，温家宝总理首次提出了节能降耗、污染减排目标，并将其作为约束性指标。在新能源的开发利用中，风力发电最具规模化开发条件和商业化发展前景，合理开发利用风能具有良好的经济效益、生态效益和社会效益。

2. 开发利用风能是推进社会主义新农村建设的重要内容。2006 年，中央"一号文件"明确指出，要加快农村能源建设步伐，在适宜地区积极推广沼气、秸秆气化、小水电、太阳能、风力发电等清洁能源技术。全面开发广大农村地区风能资源，综合推广风能发电等清洁能源技术，有利于加快农村能源建设步伐，有利于转变农民的生产生活方式，有利于改善农村的环境面貌。

3. ××市政府积极实施"十一五"能源发展战略。××市政府立足本地风力资源优势，制定并组织实施了"十一五"期间建设××能源战略基地规划，大力推进以风能为主的新能源开发，把发展风力发电新兴产业作为当地经济发展的重要内容，打造北方最大的新兴能源基地。规划在"十一五"期间，完成风力发电项目投资 654 亿元，新增装机容量 727 万千瓦。截至 2007 年 3 月，××市累计与国内外 18 家投资商签订了 27 个风电项目的开发协议，总签约规模为 1 258 万千瓦，总投资额 1 100 亿元。国家对××发展风力发电也十分重视，2005 年国家发展和改革委员会正式确定××市为全国百万千瓦级风电示范基地。

3.1.2　行业背景

1. 电力行业发展现状和特点

（详见本书上个案例相关内容）

2. 我国风力发电现状

（1）我国风能资源现状。风力发电是目前世界电力行业的朝阳产业，发展和利用风能等可再生资源已经成为国际电力发展的大趋势。根据欧洲风能协会和绿色和平组织签署的《风力12：关于2020年风电达到世界电力总量的12%的蓝图》的报告，预测到2020年，风电装机容量达到12.31亿千瓦，风力发电可提供世界电力需求的12%，可创造180万个就业机会，可在全球范围内减少二氧化硫等废气的排放100多亿吨。在建设资源节约型社会的国度里，风力发电已不再是无足轻重的补充能源，而是最具商业化发展前景的新兴能源产业。我国风能资源丰富，全国平均风功率密度为100瓦/平方米，风能总储量32亿千瓦，陆地可开发量为2.53亿千瓦，按等效负荷2 000小时计算，每年可提供5 000亿千瓦时电量；近海可开发量7.5亿千瓦，按等效负荷2 500小时计算，每年可提供1.8万亿千瓦时电量。目前我国风电开发还不到2‰，开发潜力极大。风能资源丰富地区主要集中在东南沿海、广东沿海及其岛屿，占全国总面积的8%；风能资源较丰富地区主要集中在东北、华北和西北北部地区，以及新疆阿拉善地区、海南岛西部地区，占全国总面积的18%；风能资源可利用地区包括黄河、长江中下游、青藏高原东部地区，占全国总面积的50%。

（2）我国风力发电现状。我国风电项目从1990~2006年的16年里，平均以每年递增60%的速度发展。截至2006年底，全国已建成80个风电厂，总装机容量达187万千瓦，全年累计发电量达到27亿千瓦时，同比增长67.4%，风电装机容量已居世界第七位，亚洲第二位。在国家发展和改革委员会组织编制的《电力行业"十一五"计划及2020年发展规划》中，到2010年，风电装机容量将达到500万千瓦，到2020年风电装机容量达到3 000万千瓦，未来13年内年均新增装机容量将达到216万千瓦，届时风电等新能源有望占到总装机容量的8%~10%。"十一五"期间全国拟建成30个10万千瓦级风电项目，着力建设新疆达坂城、内蒙古辉腾锡勒、赤峰达里、河北坝上一带、吉林白城地区、上海江苏沿海一带共6个100万千瓦级超大型风电基地。

（3）风力发电优劣势分析。风力发电的优势：一是不需要燃料、不占耕地、没有污染；二是运行成本低，无须购制原材料；三是建设周期短，见效快。

风力发电的劣势：一是单位千瓦造价高。火电平均 4 500 元千瓦，风电平均约 9 000 元/千瓦①，平均造价远高于火电。二是风电上网电价高。火电平均电价 0.36 元/千瓦时，风电平均电价为 0.56 元/千瓦时，在我国南方地区电价，还要略高于北方地区。三是技术设备不成熟。目前我国风电机组和系统设计技术、设备性能、效率以及技术工艺水平与欧洲相比存在很大差距，设备运行稳定性不高。

3.1.3 客户背景

1. 积极进行内部电力结构调整。火电企业是排放二氧化碳的大户，在整个能源行业中承受来自《京都议定书》的长期压力最大②。2007 年，建投公司和××能源集团旗下的电力企业中火电企业占绝对比重。为积极应对减排压力，两个企业加大了风电等新能源的投资力度，投资本项目就是两公司主动调整内部电力生产结构、逐步实现节能降耗和污染减排目标的重要举措。

2. 获取稳定的经济收益。国家对风力发电行业制定了一系列扶持措施，在价格制定上充分保证风电项目的经济收益，同时国家正在针对风力发电项目研究制定相关补贴政策③。风电不仅上网价格高于火电，而且在运营期成本费用远低于火电，如果国家再给予一定的补贴④，投资风电项目的经济效益将较为可观。同时，发展风力发电项目，还可以带来 CER⑤收入。《京都议定书》的缔约方普遍认为在发展中国家实现温室气体减排要比在发达国家实现减排更为经济、更有成效。因此，清洁发展机制

---

① 本项目《可研报告》单位千瓦造价 10 261 元，评估后本项目单位千瓦造价 9 795 元。

② 详见上海证券报《京都议定书悬剑中国电业　将遭遇更多环保压力》（2005 年 2 月 17 日）。

③ 原国家发展和改革委员会副主任陈德铭于 2007 年 4 月 21 日 "亚洲如何进行合作确保能源安全" 论坛上明确表示对发电项目在若干年内给予补贴。

④ 咨询专家认为：国家为了鼓励可再生能源的发展，电力市场化过程中，包括风电在内的可再生能源受国家政策保护，在可预见的未来将出台一系列包括补贴和税收等优惠政策（详见专家咨询意见表）。

⑤ "经核证的减排量" 的英文缩写。

（CDM）应运而生。清洁发展机制允许发展中国家的企业，在签订了具有法律效应的温室气体减排项目协议、实施了能够减少温室气体排放或者通过碳封存或碳汇作用从大气中消除温室气体的项目，经过专业机构的评估和认证，据此获得具有经济价值的 CER。根据《京都议定书》的规定，这些 CER 可以作为有价资产出售给发达国家。因为对于发达国家而言，为了履行联合国公约和实现规定的减排义务，从发展中国家购买减排量，往往要比在国内实施碳减排项目成本低得多。

3.2　项目建设必要性

（1）符合国家鼓励发展可再生能源的政策方向。风能是可再生能源，发展风力发电符合国家建设资源节约型、环境友好型社会的要求。本项目建成后，在提供新的电源的同时，不产生烟尘、二氧化硫、温室气体、废水等污染物、不会因挖掘开采一次性能源造成自然界不可恢复的破坏，具有非常明显的环境效益，对改善当地周边环境将起到积极的作用。

（2）符合我国电力行业结构优化的发展要求。项目建成后将每年为 H 省南部电网提供 1.1835 亿千瓦时电量，在有效减少 H 省南部电网负荷压力的同时，改善完全依靠火电的电力供应结构。

（3）符合地方区域的发展规划。本项目是××市政府实施"十一五"能源发展战略的重要内容，项目建设后×县丰富的风力资源将转化成生产力，不仅可以直接给当地带来经济收益和生态效益，而且可以带动当地农村第三产业的快速发展。

3.3　国家扶持政策

风能发电作为国家"十一五"规划重点扶持项目，享受一系列优惠政策。一是并网支持政策。《可再生能源法》第十四条规定，电网企业应当与依法取得行政许可或者报送备案的可再生能源发电企业签订并网协议，全额收购其电网覆盖范围内可再生能源并网发电项目的上网电量，并为可再生能源发电提供上网服务。国家发展和改革委员会于 2006 年 7 月会同国家环保总局、国家电力监管委员会等联合下发《关于加快电力工业结构调整、促进健康有序发展有关工作的通知》，要求发电调度中优先考虑可再生能源。二是电价支持政策。国家发展和改革委员会《可再生能源发电价格和费用分摊管理试行办法》第五条规定，可再生能源发电价格高于当地脱硫燃煤机组标杆上网电价的差额部分，在全国省级及以上电网销售电量中分摊；第六条规定，风力发电项目的上网电价试行政府指导价，电价标准由国务院价格主管部门按照招标形成的价格确定①，确保风力发电企业收益水平。我国从 2006 年 7 月 1 日起在全国范围内征收可再生能源电费附加，每度电收取 1 厘钱，用于补贴可再生能源发电企业上网电价高于标杆电价的差价。三是税收优惠政策②。按照国家有关规定，对风电项目增值税实行按应纳税额减半征收的优惠政策，税率执行 8.5%。四是设备支持政策。《国家发展和改革委员会关于风电建设管理有关要求的通知》（发改能源〔2005〕1204 号）强调风电设备国产化率要达到 70% 以上。2006 年 11 月，国家发展和改革委员会与财政部联合下发《关于印发促进风电产业发展实施意见的通知》，对风能资源详查、风电研发评审、监测认证体系和风电设备国产化给予政策支持。五是 CDM 减排收入政策。国家发展和改革委员会、科技部和外交部于 2004 年 6 月 30 日联合发布了《CDM 项目运行管理暂行办法》，风电项目作为一个清洁发展机制项目，可以通过签订 CDM 减排购买协议获得销售减排指标的国际收入（CER 收入）。

3.4 项目进展过程评估

3.4.1 项目前期工作及立项批复

1. 2004 年 7 月，建投公司建 40 米高测风塔一座，实时检测风能数据。

2. 2006 年 4 月 H 省发展和改革部门印发《H 省发展和改革委员会关于某风电场工程可行性研究报告的批复》，同意本项目建设。

3. 2006 年 6 月，H 省水利厅印发《关于 H 省建投公司某风电场工程水土保持方案报告书的复函》，同意本项目水土保持方案。

4. 2006 年 8 月，H 省环保局批复同意本项目环境影响报告表（附专项评价）。

5. 2006 年 9 月 22 日，H 省国土资源厅印发《关于某风电场工程项目

---

① 本项目属×省发展和改革部门核准范围，×省对发电项目的价格尚未执行招标制度，价格由×省物价局制定。

② 所得税方面，×县是国家级贫困县，投资项目享受"免二减三"的优惠政策。

用地的预审意见》，本项目通过用地预审。

6. 2006 年 9 月，建投公司新能源有限公司与××县人民政府达成开发风力发电项目的协议。

3.4.2　项目工程进度情况

1. 主设备合同已签订。主机设备采用东方汽轮机厂 f 70 – 1500 型风机，购机合同已签订。

2. 主施工道路已开工。

3. 主变压器和升压变压器已开标。

4. 升压站土建及电器设备安装标书已开标。

5. 塔筒标书已发出。

6. 风机基础、安装和 3.5 千伏集电线路施工计划 4 月底发出标书。

7. 计划 2007 年 11 月 10 日实现反送电，年底前第一台机组发电，2008 年 3 月 15 日前实现全部发电。

3.5　项目建设及生产条件评估

3.5.1　项目地理条件

××县风电场，位于××省××市××县境内西南部约 18 公里，距离县政府西南约 12 公里。拟选风电场址地貌类型为中低山，呈开阔平缓丘陵状，山体地表覆盖层为粉土及碎石，基岩为××县系雾迷山组和古生界寒武系地层，岩石主要岩性为石英岩、白云岩等。场址距离第四纪活动断裂较远，远大于安全距离，属相对稳定地块，场址区无难以克服的不良工程地质作用，不存在压矿问题。地基土对混凝土结构、钢筋混凝土结构中的钢筋及钢结构均无腐蚀性。风电场址山体基岩强度高，承载力特征值 fak 一般大于 500kPa，地基土力学性质较好，地基条件良好，适宜工程建设。

3.5.2　交通运输条件

××县交通便利，境内高速公路、国省干线，县、乡公路及县用公路总里程 1 375 公里。××县境内有新近建成的铁路，高速公路、国道、省道形成了"两纵一横"的国省干线公路网。大型设备通过铁路、公路运抵××县风电场，交通运输较为便利。

3.5.3　项目用地、水、电、消防条件

1. 用地条件。工程永久征地范围主要包括风电机和升压变压器、风电

场 110 千伏升压站、主进场道路所需的占地共 29 252 平方米。临时租地主要为风电机组吊装、交通道路、施工期的临时生产及生活设施、材料临时堆放场地共 247 750 平方米。

项目建设用地已通过××省国土资源局预审,《建设用地规划许可证》、《建筑工程施工许可证》和《国有土地使用权证》正在办理过程中。

2. 用水条件。风电场施工现场生产、生活、消防用水量为 90 吨/小时。采取永临结合的方法,风电场内建升压站生活消防用水井、消防蓄水池 200 立方米及综合泵房各一座,可满足施工期间的生产、生活和消防用水需要。各风电机组场地用水车供水。浅井水经汇流收集后分别送至消防蓄水池、生活水箱及站区生活消防给水管网,生活饮用水必须符合生活饮用水水质标准,并由定压给水设施调节供给生活用水。在站区内均匀布置室外洒水栓,供绿化洒水及冲洗汽车使用。

3. 用电条件。风电场施工总用电负荷为 117 千瓦,考虑施工时可能额外增加用电设施及增加施工现场等因素,选用一台 200 千伏安箱式变压器,电源通过××村 10 千伏电源引接,输入电压为 10 千伏,输出电压为 380 伏,施工区设置施工用电总配电柜一台。施工电源位于风电场 110 千伏升压站旁边的 10 千伏线路引接。各风电机组施工场地可由施工承包商自备柴油发电机供电。

4. 消防条件。风电场内设火灾探测报警系统、水消防系统、室外消火系统。火灾探测报警系统是在升压站综合楼内的通讯机房、配电室、电子设备间、控制室及室外变压器等处设置火灾探测及报警装置,并将火警信号传至控制室。水消防系统选用消防水泵 2 台,1 台运行,1 台备用。消防水泵可就地控制及值班室控制。另建一座 200 平方米的消防蓄水池,由深井潜水泵补给,水池水位由电动阀门自动控制进行水池补水,从深井生活消防水泵房内出水管接至所在区生活消防给水管网。室外消火系统是在站区综合楼,变压器及配电装置的周围沿道路均匀地布置室外地下式消火栓,室外消火栓间距不超过 60 米。在控制室、电子设备间等设有精密仪器、设备及表盘等场所设置手提式、推车式干粉灭火器。每台风电机组设置 2 台干粉灭火器,综合楼内设置 1.1 米宽消防通道和消防安全门,室外设消防车道。

3.6 项目环境保护评估

2006 年 8 月 11 日，××省环保局批复同意本项目环境影响报告。风力发电是可再生能源，其生产过程主要是利用当地自然风能转变为机械能，再将机械能转化为电能的过程，不排放任何有害气体，属清洁能源。根据本工程的实际情况，可能对周围环境的影响因素有电磁辐射、环境噪声、生活污水排放等。因本工程风电场场地内没有村庄，附近村庄距离风电场和风电机位较远，电磁辐射、噪声不会对村庄居民产生影响。风电场在运行过程中没有工业废水排出，所排污水只有生活污水，经过采取措施，排放水质可以满足《污水综合排放标准》（GB 8978—1996）一级标准。

3.7 项目工艺技术和设备评估

3.7.1 设备制造商

客户已与东方电气集团东方汽轮机有限公司签订了主机设备购货合同，该公司为国内大型风机设备制造厂家，国内风电行业排名第三位，产品质量达到了我国一流水平。

3.7.2 风机机型

根据国内外风电建设的经验以及近年来单机制造容量不断增大的趋势，在条件允许的情况下，为充分利用风能资源，尽可能采用较大容量的风电机组。本项目适宜的风电机组单机容量范围应为 850 ~1 500 千瓦，经权衡比较选择 WTG1500（65 米）低温机型[①]。

3.7.3 风电机组布置

根据风电场的风能分布情况并结合其他影响因素，按尽可能利用风能资源、满足施工运输、缩短集电线路及节省土地等原则，以垂直于主风能方向 NNW 作为行，以 8 倍风轮直径作为行列距对风电场风电机组进行布置。

---

① 咨询专家认为，本项目设备选型较好，符合风场实际，我国 1 500 千伏设备已趋成熟。

3.7.4　风电场年上网电量

可研报告资料显示，采用 WAsP8.0 软件①，对 WTG1500（65 米）机型方案年理论发电量进行了测算，并结合考虑空气密度、风机利用、风电场内能损耗、控制及湍流强度、风沙及叶电污染、气候影响、风资源测量偏差等能量损失因素，估算本期风电场 33 台风机年上网发电量为 1.1835 亿千瓦时，等效年利用小时数为 2 391（见表 6 - 6）。

表 6 - 6　风电设备基本情况表

机型	WTG1500
单机容量（kW）	1 500
轮毂高度（m）	65
台数（台）	33
总容量（MW）	49.5
风场年上网发电量（亿 kWh）	1.1835
平均单机年上网电量（亿 kWh）	0.03586
等效年利用小时（h）	2 391

3.7.5　变电设备

新建 110 千伏变电站主变压器选用 50 000kVA 型双绕组有载调压变压器，35 千伏升压变压器选用油浸式 1 600kVA 无激磁调压，采用单母机线接线布置。

3.7.6　监控、通信及火灾报警系统

风电场设置一座控制综合楼，其一层设有配电室、通信机房、蓄电池室、电锅炉房、工具材料房、值班人员宿舍等。二层设电子设备间、主控室、办公室等。中央控制楼设置火灾报警探测系统一套。

3.7.7　发电输电系统流程

××县空中草原风电场规划容量为 100 兆瓦，主变 2×50MVA。本期工程建设风电机组总装机容量 49.5 兆瓦，主变 1×50MVA，1 回 110 千伏线路接入××地 220 千伏××变电所，长度约为 36 公里。

专家点评：本章系统地介绍了风电项目建设的政策背景、行业背景，有利于贷款决策者在决策时参考。读者在阅读此部分时，要注意相关内容

---

① 风电厂分析计算软件，用于风资源数据分析、地图数字化与分析、风机产量计算、风机微观选址、风电场产量和效率计算等。

与本案例第四章、第六章的联系。本项目风电机组选择了 1 500 千瓦，其实在 2006 年和 2007 年，由于技术成熟、运转稳定，750 千瓦和 850 千瓦的机型是风电装机市场中的主力。1 500 千瓦的机组刚刚在国内出现不久，相关技术指标尚待实践考验。但是大装机容量的风电机组是行业发展的必然趋势。目前，750 千瓦、850 千瓦的风电机组基本已经退出了市场，1 500 千瓦的风电机组已经成为主流，同时 2 000 千瓦甚至更高的风电机组已经在市场中出现。

本项目风电机组生产厂商是东方电气。在国家大力支持风电产业发展政策（详见本章相关内容）的扶持下，一批风电企业发展壮大起来，目前国内市场占有率较高的厂商包括华锐风电、金风科技、东方电气等。尽管国内风电厂商生产能力、技术研发能力取得了长足进步，但轴承、变速器及控制系统等核心技术依然依靠国外厂家。

第四章 项目风能资源与产品市场评估

4.1 项目区风能资源现状

××省地处我国的东部沿海和"三北地区"，风力资源十分丰富。根据××省农业区划办公室、××省气象局编制的《××省农业气象及其区划》记载：××省风能资源分布主要分三个区域，即风能资源丰富区、风能资源可利用区和风能资源较小区。从××省风能资源分布区域看，本项目××县地区位于风能资源可利用区，海拔高度为 1 912 ~2 155 米，面积 24 平方公里，为一高地平台，受西北冷高压影响及地形抬升的狭管效应，风能资源具备规模化开发风电的条件，适宜进行大型风电场的开发建设。

从 2006 年至今，项目区开工建设的风电场项目有 4 个，装机容量 15 万千瓦。已核准和待核准的风电场项目除本项目外，还有 2 个项目，装机容量 23 万千瓦。

4.2 项目风能资源评估

建投公司于 2004 年 7 月在××县草原地区建立 40 米高测风塔进行测

风工作，取得了连续详细的风能资源数据，经与风电场所在地气象站资料比较，测风塔测风年所测风资源数据具有较好的代表性。

4.2.1 最大风速和极大风速

测风塔 10 米高全年平均风速 7.0 米/秒，最大风速 21.8 米/秒，瞬时最大风速 30.2 米/秒；40 米高全年平均风速 7.9 米/秒，最大风速 23.9 米/秒，瞬时最大风速 31.3 米/秒。根据风切变幂律公式用 40 米高实测风速推算 55 米高年平均风速 8.2 米/秒，65 米高年平均风速 8.3 米/秒。

4.2.2 平均风功率密度与年有效风速

10 米高平均风功率密度为 315.9 瓦/平方米，年有效风速（4～25 米/秒）小时数为 6 833 小时；风电场实测年 40 米高平均风功率密度为 477.1 瓦/平方米，年有效风速小时数为 7 128 小时；根据风切变幂律公式用 40 米高实测风速推算 55 米高年风功率密度 523.4 瓦/平方米，年有效风速小时数为 2 190 小时；65 米高年平均风功率密度 549.5 瓦/平方米，年有效风速小时数为 2 391 小时。

4.2.3 风频分布

测风塔 10 米高风频曲线变化比较平缓，其众值出现在 3～9 米/秒，占全部频率的 69.3%，10～22 米/秒的风速值占总频率的 26%；测风塔 40 米高风频曲线变化比较平缓，其众值出现在 3～10 米/秒，占全部频率的 67%，11～24 米/秒的风速值占总频率的 28.7%；测风塔 55 米高风频曲线变化比较平缓，其众值出现在 3～11 米/秒，占全部频率的 71.2%，12～25 米/秒的风速值占总频率的 24.9%；测风塔 65 米高风频曲线变化比较平缓，其众值出现在 3～11 米/秒，占全部频率的 70.2%，12～26 米/秒的风速值占总频率的 26%。

4.2.4 风向风能变化

风电场全年主导风向为 NNW，次风向为 N 和 NW；风能方向全年变化不大且比较集中，以 NNW 方向居多，N、NW 方向次之。风速和风能主导方向基本一致。风电场 1～4 月风向比较集中，以 NNW、N、NW 方向居多，5～9 月以 NNW、N 及 S 方向居多，其中 8 月主导风向为 S 方向。10～12 月风向比较集中，以 NNW、N、NW 方向居多。

4.2.5 风能评估结论

《可研报告》认为风电场风能资源丰富，风向集中，有效风速小时数较多，没有破坏性风速，风的品质较好，根据《风电场风能资源评估方法》（GB/T 18710—2002），判定整个风电场风功率密度等级为6级①，适宜进行大型风电场的开发建设②。

4.3 项目产品市场评估

4.3.1 项目产品价格

本项目产品为电能，上网电价由××省物价局根据项目《可研报告》和同业上网价格（见表6-7）制定，在财务测算中，上网价格采用0.60元/千瓦时（含税）③。

表6-7　H省风电项目上网电价表

电厂名称	机组容量（万kW）	含税上网电价（元/kWh）
张北风电	0.9	0.65
承德红松风电一期	3.6	0.65
承德红松风电二期	5.13	0.60
国华能源尚义风电一、二期	8.4	0.60
张北国投风力发电厂一、二期	4.5/4.95	0.60
××风能有限公司	4.06	0.60

数据来源：《××省物价局关于调整电价的通知》。

4.3.2 项目产品供求

1. 项目产品供给分析。项目年发电量1.1835亿千瓦时。根据《可再生能源法》的规定，2006年10月，H省电力公司下发了《关于××县草原电场并网有关问题的复函》，同意该项目所发电量全额并入H省南部电网。

2. 电网负荷及需求分析。由于目前H省南网尚没有风电上网，客户选定南部电网中的××电网作为并网机构。××电网是南网的重要组成部分，位于南网的北部。截至2005年底，××地区拥有统调装机容量1 831.5兆瓦，地区拥有500千伏变电站2座，220千伏变电站13座，110千伏变电站69座。近年来，××市经济快速发展，全市积极推进产业结构调整，提高企业经济效益，对电力的需求逐年增长。2005年，××地区供

---

① 风能等级分为7级，最高等级为7级。

② 咨询专家认为：项目经过两年的测风数据比较有把握，从技术角度看发电量问题不大。

③ 不含税价格为0.553元/千瓦时。

电量 133.4 亿千瓦时，同比增长 16.8%；最大供电负荷 2 246 兆瓦，同比增长 15.18%。预计"十一五"期间，供电量年均增长 8.7%~10.7%，到 2010 年预计达到 202.8 亿~222 亿千瓦时；最大负荷增长率为 11.8%~13.8%，到 2010 年达到 3 922~4 294 兆瓦，保持较高的增长态势。

专家点评：市场分析是贷款项目评估的难点。但对于可再生能源项目而言，市场评估的任务并不重。原因即本案例第二章提到的，国家为了扶持可再生能源发展研究制定了一系列优惠政策，风电项目的上网价格由政府有关部门直接认定，发电量全额并入电网运行。鉴于风电项目的市场不确定因素较小，本项目银行评估人员在进行风电项目市场评估时，阐述内容较为精简。需要注意的是，本项目获得政府价格认定的时间较早。2009年，风电项目上网电价改为固定区域标杆价，将全国分为四类风能资源区，其标杆电价分别为 0.51 元、0.54 元、0.58 元和 0.61 元。

第五章　项目投资估算与资金来源评估

5.1　投资估算

在评估过程中，我们在采信《可研报告》和《执行概算》有关数据的基础上，根据本项目风电场工程场地建设实际情况、已招标的采购合同、同等规模企业现行市场电价等市场运行数据以及国家制定的行业标准①等，据实对本项目投资进行了调整。

5.1.1　总投资评估

本项目主要建设内容为安装 33 台单机容量 1 500 千瓦风电机组及附属设施，配套建设一座 110 千伏变电站及 36 公里并网线路。《可研报告》计划总投资 53 444 万元，《执行概算》总投资调整为 50 792 万元（见表 6-8）。

经评估，确定本项目总投资为 48 487 万元，其中固定资产投资 48 337 万元，流动资金 150 万元。

---

① 国家发展和改革委员会下发的《风电场工程可行性研究报告设计概算编制办法及计算标准》和《风电场工程投资估算编制办法》。

表 6 - 8　项目投资情况表　　　　　　　　单位：万元

序号	项目	概算数	评估数	增减（+）	变动主要原因
	总投资	50 792	48 487	- 2 305	
1	建设投资总额	49 657	47 121	- 2 536	
1.1	机电设备及安装工程	42 965	42 072	- 893	
1.1.1	发电设备（装机 4.95 万千瓦）	37 123	36 230	- 893	根据已订购 33 台套 1 500 千瓦风电机组合同，据实调减设备预算款 893 万元
1.1.2	发电设备安装工程	3 720	3 720		
1.1.3	升压变电站设备及安装工程	968	968		
1.1.4	通信和控制系统设备及安装工程	718	718		
1.1.5	其他设备及安装	436	436		
1.2	建筑工程	4 369	3 001	- 1 368	
1.2.1	发电设备基础工程	1 672	1 408	- 264	调减概算 20%，264 万元
1.2.2	变配电工程	131	131		
1.2.3	房屋建筑工程	997	997		
1.2.4	交通工程	10	10		
1.2.5	辅助工程	1 236	236	- 1 000	进场道路无须再建，核减 1 000 万元
1.2.6	其他	323	219	- 104	风电场为草原，树木较少，植被恢复工程造价核减 50%，103 万元
1.3	其他费用	2 323	2 048	- 275	
1.3.1	建设用地费	419	419		
1.3.2	建设管理费	1 019	856	- 163	单位管理费按建筑工程、安装工程合计 7 397 万元的 5% 计算，核减其中的单位管理费 163 万元
1.3.3	生产准备费	267	155	- 112	生产准备费按建筑工程、安装工程合计 7 397 万元的 2.1% 计算，核减 112 万元

序号	项目	概算数	评估数	增减（＋）	变动主要原因
1.3.4	勘察设计费	600	600		
1.3.5	其他费	18	18		
2	建设期利息	1 135	1 216	81	执行新贷款利率
3	流动资金		150	150	正常运转需流动资金 150 万元

5.1.2 项目融资方案

项目融资方案见表 6 – 9。

表 6 – 9 项目融资方案表　　　　　　　　单位：万元

项目	金额	占比	利率	贷款期限	备注
总投资	48 487	100%			
1. 项目资本金	10 487	21.6%			
其中：资本金	10 000	20.6%			股东投入
其他资金	487	1%			自筹
2. 银行融资	33 000	68%			
其中：银行贷款	33 000	68%	6.399%	10 年	利率下浮 10%
3. 系统内（或向股东）借款	5 000	10.4%	6.399%		谨慎原则，视同借款，以后可能转为股本

5.2 投资计划及资金筹措

本项目计划在 2008 年 3 月前完成全部投资，全部机组投入正式运营。在资金筹措方面，注册资本金 10 000 万元计划在 6 月中旬足额到位①，向系统内借款 5 000 万元②，自筹 487 万元，同时向我行申请借款 33 000 万元。

专家点评：本项目投资建设时，风电机组供不应求，市场供求矛盾较为突出，风电机组价格较高，1 500 千瓦装机的风电机组单机价格近 1 100 万元。随着国内一批风电设备项目的建成投产，风电设备价格一路走低。

---

① 详见附件借款人出具的说明材料。
② 其中 3 100 万元计划 4 月底到位，详见附件项目进展情况和资金到位情况说明。

到2010年，1 500千瓦的风电机组价格已经降到600万元左右。风电设备购置费是风电项目投资的主要构成，以本项目为例，风电设备投资额占比达到了75%。随着风电设备价格的逐渐走低，风电项目投资成本已经大幅降低。

第六章 财务效益评估

6.1 财务基础数据

表6－10 财务基础数据情况表

序号	项目	取值及依据
1	计算年限、利率	建设期1年，经营期20年，项目总计算期21年；项目贷款期10年，还款期内非等额还本； 人民币贷款利率为5年期以上基准利率下浮10%，目前7.11%下浮10%后为6.399%
2	电价、电量	上网电价采用0.6元/千瓦时（含税）； 因风电行业的特殊性，通过各年实测数据推测年均可上网销售电量为11 835万千瓦时，经营期内各年均一致
3	成本	本项目原料为自然风力，不产生原材料成本
		材料费：按1 000千瓦时的上网电量按6元提取材料费，共1 420万元
		折旧：按照电力设备折旧标准，发电机组主要设备及安装工程使用年限为15年，净残值率3%；除发电设备其他辅助设备使用年限10年，净残值率3%；房屋建筑物使用年限20年，净残值率3%
		摊销：递延资产按5年摊销期，土地使用权等无形资产按10年摊销期平均摊销
		维修费用：前5年按照固定资产总额的0.5%提取，5年以后按照1%提取
		财务费用：按基准利率下浮10%即6.399%计算
		工资福利：该项目定员15人，年均工资水平30 000元，按工资总额14%计提福利费，按工资总额22%提取公积金及各种保险金
		管理费等其他费用：按每1 000千瓦时上网电量10元提取其他费用和保险费按固定资产净值年提取0.25%

续表

序号	项目	取值及依据
4	各项税费	增值税：按政策①风力发电项目税率8.5%，其他进项税按规定税率（维修费10%、材料费17%）进行计算
		所得税：按优惠政策"免二减三"，经营期前两年免所得税，第三至第五年按减半税率12.5%计算，以后按税率25%计算
		城市建设维护费和教育附加：分别为增值税的1%、3%
5	财务基准内部收益率	8%

6.2 项目经营分析

6.2.1 总成本分析

本项目总成本费用包括折旧、摊销、维修、材料、管理费用和财务费用等。投产后，项目计算期内平均总成本费用为3 726万元，其中年平均固定成本为3 494万元，可变成本232万元。

6.2.2 销售收入分析

本项目取单机风电机组等效年利用时间为2 391小时，单个机组小时上网发电量为1 500千瓦，33台机组年上网发电量1.1835亿千瓦时，按照不含税价②0.553元/千瓦时的上网电价测算，项目年平均实现销售收入6 545万元。

6.2.3 税收分析

项目正常生产年度年均增值税504万元/年，销售税金及附加20万元/年。

6.2.4 利润估算

本项目从2008年3月全部发电，当年开始盈利，以后年度平均利润总

---

① 2001年财政部和国家税务总局《关于部分资源利用及其他产品增值税政策问题的通知》（财税〔2001〕198号）文件中规定"风力发电等项目自2001年起增值税执行减半征收"。
② 含税（增值税）价为0.6元/千瓦时。

444

额 2 799 万元，平均净利润①2 120 万元。

6.3　项目经济效益及偿债能力分析

从指标上看，项目财务内部收益率高于行业基准收益率，财务净现值大于零，项目在经济上可行；项目利息备付率、偿债备付率分别为 225% 和 114%，债务偿付的保障程度较高（见表 6-11）。

表 6-11　财务评价表

序号	财务评价指标	本项目
1	销售利润率	32.39%
2	投资利润率	4.39%
3	投资利税率	5.79%
4	财务基准内部收益率	8%
	税后内部收益率（IRR）	9.72%
5	投资回收期（年）	9.34
6	财务净现值（万元）	5 014
7	利息备付率（年均）	225%
8	偿债备付率（年均）	114%
9	贷款偿还期（年）	9.75

专家点评：风电项目和水电项目一样，在进行项目效益评估时存在很多独特之处。如风电项目的增值税政策（税率为 8.5%，农村水电为 6%）、所得税政策、CER 收入（本项目没考虑该收入，原因见案例五的专家点评）等。由于风电项目受到国家的大力扶持，不仅投资者看好风电产业，各家银行也将此类贷款作为发展业务的重点。风能资源有限，项目业主实力较强，各银行在市场竞争压力之下，与项目业务的谈判时，往往处于不利位置。本项目经过多次谈判，银行最终在信贷产品定价上作出了让

---

①　咨询专家认为，贷款评估比较保守，表现在：一是全年有效利用时数偏低（可达到 2 300~3 000 小时）、上网电量可提高到 14 850 万千瓦时；二是可适当考虑二氧化碳减排收益（目前国际市场每吨 10 欧元，该项目每年减排约 10 万吨，每年可增加效益达 1 000 多万元）（详见专家咨询意见表）。

步，利率下浮了 10%。

出于谨慎性原则，本项目的财务效益评价较为保守。事实上，自本项目建成发电以来，财务效益一直高于评估值，每年都超出原定还款计划提前偿还贷款本金。

第七章　不确定性分析

7.1　盈亏平衡分析

选用项目经营期年平均相关数据计算盈亏平衡点。经测算，以生产能力利用率表示的盈亏平衡点为 56%，即发电量达到 0.66 亿千瓦时即可达到盈亏平衡（见图 6 - 2）。

BEP（生产能力利用率）＝年固定成本／（年销售收入 – 年可变成本 – 年销售税金及附加）＝56%

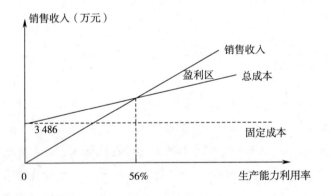

图 6 – 2　盈亏平衡分析

7.2　敏感性分析

根据项目全部投资现金流量表，我们对风电价格、总投资、经营成本各因素增减 5%、10%、15% 的影响（内部收益率、财务净现值和投资回收期）分别进行测算（见表 6 – 12、图 6 – 3）。

表 6 –12 敏感性分析结果一览表

序号	项目	变动区间	内部收益率（税后）	财务净现值（万元）	投资回收期（年）
正常值			9.49%	4 331	9.48
1	风电价格	15%	12.59%	13 938	7.95
		10%	11.65%	10 963	8.36
		5%	10.70%	7 989	8.82
		–5%	8.71%	2 039	9.94
		–10%	7.67%	–936	10.65
		–15%	6.59%	–3 911	11.50
2	总投资	15%	7.54%	–1 531	10.81
		10%	8.21%	650	10.31
		5%	8.93%	2 832	9.82
		–5%	10.58%	7 195	8.86
		–10%	11.53%	9 377	8.38
		–15%	12.58%	11 558	7.90
3	经营成本	15%	9.41%	4 098	9.29
		10%	9.52%	4 403	9.46
		5%	9.62%	4 708	9.40
		–5%	9.82%	5 319	9.29
		–10%	9.92%	5 624	9.23
		–15%	10.02%	5 929	9.18

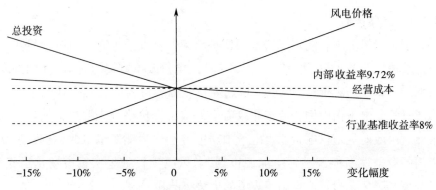

图 6 –3 敏感性分析

计算结果表明：价格的敏感程度较高，项目总投资、经营成本的变化对指标影响较小。当风电价格下降幅度达到10%时，内部收益率将低于本行业财务基准收益率（8%），且财务净现值为负数，说明项目对价格下降的抗风险能力偏弱。但风力发电属国家鼓励类产业，上网电量由政府定价并在长期内保持稳定，其变动致使项目不可行情况出现的可能性小。

第八章 贷款风险与效益评估

8.1 客户还款计划评估

客户计划借款期10年，并承诺优先偿还我行贷款。主要还款来源是税后利润和折旧摊销等非付现成本，项目进入经营期后按照年度全部折旧费和摊销费及税后净利润的80%偿还贷款本金（见表6－13）。

表6－13 还本计划表　　　单位：万元

年度	1	2	3	4	5	6	7	8	9	10
折旧摊销前利润		3 486	3 677	3 809	3 986	4 163	3 939	4 099	4 267	4 533
借款计划	33 000									
还本计划		3 400	3 400	3 600	3 600	3 800	3 800	4 000	4 000	3 400

8.2 风险分析及防范措施

8.2.1 政策风险

国家对风电项目制定了一系列保护政策，从性质上看，风电项目实质上是政策性业务。《国务院办公厅关于印发电价改革方案的通知》（国办发〔2003〕62号）规定，"风电、地热等新能源和可再生能源企业暂不参与市场竞争，电量由电网企业按照政府定价或招标价格优先购买，电力市场成熟时由政府规定供电企业售电量中新能源和再生能源电量的比例，建立专门的竞争性新能源和再生能源市场"。风电项目如果实行市场化运作，参与市场竞争，投资成本高于火电的劣势将凸显。

我们分析国家对可再生能源的支持政策应是持续长久的，会给其保留相对合理的利润空间。同时随着可再生能源技术在我国的快速发展，风电高性价比的竞争优势将逐步形成。而且风电项目贷款偿还期结束后，其运营成本主要体现为折旧和相关管理费用，经测算经营期本项目的平均运营成本为0.2元/千瓦时，即使电价下调，项目仍会保持一定的盈利能力，其政策风险基本可控。

8.2.2 运营风险

一是设备运行风险。本项目采用的风电设备是由东方电气集团东方汽轮机有限公司提供的1 500千瓦风力发电机组。该机组技术从德国引进，总装在东方汽轮机有限公司内完成，国产化率达到70%以上。目前国产风力发电设备单机容量多在850千瓦以下，850千瓦以上容量风力发电机组在国内的装配技术水平的提高还需要一段过程。设备整体运行的稳定性能尚需经过时间检验，存在一定的不确定性。二是气象和地质灾害风险。风力发电的质量依赖于稳定的风能和正常的天气，恶劣天气、地质灾害等不可抗力将对项目产生直接的影响，应督促客户及时办理设备保险。

8.3 风险防范措施评价

经评估本项目经济效益良好，第一还款来源充足，贷款偿还能力较强。参照银行同业做法，项目建成后以形成的全部资产进行抵押。同时，客户在我行××县支行开设基本账户，项目建成后上网电费收费账户开设在××县支行，将上网电费收费权质押给我行。

8.4 银行效益评估

经测算，本项目33 000万元贷款发放后，我行可获得利息收入总计11 793万元。

8.5 生态效益和社会效益评估

8.5.1 生态效益

风电属清洁可再生能源，同火力（煤）发电相比，每年可为国家节约标准煤为3.40万吨、节水约7.22万吨。并且每年可减少多种有害气体和废气排放，按火电厂煤含硫量1%、脱硫效率90%计算，二氧化硫减排80吨/年，烟尘减排21吨/年，氮氧化物减排209吨/年，灰渣减排0.5万吨/年。

8.5.2 社会效益

项目建设地——××省××县，为国家级贫困县，本项目建成后不仅可以给当地直接带来可观的经济收益，而且可以带动当地建材业、交通运输业及第三产业的快速发展，实现能源产业链条对全县经济的拉动作用、财政税收的增加作用和对农村劳动力的吸纳作用。××县空中草原于2006年被评为国家AAA级旅游景区，风电项目建成投产后，数十台风机星罗棋布、错落有致地矗立在蓝天碧云绿地之间，将会成为××县空中草原又一高科技环保旅游资源。

专家点评：风电项目风险与水电项目风险存在一致性，读者可参考案例五中此部分的专家点评。但是，风电项目和水电项目在设备运行稳定性上存在较大的不同。水电项目的主要设备技术成熟，运行十分稳定。但风电设备由于国产化进程较快，相关核心技术尚未完全掌握，在实际运行中，经常可能出现问题，给项目财务效益造成较大影响。并且，一旦超出设备保修期，设备修理费也将成为一项较大的支出。

第九章 评估结论及相关建议

9.1 评估结论

借款人——风能公司，是建投公司新能源有限公司和××能源集团股份有限公司为实施本风力发电项目而发起设立，是本项目的建设主体和承贷主体。本项目为国家鼓励类项目，符合国家能源政策、行业发展趋势和地方发展规划。项目建设地××县空中草原风能资源丰富，风电场风功率密度等级为6级，适宜进行大型风电场的开发建设。项目的建设条件已基本落实，并网协议已签订。项目的经济效益、生态效益、社会效益明显，抗风险能力较强，第一还款来源充足，风险防范措施到位。尽管存在政策风险、运营风险，但在采取措施后，风险基本可控[①]。

---

① 咨询专家认为，项目从技术角度看发电量问题不大，设备选型较好，效益空间可以信赖，贷款风险较小（详见专家意见表）。

本项目贷款对象、贷款条件、资本金比例、贷款方式、贷款用途符合贷款制度的有关规定。

9.2 贷款建议

建议同意向本项目发放贷款 33 000 万元，期限 10 年，贷款利率参照同业利率水平，同期同档次基准利率下浮 10%，贷款采取项目资产抵押、结算账户质押方式，贷款本金在贷款期内分年度非等额偿还。

9.3 管理措施

（1）将风能公司的基本账户开设在我行，密切跟踪项目建设资金使用和工程进度情况，确保专款专用，定期上报项目建设和资金使用报告。

（2）发电机组设备进行财产保险。

（3）做好上网电量收费账户监管，确保电量销售收入按时足额回笼，及时收贷收息。

附表：1. 借款人基本情况表（略）

2. 项目评估情况表（略）

3. 建设投资估算表（略）

4. 建设投资分类表（略）

5. 项目总投资使用计划与资金筹措表（略）

6. 总成本费用估算表（略）

7. 借款还本付息计划表（略）

8. 项目资本金现金流量表（略）

9. 项目投资现金流量表（略）

10. 利润与利润分配表（略）

11. 资产负债表（略）

12. 银行专家咨询意见表（略）

案例七　农村路网项目贷款项目评估

第一章　客户评估

1.1　客户概况

　　××省农村公路项目（以下简称"本项目"）建设管理单位暨承贷主体——××省交通厅（以下简称"交通厅"）是××省政府根据中共中央、国务院批准的《关于××省人民政府机构改革方案的通知》设置的行业行政管理机构①，位于××，职工人数为2.2万人。该厅持有的组织机构代码证和贷款卡合法有效，基本存款账户开立于中国建设银行××省分行营业部，在我行××省分行营业部、××市分行营业部开立一般存款账户。

　　××省交通厅主要职责是：制订全省公路、水路交通行业的发展规划、年度计划及中长期计划并组织实施；负责交通战备建设与管理工作；组织全省公路、水路及其设施的建设、维护和管理；负责全省运输站场、港口的建设布局管理工作；管理全省交通基础设施建设市场；负责交通基础设施工程质量监督、工程定额、工程招投标和工程造价工作的行业管理；负责公路（桥梁、隧道）车辆通行费征收的行业管理；管理全省道路、水路运输市场；负责交通规费及通行费的稽征、上缴、管理和监督；组织协调交通建设资金的筹集；负责政府拨付资金的管理、使用和监督；

---

　　① 按照规定，交通厅无须办理营业执照和税务登记证、编制公司章程，也无须进行验资。

会同有关部门制订各项收费标准和管理办法，统一管理票据；审定厅属事业费预决算及各项财务计划，并监督执行；监督管理厅属企业、事业单位的国有资产，指导交通行业国有资产重组和路产路权的经营管理工作等。

1.2 客户组织结构

××省交通厅按照我国行政单位设置的有关要求设立了组织结构，共内设 16 个处室，详见图 7 – 1。

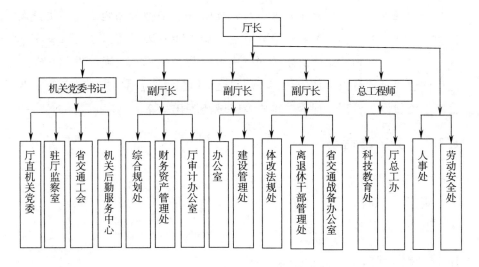

图 7 – 1 交通厅机构设置

交通厅工程处：属事业法人，代表交通厅专职进行交通项目建设管理工作，相当工程建设指挥部。2006 年 1 月前，具备承贷资格，后由省交通厅上收承贷权，目前已不再对银行直接承贷。

××省公路局：主管全省公路的养护，管理和建设，以及通行费征收等工作的事业单位，按照"统一领导，分级管理"体制，省公路局业务管理全省 14 个公路总段①，同时负责全省地方道路建设，养护和管理的检查指导。

××省交通厅××路业有限责任公司：成立于 2001 年 2 月 16 日，在

---

① ××省交通厅行业管理 14 个公路总段，市州政府对 14 个公路总段进行领导。各公路总段经费收支纳入当地财政预算内管理，独立核算，财务报表自成体系，不再逐级上报，××省交通厅也不负责对 14 个公路总段的财务审核。

××省交通厅的领导下主要履行外资公路建设项目法人职能，属非营利性企业。

××路桥建设集团有限公司：前身为1954年成立的××省公路工程总公司。主营公路工程施工，可承担公路工程一级总承包施工；各等级公路工程的路基、路面、桥梁和隧道工程施工；交通设施工程施工；公路机电工程施工；高等级公路养护施工；城市道路工程及机场场道工程施工；水利水电工程施工；预应力工程施工；房地产开发；工业与民用建筑工程施工和承包境外公路工程施工。拥有现代化的大、中型公路施工专用机械设备460台（套），资产总额6.33亿元，年施工能力达25亿元。

××省××路业集团有限公司：由××省公路局、交通厅发起，省工商局注册成立的有限责任公司，注册资金20亿元人民币，主营业务为收费公路融资建设、管理、保养、维修及路域经济开发等。

1.3 经营者素质

厅长：（略）

副厅长：（略）

财务管理处处长：（略）

1.4 信誉状况

××省交通厅具备银行贷款资格，并依法取得中国人民银行核发的贷款卡。中国人民银行企业征信系统查询记录显示，××省交通厅成立以来在各家金融机构无借款和不良记录，贷款卡处于正常使用状态。经与交通厅核实，截至评估日，交通厅对外借款211.4亿元，对外担保0.85亿元（全部是向××省××市交通局提供担保），交通厅下辖各事业法人、企业法人单位对外借款44.9亿元。2007年4月，《××省交通厅公路建设信贷资金管理办法（试行）》（××交发〔2007〕10号）印发后，××省交通项目新增贷款全部由省交通厅统贷统还，原由交通厅下辖省公路局、厅工程处、各工程总段、各子公司承担的借款，贷款利息仍由各承贷主体负担，但贷款本金由交通厅统一偿还。因此，交通厅下辖单位的对外借款可以视同交通厅的负债，评估确定的交通厅实际对外借款为256.3亿元（见表7-1）。

表 7 - 1　省交通厅及所属单位公路项目建设（含大中修）银行贷款情况分布表

单位：万元

	单位	国家开发银行	建设银行	工商银行	农业银行	交通银行	招商银行	市商业银行	外资贷款	国债转贷	贷款总额
1	省交通厅	913 905	295 823	242 370	95 000	110 000	84 790		233 377	138 500	2 113 765
2	省公路局		26 742	55 307		2 500	16 000				100 549
3	厅工程处		20 000	40 000			8 000				68 000
4	××公司		15 000	20 000		5 000		6 000			46 000
5	××公司			17 000							17 000
6	××集团				55 000						55 000
7	各公路总段		64 961	48 200	49 849						163 010
	合计	923 905	404 526	422 877	199 849	117 500	108 790	6 000	233 377	138 500	2 563 324

1.5　客户经营状况

交通厅是行政单位，按照国务院下发的收费公路管理条例有关要求，该厅对利用国内外贷款修建的各条公路进行经营管理。截至 2007 年底，全省的收费公路主要有××等多条公路。车辆通行费近年来保持增长态势，2005 年实现 12 亿元，2006 年实现 14.3 亿元，2007 年达到 20.2 亿元。

2005～2007 年，××省 GDP 快速增长，年均增长率分别达到 11.8%、11.5%、12.1%①。伴随着经济的快速发展，××省交通厅各年规费收支平衡、略有结余，保持了健康发展的良好态势。2007 年各项收入②实现 107 亿元，较上年增长 24%，盈余 308 万元。

---

① 数据来源：2007 年××省国民经济和社会发展统计公报。

② 交通厅是非营利性机构，按照行政事业单位会计标准进行财务核算，不编制资产负债表、损益表和现金流量表等企业财务报表。

表7－2　××省交通厅规费收支情况表　　　　单位：万元

项目	行次	2005 年	2006 年	2007 年	平均增长率
一、收入合计	1	786 677	864 168	1 072 528	16.98%
（一）规费收入小计	2	126 970	144 894	151 304	9.27%
1. 养路费	3	98 678	113 291	118 353	9.64%
2. 车购费返还	4				
3. 客货车附加费	5	18 988	21 173	22 373	8.59%
4. 运输管理费	6	9 304	10 430	10 578	6.76%
5. 其他规费	7				
（二）车辆通行费	8	120 410	142 727	202 004	30.03%
（三）交通部补助	9	156 078	143 617	346 820①	66.75%
（四）国债资金	10	34 480	13 760		－80.05%
（五）其他收入	11	62 529	94 920	38 403	－3.87%
（六）银行借款	12	286 210	324 250	333 997	8.15%
二、支出合计	13	786 356	863 887	1 072 220	16.99%
（一）事业支出小计	14	67 290	68 522	73 065	4.23%
1. 养护管理	15	48 085	46 279	48 347	0.36%
2. 运管支出	16	9 304	10 430	10 578	6.76%
3. 收费管理	17	9 901	11 813	14 140	19.50%
（二）建设性支出小计	18	719 066	795 365	999 155	18.12%
1. 还本付息	19	137 282	178 601	227 866	28.84%
2. 养护工程	20	57 078	67 831	70 861	11.65%
3. 重点建设	21	440 109	480 510	521 081	8.81%
4. 其他建设	22	66 957	54 563	162 210	89.39%
5. 其他支出	23	17 640	13 860	17 137	1.11%
三、结余	24	321	281	308	－1.43%

1.5.1　交通厅规费收入情况

交通厅总收入从 2005 年的 78.67 亿元增长到 2007 年的 107.25 亿元，年均增长率为 16.98%。其中规费收入 2007 年达到 15.13 亿元，年均增长率为 9.27%；车辆通行费达到 20.2 亿元，年均增长率为 30.03%，增长幅度较大；交通部补助 2007 年达到 34.68 亿元，年均增长率为 66.75%；银行贷款 33.4 亿元，年均增长率为 8.15%。以上情况，与近年来××省加大对公路网建设投入的情况相符。从收入的构成情况看，交通厅争取中央

---

① 交通厅 2007 年获得交通部补助资金 34.68 亿元，其中车辆购置税补助资金 3.88 亿元，一般公路建设项目支出补助资金 29.98 亿元，上年结转补助资金 0.82 亿元。

补助资金的数额较大，也说明了中央财政对西北地区路网建设投入的资金倾斜力度。评估中，我们了解到××省交通厅在决定项目建设投资时较为谨慎，一般在落实好上级补助资金后才进行项目建设。

1.5.2 交通厅各项支出情况

××省交通厅总支出从 2005 年的 78.64 亿元增长到 2007 年的 107.22 亿元，年均增长率 16.99%。其中事业支出增长平缓，年均增长速度为 4.23%。近年来××省政府高度重视交通基础设施建设，加大公路建设投入，交通厅建设性支出 2007 年达到 99.92 亿元，占总支出的 93.19%，年均增长率为 18.12%，远大于用于人员工资费用等事业支出的增长速度。建设性资金支出中，还本付息资金支出的增长幅度较大，年均增幅达到 28.84%，这与交通厅近年来加大融资力度、贷款额度大幅增长的情况相吻合。养护工程支出为刚性支出，年均增长率为 11.65%。其他建设支出从 2005 年的 6.7 亿元增长到 16.22 亿元，年均增幅达到 83.39%，说明可用于新项目建设的资金较为充裕。

专家点评：根据我国有关法律规定，地方政府和机关法人单位不具备承贷资格。但为了支持公路建设，解决制约经济发展的交通瓶颈，《公路法》明确规定，各地交通厅（局）可以向银行独立承贷。本项目借款人——××省交通厅依法取得中国人民银行合法的贷款卡，具备了向银行贷款的资格。交通厅作为一种特殊的机构法人，在行使交通行业行政管理的同时，还具有企业经营管理职能，因此作为银行客户，交通厅同其他银行客户相比在组织结构、财务管理、经营管理等方面存在较大不同，评估时应有所区别。在财务方面，由于财务核算体制不同，交通厅无法提供资产负债表等企业财务报表，但交通厅的规费收支表同样符合银行办贷需要。从近几年××省交通厅的规费收支表看，××省交通厅收支总体平衡、略有盈余，随着 GDP 的增长，各项收入也平稳增长，总体上财务状况良好。

第二章　××省农村公路建设规划评估

加快农村公路建设是"十一五"党中央、国务院部署的一项重要政治任务，是建设社会主义新农村战略的重要组成部分。《全国农村公路建设规划》

提出了农村公路建设"政府主导、分层负责，统筹规划、分步实施，因地制宜、分类指导，建养并重，协调发展"的指导方针，明确了农村公路建设目标和建设任务。"十一五"期间中央投入农村公路建设专项资金 1 400 亿元，加大农村公路网建设，建设总规模将达到 90 万公里，其中西部地区约为 29 万公里。××省"十一五"期间计划投资 137 亿元（中央专项资金 90 亿元，地方自筹 47 亿元）资金，建设农村公路 4.5 万公里。

2.1　国家政策背景

长期以来，党中央、国务院高度重视农村公路建设，我国的农村公路建设取得了巨大成就，但是当前农村公路交通发展中仍然存在着较大的供需矛盾，是制约农村经济社会发展的主要瓶颈之一。针对上述问题，自 2004 年以来，中央连续五年的中央"一号文件"都着重强调大力发展农业基础设施，强化农村公路建设。如 2008 年中央"一号文件"《关于切实加强农业基础建设、进一步促进农业发展农民增收的若干意见》中明确提出，"大力发展农村公共交通，加大中央和地方财政性资金、国债资金投入力度，继续加强农村公路建设"。2008 年国务院在《关于印发 2008 年工作要点的通知》（国发〔2008〕15 号）中更进一步指出："在实行从紧货币政策下要加大对'三农'的贷款支持力度……加强农村道路等基础设施建设，改善农村人居环境"。

国务院 2005 年审议通过的《农村公路建设规划》制定了农村公路建设必须坚持以中央和各级地方政府为主导的发展思路，以及"十一五"末基本实现全国所有具备条件的乡（镇）通沥青（水泥）路、到 2010 年全国农村公路里程达到 310 万公里、到 2020 年达到 370 万公里的发展目标。为实现建设目标，国家每年计划用于农村公路建设的资金在 200 亿元以上，同时要求各级政府加大对农村公路建设的财政投入，鼓励形成在公共财政框架下，政府为主、农村社区为辅、社会各界共同参与的多渠道农村公路投资新机制。

在 2008 年 3 月实施的大部制改革中，按照中央积极整合城乡交通资源、实现多种交通方式对接的指导思路，在交通部、民航总局、国家邮政局基础上新组建了交通运输部，并突出强调了交通运输部通过交通行业管理、支持社会主义新农村建设的重要职能，对进一步促进农村公路发展具有重要意义。

2.2 项目建设必要性分析

2.2.1 推进社会主义新农村建设的必然要求

（略）

2.2.2 完善和优化公路网的重要途径

（略）

2.2.3 政府应对突发事件的重要保障

（略）

2.3 农村公路建设现状

1. 已取得的建设成果。近年来，国家先后投入了一定的国债资金、专项资金及以工代赈资金，安排了贫困县连接国道、地到县通油路、县际公路及农村通达工程等项目的建设，使××省农村公路建设里程显著增长。截至 2006 年底，××省农村公路总里程比 2000 年增长了 14 950 公里，技术等级逐年提高，等级公路由 2000 年的 23 658 公里增至 2005 年的 29 251 公里，增加了 5 593 公里，路面状况不断改善，沥青、水泥路面由 2000 年的 7 146 公里增至 2006 年的 12 597 公里。

表 7-3　××省农村公路技术状况表（2006 年）

指标		县道		乡道		村道		合计	
		里程 （km）	比重 （%）	里程 （km）	比重 （%）	里程 （km）	比重 （%）	里程 （km）	比重 （%）
总里程		15 506		11 863		53 480		80 849	
等级路	合计	13 255	85.48	7 210	60.78	8 786	16.43	29 251	36.18
	一级	25	0.16	1	0.01	15	0.03	41	0.05
	二级	339	2.19	61	0.51	59	0.11	459	0.57
	三级	6 458	41.65	1 959	16.51	576	1.08	8 993	11.12
	四级	6 433	41.49	5 189	43.74	8 136	15.21	19 758	24.44
等外路		2 251	14.52	4 653	39.22	44 694	83.57	51 598	63.82
路面状况	合计	15 506		11 863		53 480		80 849	
	有铺装路面（高级）	357	2.30	215	1.81	696	1.30	1 268	1.57
	简易铺装路面 （次高级）	6 368	41.07	2 372	19.99	2 589	4.84	11 329	14.01
	未铺装路面里程 （中、低、无路面）	8 781	56.63	9 276	78.19	50 195	93.86	68 252	84.42

2. 存在的问题。尽管××省农村公路的面貌发生了较大变化,有力地促进了农村社会经济的发展、农民生活生产水平的改善和提高。但多年来,由于农村交通基础设施投入不足,欠账较多等历史原因和资金短缺等因素的制约,发展速度仍然比较缓慢,总体水平滞后,不适应农村经济社会发展和方便农民出行的要求。突出表现为:一是技术等级低。截至2006年底,全省农村公路 80 849 公里中,二级及以上公路 500 公里,占0.62%;三级公路 8 993 公里,占 11.12%;四级公路 19 758 公里,占24.44%;等外路 51 598 公里,占 63.82%。二是通达深度不够。全省1 271 个乡(镇)中,仍有晴通雨阻的乡(镇)58 个,占总数的 4.56%;419 个行政村不通公路,占总数的 32.96%;未通油(水泥)路的乡(镇)428 个,占总数的 33.67%;未通油(水泥)路的行政村 1 017 个,占总数的 80%。三是路面状况差。农村公路总里程中,沥青、水泥路面里程仅占15.58%,无路面里程占 84.42%。即便是有路面的路段,大多为 20 世纪70 年代铺筑的渣油表处路面,普遍存在老化和超期服役现象,“病害”相当严重,一直靠养护修修补补,养护成本高。四是抗灾能力弱。全省大部分农村公路缺少必要的桥涵、排水等配套设施,晴通雨阻,许多路段达不到技术标准要求,严重影响行车安全和道路畅通。县道桥涵 17 781 座(道),平均每公里只有 1.14 座(道);乡道桥涵 8 039 座(道),平均每公里只有 0.68 座(道);村道桥涵 15 546 座(道),平均每公里只有 0.22座(道)。特别是边远、贫困地区和山区,群众“无路可走”的状况依然存在、“有路难行”的问题未能得到根本解决。五是筹资渠道单一。由于全省各级财政困难,汽车养路费征收少,仅靠交通部车购税补助和有限的汽车养路费补助以及拖拉机养路费、以工代赈资金用于建设和养护,缺少其他资金来源。

3. 建设进展情况。“十一五”规划实施以来,省交通厅下达农村公路建设资金计划 55.5 亿元,已到位建设资金 42.4 亿元,分别占总投资的41%和 31%;下达计划建设里程 29 550 公里,已建成 23 209 公里,分别占总里程的 65%和 51%。从 2007 年下半年开始,农村公路建设速度减慢,主要原因是中央专项补助资金不能够按照计划预计期限到位,建设所需资金一部分由施工队垫付,随着资金缺口的增大,多数施工队没有能力进一步垫付,影响了公路建设进度。

2.4 农村公路建设规模

按照国家《全国农村公路建设规划》建设目标和××省《农村公路发展规划》中提出的："近期以通为主，中期明显改善，远期基本适应"的思路。"十一五"期间××省农村公路建设实施"通达"、"通畅"工程，力争实现全省100%的乡通四级以上公路、95%（路面铺装高级、次级）的乡（镇）通油路（水泥路）和100%的行政村通农村公路、部分行政村通油路目标，为农村经济发展提供良好的交通条件。共需解决58个乡（镇）晴通雨阻，400个乡、2 016个村的通沥青（水泥）路和5 605个行政村通公路问题，一类区（略）在"十五"期间基本实现乡乡通四级以上公路和建制村通村公路的基础上，以"畅"为主；二类区（略）"通畅"结合；三类区（略）以"通"为主，使农村路服务水平有明显改善。全省铺筑沥青路（水泥路）25 728.91公里（其中县道6 682公里，乡道5 835.47公里，村道13 211.44公里）；改建乡通等级路1 122.61公里，新建村通公路18 540.06公里；渡改桥10 782延米（见表7－4）。

表7－4 "十一五"期间农村公路建设规模汇总表

项目名称	建设性质	"十一五"规划建设规模（km）	分年度建设规模				
			2006年	2007年	2008年	2009年	2010年
总计		45 391.57	7 375.93	14 957.84	8 879.7	8 269.83	4 125.8
县道	通畅工程	6 682	1 919	1 433	1 427	1 018	885
乡道	通畅工程	4 053	691	858	659	946	899
未列入国家计划的乡道	通畅工程	1 782.47					
村道	通畅工程	13 211.44	3 026.518	2 730.26	2 555.93	2 556.93	2 341.8
乡通等级路	通达工程	1 122.6	671.505	451.1			
村通公路	通达工程	18 540.06	1 067.91	9 485.48	4 237.77	3 748.9	
渡改桥	新建	10 782.00（延米）		3 291	2 546	2 530	2 415

2.5 农村公路建设技术标准

××省地域狭长、地形复杂，区域经济发展差距较大。农村公路建设在综合考虑各地的经济发展水平、交通需求特点、建筑材料资源以及建设项目资金落实情况，因地制宜、实事求是，合理确定建设标准以及路线方案。为了使××省农村公路面貌发生根本性转变，基本形成布局合理、配套完善的农村公路网络体系，根据交通部下发的《农村公路建设指导意见》中的有关要求，结合××省各地经济发展、人口分布、自然条件等，将全省分为三类区。

一是重要的县道一般采用三级公路标准，二类区、三类区和经济欠发达以及自然条件较困难的地区可采用四级公路标准。

二是通乡公路建设标准以四级公路标准为主。原则上在现有公路基础上进行改造和铺筑沥青（水泥）路面，对部分交通量较大的路段，结合路面改善同步进行线形改建，可适当提高公路技术等级；对地质、地形复杂，山高沟深、工程量及工程难度大、公路等级基本上以等外公路为主的路段，以提高通行能力、抗灾能力为重点。

三是通村公路，一类区可采用四级公路标准，二类区、三类区和经济欠发达以及自然条件较困难的地区，在保证安全的前提下，可采用省上发布的村道标准。

根据有关规定，农村公路建设要按照"线形基本不变，充分利用原路，局部加宽改造，提高路面等级，完善排水设施"的原则，充分利用老路资源，尽可能少占用耕地资源，保护当地生态环境，尽量避免大改大调或大填大挖，路面铺筑有条件的地区要采用高级或次高级路面，路面宽度和线形标准可因地制宜，但路面、路基以及桥涵构造物标准要保证，有条件的地区，鼓励采用水泥混凝土路面，以减轻使用期的养护压力，延长农村公路使用寿命，对筑路材料比较缺乏、交通量小的路线也可采用砖路、石板路和其他材料的路面。加强桥涵建设，提高农村公路通行能力；设置必要的防排水构造物，保证路基、路面处于良好的使用状态；设置必要的安全设施，保证行车安全。

2.6 农村公路建设管理

2.6.1 建设管理体制

《农村公路建设管理办法》（交通部令 2006 年第 3 号）规定，农村公路建设应当由地方人民政府负责，省级人民政府交通主管部门依据职责负责本行政区域内农村公路建设的管理，设区的市和县级人民政府交通主管部门依据职责负责本行政区域内农村公路建设的组织和管理。××省交通厅为强化农村公路建设管理，切实保证工程质量，先后制定出台了《××省农村公路管理办法》、《××省农村公路质量监理办法》、《××省农村公路建设强制性质量技术管理条文》、《××省农村公路资金筹措及资金管理办法》、《××省农村公路设计指导意见》、《××省农村公路工程竣工验收办法》、《××省农村公路检查考核办法》，建立健全了各项规章制度，实行了重要农村公路招投标、项目法人责任制、合同管理制、工程监理及质量终身负责制，严格按照各项技术规程进行管理。

2.6.2 项目建设手续的相关规定

1. 项目立项手续。由于农村公路建设存在建设项目数量大、单个项目投资规模小、建设地点分散等特点，农村公路项目实行规划管理。××省"十一五"农村公路建设规划列入了《××省"十一五"在综合交通发展规划》（××发改规划〔2006〕579号），同时《××省农村公路建设管理办法实施细则》（××交规划〔2006〕153号）第二十五条明确规定，列入全省农村公路建设规划的项目不再进行立项审批。经咨询交通厅，如有个别项目确需到发展和改革部门立项核准，手续办理由所涉及的县级交通部门或建设单位负责。

2. 用地手续。《农村公路建设管理办法》（交通部令2006年第3号）第十条规定，农村公路建设应当充分利用现有道路进行改建或扩建。因此，农村公路改扩建项目基本不涉及新增占地问题。新建农村公路项目如涉及新增占地，相关土地手续由县级政府有关部门负责办理。

3. 施工手续。《农村公路建设管理办法》第二十九条规定，二级以上公路或中型以上桥梁、隧道工程项目应当依法办理施工许可；其他列入年度建设计划的农村公路建设项目，完成相应准备工作并经县级以上地方人民政府交通主管部门认可的，即视同批准开工建设。本贷款项目不涉及二级以上公路或中型以上桥梁、隧道工程建设项目，规划中的项目已经得到县级以上地方人民政府交通主管部门认可。

2.7 农村公路建设资金管理

为保证农村公路建设资金安全、合理、有效使用，国家及地方交通部门均制定了较为全面系统的管理制度，这些制度的实施也对保障银行信贷资金安全起到了积极作用。《农村公路建设管理办法》明确，农村公路建设资金应当按照国家有关规定，列入地方人民政府的财政预算，并逐步实行政府投资为主、农村社区为辅、社会各界共同参与的多渠道筹资机制。中央政府对农村公路建设的补助资金应当全部用于农村公路建设工程项目，并严格执行国家对农村公路补助资金使用的有关规定，不得从中提取咨询、审查、管理、监督等费用。补助资金可以采用"以奖代补"的办法支付或者先预拨一部分，待工程验收合格后再全部支付。地方政府安排的建设资金应当按时到位，并按照工程进度分期支付。各级地方人民政府交通主管部门应当依据职责，建立健全农村公路建设资金管理制度，加强对资金使用情况的监管。农村公路建设资金使用应当接受审计、财政和上级财务部门审计检查，任何单位、组织和个人不得截留、挤占和挪用农村公路建设资金。

××省交通厅根据国家和交通部的有关文件精神，结合××省实际，制定下发了《××省农村公路建设管理办法实施细则》，进一步明确了筹资渠道、资金拨付、建账反映、监督检查等内容。如在资金拨付方面规定，中央补助资金、省财政配套资金、交通规费补助资金以及交通部门信贷资金按有关规定统筹管理使用，列入"十一五"建设规划的通乡公路应按照工程进度与建设资金同比例、补助资金与地方配套资金同比例的原则拨付，其他农村公路建设项目采用"以奖代补"的办法拨付补助资金，工程完工并经验收合格后一次拨付。

专家点评： 农村公路作为农村经济社会发展的基础性、先导性设施，是农村经济社会发展的重要支撑，是建设社会主义新农村的主要内容，近年来国家不断加大农村公路建设投入，本项目的建设必要性十分充分。

此处评估的重点在于：为规范项目建设，国家近年来先后制定出台了《国务院办公厅关于加强和规范新开工项目管理的通知》等主要文件，强调新开工项目立项、用地、环评等审批手续必须完整合规，并建立了项目管理联动机制，加强了项目建设信息统计和管理工作。同时，为规范银行信贷行为，国家发展和改革委员会等五部委联合印发《关于加强宏观调控，整顿和规范各类打捆贷款的通知》中明确规定，金融机构要停止一切打捆贷款。打捆贷款有一个明显特征，即贷款审批时不指向具体项目。本项目尽管包含多个子项目，但每个子项目均独立客观存在，因此，本项目贷款不属于打包贷款。农村公路建设项目具有单个项目投资小、地点分散等特点，国家对农村公路建设实行规划管理，并相应制定了独具特色的监管体制。对银行而言，面对一个地区成千上万条待建的农村公路，费时费力地对每条公路进行独立评审既是不可能完成的任务，也与国家积极推进新农村建设、改善广大农民生产生活条件的迫切需要相违背。评估报告中，大量介绍农村管理建设标准、管理制度和模式等，目的在于说明本项目无法取得相关土地、项目立项等手续的合理性，为相应解除银行信贷制度在手续要求上的刚性制约提供依据。

第三章　投资估算与资金来源评估

3.1　投资估算

按照××省农村公路建设目标和任务，以及"十五"期间农村公路建设投资造价实际情况测算，需建设资金 137 亿元。其中，县道硬化 31 亿元，乡道硬化 251 亿元，村道硬化 41 亿元，改建乡通等级路 1 亿元，新建村通公路 37 亿元，渡改桥 2 亿元（见表 7 - 5）。

表 7 - 5　"十一五"期间农村公路建设投资规模汇总表

单位：万元

项目名称	建设性质	"十一五"规划投资规模			分年度投资规模				
		总投资	申请中央投资	市州县自筹	2006 年	2007 年	2008 年	2009 年	2010 年
总计		1 371 627.59	902 058.84	469 568.75	233 855	387 659	264 386	245 809	161 491
县道	通畅工程	305 320	274 200	31 120	85 985	66 840	65 825	45 090	41 580
乡道	通畅工程	175 225	155 200	20 025	27 393	35 237	29 165	42 020	41 410
未列入国家计划的乡道	通畅工程	78 428.68	71 298.8	7 129.88					
村道	通畅工程	410 354.95	205 177.47	205 177.47	93 892.9	84 582.2	79 548.4	78 660.9	73 670.5
乡通等级路	通达工程	9 933.83		9 933.83	5 225.9	4 707.93			
村通公路	通达工程	370 801.14	185 400.57	185 400.57	21 358.2	189 710	84 755.4	74 978	
渡改桥	新建	21 564	10 782	10 782		6 582	5 092	5 060	4 830

3.2　资金来源

根据××省"十一五"农村公路建设规划,"十一五"期间,××省农村公路建设所需资金全部来自中央专项资金和市县财政自筹①,详见表7-6。

表7-6　农村公路建设资金来源结构表　　　单位:亿元

项目	金额	占比	备注
总投资	137	100%	
中央专项资金	90	65.7%	无偿
市县财政投入	47	34.3%	无偿

从建设资金来源上看,137亿元建设资金全部来源于政府财政性资金。按照国家制定的扶持西部省份通乡油路每公里补助40万元、通达工程每公里补助10万元的标准,中央专项资金计划安排90亿元,地方配套资金则按照《农村公路建设管理办法》的要求,列入地方人民政府的财政预算,主要通过地方财政资金、劳动力投入等方式解决。交通厅统计结果显示,已下达农村公路建设投资55.5亿元(其中,中央专项补助金计划到位36.5亿元,市县财政计划投入19亿元)的计划,并已到位建设资金42.4亿元,其中中央专项补助资金27.9亿元,市县财政投入14.5亿元。

3.3　融资计划

由于××省各县(区)财政实力较弱,一般是在中央专项补助资金部分(将其作为项目建设的启动资金)到位后,才正式开始各条农村道路的建设实施。同时,中央下拨的专项补助资金与交通厅的建设计划在时间上存在滞后。为加快××省农村公路建设进程,确保《××省"十一五"农村公路建设规划》目标的完成,交通厅向金融机构提出借款申请,计划通过先行使用信贷资金的方式解决中央补助资金到位滞后的问题。经我行总

---

① 　××省人民政府办公厅2006年印发的《××省加快农村公路建设有关支持政策规定》中规定,省财政收入增量中安排一定比例资金,用于农村公路建设。同时,由省财政适当贴息、交通规费作担保,落实银行贷款,用于农村公路建设。但在实际操作中,××省政府尚未安排省级财政资金用于农村公路建设。

行与××省分行努力营销，交通厅向××省分行提出借款申请，申请农村基础设施建设中长期贷款10亿元，期限5年。截至评估时，已到位的中央专项补助资金和市县自筹资金为42.4亿元，占农村公路建设总投资的31%，由于该部分资金完全由财政资金构成且无须偿还，可视同项目资本金，此比例已达到我行非经营性项目贷款资本金比例不低于15%的政策要求。

专家点评：《农村公路建设管理办法》（交通部令2006年第3号）明确规定，农村公路建设资金应当按照国家有关规定，列入地方人民政府的财政预算。同时，国家按照东、中、西差别对待的原则给予一定的补贴。也就是说，农村公路建设作为一项公益性事业，投资资金完全来自各级政府财政。而财政资金需列入年度财政预算，根据财政能力按年拨付农村公路建设资金，因此，在某一时点上农村公路建设规划进度所需资金与财政实际拨付能力之间总会存在一定的缺口，这个缺口即成为银行发展信贷业务的潜在空间，即通过时间换空间的方式用银行信贷资金先行投入项目建设，年度财政预算资金到位后偿还银行信贷资金。这样既可以使农村公路项目早日发挥公益作用，也能缓解政府财政压力，实现共赢。

第四章 贷款风险与效益评估

4.1 客户还款计划

××省交通厅申请我行贷款计划借款期5年，宽限期2年，2011年归还我行贷款2亿元，2012年、2013年分别归还贷款4亿元（见表7-7）。

表7-7 ××省交通厅借款用款、还款计划表 单位：亿元

	日期	金额		日期	金额
用款计划	2008年8月	10	还款计划	2011年8月	2
				2012年8月	4
				2013年8月	4

4.2　还款计划可行性分析

本笔贷款计划期限 5 年（含宽限期 2 年），利率执行同期基准利率下浮 10%，贷款方式为信用贷款方式。我部认为该计划安排较为合理，一是从还款资金来源上看，由于我行信贷资金主要是替代未到位的中央专项补助资金并先行投入，理论上讲还款资金来源为中央财政资金，并且××省交通厅承诺中央专项补助资金不能够按期到位或不足以归还我行贷款时，从收费公路收取的车辆通行费中支付贷款本息（交通厅车辆通行费收入情况详见本案例第二章有关内容），因此还款资金来源较为安全可靠；二是从借款主体上看，××省交通厅为省级行业行政主管部门，其借贷行为实质上具有省级政府信用背景，2007 年××省财政收入实现 392 亿元，且近8 年来均保持快速增长态势（见表 7 - 8），省政府信用程度较高。

表 7 - 8　2000 ~ 2007 年××省财政收入统计表　　　单位：亿元

	2000 年	2001 年	2002 年	2003 年	2004 年	2005 年	2006 年	2007 年
财政收入	108	124	150	177	216	254	295	392

4.3　风险分析

4.3.1　财务风险

（略）

4.3.2　建设风险

（略）

4.4　银行效益评估

经测算，本项目 10 亿元贷款发放后，我行可获得利息收入总计 2.6 亿元。

4.5　社会效益评估

××省是一个以农业为主的省份，自然条件恶劣，农业生产发展缓慢。通过投入大量的农村劳动力和当地建筑材料修筑农村公路，可直接增加农民收入，同时对提升当地农村路网营运能力将起到极为重要的作用，

极大地推动当地农村地区人员流、物资流、信息流、资金流的流动，从而激活当地区县农村经济，增加农民收入和就业水平、提高农民生产生活条件，促进社会主义新农村建设。

专家点评：本项目贷款期限 5 年，给予 2 年宽限期。主要原因是最近几年是各省公路建设的高峰期，各省公路厅（局）普遍承担了较高的银行负债，因此面临着较大的还本压力。给予一定的宽限期，可以缓解其资金压力，保持正常流动性。对银行而言，信贷资金虽然面临一定的风险，但由于还款来源于财政资金，信贷风险程度不高。

第五章　评估结论及相关建议

5.1　评估结论

××省农村公路建设项目符合国家发展和改革委员会《全国农村公路建设规划》（发改交运〔2005〕294 号）和××省"十一五"农村公路建设规划，是国家鼓励建设项目。本项目借款人——××省交通厅持有人民银行核发的贷款卡，具备向金融机构的贷款资格。贷款用于××省农村公路建设，贷款用途属于我行信贷制度规定的范围，项目建成后社会效益显著。贷款由交通厅统贷统还，交通厅各项收入近年来保持快速增长态势，还款资金充足，抗风险能力较强。

本项目贷款对象、贷款条件、资本金比例、贷款方式、贷款用途符合贷款管理的有关规定。

5.2　贷款建议

向本项目发放贷款 100 000 万元，期限 5 年，宽限期 2 年，贷款利率执行同期同档次基准利率下浮 10%（7.047%），采用信用贷款方式，贷款本金在偿还期内分年度非等额偿还。

5.3　管理措施

（1）成立由总行、××省分行、××省分行营业部有关人员参加的金融服务小组，制定个性化的金融服务方案，配备专门的客户经理，做好对客户及贷款项目的金融服务与监管工作。

（2）对贷款实行专户管理，坚持信贷资金使用报账制，按照工程建设进度发放信贷资金，确保信贷资金专款专用。

（3）积极争取与我行信贷资金配套使用的中央专项补助资金及市县自筹资金，划拨入我行账户并进行专户管理。

（4）积极争取××省地市县交通系统各单位在我行开立结算账户，同时争取为国开行等银行交通项目贷款办理代理结算业务。

（5）督促××省交通厅定期上报相关财务报表、项目建设进度及资金使用情况，分析交通厅规费收入、借款融资等变化情况，如遇到危及贷款安全的突发事件或发现不良趋势，应及时向上级行反映。

案例八　水利建设贷款项目评估

第一章　项目概述

1.1　项目概况

1.1.1　项目名称

×× 市 L 河流域综合治理项目（以下简称"本项目"）

1.1.2　项目性质

新设法人新建项目

1.1.3　项目建设单位及承贷主体

×× 市国有资产经营投资公司（以下简称"T 公司"）

1.1.4　项目立项情况

2007 年 6 月，×× 市发展和改革委员会下发了《关于 L 河流域综合治理工程项目可行性研究报告的批复》，同意本项目建设。

1.2　建设内容及规模

建设内容主要包括 L 河水系联网工程、水库除险加固工程、河道治理工程。本项目工程规模为中型，等别属 III 等，主要建筑物工程属 3 级，次要建筑物工程属 4 级。项目静态总投资 226 734 万元，建设期利息 24 143 万元，总投资 250 877 万元。

1.3 项目建设进展情况

截至评估时，本项目部分单项工程已开工建设，累计完成投资2 151.79万元，已按合同约定支付工程进度款1 061.29万元。

1.4 项目融资方案

T公司申请F银行中长期贷款200 000万元，期限10年（含宽限期2年），用于项目工程建设。

第二章 客户评估

本项目是政府投资的非经营性项目，借款人——T公司作为××市政府的融资平台，代表市财政局承担项目融资以及组织项目建设实施等职责，本项目贷款本息的偿还，来源于××市本级财政补贴资金。

2.1 客户概况

T公司成立于1994年，由市人民政府授权市财政局发起设立，属于副处级事业法人机构。成立时开办资金15 467.20万元，全部为政府财政投入，经过数次增资，目前开办资金达到563 361万元。基本账户开立在S银行，在F银行开立专项存款账户。

T公司实行企业化管理，并依照《中华人民共和国会计法》和有关财务会计制度的规定，建立健全了财务、会计制度，每月编制会计报表，会计年度终了时，制作财务报告，并依法经审查验证，接受财政部门和审计部门的审计检查。其实现的利润按市财政局核定的比例提取公积金和公益金，剩余部分按核定数额上缴财政或转作资本金。T公司的宗旨和业务范围：对授权范围内的国有资产进行经营管理；根据授权，负责筹集和管理建设资金；对城市基础设施开发建设和国有房地产进行投资。

T公司自成立以来，尤其是"十五"期间，根据市委、市政府的统筹规划，大力投资城市建设，包括新（改扩）建及综合整治城市主干道路30余条、430公里；建成公共绿地100多块，新建和改造园林绿地1 600公顷，栽植各种苗木 2 600 万株；建成了一批精品园林工程，取得了良好的社会效益。"十一五"以来，T 公司根据政府要求和财政安排，加大了对农村基础设施建设的投资力度。

2.2 法人治理结构和组织结构

根据《公司章程》规定，公司实行总经理负责制，总经理为公司的法人代表，公司总经理、副总经理由市财政局任免。公司设综合管理部、投融资财部、经营开发部和物业管理部。

2.3 信誉状况

T 公司主要经营者相关从业经验丰富，素质和信誉状况良好。通过银行信贷咨询系统查询，截至评估日，T 公司未结清贷款 51 笔，余额529 789万元，无不良信用记录。公司报表显示，T 公司实际贷款余额 532 913 万元，造成两者相差 3 124 万元的原因是信贷咨询系统未及时登记更新。

T 公司对外担保 15 笔，金额 36 200 万元，被担保单位目前均经营状况良好，或有负债代偿风险较低。

2.4 客户财务状况分析

从 T 公司的财务看，公司资产实力较为雄厚，盈利能力和筹资能力较强。截至 2007 年 8 月末，T 公司总资产 1 228 044 万元，所有者权益 691 767万元，资产负债率43.8%。T 公司主营业务收入持续增长，主要是政府财政补贴收入和土地出让收入。2007 年 8 月末，实现主营业务收入 25 477万元，是 2006 年全年收入的 2.09 倍（见表 8－1）。

表 8－1 T 公司财务状况简表　　　　　单位：万元

项目 \ 年度	2005 年末	2006 年末	2007 年 8 月
一、资产总额	606 090	1 133 550	1 228 044
（一）流动资产总额	115 746	154 338	178 629
（二）长期投资	18 169	24 243	30 383
（三）固定资产总额	472 175	954 968	1 019 033
二、负债总额	340 529	462 587	536 277

续表

年度 项目	2005 年末	2006 年末	2007 年 8 月
（一）流动负债	92 775	102 030	100 720
其中：短期借款	92 773	102 017	78 357
一年内到期的长期负债			19 000
（二）长期负债	247 755	360 556	435 556
其中：长期借款	247 755	360 556	435 556
三、所有者权益	265 560	670 963	691 768
四、主营业务收入	292	12 212	25 477
五、净利润	232	33 020	17 310
六、现金及现金等价物净增加额	− 54 874	27 377	− 186

T 公司对外借款合计 532 913 万元。其中：短期借款 78 357 万元，一年内到期的长期负债 19 000 万元，长期借款 435 556 万元（明细情况详见本案例第八章有关内容）。

T 公司实收资本 512 353 万元。其中，市国资局投入 300 万元，企业国有股权 18 003 万元，县市区投资入股 280 万元，固定基金转入 69 730 万元，财政拨入城建项目资本金 122 712 万元，市财政局拨入购置单身职工周转房资金 152 万元，市财政局拨入购买某厂破产财产资金 200 万元，政府划转公司土地 300 375 万元，少数股东权益 600 万元。资本公积 128 827 万元，系接收的城市公用资产。

2.5 客户核心竞争力分析

T 公司的信誉状况好，财务生存能力和还款能力强，与其他企业相比具有一些独特优势：一是 T 公司根据政府的安排组建成立，管理人员由市组织、人事部门任命和管理，是政府的融资窗口和平台。二是根据政府授权经营国有资产，根据政府决策和计划筹集、管理、使用基础设施建设资金，进行项目建设，政府对贷款本息的偿还给予全额补贴。三是政府正逐步将所控制的土地等优质资源注入公司，拍卖收益作为公司主要营运收益和借款重要的第二还款来源。

专家点评：本项目承贷单位为事业法人、企业化管理，其实质是地方政府融资平台公司，因此资金实力较为雄厚，盈利能力和筹资能力也比较强。这类公司因为有浓厚的政府背景，一般信用状况良好，其收入不仅来源于自身经营，很多来自政府注入的资产和补贴资金。对这类客户的评估重点在于公司账务和实际是否相符，公司名下各个项目的资金来源和使用是否清晰，是否存在互相拆补的情况。

第三章 项目建设必要性和建设内容

3.1 项目建设背景

L河是××市最主要的三条河流之一，全长127公里，流域面积1 237平方公里。L河、水库及其构成的水系肩负着当地农田灌溉、城市工业及生活供水任务，是沿河生产生活赖以延续发展的重要水系资源。多年来，L河在给沿河农业生产和经济建设带来巨大效益的同时，自身治理和清污也迫在眉睫，诸多问题已经直接影响到当地经济社会发展和人民群众的生命财产安全。

3.1.1 水资源供需矛盾突出

××市是××省的重点缺水城市之一，人均占有量只有350立方米，不足全国人均水平的1/7。据统计，2000年××地区水量缺口在6亿立方米，预计到2010年缺口将达10亿立方米。××市水资源在总量不足的同时，时空分布又极不平衡，进一步加剧了供需矛盾。近年来，随着工农业生产的迅猛发展，产业结构发生了重大变化。对水资源需求不断增加。高产优质经济作物的大面积发展，对水利条件提出了更高要求。一批大型企业的兴起，进一步加剧了当地水资源供需矛盾，水资源不足已成为制约当地经济社会发展的主要因素。

3.1.2 地下水超采严重

××市地下水大规模开发利用始于20世纪80年代初，目前地下水已严重超采，年均开采量13.5亿立方米，超采约2.8亿立方米，地下水位持续下降，使北部平原区已形成一个大的地下水降落漏斗区，面积达1 500平方公里，并引发了咸水南侵等水环境灾害。

3.1.3　水体污染严重

大量未经处理的生活和工业污水直接排入河道和渗井、渗坑，加之过量使用农药和化肥，使得河流和地下水受到严重污染。城市下游河道多为不能利用的超 V 类流水体，生态环境日益恶化。

3.1.4　河道长年淤塞

由于河道多年没有得到有效清淤，导致 L 河水库上游段河槽已在地面以上，加之库区山高坡陡，汛期山洪暴发，对两岸冲刷严重，极易造成下游河道淤积以致河道淤塞。

3.1.5　河岸堤防工程老化

L 河水库属全国重点病险库，其上游部分河段仅五年一遇洪水标准，下游部分河段仅十年一遇洪水标准，下游段河底最窄处仅有 60 米。堤防工程严重老化，河岸堤身单薄，安全超高不足，行洪断面狭窄，防洪能力低下。水库安全直接危及水库以下 8 公里处的××市城区，还有 15 公里处的铁路、20 公里处的高速公路和 75 万亩耕地，更直接影响到 130 万人口的生命安全。

3.2　项目建设必要性

3.2.1　建设社会主义新农村的重要内容

国务院《关于积极发展现代农业扎实推进社会主义新农村建设的若干意见》明确提出，加大病险水库除险加固力度，加强中小河流治理，改善农村水环境，"十一五"时期，要解决 1.6 亿农村人口饮水安全问题，争取到 2015 年基本实现农村人口安全饮水目标。本项目建设将极大地改善当地的水环境，提高农业和农村水资源供给，确保农村人口饮水安全。

3.2.2　促进地方经济社会协调发展的重要举措

（略）

3.2.3　确保人民群众生命财产安全的重要保证

（略）

3.3　项目建设内容

本项目总投资 250 877 万元，主要包括五大工程。

1. L 河水系联网工程。工程将三条河流域的地表水资源，按各水库现状工程的调蓄能力进行水量平衡，将满足当地工农业用水的多余水量调入 L 河水库调蓄，再向市区、灌区供水。工程分西线调水和东线调水两部分。

2. L 河水库除险加固工程。水库位于××市城区以南 9 公里处，始建于 1958 年，由主坝和东、西副坝组成，总库容 1.48 亿立方米，兴利库容 4 070 万立方米。经专家组根据大坝现场安全检查和分析评价，被鉴定为险库，属三类坝。除险加固工程内容主要包括大坝抗震加固、坝体及基沙砾石层截渗处理、西副坝坝端坝体补建、东西副坝坝顶新建防浪墙等。

3. L 河河道治理。工程为 L 河水库至入海口段，全长 90.8 公里，主要包括新建、改建排水工程、拦蓄水工程、堤防工程及主河槽防冲渗等。

（1）新建排水工程。拟采用大断面排水箱涵，新建箱涵在沿河堤外排水实行雨、污分流前需承担所有的排水量，包括平时污水排放及中小降雨时的雨水排放。新建箱涵均设有出溢口，遇到中、大暴雨可自动溢流。新建箱涵沿内堤脚东、西各一条，单线长 15.2 公里，总长 30.4 公里。

（2）堤防工程。与排水工程相结合，主河槽主要利用现已建砌石护岸，大堤均按五十年一遇洪水标准的防洪规划标高予以加高，主河槽均采用浆砌石重力式挡土墙进行护岸，排水箱涵上部及台地上做绿化、人行道等景观设计。自砌石挡土墙基础到水面堤防均做 EVA 两布一膜防水处理，主河槽河底采用固结土护渗层。

（3）拦蓄水工程。沿河道 15.2 公里规划共建设拦水闸、坝 5 处，新建拦河坝考虑通航均设过船闸门，采用油压启闭；北环路以北至入海口段，建 2 个拦河闸。

（4）交通桥。新建拦蓄水工程完成后，L 河主河槽内水深一般 3～5 米，原有的三座漫水桥需拆除重建。

（5）主河槽防渗工程。17%～20% 水泥固化土防渗。

（6）三处险工段护岸。

4. 四条河的水系联网。××市水资源分布极不均匀，实现市内四条河水系联网对于调剂余缺、发展工农业生产具有重大意义。根据水源地和地形地物情况，工程无法采用自流输水方式，需要采用压力管道输水方式，这样不占用农田、减少不必要的拆迁，同时也达到了节水的目的。工程建设内容主要包括管道工程和泵站工程。

5. 新建两座水库。××市经济项目区坐落于 L 河下游入海口河道两岸，是一个以生态保护、人口居住、制造加工为主的经济项目区，规划面积 2 657 平方公里。区内地势平坦、村庄稀少，有大面积的盐碱地可供利用。开发成本低，发展空间大，但水的问题严重制约园区发展。两座水库的建成可以解决当地工农业用水及居民生活用水，从根本上改善经济项目区的投资条件。工程建设内容主要包括调引水、蓄水工程，新建两座库容分别为 500 万立方米和 1 200 万立方米的水库，在水库周围新建净水厂两座，日处理能力分别为 8 万吨和 12 万吨。

专家点评：本项目为纯公益性项目，建设必要性充分。公益性项目的建设必要性主要体现在为当地人民生产生活所带来的福利，往往不体现为直接的经济效益，更多地反映为社会效益。

第四章　项目建设条件评估

4.1　项目进展过程评估

4.1.1　项目审批情况

2007 年 6 月 20 日，××市发展和改革委员会下发了批复，对本项目予以核准。

2007 年 7 月 24 日，××市环境保护局对《环境影响报告表》出具了审批意见，同意本项目建设。

4.1.2　项目建设情况

本项目计划 2007 年 8 月开工建设，2009 年 8 月底建设完成，建设工期 2 年。目前项目已按期开工，根据"先急后缓，分步实施"的原则，部分单项工程已开工建设。

水系联网工程已于 2007 年 6 月确定了施工单位和监理承包商，施工单位已进场施工。水库除险加固坝体防渗工程已结标并开工建设，已开工部分中标合同价款 3 622.81 万元。环境治理（城区段）工程中，垃圾山搬迁工程目前已基本竣工，截污管涵工程和截污箱涵、清淤、防渗工程均已结标并开工。据现场评估数据统计，截至评估日，已开工中标合同价款

20 981.1万元，累计完成投资 2 151.79 万元，已按合同约定支付工程进度款 1 061.29 万元。

4.2 项目地理水文状况评估

4.2.1 地形地貌

项目区为山丘区，主要是构造剥蚀地形，整个水系由南向北，河道平均比降为 1/1 200，南部较陡，北部较缓，由丘陵区逐渐过渡到平原区。

4.2.2 水文气象

项目区 L 河流域属华北暖温带季风气候区，夏季多东南风，炎热多雨；冬季多西北风，寒冷干燥，雨雪较少；春季干燥多风；秋季天高气爽。多年平均气温 11℃~14℃。年均降雨量 659 毫米，降雨多集中在 6 ~9 月，占全年的 73%。

4.2.3 降水

据 1952~1999 年统计资料，项目区多年平均降水量为 655.0 毫米。降水量年际变化的特点是丰枯交替、旱涝不均，连续枯水年的几率大，1964 年降雨量达 1 271.7 毫米，为历年之最，而自 20 世纪 80 年代以来却连续干旱。降水量年内变化的特点是季节变化明显，汛期（6~9月）降水量占全年的 70% 以上。从地域分布上看，大致是东南部大，西北部小，东南山丘区年平均降水 800 毫米以上，而北部滨海区不足 600 毫米。

4.2.4 蒸发

项目区多年平均蒸发量为 1 382.2 毫米，从 1956~1993 年统计资料分析，水面蒸发的主要特征是年际差异较小，季节差异较大。最大年蒸发量 1 656.8 毫米（1968 年），最小年蒸发量 1 123.6 毫米（1984 年），相差不足 50%。

4.2.5 径流

受气候和下垫面因素的影响，地面径流分布不均，年际和年内变化均很悬殊，南部山区多年平均径流深达 300 毫米，北部滨海区只有 80 毫米，相差近 4 倍。最大年均径流深为 550 毫米，最小年均径流深只有 14 毫米，相差近 40 余倍。汛期雨量集中，径流量大，占全年径流量的 80% 以上；枯水期径流极小，河流常常干涸。

4.3　项目建设技术条件评估

4.3.1　施工技术方案

本项目施工技术含量不高，技术方案较为成熟。

1. 土方工程。土方工程主要包括清淤、清基、开挖、回填等施工环节。本项目土方量巨大，为了提高施工效率、缩短工期、降低造价，土方工程以机械化施工为主，人工开挖为辅。土方开挖和回填，采取"就近堆放、就近借土、就近回填"的原则。

2. 砌石工程。砌石工程施工前先平整工作面，低洼处回填土料夯实。砌石工程采用人工施工，水泥砂浆采用砂浆搅拌机制，人工胶轮车运输至工作面。

3. 混凝土及钢筋凝土工程。由于各单项工程凝土浇筑量较大，故混凝土拌和需采用大型搅拌机搅拌，搅拌机的进料及出料均用机械运输，混凝土采用人工平仓，插入式振捣器振捣，人工洒水养护。

4. 金属结构安装工程。安装工程主要包括闸门及闸门附件、启闭机等安装。

4.3.2　施工材料供应

本项目建设所需建筑材料主要有石料及沙砾石料，可根据当地实际情况及材质类别，就近组织采购及运输。项目单位将成立专门的采购部门，外购工程施工所需的其他大宗材料，能够满足施工需要。

4.4　项目用地、水、电、消防落实情况

在本项目五个组成部分中，有四个部分在原有河道库区上实施，均不涉及新增占用土地问题，无须办理国有土地使用证。2007 年 6 月，××市规划局出具了《建设工程规划许可证》；2007 年 6 月，××市规划局出具了《建设用地规划许可证》；2007 年 6 月，××市建设局出具《建筑工程施工许可证》。

本项目施工用水、用电已分别经自来水公司和供电公司的批准，水电供应可利用附近的水电系统。

××市公安局消防分局于 2007 年 6 月 18 日出具了同意本项目可行性研究报告消防设计的审核意见，同意本项目消防防火方案。

4.5 交通运输条件

项目所在地××地区是该省重要的交通枢纽，铁路横贯东西，通达全国各地，国道及城乡公路四通八达，多条干线公路途经本市，通车里程达7 238公里。交通运输条件优越。

4.6 环境影响情况评价

根据工程建设方案分析，工程对环境影响问题主要表现在建设过程中向环境排放的主要污染物质，有施工废水、作业粉尘、机械烟尘以及施工噪声等。但是污染影响仅是暂时的，将随着工程建设的结束而消失，一般不会产生永久性污染效应。××市环保局对《环境影响报告表》出具审批了意见，同意本项目建设。

4.7 项目管理评估

本项目按照"谁贷款、谁使用、谁偿还"的原则，由承贷企业T公司具体负责项目建设规划、实施和监督管理工作。同时为保证项目的顺利实施，本项目由市政府牵头，成立了由市财政局、水利局、发展和改革委员会、T公司共同组成的项目领导小组，负责项目建设规划、协调，监督工程质量、进度和资金的使用与拨付工作。

专家点评：水利项目的建设条件非常专业和复杂，银行很难对其进行独立的评估，只能依靠可行性研究报告（初设）和有权审批部门的批复意见。银行评估的关键是项目各项审批手续是否齐备，审批部门是否具有权限，特别是所需的水利部门的有关审批手续。

第五章　项目效益评估

本项目是非经营性项目，具有较强的公益性和基础性，项目效益主要体现在生态效益和社会效益，项目自身的财务效益并不明显。

5.1 生态效益评估

本项目实施后，通过河道平整、疏浚、河堤修正加固和拦蓄水工程的建设，可以改变过去非汛期河道干涸、污水横流的状况，形成一个从南到北 15 公里、从东到西 20 公里范围的污水管网体系，区内污水得以顺利输送到污水处理厂，大大改善流域生态环境。

5.2 社会效益评估

本项目的建设实施将直接增加水量供给，缓解农村和城市用水的供需矛盾，增加耕地面积和可灌溉面积，提高农业产量和工业产能，积极推动当地工农业产业结构调整和升级换代。据估算，项目建成后年均调入 L 河水库的水量为 8 199 万立方米，调入的水量将新增灌溉面积 15.9 万亩，可解决沿岸 50 个乡镇、1 750 个村，共计 105 万人、25 000 头大牲畜饮水问题，还可向市区年均供水 3 650 万立方米，每年可向工业提供用水 9 125 万立方米。新建的 2 个水库可在经济项目区内增加 1 700 万立方米蓄水，日供水 20 万吨，既能解决当地工农业用水及居民生活用水，又从根本上改善经济项目区的投资条件。同时，河道治理和病险水库除险加固工程消除了因洪水、地震、渗流而产生的洪涝危险，可使市区和沿岸及下游 60 个乡镇、2 100 个村共计 130 万人受益。

5.3 经济费用效益评估

5.3.1 计算基数

本项目静态总投资 226 734 万元，项目国民经济评价总投资为 217 665 万元①。

5.3.2 费用计算

费用主要包括水源费、管理费、折旧费、大修费。

1. 水源费

---

① 国民经济评价总投资的计算要剔除工程概算中属于国民经济内部转移支付的费用，并用影子价格对主材、工资和土地费用等进行调整。根据水利行业经验数据，采用系数 0.96 乘以工程静态投资，计算得出项目国民经济评价总投资。

由于本项目为公益性项目，因此实际采用的水源费远低于当地商业供水价格。本项目水源分别采自不同的水库，水费价格也不同，较高的 0.2 元/立方米，较低的 0.066 元/立方米。

（1）L 河水系联网工程水源费合计 1 078.84 万元。

（2）四河串联工程水源费 600 万元。

（3）新建 2 个水库水源费 1 460 万元。

水源费 A_1 为 3 138.84 万元。

2. 管理费

本工程管理人员暂按 200 人计取，以每人每年 40 000 元估算，年管理费 A_2 为 800 万元。

3. 折旧

折旧采用直线折旧法，工程寿年按 40 年计算，无余值，年折旧 A_3 为 5 441.6万元。

4. 大修费

大修费按固定资产的 1.80% 计算，10 年大修一次，40 年中大修 3 次，年平均大修费 A_4 为 294 万元。

5. 日常抢修维护费

按固定资产的 0.1% 计算，日常抢修维护费 A_5 为 218 万元。

以上合计年运行费为 $A = A_1 + A_2 + A_3 + A_4 + A_5 = 9\ 209.66$ 万元。

5.3.3 效益计算

1. 供水效益

本工程每年可向工业提供用水 9 125 万立方米，按照《水利建设项目经济评价规范》（SL 72—94）要求，结合工程实际情况，工业供水效益采用分摊系数法进行。

计算公式：

$$\beta_1 = \frac{W}{W_0} \times \phi \times \varepsilon$$

式中：β 为年供水效益（万元）；

　　　W 为年供水量（9 125 万立方米）；

　　　W_0 为工业综合万元产值用水量（按 75 立方米/万元计算）；

ϕ 为工业年产值占总产值的比例①（32%）；

ε 为工业供水效益分摊系数②（12%）。

经计算供水效益 β_1 = 46 720 万元。

2. 防洪效益

经估算，L 河水库除险加固和 L 河河道整治完成后，消除了因洪水、地震、渗流而产生的洪涝危险，根据《可研报告》，防洪效益 β_2 = 4 264元。

3. 灌溉效益

本项目可扩大灌溉面积 15.93 万亩，每亩增产效益按 100 元计算，年效益 β_3 = 1 593 万元。

4. 年总效益

$\beta = \beta_1 + \beta_2 + \beta_3$ = 49 656 万元。

5.3.4　国民经济评价参数分析

经济评价按照《水利建设项目经济评价规范》（SL 72—94）规定，采用动态法。社会折现率采用8%，经济计算期40年，建设期2年（2007年8月至2009年8月）。

1. 经济内部收益（EIRR）

$$\sum_{t=1}^{n} (B - C)_t \cdot (1 + EIRR)^{-t} = 0$$

式中：B 为各年效益；

C 为各年费用；

T 为计算年序数；

n 为计算期，n = 42。

经计算，EIRR = 16.7% > 8%。

2. 经济净现值（ENPV）

$$ENPV = \sum_{t=1}^{n} (B - C)_t (1 + i_s)^{-t}$$

式中：i_s = 8%（社会折现率）；

经计算，ENPV = 131 754 > 0。

---

① 数据来源：近五年××地区年产值占总产值的比例取平均值。

② 数据来源：《可研报告》编写单位根据当地工业供水效益经验数据确定。

3. 经济效益费用比（R_{BC}）

$$R_{BC} = \frac{\sum\limits_{t=1}^{n} B_t \left(1 + i_s\right)^{-t}}{\sum\limits_{t=1}^{n} C_t \left(1 + i_s\right)^{-t}}$$

经计算，$R_{BC} = 1.5 > 1$。

专家点评：本项目社会效益和生态效益十分显著，因为属于公益性项目，所以采用经济费用效益评估法，经测算经济净现值大于 0，经济内部收益率大于社会折现率，经济效益费用比大于 1，经济资源配置合理，经济效益可行。

第六章　项目投资估算与融资计划评估

6.1　投资估算

由于本项目《可研报告》编制时间距离评估日较近，可靠性较高，因此本次评估静态投资采用《可研报告》数据 226 734 万元，根据中国人民银行利率调整政策和项目实际资金安排对建设期利息重新进行了估算。经测算，本项目总投资 250 877 万元，建设期利息 24 143 万元（见表 8 - 2）。

表 8 - 2　总投资估算表　　　　　　　　单位：万元

项目编号	工程或费用名称	建筑工程费	安装工程费	设备购置费	临时工程费	其他费用	可研总投资	评估总投资
1	第一部分建筑工程	165 481					165 481	165 481
1.1	一、L 河水系联网工程	12 563					12 563	12 563
1.2	二、L 河水库除险加固工程	5 253					5 253	5 253
1.3	三、L 河河道治理工程	119 853					119 853	119 853
1.4	四、四河联网工程	4 253					4 253	4 253
1.5	五、新建水库工程	21 869					21 869	21 869

项目编号	工程或费用名称	建筑工程费	安装工程费	设备购置费	临时工程费	其他费用	可研总投资	评估总投资
1.6	六、其他工程	1 690					1 690	1 690
2	第二部分机电设备		232	6 028			6 260	6 260
2.1	设备购置			6 028			6 028	6 028
2.2	设备安装		232				232	232
3	第三部分金属结构设备		1 870	8 299			10 169	10 169
3.1	设备购置			8 299			8 299	8 299
3.2	设备安装		1 870				1 870	1 870
4	第四部分临时工程				12 792		12 792	12 792
4.1	一、施工导流工程				342		342	342
4.2	二、施工交通工程				3 914		3 914	3 914
4.3	三、场外供电线路工程				641		641	641
4.4	四、临时房屋建筑工程				3 450		3 450	3 450
4.5	五、其他临时工程				4 444		4 444	4 444
5	第五部分其他费用					8 489	8 489	8 489
5.1	一、建设管理费					6 692	6 692	6 692
5.2	二、管理及生产准备费					100	100	100
5.3	三、科研勘测设计费					1 102	1 102	1 102
5.4	四、其他					595	595	595
	第一至第五部分合计	165 481	2 102	14 326	12 792	8 489	203 190	203 190
6	预备费					23 544	23 544	23 544
6.1	基本预备费					23 544	23 544	23 544
6.2	静态总投资						226 734	226 734
7	建设期贷款利息						27 000	24 143
	总投资	165 481	2 102	14 326	12 792	59 033	253 734	250 877

6.2 融资方案及年度投资计划

××市政府将从财政预算中安排 50 877 万元拨付给 T 公司，作为本项目的资本金（资本金比例为 21%），项目建设实际投资如超过投资概算时，超额部分由××市财政另行筹集资金解决。

具体资金筹措方案如表 8-3 所示。

表 8-3 资金到位计划表 单位：万元

资金来源	合计	占比	2007 年	2008 年
一、资本金（××市本级财政）	50 877	20.3%	30 000	20 877
二、银行贷款	200 000	79.7%	100 000	100 000
合计	250 877		130 000	120 877

本项目计划 2007 年资金投入 13 亿元，2008 年投入 12.09 亿元，其中××市本级财政资金 2007 年投入 3 亿元，2008 年投入 2.09 亿元，剩余部分为银行信贷资金投入。

专家点评：本项目资本金由市政府从财政预算中拨付，相对较为可靠。需要注意的是，在项目评估时要考虑到项目实施时如果超投资预算，超出部分由谁负责，最好明确由借款人自筹，避免借款人超预算时倒逼银行增加贷款。

第七章 社会信用及政府信用评估

本项目是政府投资的非经营性项目，还贷资金来源于××市政府本级财政补贴资金。因此，××市政府的信用状况及其还款能力是本项目评估的重点。政府信用作为社会信用体系的一部分，对政府信用的评价主要从社会信用状况、政府为强化社会信用建设出台的政策措施、政府信用记录等方面进行考察。

7.1 社会信用评估

近几年来，××市委、市政府高度重视金融环境建设，把金融工作作为经济工作的命脉来抓，努力优化金融发展环境，积极创建"文明诚信"品牌，全力打造责任政府、信用政府。通过强化组织建设和制度建设，社会信用环境不断改善。据××市银监局统计，××市金融机构贷款不良率近年呈现逐步下降趋势，2004年整体不良贷款率为18.52%，2005年为9.76%，2006年下降至7.79%；地方商业银行不良贷款率2004年为12.95%，2005年下降至2.92%，2006年下降至2.27%。

7.2　政府信用评估

　　××市政府积极发挥政府在信用建设中的表率作用，牢固树立起信用政府的良好社会形象。

7.2.1　认真履行偿债责任

　　目前，××市政府已与多家银行建立了良好的合作关系，截至2007年8月末，从各家金融机构融资金额累计48.4亿元，部分贷款已进入了还本期。××市政府认真自觉履行政府各类贷款的偿还责任，所有借款本息均按时拨付到位。

7.2.2　积极化解金融风险

　　××市政府为给地方金融业的发展营造良好氛围，充分发挥组织优势，积极帮助金融部门化解金融风险。2006年，某公司挪用银行1 140万元贷款，政府得知后立即出面协调，督促企业及时偿还了贷款。2006年底，某公司因经营不善倒闭，当地政府代为偿还了几家银行的贷款本息，金融机构没有因为企业破产而使债权受损。

7.2.3　与F银行建立了良好的合作关系

　　F银行××市分行牢固树立"依靠党委政府，面向优质客户"理念，以政府信用为平台，发挥政府的组织协调优势，在积极拓展业务的同时切实防范信贷风险。一是与市委、市政府建立了合作平台。二是与财政局、农业局、水利局等相关部门建立了科学筛选、推荐项目、合作共管的推荐评估机制。三是通过政府协调，市中级人民法院下发专门文件，对涉及政府推荐项目贷款方面的案件，做到依法从快处理，F银行享受优先受偿、资产保全、不冻结账户等优惠政策。

第八章 政府财政能力评估

8.1 市本级财政基本情况

2004～2006 年，××市 GDP 快速增长，平均增长率达到 17.5%。同时，市本级财政各年收支平衡、略有结余，保持健康发展的良好态势（见表 8−4）。

表 8−4 2004～2006 年××市本级财政收支情况表 单位：万元

项目	2004 年	2005 年	2006 年	近两年平均增长率
一、当地 GDP（全市口径）	12 464 000	14 712 000	17 208 800	17.50%
二、财政总收入	355 519	487 063	543 556	24.30%
增长率	30.25%	37%	11.60%	
1. 一般预算总收入	219 650	287 136	331 186	23.03%
1.1 一般预算收入	125 585	164 860	153 941	12.33%
其中：税收收入	105 986	142 466	128 440	12.29%
非税收入	19 599	22 394	25 501	14.07%
1.2 一般预算体制结算收入	94 065	122 276	177 245	37.47%
其中：税收返还可支配	55 510	57 744	109 143	46.52%
其他补助与结余	38 555	64 532	68 102	36.45%
2. 基金预算收入	50 274	83 348	126 192	58.60%
3. 预算外收入	85 595	116 579	86 178	5.06%
三、地方财政收入	175 859	248 208	280 133	27.00%
税收收入比例	50.88%	50.15%	41.08%	
四、本级可支配财力	219 663	284 761	345 403	25.47%
五、地方财政支出	201 992	289 647	368 273	35.27%
1. 一般预算支出	144 907	195 746	226 869	25.49%
1.1 一般预算经常性支出	87 747	118 398	134 452	24.25%
1.2 一般预算建设性支出	57 160	77 348	92 417	27.40%
建设性支出比例	39.45%	39.51%	40.74%	
2. 基金预算支出	57 085	93 901	141 404	57.54%
六、其他支出	153 527	197 416	175 283	8.69%
1. 上解上级支出	33 949	38 878	35 561	2.99%
2. 预算周转金、国债转贷	1 688	5 129	3 627	87.28%
3. 预算外支出	79 450	116 267	80 021	7.58%
七、年终结余	38 440	37 142	56 074	23.80%

数据来源：《××市级财政一般预算收支决算总表》（2004～2006 年度）。

8.1.1 本级财政收入情况

2004～2006 年，××市本级财政总收入快速增长，由 35.55 亿元增长到 54.36 亿元，平均增长 24.3%。市本级财政一般预算总收入的增幅分别为 23.03%，其中一般预算收入近两年的平均增幅为 12.33%，表明财政收入增长为稳健型高质量增长。市本级可支配财力由 2004 年的 21.97 亿元增长到 2006 年的 34.54 亿元，平均增长率 25.47%，表明××市政府自主支配的资金来源较为充裕。

需要特别说明的是，2006 年××市本级财政收入增速放缓，分析原因主要是当年财政管理体制改革、实行税收属地征管造成的，引起市级财政一般预算收入中的税收收入增长减缓，由于改革有利于优化资源配置，充分调动各区的积极性，但从长远看改革将更有利于市级收入的稳定增长和集中财力投向重大发展项目。

8.1.2 本级财政支出情况

在 2006 年地方财政支出中，一般预算经常性支出 13.44 亿元，占一般预算支出的 59.3%，近两年平均增长率 24.25%；一般预算建设性支出为 9.24 亿元，占一般预算支出的 40.7%，近两年平均增长率 27.4%。近年来，××市政府逐渐加大了支持企业挖潜改造、农村基础设施建设、城市基础设施建设和维护的投资力度，建设资金投入逐年增大。一般预算建设性支出增长幅度大于一般预算经常性支出增幅，说明财政在满足正常的人员和经费支出（经常性支出或刚性支出）外，可用于基础设施建设等领域的资金支出不断增加，财政费用负担相对减轻，财政支出结构更趋优化。

8.2 财政负债分析

8.2.1 财政负债基本情况

2004～2006 年，××市本级财政负债规模快速增长，负债余额从 159 067 万元增长到 396 158 万元，平均增长率为 59%。2007 年 8 月末，财政负债余额 514 158 万元，比 2006 年末增加 11.8 亿元，主要是新增国内金融机构借款（见表 8-5）。

表8-5 2004~2007年8月财政负债余额情况 单位：万元

	2004 年	2005 年	2006 年	2007 年 8 月
国债转贷	14 093.3	11 653.3	23 119	23 119
国外贷款	14 494.4	8 108.6	17 560	17 560
上级财政借款				
农业综合开发借款				
清理农村合作基金会借款	200	200	200	200
国内金融组织其他借款	125 000	196 800	350 000	468 000
粮食亏损企业挂账	5 279	5 279	5 279	5 279
其他负债				
本级财政负债合计	159 067	222 041	396 158	514 158

8.2.2 本项目贷款期间财政偿债计划

本项目贷款期间（2007~2017 年），××市政府计划偿还各种债务（含利息）708 706 万元（见表8-6），其中国债 18 955 万元；国外银行借款（含世界银行贷款）15 488 万元；偿还清理基金会借款 200 万元；偿还国内金融机构借款本息 674 063 万元（项目贷款利息从 2008 年起按年利率7.83% 预计）。

表8-6 本级财政负债分年度偿还计划 单位：万元

年份	国债	国外贷款	清理基金会借款	国内金融组织借款本息			合计
				T公司	滨海公司	小计	
2007	2 048	2 844	20	61 376	2 409	63 785	68 697
2008	2 048	2 844	20	47 045	11 753	58 798	63 710
2009	2 048	1 850	20	73 539	8 288	81 827	85 745
2010	2 048	1 647	20	69 274	7 897	77 171	80 886
2011	2 048	979	20	69 195	7 506	76 701	79 748
2012	2 048	979	20	67 045	7 115	74 160	77 207
2013	2 048	979	20	62 566	6 722	69 288	72 335
2014	1 911	979	20	59 687	6 331	66 018	68 928
2015	1 131	979	20	35 490	5 940	41 430	43 560
2016	1 048	775	20	28 473	5 548	34 021	35 864
2017	529	633		26 707	4 157	30 864	32 026
合计	18 955	15 488	200	600 397	73 666	674 063	708 706

8.2.3 主要债务指标

经计算，××市本级财政近三年主要债务指标（债务依存度、偿债率、负债率、债务率）基本上能控制在警戒线以内，说明××市本级财政负债规模较为合理，年度偿还债务的压力较小。

需要注意的是，2006年债务率指标达到114.69%，高出100%的警戒线，说明××市本级财政金融机构借款增长过快，存在一定的风险隐患。本次评估计算的可支配财力是一般预算总收入剔除行政事业单位正常运转经费后的资金，但是警戒线指标计算中的可支配财力是指剔除行政事业单位正常运转经费外的预算内外资金，计算口径大于评估的计算口径，按照警戒线指标口径计算结果为96.84%，低于警戒线水平（见表8-7）。

表8-7 ××市财政主要债务指标统计表

	2004年	2005年	2006年	警戒线[1]
本级财政负债合计（万元）	159 067	222 041	396 158	
偿债率（%）	1.08	3.38	5.79	10
负债率（%）	1.28	1.51	2.30	10
债务率（%）	72.41	77.97	114.69	100

注：①偿债率＝当年债务还本付息额/当年的财政收入；②负债率＝政府性债务余额/地区生产总值，反映地方经济状况与政府性债务余额的适应关系；③债务率＝政府性债务余额/当年可支配财力，反映地方可支配财力对政府性债务余额的承受能力。

8.3 本项目财政补贴还款能力分析

8.3.1 补贴还款计划

2007年6月20日，××市政府向××市人大常委会提交了《关于融资进行L河流域综合治理项目的报告》，6月27日，××市人大常委会审议通过了该报告。报告中明确××市为建设本项目，由T公司向F银行申请贷款20亿元，期限10年，政府将在每年的财政预算中安排财政资金对T公司进行补贴，补贴资金专项用于F银行贷款本息的偿还，并制定了还款计划（见表8-8）。6月29日，××市政府印发《关于实施L河流域综

---

① 警戒线的取值参考了国际、国内的公认标准。

合治理项目建设和贷款有关问题的通知》，要求财政局按照人大审议通过的还款计划安排财政资金对本项目予以补贴。7月1日，××市财政局印发了《关于对××市国有资产经营投资公司建设L河流域综合治理项目进行财政专项补贴的通知》，通知财政将对T公司承贷的F银行贷款进行专项补贴。

根据××市人大审议通过的××市本级财政补贴还款计划，贷款期内财政将安排专项资金自2009～2016年每年补贴归还贷款本金2.2亿元，2017年归还贷款本金2.4亿元，总计20亿元，贷款利息据实全额于每月15日之前拨补到位。

表8-8　还本付息计划表　　　　　　　　单位：万元

年度	合计	建设期①			还款期							
		2007.8	2008	2009.8	2010	2011	2012	2013	2014	2015	2016	2017
年初累计借款	合计	0	100 000	200 000	178 000	156 000	134 000	112 000	90 000	68 000	46 000	24 000
本年新增借款	200 000	100 000	100 000									
本年应计利息	84 801	1 958	11 745	14 799	13 076	11 354	9 631	7 908	6 186	4 463	2 741	940
本年应还本金	200 000			22 000	22 000	22 000	22 000	22 000	22 000	22 000	22 000	24 000
本年应还利息	84 801	1 958	11 745	14 799	13 076	11 354	9 631	7 908	6 186	4 463	2 741	940
还本付息合计	284 801	1 958	11 745	36 799	35 076	33 354	31 631	29 908	28 186	26 463	24 741	24 940
财政补贴计划	284 801	1 958	11 745	36 799	35 076	33 354	31 631	29 908	28 186	26 463	24 741	24 940
覆盖率	100%	100%	100%	100%	100%	100%	100%	100%	100%	100%	100%	100%

注：覆盖率＝财政补贴计划/还本付息合计×100%。

8.3.2　补贴还款来源分析

1. 第一来源：一般预算建设性资金支出

按照本项目贷款期间财政偿债计划，××市在2007～2017年偿还各项债务70.87亿元。根据××市财政局编制的《规划与展望——走向2010年的××财政》，××市"十一五"期间地方财政收入稳定预测年增长率在15%以上（见表8-9）。

---

① 建设期利息的计算期为2007年10月到2009年8月，总计24 143万元。

表8-9 ××市"十一五"期间财政收入增长预测表

年份	地方财政收入增长率（%）	地方财政收入（亿元）
2006	15.75	81.83
2007	16.1	95
2008	15.92	110.13
2009	15.84	127.57
2010	15.83	147.76

　　××市前两年本级地方财政一般预算建设性支出资金平均增长率达到27.4%，超过了地方财政收入24.30%的平均增幅。基于谨慎性原则，在评估未来可用财政补贴资金时，对一般预算建设性支出年平均增长率取值与财政收入增长率相同，即15%。经测算，未来项目期内（2007～2017年）一般预算中用于建设性支出的资金总额可达到258.78亿元，其中用于偿还财政债务支出70.87亿元，用于本项目资本金支出5.09亿元，预计可用财政补贴资金182.82亿元。本项目期内贷款本息合计28.48亿元，整体覆盖率为6.42倍，且分年度覆盖率最低年份为1.49倍，最高年份15.96倍，每年可用补贴资金足以覆盖本项目贷款本息（见表8-10）。

表8-10 财政补贴资金来源测算表　　　　单位：万元

年份	预计一般预算建设性资金支出	财政还款支出	本项目资本金支出	预计可用补贴资金	本项目应收补贴	覆盖率（倍）
2007	106 280	68 697	25 887	11 696	1 958	5.97
2008	122 221	63 710	25 000	33 511	11 745	2.85
2009	140 555	85 745		54 810	36 799	1.49
2010	161 638	80 886		80 752	35 076	2.30
2011	185 884	79 748		106 136	33 354	3.18
2012	213 766	77 207		136 559	31 631	4.32
2013	245 831	72 335		173 496	29 908	5.80
2014	282 706	68 928		213 778	28 186	7.58
2015	325 112	43 560		281 552	26 463	10.64
2016	373 878	35 864		338 014	24 741	13.66
2017	429 960	32 026		397 934	24 940	15.96
合计	2 587 831	708 706	50 887	1 828 238	284 801	6.42

2. 后备来源：土地储备出让收益

××市政府为切实履行责任政府、信用政府的承诺，规避财政负债风险，在城区周围储备了大量的土地资源，其转让收益可作为偿还政府性债务的后备资源。根据市政府制定的土地储备计划，自 2005 年开始，利用 3～4 年时间在城区周围储备土地 15 000 亩，这些土地的平均征地成本在 15 万元/亩左右，平均市场价值为 75 万元/亩以上，每亩政府净收益约 60 万元，15 000 亩土地的政府总净收益将达 90 亿元以上。截至 2007 年 8 月，2005 年储备的 3 787 亩和 2006 年储备的 4 670 亩土地，均已通过国家审批，征地补偿等各项征地费用也已支付完毕，目前已储备土地预计出让价值可达到 8 457×75＝634 275 万元。

此外，政府已将市级行政事业单位的土地 1 616 亩过户到市国有资产经营投资公司名下，计划再逐步将 1 818 亩市级行政事业单位土地过户到经营公司名下，最终过户到公司名下的行政事业单位土地面积将为 3 434 亩。市政府计划建设公共行政中心，并于 2008 年将现在分散办公的市级行政事业单位全部集中到公共行政中心办公。目前的市级行政事业单位现有办公用地全部由市国有资产经营投资公司开发或处置，所得资金用于偿还贷款本息和城市建设。这些土地大都位于城区黄金地段，据评估调查，按每亩 100 万元的市场价格估算，总价值可达 34 亿元以上。

3. 补贴还款来源总量

鉴于土地出让计划很难分年度确定，遵循谨慎性原则，评估中仅将已完成储备土地的预计出让收益作为政府补贴资金来源进行分析。项目期内，政府可用于建设性资金支出的资金为：

可用建设性资金支出 ＝ 一般预算建设性资金支出 ＋ 储备土地出让收益

$$= 258.78 + 63.43 = 322.21(亿元)$$

可用建设性资金支出中扣除偿还财政债务支出 70.87 亿元，以及用于项目资本金支出 5.09 亿元，预计可用财政补贴还款资金总量为 246.25 亿元，是本项目贷款本息 28.48 亿元的 8.65 倍。表明××市财政补贴还款资金来源充足，偿还我行贷款本息基本有保证。

专家点评： 本项目贷款由地方政府财政负责还本付息，目前各家银行对地方政府还款能力的评估还处在摸索阶段，没有比较公认的评估模式，评估困难主要来自两个方面：一是我国地方政府财政统计口径近几年一直处于调整中，许多统计科目前后不可比，一些县级政府财政统计报表编制比较随意；二是许多地方政府的债务没有如实填列在债务表中，测算出的债务指标不能反映真实债务水平。本次评估主要分析了财政收入、支出、债务情况，测算了三项债务指标，三项指标基本在警戒线以内，说明政府债务负担还在可以承受的范围内。还款资金方面具体分析了一般预算建设性资金支出和土地储备出让收益两项主要还款来源，按照评估预计的情况，可以覆盖贷款本息。

第九章　贷款风险与银行效益评估

9.1　风险分析

1. 政府换届风险。本项目贷款的本金、利息将由财政全额补贴，贷款期限为 10 年，贷款本金于 2009～2017 年等额偿还。通过对××市财政财力状况的分析和政府信用评估，××市财政支付能力较强，政府诚信度高。本贷款风险主要体现在本届政府 2012 年到期换届，"新官不理旧账"的风险在一定程度上存在。但是，根据评估数据分析本贷款风险基本可控。一是本贷款操作程序合法合规，银行债权受法律保护；二是政府信用记录良好，从未发生拖欠银行债务情况。××市政府从 2004 年开始向国内金融机构贷款以来，截至 2007 年 3 月新一届政府换届，共计发生贷款 14 笔，截至 2007 年 8 月末贷款余额 46.8 亿元，所有贷款未发生本息拖欠支付的情况。

2. 政府负债增速较快风险。由于××市不断加大基础设施建设力度，2004～2006 年，××市本级财政负债规模快速增长，平均增长率为 59%。2007 年 8 月末，财政负债余额 514 158 万元，比 2006 年增长 30%。如果政府负债继续快速增长，超出政府财政承担能力，将危及本项目的贷款本息安全。但由于政府财政收支及其负债情况较为透明，金融机构在评估项目时可获得充分的信息，如果财政负债超出了其承受能力，金融机构将不予贷款支持，市场规则将自发地控制政府负债规模的进一步扩张。

9.2　银行效益评估

本项目贷款金额20亿元，期限10年，可获得利息收入8.48亿元，并且能够为F银行带来可观的财政存款等低成本资金以及保险代理等中间业务收入。

第十章　评估结论及相关建议

10.1　评估结论

本项目是××市政府促进和谐社会发展和社会主义新农村建设所作出的重大决策，其社会效益、生态效益十分显著，并具有一定的经济效益。项目由××市政府投入财政资金进行建设，项目总投资250 877万元，申请F银行贷款20亿元，由T公司承贷，贷款本息补贴由××市财政列入相应年度预算。××市财政实力较强，政府信用度高，具备对本项目贷款本息补贴的能力，贷款风险性较小。

10.2　贷款建议

建议同意贷款20亿元，期限10年，宽限期2年，采用信用贷款方式，利率执行中国人民银行规定的同期同档次基准利率，从2009~2016年每年收回贷款本金2.2亿元，2017年收回贷款本金2.4亿元，总计20亿元。

10.3　管理措施

10.3.1　项目资本金及时足额到位
项目资本金应按照工程建设进度，与贷款同比例足额到位。

10.3.2　信贷资金支取实行专户监管
T公司在F银行开立专项资金专户，严格与其他资金分开管理，保证信贷资金专款专用。

10.3.3　积极落实还款计划
紧密联系××市财政局，确保贷款本息补贴资金列入当年财政预算，

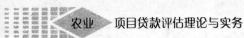

并及时拨付到借款人补贴专户。

10.3.4 强化项目贷后监管与服务

成立金融服务团队，认真按有关政策规定做好项目建设期、还贷期的贷后服务和监管工作。F银行要与财政局、借款人等相关部门签订项目贷款各方管理协议书，明确各方管理职责。

案例九　农村土地整理贷款项目评估

第一章　项目概述

1.1　项目名称

××市××大道周边土地一级整理项目（以下简称"本项目"）

1.2　项目立项及批复情况

2010年9月，项目单位委托××市工程咨询中心（乙级资质）编制了《××市××大道周边土地一级整理项目可行性研究报告》（以下简称《可研报告》）。

2010年9月17日，××市发展改革委下发了《关于××大道周边土地一级整理项目可行性研究报告的批复》（××市发改交通字〔2010〕760号），同意本项目建设。

1.3　项目性质

新建项目（既有法人）

1.4　项目建设单位

××城市开发投资集团有限责任公司（以下简称"A公司"）

1.5 项目建设地址

项目地址位于××市××大道沿线，主要分为××大道某新区段、沙石段和机场走廊段。其中××大道某新区段位于××区水南镇南桥村；××大道沙石段位于沙石镇吉埠村、楼梯村；××大道机场走廊段位于××开发区蟠龙车头村、南康市凤岗镇大塘村、横岭村、塘屋村、蔗山村、凤岗村、路塘村。

1.6 建设内容

本项目建设内容包括××大道某新区段、沙石段和机场走廊段土地的征地拆迁、农民异地安置还迁住宅建设和迁村腾地后的可出让土地整理。

本项目总投资 411 728.48 万元，其中建设投资 393 308.48 万元（工程费用 213 844.89 万元，工程建设其他费 144 908 万元，工程预备费 34 555.59万元），建设期利息 18 420 万元。

1.7 建设规模

本次收储的地块土地面积 4 748 亩，其中××大道某新区段 980 亩、××大道沙石段 1 268 亩、××大道机场走廊段 2 500 亩，整理开发后形成可出让土地面积为 4 035.80 亩。

具体建设规模为：

（1）征收土地总面积 4 748 亩，涉及动迁人口 3 802 户 15 200 人，拆迁住房 53.2 万平方米，杂房 15.93 万平方米。

（2）在土地开发区域内新建城市交通干道、次干道、支道等城市道路 20.683 公里，路面总面积 575 356 平方米。

（3）建设土地开发区域内给水、排水工程。其中给水管线 34 149 米，雨水排水管线 34 149 米，排污管线 34 149 米。

（4）建设土地开发区域内供电及路灯照明工程，其中供配电台区三处，路灯照明杆线 34.149 千米。

（5）道路绿化面积 6 万平方米。

（6）建设征地农民返迁房小区两处，占地面积 15.98 万平方米，总建筑面积 55.95 万平方米。

1.8　项目运作模式

本项目采取"政府主导、实体承贷、市场运作、收益覆盖"的模式运作，即由具有政府背景的全资国有企业 A 公司作为项目法人，承担建设及投融资职责，承贷银行贷款，以市场化方式开展项目建设，通过项目建设集约出的可出让土地偿还银行贷款本息。2010 年 10 月，××市人民政府下发《××市人民政府关于落实××大道周边土地一级整理项目建设有关问题的抄告单》（××市府办抄字［2010］138 号），对上述有关事项进行了明确。

1.9　项目建设进展情况

截至评估日，本项目完成了前期准备工作，已正式启动了前期征地拆迁工作，公司已经预付给××市土地收购储备中心征地拆迁资金 6 亿元，预付给××市××镇财政所征地拆迁资金 1.15 亿元，但尚未与××市土地收购储备中心和××市××镇财政所进行结算。

1.10　申请贷款情况及建议贷款额度

A 公司申请我行新农村建设中长期贷款 300 000 万元，期限 8 年（含宽限期 2 年）。经本次评估，建议发放贷款 300 000 万元，期限 7 年（含宽限期 2 年），分年偿还，贷款方式为抵押担保，执行中国人民银行同期同档次基准利率，贷款用于××大道周边土地一级整理项目建设。

第二章　客户评估

本项目是政府主导项目，借款人——A 公司代表××市政府承担本项目融资以及组织项目建设实施等职责。

2.1　基本概况

A 公司基本情况见表 9 – 1，有关证照均合法有效。

表 9 - 1 借款人基本情况表　　　　　　　　单位：万元

客户名称	××城市开发投资集团有限责任公司		
法定代表人姓名	××	客户类型	有限责任公司
注册资金	100 000 万元	实收资本	100 000 万元
注册地址	江西省××市××大道锦绣星城 2 号写字楼		
业务范围及主营业务	土地一级整理及储备；市政道路工程、堤防工程、供水供气工程、通信线路及配套设施项目开发建设；实业投资等		
营业执照	注册时间	2004 年 3 月 30 日	
	注册编号	××××××××	
	是否按期年检	按期年检	
组织结构代码证	编号	××××××××	
	是否按期年检	按期年检	
税务登记证	编号	××××××××	
	是否按期年检	按期年检	
开户情况	基本存款账户：××银行，×××××××		

2.2　股权结构

公司原始注册资本为 30 000 万元，股东××市人民政府出资 1.2 亿元、××果业股份有限公司出资 1.05 亿元、××国际信托投资有限公司出资 7 500 万元，2004 年 3 月 29 日经××会计师事务所验资核实（××验字［2004］23 号）。2009 年 8 月，因企业经营发展需要，××果业与深圳信托共 1.8 亿元股权转让给了××市人民政府。同年 8 月，××市国资委及政府先后发文确定国资委占有借款人 60%的股权，××发展投资控股集团有限责任公司占有 40%股权，履行出资人责任。2009 年 11 月 23 日为加强融资平台实力，该企业注册资本增加到 100 000 万元，由××市国有资产监督管理委员会增资到 60 000 万元、××发展投资控股集团有限责任公司增资到 40 000 万元，××正原会计师事务所有限责任公司出具了验资报告［2009］××正会师验字第 156 号。

股东之一是××市人民政府单独出资设立的有限责任公司，由国资委履行出资人职责。××发展投资控股集团有限责任公司成立于 1991 年 7 月，注册资本 10 亿元，注册地址：××市××区文明大道 39 号，营业范围为是对市属国有资产的产权管理和资本运营，对市属国有企业贷款进行担保等业务。2009 年末该公司合并资产总额 2 141 069 万元，负债余额 933 943 万元，所有者权益 1 207 126 万元，资产负债率 43.62%，当年实现净利润 7 946 万元。

2.3 组织结构

公司设股东会，股东会为公司的最高权力机构，决定公司的经营方针和投资计划，下设董事会和监事会，董事会由 5 名董事组成，其中××市政府委派 2 名董事兼任公司董事长和总经理；××市国有资产监督管理委员会委派外部董事 1 名；××发展投资控股集团有限责任公司委派 1 名；公司职工代表大会选举董事 1 名。监事会由 5 人组成。公司董事长担任公司的法定代表人，公司在编人员 128 人，其中中高级人才 31 人（高级职称人才 6 人），公司内设 9 部 1 室 11 个子公司，分别为：党群工作部、办公室、企业发展部、工程综合部、总工办、资金管理部、财务部、审计部、招标办、资产经营管理部。

2.4 经营者素质

（略）

2.5 信誉状况

按照我行信用等级评定办法，A 公司 2010 年信用等级评定为 AA + 级。该公司无不良信用记录和不良对外担保情况。

评估日查询中国人民银行征信报告，发现部分内容与实际情况不符。

（1）征信系统反映的该公司的股东情况有误。经过股权变更和增资，现在该公司股东为××市国有资产监督管理委员会，出资 60 000 万元；××发展投资控股集团有限责任公司，出资 40 000 万元。该公司新增注册资本情况已经××正原会计师事务所有限责任公司进行了审验（〔2009〕××正会师验字第 156 号），并已办理了工商变更登记手续。

（2）征信系统反映该公司对外投资 10 100 万元，企业 9 月份报表反映长期股权投资 77 320 万元，造成两者差异的原因是中国人民银行征信系统未及时更新。

（3）征信系统部分财务信息与企业报表不一致，主要原因为录入数据有误。

（4）中国人民银行征信系统反映该公司金融机构借款余额 99 050 万元，经核实，截至 2010 年 9 月，企业实际银行借款为 259 050 万元（其中：××银行短期借款 5 000 万元、××银行 25 000 万元、××银行营业部 48 000 万元、××银行 31 050 万元、××银行 150 000 万元）；均为正常类贷款，相差原因为城投公司 2010 年以来新增贷款和归还部分贷款情况征信系统未能及时反映。

（5）征信系统反映企业欠息 281 493.34 元，实际情况为：由于××银行系统出错导致征信系统反映有欠息记录。企业贷款早已结清，并未发生欠息情况。

城投公司已出具了《关于中国人民银行征信系统信息错误的说明》，对上述差异进行说明。

2.6 财务状况分析

该公司提供了 2008 年、2009 年度审计报告（均为无保留意见）、2010 年 9 月的财务报表。

2.6.1 资产负债分析

表 9-2 公司资产负债简表 单位：万元

项目	2008 年	2009 年	2010 年 9 月	项目	2008 年	2009 年	2010 年 9 月
资产总额	77 636	660 394	2 416 432	负债总额	46 053	55 048	326 956
流动资产	72 191	499 561	2 209 908	流动负债	9 967	33 435	57 233
其中：货币资金	4 998	10 112	144 180	其中：短期借款	3 900	7 995	5 000
短期投资				应付账款	307	6 345	5 537
其他应收款	412	23 988	14 036	应付工资	23		
预付账款	21 624	12 729	81 803	应交税金	614	624	162
存货	45 155	452 729	1 969 143	其他应付款	5 111	18 462	46 534
待摊费用		2	746	预提费用		8	0
长期股权投资	98	31 820	77 381	长期负债	36 086	21 613	269 723
固定资产	3 587	13 200	13 329	其中：长期借款	10 400	10 000	254 050
其中：固定资产原值	4 407	13 429	13 579	专项应付款	25 686	11 613	15 673
累计折旧	903	229	250	所有者权益	31 582	605 346	2 089 476
固定资产净值	3 504	13 200	13 329	其中：实收资本	30 000	100 000	100 000
在建工程	83			资本公积		494 729	1 978 234
无形资产	4	115 735	115 734	盈余公积	172	172	172
长期待摊费用	1 756	5	80	未分配利润	1 410	10 445	11 070

截至 2010 年 9 月底，公司资产总额 2 416 432 万元，负债总额 326 956 万元，所有者权益 2089 476 万元，资产负债率为 13.53%（见表 9 - 2）。

1. 货币资金 144 180 万元：主要是公司在多家银行的存款，其中存款较大的为××银行放贷后形成的派生存款 70 699 万元，××银行营业部 42 293 万元，××银行 3 064 万元，××银行 4 025 万元。

2. 其他应收款 14 036 万元：主要是××市财政局 6 548 万元；某苑应收代付款 312 万元；代垫发债费用 166 万元；施平房款按揭本息 79 万元；××省国土资源厅 74 万元，××公司 72 万元等各种应收费用。

3. 预付账款 81 803 万元：主要是××市土地收购储备中心征地拆迁款 59 766 万元；××市土地市场交易管理所征地拆迁款 2 190 万元；××水务集团拆迁款 998 万元；××经济技术开发区财政局 600 万元，××集团公司 500 万元等。

4. 存货 1 969 143 万元，主要是公司的土地使用权、开发建设的项目及商品房，其中土地使用权 185 亿元；在建工程 11 亿元。企业拥有使用权的土地 12 248.47 亩，具体如表 9 - 3 所示。

表 9 - 3　城投公司土地使用权证统计表

序号	证号	用途	类型	面积（m²）
1	××市开国用［2010］第 20 号	商住	收储	273 537.86
2	××市开国用［2010］第 22 号	商住	收储	99 528.50
3	××市开国用［2006］第 122 号	商住	出让	32 163.63
4	××市开国用［2006］第 123 号	商住	出让	99 187.20
5	××市开国用［2006］第 124 号	商住	出让	128 391.40
6	××市市直国用［2006］第 A3010124 号	住宅	出让	8 798.98
7	×国用［2009］第 31 - 15 - 76 号	民用机场	划拨	5 579.12
8	×国用［2009］第 31 - 15 - 77 号	民用机场	划拨	1 285.93
9	×国用［2009］第 31 - 15 - 78 号	民用机场	划拨	180 062.44
10	×国用［2009］第 31 - 15 - 79 号	民用机场	划拨	150 848.02
11	×国用［2009］第 31 - 15 - 80 号	民用机场	划拨	213 041.04
12	×国用［2009］第 31 - 15 - 81 号	民用机场	划拨	6 076.78
13	××市开国用［2009］第 16 号	商住	出让	23 882.66

序号	证号	用途	类型	面积（m²）
14	××市开国用［2009］第17号	商住	出让	57 553.70
15	××市开国用［2009］第18号	商住	出让	42 001.92
16	××市开国用［2009］第19号	商住	出让	138 903.11
17	××市章国用［2009］第A3010249号	公益用地	作价出资	12 602.90
18	××市章国用［2009］第A3010250号	公益用地	作价出资	12 614.10
19	××市章国用［2009］第A3010251号	公益用地	作价出资	149 604.10
20	××市章国用［2009］第A3010252号	公益用地	作价出资	22 373.40
21	××市章国用［2009］第A3010253号	公益用地	作价出资	17 754.20
22	××市章国用［2009］第A3010254号	公益用地	作价出资	105 775.40
23	××市章国用［2009］第A3010255号	公益用地	作价出资	34 255.69
24	××市章国用［2009］第A3010256号	公益用地	作价出资	140 688.00
25	××市章国用［2009］第A3010257号	商住	作价出资	797 988.00
26	××市章国用［2010］第A3010091号	慈善用地	划拨	68 462.90
27	××市章国用［2010］第A3010092号	慈善用地	划拨	148 581.60
28	××市章国用［2010］第A3010095号	商住	作价出资	127 436.00
29	××市章国用［2010］第A3010096号	商住	作价出资	87 882.00
30	××市章国用［2010］第A3010097号	商住	作价出资	14 012.00
31	××市章国用［2010］第A3010098号	商住	作价出资	8 370.00
32	××市章国用［2010］第A3010099号	商住	作价出资	20 229.00
33	××市章国用［2010］第A3010100号	商住	作价出资	150 606.35
34	××市章国用［2010］第A3010101号	商住	作价出资	361 953.25
35	××市章国用［2010］第A3010102号	商住	作价出资	90 643.20
36	××市章国用［2010］第A3010103号	商住	作价出资	1 163 340.50
37	××市章国用［2010］第A3010139号	商住	作价出资	462 360.50
38	××市章国用［2010］第A3010140号	商住	作价出资	588 426.00
39	××市章国用［2010］第A3010141号	商住	作价出资	572 139.50
40	××市章国用［2010］第A3010146号	商住	作价出资	250 108.03
41	××市章国用［2010］第A3010147号	商住	作价出资	135 732.43
42	××市章国用［2010］第A3010148号	商住	作价出资	180 261.49

续表

序号	证号	用途	类型	面积（m²）
43	××市章国用［2010］第 A3010149 号	商住	作价出资	95 799.47
44	××市章国用［2010］第 A3010150 号	商住	作价出资	401 549.03
45	××市章国用［2010］第 A3010151 号	商住	作价出资	83 412.13
46	××市章国用［2010］第 A3010152 号	商住	作价出资	159 085.95
47	××市章国用［2010］第 A3010153 号	商住	作价出资	240 750.79
48	合计			8 165 640.20
49	折算亩数合计			12 248.47

其中公益性用地 495 667.79 平方米，慈善性用地 217 044.60 平方米。该公司已经按照国务院 19 号文件的要求进行了核实清理，将于 10 月份进行剥离，剥离后该公司拥有的已经办理使用权证的商业用地使用权有 7 452 927.81 平方米，折合亩数 11 179 亩。

5. 长期股权投资 77 320 万元。主要是股权入股投资××饭店、××农信社等，具体股权投资单位见表 9－4。

表 9－4 长期股权投资明细表

被投资单位	金额（元）
××饭店	42 000 000.00
江河实业	227 075 393.13
市房地产公司	42 122 969.77
××农村信用社	7 000 000.00
机场建设办	455 000 000.00
合计	773 198 362.90

6. 固定资产 13 578 元，主要是公司在体育中心的建筑物 13 006 万元及各种办公设备 571 万元等。

7. 无形资产 115 734 万元，主要是反映在公司账上的南门口东园、西园及杨梅渡等公园，属社会公益性资产形成。

8. 短期借款 5 000 万元，是公司 2010 年 2 月在××银行的短期流动资金借款（见表 9－5）。

表9-5 短期借款明细表　　　　　单位：万元

融资机构	金额	期限	利率	方式	用途	还本付息来源
××银行	5 000	2010.2.5～2011.2.4	5.31%	抵押	流动资金	企业资金

9. 长期借款 254 050 万元，全部是公司在银行借入的长期贷款，全部用于市区内重点工程项目建设（见表9-6）。

表9-6 长期借款明细表　　　　　单位：万元

贷款银行	贷款项目	贷款金额	利率	贷款方式	贷款时间	到期时间
××银行	机场走廊项目	18 000	5.40%	土地抵押	2009.12.9	2012.12.9
××银行营业部	红旗大道东延项目	23 000	5.94%	土地抵押	2010.2.4	2017.2.3
××银行营业部	××新区及老机场	25 000	5.40%	土地抵押	2010.6.23	2012.7.1
××银行	××大道	31 050	5.94%	应收账款质押	2010.2.26	2022.2.25
××银行	××新区及老机场	150 000	5.40%	土地抵押	2010.6.30	2012.6.30
××银行	×××项目	7 000	8.64%	土地抵押	2008.4.29	2011.4.28
	合计	254 050				

10. 应付账款 5 537 万元：主要是城市基础设施建设投资管理有限公司 5 000 万元；城市管理局 76 万元；××市第二建筑工程公司 20 万元；××经济技术开发区政府采购办公室 17 万元等。

11. 其他应付款 46 534 万元：主要是公司在业务往来上的应付资金，金额较大的有：××商业连锁股份有限公司 6 000 万元；××公司投标保证金 1 000 万元；××公司投标保证金 1 200 万元；××房款 3 108 万元；××中联建设集团有限公司 360 万元；中铁二十三局集团第一工程有限公司 100 万元；××公路桥梁工程总公司 82 万元；轨道交通公司 830 万元；人民医院投标保证金 480 万元等。

12. 专项应付款 15 673 万元：全部是××市政府对公司拨入的有关市政建设项目的配套资金。主要有：××银行飞龙岛大桥项目、新区指挥部 3 818万元；××市财政局 3 200 万元；××银行黄金三路贷款项目 1 040 万元；××银行京九二路贷款项目 840 万元；××银行兴国中路贷款项目 744 万元；××银行兴国中路贷款项目、新区指挥 594 万元；××银行黄金大道贷款项目 497 万元；财政预算资金污水处理项目 258 万元；××银行某大桥贷款项目 239 万元；财政资金××师专 218 万元；阳光路、沙河大道青年路、水西河排上路、黄金三路、京九二路等项目配套资金 688 万元等。

13. 资本公积金 1 978 234 万元，全部是市政府注入的土地使用权等资产形成。

14. 未分配利润 11 070 万元，是公司自 2004 年成立以来累积的经营利润。

2.6.2 损益分析

表 9 – 7　损益表　　　　　　　　　单位：万元

项目	2008 年	2009 年	2010 年 9 月
一、主营业务收入	8 833	28 789	14 976
减：主营业务成本	6 444	23 172	11 370
主营业务税金及附加	532	1 565	1 280
二、主营业务利润	1 858	4 052	2 326
加：其他业务利润		2	65
减：营业费用	677	685	61
管理费用	781	1 147	1 032
财务费用	314	492	181
三、营业利润	85	1 730	1 118
加：投资收益	−15	−16	−12
补贴收入		9 000	
营业外收入			107
减：营业外支出	21	30	27
四、利润总额	50	10 683	1 186
减：所得税	28	719	561
五、净利润	22	9 964	625

该企业 2008 年主营业务收入 8 833 万元，2009 年为 28 789 万元，2010 年前 9 个月为 14 976 万元；净利润 2008 年为 22 万元，2009 年为 9 964 万元，2010 年前 9 个月为 624 万元。表明该企业盈利能力较强，并且具有较

明显的行业特点（见表9-7）。

2.6.3 现金流量分析

表9-8 现金流量表 单位：万元

项目	2009年	2010年6月	项目	2009年	2010年6月
一、经营活动产生的现金流量			三、筹资活动产生的现金流量		
经营活动产生的现金流入	51 771	58 450	筹资活动产生的现金流入	60 142	89 184
其中：销售商品、提供劳务收到的现金	33 111	14 684	其中：借款所收到的现金	60 142	74 050
收到的与其他经营活动有关的现金	18 660	43 766	收到的其他与筹资活动有关的现金	0	15 134
经营活动产生的现金流出	48 075	57 215	筹资活动产生的现金流出	10 435	8 822
其中：购买商品接受劳务支付的现金	29 208	35 093	筹资活动产生的现金流量净额	49 707	80 362
支付的其他与经营活动有关的现金	16 171	19 316	四、现金及现金等价物净增加额	4 963	42 821
经营活动产生的现金流量净额	3 696	1 235			
二、投资活动产生的现金流量					
投资活动产生的现金流入	0	33			
投资活动产生的现金流出	48 439	38 809			
其中：购建固定资产无形资产和其他长期资产支付的现金	47 739	38 809			
投资活动产生的现金流量净额	-48 439	-38 776			

经调查，借款人2010年6月各类现金流主要如下（见表9-8）：

（1）销售商品、提供劳务收到的现金1.46亿元为××别墅一期销售款。××别墅一期销售款预计约4.5亿元；2010年已实现收入1.46亿元。

（2）收到的其他与经营活动有关的现金4.37亿元，主要是：①××

省行政事业资产管理局拨款 1 亿元；②市财政××项目征地拆迁拨款 0.77 亿元；③某苑小区销售房款 0.31 亿元；④××项目拨款 0.36 亿元；⑤开发区 BT 项目拨款 0.42 亿元；⑥××商业连锁股份有限公司投标押金 0.1 亿元；⑦黄金三路拨款 0.103 亿元，京九二路拨款 0.084 亿元，兴国中路拨款 0.074 亿元，某苑小区代收代付款 0.6 亿元。其他为招投标押金和项目保证金。

（3）购买商品、接受劳务支付的现金 3.5 亿元。主要是支付××项目 1.78 亿元，××项目的征地拆迁款 1.72 亿元。

（4）支付的其他与经营活动有关的现金，主要是支付××市财政局 0.36 亿元往来款，××市基础建设投资有限公司 0.6 亿元，××经济技术开发区财政局 0.1 亿元，各种管理费用支出 0.063 亿元，某苑应收代付款 0.031 亿元，发债费用 0.014 万元。

（5）购建固定资产、无形资产和其他长期资产所支付的现金 3.88 亿元，主要是：①成立××市轻轨交通有限公司注资 0.1 亿元，担保公司增资 0.69 亿元；②对××项目增资 0.61 亿元。③成立××公司注资 0.5 亿元。④支付市土地收储中心土地款 1.98 亿元。

（6）借款所收到的现金 7.405 亿元。主要是××银行 1.5 亿元，××银行××分行 2.3 亿元，××银行青年支行 0.455 亿元，××银行 3.15 亿元。

（7）收到的其他与筹资活动有关的现金 1.51 亿元。主要是：①收到××集团往来款 0.05 亿元；②××街道办 0.6 亿元；③收到市财政 0.86 亿元。

第三章 项目建设条件评估

3.1 项目建设必要性

3.1.1 项目建设对推进当地统筹城乡发展、新农村建设具有重要意义

（略）

3.1.2 项目建设有利于提高农民生活质量

（略）

3.1.3 项目建设是促进经济社会可持续发展的需要

（略）

3.2 工程进度情况

本项目已经正式启动了收储土地征地拆迁工作，××市政府出台了《××老机场周边及某新区征地拆迁工作规程》（××项目办文〔2010〕1号），采取计划安排，成片整体推进，统一收储，即××老机场周边及某新区的土地先由市土地收购储备中心使用银行贷款和土地收益统一收储，然后根据城市规划确定的用地性质供应土地。目前项目拆迁已开始，公司已经预付给××市土地收购储备中心征地拆迁资金6亿元，但未与A公司进行资金结算。

对项目机场走廊段，××市人民政府印发了《××机场走廊经济带5 000亩土地征地拆迁实施方案》（×府办字〔2010〕62号），采取相对集中连片方式进行征地，A公司先行拨入征地拆迁补偿资金到××市土地收储中心，再转入××镇政府，××镇政府分批次将核对后的征地拆迁补偿款汇总报××市土地收储中心和A公司审核后予以据实拨付，到户的补偿款直接打入农户个人手中。截至评估日，A公司已预付给××市××镇财政所征地拆迁资金1.15亿元，尚未进行资金结算。

3.3 建设技术条件评估

3.3.1 项目设计单位

该项目的《可研报告》编制单位——××市工程咨询中心具备国家发展改革委核发的工程设计及勘察乙级资质证书，具有可行性研究报告、项目申请报告、资金申请报告、评估咨询等服务范围。

3.3.2 施工技术方案

该项目全部工程施工实施公开招标，招标内容包括勘察、设计、建筑和安装工程施工、监理以及主要设备、材料等采购活动。根据本项目的工程量、施工条件、资金安排，初步考虑本项目工程建设期24个月。

3.3.3 施工材料供应

本项目主要建筑材料有水泥、钢筋、砂石料、预制构件等。

水泥：本市有多家水泥生产厂家，其水泥产品符合国家标准，有多种规格水泥，运距在100公里以内，产品数量和质量满足本项目要求。

钢筋：××市场有各种规格、型号钢材，运距在10公里以内。

砂石料：项目周边有砂石公司，可供给不同级配沙和砾石，运距5公里；块石由石场供应，运距25公里以内。

水泥预制构件：包括各种规格管道、路缘石、道板砖等，可由专业预制构件厂生产。

3.3.4 施工管理单位

本项目主体是××城市开发投资集团有限责任公司，项目的施工管理、监理单位通过公开招标确定。

3.4 项目用地、水、电、消防落实情况

3.4.1 项目用地

项目规划用地面积4 748亩：××大道某新区段980亩、××大道沙石段1 268亩、××大道机场走廊段2 500亩，具体用地情况见表9-9。

表9-9 项目用地类别情况表　　　　单位：亩

序号	土地类别	某新区段	沙石段	机场走廊段	小计
1	耕地	305	494	615	1 414
2	荒山、荒岗	185	306	485	976
3	林果地	109	180	218	507
4	宅基地	271	242	669	1 182
5	未利用地及其他用地	110	46	513	669
6	小计	980	1 268	2 500	
7	合计				4 748

本项目所征收的4 748亩土地全部为农村集体土地。某新区段980亩土地属××市经济开发区（属××区）××镇南桥村集体所有；沙石段1 745亩土地属××市××区××镇吉埠村、楼梯村集体所有；机场走廊段

2 500 亩土地属××开发区蟠龙车头村及××市大塘村、横岭村、塘屋村、蔗山村、凤岗村、路塘村集体所有。征地范围内区域土地权属清楚，不存在权属争议。

根据××市建设和规划局出具的《关于××大道周边出让土地规划用途的说明》，本项目整理开发纳入收储范围的 4 748 亩土地在城市规划区范围内，属规划的城市建设用地。按照××市土地利用总体规划和城市总体规划，其中形成的可出让 4 035.8 亩土地用地性质全部为商业住宅用地。

2003 年 10 月 30 日，项目沙石段 1 745 亩收储土地取得了××省新增建设用地批复（××省国土厅根据卫星遥感定位测量的面积大于项目立项时测量的 1 268 亩）。

2010 年 4 月 14 日，项目机场走廊段取得了 569 亩土地项目用地预审意见，2010 年 8 月 27 日，项目机场走廊段取得了 670 亩新增建设用地批复，机场走廊段其他收储土地（1 261 亩）有关报批手续正按项目进度办理，预计年底前可批复。

2010 年 10 月 14 日，项目××新区段 960 亩收储土地取得了新增建设用地批复。

根据 2010 年××市中心城区土地收储计划文件（××市府办字〔2010〕109 号），本项目收储土地已纳入××市 2010 年土地收储计划，项目用地条件已落实。

3.4.2　项目用水、电、消防等落实情况

供水：本项目施工用水量较小，项目区内水资源丰富，××市自来水厂供水管线已到达项目场地附近区域，本项目供水可实现就近接入，供水条件较好。

供电：项目区域内电力资源较为丰富，施工所用电可由沿线接出，极为方便。

消防：根据 2008 年 10 月新发布的《中华人民共和国消防法》，建设项目需要按照国家工程建设消防技术标准需要进行消防设计，建设单位应当自依法取得施工许可之日起 7 个工作日内，将消防设计文件报公安机关消防机构备案。A 公司表示，在取得施工许可证后，将及时向消防部门上报本项目消防设计方案。

项目用水、电、消防等条件已落实。

3.5 拆迁安置方案

3.5.1 安置方式及安置地点

1. 安置方式：异地安置。

2. 安置点分布情况：统一安排在某新区 B7、E3、E5、E6、B21 共五个地块。

3. 安置地现状：××新区 B7、E3、E5、E6、B21 位于××市行政中心周边，为××新城市政治、商业中心。以上地块土地于 2001～2003 年完成征用，目前正在启动本项目返迁房建设。因该地处于城市中心区域，地理位置优越，群众对安置地较为满意。

4. 拆迁情况调查：根据实际调查，对本项目地块的拆迁户和拆迁房屋调查摸底和测算，涉及的拆迁户共约 3 800 户，人口约 15 200 人。

5. 返迁房要求：经征求征地拆迁农民的意见，返迁房要求建在开发区 E3 至 B21 地块位置，按照"拆一补一"的原则进行安置，共计需约 3 800 套住宅，每套建筑面积不小于 120 平方米，且空间布局合理，达到"食寝分离"、"居寝分离"、"公私分离"，形成动区与静区，层高不小于 2.9 米。

3.5.2 安置房建设报批手续

2010 年 8 月 5 日，××市国土资源局开发区分局出具了《关于××市开发区 E3 等地块农民返迁房建设项目用地的预审意见》，同意本项目安置房建设为某新区 B7、B21、E3、E5、E6 地块。

2010 年 7 月 30 日，××市开发区发展规划局批复了该地块的住宅小区项目建设。

2010 年 8 月 4 日，A 公司取得了返迁房建设项目的选址意见书和项目建设用地规划许可证。

2010 年 8 月 9 日，A 公司取得了经××市环境保护局黄金分局批复的返迁房建设项目的环境影响登记表。

城投公司表示将根据安置房建设工程进度分期办理项目建设工程规划许可手续和施工许可手续。

3.5.3 安置点规划情况

根据规划，地块内共计有 3 800 套住宅，可以满足返迁户的需求。结合现代住宅的特点，根据市民的居住水准及现代生活需求，提供形式各异的多种户型，每种户型的建筑面积均在 120 平方米左右，层高为 2.9 米。

项目用地面积约 240.04 亩，用地北侧道路为赞贤路，南侧道路为信丰路，西侧道路为东江源大道，东侧道路为民生路。建设规划总用地面积为 159 866.64 平方米，总建筑面积为 559 533.24 平方米。

3.5.4 返迁安置小区主要经济指标（见表 9 – 10）

表 9 – 10 返迁安置小区主要经济指标

序号	名称	数量	备注
1	建筑用地面积（m^2）	159 866.64	
2	总建筑面积（m^2）	559 533.24	
3	容积率	3.5%	
4	建筑密度	40%	
5	绿地率	30%	

3.6 耕地垦复方案

本土地一级整理项目需占用耕地 1 514 亩。《土地管理法》明确规定：非农业建设经批准占用耕地，必须按照"占多少，垦多少"的原则，由占用耕地的单位负责补充数量和质量相当的耕地，或缴纳耕地开垦费，专款用于开发新的耕地。

本项目占用耕地拟采用缴纳耕地开垦费的方式在项目中列支。

3.7 项目顺利实施外部环境评估

3.7.1 政策许可和群众支持

本项目建设单位由××市人民政府批准为土地收储单位，公司凭借自身优势积极开展收储土地的一级开发，符合当前政策。本开发项目受到当地农村群众的积极支持。因近年来中心城区周边群众土地被征收后安置措施得力，补偿标准较高，社会保障体系完善，群众从农民转到城市产业工人角色变换较快，被征地农民的生活水平较未征地群众提高幅度大，因此群众对征收土地普遍持配合态度。

3.7.2 当地经济发展较快

近年来，××市国民经济持续快速增长，2009 年实现国内生产总值 940 亿元，财政收入 41 亿元，是中部地区最具发展潜力城市，经济综合实力位列江西省前列，为当地经济项目建设提供了可靠的保障和坚实的基础。一是税收收入成为地方财政的主要来源。2009 年税收占地方财政收入的比率为 84%，且三年来平均保持在 84% 左右，说明地方财政收入质量较高，稳定性强。二是地方财政收入三年平均增长率为 30.13%，高于 GDP 的三年平均增长率 18.61%，说明随着 ×× 市经济的快速发展，未来几年地方财政收入的潜力较大。三是地方可支配财力的三年平均增长率为 37.81%，表明当地政府可支配财力呈持续、协调、稳步增长趋势，财力不断加强，能够满足社会经济发展对政府公共服务能力的需求。

3.7.3 政府信用可靠

××市政府一直重视信用建设，努力践行建设"信用××"的承诺，积极发挥政府在信用建设中的表率作用，牢固树立起信用政府的良好社会形象。2008 年 6 月，××市委、××市政府联合下发了《关于进一步优化金融信用环境的若干意见》（××市发［2008］11 号），为信用体系建设提供了坚实的制度保证。

1. 认真履行政府偿债责任。目前，市政府已与多家银行建立了良好合作关系，截至 2008 年 12 月末，从各家金融机构融资金额累计 23 亿元，市政府认真自觉履行政府各类贷款的偿还责任，所有借款本息均按时拨付到位。其中，2008 年偿还银行贷款本息 30 951 万元，2009 年偿还银行贷款本息 36 154 万元。

2. 积极化解金融风险。市政府为给地方金融业的发展营造良好氛围，充分发挥组织优势，积极帮助金融部门化解金融风险，2005 年成立了××市金融服务办公室，为正县级单位，专门从事金融服务工作，积极帮助金融部门化解金融风险。

3.7.4 地理位置优越

××市于 1999 年正式撤地设市，市委市政府及时地明确了建设大××的总体思路，将××市区建设成某省南部的中心城市，建设成为四省边际现代化区域性中心城市。

根据城市规划，××市城区分为某区等六大片区。××大道是××县连接××中心城区至南康快速路，周边区也是××城乡发展的核心区，将成为集行政、商务、文化、博览、居住等多功能综合区，成为新××的行政、文化、体育、娱乐、商业、金融、贸易和居住中心，成为××的 CBD

（中央商务区）、成为××新农村建设的发展典范。

本项目分三区，开发土地分别位于××大道某新区段、××大道沙石段、××大道机场走廊段位置。因此，为了加快推动××大道周边地区的发展，加大土地整理和土地运作力度，缓解资金压力，促进××大道周边区域的开发建设具有深远的意义。

3.7.5 政策配套到位

为加快××城乡统筹发展，顺利开展土地收储征地拆迁工作，××市政府在国家相关政策框架下，制定出台了《××市征地及拆迁补偿安置办法》（市政府第 46 号令）、《关于印发返迁房屋安置实施细则的通知》（××市府办发〔2006〕41 号）、《××市中心城区农民返迁安置房分配实施意见》、《××老机场周边及新区征地拆迁工作规程》、《××机场走廊经济带 5 000 亩土地征地拆迁实施方案》等一系列配套政策，有力地支撑了项目顺利实施。

3.7.6 项目运作流程规范

日前，××市人民政府印发了《关于××城市开发投资集团有限责任公司承担××市新农村建设项目和融资有关工作的函》（××市府字〔2010〕290 号），其中明确：由××城市开发投资集团有限责任公司承担××市新农村建设土地整治、农民集中住房建设及基础设施项目建设和营运任务，同意××城市开发投资集团有限责任公司为××大道周边土地一级整理项目的借款人，并承担该项目建设和营运任务，以该公司取得的国有土地使用权作贷款抵押。

根据国发〔2010〕19 号和四部委财预〔2010〕412 号文件要求，××市政府对融资平台××城市开发投资集团有限责任公司进行了全面清理，按照要求对该公司进行增资，充实了资本金，并对城投公司按公司制要求进行了改革，政府向城投公司注入土地使用权用于公司经营。

根据××市府办抄字〔2010〕76 号抄告单精神，城投公司经营的土地整理储备项目收入，在扣除 20% 的四项提留基金后，剩余 80% 返还给城投公司用于还本付息及其项目建设资金。

3.7.7 保障措施充分

1. 制订了翔实的失地农民保险保障计划。

建立社会保障金。被征地农民的社会保障基金，由征地参保人员社会保险基金和征地养老人员社会保障基金组成。社会保障基金实行统一筹集，分类保障，分级管理，所需资金来源于征地补偿费和政府补贴。

2. 项目返迁安置房确保了农民的利益。

拆迁农民返迁安置的流程为：发放通知—依序选房—签订协议—费用结算—交付使用。

（1）项目拆迁的农民在安置房时，安置面积在被拆迁面积以内的部分按540元/平方米结算，10平方米以内的仍按该价计算，超出10平方米按市场价计算。

（2）对安置房项目建设的非住宅经营性用房，采取股权购买方式，拆迁户按540元/平方米的单价购买非住宅经营性用房股权。

（3）对农民返迁安置房因户型限制选房安置后剩余返迁面积不足50平方米的，按安置时的经济适用房均价扣除540元/平方米成本价后的价格进行补偿。

（4）建立了失地农民的保障基金。返迁小区内，经营性用房5%~8%的部分由××区政府处置并缴纳540元/平方米的经营性用房款后所得收入、小区内的地下车库由××区政府拍卖，拍卖所得抵扣540元/平方米后的收入、小区内拆迁由××区政府组织竞拍，拍卖全部收入抵扣540元/平方米后的收入由××区政府用于设立失地农民的保障基金，实行专户管理。

第四章 项目投资估算与资金来源评估

4.1 投资估算

4.1.1 总投资评估

我们此次评估采用《可研报告》有关数据，仅对建设期利息根据最新中国人民银行公布的利率进行了调整。

本项目总投资为411 728.48万元，其中建设投资为393 308.48万元：包括工程费用213 844.89万元、工程建设其他费144 908万元，基本预备费34 555.59万元，建设期（2011~2012年）银行贷款利息18 420万元

（见表 9 - 11）。

表 9 - 11　项目投资估算汇总表

序号	项目	金额（万元）	占总投资比重（%）
1	工程费用	213 844.89	51.94
2	工程建设其他费	144 908.00	35.19
3	基本预备费〔（1+2）×10%〕	34 555.59	8.39
4	涨价预备费	0	0
5	建设投资（3+4+1+2）	393 308.48	95.53
6	建设期利息	18 420.00	4.47
7	项目总投资（5+6）	411 728.48	100.00

1. 建设投资估算

（1）工程费用估算（见表 9 - 12）

表 9 - 12　项目工程费用估算表

序号	地块名称	工程费用（万元）	备注
1	某新区段	21 563.67	
2	沙石段	25 251.06	
3	机场走廊段	57 808.94	
4	返迁房小区建设	109 221.22	为返迁房小区建设总投资
5	合计	213 844.89	

（2）工程建设其他费用估算（见表 9 - 13、表 9 - 14）

表 9 - 13　工程建设其他费用估算表

序号	费别	费率	计算基础、依据	总额（万元）
1	建设用地费		征地相关法规（见表 9 - 14）	134 258.00
2	建设单位工程管理费	0.80%	财建〔2002〕394 号文件〔883 + （投资概算 - 20 亿元）×0.1%〕	1 130.00
3	工程咨询费	0.80%	计价格〔1999〕1283 号文	140.00
4	工程勘察、设计费、图审费		用地总面积	3 660.00
5	工程建设监理费		建安费，发改价格字〔2007〕670 号（工程复杂系数 0.7）	4 300.00
6	建设工程质监费、安监费	0.50%	总建安费	600.00

序号	费别	费率	计算基础、依据	总额（万元）
7	招标代理服务费工程审计费、保险费		总建安费	560.00
8	环评费、交通影响评价费			100.00
9	竣工图编制费	8.00%	设计费	160.00
10	合计			144 908.00

表 9-14 项目建设费用估算表

序号	补偿类别	数量（亩）	补偿费用（万元）	备注
1	土地征用费		61 631.40	
1.1	征地补偿金	5 025	10 657.40	
1.1.1	耕地	1 514	7 070.00	46 700 元/亩
1.1.2	荒山	1 076	585.60	5 540 元/亩
1.1.3	经济林果地	607	1 521.00	2.51 万元/亩
1.1.4	宅基地	1 282	945.60	7 380 元/亩
1.1.5	未利用地及其他	806	535.20	6 640 元/亩
1.2	农民社会保障金	15 200 人	45 600.00	3 万元/人
1.3	征地工作经费	5 025	2 512.50	5 000 元/亩
1.4	青苗林木补偿		2 861.50	稻、蔬、林、果
2	拆迁补偿及安置补助费		40 122.50	
2.1	房屋拆迁		34 574.50	
2.1.1	框架、砖混一类	53.2 万平方米	26 600.00	500 元/平方米
2.1.2	杂房	15.93 万平方米	6 372.00	400 元/平方米
2.1.3	附属设施	6.41 万平方米	1 602.50	250 元/平方米
2.2	搬迁补助金	3 800 户	760.00	2 000 元/户
2.3	两年安置过渡费	3 800 户	2 280.00	6 000 元/户每年
2.4	拆迁奖励金	3 800 户	1 368.00	3 600 元/户
2.5	拆迁工作经费	3 800 户	760.00	2 000 元/户
2.6	附属设施迁移费	3 800 户	380.00	1 000 元/户
3	土地报批费用		32 504.10	
3.1	耕地占用税（含林地）	1 921	3 201.68	25 元/平方米
3.2	耕地开垦费	1 514	2 304.82	按耕地产值 10 年计算，为 1.52 万元/亩

序号	补偿类别	数量（亩）	补偿费用（万元）	备注
3.3	防洪保安基金	5 205	520.50	1 000 元/亩
3.4	新增建设用地有偿使用费	5 205	25 277.09	72.8 元/平方米
3.5	土地管理费		1 200.00	征地总费用的 1%
合计			134 258.00	

注：征地拆迁补偿标准按××市人民政府46号令文件执行。

2. 建设期利息估算

根据公司的投资计划，本项目拟向我行申请中长期贷款 300 000 万元，在两年建设期内，每年分别贷款 150 000 万元，贷款期限 7 年，按现行中国人民银行基准利率 6.14% 计算，建设期利息共计 18 420 万元。

4.2 融资方案

××市××大道周边土地一级整理项目工程，估算总投资为 411 728.48 万元，拟通过以下筹措渠道解决（见表 9 – 15）。

一是××市城市开发投资集团公司自筹项目资本金 111 728.48 万元，占项目总投资的 27.14%。

二是拟向我行申请 7 年期贷款 300 000 万元，占总投资的 72.86%。

表 9 – 15 项目资金筹措表　　　　　单位：万元

序号	项目	合计
1	总投资	411 728.48
1.1	建设投资	393 308.48
1.2	建设期利息	18 420
2	资金筹措	411 728.48
2.1	项目资本金	111 728.48
2.1.1	财政下拨资金	0
2.1.2	企业自筹	111 728.48
2.2	银行借款	300 000
2.2.1	银行借款	300 000
2.2.2	其他借款	0

4.3　项目资金来源可靠性分析

截至评估日，项目已正式启动，开展了前期征地拆迁工作，公司已经预付给××市土地收购储备中心征地拆迁资金6亿元，预付给××市××镇财政所征地拆迁资金1.15亿元，由于尚未资金结算，我行已要求公司尽快将本项目实施单独核算，与有关方及时进行资金结算，并委托中介机构对项目已投入资金进行专项审计，因此，项目资本金认定情况以中介机构出具的专项审计报告为准。公司并出具承诺，剩余项目资本金将与贷款同比例到位。

A公司综合实力较强，2010年9月底，公司总资产241.64亿元，所有者权益208.95亿元，长期负债26.97亿元，长期股权投资7.73亿元，固定资产1.33亿元，无形资产11.57亿元。公司可投资金额＝所有者权益＋长期负债－长期股权投资－固定资产－无形资产＝215.29亿元。评估认为，公司具备追加注册资本金的能力，该企业完全具备项目资本金的出资能力。A公司已出具项目资本金按期到位的承诺。该项目资本金在两年内分期到位有保障。

第五章　财务效益评价

本项目属于政府主导的新农村建设领域内的公益性项目，根据《建设项目经济评价方法与参数》（第三版）有关要求，本项目财务效益评价主要考虑项目生存能力、偿债能力。

5.1　项目自身收益评估

5.1.1　项目经济效益评估

项目实施后，通过整理出可出让土地获得收益覆盖贷款本息。经测算，预计本项目可获得4 035.8亩土地出让总收入632 046万元，扣除上缴市政府四项基金126 409.2万元，公司可获得收入返还505 636.8万元，能够覆盖贷款本息373 680万元，做到自身资金平衡。

1. 可出让土地面积及用地性质

根据《可研报告》，本项目可出让土地面积约 4 035.8 亩。其中某新区段可出让用地 830 亩，沙石段可出让用地 1 080.8 亩，机场走廊段可出让用地 2 125 亩。根据××市城乡规划局出具的《关于××市××大道周边一级土地整理项目规划用途的说明》，可出让土地用地性质均为商业用地。

2. 土地出让计划

根据评估，本项目整理出的土地计划于第三年开始出让，出让期为 5 年，在 2013～2017 年分年度出让，具体出让计划为：2013 年出让土地 730 亩，2014 年出让土地 950 亩，2015 年出让土地 730.8 亩，2016 年出让土地 650 亩，2017 年出让土地 975 亩。

3. 土地出让价格

本次评估以《可研报告》中本项目周边地块近三年出让价格为参考依据，采取谨慎原则，确定土地出让价格。

2005～2010 年，××市某新区土地出让成交价格从 115 万元/亩上涨至 395 万元/亩，涨幅达到 243.48%，项目周边相似地块具体地块成交价格见表 9－16。

表 9－16 某新区具体土地出让情况表

成交时间	土地位置	土地用途	规划指标要求			叫拍价（万元/亩）	成交价（万元/亩）	总额（万元）
			容积率	建筑密度	绿地率			
2010.7.5	某新区 J12 地块	商住	<3.0	≤30%	≥35%	235	366	12 591.1
2010.7.5	某新区 J34 地块	商住	<2.8	≤28%	≥35%	240	414.7	23 567.8

本项目土地出让价格某新区段 170 万元/亩、沙石段土地 120 万元/亩、机场走廊段土地 170 万元/亩相对于目前××市土地出让价格而言是谨慎的。

4. 土地出让收入

依据项目土地出让年度计划，土地出让收入情况见表 9－17。

表 9－17 土地出让收入估算表

年份	2013	2014	2015	2016	2017	合计
可出让土地（亩）	730	950	730.8	650	975	4 035.8
地块位置	略	略	略	略	略	略
出让单价（万元/亩）	170	170/120	120/170	170	170	

续表

年份	2013	2014	2015	2016	2017	合计
出让总收入（万元）	124 100	119 000	112 696	110 500	165 750	632 046
政府四项基金（20%）	24 820	23 800	22 539.2	22 100	33 150	126 409.2
出让收入返还（万元）	99 280	95 200	90 156.8	88 400	132 600	505 636.8

5.1.2　项目生存能力分析

为防范风险，结合本项目可出让土地收入及投融资情况，本次评估对本项目财务计划现金流量进行了分析，根据财务计划现金流量表，项目投产后到项目计算期末，项目累计净现金流量达 351 450 万元；且各年净现金流量均为正值，说明本项目的财务质量和可持续性较好，具有较强的财务生存能力（见表 9 – 18）。

表 9 – 18　项目财务计划现金流量表　　单位：万元

序号	项目	第一年	第二年	第三年	第四年	第五年	第六年	第七年	合计
一	经营活动净现金流量	0	0	99 080	95 000	89 957	88 200	132 400	504 637
1	现金流入		0	124 100	119 000	112 696	110 500	165 750	632 046
(1)	土地出让收入返还			124 100	119 000	112 696	110 500	165 750	632 046
(2)	税收返还								0
2	现金流出			25 020	24 000	22 739	22 300	33 350	127 409
二	投资活动净现金流量	– 205 864	– 205 864	0	0	0	0		– 411 728
1	现金流入	0	0						0
2	现金流出	205 864	205 864	0	0	0	0		411 728
(1)	建设投资	201 259	192 049						393 308
(2)	建设期利息	4 605	13 815						18 420
三	筹资活动净现金流量	205 864	205 864	– 78 420	– 74 736	– 71 052	– 67 368	– 63 684	56 468
1	现金流入	205 864	205 864						411 728
(1)	资本金	55 864	55 864						111 728
(2)	我行借款	150 000	150 000						300 000
2	现金流出			78 420	74 736	71 052	67 368	63 684	355 260

序号	项目	第一年	第二年	第三年	第四年	第五年	第六年	第七年	合计
(1)	长期借款本金偿还			60 000	60 000	60 000	60 000	60 000	300 000
(2)	短期借款本金偿还								
(3)	长期借款利息支付			18 420	14 736	11 052	7 368	3 684	55 260
(4)	短期借款利息支付								
(5)	其他流出								
四	净现金流量			20 660	20 264	18 905	20 832	68 716	149 377
五	累计净现金流量			20 660	40 924	59 829	80 661	149 377	351 450

5.1.3 项目偿债能力分析

借款人向我行申请贷款 300 000 万元，贷款利率为 6.14%，申请贷款期限 7 年，其中宽限期 2 年。城投公司各年贷款偿还及项目整体偿还贷款情况见表 9–19。

表 9–19 项目借款还本付息计划表　　单位：万元

序号	项目	合计	建设期		出让期				
			1	2	3	4	5	6	7
1	当期还本付息	373 680	4 605	13 815	78 420	74 736	71 052	67 368	63 684
2	其中：还本	300 000			60 000	60 000	60 000	60 000	60 000
3	付息	73 680	4 605	13 815	18 420	14 736	11 052	7 368	3 684
4	利息备付率		100%	100%	110.85%	110.87%	102.20%	129.46%	1 458.69%
5	偿债备付率		100%	100%	126.35%	127.11%	126.61%	130.92%	207.90%

各年利息备付率均大于 1，贷款期内平均为 3.02 倍；各年偿债备付率均大于 1，贷款期内平均为 1.31 倍。表明本项目的利息偿付和可用于还本付息的资金保障程度较高，我行作为债权人的贷款风险较小。

5.2 借款人综合收益评估

借款人综合收益主要来自政府注入借款人的出让性质商住用地按规划分年出让后的出让收益、房地产经营利润、租赁收入和其他补贴等。评估认为，综合收益可主要用于本项目贷款外的其他借款本息的归还。下面评估借款人除本项目贷款之外的还本付息能力及其出资能力。

5.2.1　主要来源

一是已注入城投公司并办证的商业性质土地使用权土地出让收入。

二是城投公司物业租赁费收入。主要是汽车城、农贸市场、新机场和餐饮城等的物业维护及租赁收入。

三是城投公司自营房地产业务和代建费补贴收入。主要是目前正在开发的××和××小区商品房销售收入以及代建代征××广场、××大道的代建代征费补贴收入。

5.2.2　合规性和充足性分析

1. 土地开发出让净现金流测算

根据××市政府的规划，城投公司目前拥有土地使用权证的土地有12 248.47亩，计划于2010～2017年出让土地3 000亩，预计可实现出让收入83.75亿元，扣除20%四项提留上缴15.7亿元（东延项目为自营项目不需留20%）后可用于公司还本付息的资金有68.05亿元。拟出让土地见表9-20和表9-21。

表9-20　城投公司拟出让土地基本情况表　　单位：万元

地块位置	面积（亩）	预计出让单价（万元/亩）	预计可实现出让收入	四项提留上缴（20%）	扣除四项提留后用于公司还本付息等（80%）	预计处置时间
××新区地块	700	400	280 000	56 000	224 000	2011～2017年
加油站	10	900	9 000	1 800	7 200	2011年
××村	390	200	78 000	15 600	62 400	2012年
汽车城	850	280	238 000	47 600	190 400	2012年
农贸市场	900	200	180 000	36 000	144 000	2012～2014年
××项目	150	350	52 500	0	52 500	2010年
合计	3 000		837 500	157 000	680 500	

527

表 9 – 21　土地开发出让净现金流测算表　　　单位：万元

序号	项目	2010年	2011年	2012年	2013年	2014年	2015年	2016年	2017年	合计
1	土地出让总现金流入	68 500	232 800	203 200	64 000	64 000	16 000	16 000	16 000	680 500
2	其中：××新区出让收入		128 000	16 000	16 000	16 000	16 000	16 000	16 000	224 000
3	加油站出让收入		7 200							7 200
4	××村出让收入	16 000	30 400	16 000						62 400
5	汽车城出让收入		67 200	123 200						190 400
6	农贸市场出让收入			48 000	48 000	48 000				144 000
7	××项目出让收入	52 500								52 500
8	土地出让总现金流出	18 000	118 000	0	0	0	0	0	0	136 000
9	其中：××新区征地成本									0
10	加油站征地成本									0
11	××村征地成本									0
12	汽车城征地成本		59 500							59 500
13	农贸市场征地成本		58 500							58 500
14	××项目征地成本	18 000								18 000
15	土地出让净现金流（1~8）	50 500	114 800	203 200	64 000	64 000	16 000	16 000	16 000	544 500

备注：根据《××市人民政府办公厅抄告单》××市府办抄 [2010] 76 号文件精神，A 公司投资的土地整理储备项目享有六大片区建设指挥部的政策，即扣除 20% 的四项提留基金后，剩余 80% 返还给城投集团，用于还本付息及其他建设资金。以上土地出让现金流入（除××项目为自营项目不需扣除 20% 外）均按出让总收入的 80% 计算，征地成本不反映 2010 年以前已实际支付部分。

数据说明：

（1）本次预测以 A 公司目前土地保有量（持有土地证使用权）为基础计算土地出让收入，不包括将要纳入该公司收储范围而未办理好使用权证的土地。

（2）××新区 700 亩为存量土地，不需要征地拆迁成本。

（3）加油站 10 亩、汽车城 850 亩、农贸市场 900 亩土地为省发展改革委立项的重点调度项目。加油站按 900 万元/亩、汽车城按 280 万元/亩、农贸市场按 200 万元/亩计算，剔除成本可获净现金流 223 600 万元。

（4）××村地块 390 亩存量土地，已完成征地拆迁，按 200 万元/亩计算，扣除 20% 规费后收入 62 400 万元。

（5）东延项目150亩，为城投公司自营的项目，出让收入不需扣除20%的规费，按350万元/亩计算，剔除成本可获净现金流34 500万元。

2. 其他综合收益分析

表9-22　除土地出让收入外其他综合收益净现金流测算表

单位：万元

序号	项目	2010年	2011年	2012年	2013年	2014年	2015年	2016年	2017年	合计
1	物业、租赁总现金流入（2+3+4+5）	0	500	500	3 200	3 200	3 200	3 200	3 200	17 000
2	其中：汽车城物业管理收入				200	200	200	200	200	1 000
3	农贸市场物业管理收入				100	100	100	100	100	500
4	新机场租赁收入		500	500	500	500	500	500	500	3 500
5	餐饮城租赁收入				2 400	2 400	2 400	2 400	2 400	12 000
6	物业、租赁总现金流出（7+8）	0	152	152	152	152	153	153	153	1 067
7	其中：新机场租赁维护成本		152	152	152	152	153	153	153	1 067
8	餐饮城建设成本									0
9	房地产开发项目总现金流入（10+11）	18 100	45 000	70 000	0	0	0	0	0	133 100
10	其中：××项目1~3期销售收入	15 000	45 000	70 000						130 000
11	某小区销售收入	3 100								3 100
12	房地产开发项目总现金流出（13+14）	16 257	34 750	49 000	0	0	0	0	0	100 007
13	其中：××项目1~3期开发成本	13 257	34 750	49 000						97 007
14	某苑小区开发成本	3 000								3 000
15	代建项目净收入（16+17）	0	3 650	0	0	0	0	0	0	3 650
16	其中：××广场项目补助		2 250							2 250
17	××大道项目补助		1 400							1 400
18	其他净现金流合计（1-6+9-12+15）	1 843	14 248	21 348	3 048	3 048	3 047	3 047	3 047	52 676

数据说明（见表9-22）：

（1）农贸市场、汽车城采用征地后出让使用权，物业由本集团公司负责管理，向建设单位业主收取物业管理的经营模式。计费参照本集团对××项目及某小区的收费标准，预计从2013年建成后每年收入分别为100万元、200万元。

（2）新机场为市政府注资A集团的土地资产，而使用是在民航公司，为不同的法人单位，因此，该公司已经商洽，将于2011年开始收取租金，预计从2011年后每年租金500万元（预计每年维护成本150万元左右）。

（3）餐饮城为××市政府规划筹建项目，地理位置位于新城区娱乐城边的繁华地段，规化建筑面积为20 000平方米，建成后产权归A公司，该公司拟出租经营，参照周边经营租赁费用为：120元/平方米/月。2013年建成后每年预计租金收入2 400万元。

（4）房地产目前正在开发经营的主要是××项目一、二、三期以及某苑小区，预计销售收入扣除成本后可实现净收益33 093万元。

（5）代建××大道项目和南门广场项目政府拨入代建补贴费用共3 650万元。

3. 全部综合收益分析

表9-23　全部综合收益净现金流测算表　　　单位：万元

序号	项目	2010年	2011年	2012年	2013年	2014年	2015年	2016年	2017年	合计
1	综合现金流入（2+3+4+5）	86 600	281 950	273 700	67 200	67 200	19 200	19 200	19 200	834 250
2	其中：现金流入（土地出让收入）	68 500	232 800	203 200	64 000	64 000	16 000	16 000	16 000	680 500
3	现金流入（物业租赁收入）	0	500	500	3 200	3 200	3 200	3 200	3 200	17 000
4	现金流入（房地产开发收入）	18 100	45 000	70 000	0	0	0	0	0	133 100
5	现金流入（代建项目收入）	0	3 650	0	0	0	0	0	0	3 650
6	综合现金流出（7+8+9+10）	34 257	152 902	49 152	152	152	153	153	153	237 074

序号	项目	2010 年	2011 年	2012 年	2013 年	2014 年	2015 年	2016 年	2017 年	合计
7	其中：现金流出（土地出让成本）	18 000	118 000	0	0	0	0	0	0	136 000
8	现金流出（物业租赁成本）	0	152	152	152	152	153	153	153	1 067
9	现金流出（房地产开发成本）	16 257	34 750	49 000	0	0	0	0	0	100 007
10	现金流出（代建项目成本）	0	0	0	0	0	0	0	0	0
11	综合净现金流（1－6）	52 343	129 048	224 548	67 048	67 048	19 047	19 047	19 047	597 176

表 9 – 24 企业存量贷款还本付息测算表 单位：万元

序号	项目	2010 年	2011 年	2012 年	2013 年	2014 年	2015 年	2016 年	2017 年	合计
1	还本	4 500	49 550	156 000	14 000	14 000	8 050	6 000	4 000	257 100
2	付息	10 774	19 003	10 753	3 594	2 733	1 705	1 265	716	51 167
3	综合净现金流	52 343	129 048	224 548	67 048	67 048	19 047	19 047	19 047	597 176
4	还本付息后净额	37 069	60 495	57 795	49 454	50 315	92 92	11 782	14 331	290 532

数据说明（见表 9 – 24）：

（1）还本付息包括了企业目前所有的存量贷款本息。

（2）利息按各银行贷款实际利率计算。

综上所述，评估认为企业综合收益现金流也较为充足，能够覆盖该公司全部存量贷款本息，并具备未来对本项目的出资能力。

第六章 贷款风险与防范措施评估

6.1 风险分析

6.1.1 政策风险

本项目是××市重点项目，××市政府多次召开专题会议，研究项目规划和建设，为取得有关事项审批提供了便利条件。另外，从风险防范的角度看，目前我国以《中华人民共和国土地管理法》和《中华人民共和国城市房地产管理法》为基本法，以国务院和经国务院批准颁布的行政法规、规定和国务院各部、委、局规章制度、最高人民法院的司法解释为辅助，以地方法规、规章为配套，形成了一个层次不同、功能不同的法群。另外，该项目建设符合国家统筹城乡政策以及××市土地利用总体规划，但项目建设涉及征地、农民拆迁补偿、还迁安置、用地指标落实等方面问题，需要在规划、国土、建设、环保等政府有关部门办理审批手续。目前，该项目土地收储已纳入××市2010年土地收储计划，新增建设用地指标已落实，还迁房建设工程规划许可、施工许可、用地许可、环境评价等手续均已落实。因此项目政策风险基本可控。

6.1.2　拆迁风险

根据征迁涉及人口及户数估算，本项目共征用土地4 748亩，涉及动迁人口3 802户、15 200人，共拆迁居住房屋面积532 000平方米，按人均住房面积35平方米安置，共需建设还迁安置房53.2万平方米。项目建设过程中，村民拆迁、还迁等移民工作关系到农民的切身利益，给他们的生产和生活带来现实和长远的影响，如果组织协调工作不到位，将会产生一系列的矛盾，甚至可能产生来自村民方面的阻力，延长本项目工期。

××市政府为保证项目的顺利实施，相继制定出台了《××市某新区征地及拆迁补偿安置办法》（××市人民政府第46号令）、《××机场走廊经济带5 000亩土地征地拆迁实施方案》（××府办字〔2010〕62号）等相关文件，从政策层面进行规范和指导，确保项目顺利实施。

与此同时，××市政府和城投公司积极宣传引导，目前已经就村民搬迁、安置房安置等重点工作制定了完善的措施：一是在拆迁方面，政府为保证农民的自愿原则，要求拆迁必须通过农民签署协议书，房屋拆迁按原居住房屋建筑面积相应比例以及测算虚拟人口置换安置房。二是为保证失地农民的生活有所保障，给农民按照年龄不同分别上社会保险。三是为切实提高农民居住条件的改善，应对安置房建设做到设施齐备、配套完善、环境优美。

6.1.3　市场风险

××市辖18个区县，人口近900万，其中××中心城区人口60余万，住房刚性需求大，同时，随着经济不断发展，居民收入不断增加，拉动了新购房和再购房的需求。近年来，××市土地市场和房地产市场交易活跃，土地出让价格和商品住宅销售价格呈不断攀升趋势。就项目所在区域某新区来看，2010 年上半年土地出让均价达到 395 万元/亩，较 2005 年涨了接近四倍。2010 年 1 ~9 月××中心城区商品住宅销售均价达到 4 052元/平方米。近期，项目周边区域相似地块（某新区 J34 地块）出让价格达到 414.7 万元/亩，远高于项目出让土地估算的土地出让价格，因此，本项目市场风险较小。

6.1.4 项目完工风险

本项目完工风险主要体现在项目否能如期完工、项目投资预算完成情况及工程质量能否达标等方面。若项目不能按期完工，或由于通胀影响、费用上升、劳资纠纷等原因导致项目成本增加、超出工程预算，或由于项目的具体实施经常被细化和层层分包，如果监管不到位，导致建设标准、建设内容、施工进度和工程质量不达标等问题的出现，这些都将影响到银行贷款本息的安全。

对此，我行将要求城投公司委托专业机构，在项目建设期，对项目全部建设资金使用情况按年度进行审计；在项目建成后，对土地整理开发成本进行专项审计。

项目建设单位××市城投集团公司是××市具有较大影响力的从事城市基础设施建设的政府独资企业，经过多年来的发展，已建成了先进的现代企业管理制度，拥有一大批高素质的专业技术人才，其先进的管理经验必定能助推本项目高效高质量建成。

6.2 风险防范措施评价

经评估，本项目经济效益良好，第一还款来源充足，贷款偿还能力较强。从第二还款来源看，本项目采用抵押担保方式，由城投公司持有的国有土地使用权证为本项目提供抵押担保。

根据我行有关担保贷款管理办法规定，评估如下。

6.2.1 抵押担保分析

根据××恒盛土地评估有限公司出具的土地估价报告（××恒盛［2010］估字第 085、086、087、088、089 号），抵押土地面积共 1 322.74

亩（881 830.05 平方米），市场价值 52.53 亿元（见表 9-25）。

表 9-25　抵押土地情况

土地证号	宗地位置	土地用途	单位面积地价（元/平方米）	土地面积（平方米）	总地价（万元）
××市章国用〔2010〕第 A3010148 号	某新区 F8、F13、F21、F27 地块	商业、商务办公	6 021.44	180 261.49	108 543.38
××市章国用〔2010〕第 A3010153 号	某新区 G10、G15 地块	商业、居住	6 030.12	83 000	50 050
××市章国用〔2010〕第 A3010150 号	某新区 J2、J5、J6、J8、J9、J10、J11、J32 号	商业、居住	5 877.22	401 549.03	235 999.2
××市章国用〔2010〕第 A3010147 号	某新区 F7、F25、F26 号	商业、商务办公	6 120.38	135 732.43	83 073.4
××市章国用〔2010〕第 A3010152 号	某新区 G19 地块	商业、居住	5 852.17	81 287.1	47 570.59
合计				881 830.05	525 236.57

6.3　结论

　　本项目通过抵押担保，按 60%①抵押率计算可提供的担保额度为 31.52 亿元，可以覆盖我行贷款本金，因此第二还款来源有保证。

第七章　评估结论及相关建议

7.1　评估结论

　　本项目建设内容主要涉及征地、农户拆迁补偿和还迁安置等，项目实施对推进当地统筹城乡、改善农民居住生活条件具有重要意义，具有显著的支农作用，是地方政府主导的、实体承贷、市场化运作的新农村建设项目。

---

　　① 我行土地使用权抵押最高折率 70%，本项目出于谨慎性考虑，采用 60% 折率。

经评估，本项目具有较好的经济效益，第二还款来源充足可靠。

7.2　贷款建议

同意向××城市开发投资集团有限责任公司发放新农村建设中长期贷款 300 000 万元，贷款资金用于××市××大道周边土地一级整理项目建设，贷款期限 7 年，其中宽限期 2 年，贷款采取抵押担保方式，项目资本金、贷款同比例到位，贷款利率执行中国人民银行规定的同期同档次基准利率。

7.3　贷款条件

申请贷款需要的条件为：

（1）A 公司将基本账户开立在我行，并开立项目资本金账户、土地出让收入归集账户。

（2）落实项目资本金。聘请中介机构对项目资金使用情况进行专项审计结果并认定前期已到位项目资本金，剩余项目资本金与贷款采用同比例到位方式。

（3）办理好合法、足额、有效的土地使用权抵押手续。

（4）签订项目建设资金管理协议。开户行与城投公司等有关方共同签订项目资金管理协议，明确各方管理职责。

7.4　管理措施

7.4.1　实施专用账户管理

开户行对借款人资金采用专用账户管理方式，对贷款资金、项目资本金和土地出让收入返还分别纳入贷款资金账户、项目资本金专户和土地出让金归集专户进行管理，项目建设主要施工方在我行开立结算账户。

7.4.2　加强贷款资金使用监管

开户行严格按照中国银监会"两个办法一个指引"和我行贷后管理要求，加强对贷款资金使用的监管，确保贷款资金使用合规；要求城投公司委托专业审计机构，在建设期对项目全部建设资金使用情况进行年度审计，并将审计报告提供开户行。

7.4.3 严格加强对项目形成土地出让收入的监督

开户行紧密跟踪项目实施过程中形成的可出让土地的挂牌交易出让过程，加强与财政局、国土资源局和城投公司的联系沟通，督促土地出让收入返还及时存入土地出让收入归集账户。

7.4.4 主动加强对项目建设实施过程的监督

开户行紧密跟踪项目建设实施进度，主动参与项目实施全过程，确保项目施工许可、还迁房建设（土地使用权证、工程规划、水电气落实及消防批复）等审批手续及时落实。

7.4.5 积极改进金融服务工作

成立各级行组成的金融服务团队，制定金融服务方案，将监管责任落实到位、到人，随时保持与城投公司等项目相关方的联系，及时研究处理贷款期间的重大问题，认真按有关政策规定做好项目建设期、还贷期的贷后服务和监管工作。

案例十　污水处理设施银团贷款项目评估

第一章　项目概述

1.1　项目名称

T省县（市）污水处理设施建设银团贷款项目

1.2　项目立项及批复情况

本项目总体《预可研报告》已由中国××工程技术有限公司（工程设计资质甲级）编制完成，T省发展和改革委员会以《关于T省县（市）污水处理设施项目预可研报告的批复》对本项目《预可研报告》进行了批复；T省环保局以《关于T省县（市）污水处理设施建设项目环境影响报告的批复》认定本项目环境保护实施方案可行；T省国土资源厅《关于全省县（市）污水处理设施项目用地有关问题的复函》对本项目用地进行了总体安排。根据T省人民政府办公厅《关于转发省污水处理设施建设领导小组办公室加快县（市）污水处理设施建设实施方案的通知》（以下简称《建设实施方案》），各子项目工程地质初步勘察、项目《可研报告》和《工程初步设计》由T省建设厅牵头组织，7月15日以前完成；《可研报告》批复及《工程初步设计》批复由T省发展和改革委员会负责，7月底以前完成。

1.3 项目性质及类型

项目性质：新建项目（新设法人）

项目类型：非经营性项目

1.4 项目承贷主体及建设单位

本项目承贷主体为 T 省行政事业资产集团有限公司（以下简称"资产集团"），项目建设主体由各项目县（市）确定或组建。

1.5 项目建设地址

本项目建设地址位于 T 省 80 个县（市）境内，建设面积覆盖 T 省内绝大多数河流源头、干流沿线、环 H 湖地区。

1.6 项目建设内容

本项目建设内容包括建设总规模为 190 万立方米/天的 80 个县（市）污水处理厂，以及总长度为 3 310 公里的配套截污管网。

1.7 投资规模及资金来源

经评估测算，本项目工程总投资 66.57 亿元，其中固定资产建设投资 62.75 亿元，建设期利息 3.73 亿元，铺底流动资金 0.09 亿元。

本项目资金来源为：项目资本金投入 13.57 亿元，由 T 省财政厅安排代建资金，在建设期内按工程进度分次投入；向银团申请固定资产长期借款 53 亿元。目前，由 W 行担任牵头行的本项目银团已经成立，银团各成员贷款份额已初步确定。

1.8 项目建设进展情况

本项目分为 80 个子项目，建设期两年。其中第一批 45 个子项目将于 2010 年 8 月 1 日开工建设，预计于 2011 年 7 月底前竣工，9 月底之前投入运行。第二批 35 个子项目将于 2011 年 7 月 1 日前开工建设，2012 年 7 月 1 日前建成投产。

目前，项目正处在前期筹备阶段，第一批 45 个子项目已全部完成规划

选址，其中金溪县、万年县污水处理厂已通过当地自筹垫付资金的形式分别于 3 月 18 日、6 月 16 日提前开工。

1.9 项目资金使用情况

目前，项目已到位资本金 3 亿元，该资金尚未开始使用。

1.10 贷款申请及评估意见

资产集团向银团申请固定资产长期贷款 53 亿元，期限 15 年（含宽限期 2 年），利率执行中国人民银行同期同档次贷款基准利率下浮 10%（7.047%），贷款采用质押担保方式，用于 T 省 80 个项目县（市）污水处理厂及其配套主管网建设。

建议同意参加以 W 行为牵头行的 53 亿元银团贷款业务，其中我行认贷金额 10 亿 ~15 亿元，贷款期限 15 年（其中宽限期 2 年），利率执行中国人民银行同期同档次利率下浮 10%（7.047%），在建设期内根据银团统一安排分次发放。

第二章 客户评估

2.1 客户概况

T 省行政事业资产集团有限公司是经 T 省人民政府批复，由 T 省行政事业单位资产管理中心代表 T 省财政厅出资，于 2010 年 5 月 7 日成立的国有独资有限责任公司。公司注册资本 10 亿元，主要经营范围是利用省直行政事业单位经营性资产进行融资及咨询服务，T 省人民政府或省财政厅安排的重大项目投资等。公司基本账户开立在××银行××分行××支行，有关证照除国税税务登记证正处于办理过程中外，其余营业执照、组织机构代码证、地税税务登记证、贷款卡等均合法有效（见表 10-1）。

表 10 – 1　客户基本情况表

企业名称	T省行政事业资产集团公司	组织类型	有限责任公司
成立时间	2010 年 5 月	注册资本	100 000 万元
注册地址	××市××路××号	法人代表	××
基本账户	××银行××分行××支行	在编人数	10 人
发起人	T省行政事业单位资产管理中心	性质	国有独资
职能部室	办公室、业务规划部、财务审计部、投资业务部、融资担保部、金融事业部		
业务范围	利用省直行政事业单位经营性资产进行融资及咨询服务，省人民政府或省财政厅安排的重大项目投资等		

2.2　法人治理结构和组织结构

根据公司章程规定，资产集团实行董事会领导下的总经理负责制，董事长为公司的法人代表，由 T 省财政厅委派，总经理由董事长兼任。公司设办公室、业务规划部、财务审计部、投资业务部、融资担保部、金融事业部六个职能部门。公司组织结构见图 10 – 1。

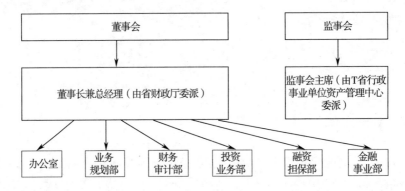

图 10 – 1　公司组织结构

2.3　客户股权结构

资产集团为国有独资有限责任公司，注册资本人民币 10 亿元，出资人为 T 省行政事业单位资产管理中心，2010 年 5 月经 T 正信会计师事务所审验，公司实收资本为人民币 3 亿元。剩余 7 亿元注册资本将由 T 省财政根据项目建设进度分期拨付到位。

2.4 经营者素质

（略）

2.5 信誉状况

自 2010 年 5 月成立以来，公司尚未与任何金融机构建立信贷关系。W 银行 T 省分行认定其信用等级为 A + 级，2010 年 6 月 27 日，我行认定其信用等级为 A 级。通过中国人民银行企业征信系统查询，截至评估日，资产集团无融资信息，无对外担保，无不良信用记录。

2.6 客户财务情况分析

截至 2010 年 5 月末，资产集团总资产 30 000 万元，所有者权益 30 000 万元，无负债（见表 10 – 2）。

表 10 – 2　借款人资产负债简表　　　　单位：万元

项目 ＼ 时间	2010 年 5 月
一、资产总额	30 000
（一）流动资产总额	30 000
其中：货币资金	30 000
（二）长期投资	
（三）固定资产总额	
（四）无形资产	
二、负债总额	
（一）流动负债	
（二）长期负债	
三、所有者权益	30 000
其中：实收资本	30 000

由于资产集团刚刚成立，目前尚未开展正常的生产经营活动，本次评估对客户财务状况分析予以省略。

2.7 客户核心竞争力分析

资产集团是 T 省政府为整合省直行政事业资产而投资组建的国有独资

公司，目的是建立国有资源、资产、资本、资金良性循环的运营体系，增强 T 省政府投融资能力和调控经济的实力，带动社会资本对政府急需发展的产业和重大基础性项目的投入。

公司核心竞争力分析如下：一是资产集团根据政府的安排组建成立，管理人员由 T 省财政厅委派，是 T 省政府的融资窗口和平台；二是资产集团根据 T 省政府授权经营国有资产，根据政府决策和计划筹集、管理、使用基础设施建设资金，进行项目建设，T 省政府对贷款本息的偿还给予全额补贴；三是 T 省政府对省直行政事业资产的清查工作正在进行，今后将进一步增加资产集团的资本注入，有利于公司的未来发展。

第三章　银团结构评估

3.1　银团组团背景

本项目自 2009 年起开始策划，鉴于本项目具有风险低、效益高的特点，T 省内多家金融机构都对本项目进行了积极的营销，其中 W 银行在其总行的支持下为本项目向借款人出具了银团贷款方案。2010 年 6 月，W 银行正式接受借款人资产集团委托，作为牵头行为本项目组织人民币 53 亿元的银团贷款。目前，W 银行以"总体承诺、分批签订合同"的模式，按 53 亿元兜底、牵头行全额包销的贷款额度进行了调查，并通过了评审。

我行 T 省分行积极与 T 省政府有关部门、借款人以及牵头行联系，对本项目开展营销工作，表达了力争成为本项目副牵头行及代理结算行的意向，并得到了包括 T 省政府、财政厅在内政府部门的支持。在各家金融机构均表达了参与意向后，本项目以 W 银行为牵头行，我行等多家银行为参加行的银团基本框架已初步确立。目前，银团已就本项目召开了两次银团会议，在与借款人平等协商的基础上对各成员行融资份额、融资前期准备工作、项目资金监管、金融服务、项目还款等事项达成了初步的一致性意向。目前暂时确定的银团贷款份额如表 10-3 所示。

表 10 – 3

各成员行名称	贷款份额（亿元）	占比（%）
W 银行	11	20.75
我行	10	18.87
其他行	32	59.38
合计	53	100

3.2　银团前段文件准备情况

目前，牵头行 W 银行已按中国银监会《银团贷款业务指引》的有关要求，向各参加行正式发送了《银团贷款邀请函》，并提供了关于本项目的《银团贷款信息备忘录》、《尽职调查报告》和《银团会议纪要》等相关项目资料，就本项目向各参加行进行正式推荐。

此外，W 银行还向我行提供了本项目《银团贷款合同》和《银团质押合同》的框架文本（待修改稿），作为本次银团贷款有关协议的蓝本。上述文本对牵头行、代理行、其余各参加行以及借款人的权责利等方面内容进行了初步明确，将作为《银团贷款协议》正式拟定的基础。

3.3　银团资金流向评估

根据中国银监会《银团贷款业务指引》有关规定，在各成员行充分协商的基础上，根据《T 省县（市）污水处理设施项目贷款评审谈判纪要》和其他相关文件内容，本次银团贷款初步确定由借款人在牵头行开立建设资金专户和还款资金专户，由借款人和各项目单位在代理行开立一般结算专户，用于本项目信贷资金和还款资金的归集、拨付和使用。银团在借款人落实贷款条件后，统一将信贷资金归集到借款人在牵头行的建设资金专户，然后划拨至项目单位在代理行的结算专户，用于本项目建设资金拨付。在还款时，项目单位将本项目还款资金从结算专户归集至借款人在牵头行的还款资金专户，再由牵头行划转给各参加行。

专家点评：银团贷款是指由两家或两家以上银行基于相同贷款条件，依据同一贷款协议，按约定时间和比例，通过代理行向借款人提供的本外币贷款或授信业务。按照牵头行对贷款最终安排额所承担的责任，银团牵头行分销银团贷款可以分为全额包销、部分包销和尽最大努力推销三种类型。本项目银团贷款的牵头行为 W 银行，并采取全额包销的类型。经过磋商，本项目牵头银行分销份额占比 20.75%，符合中国银监会《银团贷款指引》关于"单家银行担任牵头行时，其承贷份额原则上不少于银团融资总金额的 20%；分销给其他银团贷款成员的份额原则上不低于 50%"的相关规定。

第四章　项目建设条件评估

4.1　项目建设背景

4.1.1　政策背景

党中央、国务院已把节能减排、保护环境作为学习和实践科学发展观、实现可持续发展战略的重要内容，胡锦涛总书记在党的十七大报告中指出：要保护土地和水资源，加大节能环保投入，重点加强水、大气、土壤等污染防治，改善城乡人居环境。温家宝总理在十一届人大一次会议的工作报告中指出：今年是完成"十一五"节能减排约束性目标的关键一年，务必增强紧迫感，加大节能减排和环境保护力度，力求取得更大成效。2010 年的大部制改革中，中央将原环保总局升级为环保部，更是体现了中央高度重视我国环保事业，推进我国经济可持续健康发展的积极态度。

我国早于 2002 年由原国家计委、原建设部和国家环保总局（现环保部）出台了《关于推进城市污水、垃圾处理产业化发展的意见》（计投资〔2002〕1591 号），该意见明确要求各级地方政府改革体制，实现污水、垃圾产业的市场引导，同时加强监管，保障其健康有序发展。为响应该文件精神，国家发展和改革委员会、统计局和环保总局分别会同有关部门制定了《单位 GDP 能耗统计指标体系实施方案》、《单位 GDP 能耗监测体系实施方案》、《单位 GDP 能耗考核体系实施方案》，并颁发《主要污染物总量减排统计办法》、《主要污染物减排检测办法》、《主要污染物减排考核办法》，把节能减排工作成效列入各级政府综合考核、评价的主要内容，作为对各省、自治区、直辖市人民政府领导班子和领导干部综合考核评价的

重要依据，实行对地方党政"一把手"的"问责制"和"一票否决制"。

4.1.2　区域背景

T省作为我国落实科学发展观、加快生态环境建设三个试点省份之一，目前全省已建成和正在运行的污水处理厂仅有14座，均分布在设区市城区，县级还没有设立，全省城市生活污水处理率仅为31.2%，列全国倒数第二位，大量生活污水未经处理就直接排放，严重影响着H湖生态区的自然生态环境。为实现"十一五"全省水污染物总量控制目标以及2007年化学需氧量排放削减4 000万吨的目标，根据T省"十一五"规划，T省委、省政府在今年全国"两会"上正式提出了建立环H湖生态经济区的战略。作为T省环H湖生态经济区建设及T省节能减排工作的一项重要内容，2010年3月，T省政府正式提出，用两年时间在全省80个县市建设污水处理设施及配套管网项目，确保2010年全省城镇污水处理率超过70%。

本项目建设得到了T省委、省政府的高度重视，已经列为T省重点工程。T省省委书记指出：加快推进县市污水处理设施建设，是T省学习落实科学发展观的一项重大举措，县城以上污水处理厂和地下管网的建设，要确保两年内完成。县城生活污水处理，要通过多渠道筹集资金，力争两三年完成。2010年5月T省政府办公厅《关于印发T省污水处理设施建设第二次专题会议纪要》（××府厅字［2010］72号）对本项目工作目标（完工时间）、准备工作（组织、资金、技术）、有关政策及组织领导等事项进行了明确。为此，T省政府专门成立了省污水处理设施建设领导小组，在职责分工上明确各部门密切配合开展本项目有关工作，各部门先后出台了《关于做好全省污水处理项目用地有关问题的通知》（××污建办电字［2010］1号）、《T省加快污水处理设施建设实施方案》（××府厅发［2010］35号）、《关于县（市）污水处理厂经营权转让有关问题的紧急通知》（××府厅字［2010］94号）、《T省县（市）污水处理设施建设项目资金管理暂行办法》等文件，对本项目有关事项积极予以政策支持。

4.2　项目建设的必要性

随着T省城镇化和工业化进程的加快，城镇人口规模快速扩张，工业

和生活污水已经成为城乡环境主要污染物之一，生态环境保护压力日益加大，加快城镇污水处理设施建设势在必行。

4.3　政府扶持措施评估

4.3.1　成立了高规格的省污水处理设施建设领导小组

T省委、省政府对本项目的建设高度重视，成立了高层次的省污水处理设施建设领导小组，由省长亲自担任组长，常务副省长、副省长、省长助理、省财政厅厅长担任副组长，省委宣传部、省发展和改革委员会、建设厅、财政厅、环保局、国土资源厅、监察厅、审计厅主要负责人任成员，各部门分工明确。目前，领导小组已经召开了两次工作会议，对本项目建设各项工作予以强力的政策支持，因此项目相关审批手续等前期准备工作进展较快。

4.3.2　以财政专项资金作为偿还贷款的还款来源

根据T省财政厅、资产集团《全省县（市）污水处理设施建设融资、转借、偿还实施方案》（××财资产［2010］27号，以下简称《融资方案》），项目贷款以中央、T省财政安排的城镇污水处理有关专项资金[①]作为项目还本付息资金，以财政部门安排的项目回购资金作为应收账款进行质押担保，同时鼓励以项目特许经营权出让收入和财政安排的其他资金项目还款资金来源的补充。在项目建设期内，每年应到位的财政代建资金作为项目资本金投入项目建设，项目投入运营后作为还款来源用于本项目还本付息。目前，根据资产集团提供的各项财政代建资金本年度到位文件以及历年到位情况，本项目预计全年最少可落实的财政代建资金已达6亿元以上，全年实际到位资金将在8亿元左右，同时评估保守估计2010年以后每年安排的财政代建资金将不低于8亿元。

4.3.3　省财政负责资金监管和贷款回收的责任

T省政府已以办公厅抄告单（××府厅抄字［2010］21号）的形式明确：以T省财政厅下属的资产集团为融资主体，按上报融资方案融资80亿

---

① 主要包括发展和改革部门中央预算内补助投资、财政部门城镇污水处理设施配套管网以奖代补资金、财政部门城镇污水处理奖励资金以及环保部门节能减排资金，以下统称"财政代建资金"。

元以内,转借给全省 80 个县(市)用于污水处理设施建设,据实使用;授权 T 省财政厅与资产集团签订相关委托代建协议;由 T 省财政负责县(市)污水处理设施建设资金监管和贷款回收的责任。根据《融资方案》:T 省财政厅协调项目县(市)财政局和项目建设主体,确保每年中央、省财政安排的城镇污水处理有关专项资金和其他还款资金能按要求及时足额进入县(市)项目主体还款专户,进入项目还款专户的资金不低于项目县(市)当年应偿还借款本息。各项目县(市)财政局向 T 省财政厅另行出具还款承诺书,承诺如果县(市)项目主体不能如期还款,将同意 T 省财政厅通过结算往来扣缴县(市)项目主体应还借款的金额和延迟的利息。《建设实施方案》对此予以确认:各项目县(市)政府为污水处理设施建设的债务主体,各县(市)要按照借款合同的规定及时偿还借款本息,未及时还款的,由 T 省财政通过上下级财政结算扣还。

4.3.4 享受多项优惠政策

根据《T 省政府办公厅关于转发省污水处理设施建设领导小组办公室加快县(市)污水处理设施建设实施方案的通知》(××府厅发[2010]35 号),本项目建设享受多项优惠政策。

一是收费政策:在确保不加重困难群众负担和按规定组织听证的前提下,按照 20~30 年的项目经营期限,确保补偿城市污水处理厂投资及运行维护成本并合理盈利,适当补偿污水管网运行维护费的原则,合理核定污水处理收费标准。

二是投资补助政策:对符合条件的项目,在国家下达的中央预算内投资、污水配套管网以奖代补资金等方面予以扶持,同时,县(市)政府在城市维护建设税、城市基础设施配套费、国有土地出让收益中安排一定比例的资金,用于污水配套管网建设。

三是用地政策:将所有污水处理设施项目列入 T 省重点工程管理,享受省重点工程优惠政策,并统一安排预留新增建设用地计划指标。

四是税收政策:对经中央或省级批准征收并纳入财政预算管理或财政专户管理的污水处理费,免征营业税;各级政府及其主管部门委托自来水厂(公司)随水费收取的污水处理费,免征增值税;企业从事公共污水处理项目所得,实行"三免三减半"的所得税优惠。另外对污水处理企业实行优惠用电政策。

4.4 项目进程评估

4.4.1 项目立项申报

根据《建设实施方案》，本项目 80 个子项目由 T 省政府授权资产集团作为统一的投融资主体，负责项目审批、融资、建设及还款手续的办理。在各单位职责分工上，以 T 省建设厅负责组织编制项目可研报告、工程地质初步勘察和初步设计，T 省环保局负责指导项目环评审批，T 省国土资源厅负责办理项目用地预审和办理建设用地手续，T 省发展和改革委员会负责编制项目总体规划，以及项目可研报告和初步设计的审批。各子项目正式可研报告及批复、工程地质勘察、工程初步设计及批复、建设用地审批等手续需区分各子项目建设主体分别办理，统一纳入项目总体规划。

2010 年 5 月，中国瑞林工程技术有限公司（工程设计甲级资质）完成对项目总体预可研报告的编制；同月，T 省发展和改革委员会以《关于 T 省县（市）污水处理设施项目预可研报告的批复》（××发改投资字〔2010〕713 号）对本项目《预可研报告》进行了批复，原则上同意本项目建设；2010 年 6 月 12 日，T 省环保局《关于 T 省县（市）污水处理设施建设项目环境影响报告的批复》（××环督字〔2010〕268 号）对项目环境影响报告进行了批复，明确本项目建设符合环保要求；2010 年 6 月 17 日，T 省国土资源厅《关于全省县（市）污水处理设施项目用地有关问题的复函》对该项目用地进行了总体安排，各污水处理厂建设安排使用省级预留新增建设用地计划指标，不列入市、县年度用地指标。关于各子项目的工程地质初步勘察、项目可研和工程初步设计由 T 省建设厅牵头组织，7 月 15 日以前完成；《可研报告批复》及工程初步设计批复由 T 省发展和改革委员会负责，7 月底以前完成。此外，有关《建设工程规划许可证》、《建筑工程施工许可证》和《建设用地规划许可证》将在本项目选址意向书确定后在开工前按 80 个子项目分别办理。

4.4.2 项目建设内容及建设期限

污水处理厂设计规模按污水处理厂服务范围内的规划人口确定，分为远期总规模及近期设计规模。一般按远期规模控制用地，按近期规模进行设计。结合 T 省县域城镇发展现状，中小城镇污水处理规模宜按污水处理厂服务范围内每 1 万城镇人口 0.2 万立方米/天的污水处理量控制，即每 5

万服务人口的污水处理量为 1 万立方米/天。

　　根据 T 省县（市）污水处理设施建设项目的情况，污水处理总规模为 190 万立方米/天，截污管网总长度 3 310 公里。项目建设面覆盖绝大多数河流源头、干流沿线、环 H 湖地区，分为 80 个子项目，分两年建设，单个项目建设期一年。项目建成后，可以形成污水日处理能力 190 万吨，实现全省城镇污水处理率达到 70%~80% 的战略目标，具体见表 10 - 4。

表 10 - 4

序号	名称	污水处理厂规模（万 m^3/d）	截污管网长度（km）	序号	名称	污水处理厂规模（万 m^3/d）	截污管网长度（km）
1	××县污水处理厂	6	70	2	××县污水处理厂	2	40
3	××县污水处理厂	1	40	4	××县污水处理厂	3	45
5	××县污水处理厂	2	45	6	××县污水处理厂	3	45
7	××县污水处理厂	2	40	8	××县污水处理厂	2	40
9	××县污水处理厂	2	40	10	××县污水处理厂	2	40
11	××县污水处理厂	2	40	12	××县污水处理厂	2	40
13	××县污水处理厂	2	40	14	××市污水处理厂	5	80
15	××县污水处理厂	2	64	16	××县污水处理厂	2	95
17	××县污水处理厂	1	40	18	××市污水处理厂	4	80
19	××市污水处理厂	4	80	20	××市污水处理厂	5	55
21	××市污水处理厂	4	80	22	××县污水处理厂	3	35
23	××县污水处理厂	1	35	24	××市污水处理厂	3	35
25	××县污水处理厂	1	35	26	××县污水处理厂	1	35
27	××县污水处理厂	1	30	28	××市污水处理厂	2	55
29	××县污水处理厂	2	55	30	××县污水处理厂	2	55
31	××县污水处理厂	2	35	32	××＊市污水处理厂	2	30
33	××县污水处理厂	5	30	34	××县污水处理厂	2	35
35	××县污水处理厂	2	35	36	××市污水处理厂	2	35
37	××县污水处理厂	2	35	38	××县污水处理厂	3	30
39	××县污水处理厂	2	35	40	××县污水处理厂	4	35
41	××县污水处理厂	3	35	42	××县污水处理厂	3	35
43	××县污水处理厂	4	35	44	××县污水处理厂	2	35
45	××县污水处理厂	2	30	46	××县污水处理厂	1	35

续表

序号	名称	污水处理厂规模（万 m³/d）	截污管网长度（km）	序号	名称	污水处理厂规模（万 m³/d）	截污管网长度（km）
47	××市污水处理厂	2	75	48	××县污水处理厂	2	45
49	××县污水处理厂	2	66	50	××县污水处理厂	1	30
51	××县污水处理厂	3	35	52	××县污水处理厂	2	35
53	××县污水处理厂	3	30	54	××县污水处理厂	3	30
55	××县污水处理厂	3	35	56	××县污水处理厂	2	45
57	××县污水处理厂	1	35	58	××县污水处理厂	2	45
59	××县污水处理厂	1	35	60	××县污水处理厂	2	35
61	××县污水处理厂	1	35	62	××县污水处理厂	2	45
63	××县污水处理厂	1	30	64	××县污水处理厂	1	35
65	××县污水处理厂	2	30	66	××县污水处理厂	3	35
67	××县污水处理厂	4	35	68	××县污水处理厂	3	35
69	××县污水处理厂	2	35	70	××县污水处理厂	1	35
71	××县污水处理厂	4	35	72	××县污水处理厂	1	35
73	××县污水处理厂	4	35	74	××县污水处理厂	4	35
75	××县污水处理厂	1	35	76	××县污水处理厂	2	35
77	××县污水处理厂	2	35	78	××县污水处理厂	2	30
79	××县污水处理厂	2	30	80	××县污水处理厂	2	35
	合计					190	3 310

4.4.3 项目工程进展

目前，工程还处在前期准备阶段，工程地质勘察选址工作正在进行中。第一批 45 个子项目预定于 2010 年 8 月 1 日正式开工，预计 2009 年 7 月底前竣工，9 月底之前投入运行。其中××县、××县污水处理厂已分别于 3 月 18 日、6 月 16 日提前开工，已开工项目资金来源主要是通过相关县财政垫付等方式筹集，省里纳入总体规划。截至评估日，此 45 个项目已全部完成规划选址，其中的 4 个县（市）已完成工程地质勘察，其余 41 个县（市）勘察队伍已进场作业。第二批 35 个子项目 2009 年 7 月 1 日前开工，2010 年 7 月 1 日前建成投入运行。

4.5 项目建设及生产条件评估

根据 T 省污水处理设施建设领导小组办公室《关于做好全省污水处理项目用地工作有关问题的通知》（××污建办电字［2010］1 号），本项目选址将在 T 省建设厅、环保局、国土资源厅的具体指导下，根据 T 省各县（市）总体规划及现场勘察情况确定，在确保项目建设地地质、水文状况不对施工和项目建成后运行构成负面影响的同时，选择交通运输条件便利、有利于项目施工和运行的厂址开展项目建设。

4.5.1 项目地理地质条件

T 省地处北回归线附近，气候温和，年平均气温摄氏 18 度；雨量充沛，年平均降水量 1 637.9 毫米。纵横全省的 2 400 多条河流汇入 H 湖。全省水资源总量 1 416 亿立方米，水面积 167 万公顷，占全国淡水总面积近 10%，人均水拥有量高于全国平均水平。

从地质上看，T 省处于非地震带上，地壳稳定性良好，发生地震等重大地质灾害的可能性较小。

4.5.2 项目交通运输条件

2007 年底，T 省高速公路通车里程达到 2 206 公里，列全国第八位，目前全省已建成以"天"字形为主干的高速公路网络，以省会和各设区市为中心枢纽，形成东西大通道和南北大通道构成的"十"字形交通主骨架，全省 80% 的县（市）有高速公路相通，每个县（市）均有国道、省道相通，全省交通状况良好，运输条件便利。

4.5.3 项目通讯、供水及能源供应情况

根据《建设实施方案》，本项目纳入 T 省重点工程管理，享受优惠用电政策，其通讯、供水及能源供应将得到优先保障。

4.5.4 项目环境保护评估

本项目的建设本身就是环境保护的项目，其目的是收集并处理 T 省县（市）生活污水和生产废水，并在污水处理厂进行污染物的削减。本工程在工艺方案选择、设备选型和操作管理方面都考虑节省能源，降低运行成本。2010 年 6 月 12 日，T 省环保局以《关于 T 省县（市）污水处理设施建设项目环境影响报告的批复》（××环督字［2010］268 号）对项目环境影响报告进行了批复。

4.5.5 项目工艺技术评估

1. 污水处理工艺的选择。城市污水处理分为三个级别，即一级处理（机械处理）、二级处理（生物处理）、三级处理（高级处理）。城市污水处理一般以一级处理为须处理，二级处理为主体，三级处理很少使用。

根据污水处理厂进水水质和出水水质的要求，本工程须采用具有除磷、硝化和反硝化功能的二级生物处理工艺。由于本次设计的污水处理厂均为 T 省各项目县（市）的第一座污水处理厂，运行管理经验较少，而 T 省已建城市污水处理厂大部分均采用氧化沟工艺，能够为县（市）污水处理厂提供运行管理经验。因此，T 省环保局《关于 T 省县（市）污水处理设施建设项目环境影响报告的批复》（××环督字［2010］268 号）要求采用改良型氧化沟工艺。氧化沟又名连续循环曝气池，是活性污泥法的一种变形，具有出水水质好、抗冲击负荷能力强、除磷脱氮效率高、污泥易稳定、能耗省、便于自动化控制等优点。

2. 污泥处理方案的选择。污水处理厂的污泥最终处置方案采用卫生填埋法或作为园林绿化用肥。污泥进行卫生填埋或作为园林绿化用肥需要控制污泥的含水率，减小污泥体积，因此要对污泥进行必要的处理。由于本污水厂采用氧化沟处理工艺，污泥量不多，二沉池排出的污泥已经得到了一定的好氧稳定，因此，本工程污泥不需要进行消化，并且污泥可以采用机械浓缩脱水机直接浓缩脱水，省去污泥浓缩池。本工程污泥处理工艺采用污泥—储泥池—机械浓缩脱水—污泥处置流程。

3. 出水消毒方案的选择。紫外线消毒（UV）法则具有不投加化学药剂、不增加水的嗅和味、不产生有毒有害的副产物、不受水温和 PH 值影响、占地极小、消毒速度快、效率高、设备操作简单、便于运行管理和实现自动化等优点，近 20 年来逐渐得到广泛应用。

4. 除臭方案。就本工程而言，污水处理厂位于城镇边缘，周边只有少量居民，因此不设置专门的除臭设施，采用绿化隔离带等措施除臭。

5. 工艺流程图，如图 10-2 所示。

上述工艺均为国内外较为常用的工艺，技术难度不是很高，具有一定资质的相关人员均可掌握运用。

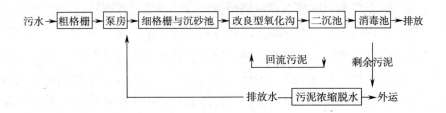

图 10 – 2　工艺流程

4.6　项目财务效益评估

4.6.1　项目财务收益来源及征收标准

本项目财务收益来源主要是征收的污水处理费。

据有关统计数据表明：目前我国城市污水处理费平均为每吨 0.4 ~0.5 元，如果考虑县城污水处理费的情况，则不足 0.4 ~0.5 元。山东部分城市污水处理费为行政事业单位和居民生活用水每吨 0.90 元，工业用水每吨 1.00 元，经营服务及其他用水每吨 1.10 元。在污水处理费最高的地方——江苏和浙江，已达到了每吨 1.1 ~1.2 元。建设部副部长仇保兴在国务院新闻办公室举行的新闻发布会上指出，力争 2010 年前对所有城镇开征污水处理费，即在普通的水价上增加污水处理费，标准大约为 0.8 元/吨。

《建设实施方案》要求，污水处理费的征收标准要在确保不加重困难群众负担和按规定组织听证的前提下，根据项目投资规模、当地经济发展水平、居民承受能力和污水处理率，按照 20 ~ 30 年的项目经营期限，确保补偿城市污水处理厂投资及运行维护成本并合理盈利，适当补偿污水管网运行维护费的原则合理核定。T 省人民政府办公厅《关于县（市）污水处理厂经营权转让有关问题的紧急通知》（××府厅字［2010］94 号）指出，考虑到奥运会召开在即和当前物价涨幅较高的实际，目前省里暂不提出统一的污水处理收费标准。为推动污水处理厂经营权的顺利转让，各县（市）可以先开展污水处理收费基础性测算和前期论证工作。T 省财政厅表示，相关政策将在 2010 年 10 月 1 日后尽快出台，征收标准暂定为居民生活污水处理费 0.80 元/ 立方米。

4.6.2　项目财务收益测算

根据项目《预可研报告》，本项目总体实现保本微利的最低污水收费为 1.27 元/立方米，项目《预可研报告》按此取值进行测算。

据本次评估了解，本项目实际收入由居民生活污水处理费、工业企业污水处理费以及出让中水收益三部分构成，其中工业企业污水处理费约为居民生活污水处理费的 2 倍，出让中水收益根据本地实际情况确定。按居民生活污水处理费 0.80 元/立方米的标准衡量，本次评估认为《预可研报告》1.27 元/立方米的取值标准较为合理。

项目建成后，按日处理污水 190 万立方米、污水处理费征收标准为 1.27 元/立方米计算，污水处理费收入将达到 88 075 万元/年，而根据项目《预可研报告》的测算，项目年平均总成本费用为 68 250 万元，项目所得税前投资财务内部收益率为 7.82%，大于基准收益率 7%，项目财务上可行。

专家点评：本项目内含 80 个子项目，与本书案例七农村公路项目类似。此类项目贷款不属于打捆贷款，理由可参见案例七中的专家点评。

第五章 项目投资估算与资金来源评估

5.1 项目投资估算

5.1.1 项目总投资评估

本项目建设内容主要由污水处理厂和配套污水管网组成。本工程总规模为 190 万立方米/天，配套污水管网 3 310 公里。

本次评估总投资数据是在采信由中国××工程技术有限公司（工程设计甲级资质）编制的项目总体《预可研报告》的基础上，根据《T 省县（市）污水处理设施项目委托代建协议》（以下简称《委托代建协议》）中的融资方案，确定项目总投资为 665 710 万元，与项目总体《预可研报告》差额为 20 153 万元，主要原因是项目建设期利息由 17 197 万元增加到 37 349 万元，调增 20 153 万元。

本项目总投资 665 710 万元，其中固定资产投资 664 860 万元（建设投资 627 511 万元，建设期利息 37 349 万元），铺底流动资金 850 万元。按照资产概算法计算，总投资包括建筑工程 419 135 万元，设备购置 82 209 万元，安装工程 21 079 万元，其他费用 143 287 万元，见表 10 - 5。

表 10 – 5 T 省县（市）污水处理设施建设项目投资估算总表

单位：万元

序号	工程和费用名称	价值					技经指标	
		建筑工程	设备购置	安装工程	其他费用	总价值	数量 单位	单位 价值
Ⅰ	工程费用计	419 134.96	82 208.63	21 079.14	0.00	522 422.72		
Ⅱ	其他费用							
1	土地征用费				25 080.00	25 080.00		
2	建设单位管理费				6 269.07	6 269.07		
3	工程建设监理费				7 313.92	7 313.92		
4	工程前期费				1 044.85	1 044.85		
5	工程设计费				10 448.45	10 448.45		
6	工程勘察费				2 873.32	2 873.32		
7	施工图预算编制费				1 044.85	1 044.85		
8	竣工图编制费				835.88	835.88		
9	生产准备费				522.42	522.42		
10	办公和生活家具购置费				261.21	261.21		
11	联合试运转费				822.09	822.09		
12	招投标代理费				2 089.69	2 089.69		
13	其他费用合计				58 605.75	58 605.75		
Ⅲ	预备费				46 482.28	46 482.28		
Ⅳ	建设期利息				37 349.1	37 349.1		
Ⅴ	铺底流动资金				849.76	849.76		
	估算投资	419 134.96	82 208.63	21 079.14	143 286.88	665 709.6		
	占工程总投资（%）	62.96	12.35	3.17	21.52	100.00		

5.1.2 项目融资方案

资产集团作为融资平台代表 T 省政府实施全省 80 个县（市）污水处理设施项目，拟向以 W 银行为牵头行的银团融资 53 亿元，用于本项目建设。经银团各参加行与牵头行及借款人协商，银团初步确定的贷款份额为：W 银行 11 亿元，×× 银行 10 亿元，×× 银行 8 亿元，×× 银行 6 亿元，×× 银行 5 亿元，×× 银行 5 亿元，×× 银行 4 亿元，T 省农村信用合作社联合社 4 亿元。同时，W 银行已经承诺对该项目贷款全部包销，其总行已经下达了同意贷款 53 亿元的批复。鉴于我行正与资产集团、W 银行协商，争取担任副牵头行和代理行，且实际操作中存在银团其他成员不能完成贷款份额，牵头行再次进行分销的可能，届时我行认贷份额存在进一步增加的可能。

表 10 - 6　项目融资方案表　　　　　单位：亿元

项目	金额	占比	利率	贷款期限	备注
总投资	66.57	100.00%			
1. 项目资本金	13.57	20.38%			
发展和改革部门中央预算内补助投资、财政部门城镇污水处理设施配套管网以奖代补资金、财政部门城镇污水处理奖励资金以及环保部门节能减排资金	13.57	20.38%			
2. 银团贷款	53	79.62%	7.047%	15 年	利率下浮 10%
其中：W 银行贷款	11	16.52%	7.047%	15 年	利率下浮 10%
××贷款	10	15.02%	7.047%	15 年	利率下浮 10%
××贷款	8	12.02%	7.047%	15 年	利率下浮 10%
××贷款	6	9.01%	7.047%	15 年	利率下浮 10%
××贷款	5	7.51%	7.047%	15 年	利率下浮 10%
××贷款	5	7.51%	7.047%	15 年	利率下浮 10%
T 省农村信用联社贷款	4	6.01%	7.047%	15 年	利率下浮 10%
××银行贷款	4	6.01%	7.047%	15 年	利率下浮 10%

5.2　项目资本金到位情况评估

项目资本金 13.57 亿元，由 T 省财政厅安排财政代建资金（包括发展和改革部门中央预算内补助投资、财政部门城镇污水处理设施配套管网以奖代补资金、财政部门城镇污水处理奖励资金以及环保部门节能减排资金[①]）在建设期内分次投入。

根据资产集团提供的《2006～2010 年度中央、省级财政专项资金拨付有关情况汇总表》，2010 年预计最少可落实的财政代建资金已达 61 703 万元。

---

①　上述四项资金 2006 年安排发展和改革部门中央预算内补助投资 1 800 万元（×财建〔2006〕327 号文件），2007 年安排财政部门城镇污水处理设施配套管网以奖代补资金 36 203 万元（×财建〔2010〕80 号、86 号文件）、财政部门城镇污水处理奖励资金 1 246 万元（×财预〔2007〕140 号文件）、环保部门节能减排资金 1 688 万元（×财建〔2007〕322 号文件和×财预〔2007〕141 号文件），均已落实到位。

其中发展和改革部门中央预算内补助投资 16 500 万元、财政部门城镇污水处理设施配套管网以奖代补资金 36 203 万元、财政部门城镇污水处理奖励资金 4 000 万元、环保部门节能减排资金 5 000 万元。随着地方财力的不断增强和中央政府对此项工作补助力度的加大，结合与 T 省财政厅的会谈情况，评估保守估计 2010 年及之后每年实际可落实的资金将达 8 亿元以上。因此评估认为，项目资本金两年内到位 13.57 亿元基本可以得到保证。

5.3 投融资合理性分析

本项目投资结构合理，项目资本金比例（20.38%）符合国家政策及我行要求，各项资金来源落实有保障。借款人向银团融资 53 亿元，用于解决 T 省县（市）污水处理设施建设项目资金，银团贷款需求总体合理。

从贷款发放计划来看，银团将根据项目实际进展情况和借款人资金需求状况，在项目建设期内分次向借款人发放贷款。

第六章　项目偿债能力评估

本项目为非经营性项目，由资产集团统贷统还，还款第一来源为中央、T 省财政每年拨付的财政代建资金，并由 T 省财政厅负责县（市）污水处理设施项目建设资金监管和贷款回收的责任。

6.1 还款资金来源及构成

本项目还款资金来源为中央、T 省财政每年拨付的财政代建资金，该笔资金在项目建设期内作为资本金投入，在项目还款期用于还本付息。

T 省财政厅、W 银行 T 省分行《融资方案》中已经明确：T 省财政厅确保每年中央、省财政安排的城镇污水处理有关专项资金和其他还款资金按要求及时足额进入项目主体还款专户，进入项目主体还款专户的资金不低于当年应偿还借款本息。

根据该文件精神，评估确定 T 省县（市）污水处理设施项目还款资金来源合计为 795 672 万元（还款期内还本付息总和），全部为财政代建资金。具体还本付息测算见表 10 - 7。

表10-7　还本付息测算表

单位：万元

序号	项目	合计	宽限期		还款期												
			2009年	2010年	2010年	2011年	2012年	2013年	2014年	2015年	2016年	2017年	2018年	2019年	2020年	2021年	2022年
1	项目还本付息																
1.1	年初借款余额		265 000		530 000	490 000	450 000	410 000	370 000	330 000	290 000	250 000	210 000	170 000	130 000	90 000	50 000
1.2	本年借款	265 000	265 000														
1.3	本年还本	530 000	0	0	40 000	40 000	40 000	40 000	40 000	40 000	40 000	40 000	40 000	40 000	40 000	40 000	50 000
1.4	本年付息	303 021	28 012	9 337	37 349	34 530	31 712	28 893	26 074	23 255	20 436	17 618	14 799	11 980	9 161	6 342	3 524
1.5	本息合计	833 021	28 012	9 337	77 349	74 530	71 712	68 893	66 074	63 255	60 436	57 618	54 799	51 980	49 161	46 342	53 524
2	还款现金流量合计	795 672			77 349	74 530	71 712	68 893	66 074	63 255	60 436	57 618	54 799	51 980	49 161	46 342	53 524
2.1	政策支持资金	795 672			77 349	74 530	71 712	68 893	66 074	63 255	60 436	57 618	54 799	51 980	49 161	46 342	53 524
3	偿债覆盖率			100%	100%	100%	100%	100%	100%	100%	100%	100%	100%	100%	100%	100%	100%

6.2 还款资金可靠性分析

T省政府以×府厅抄〔2010〕21号抄告单授权T省财政厅与资产集团签订委托代建及回购协议，授权资产集团对T省县（市）污水处理设施项目进行融资代建，并由T省财政厅负责县（市）污水处理设施项目建设资金监管和贷款回收的责任。根据资产集团于2010年6月与T省财政厅签订的《委托代建协议》，T省财政厅承诺每年安排具体金额的财政代建资金划拨给资产集团，资产集团将用该笔资金偿还银团贷款。

根据本评估报告在4.2章节的论证，评估保守估计2010年及之后每年可到位的财政代建资金将不低于8亿元。本次银团贷款还款期内最高年度还本付息金额为77 349万元，年度平均还本付息金额为61 206万元，贷款还款来源每年足以覆盖贷款本息。

此外，T省财政厅、W银行T省分行《融资方案》中还明确：各项目县（市）财政局向T省财政厅另行出具还款承诺书，承诺如果县市项目主体不能如期还款，将同意省财政通过结算往来扣缴县（市）项目主体应还款的金额和延迟的利息。评估认为，《融资方案》将有利于进一步保障项目还款资金的落实，对还本付息进行了兜底。本项目贷款发放及收回的流程如图10-3所示。

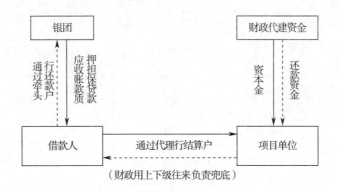

图10-3 项目贷款发放及收回流程

6.3 T省本级财政总体收入情况分析

由于该项目还款资金来源主要是T省财政代建资金。目前，T省财政收入主要为本级财政总收入，代建资金主要从财政建设与债务支出资金中安排支出。因此，报告中主要对 T 省本级财政的总体收支情况进行分析说明（见表 10 - 8）。

表 10 - 8　T 省近三年本级财政状况统计表　　单位：万元

序号	科目	2004 年	2005 年	2006 年	2007 年
1	财政收支平衡状况				
1.1	本级财政总收入（ = 1.1.1 + 1.1.2 + 1.1.3）	5 004 791	6 122 854	7 573 241	4 601 056
1.1.1	一般预算收入	4 282 985	5 199 575	6 300 602	3 303 595
1.1.1.1	本年收入	358 882	408 252	529 913	639 980
1.1.1.2	补助收入（ = 1.1.1.2.1 + … + 1.1.1.2.3）	2 853 126	3 362 561	4 251 383	1 098 025
1.1.1.2.1	返还性收入	514 353	537 472	566 734	227 524
1.1.1.2.2	财力性转移支付收入	1 231 743	1 553 468	2 120 985	380 534
1.1.1.2.3	专项转移支付收入	1 107 030	1 271 621	1 563 664	489 967
1.1.2	政府性基金收入	278 126	327 370	454 815	363 343
1.1.2.1	本年收入	195 135	239 920	303 714	469 405
1.1.2.1.1	国有土地使用权出让金收入	0	0	0	1 100
1.1.3	预算外财政专户资金收入	443 680	595 909	817 824	934 118
1.1.3.1	本年收入	385 288	527 532	731 413	815 970
1.2	本级财政总支出（不含年终结余）	3 791 182	4 739 868	5 867 403	2 506 490
1.2.1	建设与债务支出合计（ = 1.2.1.1 + … + 1.2.1.5）	112 380	175 603	168 995	744 365
1.2.1.1	基本建设支出				219 061
1.2.1.2	债务利息支出				0
1.2.1.3	贷款转贷及产权参股支出				1 000
1.2.1.4	其他资本性支出				370 604
1.2.1.5	其他支出				153 700
1.3	年终结余	1 213 609	1 382 986	1 705 838	2 094 566
2	可支配财力与负债				
2.1	可支配财力（ = 2.1.1 + … + 2.1.5 − 2.1.6 − … − 2.1.9）	1 650 167	2 050 969	2 636 244	2 461 079
2.1.1	一般预算本年收入				639 980

序号	科目	2004 年	2005 年	2006 年	2007 年
2.1.2	返还性收入				227 524
2.1.3	财力性转移支付收入				380 534
2.1.4	基金预算中的土地净收益				249 148
2.1.5	预算外本年收入				815 970
2.1.6	一般预算中的上解及补助支出				− 136 072
2.1.7	基金预算中的上解及补助支出				− 11 851
2.1.8	预算外的上解及补助支出				
2.1.9	预算外乡镇自筹				
2.2	财政负债和或有负债代偿余额（ = 2.2.1 + 2.2.2）	193 801	338 536	266 350	308 816
2.2.1	直接负债（2.2.1.1 + … + 2.2.1.7）	140 290	338 008	264 537	307 003
2.2.1.1	国债	135 691	151 305	129 486	98 422
2.2.1.2	世行、亚行和其他国际金融组织贷款	4 147	68 154	51 829	100 371
2.2.1.3	外国政府贷款		109 719	71 123	103 524
2.2.1.4	农业综合开发贷款	452	2 350	6 418	3 910
2.2.1.5	解决地方金融风险专项借款				
2.2.1.6	粮食企业亏损挂账		6 480	5 681	776
2.2.1.7	其他				
2.2.2	或有负债（ = 2.2.2.1 + … + 2.2.2.6）	53 511	528	1 813	1 813
2.2.2.1	政府担保的外国政府贷款				
2.2.2.2	政府担保的世行、亚行和其他国际金融组织贷款	53 511	528	1 813	1 813
2.2.2.3	基建拖欠款				
2.2.2.4	国家开发银行贷款（贷款余额）				
2.2.2.5	国内其他银行贷款（贷款余额）				
2.2.2.6	其他				

6.3.1　T 省近年财政收入增长情况分析

2004～2006 年，T 省本级财政收入从 2004 年的 500 亿元增加至 2006 年的 757 亿元，一般预算总收入从 2004 年的 428 亿元增加至 2006 年的 630 亿元，平均每年增幅均在 20% 以上，T 省一般预算收支总表反映 2007 年 T

省本级财政收入 460 亿元，其中一般预算总收入 330 亿元，基金收入 36 亿元，预算外收入 93 亿元。一般预算总收入较 2006 年减少近 300 亿元，主要是由于自 2007 年起财政部门启用了新版财政报表，较之以前的旧版财政报表有了较大变化，中央补助收入、补助设区市支出两项不再列入一般预算收支决算总表中进行核算①。剔除以上因素后，评估认定 2007 年财政收入比 2006 年仍然有一定的增长（其中一般预算收入本年收入 2007 年比 2006 年增长 11 亿元，政府性基金收入本年收入 2007 年比 2006 年增长 16 亿元，预算外财政专户资金收入本年收入 2007 年比 2006 年增长 8 亿元），整体地方财力保持稳健发展的态势。

表 10 - 9　T 省本级财政 2004 ~ 2006 年可支配财力测算表

单位：万元

	2004 年	2005 年	2006 年
本级财政可支配财力合计	1 650 167	2 050 969	2 636 244
1. 一般预算本年收入	358 882	408 252	529 913
2. 消费税和增值税税收返还	437 321	459 878	489 140
3. 所得税基数返还	77 032	77 594	77 594
4. 原体制补助	4 546	4 546	4 546
5. 一般性转移支付补助	406 800	592 500	825 200
6. 基金预算中土地净收益	0	0	0
7. 预算外本年收入	385 288	527 532	731 413
8. 一般预算上解支出	19 702	19 333	21 562
9. 基金预算上解支出	0	0	0
10. 预算外政府基金收入	0	0	0
11. 预算外乡镇自筹、统筹	0	0	0

　　2007 年，T 省本级可支配财力 246 亿元，近三年平均增长率为 15.4%（见表 10 - 9）。2007 年本级可支配财力较 2006 年略微减少约 20 亿元，主要是因为取值指标中一般性转移支付补助改为财力性转移支付后有所减少。剔除以上因素，仍然保持一定幅度的增长（其中一般预算收入本年收

---

　　① 即 2006 年以前是将中央补助收入中补助设区市支出的近 300 亿元资金在收入、支出两个科目中同时列支，而 2007 年新版报表是将该两项指标轧差之后的差值列为补助收入科目，所以造成 2007 年财政一般预算总收入减少近 300 亿元。

入2007年比2006年增长11亿元，预算外财政专户资金收入本年收入2007年比2006年增长8亿元)。

6.3.2 T省本级财政建设与债务支出能力分析

表10-10　T省本级财政2004~2006年用于建设与债务支出资金明细表

单位：万元

序号	项目	2004年	2005年	2006年
	用于建设与债务支出财政性资金合计（1+2）	112 380	175 603	168 995
1	一般预算收入用于建设与债务支出合计	92 518	137 076	145 547
1.1	基本建设支出	61 987	116 039	109 484
1.2	企业挖潜改造资金	30 531	21 037	36 063
1.3	债务本息支出	0	0	0
1.4	其他支出	0	0	0
1.5	减：专项补助	0	0	0
2	预算外收入用于建设与债务支出合计	19 862	38 527	23 448
2.1	基本建设支出	19 862	38 527	23 448

表10-11　T省本级财政2007年用于建设与债务支出资金明细表

单位：万元

序号	项目	2007年
	用于建设与债务支出财政性资金合计（1+2+3+4+5）	744 365
1	基本建设支出（包括"基本建设支出"科目下的全部款项）	219 061
2	债务利息支出（包括"债务利息支出"科目下的全部款项）	0
3	贷款转贷及产权参股支出（包括"贷款转贷及产权参股支出"科目下的全部款项）	1 000
4	其他资本性支出（包括"其他资本性支出"科目下扣除"土地补偿"、"安置补助"、"地上附着物和青苗补偿"、"拆迁补偿"）	370 604
	其他资本性支出	372 556
4.1	减：土地补偿	1 837
4.2	安置补偿	0
4.3	地上附着物和青苗补偿	115
4.4	拆迁补偿	0
5	其他支出	153 700
5.1	"对企事业单位的补贴支出"项下两科目	153 700
5.1.1	企业政策性补贴	151 295
5.1.2	财政贴息	2 405
5.2	赠与支出（包括"赠与支出"科目下的全部款项	0

从城建建设性支出近年数据来看，随着 T 省财政收入的增长，政府有更多的财力用于建设，近四年来用于建设与债务支出财政性资金平均增长率高达 131%（见表 10 - 10，表 10 - 11）。2007 年支出较以往年度有大幅度增加，一方面主要是 T 省财力的不断增强，另一方面是自 2007 年起财政部门启用了新版财政报表，统计口径发生变化所致。从 T 省实际情况来看，预计一般预算收入、财政基金收入和预算外资金未来可用于基本建设支出将稳步增加。鉴于上述情况，本次评估基于谨慎性原则，取近四年平均值 300 336 万元作为建设与债务支出的基数进行测算。

6.3.3 T 省本级财政负债情况分析

根据 T 省财政厅向银团提供的《T 省本级财政负债情况表及还款安排表》，评估认定截至 2007 年 12 月 31 日，T 省本级财政负债总额为 30.88 亿元。其中政府直接负债 30.70 亿元，或有负债 0.18 亿元。评估基于谨慎性原则，按其还款计划设定利率执行中国人民银行同期同档次利率 7.83%，测算其还款期内年均需偿还借款本息 4.30 亿元，结合 T 省本级财政可支配财力来看，T 省本级财政负债压力较小（见表 10 - 12）。

表 10 - 12　2010~2017 年 T 省本级财政负债偿还计划　单位：万元

序号	科目	年度还款计划									
		2010 年	2009 年	2010 年	2011 年	2012 年	2013 年	2014 年	2015 年	2016 年	2017 年
1	国债	17 163	16 393	15 622	14 851	14 081	13 310	12 539	11 769	10 998	10 228
2	世行、亚行和其他国际金融组织贷款	17 503	16 717	15 931	15 145	14 360	13 574	12 788	12 002	11 216	10 430
3	外国政府贷款	18 053	17 242	16 432	15 621	14 811	14 000	13 189	12 379	11 568	10 758
4	农业综合开发贷款	682	651	621	590	559	529	498	468	437	406
5	粮食企业亏损挂账	135	129	123	117	111	105	99	93	87	81
6	政府担保的世行、亚行和其他国际金融组织贷款	316	302	288	274	259	245	231	217	203	188
7	合计	53 852	51 434	49 017	46 598	44 181	41 763	39 344	36 928	34 509	32 091

注：偿还计划中已包括贷款利息，贷款利息以 7.83% 为准。

6.3.4 T省本级财政债务率计算

截至 2007 年末，T 省财政债务率为 13%。按照审慎性原则，考虑由 T 省财政负担的 W 银行承诺未贷项目，T 省财政考虑承诺未贷额的债务率为 25%，考虑承诺未贷额及本次拟承诺额的债务率为 46%。

动态债务率测算：本次申贷项目在 2010 年开始还款，T 省 2007 年本级可支配财力为 2 461 079 万元，近三年平均增长率为 15.4%，评估基于谨慎性原则，设定 2007~2009 年本级可支配财力增长率为 8%，测算 2009 年 T 省本级可支配财力为 2 870 603 万元。预计 2009 年底，T 省政府的原有债务余额为 308 816 - 61 400 = 247 416 万元，W 银行承诺未贷项目贷款余额为 300 000 万元，新增项目贷款余额（本次拟承诺额）为 530 000 万元，预计 2009 年底 T 省本级财政动态债务率 =（530 000 + 300 000 + 247 416）/2 870 603 = 37.5%。

由此可见，T 省本级财政债务率不高，在可控范围之内。

6.3.5 T省本级财政还款期内资金平衡情况分析

评估组按照 T 省近四年（2004~2007 年）实际用于建设与债务支出的平均数 300 336 万元作为基数进行测算，并假定还款期内 2010~2012 年一般预算收入、基金和预算外可用于建设支出的增长率为 10%；2013~2017 年一般预算收入、基金和预算外可用于建设支出的增长率为 5%；以后年度维持不变。债务偿还情况按贷款期限内 T 省财政现有负债偿还计划测算，其中 W 银行承诺未贷项目按 25 年内偿还测算。据 T 省财政厅预测，其他新增项目支出占比预计为当年可用于建设与债务支出的财政性资金的 30%。基于以上分析预测，则还款期内资金平衡情况见表 10 – 13。

表 10 – 13 还款期内可用于拟增项目建设和债务支出的资金平衡表

单位：万元

序号	项目	合计	基数	2010 年	2009 年	2010 年	2011 年	2012 年	2013 年	2014 年
1	可用于建设与债务支出财政性资金合计	7 909 934		330 369	363 406	399 747	439 722	483 694	507 878	733 272
1.1	财政预算资金用于建设与债务支出	7 909 934	300 336	330 369	363 406	399 747	439 722	483 694	507 878	733 272

续表

序号	项目	合计	基数	2010 年	2009 年	2010 年	2011 年	2012 年	2013 年	2014 年
2	其他项目建设与债务支出合计（不含本次拟增项目）（2.1+2.2+2.3）	2 165 791		164 709	183 947	203 961	212 596	222 430	226 328	230 588
2.1	在建或拟建项目资金支出	1 446 986		99 111	109 022	119 924	131 916	145 108	152 364	159 982
2.2	已有存量债务本息支出	429 717		53 853	51 435	49 017	46 599	44 181	41 763	39 345
2.3	承诺未贷本息支出（2.3.1+2.3.2）	289 088		11 745	23 490	35 020	34 081	33 141	32 201	31 262
2.3.1	××城际铁路贷款	96 363		3 915	7 830	11 673	11 360	11 047	10 734	10 421
2.3.2	××铁路软贷款项目	192 725		7 830	15 660	23 347	22 720	22 094	21 468	20 841
3	可用于拟增项目建设与债务支出的财政性资金合计（1-2）	5 744 142		165 661	179 460	195 786	227 126	261 264	281 551	302 684
4	新增项目资本金支出计划	135 710		67 855	67 855					
4.1	省县（市）污水处理设施项目	135 710		67 855	67 855					
5	新增项目债务还本付息计划	539 866				77 349	74 530	71 712	68 893	66 074
5.1	省县（市）污水处理设施项目	539 866				77 349	74 530	71 712	68 893	66 074
6	资金结余（3-4-5）	5 068 566		97 806	111 605	118 437	152 595	189 552	212 658	236 610

序号	项目	2015 年	2016 年	2017 年	2018 年	2019 年	2020 年	2021 年	2022 年	
1	可用于建设与债务支出财政性资金合计	559 936	587 933	617 329	617 329	617 329	617 329	617 329	617 329	
1.1	财政预算资金用于建设与债务支出	559 936	587 933	617 329	617 329	617 329	617 329	617 329	617 329	

续表

序号	项目	2015 年	2016 年	2017 年	2018 年	2019 年	2020 年	2021 年	2022 年
2	其他项目建设与债务支出合计（不含本次拟增项目）（2.1 + 2.2 + 2.3）	240 271	245 732	212 702	211 763	210 823	209 883	203 306	
2.1	在建或拟建项目资金支出	176 380	185 199	185 199	185 199	185 199	185 199	185 199	
2.2	已有存量债务本息支出	34 509	32 091		0	0	0	0	
2.3	承诺未贷本息支出（2.3.1 + 2.3.2）	29 383	28 443	27 503	26 564	25 624	24 685	18 107	
2.3.1	××城际铁路贷款	9 794	9 481	9 168	8 855	8 541	8 228	6 036	
2.3.2	××铁路软贷款项目	19 588	18 962	18 336	17 709	17 083	16 456	12 072	
3	可用于拟增项目建设与债务支出的财政性资金合计（1 - 2）	347 662	371 597	404 627	405 567	406 506	407 446	414 023	
4	新增项目资本金支出计划								
4.1	省县（市）污水处理设施项目								
5	新增项目债务还本付息计划	60 436	57 618	54 799	51 980	49 161	46 342	53 524	
5.1	省县（市）污水处理设施项目	60 436	57 618	54 799	51 980	49 161	46 342	53 524	
6	资金结余（3 - 4 - 5）	278 225	313 979	349 828	353 587	357 345	361 104	360 500	

经测算，T 省财政在提供完本项目代建资金后每年仍有充足资金结余，具有提供代建资金的能力。

第七章 贷款风险与银行效益评估

7.1 还款计划评估

借款人向银团申请基础设施中长期建设贷款 53 亿元（其中我行认贷额度不低于 10 亿元），期限 15 年（含宽限期 2 年，自第三年年末开始还本），贷款采用在建设期内分次发放、分期还本付息的方式，利率执行中国人民银行同期同档次利率下浮 10%（7.047%），本项目第一还款来源为中央和 T 省财政每年拨付给各县（市）建设单位的有关城镇污水处理的各项专项代建资金。根据 T 省财政厅与借款人签订的《委托代建协议》，上述资金由资产集团负责从各建设单位进行归集并统一用于项目贷款本息偿还。

根据《委托代建协议》所确定的项目融资及还本付息方案，本项目具体贷款本息偿还情况确定如表 10 – 14 所示。

表 10 – 14   本项目贷款本息预期偿还情况表   单位：亿元

年份	2010	2009	2010	2011	2012	2013	2014	2015
年初贷款余额	0	26.5	53	49	45	41	37	33
本年还本			4	4	4	4	4	4
其中：我行还本			0.75	0.75	0.75	0.75	0.75	0.75
本年付息	0.93	2.80	3.73	3.45	3.17	2.89	2.61	2.33
其中：我行付息	0.18	0.53	0.70	0.65	0.60	0.55	0.49	0.44
偿还总额	0.93	2.80	7.73	7.45	7.17	6.89	6.61	6.33
其中：偿还我行总额	0.18	0.53	1.46	1.41	1.35	1.30	1.25	1.19
年份	2016	2017	2018	2019	2020	2021	2022	合计
年初贷款余额	29	25	21	17	13	9	5	—
本年还本	4	4	4	4	4	4	5	53
其中：我行还本	0.75	0.75	0.75	0.75	0.75	0.75	0.94	10
本年付息	2.04	1.76	1.48	1.20	0.92	0.63	0.35	30.30
其中：我行付息	0.39	0.33	0.28	0.23	0.17	0.12	0.07	5.72
偿还总额	6.04	5.76	5.48	5.20	4.92	4.63	5.35	83.30
其中：偿还我行总额	1.14	1.09	1.03	0.98	0.93	0.87	1.01	15.72

注：根据《委托代建协议》和 W 银行《尽职调查报告》，本项目建设期利息根据银团贷款分次发放情况采用贷款额度平均占用法为基础进行计算。本次评估对此予以采信。

7.2 项目还款来源补充分析

根据 T 省财政厅和 W 银行 T 省分行向 T 省政府呈报的《融资方案》，本项目还可由项目县（市）政府自行转让项目特许经营权，资产集团予以配合，以出让收益一次性偿还相应项目的借款本息。T 省污水处理设施建设领导小组办公室在《建设实施方案》中也提出由其负责对本项目进行打捆，通过竞标方式向社会投资者出让特许经营权，回收建设投资，用于偿还借款本息[①]。T 省财政厅在与我行的会谈过程中也对此方案予以了初步认可。据评估了解，多家水务公司在 2010 年 5 月举办的本项目香港推介会上均对本项目表达了购买意向，其中香港水务集团还与资产集团达成了优先购买的初步合作意向。评估认为，该笔资金收益可以对本项目还本付息资金来源形成补充，有利于银团贷款的顺利收回。

7.3 风险分析及防范措施

7.3.1 政策风险分析

本项目建设内容所涉及的 T 全省 80 个（县）市的污水处理符合中央政府进一步落实科学发展观的要求，同时也是国家节能减排战略的重要内容。项目建设符合国家战略方向，属于 T 省委、省政府的本年度重点工作部署，符合 T 省城镇发展整体规划，符合我行信贷政策，项目建设条件成熟。同时，本项目相关行政许可事项除项目总体规划因各具体项目选址意见书正处于办理过程中而尚未最终落实外，其他项目建设审批政策、污水管网经营政策、污水处理厂出让政策、土地使用政策、企业税收优惠政策等方面均得到 T 省政府的大力支持，有关项目立项批复（《预可研报告批复》）、建设用地审批、环境影响评价及批复等事项已得到较好落实。因此，评估认为，本项目政策风险较小。

7.3.2 财政信用风险

本项目资本金和项目偿债资金均来源于 T 省财政代建资金，同时 T 省财政厅以扣缴地方县（市）财政转移支付资金的方式为项目还本付息进行

---

① 鉴于涉及本项目特许经营权转让方案的具体转让方式、价格、受让人等事项目前均未明确，本次评估仅将此方案作为银团贷款还款来源的备选方案予以考虑，并进行简单的定性分析。

兜底，因此评估认为本项目的主要风险是政府财力持续增长的风险，具体表现为财政代建资金能否及时到位，以及地方县级财政每年能否有足够的转移支付资金覆盖项目当期贷款本息。评估报告在 4.2 章节已经对财政代建资金到位的可靠性进行了论证，该笔资金足额及时到位基本可以得到保证。另据 T 省财政厅介绍，T 省县（市）财政收入在全省财政总收入占比超过 60%，县域财政实力较为雄厚，具备为项目还款资金进行兜底的实力。此外，银团在贷款发放后还将密切关注地方财力的增长趋势，注意防范上述财政资金可能导致的项目资金缺口。评估认为，T 省总体财政实力和银团采取的相应防范措施能够较好地规避此类财政信用风险的发生。该风险基本可控。

7.3.3 经营风险分析

本项目在经营层面的风险主要体现在如下方面：

（1）本项目借款人资产集团为刚组建的企业法人，其项目建设、营运管理和资金管理的机制建设以及相关经验均存在一定不足，公司收入分配模式和法人治理结构尚有待于在实践中不断完善。另外，本项目具有项目具体建设个数多、分散面广的特点，项目借款人与建设单位非同一主体，实施项目管理和保障资金专款专用对于借款人而言均存在一定难度。

鉴于上述情况，银团将在贷款发放后督促借款人严格按照《建设实施方案》和 T 省财政厅下发的《T 省县（市）污水处理设施建设项目资金管理暂行办法》的有关要求组织项目实施，积极引导借款人不断完善法人治理结构和有关机制建设，同时银团将通过各县（市）建设项目用款主体在银团结算经办行开立的项目资金结算专户对项目具体建设资金进行专户管理，实施项目报账制，确保项目专款专用。评估认为，通过实施上述措施，该风险基本可控。

（2）项目投资成本较大、建设周期较长、筹资渠道较为单一、融资成本较高，运营前期运量不足，项目自身经济效益并不显著。借款人按照政府的委托从事投资项目管理，尚未建立严格的资本预算制度，基本无投资收益，缺乏独立承担债务的能力。根据《融资方案》，本项目由牵头行开立项目还款资金专户直接归集 T 省财政厅向各项目建设单位拨付的项目代建资金用于项目还本付息；同时借款人以其享受的 T 省财政厅安排的项目回购资金收益权作为应收账款，向银团提供质押担保。上述还款来源均为

财政拨付资金，与本项目经济效益及自身负债并无关联。同时借款人作为
T省政府授权省财政厅下属的行政事业单位资产管理中心出资成立的融资
平台，出现破产清盘的可能性较小。综合上述因素，评估认为该风险基本
可控。

7.3.4　质押物风险分析

根据《融资方案》，本项目由资产集团作为出质人，资产集团以其享
有的T省财政厅安排的项目回购资金收益权作为应收账款，向银团提供质
押担保。由于目前项目正处于前期筹备开工阶段，T省财政厅对其所安排
的回购资金额度尚未正式下文予以明确，因此本项目存在一定的质押值不
足的可能性。

鉴于本项目属于T省省委、省政府的重点项目，T省财政厅代表政府
出资承建并安排资金进行回购，根据《建设实施方案》，本项目由省长和
有关省领导亲自挂帅，政府有关部门予以积极配合，项目具有深厚的省级
政府背景，借款人作为本项目对外融资平台代表着省级政府信用，因此财
政安排回购资金不足或不能到位的可能性较小，该风险基本可控。

7.4　银行效益分析

7.4.1　经济效益分析

依据项目还本付息计划，以我行认贷金额10亿元为基础进行测算，贷
款发放后，15年内能为我行带来利息收入57 174万元，利差收入31 374
万元。具体测算如表10 – 15所示。

表 10 – 15　利息收入测算表

年份	计息本金 （亿元）	贷款利率 （％）	资金成本 （％）	利息收入 （万元）	资金成本 （万元）	毛利 （万元）
2010	2.5	7.047	3.18	1 762	795	967
2009	7.5	7.047	3.18	5 285	2 385	2 900
2010	10.00	7.047	3.18	7 047	3 180	3 867
2011	9.25	7.047	3.18	6 515	2 940	3 575
2012	8.49	7.047	3.18	5 983	2 700	3 283
2013	7.74	7.047	3.18	5 451	2 460	2 991
2014	6.98	7.047	3.18	4 920	2 220	2 700

年份	计息本金（亿元）	贷款利率（％）	资金成本（％）	利息收入（万元）	资金成本（万元）	毛利（万元）
2015	6.23	7.047	3.18	4 388	1 980	2 408
2016	5.47	7.047	3.18	3 856	1 740	2 116
2017	4.72	7.047	3.18	3 324	1 500	1 824
2018	3.96	7.047	3.18	2 792	1 260	1 532
2019	3.21	7.047	3.18	2 260	1 020	1 240
2020	2.45	7.047	3.18	1 729	780	949
2021	1.70	7.047	3.18	1 197	540	657
2022	0.94	7.047	3.18	665	300	365
合计				57 174	25 800	31 374

7.4.2　衍生效益分析

本项目得到了 T 省省委、省政府的高度重视，已被列为 T 省省委、省政府落实科学发展观的重点工程。为此，T 省政府专门成立了省污水处理设施建设领导小组，由省政府有关领导亲自挂帅，T 省发展和改革委员会、建设厅、财政厅、环保局、国土资源厅、监察厅、审计厅以及省委宣传部等有关部门负责人任成员，并制定以 W 银行作为牵头行组织银团对本项目予以信贷支持。因此，通过参与该项目，可以进一步加强我行与 W 银行和其他商业银行之间的合作，更有助于提高我行在 T 省省委、省政府以及有关部门的影响力和话语权。我行在今后可以充分利用该项目平台，密切与 T 省政府有关部门的接触沟通，建立起更宽广的政府营销关系网络，为我行的长期可持续发展打下良好的基础。

7.5　社会效益评价

污水处理是国家重点扶持的领域，是国家节能减排战略的重要内容。本项目既是一项改善生存环境、优化发展环境、实现可持续发展的重要工作，更是一件惠及 T 全省人民的重大民生工程，本项目工程投入使用后，可以进一步保护和改善环境，促进县域经济发展，提高当地居民的生活质量，其社会效益显著。

第八章 评估结论和决策建议

8.1 评估结论

本项目是 T 省建立环 H 湖生态经济区战略构想的重要组成部分，是 T 省贯彻落实科学发展观和中央节能减排工作会议精神的重大举措，也是 T 省加快建设"两型社会"的迫切需要。项目符合国家有关政策要求，并得到了 T 省省委、省政府的高度重视，已被列为 T 省重点工程，享受多项优惠政策。本项目银行效益和社会效益显著，项目的实施既能加强我行与其他银行的框架合作，扩大我行的社会影响力，同时也为我行带来可观的预期收益，更有助于改善 T 全省县（市）的生存和发展环境，促进 T 省县域经济可持续发展，推进社会主义新农村建设。

本项目承贷主体——T 省行政事业资产集团有限公司，是经 T 省政府批准成立的国有独资公司，隶属于 T 省财政厅，公司的主要经营范围是利用省直行政事业单位经营性资产进行融资及咨询服务，对 T 省人民政府或省财政安排的重大项目进行投资等，贷款对象符合相关规定。

本项目贷款用于 T 全省县（市）污水处理项目的固定资产建设，符合制度规定的贷款用途要求。项目融资以中央、省财政安排的城镇污水处理有关专项资金作为还本付息来源，T 省政府以 × 府厅抄［2010］21 号抄告单明确了 T 省财政厅负责县（市）污水处理设施项目建设资金监管和贷款回收的责任。同时 T 省财政厅向银团承诺在贷款本息无法及时归还时将通过直接扣缴上下级财政结算往来用于还本付息。因此，项目还款来源较可靠，贷款风险较低。

本项目贷款对象、贷款条件、资本金比例、贷款方式、贷款用途符合贷款管理的有关规定。

8.2 决策建议

建议同意参加以 W 银行为牵头行的银团，向 T 省行政事业资产集团有限公司发放 53 亿元基础设施中长期贷款，期限 15 年（含宽限期 2 年），用于 T 省 80 个县（市）污水处理厂及配套管网建设。我行认贷份额不低于 10 亿元，不高于 15 亿元，由总行授权 T 省分行分别与银团和借款人签订《银团贷款协议》与《借款合同》。贷款采用质押担保方式，利率执行中国人民银行同期同档次利率下浮 10%（7.047%）。我行最终认贷额度以及贷款发放进度由银团与借款人共同商谈的结果确定。

8.3 贷款条件及管理措施

8.3.1 贷款条件

鉴于本次贷款为银团贷款，正式贷款条件须由银团统一与借款人进行约定。具体操作由总行授权 T 省分行与银团其他成员行及借款人就本次银团贷款的有关事项进行协商，然后以《银团贷款协议》的形式对各方的权责利予以明确。T 省分行在《银团贷款协议》拟定时须要求明确我行放贷条件以及各成员行责权利等内容，协议签订前须提交总行审核[①]。根据中国银监会《银团贷款业务指引》，贷款发放前由银团代理行负责核实借款人贷款条件的落实情况，再由银团统一放款。

8.3.2 管理措施

1. 作为本次银团贷款的参加行，我行应督促代理行在每次贷款发放前核实借款人提款条件的落实情况，同时要求代理行向其他银团成员行按期通报本项目的具体进展情况和资金使用状况，提供借款人财务情况和其他重大事项情况，密切关注地方财力的增长趋势，防范危及项目实施和贷款安全的各种突发事件。

2. 我行应与其他银团成员行共同为本项目制定个性化的金融服务方案，同时要求代理行按照该方案在贷款资金的发放和使用、还款资金的上划等方面，尽可能为客户提供更多优质、快捷的服务，切实提高资金的使用效率。

---

① 根据牵头行向我行提供的《尽职调查报告》以及《T 省县（市）污水处理设施建设项目人民币资金银团贷款合同（框架文本）》有关内容，目前银团初步贷款条件如下：（1）各县（市）污水处理设施项目涉及的行政审批手续完备，作为贷款合同签订及提款的前提条件；（2）项目资本金建设期年度内同比例到位，作为污水处理设施项目贷款资金支付的前提条件；（3）借款人根据《银团贷款协议》的具体要求在牵头行和代理行开立有关资金账户，签订项目担保合同和结算代理协议，完成合法合规的各项登记手续，作为借款人首次提款的先决条件；借款人并向代理行提交银团要求的其他文件，作为借款人每次提款的先决条件。

3. 我行应要求代理行按照《银团贷款协议》约定内容对本项目信贷资金实施专户管理，坚持信贷资金使用报账制，确保贷款专款专用。同时我行应与借款人及银团各成员行加强协作，制定切实可行的资金监管办法和监督机制，共同做好资金管理和监督工作，确保建设资金的安全运行。

4. 我行应与其他银团成员行共同积极引导借款人不断完善法人治理结构与机制建设，发挥其作为政府融资平台的优势，结合 T 省政府重大重点项目的融资需求加深我行与 T 省政府的全面战略合作，不断推进 T 省政府与借款人的信用建设。

案例十一 农业生态贷款项目评估

第一章 项目概述

1.1 项目基本情况

1.1.1 项目名称

××生态农业示范园项目一期工程（以下简称"本项目"）

1.1.2 项目性质

新设法人新建项目

1.1.3 项目建设单位及承贷主体

××生态农业有限公司（以下简称"S公司"）

1.2 项目建设内容及进度

项目建设总规模为 20 000 亩，主要包括茶果菜园 13 000 亩，防土护林坡 3 600 亩，绿化 2 000 亩，良种示范园 600 亩，以及休闲园、茶叶加工用房等配套工程。项目分两期建设：一期工程 11 000 亩，主要包括茶果菜园 7 700 亩，防土护林坡 2 000 亩，绿化 800 亩，以及其他工程（休闲园、茶叶加工用房等）；二期工程 9 000 亩，主要包括茶果菜园 5 200 亩，防土护林坡 1 600 亩，绿化 1 200 亩，良种示范园 600 亩，以及其他配套工程。本项目主要评估一期工程。

本项目报经批准，一期工程于 2005 年 6 月开工建设，项目前期进展顺利，目前已完成项目建设进度的 60% 左右。已开发茶园 2 600 亩（白茶 2 000亩，绿茶 600 亩），葡萄园 200 亩、桃园 150 亩、梨园 500 亩、板栗园 3 000 亩等；园区道路配套设施、生产加工用房等建设项目整体完工投入试运行。

1.3 项目投资规模

本项目原设计投资 14 000 万元，经评估测算调整为 15 084 万元，项目资本金 7 084 万元（其中股东出资 5 087 万元，财政补贴资金 1 997 万元），申请 F 银行贷款 8 000 万元。

截至 2007 年 2 月末，项目建设单位已投入各项建设资金 9 637 万元，其中股东出资 4 000 万元，财政补贴资金 1 637 万元，使用 Y 银行贷款 4 000 万元。项目建设单位已支付各项建设资金 9 575 万元。

1.4 项目融资方案

S 公司申请 F 银行中长期贷款 8 000 万元，期限 8 年（含宽限期 3 年），用于项目一期工程建设。F 银行贷款到位后，将归还 Y 银行 4 000 万元短期贷款。

第二章 客户评估

2.1 客户概况

项目建设单位暨承贷主体——S 公司，成立于 2005 年 5 月 19 日，2006 年被确认为市级农业产业化经营龙头企业，目前正在申请省级产业化龙头企业。公司持有的营业执照、组织机构代码证、贷款卡、税务登记证均合法有效。

2.2 客户股权结构和组织结构

2.2.1 股权结构

S 公司注册资本 4 000 万元，出资人 2 名，出资方式为现金，其中 × ×

×出资 3 600 万元，占总资本比例 90%；×××出资 400 万元，占总资本比例 10%。两位股东系父子关系。

2.2.2 关联企业基本情况

除 S 公司外，大股东×××还控股七家公司，基本情况见表 11 −1。

表 11 −1　关联企业一览表　　　　　　　　单位：万元

公司名称	法人代表	注册资本	控股比例	业务范围	运营状况
×××建筑安装工程有限公司	×××	2 000	90%	凭资质证书从事房屋建筑工程承包二级，地基与基础工程专业承包三级，土石方工程专业承包三级，建筑装修装饰工程承包三级，机电设备安装专业承包三级，水泥预制构件制造，电力设施承装工程承包三类	正常
××××宾馆有限公司	×××	1 800	90%	中餐销售；住宿；烟酒、日用百货、土特产品销售，桑拿、歌舞、美容美发（仅限分支机构经营）	正常
×××房地产开发有限公司	×××	800	90%	从事房地产开发（凭资质证书）	正常
××××实业有限公司	×××	500	90%	石油制品、仪器、钢材、橡胶制品、建筑机械设备、化工原料产品、工艺品、五金交电、通讯器材等，园林绿化，投资咨询等（涉及许可经营的凭许可证经营）	正常
×××房屋拆迁有限公司	×××	50	60%	房屋拆迁、桥梁拆迁	正常
×××园林绿化工程队	×××	30	90%	园林绿化工程，销售花卉、盆景、古典建筑	正常
×××大酒店	×××	10	100%	中餐制售，住宿服务	正常

2.2.3 客户组织结构

S 公司设执行董事一名，监事一名，下设总经理一名，副总经理两名。具体部门为：企划部、后勤部、财务部、经营部、人力资源部、办公室、餐饮部、研发中心、生产部、质检部。其中办公室和人力资源部由总经理直接管理，其余部门由两位副总经理根据分工分别管理。

2.3 经营者素质

执行董事兼总经理：（略）

副总经理：（略）

财务部部长：（略）

2.4 客户信誉状况

通过查询中国人民银行信贷登记咨询系统及到相关单位了解，S公司没有对外提供担保，2007年2月末在Y银行贷款余额为4 000万元，其中2 000万元2007年4月到期，另外2 000万元2007年10月到期，到期可续借。无逾期贷款和欠息情况，无不良信用记录，贷款卡处于正常使用状态。F银行评定S公司信用等级为"A"级。

2.5 客户经营状况

2.5.1 生产情况

项目种植白茶2 000亩，绿茶600亩，葡萄、甜梨等精品水果2 000余亩，白茶品种从浙江安吉引进，葡萄品种从日本引进，桃和梨等品种从山东烟台引进，板栗等是当地品种，生产加工用房等设备从国外引进。S公司正处在项目建设阶段，尚未开展正常的生产经营。

2.6 客户财务状况

2.6.1 资产负债分析

从表11-2可以看出，2005年、2006年和2007年2月末，S公司资产负债率分别为34.92%、47.93%和43.24%，远低于行业平均值82.4%（行业优秀值为53.3%），主要原因是项目前期建设主要依靠企业自有资金投入。

表 11-2 S 公司资产负债简表　　　　　单位：万元

项目	2005 年	2006 年	2007 年 2 月
一、资产总额	6 146	10 419	9 931
（一）流动资产总额	54	3 057	2 344
其中：货币资金	4	78	62

项目	2005 年	2006 年	2007 年 2 月
其他应收款	49	2 974	2 203
存货	1	5	13
待摊费用			66
（二）长期投资			
（三）固定资产总额	694	1 725	1 890
其中：固定资产原值	29	815	816
固定资产净值	29	815	816
在建工程	665	911	1 074
（四）无形和递延资产	5 398	5 636	5 697
其中：无形资产	5 341	5 481	5 496
递延资产	57	155	201
二、负债总额	2 146	4 994	4 294
（一）流动负债总额	2 146	4 994	4 294
其中：短期借款		3 500	4 000
其他应付款	2 146	1 494	294
（二）长期负债总额			
三、所有者权益合计	4 000	5 424	5 637
实收资本	4 000	4 000	4 000
资本公积		1 424	1 637

2.6.2 现有资产分析

2007 年 2 月末，公司资产总额 9 931 万元，其中：

（1）无形资产为 5 496 万元，占全部资产的 55.34%，其构成为项目已支付的土地租赁 2 481 万元及青苗补偿费 3 015 万元。

（2）固定资产及在建工程合计为 1 890 万元，占全部资产的 19.03%。已入账固定资产主要构成为：机耕路 155 万元，衬砌渠道 185 万元，喷灌投资 164 万元，葡萄园微灌 132 万元，厂房及茶叶机械 41 万元，汽车 34 万元，小型水库、渠系建筑物和拦河坝 64 万元。在建工程明细为：基础设施 475 万元，厂房 36 万元，茶园 274 万元，葡萄园 81 万元，其他百果园 41 万元，树木 167 万元。

（3）其他应收款 2 203 万元，占资产总额 9 931 万元的 22.18%，主要为已支付的工程款 2 134 万元。

2.6.3 现有负债分析

2007 年 2 月末，S 公司负债总额 4 294 万元，全部表现为流动负债，其中短期借款 4 000 万元，主要是建设初期银行中长期信贷资金暂时未到位情况下，为保证项目进度，临时从 Y 银行借入短期贷款 4 000 万元，用于弥补建设资金不足，待其长期信贷资金到位后，公司计划用借入的长期借款归还临时借款；其他应付款 294 万元，为欠相关单位工程款。

2.6.4 所有者权益分析

2007 年 2 月末，公司的所有者权益总额为 5 637 万元，其中实收资本 4 000 万元，其余 1 637 万元（旅游补贴 140 万元，农业科技成果转化补贴 100 万元，农业开发等方面的补贴 1 397 万元）是政府有关部门为推进生态农业的发展，对项目给予的补贴。

专家点评：借款人为家族式经营的民营企业，因此经营者素质和信用状况是此部分评估的重点。从评估情况看，主要经营者具有相关行业的从业经验，信用记录良好，关联企业目前经营状况正常，不会对本项目产生负面影响。公司的资产负债率相对不高，流动性还比较充足，目前经营状况良好。

第三章 项目建设条件评估

3.1 项目建设背景

3.1.1 政策背景

随着生态农业的兴起和发展，党中央和国务院给予了高度重视，并发出了一系列重要指示和纲领性文件。2006 年 3 月 14 日十届全国人大四次会议通过的《中华人民共和国国民经济和社会发展第十一个五年规划纲要》提出"优化农业生产布局，推进农业产业化经营，促进农产品加工转化增值，发展高产、优质、高效、生态、安全农业"。本项目符合国家政策要求，为国家重点支持和投资发展的产业。

3.1.2 客户背景

S公司成立于2005年5月19日，公司拥有农业管理与专业技术高级职称人员3名，中级职称人员5名，骨干农技工20名，聘请茶果引进地的技术人员进行全程技术支持；同时与××省农业科学研究院、南京农业大学、溧阳市农林局等部门的有关专家建立了长期合作关系，开展项目的科技开发和科技培训，有效地推进了科研成果的转化。

3.2 项目建设内容

1. 茶、果、菜园

农业生态园的山坡与平地均为生态农业生产用地，主要种植茶叶2 600亩（白茶2 000亩，绿茶600亩）、葡萄200亩、桃150亩、梨500亩、百果1 000亩、板栗3 000亩和蔬菜300亩等作物，全部按有机食品标准生产。

2. 防土护林坡

在沿湖周围建设防土护林坡2 000亩，加强水土保持和水源涵养，净化水源，改善项目区水环境，并新建塘坝、滚水坝、灌泵站、泄洪沟等水利工程。

3. 绿化

绿化是农业生态园的重点投入之一，在核心区建设生态防护林850亩，使园区四周和山丘顶部形成防风林带和生态防护屏障。

4. 其他工程

包括生产用房、休闲园一期、道路系统、排水系统，给水、供电、通信以及其他附属设施等。

3.3 项目建设必要性

本项目结合生态现代农业园区建设，通过农业新品种引进、繁育和推广，可以产生出显著的经济效益、生态效益和社会效益，对带动农业结构调整，促进农民增收和就业，改善生态环境，推进农业可持续发展，促进地方经济的发展和加快当地新农村建设具有重要意义。

3.3.1 有利于促进农民增收和农民就业、实现农业增效

项目建成后，改造了项目园区与周围的荒山丘陵，提高了土地的有效

产出，转化了农村大批剩余劳动力。项目中有机白茶的种植、加工、销售，无公害优质水果（桃、梨、葡萄、冬枣）的管理、采收、加工、贮藏保鲜，均属劳动密集型产业，项目区所在村的 400 个农民将逐步转变为农业产业工人，每年可获得劳务收入 400 万元以上，并可提供 680 个季节性工作岗位，同时项目所在村每年可获得土地租金 200 万元。另一方面，项目建成后，通过对农民进行技术培训和辅导，引导农民大面积种植，并与农民签订收购协议，对收购产品进行加工，形成一条特色农副产品的产业链，辐射带动区 10 000 亩茶果基地，进入正常生产，每年可为农民带来 5 000 万元以上的经济效益。

3.3.2　有利于整合资源、打响品牌、增强竞争力

（略）

3.3.3　有利于促进农业生产标准化、产业化

（略）

3.3.4　有利于促进农业可持续发展

（略）

3.4　政府扶持措施

本项目是××市 2005～2007 年重点建设项目，也是建设社会主义新农村的样板工程之一。一是在资金方面，政府给予了多项补贴，截至 2007 年 2 月末，已经到位 1 637 万元，其中 2005～2006 年国家项目资金补贴 747 万元、丘陵山区综合开发项目补贴 549 万元、旅游项目补贴资金 140 万元、农业科技成果转化拨款 100 万元、苗木补贴款 11 万元、中低产田改造项目补贴 20 万元、其他各项财政补贴资金 70 万元。今年本项目还将获得财政投资 360 万元，其中中央财政 180 万元，省级财政 162 万元，市级财政 18 万元。二是在交通方面，当地市政府出资项目区西南边的公路改扩建为三级路基，柏油路面将贯穿项目区的 12 公里乡村道路由 5 米宽拓宽到 8 米宽，并将公交车终点站设在生态农业示范园。三是政府积极协调土地经营权承包，并计划划拨 150 亩土地给 S 公司。

3.5　项目进展过程评估

目前，本项目立项、土地、环保、规划等各项行政审批手续基本齐

备。经批准，自 2005 年 6 月起，项目正式开工建设，前期进展顺利，目前整体已经完工的工程项目主要是：开发茶园 2 600 亩，其中白茶 2 000 亩，绿茶 600 亩；葡萄园 200 亩、桃园 150 亩、梨园 500 亩、板栗园 3 000 亩等；园区道路配套设施；生产加工用房等建设项目整体完工投入试运行。

本项目的建设期是 2005~2007 年，截至 2007 年 2 月末，S 公司实际投入资金总量为 9 637 万元，其中股东出资 4 000 万元，财政补贴资金 1 637 万元，Y 银行贷款 4 000 万元。

根据公司提供的财务资料反映，资金主要用于支付租赁土地 7 000 余亩的租赁费和青苗补偿费 5 496 万元；各项固定资产投入 816 万元；在建工程 1 074 万元；建设期支出 201 万元，其他应收款 2 203 万元。

3.6 项目建设和生产条件评估

3.6.1 项目地理条件

项目所在地属亚热带季风气候，干湿冷暖，四季分明，雨量充沛，无霜期长，全年平均温度 17.5℃，农作物生长环境优越，特别是本区域土壤在 2003 年已经被国土资源部检测出富含硒，硒是人体必需的有益微量元素，具有很强的生物活性，作为抗氧化剂能有效提高人体免疫力、抗衰老、预防癌变保护、修护营养细胞、解毒排毒和提高红细胞携氧能力。项目区土壤硒含量最高达到每公斤 16.8 毫克以上，植物根系和叶片吸收无机硒后转化为有机硒，项目园区内的茶和果品在生长过程能够有效吸收硒后成为富硒茶、富硒果，提升了本项目产品的市场竞争能力。

3.6.2 项目交通条件

项目区距市区 90 公里，附近有机场，多条高速公路和省道过境，项目区内道路和公交设施齐全，有便利的交通条件。

3.6.3 项目用地、用水、用电情况

根据 S 公司提供的租赁合同及其他证明资料，截至 2006 年末，已经完成租赁土地 7 000 余亩（其中山地 6 400 余亩，水田 600 余亩），租赁期限为 20 年，其中水田从 2005 年 1 月 1 日起至 2024 年 12 月 31 日；山地从 2005 年 7 月 1 日起至 2025 年 6 月 31 日。公司财务资料显示，已经支付租赁费用及青苗补偿等费用 5 496 余万元。2007 年度，公司计划继续租赁农户土地，将项目核心开发区的规模拓展至 1.1 万亩左右，目前已签订 3 300

亩土地的租赁意向协议。

项目区水资源十分丰富，东有××湖，北有××水库，蓄水总量达 3 亿立方米，项目区水源有着可靠的保证。在项目核心区内，原有和新建改造塘坝达 28 座，雨期和洪水期最大蓄水容量超过 50 万立方米。经测算，按丰水年 50% 频率，每亩茶叶、果树、花卉苗木年需水量约为 200 立方米，小于实际可供水量的 1 倍；按枯水年 75% 频率，每亩茶叶、果树、花卉苗木需水量约为 250 立方米，实际可供水量每年每亩约为 320 立方米。由此可知，项目核心区的水资源，无论是在丰水年还是在枯水年，都能充分保证茶果和花卉苗木的需水量。

项目区供电能力较好，区内有电源 220 千伏变电站一座，110 千伏变电站三座。本项目建设用电从市镇供电网络接入。

3.6.4　环境保护与治理措施

本项目建设期间的主要污染有施工期间的建筑粉尘、建筑施工噪声、建筑垃圾及营运期的生活污水、生活垃圾等。工程按照《环境空气质量标准》、《建筑施工场界噪声限值》进行施工，加强施工现场管理，对于建筑垃圾、生活垃圾、生活污水，由施工单位负责及时清运，集中处理，定点堆放，达到旅游区统一要求。

3.7　项目工艺技术评估

本项目在茶叶生产上引进了先进的筛选技术、高标准清洁化加工技术、有机生态园建设技术并建立了全程质量控制体系和良种繁育基地建设等；在果品培育和种植过程中引进了目前果树栽培中的新技术及贮藏保鲜技术、梨棚架栽培技术、果品套袋技术、高档果品避雨栽培技术、节水灌溉技术、无公害果品栽培技术、果品现代化分级技术、贮藏保鲜技术等。茶果品新技术的引进，加速了科技成果的应用推广，同时也因新品种的引入和新技术的推广，项目的果品将具有更强的市场竞争力。

S 公司引进了目前国内先进的茶叶生产线，整个生产过程已实现机械化操作，对各个生产流程进行记录，确保产品的质量。公司现已通过 QS 认证，确认等级为 B 级，目前××省茶叶加工企业通过 QS 认证的仅有两个 B 级。

专家点评：本项目的主要建设内容是建茶园、果园和蔬菜园，以及绿化和配套设施，计划将农业生态园打造成集农业生产和休闲旅游为一体的现代农业典范。项目建设必要性充分，符合国家和地方扶持农业发展的政策导向，也获得了各级政府的多项补助。因为项目既涉及农作物种植，又涉及休闲经营，所以对项目所在地的自然条件和交通条件都要进行考察评估，这直接关系今后项目产品的生产和销售。通过评估，本项目各项条件都基本具备。

第四章　项目产品市场评估

本项目的主要产品有白茶、绿茶、葡萄、甜桃、甜梨、板栗、蔬菜等，均为无公害产品。其中白茶和绿茶（翠柏、碧螺春、毛尖、寿眉）获中国绿色食品发展中心颁发的《绿色食品（AA）证书》和北京中绿华夏有机食品认证中心颁发的《有机转换产品认证证书》。白茶被选为人民大会堂特供茶。葡萄主要品种为夏黑和魏可，其他无公害产品包括甜桃、黄金梨、新高梨、板栗、蔬菜等。

由于本项目农产品种类较多，细分达二十余种，现仅就其中比较重要、收入占比较高的几个主要品种进行产品市场评估。

4.1　项目主要产品评估

项目所在县是"全国山区综合开发示范县（市）"之一，近年来不断加强农业结构调整和产业化经营，已初步形成"桑、栗、竹、果、茶"五大农副业经济支柱。

4.1.1　白茶

本项目生产的白茶是 2000 年从××引进的。××白茶是由一种特殊的白叶茶品种中由白色的嫩叶按绿茶的制法经杀青、造型加工制作而成，外观色泽为绿色，属于绿茶类。中国是白茶的唯一产地。白茶之所以能自成一类，是因其具有独特的产地（区域）、独特的品种和独特的加工工艺，离开其中任何一个因素都生产不出好茶。白茶内所含营养成分高于常茶，经生化测定，含有较高的氨基酸，氨基酸含量高达 10.6%，含量为常茶的 2 ~3 倍以上。由于白茶品种珍稀，风格独特，自古以来，白茶为世人所推崇，贵为绝品，民间谓为"茶瑞"、"绿茶之王"。目前 S 公司已形成了一批规模茶场，并因为其独特的工艺、自然、地理及气候因素，产出白茶的品质要优于引进地。

4.1.2 葡萄

1. 夏黑葡萄，别名黑夏、夏黑无核。7 月初开始成熟，可一直留树保存到 10 月，不裂果，不落粒，不回味，是适于大面积发展的优质早熟鲜食品种。树势强健，抗病力强，果粒着生牢固，是一个集极早熟、大粒、优质、抗病、易着色、耐运输于一体的优良无核品种。

2. 魏可葡萄，别名温克。9 月中下旬成熟，从萌芽到成熟需 170 天左右，为极晚熟品种。

4.1.3 梨

1. 新高梨，单果重 300～500 克，最大 1 600 克。10 月上旬采收，属晚熟品种，耐贮藏，结果早，栽后次年即可挂果。亩产量 2 000 公斤以上，好果率达到 90%。

2. 黄金梨，平均单果重 350 克，最大 500 克，耐贮藏，运输。成熟期在 9 月中下旬，生育期约 145 天。该品种对梨黑星病、黑斑病抗性较强。黄金梨是目前国内外市场很受欢迎的名贵品种。

4.2 项目产品市场价格评估

4.2.1 白茶

白茶以其独特的品质和良好的保健功效，自从白茶被发现并开发以来，一直备受欢迎。因白茶对其生长的环境和气候要求非常高，全国范围内仅有少数地方能够适合种植。据了解，目前我国白茶栽培面积不足 8 万亩，占全国茶园总面积的 5‰，年产量不到 500 吨，在全国名优茶产量中比重甚微，所以白茶市场一直以来是供不应求的局面。

S 公司自从引入白茶以来就加入了白茶专业合作社，成为合作社成员，由合作社统一制定种植技术标准、加工标准等，统一营销，其出产的白茶成为人民大会堂特供茶。白茶上市时，每 500 克最高售价 2 600 元，最低也有 1 800 元。近几年来白茶的价格也是一路攀升，而且供不应求（见表 11 - 3）。

表 11 -3　　近年 ×× 白茶专业合作社白茶指导价　　　　单位：元/公斤

年份	特级	一级	二级
2005	5 000	4 000	3 200
2006	5 200	4 400	3 600
2007	5 600	4 600	3 800

4.2.2　葡萄和梨

从 S 公司的情况看，公司水果类主要产品葡萄和梨在 2006 年已经有少量产出，基本上都是顾客直接到园区预定购买，甚至出现了顾客排队购买的情况。与 S 公司相邻的农业园所产的圣桃和黄金梨等精品水果在 2004 ~ 2005 年曾按个出售，一个圣桃能卖到 8 ~ 10 元，一个黄金梨也是能卖到 10 元左右，精品葡萄每年都能卖到 30 元/公斤。

4.3　项目产品销售模式

S 公司的农产品销售模式主要有以下几种：

（1）设立门市部展销厅。目前 S 公司设立了农产品展销厅，进行农产品销售，按照该地区此种类型的销售市场调查，销售业绩普遍较好。

（2）寻找代理商。为了打开经济发达城市的农产品市场，如上海、苏州、南京等，目前 S 公司正在策划在各城市寻找代理商，负责各城市的市场销售。

（3）在大型超市内设立销售点。精品水果等进入超市是市场发展的一个趋势。目前，公司正在和有关超市进行洽谈产品进入事宜。

4.4　项目产品市场前景评估

4.4.1　茶叶市场发展前景

茶叶产销将继续保持增长势头。从国内市场看，我国茶叶市场是一个茶类需求多样化的市场。1995 年人均消费茶叶 300 克左右，2004 年达到 400 克，增幅为 33%。但是在一些大中城市，人均年消费量远高于这一平均水平。如上海已达到 1 000 克，北京为 1 500 克，广州为 1 800 克。随着经济的发展，人们健康意识的增强，生活水平的提高，以及服务的延伸，如茶馆业的发展、茶叶包装的改进、营销方式的改变、茶文化旅游等，这些都将成为未来茶叶行业的增长点，茶叶的市场发展空间很大。

研究证实白茶之"三降三抗"（降血压、降血脂、降血糖、抗辐射、抗肿瘤、抗氧化）比任何茶叶都要显著。随着白茶在欧洲、东南亚、美洲等国家和地区的消费群体越来越大，被认为是未来几年内最具发展潜力的茶类。据专家预测，未来五年，白茶将以高于普通茶叶 1 倍以上的速度增长。当然，白茶虽然市场前景广阔，但也必须正视一个问题，那就是目前白茶市场仍处于起步阶段，所占份额较小，需要一定的时间让消费者认识。目前，政府及主要生产销售企业都在大力推广白茶。

4.4.2 葡萄市场发展前景评估

在我国，葡萄已和苹果、柑橘、梨、香蕉一起并列成为五大果树之一。葡萄对土壤条件要求不严，经济寿命长的 30 年左右，早果易丰产，经济效益高且明显。到 2000 年初，我国的葡萄面积为 22.32 万公顷，总产量 270.8 万吨。从人均占有量来看，2005 年我国鲜食葡萄人均约 1 公斤，而世界人均年消费量为 3.4 公斤。葡萄作为劳动密集型产业，加入世贸组织后在国际市场上也有很强的竞争力。

4.4.3 梨市场发展前景评估

项目所在省是我国优质早熟梨的主产区，这里气候、土质、交通、社会经济条件良好，同一品种要比北方地区早熟 2～3 周以上。近年来全省梨树栽培面积达到 5.54 万公顷，其中 2005 年新发展 6 670 公顷，增长 13.2%；其中优质早中熟梨面积为 4.33 万公顷，占梨树总面积的 78%。本省还计划每年新发展优质早熟梨 6 000 公顷，面积突破 6.67 万公顷。

本项目开发 2 600 余亩茶园和 2 000 余亩精品果园，进行产业化生产，开展规模化、集约化栽培技术，提高茶果的品质率。采用高新技术，引进先进制茶机械进行机械化生产加工，提高茶产品质量。建设冷库，引进先进的加工贮存技术，错开精品水果上市的时间，以获取最大的经济效益。加强生态学研究，保持茶园、果园生态中的种群平衡，实现茶、果产业的可持续发展。注重质量和品牌的管理，扩大在市场竞争中的优势。

专家点评：农产品不同于工业产品，其产品具有明显的地域性和季节性，产地不同、季节不同、加工方式不同都会对价格产生很大的影响，因此农产品市场的评估要更具体、更有针对性。近几年农产品的销售模式也摆脱了过去单一的直接供货给批发商，本项目农产品销售拟采取三种模式，有利于最大化实现产品商业价值。

第五章　项目投资估算与资金来源评估

5.1　投资估算

此次评估在采信《可行性研究报告》（以下简称《可研报告》）、《初设》有关基础数据的基础上，根据本项目开工建设以来的项目资金到位情况、工程建设进度、土地租赁情况、企业跟踪模拟市场运行数据以及行业标准参考数据等，据实对本项目投资进行了调整。

5.1.1　总投资估算

经评估，确定本项目总投资 15 084 万元，全部为固定资产投资。具体项目对比情况见表 11 - 4。

表 11 - 4　项目投资批复与评估对比表　　　　　单位：万元

序号	项目	批复额	评估额	增减（ + ）	调整原因
	总投资	14 000	15 084	1 084	
一	固定资产投资总额	14 000	14 400	400	
1	农业示范园整治工程	10 000	10 300	300	
1.1	土地租赁（含青苗补偿）	8 000	8 000		
1.2	平整改良土壤	500	600	100	工程量增大
1.3	机耕路	400	600	200	主干道标准提高
1.4	茶园、果园等苗木	1 000	1 000		
1.5	绿化	100	100		
2	农业水环境治理工程	1 100	1 400	300	
2.1	灌溉渠	200	200		
2.2	引水内河、泄洪沟、蓄水塘坝	400	450	50	塘坝面积增大
2.3	涵闸、灌溉站	100	150	50	标准提高
2.4	节水灌溉设施、治虫药灌设施	400	600	200	密度加大
3	其他工程	2 500	2 400	- 100	
3.1	生产加工用房	300	400	100	含设备
3.2	休闲园一期	2 000	1 800	- 200	
3.3	配套基础设施	200	200		
4	工程预备费	400	300	- 100	
二	建设期融资利息		684	684	

评估调整的主要情况及原因如下：

（1）固定资产投资增加400万元，其中：

①农业整治工程调增300万元，调增的原因是工程量增大，如挖掘机械及人工费上调2.8%，主干道标准提高到二级标准、上面铺青石块；绿化面积扩大3 000平方米及价格上涨2%～5%等因素造成的。

②水环境治理工程调增300万元，调增的原因是塘坝面积增大1 500平方米、水面面积增大2 000平方米，增加蓄水量达8万立方米；同时灌溉设施密度加大，每亩增加水管600米。

③其他工程调减100万元的原因是施工材料费下降，如其他工地未用完材料可以继续利用，节省了人工费及运费。

④工程预备费调减100万元的原因是可行性研究费用、报批等手续费下降。

（2）建设期利息调增684万元。《可研报告》没有计算建设期的利息，按照有关规定，建设期的利息应计入总投资。

从形成资产法看，本项目的建设投资概算为15 084万元，具体为工程费用14 100万元，工程预备费300万元，建设期贷款利息为684万元。

从概算法看，本项目的建设投资概算为15 084万元，其中：农业示范园整治工程，拟投资10 300万元；农业水环境治理工程，拟投资1 400万元；配套其他工程，拟投资2 400万元；工程预备费300万元；建设期贷款利息684万元。

5.1.2 项目融资方案

本项目评估总投资15 084万元（见表11－5），其中固定资产投资14 400万元，建设期利息684万元。项目融资方案为：自筹7 084万元，占比46.96%；向F银行申请中长期贷款8 000万元，占比53.04%。

表11－5　项目融资方案表　　　　　　　　　单位：万元

项目	金额	占比	利率	期限（年）	备注
总投资	15 084	100.00%			
1. 项目资本金	7 084	46.96%			项目资本金比率高于20%
其中：股东出资	5 087	33.72%			
补贴资金	1 997	13.24%			无须偿还，可视同资本金
2. F银行贷款	8 000	53.04%	6.75%	5	含宽限期1年

Y 银行已经发放的 4 000 万元贷款将在 F 银行贷款到位后，提前归还，并将基本账户从 Y 银行从转入 F 银行。

5.2 项目资金落实情况

本项目资本金 7 084 万元，一是企业注册资本 4 000 万元；二是财政补贴资金 1 997 万元；三是 S 公司追加投资 1 087 万元。

目前，注册资本 4 000 万元已于 2005 年 5 月全部到位，补贴资金 1 997 万元中 1 637 万元已到位，剩余的 363 万元补贴资金根据财政局的相关规定，在 2007 年内即可获得，其中中央财政补贴 180 万元，省级财政补贴 162 万元，市级财政补贴 18 万元。

S 公司投资的 1 087 万元目前尚未到位，但该项投资已经公司董事会决议并获得通过，在贷款发放前资金将全部到位。

5.3 项目贷款的使用及用款计划

S 公司申请 8 000 万元的中长期贷款，主要用于租赁土地，购买茶果苗木，以及配套工程建设。贷款利率执行 5 年期贷款基准利率。本项目的建设期是 2005～2007 年，贷款于 2007 年 5 月开始投入。

专家点评：由于本项目评估时已开工建设，评估时在项目可行性研究的基础上，根据实际情况进行了调整，使总投资更接近实际，也使贷款额度更符合项目实际需要。

第六章　项目财务效益评估

在进行财务效益评估时，主要依据国家发展和改革委员会以及住房和城乡建设部颁布的《建设项目经济评价方法与参数（第三版）》、茶叶等相关行业协会提供的市场指导价及《可研报告》中的有关数据，并参照当地市场劳动力、肥料价格和运输成本等，据实对项目建成后的财务效益进行了预测和估算。

6.1 项目基础数据取值及依据

表 11 – 6　基础数据取值及依据表

序号	项目	取值及依据
1	项目计算期、贷款期限及利率	由于项目大部分种植物的生命周期和山地的租期为 20 年，因此将项目的计算期确定为 20 年；贷款期限为 5 年（宽限期 1 年），利率为中国人民银行公布的 5 年期基准利率 6.75%
2	产品价格、销量及营业收入等	1. 依据茶叶等行业协会提供的相关数据、《可研报告》采用的参数取值、项目具体的种植计划和不同种植物的生长周期，将主要种植物的基础数据确定为：白茶种植面积 2 000 亩，4 年后达产量 8 公斤/亩，销售价格 3 000 元/公斤；绿茶种植面积 600 亩，4 年后达春茶产量 15 公斤/亩，秋茶产量 5 公斤/亩，销售价格为春茶 600 元/公斤、秋茶 300 元/公斤。2. 休闲园的年营业收入 465 万元
3	成本	1. 肥料费 5 143 万元；2. 农药费 902 万元；3. 产品包装费 13 864 万元；4. 休闲园经营费用 4 250 万元；5. 其他费用 5 667 万元。各项费用按实际情况分期计入期间费用
4	各项税率	按相关规定，农业种植业免征增值税，但项目是混业经营，查阅相关文件，确定项目中的茶叶种植按销售收入的 4% 征收增值税，餐饮业按销售收入的 5% 缴纳营业税、25% 缴纳所得税，教育附加费按营业税的 5% 缴纳，城市维护建设税按营业税的 8% 缴纳
5	行业基准收益率	《建设项目经济评价方法与参数（第三版）》中农业种植业的基准收益率为 6%，按照审慎原则，并考虑到该笔贷款利率为 6.75%，故将基准收益率确定为 8%
6	折旧率	休闲园和加工厂等房屋建筑部分土地可出让取得，其固定资产按 30 年折旧，残值为 5%，年折旧率为 3.17%。其他设施按 17 年折旧，年折旧率为 5.88%
7	各项盈余提取比例	盈余公积按税后利润的 10% 提取，公积金按税后利润的 5% 提取，福利费按管理人员平均工资的 14% 提取

6.2 项目经营分析

6.2.1 成本分析

本项目投产后，经营期内总成本费用 63 232 万元，其中固定成本 37 884 万元，可变成本 25 348；年均总成本为 3 720 万元，其中年均固定成本 2 229 万元，年均可变成本 1 491 万元；经营总成本 48 123 万元，年均经营成本 2 831 万元（见表 11 -7）。

表 11 -7 项目成本估算表   单位：万元

项目名称		年均成本
茶果菜园	茶园	216
	果园	140
	包装物	815
	人工费	652
	合计	1 823
休闲园	茶馆物耗	5
	餐饮物耗	245
	外购燃料及动力费用	50
	人工费	60
	合计	360
外购燃料动力费用	不包括休闲园	20
折旧费		294
摊销费		488
财务费用	贷款利息支出	107
销售费用	电视广告等	292
其他费用		336
合计		3 720

6.2.2 收入分析

按照客观、审慎的评估原则，以项目投产后的生产水平和目前市场上同类产品价格计算，每年产销平衡，本项目投产后，经营期内项目的年均总收入可达 8 396 万元（不含税），其中茶果菜类产品收入为 7 931 万元；休闲园经营收入为 465 万元（见表 11 – 8）。

表 11 – 8　项目经营收入估算表　　　　　　单位：万元

项目名称		年均收入
茶果菜园	白茶	4 376
	绿茶	581
	葡萄	850
	甜桃	140
	甜梨	1 237
	白果	564
	板栗	123
	白菜	60
	小计	7 931
休闲园	茶费	15
	娱乐费	50
	餐饮费	400
	小计	465
合计		8 396

6.2.3　税收分析

按相关规定，农业种植业免征增值税，但项目是混业经营，部分项目须纳税，经营期内，项目年均纳税为 244 万元，其中增值税为 198 万元，营业税为 23 万元，教育附加费为 1 万元，城市维护建设税为 2 万元，所得税为 20 万元（见表 11 – 9）。

表 11 – 9　项目税收估算表　　　　　　单位：万元

种类	税项	应纳税额	税率	纳税
增值税	茶叶	5 430	4%	198
营业税	休闲园	465	5%	23
教育附加费	休闲园	23	5%	1
城市维护建设税	休闲园	23	8%	2
所得税	休闲园	82	25%	20
合计				244

增值税主要针对茶叶征收，营业税、教育附加费、城市维护建设税、所得税主要针对休闲园餐饮征收。

6.2.4 利润及利润分配分析

本项目2007年12月可建设完毕，2008年即可盈利。经营期内，年平均利润总额4 452万元，年平均净利润4 431万元（见表11-10）。

表11-10 项目利润估算表 单位：万元

序号	项目	总额	年均
1	产品销售收入	142 728	8 396
2	税金及附加	3 818	225
2.1	增值税（按茶叶销售收入）	3 371	198
2.2	营业税及附加（按休闲园销售收入）	447	26
3	总成本费用	63 232	3 720
4	其他销售利润		
5	销售利润（1-2-3+4）	75 678	4 452
6	投资收益		
7	营业外收支净额		
8	利润总额	75 678	4 452
9	弥补以前年度亏损		
10	应纳所得税额	1 394	82
11	所得税（按休闲园营业利润计征）	347	20
12	税后利润	75 331	4 431
13	盈余公积金（税后利润的10%）	7 533	443
14	公益金（税后利润的5%）	3 767	221
15	应付利润		
16	未分配利润	64 031	3 762
17	可还款利润	64 031	3 762

6.3 项目盈利能力及偿债能力分析

本项目经营期内，平均销售利润率52.72%，高于行业优秀值（28.7%）；项目税后内部收益率（IRR）为23.51%，高于行业财务基准内部收益率（6%）；平均利息备付率为7.96，高于利息备付率的标准值（2）；平均偿债备付率1.83，高于一般偿债覆盖率可接受值（1.3）。通过以上数据，证明项目现金流能够较好地满足还贷要求（见表 11 – 11）。

表 11 – 11

序号	财务评价指标	项目测算值
1	财务内部收益率（税前）	23.60%
	财务内部收益率（税后）	23.51%
2	财务净现值（税前）	23 746
	财务净现值（税后）	23 598
3	静态投资回收期（税前）	6.06
	静态投资回收期（税后）	6.07
4	动态投资回收期（税前）	8.07
	动态投资回收期（税后）	7.96
5	总投资收益率	29.51%
6	项目资本金净利润率	62.48%
7	销售利润率	52.72%
8	投资利税率	31.00%
9	利息备付率	7.96
10	偿债备付率	1.83

　　专家点评： 由于农产品价格的影响因素较多，市场波动较大，因此在评估产品收入时，对产量和单价的确定需要审慎。农业种植业的基准收益率为 6%，考虑到评估时整个市场的资金成本较高，5 年期贷款利率已经超过 6%，故将本项目的基准收益率确定为 8%。从评估情况看，本项目的盈利能力和偿债能力都高于行业平均值或标准值，有的设置超过优秀值，财务上基本可行。

第七章　不确定性分析

7.1　盈亏平衡分析

　　选用项目达产后正常年份的相关数据计算盈亏平衡点以生产能力利用率表示的盈亏平衡点为：

$$BEP(生产能力利用率) = 年固定成本 / (年销售收入$$

– 年可变成本 – 年销售税金及附加）× 100%

$$= 2\,228/(8\,396 - 1\,491 - 225) \times 100\% = 33.36\%$$

项目达产后正常年度的盈亏平衡点为33.36%，表明本项目只要达到设计生产能力的33.36%时或实现2 801万元的销售收入时即能盈亏平衡，实现保本经营，说明本项目对产出品数量变化的适应能力和抗风险能力较强。

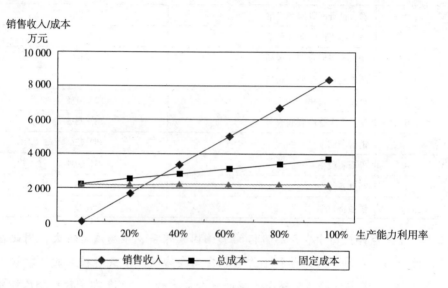

图 11 –1　生产能力利用率盈亏平衡分析

7.2　敏感性分析

根据项目全部投资现金流量表，就销售收入和经营成本分别变化10%、20%和30%时对项目税后内部收益率的影响分别进行了测算。

表 11 –12　敏感性分析表

变化率 变化因素	–30%	–20%	–10%	0%	10%	20%	30%
基准折现率	8%	8%	8%	8%	8%	8%	8%
销售收入	13.52%	17.26%	20.54%	23.51%	26.25%	28.92%	31.17%
经营成本	26.51%	25.58%	24.63%	23.51%	22.65%	21.61%	20.54%

表 11 – 13　敏感度系数和临界点分析表

序号	不确定因素	变化率	内部收益率	敏感度系数	生产利用率临界点	销售收入临界值（万元）
	基本方案		23.51%		33.36%	2 801
1	销售收入	－30%	13.52%	1.42	52.70%	3 097
		－20%	17.26%	1.33	44.16%	2 966
		－10%	20.54%	1.26	38.01%	2 872
		10%	26.25%	1.16	29.72%	2 745
		20%	28.92%	1.15	26.80%	2 700
		30%	31.17%	1.08	24.05%	2 625
2	经营成本	－30%	26.51%	－ 0.42	31.27%	2 625
		－20%	25.58%	－ 0.44	31.93%	2 681
		－10%	24.63%	－ 0.47	32.63%	2 740
		10%	22.65%	－ 0.37	34.12%	2 865
		20%	21.61%	－ 0.40	34.92%	2 932
		30%	20.54%	－ 0.42	35.75%	3 002

从敏感性分析可以看出（见表 11 – 12、表 11 – 13），一方面，各项指标对产品销售收入的敏感程度稍高，对经营成本的敏感程度较低；另一方面，当各项敏感因素变化幅度取 30% 时，内部收益率都高于本行业财务基准收益率（8%），且财务净现值均为正数，说明本项目的经营风险较小，项目抗风险能力较强（见图 11 – 2）。

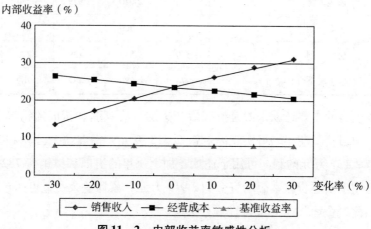

图 11 – 2　内部收益率敏感性分析

599

专家点评： 经济效益的盈亏平衡分析和单因素敏感性分析结果表明，本项目综合抗风险能力较强。

第八章 贷款风险与效益评估

8.1 还款计划评估

S 公司申请 F 银行中长期贷款 8 000 万元，贷款期限 8 年（含宽限期 3 年），用于项目建设中的固定资产贷款。经评估测算，项目效益较好，投产后第二年即可还款，所以，可对其发放中长期贷款 8 000 万元，贷款期限 5 年（含宽限期 1 年）。根据项目财务计划现金流量和利润的测算，2009 年开始偿还本金，4 年还完（见表 11 – 14）。

表 11 – 14　还款计划表　　　　　　　　　单位：万元

序号	年份	2008	2009	2010	2011	2012
1	可用于还款的资金	974	2 380	3 932	4 769	2 080
1.1	可还款利润	192	1 598	3 151	3 987	1 755
1.2	折旧	294	294	294	294	122
1.3	摊销	488	488	488	488	203
2	偿还本息合计	540	2 040	2 939	3 270	1 028
2.1	还本计划		1 500	2 500	3 000	1 000
2.2	付息计划	540	540	439	270	28
3	资金盈余（1 – 2.1）	974	880	1 432	1 769	1 080

本项目的主要还款来源是投产后产生的税后利润和折旧摊销等非付现成本。项目贷款期年均可实现净利润 2 513 万元，提取盈余公积和公益金后仍有 2 137 万元的利润可用于还款，加上每年的折旧和摊销费 782 万元，年均可用于偿还贷款本金的资金为 2 919 万元，累计盈余资金可达 6 205 万元。因此，企业归还 F 银行贷款有保障。

8.2 贷款风险评估

8.2.1 经营风险分析

目前，S公司处于向现代企业的转型阶段，公司的规范化管理水平有待提高，与现代企业管理和市场管理的需求有一定的距离。建议公司加快建立现代企业制度，完善内部管理。

S公司所经营的产品为茶叶、水果、蔬菜等农产品，具有季节性强、保鲜期短的特点。虽然当前供不应求，市场前景较好，不存在销售问题，但项目达产后，一旦销售不畅、保管不善，存在一定的腐质霉变和损失损耗风险。因此，公司在建成配套储藏冷库的同时，正在建立高效的储运物流体系，加大营销队伍建设和市场拓展力度，以确保产品的市场销路。

8.2.2 财务风险分析

S公司财务制度不够规范，账务体系尚待进一步健全。建议公司加强财务管理，建立完善的报表体系。

从财务测算看，本项目第一还款来源较为充足。从第二还款来源看，本项目采取××宾馆房产抵押和××建筑安装工程有限公司提供连带责任保证相结合的担保方式，抵押方和担保企业均已出具合法的担保意向书和承诺函。另外，该公司还承诺获得200亩土地划拨使用权证后将抵押给F银行。

8.2.3 项目风险分析

项目技术风险：本项目技术风险主要是新品种的引进和栽培技术运用上的风险，以及茶叶、果品在操作过程的操作风险。目前本项目依托农业大学强大的科研队伍，能够有效克服由此带来的技术风险。同时，公司还将聘请有技术的熟练工来栽种和管理，因此，项目技术风险相对较小。

自然灾害风险：项目区地处南北气候过渡地带，地势复杂，气候差异较为明显，灾害性天气时有发生。主要有：茶叶扬花期的倒春寒、6~9月的连续阴雨、梅雨之后的伏旱、晚霜、台风等。以上灾害性天气将导致茶果树木病虫害爆发、发生冻害以及大量落果等情况，灾害天气可能影响到茶品、果品的产量和品质的下滑，这是农业生产企业普遍存在的问题。

8.2.4 关联企业风险分析

公司法定代表人×××直接控制的公司较多，涉及的业务领域广泛，且关联企业间存在资金和业务往来，如果其某一领域的经营出现风险，可能存在项目资金被其他关联企业挪用。因此必须加强贷后监管，要求企业规范操作，保证项目资金专款专用。

8.3 贷款风险防范措施评价

该笔贷款拟采取抵押和保证担保相结合的方式，其中可设定抵押贷款为 4 085 万元；保证担保可提供的保证贷款为 6 097 万元。

8.3.1 抵押担保评价

公司拟用××宾馆房地产作为第三方抵押，经咨询评估公司评估并经 F 银行核押：该处房地产规划用途为商业服务业，土地形状较规则，建筑面积为 15 278.5 平方米，评估价值为 3 819 万元，土地使用权面积 17 962.02平方米，评估价值为 2 824 万元，可设定贷款额度为 4 085 万元（房产 2 673 万元，抵押率70%；土地 1 412 万元，抵押率50%）。

由于 S 公司在 Y 银行前期所办理的 4 000 万元已用该房地产作了抵押，因此，该房地产抵押手续必须在 S 公司将 Y 银行贷款本息全部归还后方可办理。

8.3.2 保证担保评价

1. 保证人概况

××建筑安装工程有限公司 2002 年 8 月改制为有限责任公司，公司持有的营业执照、组织机构代码证、贷款卡、税务登记证均合法有效。公司注册资本 2 000 万元，其中法人代表人×××（即 S 公司法定代表人）出资 1 800 万元，占比 90%。公司信誉状况良好，无不良记录。公司主营承接土木工程，土石方工程，地基与基础工程，园林建筑装潢工业设备与管道安装等业务，拥有××省建设厅颁发的二级资质证书。预计 2007 年公司工程量可达 18 000 万元左右。

2. 保证人信誉状况

该公司在他行信用等级为 AAA 级，F 银行拟采信此信用等级评定结果。通过中国人民银行征信系统查询和到公司实际调查，2006 年末，该公司贷款余额 4 000 万元。

3. 保证人资产负债状况

至 2006 年末公司总资产为 10 577 万元，总负债为 4 390 万元，所有者权益为 6 187 万元，资产负债率为 41.51% 。近三年的资产负债情况见表 11 - 15。

表 11 - 15　资产负债表　　　　　　　单位：万元

项目	2004 年末	2005 年末	2006 年末
（一）资产合计	7 605	8 485	10 577
1. 流动资产	3 649	4 215	5 470
其中：货币资金	232	301	942
应收票据			
应收账款净额	1 309	1 855	1 882
其他应收款	260	241	433
预付账款	300	164	200
存货	1 524	1 644	2 007
待摊费用	25	9	6
2. 长期投资			
3. 固定资产	3 956	4 270	5 107
其中：固定资产原价	5 062	5 630	7 030
减：累计折旧	1 106	1 359	1 923
固定资产净值	3 956	4 270	5 107
在建工程			
4. 无形及递延资产			
（二）负债合计	2 920	3 554	4 390
1. 流动负债	1 820	2 454	4 390
其中：短期借款	800	1 900	4 000
应付票据			
应付账款	322	335	238
预收账款	32	35	31
其他应付款	46	52	51
应付工资	30	33	58
应付福利费	130	53	11
未交税金	89	45	
其他应交款	2	2	
预提费用	1		
2. 长期负债	1 100	1 100	

项目	2004 年末	2005 年末	2006 年末
其中：长期借款	1 100	1 100	
长期应付款			
（三）所有者权益	4 685	4 931	6 187
其中：实收资本	2 000	2 000	2 000
资本公积	985	985	985
盈余公积	667	667	667
未分配利润	1 033	1 279	2 535

4. 保证人经营情况

从近三年该公司经营情况来看，销售收入和净利润逐年增加，现金净流量大幅提升，经营状况良好（见表 11 – 16）。

表 11 – 16　经营情况表　　　　　单位：万元

项目	2004 年末	2005 年末	2006 年末
销售收入	10 185	13 365	16 397
销售成本	8 571	11 067	13 745
主营业务利润	1 059	1 569	1 758
利润总额	808	1 103	1 256
净利润	808	1 103	1 256
现金净流量	47	70	640
经营性现金流量	990	1 090	1 376
资产负债率	38%	42%	42%
流动比率	200%	172%	125%
利息保障倍数	5.4	4.2	4.7
销售利润率	10%	12%	12%
存货周转率	5	6	8

该公司几年来主营收入保持稳定增长，财务状况稳健，资产负债率较低，资本结构合理，能按时还本付息，无不良记录，债权保障程度较高、盈利能力较强，经营活动中的现金流量充足，有能力提供担保。

经 F 银行核保并测算，该公司可提供保证担保 6 097 万元。

8.3.3　结论

××宾馆有限公司可提供抵押担保额度 4 085 万元，××建筑安装工程公司可提供保证担保额度 6 097 万元，具备为本项目 8 000 万元贷款提供担保的能力。但是，鉴于抵押物需从 Y 银行解押后重新在 F 银行办理抵押手续。因此，为确保贷款担保的合法有效，该项目贷款分为 2 笔分别发放，其中第一笔 4 000 万元采取保证贷款方式；第二笔 4 000 万元贷款待相关抵押手续办理完备后再予以发放。

8.4 经济和社会效益评估

8.4.1 银行经济效益

本项目期内，一是可获得利息收入 2 132 万元（含建设期利年息 315 万元），年均贷款利息收入 426 万元；二是项目建成投产后，本项目资金流量大，为 F 银行吸收低成本资金创造了有利条件，据测算，均可增加存款 300 万元。另外还可增加结算收入、保险代理手续费等中间业务收入。

8.4.2 生态效益

本项目具有良好的生态效益，建成后，基地将覆盖多年生茶叶和果树等枝繁叶茂、根系发达，可以保持丘陵山区的水土流失，有利于改善区域气候和环境。

8.4.3 社会效益

首先，本项目可以推动当地经济林果业向规模化，集约化、产业化方向发展，起到积极示范作用。

其次，本项目有利于促进农业结构调整，增加农民收入。项目能有效促使项目区由传统农业向现代农业转变，扩大农业生产经营范围和提高农产品附加值；同时能增加农产品的种类，把农业的生态效益、民俗文化等无形产品转化为合理的经济收入，提高农业的经济效益，成为农民增收的有效途径之一。

最后，本项目对当地经济可以起到很好的拉动作用。农业生态园的开发，不仅有效地改良了生态，激活了长期"休眠"的旅游资源，呼应了全市的大旅游与农业开发。改造荒山丘陵，提高了土地的有效产出，本项目每年可解决本地剩余劳动力 1 000 余人，这些人大部分是不能外出务工的50 ~60 岁的男女农民，人均年劳务收入达 8 000 ~ 10 000 元。

专家点评：农业项目除了一般项目具有的经营风险、财务风险、关联风险等，还具有自然灾害风险，自然灾害很难预防，在农业保险还不十分完善的条件下，自然灾害一旦发生往往会造成较大的损失，甚至影响项目继续。这是农业产业弱质性的重要原因，也是很多企业和银行不愿意投资农业项目的主要原因。本项目的生态效益和社会效益较为突出，这也是政府和银行支持本项目的重要考虑之一。

第九章　评估结论和决策建议

9.1　评估结论

评估认为，本项目的经济效益和社会效益十分明显，尽管本项目本身存在一定程度的风险，但这些风险通过银行和企业采取有效措施是可控的。同意向 S 公司发放中长期贷款 8 000 万元，贷款期限 5 年，宽限期 1 年，贷款利率执行中国人民银行同期同档次贷款利率，贷款方式为担保贷款。贷款根据风险防范措施落实情况及工程进度序时发放。

9.2　管理措施

（1）经与 S 公司协商，公司将基本账户转到 F 银行，贷款发放后，项目资金通过 F 银行账户结算，专户办理，专款专用。

（2）完善贷款抵押、担保手续，确保抵押权的合法有效。

（3）对项目所需资金专户管理，强化资金使用审核，按项目实施进度拨付资金，凭项目预算和合同中有关规定预付部分资金，余款凭项目预算及设备到位单据结算。

（4）加强项目过程管理和对借款人的贷后管理，密切关注项目进度、资金流动，跟踪分析借款人经营状况和财务状况的变化。

案例十二 农村市场物流体系建设贷款项目评估

第一章 项目概述

1.1 项目名称

A市农副产品物流园项目（以下简称"本项目"）

1.2 项目背景

随着A市经济的快速发展和城市人口的快速增长，当地原有农副产品市场已经难以满足经济社会发展需要。为了加快农产品流通设施建设，实现农产品流通的现代化，促进农村经济发展，增加农民收入，扩大就业，提高城乡居民的消费质量，2004年2月26日A市人民政府批准了B公司建设本项目方案。2006年商务部将该项目列入C省农产品现代流通体系"双百市场工程"四家重点建设项目之一；被C省列入2007年度150个重点扶持服务业投资项目之一。

2008年度A市政府将此项目列入十大民生工程和新农村建设的重点项目。本项目建设符合农村流通体系建设贷款的支持范围，有利于新农村建设。A市农副产品物流园项目是整体规划，分期建成。本次申请的农村流通体系建设贷款是用于一期工程建设。一期工程独立运营，能产生足够的经营效益，是独立项目。二期工程主要是冷库、仓库等设施，且一期与二期土地分离。因此，本次申请的贷款仅用于一期工程。

1.3　项目性质

新设法人新建项目

1.4　项目建设单位及承贷主体

本项目的建设单位及承贷主体均为××农副产品批发市场有限公司（以下简称"B公司"），该公司为新设项目法人。

1.5　项目建设主要内容

根据 C 省分行项目的实际情况，以及进行现场调查，确认本次评估范围为 A 市海州农副产品物流园项目一期工程，其主要建设内容为：一是经营设施建设，蔬菜市场面积 34 641 平方米，水果市场面积 25 092 平方米，副食品市场面积 45 760 平方米，花卉市场面积 10 920 平方米，粮油市场面积 7 059 平方米；二是配套设施建设，物管用房面积 9 320 平方米，商铺配套用房面积 27 853 平方米，汽车停车区面积 3 270 平方米，光棚面积 37 014 平方米，垃圾房和公厕等公建面积 2 191 平方米。

1.6　项目建设规模

经本次评估测算，项目投入总资金为 33 003 万元（含建设期利息 774 万元），其中建设投资 32 823 万元，流动资金投资 180 万元。投资来源包括：项目资本金 10 300 万元（其中注册资本 5 000 万元，资本公积转增资本 5 300 万元），占 31%；股东借款 2 703 万元，占 8%；申请银行借款 20 000 万元，占 61%。

1.7　项目主要技术经济指标

经评估测算，本项目主要技术经济指标见表 12-1。

表 12-1　　　　　　　　　　单位：万元、年

序号	财务评价指标	项目测算值
1	财务内部收益率（税前）	29.32%
	财务内部收益率（税后）	23.17%

序号	财务评价指标	项目测算值
2	财务净现值（税前）	39 257
	财务净现值（税后）	24 421
3	投资回收期（税前）	4.59
	投资回收期（税后）	5.43
4	总投资收益率（税前）	28.50%
	总投资收益率（税后）	20.63%
5	项目资本金净利润率	65.85%
6	盈亏平衡点生产能力利用率	23.18%
7	利息备付率	9.15
8	偿债备付率	1.26
9	贷款偿还期	4.60

1.8 项目建设进展情况

本项目报经批准，采用总包的建筑方式，经过招投标，由××建筑安装工程有限公司独家承建，项目整体工程建设期计划一年，但由于项目推进过程中土地征用花费时间较长，预计全部工程完成时间将延长。截至评估日，项目总体已完成选址、岩土、地质勘察、平面总图设计、场地平整、开工建设等，其中已经完成工程进度的65%。

1.9 项目资金使用情况

截至评估日，项目建设单位已支付费用18 084万元（其中工程建设费4 808万元，土地购置费12 225万元，设备购置费63万元，其他前期费用988万元）。

1.10 项目评估结论及建议贷款额度

本项目符合国家产业政策和区域发展政策，符合农村流通体系建设中长期贷款的基本条件，经济及社会效益显著，项目资本金比例达到规定标准，项目投入运营后能产生良好的经济效益。

B公司申请贷款28 000万元，期限5年，经评估认为，建议向B公司发放中长期贷款 20 000 万元，期限 5 年（其中宽限期 1 年），贷款种类为中长期贷款，贷款方式为土地使用权抵押担保，贷款主要用于物流土建、配套设施、检验检测设备的购置与市场信息管理系统等方面的建设。

第二章 项目建设必要性及建设条件评估

2.1 项目概况评估

2.1.1 项目建设背景

1. A 市独特而重要的战略地位

（略）

2. A 市跨越式的发展规划

（略）

3. 物流产业的发展要求

加入世贸组织对我国物流业来说，既蕴涵着难得的发展机遇，也面临着严峻的挑战。我国对有关物流以及物流相关方面作出了郑重的承诺，在包装服务、通信服务、速递服务、分销服务、运输服务中，除佣金代理服务、批发服务、零售服务和特许经营有少量限制以外，这些领域的主要部分以及海运服务、集装箱堆场服务、内水运输、航空运输服务、铁路运输服务、货物运输代理服务等将全面对外开放。目前，C 省正积极探索有利于支持工商企业参与国际竞争的现代物流服务系统，通过对现有物流基础设施进行更新改造和扩建，加快技术进步，以便尽快满足加入世贸组织对我国，特别是 C 省现代物流业提出的新的要求。

4. A 市服务产业发展的要求

（略）

2.1.2 项目建设优势

1. 政策优势

一是该项目已经列入商务部"双百工程"支持项目。为加快构建农产品现代流通体系，国家商务部、财政部出台了相应的扶持政策，重点扶持大型农产品市场的建设项目。B 公司承建的这一项目也得到了国家商务部

的大力支持，该项目是 C 省列入商务部 2006 年度农产品现代流通体系
"双百市场工程"四家重点建设项目之一，并得到补贴资金 350 万元。

二是该项目是省发展和改革部门重点支持项目。省发展和改革部门印
发的《关于下达 2007 年服务业重点产业项目投资计划的通知》文件中，
明确将该项目列入 2007 年度 150 个重点扶持项目之一，要求 A 市地方政府
各相关部门切实做好该项目推进工作，要通过抓项目投入，以投入促项目
发展。

三是该项目是 A 市政府重点支持项目。A 市政府的《关于拆建 A 市农
副产品批发市场的批复》文件进一步明确：鉴于 A 市目前的消费空间，为
扶持市场的发展壮大，使之成为辐射苏北、鲁南和陇海线的大型农副产品
批发市场，原则同意 A 市在较长时间内不再审批成立第二个"农副产品批
发市场"。市政府工作报告将其列入 2008 年度十大民生工程。

综上所述，该项目得到了国家、省、市的大力支持，符合 A 市政府的
发展方向和要求，目前是本项目的最佳投资时期。

2. 区位优势

该项目位于某区西北侧，距公路和 204 国道仅百米之遥。距 A 市火车
站 2.5 公里，交通十分便利，服务区域辐射广泛。将为苏北、鲁南、浙江、
东北等地的农副产品提供了极其畅通的流通交易渠道，区位优势明显。

3. 经营优势

一是丰富的经营品种。××物流园建成投入运行后，将彻底改变过去
那种经营面积小、经营品种不全、经营手段落后的面貌，将一个大规模、
现代化的农副产品交易市场展示在世人面前。在规模上由过去的"名不见
经传"一跃成为全国屈指可数的大型农产品批发市场之一。建成的新市场
经营品种，将由过去以蔬菜、水果批发为主，辅之以零售的粮油、副食品
专业市场，改变为包括蔬菜、水果、粮油等在内的九大系列 100 多个品种，
涵盖全部农副产品内容的综合性农产品批发市场。新市场拥有各类门面
房、商铺等物业面积 32 万平方米，使各经营品种能够真正做到划行归市，
充分彰显规模经营优势，体现现代化的农产品批发市场特色。

二是全新的结算方式。新市场选择了目前国内最先进的电子管理结算
系统，买卖双方实行 IC 卡交易结算模式，彻底改变过去对交易实行现金结
算的原始方式。通过这种模式可以提高交易质量，交易速度，杜绝假币和

缺斤短两现象，市场按照买卖双方实际成交价收取管理费，使收费标准更加合理、公正、规范，通过 IC 卡交易结算模式可有效增加营业收入。

2.2 项目建设必要性评估

一是实施国家商务部"双百市场工程"，建设现代物流产业的要求

（略）

二是市场消费需求结构发展趋势的必然要求

（略）

三是保障地区居民食用农产品安全的必然要求

（略）

四是解决"三农"问题，全面建设小康社会的必然要求

（略）

第三章　项目生产建设条件和技术评估

3.1 项目建设条件评估

本项目主要建设内容如下：

1. 建筑工程

一是商铺建设：蔬菜商铺面积 34 641 平方米，水果商铺面积 25 092 平方米，副食品商铺面积 45 760 平方米，花卉商铺面积 10 920 平方米，粮油商铺面积 7 059 平方米；二是配套用房及附属设施建设：物管用房面积 9 320平方米，商铺配套用房（出租给店铺商户，供办公、居住用不出售）面积 27 853 平方米，汽车停车区面积 3 270 平方米，光棚面积 37 014 平方米，垃圾房和公厕等公建面积 2 191 平方米。

2. 信息网络设备

功能设计要求使用先进的设备和工艺，以确保质量达到国家相关标准。市场导入电子商务系统，在传统的农产品市场与网络虚拟市场之间寻找到了结合点。可以为每个档口无偿提供电脑和因特网接口，网络中心与各档口通过光纤连接，可 24 小时提供国内外农产品供求、加工信息，形成

了强大的现货交易能力虚拟网络贸易市场。

3. 检验检测设备

加强设备检验检测，做好市场调研与采购，确保设备质量安全，又要符合卫生标准。安全检验检测区的建筑以及环境的设计要体现市场特色。各类食品检测、实验室用房建设相对集中布置，设计时要充分考虑到内部疏散以及室内外路网的布局。并充分考虑专一性和通用性的结合，体现资源共享的要求和可持续发展的理念。

4. 社会协作条件

本项目所在地现已纳入 A 市范围，属于城区范围，距离 A 市政府 8 公里、××区政府 3 公里，距离 A 市政治文化中心——××区也只有 5 公里路程。物流园区附近有××卫生院、A 市第二人民医院、距 A 市第一人民医院不到 5 公里。××乡小学就在物流园区南 100 米，纬二路上，A 市师范附属小学、中学以及 A 市××中学距离本项目所在地距离仅有 2 公里，可以非常便利地解决物流园区经营商户的看病就医、子女入学等问题。

5. 电信网在规划期内，全面实现数字化

建立集语音、数据和图像于一体的宽带综合业务数字网，逐步实现集团用户干线光纤化，最终实现用户接入网全部光纤化。市场内的通信电缆全部采用通信电缆穿排管沿道路埋地敷设。并在提高邮件、信息、物品运输、资金流通等传统功能基础上，积极拓展新型业务，大力发展电子商务、特快业务、混合邮件、物流配送、网上银行等，为商务部"双百工程"信息系统提供了有利条件。

3.2 项目生产技术条件评估

3.2.1 选址条件

A 市是一个区位和交通优势明显的现代港口城市，以港口为中心的海陆空立体交通网络初步形成。该市区位优势明显，海陆空交通十分便利，能对本项目市场提供足够的交通运输。

3.2.2 工程地质、水文地质条件

（略）

3.2.3 公共设施条件

A市近年来为提高城市综合服务能力，投入巨资对城市基础设施进行了大范围的改造建设，现已初见成效，市区范围内已完全解决了通信、电、水、煤气等供应问题。项目所需供电、通信、给排水等城市基础设施的管线（道），均已架（铺）设，从项目建设到投入使用均可直接接入现有各系统。

3.2.4 施工条件

施工现场紧邻204国道，视线开阔，高压供电线路从项目地块经过，经供电部门许可后即可接电；路边有自来水主管道通过，经供水部门许可后即可接水施工。

电信及有线电视线路网络已覆盖该区域，按规划要求敷设，在办理相关手续后，由有关单位组织施工。

3.2.5 项目用地评估

本项目整体规划用地占地总面积为486 548平方米（约合730亩），其中代征道路用地约为100亩。目前已经取得的土地使用权484亩（×国用［2008］字第HZ000073号，连国用［2008］字第HZ000074号，×国用［2008］字第HZ000075号），一期工程建设用地435亩。经现场核实项目一期用地在已取得土地范围内。因此，本项目一期工程建设用地合法有效。

3.3 环保方案评估

3.3.1 环保

本项目已通过了A市环保局的环保评价，根据环评报告，本项目在建设过程中产生少量建设垃圾，使用过程中产出的办公和农产品垃圾、生活污水，会含有一定的细菌和腐化物，对内部环境会产生微量污染。该项目将根据国家环境保护及职业安全卫生的有关规定，批发市场内设有垃圾处理点，并有专人负责清理，同时，已采取防范、治理措施，使其达到环境保护和安全卫生要求。

治理措施：（1）噪声防治：噪声主要来自项目施工产生的噪声和投产后车辆的机械噪声和通风机的空气动力等。尽可能选用低噪声的设备；对主要噪声源设备采取消声、减振或隔离措施。采取上述措施后，使噪声污染控制在规范规定的标准以内。（2）污水、污物污染防治：建筑垃圾经处理后作为回填土使用，不能利用部分按城市管理部门规定的时间、地点及时进行清运。建筑污水经沉淀后排入园区排水主管；在经营中产生的污水经过设置的净化池无害化处理后排入园区排水主管。垃圾实行定点堆放，由市场内的保洁员集中运送垃圾堆放点，再由市环卫部门统一运送至垃圾处理厂，不会对周围的环境造成不良的影响。（3）其他：给水管采用镀锌钢管以保证水质。空调选用无氟制冷制热设备，以保证对大气无污染。经过适当处理后，该项目对周围环境不产生影响。本项目由市环境部门出具该项目的环评报告。（4）扬尘防治：为减少扬尘对大气的影响，可在繁忙地段设警戒牌，加强过往车辆的管理，砂石料堆放整齐，水泥包装保持完整，建筑材料的运输、堆放和使用过程中的扬尘，应采取洒水等措施避免，以减少对附近居民学习、工作和休息的影响。

3.3.2 消防

本项目已通过了 A 市消防支队的消防评价，根据有关消防要求，本项目消防设施由以下三方面组成：

1. 消防给水系统。在库区内设消防储水池及泵房一座，可利用原有的消防储水池及泵房，设置智能型变频稳压消防给水机组。在配送中心外设消防给水管线，埋地设，呈环状布置，管线上设置室外地上消防栓。在库房内各防火单元均设置室内消火栓，每个消火栓处设有火灾报警按钮，信号送至库区消防控制中心。高架库房内易燃区根据情况设置自动喷水灭火给水系统。

2. 急救消防设施。配送中心库房内各防火单元内均配置手提式干粉灭火器，并在变配电室等处配置手提式二氧化碳灭火器以及时扑灭初起火灾。

3. 火灾报警与控制系统。本建筑为公共建筑物，故在市场、走道等设有报警探头，在走道、出口处设有手动报警按钮，各处按消防防范标准设有相应消防设备。

3.3.3 安全设施

农副产品批发市场人员流动大，安全问题十分重要。为贯彻"安全第一、预防为主"的方针，确保项目实施后符合职业安全的要求，保障劳动者在劳动过程中的安全和健康，提高劳动生产率，本项目劳动安全设计必须达到有关要求，有关设备设施需经当地劳动安全部门验收合格后才可投入使用。物流园内部设有保卫人员和管理人员，园内物业管理和物业服务将实行专业化、智能化、多层次、立体化的保安系统，配备电视监控、电子保安、可视对讲系统，对园内实行 24 小时有效监控。保卫部门与 110 联网，可充分保障市场商户、客户和工作人员的生命财产安全。在库房内安装通风设施，把温度、湿度控制在合理的范围内。库房内地面采用无积水设计，防止地滑。

第四章 项目产品市场分析

4.1 我国农副产品批发市场现状

4.1.1 农副产品批发市场的性质

农副产品批发市场属于农产品流通基础设施，是农产品流通的载体，是连接农业生产和城乡居民生活消费的重要环节，也是社会基础设施的重要组成部分。加快农产品流通设施建设，对实现农产品流通的现代化，促进农村经济发展，增加农民收入，扩大就业，提高城乡居民的消费质量和我国农产品的竞争力，都具有十分重要的意义。

4.1.2 农副产品批发市场的地位

改革开放以来，我国农产品流通设施建设有了较快的发展，初步形成了以各类批发市场为中心、城乡农贸市场为基础、直销配送和连锁超市为补充，产区、销区、集散地市场相结合的农产品市场体系。我国农产品市场体系的发展目标是：到 2010 年，在政府的宏观调控和扶持下，基本建立起以现代物流、连锁配送、电子商务、期货市场等现代市场流通方式为先导，以批发市场为中心，以集贸市场、零售经营门店和超市为基础，布局合理、结构优化、功能齐备、制度完善、有较高现代化水平的统一、开放、竞争、有序的农产品市场体系，农产品市场整体运行状况接近同期发达国家的中等水平。

为从根本上解决小农户与大市场对接的问题，真正帮助农民增收致富，2006 年商务部组织实施了"双百市场工程"，即重点建设 100 家左右面向国内外市场、现代化的大型农产品批发市场，加快农产品批发市场标准化建设步伐，加强信息、检验检测系统建设和市场的技术升级，实行标准化运营、规范化管理；着力培育 100 家左右有国际竞争力、面向国际市场的大型农产品流通企业，重点支持农产品物流配送中心，建设以冷藏和低温仓储、运输为主的农产品冷链系统。可见，农副产品批发市场在农产品流通中处于中心地位，是国家着力发展的对象。

4.1.3 农副产品批发市场的现状

改革开放以来，我国农产品批发市场取得了快速的发展。截至"十五"期末，全国农产品批发市场数量大体稳定在 4 300 家，市场年成交额不断提高，2005 年达到 3 600 亿元。

在发展中，农副产品批发市场呈现出以下特点：

一是数量保持年均 5% 以上的增长速度。市场总体数量越来越多，批发市场之间的竞争越来越激烈，活力越来越强。

二是市场建设和经营规模不断扩大，很多市场具备了自我积累和自我发展能力。近年来，各地都建设和发展了一批规模较大、影响和辐射能力较强的大市场。

三是批发市场内部改革和创新稳步推进。近年来，一些市场加强管理，推动市场产权制度改革，在农产品批发市场的现代化管理和资本运作方面，取得了明显成效。××农产品股份有限公司，通过公开发行股票并上市，利用资本市场成功实现了规模快速扩张。各地的一些市场也已经和正在积极进行电视监控、电脑统一结算和拍卖交易等方面的改革与创新。一些农产品批发市场还主动与生产基地联手，签订产销合同，基地按市场要求发展生产，市场组织基地的产品进行销售等。

四是各级农产品批发市场还适应消费变化，逐步开始引导和保障上市的农副产品向优质、安全、卫生方向发展。目前，农业部已经为所有经营蔬菜的定点市场配备了蔬菜农药残留速测仪器，并且委托农业部药检所进行人员培训。各定点市场都落实了人员、场地和必要的经费，认真组织开展检测工作，建立市场自检制度。

4.1.4 农副产品批发市场存在的问题

我国的农产品交易市场虽然取得了令人瞩目的成绩，但也不可避免地存在若干问题，主要有以下几方面：

一是市场交易方式落后，难以形成规模经济。目前的交易方式主要是以摊位制为主。由于经营管理上各自为政，组织程度比较低，市场竞争力薄弱，布局上散乱无序，难以形成规模优势和群体优势，融资功能、售后服务、管理手段以及市场经济效益等都较差，不能满足我国发展社会化大生产、大流通的需要。

二是市场自身的管理水平较低、功能还不是很完善。我国绝大多数农产品交易市场仍处于摊位式交易的初级、简单、低档的市场形态。市场的建设仍呈现以外延扩大，数量扩张为特征的粗放型发展阶段。虽然经过近几年的改造，农产品交易市场的硬件及配套设施已有了一定的改观，但是现代经营管理的理念与方法应用还不多，进场的大多数经营者的素质还不高，成规模、举足轻重的现代交易市场尚未完全形成。同时，市场信息指导、综合服务等功能也没有得到很好地发挥。

4.1.5　国家关于农副产品批发市场建设的具体规划

2006 年，商务部发布了《农村市场体系建设"十一五"规划》，指出要加强农产品批发市场建设。综合协调、科学规划东中西部之间、城乡之间、产销地之间农产品批发市场布局。加快农产品批发市场标准化建设步伐，按照相关标准和总体规划，加强信息、检验检测系统建设和市场的技术升级，实行标准化运营、规范化管理。"十一五"期间特别要重视粮食批发市场的建设，发挥粮食批发市场在稳定粮食供应中的积极作用。完善和拓展农产品批发市场的服务功能，积极推行农产品拍卖制、远程交易、网上交易、集中配售、连锁经营等新型交易及经营方式。鼓励农产品批发市场向上下游延伸经营链条，通过建立农产品基地、发展订单农业、建设农产品采购和物流中心等方式，建立起农产品进入城市市场的快捷流通渠道。扶持发展我国的专业型农产品流通企业，支持农产品流通企业开展农产品的跨地区经营。抓紧制订农产品批发市场的法律法规。巩固农产品期货市场发展成果，规范农产品期货交易行为，稳步扩大期货交易品种。

根据农业部《"十一五"时期全国农产品市场体系建设规划》，"十一五"时期，我国要加快农产品市场改造步伐，在农产品批发市场组织实施升级拓展工程，推进十个方面的基础设施建设，即市场地面硬化、水电道路系统改造、交易厅棚改扩建、储藏保鲜设施、加工分选及包装设施、客户生活服务设施、市场信息收集发布系统、市场管理信息化系统、质量安全检测系统、卫生保洁设施；拓展十个方面的业务功能，即实行场地挂钩、开展加工配送、监管质量安全、推进规范包装、强化信息服务、发展现代流通、壮大市场主体、开拓对外贸易、维护安全交易、完善公共服务。

4.1.6　农副产品批发市场的发展前景

农副产品批发市场的发展前景较好，主要原因有：（1）受到国家、省政府、市政府特殊的政策支持；（2）具有老市场的管理经验；（3）具有老市场的客户资源；（4）地理位置比较优越；（5）具有一支富有经验的管理团队。随着市场的不断成熟，城市人口的不断增长，农副产品价格的逐步提升，使农副产品批发市场经济效益逐步增加，进入良性的发展趋势。

4.2　A市农副产品市场评估

目前A市专业化的农副产品批发市场只有一家——××批发市场（老市场），1992年由A市工商局出资兴建，2001年根据国务院有关"市场管办脱钩"精神，由××集团前身A市××公司与A市××投资公司共同出资收购，并组建成立了目前的老市场。该市场先后被评为"C省文明市场"，"C省十强农副产品批发市场"、"省级重点农产品批发市场"、"农业部定点市场"、"××省诚信集贸市场"、肉菜粮放心工程"省级先进市场"，为农业部农产品网信息采集点、C省省级农副产品批发市场信息采集点。

老市场位于A市新浦区，占地面积32 000平方米，依傍城区主干道路，南与高速公路、204国道相接，西与高速公路相通、北与高速公路相连，市场现有经营总面积达6万平方米，场内建有2万平方米的交易大棚，8 000平方米的营业用房。市场目前以蔬菜、水果批发为主，兼营粮油、干货和肉品批发，固定批发摊位达500多个，每日进场参加交易的菜农、商贩超万次，在县区建有万亩蔬菜种植基地，和近十个千亩无公害生产基地保持紧密的协作发展关系。

自1992年以来，吸引了东北、内蒙古、安徽、河北、广东、广西、海南、福建、甘肃、江苏、浙江等十几个省市区的商户前来经营。每年到A市来做生意的商户大约有50万人次以上。2006年交易量195万吨，交易额 26 亿元，其中蔬菜与瓜果的交易额占一半以上。2007 年全年交易量将达到 225 万吨，交易额达到 30 亿元，其中蔬菜与瓜果的交易额占一半以上。

"十一五"期间，A 市国民经济和社会发展的总体目标是：保持经济总量扩张和经济结构优化同步提升，城市外在面貌变化和市民内在素质提高同步提升，城市发展和农村发展同步提升，富民和强市同步提升，硬环境建设和软环境改善同步提升，经济社会发展水平与生态环境优化同步提升，进一步加快小康社会建设，全面融入"两个率先"大局。其中社会发展目标是：城市化水平达到 48%；人口规模达到 500 万人，其中中心城市人口突破 100 万人，建成区面积达到 100 平方公里以上；城镇登记失业率控制在 4.5% 以内；城镇劳动保障三大保险覆盖面、新型农村合作医疗覆盖面、高中段教育毛入学率全面达到小康标准；居民卫生服务体系健全率力争达到小康水平。随着社会经济的不断发展，城市化进程的加快，现有的农副产品交易市场已远远不能满足经济社会发展的需要。因此，亟须建设一个集储藏、加工、批发为一体的较大的综合农副产品批发市场，并为今后迅猛发展的网上购物等远程销售体系提供稳定、充足的货源。A 市农副产品批发市场新建工程，与 A 市的经济发展相适应，农副产品市场将进一步做大、做强、做优，狠抓自身建设和企业管理，使信息网络和安全检验检测建设和市场的服务、集散、辐射、带动功能进一步加强。

4.2.1 蔬菜市场评估

C 省及邻近的 ×× 省是全国蔬菜生产大省，正常年景，蔬菜常年生产、均衡上市的产销格局不会有大的变化，总量充足，菜价随季节变化而小幅震荡，不会有大的波动。随着人民生活水平的提高，对蔬菜等清淡食品的需求上升，蔬菜价格总体呈上扬趋势。总体来看，蔬菜市场形势看好。

A 市紧紧依托国家省市关于发展高效特色无公害蔬菜作物的相关要求，高度重视百姓"菜篮子"工程建设，全市的蔬菜种植面积不断增加，年均种植面积保持 5.2 万公顷，并在周围四县逐步建立起洋葱、莴苣、冬瓜、韭菜、浅水藕、萝卜、芦蒿等十二大特色品种蔬菜生产基地十多个，面积达到 3.5 万公顷，产量达到 150 万吨以上，A 市本地的蔬菜供应可以占到 A 市地区农副产品批发总量的三分之一。除此之外山东、浙江周边地区的

蔬菜供应商也都云集 A 市,因此蔬菜供应量有保证。

4.2.2 粮油市场评估

"十一五"期间,我国粮食供求的总体格局仍将是粮食总量需求继续稳步增长,中长期粮食供求偏紧。从价格来看,2006 年以来,粮食价格上涨幅度较大,近来在国家的调控下,粮油价格开始回落。从趋势看,我国的粮食价格将呈现稳中趋升的运行态势,粮油市场形势看好。

随着国家一系列惠农政策的颁布实施,A 市粮食油料的种植面积不断攀升,目前几大主要粮油品种的种植面积呈现恢复性上涨,总产量也在不断提高:2007 年度小麦的种植面积达到 300 多万亩,总产量达到 27 亿斤以上;稻谷种植面积达到 260 万亩,总产量达到 26 亿斤;豆类的种植面积 30 万亩,总产量达到 0.6 亿斤;油料作物的种植面积 45 万亩,总产量达到 1.3 亿斤以上。目前 A 市的粮油市场供应在满足全市居民的消费需求的基础上,部分供应到外省市地区,特别是粮食的外销量占到总产量的一半以上。粮油价格呈现稳中有升的局面,本地的市场形势看好。

4.2.3 水果市场评估

近几年我国水果产业继续保持稳定发展的良好势头,其主要特征有以下几点:

一是水果种植面积基本稳定,产量继续增加,水果生产保持了整体发展的势头;二是品种结构进一步优化,质量进一步提高,标准化生产逐步规范,无公害、绿色水果、有机水果比重增加较快,生产者和消费者的品牌意识增强;三是水果流通呈多样化发展格局,果品专业批发市场和农贸市场作用进一步增强,龙头企业、专业合作社和协会组织发挥更大作用,专业配送、专营店、连锁超市等方式进一步推广,采摘节、采摘园、展会经济蓬勃发展,电子商务开始起步;四是市场对外开放进一步扩大,水果出口数量、金额大幅度增长;五是水果价格总体呈上涨趋势。

对于 A 市本地来说,虽然不是水果的主产区,但却是水果的主销区,便利的交通使得全国各地的水果源源不断地运抵该地区,从而保证了该地区的居民消费需求。从当地统计资料显示的数据看:2000～2006 年,城市居民的人均年消费干鲜瓜果的数量从 63.63 公斤增加到 70.28 公斤,增长的幅度年均达到 1.5%。随着居民消费水平的提高,水果消费量将会越来越多,增长速度将会越来越快。

4.2.4 水产品市场评估

从长远看，水产品市场供应量仍将非常充足。养殖产量将稳步增长，名特优品种上市量将有一定数量的增加，淡水产品上市量非常充足。虽然7~9月仍是我国海洋捕捞伏季休渔期，但海洋捕捞冻品和养殖产品将大量投放市场，市场总体呈现供需平衡状态。

作为沿海城市，近几年A市进一步加大对海洋渔业以及水产品养殖的政策资金扶持力度，A市的水产品养殖业发展迅速，海淡水养殖面积不断扩增，养殖品种不断增加，产量连年创新高，海洋产业发展正在成为该市的加快经济发展重要支撑力量。随着经济投入的增加，政策扶持力度的加大，科学技术的投入，A市海淡水养殖业形成了以对虾、蟹类、浅海贝类、各种海淡鱼类以及紫菜等品种为主的发展趋势，正在向工厂化、集约化方向发展，工厂化养殖突破35万平方米。

从该市的统计资料看：到2006年末海淡水的养殖面积已经达到103万亩，水产品养殖与捕捞的产量达到53万吨，其中海水养殖面积58万亩、海产品捕捞与养殖产量34万吨以上；淡水养殖面积45万亩，淡水产品的总产量达到19万吨。

水产品市场供应不仅满足了全市居民的消费需求，而且出口世界各地，该市××县的紫菜养殖与出口在全省居于第一位，吸引了日本、韩国、东南亚等国客商上门采购、投资与开发。

4.2.5 禽蛋肉奶市场评估

随着我国养殖业的迅速发展，人们收入水平的提高，人们对于禽蛋肉奶的消费量持续呈现上升趋势。近两年，特别是2007年，肉禽蛋奶的市场价格也呈现上涨趋势，肉禽蛋奶市场发展前景非常广阔。

A市城市居民自2000~2006年，猪肉、牛羊肉、家禽及制品和蛋类的人均年消费量由45.74公斤上升到47.79公斤，随着消费水平的提高，禽蛋肉奶的加工制品的消费量将会越来越多，比如具有A市地方特色的花果山风鹅系列产品的市场需求量持续上升。该产品利用越来越发达批发市场的物流功能，远销国内各地。

（以上数据均来源于A市统计年鉴）

4.3　A市农副产品市场培育措施及进展评价

4.3.1　市场招商组织措施

一是成立招商组织领导小组。B公司成立了由市场总经理任组长的招商组织领导小组，同时根据经营品种又成立了相应的招商小分队，限定时间、限定任务完成各自的招商任务。

二是锁定目标客户群。根据公司经营计划，市场的目标客户群主要由以下三类构成：原老市场内各类农产品经营户、本市各地符合市场经营项目范围的各类经营户、外地符合市场经营项目范围的各类经营户。

三是明确招商目标。根据市场经营计划，市场开业初期确立的招商目标为不低于总经营量的60%，同时对每一经营品种都确立了责任人，要求其制定切实可行的招商计划，限期实施到位。

四是出台优惠政策。优惠措施主要包括开业期的优惠措施、固定经营户子女教育激励机制和大户经营返利机制。其中开业期间的优惠措施主要有开业10天内的交易费补贴、开业期一个月免租、开业期租赁店铺九折优惠等；帮助商户协调解决子女就近入学问题，市场公司与××小学进行协调，凡是长期固定经营户的子女，可免交学杂费入学；为调动商户的积极性，鼓励商户的规模化经营，扩大销售量，增加销售品种，将采取绩效返还措施，返还对象主要针对卖主，返还的品种限蔬菜、水果两大类。

4.3.2　市场招商进度

从2008年初开始，B公司就向从事农副产品批发的经营商发出了房屋租赁意向书，累计发放意向书3 000份，签订了2 360份，其中副食品商铺490份，花卉商铺103份，粮油商铺49份，蔬菜商铺621份，水果商铺447份，配套房650份，租赁意向书占了整个市场的80%。

第五章 项目投资估算及资金来源评估

5.1 总投资估算

我们此次评估在采信《可行性研究报告》（以下简称《可研报告》）等有关基础数据的基础上，根据本项目开工建设以来的项目资金到位情况、工程建设进度、土地征用情况、企业跟踪模拟市场运行数据以及行业标准参考数据等，据实对本项目投资进行了调整。

5.2 工程投资估算

5.2.1 工程总投资

经评估，确定本项目投入总资金为 33 003 万元（含建设期利息 774 万元），其中建设投资 32 823 万元，流动资金投资 180 万元，具体情况见表12－2。

表 12－2

单位：万元

序号	项目内容	可研金额	评估金额	差额
1	建设投资	33 229	32 823	－406
1.1	静态投资	31 699	32 049	350
1.1.1	建筑工程费用	10 181	9 659	－522
1.1.2	设备及工器具购置费	6 361	5 681	－680
1.1.3	设备安装费	636	568	－68
1.1.4	工程其他费用	13 428	15 823	2 395
1.1.5	基本预备费	1 093	318	－775
1.2	建设动态投资部分	1 530	774	－756
1.2.1	价差预备费			
1.2.2	建设期贷款利息	1 530	774	－756
2	流动资金	180	180	
3	项目投入总资金	33 409	33 003	－406
4	项目总投资	33 283	32 877	－406

评估金额与可研金额差额调整原因：

（1）建筑工程费用调减 522 万元，主要是调减办公招待所 1 838 万元，调减垃圾房、厕所 34 万元，调增场外工程①1 350 万元。

（2）设备及工器具购置费调减 680 万元，主要是调减办公招待所设备购置费 620 万元、调减仓储设备购置费用 60 万元。

（3）设备安装费调减 68 万元，主要是设备购置费减少 680 万元，按 10% 提取。

（4）工程其他费用调增 2 395 万元，主要是土地购置及补偿费用根据公司实际支付金额调增 2 395 万元。

（5）基本预备费调减 775 万元，主要是本项目建设期较短，按照评估规则不予考虑涨价预备费，基本预备费调增是由于以上计算基数变化而取值比例不变引起。

（6）建设期利息调减 756 万元，主要是《可研报告》利率取值有误，另外我们按照预计贷款投放时间确定计息时间。

工程费用中主体工程和辅助工程占比 51%，基本预备费按工程费用的 2% 提取，考虑该项目中，该公司不参与自有经营，仅通过出租商铺和收取一定的交易费，流动资金投入较少，参考目前老市场运作情况，确定为 180 万元。

5.2.2　项目融资方案

本项目评估项目投入总资金 33 003 万元，融资方案为：项目资本金 10 300 万元，占比 31%，其中企业拟投入资本金 9 950 万元（注册资本 5 000 万元已全部到位），财政补贴资金 350 万元；向金融机构申请中长期贷款 20 000 万元，占比 61%，股东借款 2 703 万元（具体方案见表 12 - 3）。

表 12 - 3　项目融资方案表　　　　　单位：万元

项目	金额	占比	利率	贷款期限	备注
项目投入总资金	33 003	100%			
1. 项目资本金	10 300	31%			
其中：注册资本	5 000	15%			

---

①　场外工程为：项目用电接入工程和供水工程，其中用电接入费用 1 200 万元，用水接入费用 150 万元。

续表

项目	金额	占比	利率	贷款期限	备注
资本公积转增资本	5 300	16%			
2. 银行融资	20 000	61%	7.74%	5 年	执行中国人民银行同档次基准利率
3. 其他	2 703	8%	7.47%		公司股东借款,贷款偿还期内不计息,不还本,5 年后按一年期计算利息财务成本

5.2.3 融资方案分析

1. 资本金

B 公司拟投入资本金 10 300 万元。目前,注册资本 5 000 万元已于 2007 年 2 月全部到位(见××会计师事务所出具的验资报告"连海天验 [2007] 017 号和连海天验 [2007] 058 号")。财政补贴 350 万元已体现在资本公积 9 300 万元中。该公司已出具增资决议,拟从该公司现有资本公积 9 300 万元中转增资本金 5 300 万元。资本公积转增资本工作完成后,资本金将达到 10 300 万元,占比 31%,超过国家对流通体系建设项目的资本金要求(20%)11 个百分点。

2. 债务融资

B 公司拟申请农村流通体系建设中长期贷款 20 000 万元。

3. 其他自筹资金

母公司××有限公司董事会已出具决议,通过股东借款方式筹措项目资金 2 703 万元,并明确在贷款偿还期内不收取资金占用费、不还本,贷款偿还期结束后按照一年期利率计算融资成本。

以上筹资来源共计 33 003 万元,能够满足本项目评估项目投入总资金(33 003 万元)投资需求。考虑 B 公司目前在××银行短期借款 4 000 万元,建设结束后,公司予以归还,故本次评估未将此项短期借款作为项目建设的资金来源。

评估认为,上述融资方案融资总量充足,资本金比例较高,筹资措施真实可靠,能够满足项目建设要求。

5.2.4 项目贷款的使用及用款计划

B公司申请 20 000 万元的中长期贷款，贷款利率执行 5 年期贷款基准利率，目前为 7.74%。本项目的建设期 1 年，A市分行计划于 2008 年 6 月左右投放贷款 20 000 万元，资金主要用于各项工程费用开支。

第六章 财务效益评估

6.1 财务基础数据

表 12-4 基础数据取值及依据表

序号	项目	取值
1	计算年限、利率	项目财务评价计算期为 21 年，建设期 1 年，经营期 20 年。贷款金额 20 000 万元，贷款期限为 5 年（宽限期 1 年），利率为中国人民银行公布的 5 年期基准利率 7.74%。
2	服务价格及营业收入	通过实地评估，本项目预计建设期一年，主要经营项目经营期第一年按 70% 计算，第二年按 85% 计算，第三年按照 90%，第四年及以后各年均按照 95% 测算，经营期为 20 年。 本评估报告项目收益测算的基础数据根据《可研报告》及实地调查结果确定，具体如下：蔬菜水果按照成交额的 2.5% 收取交易服务费，正常年份蔬菜的交易额为 11.1 亿元、水果的交易额为 7.3 亿元，正常年份收入为 5 513 万元；副食品商铺出租价格为每月 50 元/平方米，正常年份收入为 2 608 万元；蔬菜（带物管用房）商铺出租价格为每月 43.57 元/平方米，正常年份收入为 1 348 万元；蔬菜（不带物管用房）商铺出租价格为每月 23 元/平方米，正常年份收入为 193 万元；水果（带物管用房）商铺出租价格为每月 44 元/平方米，正常年份收入为 1 233 万元；花卉商铺出租价格为每月 54 元/平方米，正常年份收入为 669 万元；粮油商铺出租价格为每月 45 元/平方米，正常年份收入为 362 万元；商铺配套用房价格为每月 1 290 元/套，正常年份收入为 899 万元；物业管理费价格为每月 1 元/平方米，正常年份收入为 100 万元；停车场价格为每月 200 元，正常年份收入为 30 万元。

序号	项目	取值
3	成本	本项目投入运营后运营成本主要为水电费、维修费、人员工资、办公费用、财务费用、折旧摊销费等。
		折旧费：房产等固定资产原值30年直线折旧，残值5%；及其设备按照15年折旧，不计残值。
		摊销费：土地使用权根据使用年限按40年摊销。
		维修费：主要指房屋的维护和设备的维修费，本项费用采信《可研报告》数据，投入使用后的第一年不计提修理费，自第二年开始分别为50万元、120万元、200万元、300万元、500万元，以后每年不变。
		财务费用：贷款利率为5年期基准利率7.74%，根据决议，股东借款在贷款偿还期内不计收资金占用费，贷款全部偿还后按照1年期贷款利率计算财务成本。
		工资福利费：工资按员工人数乘以年人均工资计算。本项目定员按432人计算，固定用工按照工资总额的23%计提劳动统筹，临时用工按照工资总额的15%计提劳动统筹。
4	税率	营业税：营业税税率为5%。
		所得税：按照25%计算。
		城市建设维护费和教育附加：分别为增值税的7%、4%。
5	基准收益率	融资前分析基准收益率为12%。

6.2　项目经营分析

6.2.1　总成本分析

经评估，本项目经营期总成本费用为55 756万元（见表12-5），其中固定成本54 585万元，变动总成本1 171万元。经营总成本27 795万元，包括水电费、工资、其他管理费用等。年均总成本2 788万元，其中年均可变成本59万元，年均固定成本2 729万元，年均经营成本1 390万元。

表12-5　成本费用估算表　　　　　　单位：万元

序号	项目	经营期成本合计	年均成本
1	直接成本	24 735	1 237
1.1	水电费用合计	1 185	59
1.2	工资	14 880	744

序号	项目	经营期成本合计	年均成本
1.2.1	其中：管理人员工资	5 535	277
1.2.2	工人工资	9 345	467
1.3	修理费	8 670	434
2	其他管理费用	3 060	153
3	经营成本	27 795	1 390
4	折旧费	15 337	767
5	摊销费	6 113	306
6	利息支出	6 512	326
6.1	其中：长期借款利息支出	3 483	174
6.2	短期借款利息支出	3 029	151
7	总成本费用合计	55 756	2 788

6.2.2 销售收入分析

本项目设计经营项目主要有商铺出租收入、蔬菜水果交易费收入以及配套设施的出租收入。经估算，在项目经营期内营业收入总额达 250 522 万元，年均实现营业收入 12 526 万元。具体收入结构如表 12-6 所示。

表 12-6 营业收入估算表 单位：万元

序号	项目	收入总额	年均收入
	经营总收入	250 522	12 526
1	商铺出租收入	125 545	6 277
1.1	副食品商铺出租收入	51 068	2 553
1.2	蔬菜（带物管用房）商铺收入	26 386	1 319
1.3	蔬菜（不带物管用房）商铺收入	3 770	189
1.4	水果（带物管用房）商铺收入	24 132	1 207
1.5	花卉商铺出租收入	13 101	655
1.6	粮油商铺出租收入	7 087	354
2	蔬菜、水果交易费收入	105 532	5 277
3	商铺配套用房收入	17 273	864
4	停车场收入	580	29
5	物业费	1 592	80

物业费收入暂不收取，主要考虑市场需要培育，预计物业费按每平方

米每月 1 元钱，含副食品商铺 45 760 平方米、商铺配套用房 27 853 平方米、物管用房面积 9 320 平方米，经营期第五年再行计算。

6.2.3 税收分析

本项目涉及的主要税种为营业税、城市维护建设税和教育费附加。项目经营期税金及附加总额为 13 904 万元，年均税金总额为 695 万元（见表 12 – 7）。

表 12 – 7　税金计算表　　　　　单位：万元

序号	项目	税金总额	年均税金
1	营业税金及附加	13 904	695
2	营业税（5%）	12 526	626
3	城市维护建设税（7%）	877	44
4	教育费附加（4%）	501	25

6.2.4 利润总额及分配估算

经计算，项目投入运营后第一年即开始盈利，项目经营期内税前利润总额为 180 862 万元，净利润 135 646 万元；年度平均利润总额 9 043 万元，平均净利润 6 782 万元（见表 12 – 8）。

表 12 – 8　利润总额及分配估算表　　　　　单位：万元

序号	项目	合计数	年均数
1	营业收入	250 522	12 526
2	营业税金及附加	13 904	695
3	总成本费用	55 756	2 788
4	减排项目收入（CDM）		
5	利润总额（1 – 2 – 3 + 4）	180 862	9 043
6	弥补以前年度亏损		
7	应纳税所得额（5 – 6）	180 862	9 043
8	所得税	45 215	2 261
9	净利润（7 – 8）	135 646	6 782
10	期初未分配利润		
11	可供分配利润（9 + 10）	135 646	6 782
12	提取法定盈余公积金、公积金	20 347	1 017
13	可供投资者分配的利润（11 – 12）	115 299	5 765

序号	项目	合计数	年均数
14	应付优先股股利		
15	提取任意盈余公积金		
16	应付普通股股利（13 - 14 - 15）		
17	各投资方利润分配		
18	未分配利润（13 - 14 - 15 - 17）	115 299	5 765
19	息税前利润（利润总额 + 利息支出）	187 374	9 369
20	息税折旧摊销前利润（19 + 折旧 + 摊销）	208 823	10 441

6.3　项目盈利能力分析

6.3.1　项目融资前分析

1. 动态分析：

项目投资财务内部收益率（所得税前）为 29.32%，高于判断基准内部收益率（所得税前）12% 的标准。

项目投资财务内部收益率（所得税后）为 23.17%。

项目投资财务净现值（所得税前）（$i = 12\%$）为 39 257 万元，大于 0。

项目投资财务净现值（所得税后）（$i = 12\%$）为 24 421 万元，大于 0。

2. 静态分析：

项目投资回收期（所得税前）为 4.59 年，项目投资回收期（所得税后）为 5.43 年，均低于主要设备和建筑物的寿命期。

6.3.2　项目融资后分析

1. 动态分析：

项目资本金财务内部收益率（所得税后）为 31.66%；

财务净现值（所得税后）（$i = 12\%$）为 26 408 万元，大于 0。

2. 静态分析：

总投资收益率为 28.50%；

项目资本金净利润率为 65.85%。

从项目融资后分析来看，主要盈利能力指标能达到项目投资者对权益性投资收益基本要求。

6.4 偿债能力分析

评估测算，贷款偿还期内平均利息备付率为9.15倍，平均偿债备付率为1.26倍。从年份情况看，各年份利息备付率均高于基准值，部分年份偿债备付率略低于基准值但都高于1，表明本项目具备偿债能力。项目投产后，经营期内累计净现金流量为正值，经营净现金流量也为正值，表明项目具备实际偿债能力。

6.5 财务生存能力分析

根据本项目财务计划现金流量表分析，项目投产后到项目计算期末，项目经营活动净现金流量合计达到164 074万元，说明项目方案合理，可以实现自身资金平衡。项目累计净现金流量达到137 742万元，经营期内，经营净现金流量和累计盈余资金未出现负值。

第七章 项目不确定性与风险分析

7.1 盈亏平衡分析

选用项目经营期的年平均相关数据计算盈亏平衡点，以生产能力利用率表示的盈亏平衡点为：

BEP（生产能力利用率）＝年平均固定成本／（年平均营业收入

－年平均可变成本－年平均销售税金及附加）

$\times 100\%$ ＝ 2 297/(12 526 － 59 － 695) $\times 100\%$

＝23.18%

项目经营期的盈亏平衡点为23.18%，表明本项目只要达到设计生产能力的23.18%时，或年均实现营业收入2 904万元时即能盈亏平衡，实现保本经营，说明本项目对营业收入变化的适应能力和抗风险能力较强（见图12-1）。

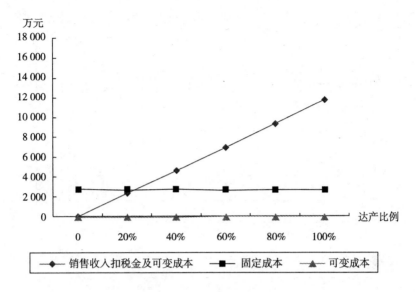

图 12 – 1　盈亏平衡图

7.2　敏感性分析

根据项目全部投资现金流量表，我们就营业收入和经营成本分别变化5%、10%、15%（所得税前）时对项目税后内部收益率的影响分别进行了测算。

表 12 – 9　敏感性分析表

	– 15%	– 10%	– 5%	0%	5%	10%	15%
营业收入	24. 62%	26. 20%	27. 77%	29. 32%	30. 85%	32. 37%	33. 88%
经营成本	29. 40%	29. 38%	29. 35%	29. 32%	29. 29%	29. 26%	29. 23%
总投资	34. 07%	32. 33%	30. 75%	29. 32%	28. 01%	26. 81%	25. 70%
行业基准收益率	12. 00%	12. 00%	12. 00%	12. 00%	12. 00%	12. 00%	12. 00%

从敏感性分析可以看出（见表 12 – 9 和图 12 – 2），营业收入、经营成本、总投资的敏感度系数分别为 0. 160、0. 003、0. 162，说明一方面各项指标对营业收入、总投资的敏感程度较高，对经营成本的敏感程度相对较低；另一方面，当各项敏感因素变化幅度取 15% 时，内部收益率仍高于本行业财务基准收益率 12%，表明该项目抗风险能力较强。

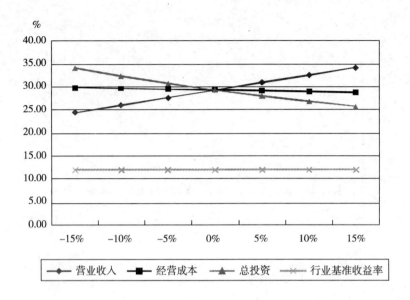

图 12 - 2

第八章　贷款风险与效益评估

8.1　贷款风险

8.1.1　政策风险

本项目为商务部"双百工程"支持项目和省发展和改革委员会重点支持项目。同时，该项目也是 A 市政府重点支持项目。A 市政府的《关于拆建 A 市农副产品批发市场的批复》文件进一步明确：鉴于 A 市目前的消费空间，为扶持市场的发展壮大，使之成为辐射周边地区的大型农副产品批发市场，原则同意 A 市在较长时间内不再审批成立第二个"农副产品批发市场"。基于此，本项目在建设和后期经营过程中可以得到有关部门的政策支持。但目前国家宏观调控政策逐步加强，银行贷款规模将被严格控制，这对项目的融资和融资成本带来一定不利影响。

8.1.2　项目完工风险

通过现场调查评估，本项目目前进展顺利，主体工程已过半。但由于项目投资较大，尚有部分资金需要通过股东借款等方式进行解决。因此项目建设单位应该进一步筹措资金及时到位，积极争取国家专项资金的支持，积极做好项目准备工作，确保项目按计划进度施工，保证项目如期完工。加强对项目建设质量的监理、检测、验收等程序的把关，提高工程设计施工质量，保证项目顺利投入运营。

8.1.3　经营风险

本项目在建设前期做了详细的市场调研、对项目建设地也进行了认真的分析、对市场的培育及运营制定了招商计划。但由于项目的成熟客观上有一个过程，经本次评估项目运营后以下问题应予以关注，具体如下：

（1）关于新市场招商及管理问题。该项目建成后，原老市场的所有经营项目和功能将由本项目代替。建成后提供的交易品种基本覆盖了所有的农副产品，项目经营内容丰富，经营面积较老市场相比发生了巨大变化，如何培育开发新市场的商户将直接决定市场的前景。根据市场经营者提供的相关资料，其采取的主要措施有：锁定目标客户群、明确招商目标并落实责任人以及实施初期优惠政策，诸如开业期的费用减免、固定经营户子女教育激励机制和大户经营返利机制。对这些培育措施如何抓好落实将决定市场投入运营后的商户数，将决定市场的发展水平，市场的发展成熟客观上存在一定的发育过程，商户入驻能否预期的目标尚存在一定的不确定性因素。新市场建成后将成为地区最大的农副产品交易市场，其管理要求和管理难度较老市场相比有很大的不同，要求市场管理者要积极利用全国农副产品交易信息网络，协助经营户组织货源、开拓新的销售市场。

（2）关于市场服务创新问题。新市场建成后将提供全面的农副产品交易服务，在市场运营初期，市场的运营方式主要以二级批发为主，兼营一级批发。但根据同类规模的市场将必须发展以第三方物流、转换经营管理方式，否则则不能发挥新市场的全部功能，不能将项目的经济效益最大化。因此，要求市场经营在完成市场培育后要积极开展服务创新，加大市场营销力度，实现市场的规模经济要求。

（3）关于食品安全问题。近年来我国相继出现了一些突发性的食品安全事件，消费者对食品安全的要求有所提高，政府对食品安全问题高度关注，项目运营主体必须严格准入、加强管理以确保食品流通的安全，公司存在一定的食品安全引起的直接风险和由此引起的投入增加等的间接风险。

从总体上看，如果项目单位的有关措施得到落实，能够保证本项目投产后的正常运营，确保项目效益的发挥，经营风险是可控的。

8.1.4　财务风险

公司为新建企业，其各项财务制度的规范性有待进一步考证，建议公司严格按照相关财务制度规定，做好账务记载，规范财务管理，建立完善的财务报表核算体系。同时，本项目建成后将采取全新的交易结算方式，这将对企业的财务管理、人员培训等方面要求有很大提高，因此要加强财务管理人员、交易核算人员的知识培训，防止交易财务风险。

8.1.5　关联企业风险分析

公司法定代表人×××直接或间接控制的公司较多，涉及的业务领域广泛，且关联企业间存在一定的资金和业务往来，如果某一领域的经营出现风险，可能存在项目资金被其他关联企业挪用。因此必须加强贷后监管，做到专款专用，按照规定的资金拨付手续，履行必要的审查审批程序，防止资金被挪作他用。

8.2　贷款风险防范措施评价

该笔贷款拟采取抵押担保方式，抵押物为项目建设单位取得的 A 市海州农副产品物流园 322 423.7 平方米的土地使用权及××集团有限公司的两块仓储用地使用权 302 271 平方米进行抵押，具体情况如表 12 – 10 所示。

表 12 – 10　抵押情况表

名称	产权单位	数量及单位	土地性质	位置	权属证明	估价
土地使用权	A 农副产品批发市场有限公司	322 423.7 平方米	出让方式的商业用地	略	略	31 436.31 万元（土地价格咨询函 975 元/平方米）
土地使用权	××集团	196 340 平方米	出让方式的仓储用地	略	略	4 044.6 万元（土地价格咨询函 206 元/平方米）
土地使用权	××集团	105 931 平方米	出让方式的仓储用地	略	略	2 182.18 万元（土地价格咨询函 206 元/平方米）

按照已估价情况，可抵押土地使用权价值3.77亿元，申请银行贷款2亿元，抵押率为53%。同时，该公司董事会已出具决议，项目建成后该块土地上的建筑物也将一并抵押给银行。

8.3　借款人还款计划

该项目申请贷款20 000万元，贷款期限5年，宽限期1年，第二年开始还本，分四年还清。还款来源为项目投入运营后产生的利润、固定资产折旧和无形资产摊销等，贷款偿还期为4.60年（见表12-11）。

表12-11　还款计划评估表　　　　　　　　　单位：万元

项目	0	1	2	3	4
期初借款余额	0	20 000	17 000	12 000	6 000
当期还本付息	774	4 432	6 122	6 697	6 232
其中：还本		3 000	5 000	6 000	6 000
付息	774	1 432	1 122	697	232
利息备付率		4.14	6.77	12.78	40.72
偿债备付率		1.35	1.17	1.20	1.34

8.4　项目效益评估

8.4.1　银行效益

1. 直接收益。若向B公司发放中长期贷款20 000万元，期限5年，开户行可获得利息总收入为4 257万元，可有效提升开户行的经营效益，改善贷款结构。

2. 间接效益。公司正在建设的电子结算系统推行后，经营户的资金将由公司统一结算，可利用银行卡为公司的结算提供便利，按2~3天的结算期测算，高峰期可形成存款约1亿元，有利于筹集低成本资金，另外可相应增加中间业务收入。

8.4.2　社会效益

1. 有利于带动A市现代物流业的发展。近几年来，A市把发展生产性服务业放在服务业结构调整的重要位置。重点加快现代化物流业建设步伐，促进大交通和大流通的紧密结合，促进大流通和电子商务的逐步融合，构筑物流交易平台，形成传统经济与网络经济有效结合的现代物流业。推动传统运输、仓储企业的转型，尽快创建新型、高效物流企业。以港口为依托，建立虚拟和实体相结合的智能化、现代化物流基地。积极组建第三方物流，使现代物流业成为企业继降低物耗和提高劳动生产率之后的"第三利润源泉"，带动相关行业的发展，成为服务业新的增长点。

2. 有利于增加就业机会、增加农民收入。该项目属于劳动密集型产业，投入运营后可带动周边地区物流运输、餐饮服务、交通通信、房屋租赁、金融服务等第三产业的发展。项目的建设能有效地吸收当地剩余劳动力，减轻社会就业压力，并大大地增加当地农民的经济收入。市场交易量与交易额能力的增加，可带动本市及周边数十万农民农副产品的生产，实行产、加、销、服"一条龙"，提高农民收入，进一步促进地方税收的增加以及社会事业的全面发展。

3. 有利于规范农副产品交易市场，推动市场的健康、有序发展。目前，A市及周边地区农副产品交易市场依旧存在销售手段和经营模式相对落后的弱点，市场规范性程度低。本项目的建设，一是建立了公平的集中竞价交易机制，改变了以往人工议价交易中农民所处的弱势地位，保障了农民利益；二是建立了农副产品检验检测系统，确保了进出交易市场的农副产品符合国家质量标准，确保了农业生产和食品卫生安全。

4. 有利于发挥信息服务和市场引导作用，推动农业、种植业生产结构的调整。通过批发市场经营品种、供求关系的变化，一是可以直接指引农户种植适销对路的产品，减少盲目性，同时为地方土特产品开拓广阔的市场；二是可以引导农户科学生产，由过去的简单生产、提供粗加工产品，向今后提高产品科技含量、进行深加工、提供精细产品转变，以此促进农业产业结构调整，实现本地区农业的可持续发展。

第九章　结论和建议

9.1　评估结论

本项目符合国家产业政策和区域发展政策，经济及社会效益显著，承贷主体满足贷款条件，项目在技术经济上可行。在全面落实本评估提出的管理建议的前提下，建议贷款支持该项目，对 B 公司发放中长期贷款 20 000 万元，贷款期限 5 年，宽限期 1 年，贷款方式为抵押担保，贷款利率执行中国人民银行规定的同期同档次贷款基准利率，贷款用于本项目一期项目工程建设。

9.2 管理措施

一是在贷款发放前，要办理合法、有效的抵押担保手续。

二是在贷款发放前，将资本公积中的 5 300 万元转增为注册资本。

三是确保贷款资金专款专用。本笔贷款仅限用于市场的直接经营设施及相关费用。C 省分行和 A 市分行成立金融服务小组和项目组，明确专职客户经理，实行项目经理负责制。对项目所需资金专户管理，强化资金使用审核，按项目实施进度拨付资金，凭项目预算和合同中有关规定预付部分资金，余款凭项目预算及设备到位单据结算。

四是加强企业账户管理。在贷款发放前，开户行要与企业协商开立基本存款账户。

五是加强项目过程管理和对借款人的贷后管理，密切关注项目进度、资金流动，跟踪分析借款人经营状况和财务状况的变化。

附录 农业项目贷款评估主要法规目录

一、项目立项审批

1. 国务院关于投资体制改革的决定（国发〔2004〕20 号）

2. 建设工程勘察设计管理条例（国务院令第 293 号）

3. 工程建设项目勘察设计招标投标办法（国家发展和改革委员会令第 2 号）

4. 中华人民共和国土地管理法（主席令〔1998〕8 号）

5. 建设项目用地预审管理办法（国土资源部令第 7 号）

6. 中华人民共和国城乡规划法（主席令〔2007〕74 号）

7. 中华人民共和国建筑法（主席令〔1997〕91 号）

8. 建筑工程施工许可管理办法（建设部令第 91 号）

9. 中华人民共和国环境保护法（主席令〔1989〕22 号）

10. 中华人民共和国环境影响评价法（主席令〔2002〕77 号）

二、项目建设管理

11. 关于调整固定资产投资项目资本金比例的通知（国发〔2009〕27 号）

12. 关于进一步规范招投标活动的若干意见（国办发〔2004〕56 号）

13. 工程建设项目施工招标投标办法（国家计委令第 30 号）

14. 建设工程项目管理试行办法（建市〔2004〕200 号）

15. 建设工程项目管理规范（GB/T 50326—2001）

16. 建设工程监理范围和规模标准规定（建设部令第 86 号）

17. 建设部关于建设行政主管部门对工程监理企业履行质量责任加强监督的若干意见（建质［2003］167 号）

18. 建设工程监理规范（GB 50319—2000）

19. 建设工程质量管理条例（国务院令第 279 号）

20. 建设项目（工程）竣工验收办法（计建设［1990］215 号）

21. 建筑工程施工质量验收统一标准（GB 50300—2001）

22. 建设部关于贯彻执行建筑工程勘察设计及施工质量验收规范若干问题的通知（建标［2002］212 号）

23. 建设工程文件归档整理规范（GB /T 50328—2001）

24. 关于贯彻执行《建设工程工程量清单计价规范》若干问题的通知（建办标［2003］48 号）

25. 建设工程价款结算暂行办法（财建［2004］369 号）

26. 建筑安装工程费用项目组成（建标［2003］206 号）

三、农业专项管理制度

27. 国家农业综合开发部门项目管理办法（国农办［2005］30 号）

28. 国家优质粮食产业工程和动物防疫体系建设项目投资计划管理办法（发改投资［2005］1886 号）

29. 草原征占用审核审批管理办法（农业部令第 58 号）

30. 中央预算内专项资金旱作农业示范基地建设项目管理办法（计投资［2003］353 号）

31. 基本农田保护条例（国务院令第 257 号）

32. 城乡建设用地增减挂钩试点管理办法（国土资发［2008］138 号）

33. 土地复垦条例（国务院令［2011］592 号）

34. 关于进一步做好基本农田保护有关工作的意见（国土资发［2005］196 号）

35. 关于进一步做好农田水利基本建设金融服务工作的意见（银发［2008］361 号）

36. 关于加快水利改革发展的决定（中发［2011］1 号）

四、贷款管理制度

37. 贷款通则（中国人民银行令 1996 年 2 号）

38. 固定资产贷款管理暂行办法（中国银行业监督管理委员会令 2009 年第 2 号）

39. 流动资金贷款管理暂行办法（中国银行业监督管理委员会令 2010 年第 1 号）

40. 项目融资业务指引（银监发〔2009〕71 号）

五、其他相关法律法规及规范性文件

41. 建设用地审查报批管理办法（国土资源第 3 号令）

42. 建设用地计划管理办法（计国地〔1996〕1865 号）

43. 中华人民共和国城镇国有土地使用权出让和转让暂行条例（国务院令第 055 号）

44. 中华人民共和国土地管理法实施条例（国务院令第 256 号）

45. 国务院关于深化改革严格土地管理的决定（国发〔2004〕28 号）

46. 关于完善征地补偿安置制度的指导意见（国土资发〔2004〕238 号）

47. 关于印发《土地储备管理办法》的通知（国土资发〔2007〕277 号）

48. 国家环境保护总局建设项目环境影响评价文件审批程序规定（国家环保局令第 29 号）

49. 建设项目环境保护管理条例（国务院令第 253 号）

50. 工程建设项目招标范围和规模标准规定（国家计委令第 3 号）

51. 建筑工程设计招标投标管理办法（建设部令第 82 号）

52. 房屋建筑和市政基础设施工程施工招标投标管理办法（建设部令第 89 号）

53. 建设工程安全生产管理条例（国务院令第 393 号）

54. 实施工程建设强制性标准监督规定（建设部令第 81 号）

55. 房屋建筑工程和市政基础设施工程竣工验收备案管理暂行办法（建设部令 78 号）

56. 建设项目竣工环境保护验收管理办法（国家环保局令第 13 号）

57. 取水许可和水资源费征收管理条例（国务院令［2006］460 号）

58. 中华人民共和国招标投标法（主席令［1999］21 号）

59. 中华人民共和国会计法（主席令［1985］21 号）

60. 中华人民共和国合同法（主席令［1999］15 号）

61. 中华人民共和国担保法（主席令［1995］50 号）

62. 中华人民共和国公路法（主席令［2004］19 号）

63. 中华人民共和国可再生能源法（主席令［2005］33 号）

64 中华人民共和国商业银行法（主席令［2003］13 号）

主要参考文献

［1］国家发展改革委，建设部．建设项目经济评价方法与参数（第三版）［M］．北京：中国计划出版社，2006.

［2］中国银行业协会．解读贷款新规［M］．北京：中国金融出版社，2010.

［3］杜彦坤，张峭．农业可持续发展融资机制研究［M］．北京：经济科学出版社，2009.

［4］刘爱民．农业综合开发项目绩效管理实务［M］．北京：中国财政经济出版社，2006.

［5］霍亚楼．项目管理基础［M］．北京：对外经济贸易大学出版社，2008.

［6］农业部发展规划司，等．农业项目经济评价实用手册（第二版）［M］．北京：中国农业出版社，1999.

［7］王靖．农业项目评估与分析［M］．北京：中国金融出版社，1992.

［8］杨秋林，等．农业项目投资评估（第四版）［M］．北京：中国农业出版社，2008.

［9］宋维佳，王立国，王红岩．可行性研究与项目评估（第二版）［M］．大连：东北财经大学出版社，2007.

［10］刘国靖．现代项目管理教程（第二版）［M］．北京：中国人民大学出版社，2009.

［11］侯军岐，负晓哲．项目管理理论与农业项目管理［M］．北京：经济科学出版社，2007.

［12］路君平，等．项目评估与管理［M］．北京：中国人民大学出版社，2009.

［13］陈志斌，等．项目评估学［M］．南京：南京大学出版社，2007.

［14］周惠珍．投资项目评估［M］．大连：东北财经大学出版社，2005.

［15］苏益．投资项目评估［M］．北京：清华大学出版社，2007.

［16］戚安邦．现代项目管理［M］．北京：对外经贸大学出版社，2001.

［17］戚安邦，李金海．项目论证与评估［M］．北京：机械工业出版社 2007.

［18］张三力．项目后评价［M］．北京：清华大学出版社，1998.

［19］何广文，冯兴元，林万龙，等．农户信贷、农村中小企业融资与农村金融市场［M］．北京：中国财政经济出版社，2005.

［20］林万龙．中国农村社区公共产品供给制度变迁研究［M］．北京：中国财政经济出版社，2003.

［21］曾国安．经济环境与企业预应行为［M］．石家庄：河北科学技术出版社，1999.

［22］杨华峰．项目评估［M］．北京：科学出版社，2008.

后　记

有幸经历了农业政策性银行农业农村基础设施建设中长期政策性贷款从行内前期的需求调研、业务申请，到国家批复后的政策制订、信贷管理的全过程，使我对农业项目贷款理论的研究和实践探知收获颇丰，因而促成了本书的出版。作为一本理论与实务兼顾的书，该书注重了理论的前瞻性、系统性，突出了实践的针对性、实用性，因而有些厚重了。

本书由国家科技部农业发展融资机制研究课题组成员所著，大家潜心钻研理论，精心编写案例，用心校对文稿，为本书耗费了大量心血。作为我非常敬重的领导和良师益友，中国农业发展银行的李刚副行长对本书的成稿提供了重要的智力支撑，客户三部李光总经理、杨朝曦副总经理两位学兄为我提供了重要条件支持，他们的言传身教和关心厚爱令我难以释怀、终身受益。还有中国农业发展银行、国家科技部、中国农业科学院的众多领导、同仁、挚友为本书提供了无私帮助。中国金融出版社的刘钏、贾瑛瑛、石坚三位同志为此书的出版做出许许多多努力，我的博士研究生唐欣副教授、张全红副教授也付出了不少辛苦。在此一并致以诚挚的谢意！

随着岁月的蹉跎，我阅历更加丰厚，生活更加淡定。对工作的尽职和对事业的执着成为我的重要工作习惯；对问题的担当和对荣誉的分享成为我的重要生活方式；对理论的研究和实践的探索成为我的重要学术坚持。本书的出版为我的学术研究和职业生涯又增添了一个新标记。

2011 年 11 月 11 日于北京雁西湖

杜彦坤